U0902545

图书在版编目(CIP)数据

童书业杂著辑存/童书业著. —北京:商务印书馆,2018
ISBN 978-7-100-16825-0

Ⅰ. ①童… Ⅱ. ①童… Ⅲ. ①社会科学—文集 Ⅳ. ①C53

中国版本图书馆CIP数据核字(2018)第259020号

权利保留,侵权必究。

童书业杂著辑存
童书业 著
童教英 整理

商务印书馆出版
(北京王府井大街36号 邮政编码100710)
商务印书馆发行
北京通州皇家印刷厂印刷
ISBN 978-7-100-16825-0

2018年12月第1版 开本 880×1230 1/32
2018年12月北京第1次印刷 印张 20⅞
定价:75.00元

整理者序

自2008年将先严童书业先生古史古籍的考辨、古代地理的研究、先秦思想史的研究、历史理论的探讨、古代经济史的研究、中国美术史的研究、心理学与精神病学的研究诸领域的研究成果分册出版再结集为七卷本之《童书业著作集》后，对先严学术成果的收集、整理、出版工作告一段落。在整理过程中，对未完稿、缺页稿、内容可能重叠之稿及已升华为论著的史料摘录，皆未收入，以求所出之书精练。随后考虑的是如何保存其著作、手稿、文件，幸运的是宁波乡梓并未忘记童氏家族，除将祖居辟为"银台第官宅博物馆"外，天一阁博物馆还热情地同意设专柜收藏先严著作、手稿、文件。

在编制先严遗物清单时，发现一页自评在讲义基础上撰述之《中国手工业商业发展史》专著文中，在"因史料占有尚感不足，故对理论不敢多作分析"一语后有一括号，内中写道："其理论分析多见讲课之讲稿中，以此代表个人见解，错误由个人负责也。"先严开新课一般是讲义、讲稿同时写的，《中国手工业商业发展史》有讲稿，且有1955年及1958年两稿，我整理《中国手工业商业发展史》专著时误认为大部分会重叠而未选入，见此括号后重读了两份讲稿，发现此两稿及《中国手工业商业发展史》专著各有特色，而且竟有相当大的不同：在讲义基础上形成的《中国手工业商业发展史》

系统严谨、规范，史料非常丰富。而1955年讲稿则具有如下之特点：1. 在绪论中即将从猿到人直至鸦片战争前中国的手工业、商业、城市的发展及相互影响作了一个系统的概述，使学生一开始就有一宏观的印象。2. 重阐述，如对西汉至王莽再至东汉、魏晋时，贵金属黄金从大量流通逐渐减少到几乎不甚流通，《中国手工业商业发展史》专著中仅说："至于前人所争论的黄金减少问题，实在并不重要，因为黄金可能并不曾十分减少，只是分散藏在民间罢了。"而讲稿则用了两页半稿纸来阐述黄金减少的过程、原因及它所反映的社会状况。3. 关注从战国、秦汉起至清代"中国资本主义生产因素"的状况：各朝代手工业、商业中某些现象是不是资本主义生产因素？如是，它在当时社会生产中占何种地位？这种地位能否决定中国已经产生资本主义萌芽？如不是，这些貌似资本主义萌芽的现象，为什么并非资本主义萌芽，等等。4. 不仅从中国社会整体来分析中国手工业与商业的发展，还与对古代东方社会的分析结合，进而与西方社会相比较。而这一切的分析和比较是以马克思、恩格斯著作为理论基础的。5. 讲稿口语化形式很明显，且所用史料亦较《中国手工业商业发展史》为少且多有笔记、小说中资料，看来是有意识重阐述及吸引学生兴趣。1958年讲稿又大不相同，它是以专题为单元写就的，所述每一专题之手工业或商业或城市，不以朝代划界，皆写某现象诸方面之缘起及如何融合成某一特殊现象，此现象发展至成熟、高峰时的状况、特征、本质及至衰落，衰落后逐渐产生之质的变化，等等。与1955年讲稿之共同点是：对学界中任何不同观点都罗列出来，加以分析、评论，再表明自己的观点。可惜的是1958年稿中尚有《明清时代矿冶业与制盐业的发展》、《元代的商业资本与高利贷资本》、《清代前期的金融业》三篇，由于众所周知的原因而未能着笔。

细看两份讲稿后，感到有必要发表出来，以供研究中国手工业、商业史的学人参考。

受以上情况启发，重新审视了以前不收入文集之手稿，感到有些手稿还是有其参考价值的，如《西周、春秋农业畜牧业原始史料》，虽经先严提炼入《春秋左传考证》，但史料的全面性、出处所在，《春秋左传考证》皆无详述。又如《庄子史料》虽提炼入《庄子思想研究》一文，且《史料》有所缺页，但它的每一条之出处及表现庄子某一方面思想的提示，对从事思想史研究的学人尚具参考价值。还如《精神病诊断术》，先严虽在精神病研究论文中会针对某种病作分析并提出诊断、治疗方法，但不如此稿集中、系统，等等。

先严 1968 年元月以未满甲子之年猝亡，其毕生学术心血未及收束，我虽穷二十余年之力，陆续尽力搜集，且蒙顾颉刚太先生之女、中国社会科学院历史研究所研究员顾潮先生在整理太先生文集时，遇有先严文字即复印惠赠。吕思勉太先生之再传弟子、华东师范大学历史系教授张耕华先生整理吕太先生遗著时亦然，先严写作之论著却仍不完整。著作集完成后，在张先生帮助下，仍陆续寻到几篇有参考价值的佚文。更为可喜的是，在此书整理时期内，张先生录得上海图书馆整理的先严论文目录赠我，内有多篇先严民国时之论文。先严“七七事变”后离开北平，辗转到上海，结识吕思勉太先生、杨宽先生及上海若干学者，太平洋战争爆发，为免沦为文化汉奸，与吕太先生、杨宽先生离沪，在常州乡下三不管地方教中学糊口，但仍撰文不断，这些文字极难寻找，亦是我整理先严文稿之缺憾。此次上海图书馆目录中竟有十余篇，张先生设法扫描到数篇，浙大中文系博士钟林巧小姐在网上找到若干篇，台湾

"中研院"林庆彰先生及其助手蔡雅如小姐从"中研院"图书馆寻到数篇,美国硅谷亚洲艺术中心舒建华先生在斯坦福大学东亚图书馆搜寻到一些,其中有些是上海图书馆目录中亦无之文。最为难得的是找到先严1943年、1944年在横林与几位朋友合著的《画经》,这是一篇一边讲解,一边手绘图示,教人学画中国山水画的长文,其中包含140余幅手绘插图,但由于当时印刷技术水平及年代久远,这些插图多有模糊处,已难以直接排版,只是若无插图则文亦无法读懂,幸有浙江电视台周新科先生在电脑上将此140余图修复一新,少数实在无法修复的则在画谱中寻找近似之图置换,使此文图文并茂。不过仍有小小的遗憾,那就是从通篇看来,文章可能因为抗战将结束,无论先严等人及上海之杂志社皆忙于考虑胜利后的安排,故未能写完,更未能如愿编成一部具体教人学中国画之专著。不过,能寻到如此许多先严民国佚文以飨学界,虽知定还有一些佚文未寻到,但已深感欣慰了。

更为宝贵的是,《顾颉刚全集》出版后,顾潮先生整理太先生遗物,竟理出1963年底至1966年初先严给太先生的信函21则。众所周知,"文革"抄家伊始,凡可能被抄家者第一件事就是烧信,太先生家亦不例外,太先生生前常叹息先严一封万余言有关《左传》著作时代及作者的信被烧毁,万没想到太先生还是保留了这21则纯谈学问之信。先严写此信的时间恰为为我讲《左传》之时,边讲书边有体会即写信禀告太先生。这些信中虽有不少有关春秋史实的考证,但我读后最受益的是先严之考证方法:他从《左传》中的"预言"起意,从史料中考证出"预言"所示几近亡佚之史实,同时考出书之著作时代,继而从书中某些此著作时代不可能有的现象考出后人窜入之某些伪言,亦可从这些伪言反映的社会现象考出此类伪言窜入的时代,从而对书本身、书中的记载及未明显记载的史实作了清理。对其他书想必亦是如此研究的。

我虽详加斟酌,将先严的学术研究成果尽可能补充录出,但有些手稿及文章仍未收入。如先严在1965年连写三篇从生化角度研究精神病发病机制的文章,就当时而言,北京大学大约1958年设生化专业,复旦大学1960年设生化专业,中国的生命科学研究可谓起步不久,一位社会科学研究者即将它用于精神病研究,不可谓不前卫。但时至今日,它也许仅在科学史、精神病学史研究中有些参考价值。同样,先严公开发表过的批判与自我批判的文字,也仅对研究当代史学史的学人有参考价值。故这些《著作集》中没有的文字,本书仍未收入。但它们都在宁波天一阁之"童书业先生专柜"中,有需要者可至天一阁查阅。

这本书,就内容而言,确具学术价值;从形式上讲,却有些差强人意:其一,手工业商业史讲稿若仅看标题,极易被误解为雷同于多次出版过的《中国手工业商业发展史》专著。其二,内容过于庞杂。商务印书馆朱绛先生竟不以形式之差强人意为念,力主出版此书并承担申报、编辑此书之责,商务印书馆领导批准此书立项,对朱先生及商务印书馆的善意和担待,我确实心存无以言表之感激。同时亦想借此感谢顾潮先生将先严信函复印又制光盘惠赠于我;亦感谢张耕华先生随时将发现的先严遗文复印赠我,并于百忙中为我校对浙江图书馆未收藏书中之引文,使此书引文复核尽可能完善。同时感谢为此书尽可能完整、完美的钟林巧小姐、林庆彰先生、蔡雅如小姐、舒建华先生、周新科先生。没有各位之鼎力相助,仅凭我一人之力是无法做好此书的。

童教英

2013年2月于杭州

目　　录

中国手工业商业史讲稿(1955 年初稿)　1
中国手工业商业史讲稿(1958 年修订稿)　126
西周春秋农业畜牧业原始史料　209
庄子思想大纲　236
庄子史料　237
从地理之观点论中国今昔之国防　258
略论近年来国内史家史前史研究的成绩　286
近年研究古史的总成绩　292
中国地理与中国历史　295
《野叟曝言》略考　304
《梼杌闲评》考证　310
董源画法源流考　318
评俞剑华著中国绘画史　328
中古绘画史讲话　334
枞川画诀　337
所谓山水画“南北宗”说的批判　349

美术界一日:二十八年七月十四日　352
画经·第一编·山水　353
国画讲话　506
"关于读书"的商榷　510
谈谈当前的史地教育　513
猫在中国　517
我们的新宗教　521
《水浒传》与古史　524
谈命　527
单云阁主人四十初度赠诗录　531
建国期中文化人努力的一个方向　532
"美"是什么?　538
精神病与思想问题　542
精神病诊断术　545
必须分别强迫症与典型精神衰弱症以及其他类似症状　577
致顾颉刚先生函二十一则　580

中国手工业商业史讲稿

（1955年初稿）

第一讲　导论

手工业、商业发展的一般规律

我们知道：从猿变成人的第一个条件，就是能制造工具。而最早的制造工具，就是用手的，所以广义地说来，最早的手工业，是与人类俱来的。日常生活的条件，推动人类祖先去制造工具，他们开始用一块石头敲打另一块石头，制造出原始的石器。马克思主义者说："劳动是从制造工具开始的。"随着劳动的发展，工具也日趋完善，从打制石器进步到磨制石器，由石器进步到金属器，由铜器、青铜器进步到铁器。不断的劳动，积累了经验和技能，人类的手工制造，发展到了金属时代，正式的手工业就出现了。

起初，手工业是和别种生产事业结合在一起的，例如同农业劳动或游牧劳动结合在一起。但是人们的手工业技术是在不断进展着的。还在石器时代，人们就学会了制造陶器，后来又出现了手工织布业，最后随着冶炼金属技术的发明，更有了金属制造业。要把这些手工业和农业、畜牧业永久结合在一起，是有困难的。于是在原始公社中，就逐渐有人专门从事手工业，独立的手工业因此出现。尤其是到了铁器时代，由于手工技术的进一步发展，它就不能不与主要的生产事业农业分开：这就是“第二次社会大分工”。

还在石器时代，交换已经萌芽，最初是在各个氏族公社间发生的，但这种交换长时期带有偶然性。到游牧部落分化出来，即“第一次社会大分工”后，情况就改变了：游牧部落有了若干剩余生产品，同时他们感到需要农产品，而农业部落的生产也有了发展，于是农人和牧人之间的物品交换，就开始发展起来。到手工业独立后，手工业者的制品也愈来愈频繁地进入交换，交换的范围就更显著地扩大了。

随着生产分为农业和手工业两大部门，就产生了直接为交换而进行的生产，劳动生产率的提高，使剩余生产品大量增加，交换就更趋发展。在奴隶制时代，基本上还是自然经济，劳动产品是在生产它的经济单位内消费的，但同时交换也在发展着，手工业者最初为定货而生产，以后则把产品拿到市场出售。手工业者和农民等的一部分劳动产品，就逐渐成为商品。为交换而生产，是商品经济的特征，因此手工业和农业分离，手工业成为独立的职业，就是商品生产的萌芽。

当交换带有偶然性时，一种劳动产品是直接同另一种劳动产品交换的，即所谓“物物交换”。随着交换的扩大，并成为经常的现象，就逐渐分化出一种人们愿意用任何商品来交换的商品，这样就产生了货币，货币的发展，使商业更加繁荣起来。

手工业和商业的发展，引起了城市的成长，最初的城市和乡村没有多大的区别，但是手工业和商业逐渐集中在城市里，在居民的职业和生活方式上，城市和乡村日益分离，城乡从此对立起来了。

随着商品交换量的增多,交换地区的扩大,独立的商人分化出来。生产和交换的扩大,加速了财产的不平等,富人手中积累了货币和其他财富,穷人不得不愈来愈向富人借贷,这样就产生了高利贷。

在奴隶制时代,手工业和商业可以发展到相当的高度,例如在希腊、罗马,就有许多使用奴隶劳动的大手工业作坊。这类手工业多是生产商品的,手工业的发展,促进了商业的发展,尤其是对外贸易的发展,而国内外商业的发展,翻转来又刺激手工业,推进手工业的发展。但是奴隶占有制度本身包含着使它灭亡的不可克服的矛盾,奴隶制发展的结果,一定要引起生产衰落,贸易停顿,手工业破坏,城市日渐荒凉的后果。因为奴隶制发展到高峰,它的不可克服的矛盾,就日益暴露出来,生产关系束缚了生产力,并毁坏生产力,这就使奴隶经济中的手工业和商业,迅速衰落,甚至趋向崩溃。

在封建制时代,特别在其发展的初期,基本上是典型的自然经济。每一个封建领地,都过着孤立的经济生活,很少同外界进行交换。大一点的田庄拥有相当多的手工业者,其中大部分就是庄园农奴。农民不仅从事农业劳动,而且从事家庭手工劳动,主要是把自己生产的原料加工,如纺纱、织布等。在长时期中,封建主义的特点是农业和家庭手工业相结合,前者为主要经济部门,后者为副业。少数必需的外来品,如食盐和铁器,最初由行商供应。

奴隶制时代的城市,在奴隶制覆灭后,许多还遗留下来,大的奴隶主作坊瓦解了,但手工业还继续存在,商业也残存着。在中世纪初期,城市和手工业还不发达,市场和交换是很有限的。随着封建经济的发展,乡村中从农民里面分化出为本村服务的手工业者。手工业者劳动生产率的提高,有可能生产出多于封建主或一个乡村的农民所必需的产品。于是手工业者开始居住在封建领地的周围、寺院附近、大的村庄和其他商业中心，以出售他们的产品。于是渐渐地，通常是在水路上，成长起新的城市或镇市来。在奴隶制时代就产生的城市脱离乡村的现象加强起来了。

手工业技巧的改进，使封建主开始向城市购买工艺品。城市居民主要是手工业者和商人，农民也逐渐流亡到城市里来。城市人口的增多，工商业竞争的加剧以及反对封建主的剥削和压迫，迫使手工业者和商人组成“行会”。“行会”是手工业、商业的封建组织形式，它在初期曾起过一定的积极作用，促进了城市手工业和商业的巩固和发展。但是随着商品生产的发展和市场的扩大，行会愈来愈成为生产力发展的阻碍了。行会对手工业生产和商业的规定过严，束缚了它们的主动性，阻碍了技术的发展。为了限止竞争，行会对工商业者，尤其是手工业者中希望获得师傅权利的人，施行各种的阻碍。数量激增的学徒和帮工，实际上已多不可能成为独立的师傅，他们不得不终身充当雇佣者。师傅加紧剥削他的手下人，帮工们开始组织秘密会社，来保护自己的利益，这些会社曾受到许多迫害。

城市居民中最富裕的是商人，商业受行会制度的损害要比较少些，行会主要保护商人的权利，使之免受封建主的侵犯。

到封建时代后期，商品生产逐渐发展起来，城市手工业、商业日益扩大，农民经济也日益卷入交换之中。小商品生产者中间逐渐发生分化，大多数人愈来愈穷，小部分人愈来愈富。随着商业的继续发展，国际贸易和国际市场逐渐产生出来，手工业已不能满足日益增长的对商品的需求，这就加速了小手工业生产向大规模资本主义生产的过渡。

从封建生产方式过渡到资本主义生产方式,一般要通过两种方式:一方面,小生产者的分化,产生了资本主义的企业主;一方面,以商人为代表的商业资本主义直接控制了生产。随着商业竞争的愈来愈激烈,为较大的市场进行生产的师傅,一部分力求行会的废除,一部分就竟自置之不理。他们延长了帮工和学徒的工作日,增加了他们的人数,采用了生产效力较高的劳动方法。最富裕的师傅逐渐变成资本家,贫穷的师傅、学徒和帮工变成雇佣工人。商人开始定期收买大批商品,然后拿到较大的市场去出售,于是商人变成了"包买主"。手工业者的地位从此发生了根本的变化。包买商以低价预购生产者的成品为条件,贷给他们现金、原料和材料,这样小生产者在经济上就依附商业资本了。

手工业者的贫困和破产,使包买主不仅供给他们以原料,而且供给他们劳动工具,于是手工业者完全变成了雇佣工人,而包买主变成了工业资本家。集中在资本家作坊中的手工业者,本来都做着同样的工作,可是很快就显现出他们各有特长,因此,更有利的是:让每个人做他的最擅长的那一部分工作,这样有相当数量工人的作坊,就逐渐实行分工。使用分工的雇佣工人的资本主义企业,就是资本主义的"手工业工厂"。但是创立资本主义人企业所必需的甚多财富,还需要以大批小生产者遭掠夺和破产为代价而积累起来。

手工业和商业发展到了这个时候,就已经临近资本主义社会的边沿了。此后手工业逐渐被机器工业所代替,而商业的意义也有所改变了。

总结起来说:手工业和商业的发展,是相互为用的。而这种原始工商业的发展,在资本主义以前各时代都起过积极的作用:在原始社会时代，它加速了原始公社制的崩溃，使奴隶社会因此而产生。在奴隶社会时代，它也加速了奴隶制的发展，使奴隶社会由低级进入高级阶段，同时也使奴隶制的矛盾逐渐暴露，使奴隶经济崩溃，封建制代替奴隶制。在封建社会时代，作用尤大，它促进封建经济的发展，并使封建经济中产生了资本主义的幼芽，而资本主义幼芽的成长，又促使封建经济崩溃，封建社会让位给资本主义社会。

东方手工业、商业及城市的特点

以上所说的，是手工业、商业发展的一般规律的大概，以及手工业、商业在社会各阶段中所起的作用。但是，在东方国家里，手工业、商业和城市，都有它们的特点，这种特点，也是不可忽视的！

东方国家手工业最主要的特点，是长期和农业相结合着，而且有一部分手工业和商业相结合。随着时代的变迁，手工业和商业的结合，也有或多或少、或大或小的不同；可是在东方国家里，从来很少有大部分手工业和商业结合的事实：这也就是东方奴隶社会不能发展到高级阶段，以及东方封建社会长期停滞，不容易出现资本主义生产方式的一个重要原因。马克思说：

> 亚细亚的形态，无疑的保持得最牢固，也最长久。这由于在亚细亚形态的前提下，已被奠定下基础在于各个人对公社的关系，不是独立的。在于生产的内容，只是看作自己生存的保证。在于农业和手工业之结合为一，等等。（《前资本主义生产形态》）

由于大部分的手工业长期和农业相结合的结果，使得古代的商业资本和近代的工业资本的势力,都不容易侵入农村,瓦解农村的自然经济。在古代与中世纪的东方各国,商品经济是不大发展的,商业都被局限在少数城市之中,而且许多工商业都被国家所控制和垄断;剩余的商业资本多转化成高利贷资本,高利贷资本的发展阻碍了工商业的正常发展。同时,高利贷资本往往投向农村,变成兼并土地的工具,这样就破坏了小农经济,使农民贫困,甚至破产,于是更缩小了商品市场的范围,使市场几乎不能越出城市一步。这种局限在少数城市里的市场,几乎完全是为国王、官僚、城市富人和乡间地主而设的。市场的狭小,限制了手工业产品的增加,使手工业不得发展,并与商业疏远。专门制造和贩买奢侈品的国营工商业的扩大,也阻碍了制造、贩卖日用品的民营工商业的发展。因此之故,东方的商业城市就变成了只是农村剩余物资(多属地主阶级向农民那里剥削来的东西)和城市少数工业所产的奢侈品以及外来的奢侈品的市场:这就构成了东方城市的特点。马克思曾比较古典古代、亚细亚、中世纪和近代的城市与乡村的关系,说:

> 古典古代的历史,这是城市的历史,但同时是以土地财产和农民为基础的城市的历史。亚细亚的历史,这是一种城市和乡村不可分割的统一体(在这里,大城市只能看作王公的营垒,看作在真正意义上只是经济制度的赘疣)。在中世纪(日耳曼时代),乡村本身是历史的出发点,它的进一步发展,后来进入城市和乡村对立的形态。晚近的历史,这是城市关系渗进乡村,而不像在古代乡村关系的渗进城市。(同上)

马克思在这里指出亚细亚城市的特点,是:“城市和乡村不可分割的统一体",这就是说:城市和乡村的对立性不强,城市附属于乡村,可有可无,所以说城市"只能看作王公的营垒","只是经济制度的赘疣"。但是,在某些东方国家中,城市也是有发展的。在那些国家里,大概愈古的时代,这种"城市和乡村不可分割"的特性愈强,愈到后来,这种特性就渐弱、渐小了,例如在中国,就是这样。

中国手工业商业史的特点

在东方国家中,中国的工商业和城市,是比较发展的。虽然它也具有东方的一般特征,可是它也有接近西方之处。例如在战国秦汉时代和宋元明清时代,手工业和商业都比较兴盛,城市也比较繁荣。在战国秦汉和明清两个时代,手工业中有一大部分已与商业结合,大手工企业已经出现;商业资本的流通,使货币经济十分发达;城市已成为工商业者的集合地,而不仅仅是"王公的营垒"了。只有春秋以上的城市才完全属于"亚细亚"的性质。即使是从魏晋到唐代的城市,也还有一定的工商业,而不完全是"经济制度的赘疣"。我们只须看马可·波罗的游记,就知道宋元时代的城市工商业,还超过同时的欧洲。可是这并不是说宋元时代的城市已经完全消失东方的特性,而和后来的意大利等地的城市一模一样。我们知道:宋元时代的城市,还不是对抗封建统治势力的城市(这里用"封建统治势力"一个名词,是因为那时的城市和行会,也是封建的组织),而是为封建统治势力所控制,为封建统治势力服务的城市,并且许多大工商业都为封建国家所直接经营。从那时的行会制度的特点来看,更可以清楚地说明这点。宋元时代的行会,和它的城市一样,主要不是对抗封建统治势力,而是为封建统治势力服务,并且被封建国家所直接支配。

手工业与农业强固结合,城市工商业比较发展,大工商业被国家控制和直接经营,发展的商业资本贵族化或封建化,以及发展的城市具有浓重的贵族性或封建性。这些就是鸦片战争前中国手工业、商业和城市的最主要的特点。

研究中国手工业商业史的史料与方法

研究中国的手工业商业史,是相当困难的,因为史料非常零碎,搜集起来很不容易。从商鞅变法以后,中国统治阶级就有一个传统的观念,即所谓"重本抑末",便是重视农业,轻视工商业的意思。所以在史籍和其他文献中,很少记载工商业的材料。我们现在要恢复中国手工业商业的历史真面目,是需要费一番大力气的。在目前,这种工作还正在开始的时候,因此我们的研究还很粗浅,还需要很多人来通力合作,这门学问才有逐渐成熟的可能。

目前搜集史料的步骤,根据我个人的见解,首先是搜集正史中的材料,尤其是正史的《食货志》、《货殖传》等部分的材料,必须首先熟悉。正史其他部分的材料,也须全部翻检录出:这是基本的工作。此外如通典、通志、通考、手工业专书(如《考工记》、《天工开物》等)、小说、笔记以及地方志中的材料,都需要逐步搜检抄录。在搜录以上各种文献史料时,必须做分类整理的工作。文献史料外,还有实物史料和传说史料,也须搜集整理。只有掌握了丰富的史料之后,才能研究出中国手工业商业史的真相;但凭少数几条材料,就夸夸其谈,那一定会错误百出、误己误人的。与掌握丰富史料的同时,还须掌握马列主义的理论和方法;没有正确理论和高级方法的指导,即使有了史料,也研究不出什么成绩来。

事实上,现在就开始写中国手工业商业的通史,是不很妥当的。因为搜集整理史料的工作还只刚刚动手,有关这方面的马列主义的理论,我们学习得还很不够,实难以写出一部完善的中国手工业商业史来。

我们在目前，实在还是应该做搜集史料的工作和学习理论的工作。到搜集了一部分相当充足的史料以后，我们可先做些专题考证或专题论述的文字，到有了相当的专题研究的基础，同时掌握了相应的理论，才能放手来写中国手工业商业的通史。这样，我们写出来的中国手工业商业史，才不至于过分贻笑大方。

第二讲　汉以前手工业商业及城市经济的特点

春秋以上的自然经济

奴隶社会和封建社会的经济都不能突破自然经济的范畴，而东方的奴隶社会和封建社会初期，自然经济状况更为巩固。按照一般的说法：夏代以前为原始共产社会，殷代为奴隶社会，西周春秋为领主制封建社会，即初期封建社会。照理论讲，殷代还是青铜器时代，它的奴隶制只能是早熟的，很不发展的。在这个时候，自然经济占绝对优势，是没有什么问题的。即便是西周春秋时代，也还是青铜器时代，虽已有铁器，但还不曾很广泛地应用，所以这还不是正式的铁器时代，而只能是青铜器时代的后期。与这种较低的生产力相适应的封建制，也只能是早熟的、未发展的封建制。在西欧封建社会初期，生产力也相当低，生产工具和其他工具，还有木头和石头制造的，在西欧这个时候，自然经济也占绝对的优势。生产与交换情况与西欧初期封建社会相近的西周春秋时代，也只能是自然经济居统治地位的时代。

不仅照理论讲应当是这样，从史料方面观察，我们更可证明上述的结论。殷代以前没有原始的文献史料,但考古学却供给我们以实物史料。与世界各国一样,中国的农业也是在新石器时代开始的,在河南渑池县仰韶村,曾发现新石器时代晚期的遗址,这种文化散布在广大的西北地区和中原某些地方。各遗址都有石制的农具发现,同时发现村落的残迹,可见那时候的人已经营定居的农业了。遗址中又发现许多家畜的骨头,最多的是猪骨,可见农业是和畜牧业结合着的。遗址中又发现许多手工业制品,如画彩的陶器,磨光的石器,精制的骨器,等等。更发现有纺轮、骨针、骨锥等,可见纺织与缝纫已是很普遍的手工业了。石器的种类很多,可见石器工业已达到了最高峰。这些手工业制品发现于村落遗址中,显然这是与农业、畜牧业相密切结合着的手工业。当时人经营着农业、畜牧业、手工业三位一体的公社经济:这就是一种最原始的自给自足的自然经济状态。自然,我们并不否认当时已有氏族部落间的原始交换,如在甘肃各遗址的墓葬中,曾发现玉器和海贝,玉出产于新疆,贝出产于沿海地区,可见当时交换的地区范围已很广远。虽然这些东西只是奢侈品,而不是日常用具。

山东济南龙山镇的城子崖,也曾发现新石器时代的遗址,它比仰韶遗址更晚,这一种文化主要分布于东南一带。遗址里也发现许多石制、骨制、陶制和蚌制的农具和手工业工具,同时发现更多的家畜骨骼,可见农业、畜牧业、手工业三者也是相结合着的。遗址中的手工业制品,最重要的是一种黑色的陶器,种类繁多,技术精致,说明当时农、牧业副业的手工业,已经相当发展。自然,这离手工业与农业的大分工,还远得很。

河南安阳的殷墟,是商代的首都,这是一个大城市,在这里面自然看不出手工业与农业结合的自然经济状态。但根据当时生产力状态看,在广大的农村里,当然是盛行着严格的自然经济的。孟子说:“殷人七十而助”,殷代显然还行着巩固的农村公社制。在农村公社里,没有不是农业与手工业相密切结合的,没有不是自然经济占统治地位的。

到了西周春秋时代,自然经济占统治地位,更有极坚强的证据:第一,那时候没有发展的商业,商业的发展,是从春秋后期才开始的。第二,无论从考古上看,或从可靠的文献上看,都可证明那时候货币极不流通,甚至可能正式的货币还没有或很少。现在出土的铸币,都是战国时代的。第三,除了官府工商业以外,民间的工商业大体尚附属于农业,真正的城市自由工商业者,也是春秋后期才出现的。第四,没有真正的工商业城市,所有的城市都是王公贵族们宗庙、宫室、朝廷、营垒等的所在地,此外只是些为贵族服务的工肆与商市。这种工肆与商市,只能算是贵族官府的工商业机关,它们根本算不了城市居民的手工业作坊和商业市场:所以这种城市,正是马克思所说的“只能看作王公的营垒”的城市,它们“只是经济制度的赘疣”,乡村的附属物(因此封建贵族住在城里,而不住在乡村,并不足怪),它的存在一点也不妨碍广大农村的自然经济。相反的,这种城市的存在,还阻碍了商品经济的发展。因为农民们根本不需要这种城市里所出产的奢侈手工艺制品,这类手工艺制品,是不会流到乡村里去的。同时贵族有了自己的工厂,可以大量制造奢侈品,一般用具也不需外求。他们所支配的商人(贵族的商业代理人)也只是到远方去贩买些本地不能制造的或不出产的奢侈品,以及本地所缺乏的重要物资。他们的贸易,主要是为贵族服务,而与农民无关。这样,这种王公营垒式的城市,实际上也是一个自给体,也是当时自然经济中的一环,而不是自然经济的真正对立物。因此,我们说这种城市的存在,反可以证明自然经济的巩固。第五,当时的乡村和城市的生产品,都主要是为消费而生产的,并不是为生产商品而生产的。只有剩余的物资(实际上多是贵族从农民、手工业者等那里剥削来的东西),才被当作商品去交换;虽然这种交换,在一定程度上,也能刺激生产的发展,促进真正的工商业的兴起。

当时乡间严格的自然经济状况,反映在某些文献里。反映这种经济的典型文献,是《诗经》的《七月篇》。这篇诗的著作时代,虽还不能确定,但无论如何,总不出西周春秋时期。著作地点,大概不出周室和鲁国两个地区,它正可以代表当时经济最发展的地区的乡村状况。我们拿它来说明当时的乡村自然经济,是不会有很大的错误的。

根据《七月篇》的记述,那时的农村确是严格的自给自足的农村。农业,当然是自给自足的。手工业如蚕丝、纺织、制酒、建筑等,都与农业相结合,也是自给自足的。畜牧业自然也是农村的副业。还有狩猎业,农民也经营着。这些同时经营农业、手工业、畜牧业、狩猎业的农民男女们,一面生产自己最低限度的消费,一面生产"剩余物资",供贵族们的剥削。他们同时还要为贵族做工。他们自己吃的是野蔬、苦菜,烧的是烂柴,却要用稻制"春酒",去为贵族祝寿。他们自己"无衣无褐",却要织布染上各种好看的颜色,"为公子裳";还要去打狐狸,"为公子裘"。他们自己的房屋坏得七穿八洞,不得修理,却要去替贵族修建宫室,白天夜里都要做工,还要赶快的做。此外他们还要替贵族干打猎、凿冰等工作。自然,最主要的是替贵族耕田和贡献自己田里的农产物。当时农民们生活如此之苦,自然不会有余资去交换外来的物品,所以在当时的农村里,根本上不可能有市场出现。农民们吃自己种出来的农产物,穿用自己生产的原料所制造的衣服,一切生活都非常简单,哪能消纳什么商品。而且这时候,乡村里只有被残酷剥削的农民,而没有剥削农民的地主、富农们存在,剥削者是住在城里的(这点和西欧封建贵族不同)。城里的封建贵族有自己的工厂和自己的商场,他们不需要到乡村里来采买物品或出卖物品,他们在乡村只是进行剥削而已。外来的商人也主要是同城市里的商人做买卖,所有贸易,只是城市与城市间的贸易,对于广大农村的自然经济,丝毫也不发生影响。大概到了春秋中期以后,自由工商业者逐渐兴起的时候,才有出卖成品的手工业者和出卖产品的农民等。商人才有下乡采办物资到城里来贩卖的。同时大概也渐渐有城市产品下乡的事情。城乡物资初步交流的结果,才使广大的自然经济开始出现了些缺口。

所应该再度声明的是:自然经济巩固的时候,也并不是没有一点交换的。无论是在原始公社制的后期,奴隶社会和封建社会的初期,公社、农村、庄园等,都不能完全不对外交换,因为总有些需要的物资是自己不能生产的。如某些金属品和食盐等,往往需要外界供给。因此,最早大量变成商品的,就是盐和铁,这在中国,也不例外。

中国上古自然经济的开始动摇,实际上要到战国时代。因为一直到春秋末年,商品货币关系还不曾发展,还在萌芽状态之中。所以我们把整个春秋时代划到封建初期内,而把封建经济开始发展期定在战国,不是没有理由的。事实上要讲真正的手工业商业史,只能从战国时代讲起。

官府工商业

我们说在社会第二次大分工以前,手工业与农业相结合而不分,只是指一般的最普遍的手工业而言,事实上在社会第二次大分工以前,也就是远在铁器时代以前,若干特殊的手工业已有专门从事制造的人,甚至一个氏族,或者一个种姓,专门从事一种手工业:这种情况,可能在新石器时代已经发生,例如仰韶文化的遗址中的“彩陶”,龙山文化遗址中的“黑陶”,有很精致的制品,应当是专门手工业者们制造的。到了铜器时代,各种精美的青铜器,也应当有专门制造的工人。像这类高级的手工业制品,没有专门的技术,是不能制造的:这实在是最早的手工业分工。《考工记》说:“知者创物,巧者述之,守之世,谓之工。”《考工记》所载诸工官或以“人”称,或以“氏”称,注说:“其曰某人者,以其事名官也;其曰某氏者,官有世功,若族有世业,以氏名官者也。”定公四年《左传》记载:周灭殷后,分给鲁公以殷民六族,分给康叔以殷民七族。范文澜先生说:“十三族中至少有九族是工:索氏(绳工)、长勺氏、尾勺氏(酒器工)、陶氏(陶工)、施氏(旗工)、繁氏(马缨工)、锜氏(锉刀工或釜工)、樊氏(篱笆工)、终葵氏(椎工)”,这些都是专长一种工艺的氏族,他们的制造品,大概比一般农民制造的手工品要精致些,所以他们就以某种工艺作为氏族的名称。这种工业氏族,大概远在奴隶社会形成以前,就已经存在了;到了国家出现以后,他们就成了所谓“工官”。工官的工业,就是我们这里所说的官府手工业。这种官府手工业种类很多,根据《考工记》的记载:“凡攻木之工七,攻金之工六,攻皮之工五,设色之工五,刮摩之工五,抟埴之工二。”这些工业主要都是为贵族服务的,乃是封建贵族政府所掌握的手工业。它们的制成品,由贵族政府支配。其中许多是奢侈品,很是讲究。这类手工业，对于当时的一般人民来讲，关系是不大的。现在我们根据出土文物，略述当时手工艺发展的程度。

安阳殷墟曾发现石工、玉工、骨工、铜工四种手工业场所：铜工的产品有兵器和礼器等，骨工的产品有骨锥和其他的骨器，石工、玉工的产品，主要是艺术品。其中最突出的是青铜器，如出土的“司（祠）母戊鼎”，重约一千四百斤，带耳高一百三十七公分，长一百一十公分，宽七十七公分；鼎上的花纹非常精致，像这样的制造品，说明殷代官府手工业技术的优越和分工的细致。殷墟出土的青铜器很多，其技术甚至超过西周时代。此外还有各种铜范：这是青铜器全盛时期的制造品，没有长期的培养，是不能达到这样境界的。

铜器时代和青铜器初期的制造品，在上古的中原地区，还不曾发现，究竟中国铜器时代开始于什么时候，现在还是疑问，根据传说，可能是在夏代。但是殷代虽然已是青铜器全盛时期，农业方面是否已应用青铜工具，现在还不敢确断，全世界出土的青铜农具是很少的，因为青铜很贵，而且掌握在统治阶级手里，所以只可能制造武器和奢侈品；在生产方面，只有手工业工具，才多用青铜制造。殷墟出土的青铜器中，已有手工业工具；青铜农具则不曾发现（相反的，根据考古出土物和文献看，那时的农具主要还是石制的和木制的）。我们知道中原地区铜矿不多，更缺乏锡。殷代的青铜器原料，可能多从南方输入。一直到春秋时代，“南金”还是有名的宝货。

根据考古材料和文献看，西周春秋时代的官府手工业，种类更是繁多，主要有铜器业、铁器业、木器业（包括舟车、建筑等）、皮革业、玉器业、陶器业等。西周的铜器，技术有超越殷代的地方，也有不及的处所,但是铜器的制造量,显然是增多了,也就是说:铜器的应用,更普遍了。春秋时代的铜器,不及西周,但应用似乎更普遍些。春秋已到铜器时代的末期,所以就质的方面说,不及西周。

中国在什么时候开始有铁,现在学术界还在争论着,有些史学工作者根据下列的证据,主张西周已有铁器:1.《诗经·大雅·公刘篇》说:“取厉取锻”,《尚书·费誓篇》说:“锻乃戈矛,砺乃锋刃”,“锻”是锻炼,“厉”是在石上磨,锻炼和磨的,可能都是铁器,因为青铜器并不像铁器那样越锻炼越坚韧。2.《诗经》中有“钱”、“镈”、“铚”等农具,字都从“金”,青铜器在农具上是不能普遍应用的,而且到春秋时代,青铜还很名贵,所以西周时不可能有大量青铜农具。西周的金属农具,应当是铁器。3.《诗经·秦风·驷驖篇》说:“驷驖孔阜”,“驖”也作“铁”,因为马色如铁,故名为“驖”。《驷驖篇》是东周初期的作品,所以“铁”在西周应当已很普遍。4.《左传》中记载晋国在春秋末年已经用铁造刑鼎,这说明当时的铸铁技术已有相当高度的发展,如果不承认西周有铁器,就技术发展史上说,是很难讲通的。5.就全世界铁器出现的时代说,有些国家在公元前三千年代已经有最原始的铁器了(如埃及和两河流域),一般说来:从开始用铁到铁器时代,大约要经过一千年到两千年光景,中国大量用铁从战国时代开始,那时已进入铁器时代,西周到战国还不到一千年,所以说西周有铁器,应当是合理的。总之:不管西周有没有铁器,至少春秋时代已经有铁,到春秋后期铸铁的技术已很高明,这总是为学术界公认的结论。

西周春秋时代有所谓“百工”,居住在“肆”(工厂)中工作,即工官所掌握的手工业者,那时所谓“工不族居,不足以给官”(《逸周书·程典篇》)。《礼记·月令篇》说:"(季春)命工师,令百工,审五库之量,金、铁、皮革、筋、角、齿、羽、箭干、脂胶、丹漆,毋或不良。""(季秋)霜始降,则百工休。""(孟冬)命工师效功,陈祭器,案度程……物勒工名,以考其诚,功有不当,必行其罪,以穷其情。"可见古时官府手工业是有相当严格的制度的,作、息、考核,都有一定的时期,而且制成品上刻有工人的名字,要考核他们的成绩,如果成绩不好,还要治罪。这种工官制度,大概一直到春秋前期,还相当的保持着,到春秋后期,工官制度才逐渐解体,而发生变化。自由手工业者,在这种情况之下,才逐渐出现,民间手工业才开始发展起来。自然,官府手工业并不曾消灭,不过有了转变而已。

关于春秋以前官府手工业者的身份和地位,近人中也有不同的看法。范文澜先生说殷代的手工业者都是奴隶,由工官率领。他甚至说春秋以前的工匠,都是奴隶,只有他们的首领是自由人,是工官。也有人认为西周春秋时代的手工业者,都是半自由的"工奴"。我们的看法有些不同,我们认为殷代有手工业奴隶,自然是可能的,但未必所有手工业者都是奴隶,应当至少有一部分是自由人。关于殷代手工业者的身份和地位,由于史料缺乏,我们不敢作出结论。但是西周春秋时代的手工业者,一定大部分是自由人,而不是奴隶:这是有充分的史料可以证明的。虽然我们是不否认当时也有奴隶从事手工业的。就史料看,当时手工业中使用奴隶,至少是不多的。

西周金文《伊簋铭》说:"臣妾、百工",《师毁簋铭》说"仆御、百工、牧、臣妾","臣妾"是奴隶,"百工"与"臣妾"并列,当然身份是相当低的,可是"百工"与"臣妾"还是有区别的。《书经·康诰篇》

说:"侯、甸、男、邦、采、卫、百工播民和,见士于周。""百工"又和"侯、甸、男邦、采卫"等并列,可见他们不是奴隶。一直到春秋时代,"工商"还是与"皂隶"等并举,如《左传》襄公九年说:"商工皂隶,不知迁业",可见工商的地位还与奴隶相去不远。但是他们同时又与庶人并举,如《左传》襄公十四年说:"庶人、工商",襄公二年说:"庶人工商遂,人臣隶圉免。"显然,"庶人"与"工商"是一等人,"人臣隶圉"又是一等人,工商与奴隶有别,是没有问题的了。《管子》和《齐语》都说:"士、农、工、商,国之四民也。"可见工商不能是奴隶。又说:"是故圣王之处士必于闲燕,处农必就田墅,处工必就官府,处商必就市井。""故士之子常为士","农之子常为农","工之子常为工","商之子常为商"。可见士、农、工、商只是四种世袭的专门职业("种姓");工商的地位虽然要比士农低,但并不是奴隶。按照士、农、工、商都有聚居的处所,而且世袭和工人处于官府等情况看来,这条史料还能当作春秋以上的史料来运用。《左传》昭公二十二年说:"王子朝因旧官、百工之丧职秩者,与灵景之族以作乱。""单子使王子处守于王城,盟百工于平宫。""百工叛。"周室统治阶级内乱,双方都要争取"百工",可见百工地位的重要了。《左传》定公八年又说:"苟卫国有难,工商未尝不为患。"这是说假使国家有难,工商业者也是要遭殃的(范文澜先生把这两句话解释成:"卫国有危难时,工商没有一次不起来作乱",照上下文看来,是不对的),如果工商业者都是奴隶,这话就讲不通了(因为这段话是说工商业者与贵族休戚相关,不能坐视国家的危难不救)。

当时的手工业者虽不是奴隶,但他们所受的剥削一定很厉害,所以常要起来反抗统治者。从西周后期起,一直到春秋末年,不断有"国人"起义,"国人"之中是包括着工商业者的。在春秋末年,卫国的手工业者联合贵族,接连起来暴动,甚至驱逐国君,原因是因为卫君"使匠久"了。哀公十七年那一次暴动,卫君因此出亡身死;哀公二十五年那一次暴动,匠人们拿了手工工具,进攻国君:这两次都是大暴动,这也就是当时官府手工业解体的征象。

殷代已有比较正式的商业,是没有什么问题的。但是殷代商业情况究竟怎样,却因史料的限制,不能清楚地知道。西周春秋时代的商业,主要是官府商业,《史记·货殖列传》引《周书》说:"商不出则三宝绝",可见商人的主要任务,是替贵族觅取奢侈品("宝"),所以他们是最与贵族接近的("达木卡尔"的性质)。西、东周间郑国东迁,和商人一同迁徙。春秋初期卫国被狄人所灭后,文公要复兴卫国,实行"通商惠工"政策。晋文公回国后,也曾"轻关、易道、通商":这种"通商"政策,自然不是专门为了寻求奢侈品,主要是为了取得本国所不产的物资,以从事建设。可是这种商人还是为当时贵族政府服务的商人,商业也还是官府商业。这种商业的通商地区虽然可能很广远,但是经营的业务却是很狭窄的。以这种商业为主要商业的时代,一定是商业不发达的时代。

如上所说,当时的商人虽然不是奴隶,但是,他们的身份是低于农民的。固然他们很接近贵族,但却是一种官府执事人员,近于"皂隶"的身份:因此他们与手工业者一样,靠官府养活着。《国语·晋语》说:"工商食官。"

虽说民间工商业已在春秋后期兴起,但是整个春秋时代,还是官府工商业占优势的时代。换句话说:整个春秋时代,工商业还不发达;工商业的真正发达,是在战国时代开始的。所以关于春秋时代的民间工商业,我们将并在战国秦汉时期中去讲。这样一面既能划清历史时代的界限,一面又能不割断历史发展的线索。

民间工商业的兴起

随着生产力的发展,民间工商业逐渐兴起了。自从阶级社会与国家形成以后,过去(新石器时代)由于氏族间的分工与交换所形成的氏族工业与氏族"商业",转变成了国家官府所经营的工业与商业,已如上述。但在东方阶级社会与国家形成以前,是还没有独立的个人手工业和个人商业的。换句话说:那时候第二次和第三次社会大分工还不曾开始,因此还没有独立的个体手工业者和个体商人。一般的手工业都附属于农业,特殊的手工业则为氏族所经营;商业也是氏族经营的。到了东方阶级社会将要形成的时候,畜牧业部落从农牧结合的部落里分化出来,形成了社会第一次大分工,于是交换逐渐兴起,除了氏族、部落间的交换外,还有个人间的交换;但个人间的交换,在这时仍与氏族、部落间的交换相结合;纯粹的个人交换,还不是主要的。而且这种个人交换者,并不是如后世的所谓"商人",交换还不曾变成一种专业,交换只是农民们的偶然的副业罢了。直到东方阶级社会形成以后,这种情形的改变,还是很缓慢的。换句话说:在东方,独立的手工业和独立的商业,兴起是比较迟,发展是比较不迅速的。

根据史料说:可以确定的最早的民间商业史料,是《书经·酒诰篇》的记载。《酒诰》记周公(?)对康妹和他的臣下说:"妹土(殷国)! 嗣尔股肱,纯其艺黍稷,奔走事厥考厥长,肇牵车牛远服贾,用孝养厥父母。"可见至少在殷代,已有农民副业的存在。这种商业不是在本地或近地进行的(在本地或近地只有普通的实物交换),而要"远服贾"。直到春秋时代,卫国(即殷国所在)还有"抱布贸丝"的农民。大概在殷代,商业已经比较兴盛,顾颉刚先生说:

“玉出昆仑，其地在今甘肃青海间，离商绝远；他如松绿石、黄金、大龟，诸发掘所得，或出西北，或出江南，均非其本国所有……以商代交通之广远，农、商及陶、铜诸工之发达，料想当其未亡之际，即已具有粲然之商业”（《浪口村随笔》卷二）。同时，顾先生更指出：“运输之事，赖乎服牛乘马。”我们知道，相土作乘马，王亥作服牛，都远在成汤之前，那末殷人的“商业”，似乎很早就比较发达了。顾先生根据徐中舒先生的说法，加以补充，主张“商贾”的“商”字，就是“商朝”的“商”字；认为“商人”一词源于商朝遗民。这个推断，是有相当的理由的，虽然还不能成为定论。

西周时代，商业继续发展，到了西周后期，《诗经》上说：“如贾三倍，君子是识”（《大雅·瞻卬篇》）。商人们获利之多，连贵族们都注意了，可见当时“达木卡尔”式的官府代理商人，不但为贵族服务，也已在经营自己的商业，因此发财致富，引起“君子”们的眼红。官府商业的发展，一面刺激民间商业的萌芽，一面也刺激贵族们掠夺商人，因此官府商人与贵族政府之间就开始形成了对立的局势。如《左传》昭公十六年载郑国子产说：

> 昔我先君桓公，与商人皆出自周，庸次比耦，以艾杀此地，斩之蓬蒿藜藋而共处之；世有盟誓，以相信也，曰：尔无我叛，我无强贾，毋或匄夺，尔有利市宝贿，我勿与知：恃此质誓，故能相保以至于今。

这是商鞅变法以前封建贵族领主的第一次向商人屈服，说明从西周后期以来官府商人因营业的发达，已经逐渐自由化，而开始与贵族展开斗争，抵抗贵族的掠夺，贵族阶级因想依靠商人立国，不得不与商人妥协,订立“尔无我叛,我无强贾,毋或匄夺,尔有利市宝贿,我勿与知”的盟誓。这种情况,当时各国恐怕都有,大概郑国因为新迁的缘故,国内需要团结,同时郑地处于当时天下的中央,商业比较发达,所以商人能迅速取得这种权利,以发展他们的商业。郑国官府商人的自由化,确是比较早的,例如春秋初期的郑商弦高,本是贵族,他手下有徒属,是个有地位的大商人,当秦军袭郑时,弦高到周国去经商,在途中遇到秦军,他冒充郑君所派的使臣去犒劳秦军,一面派人用驿车报告郑君,秦军认为郑国有备,只得回去(见《左传》僖公三十三年及《吕氏春秋》)。这可见郑国贵族与商人所订立的盟约,是收得团结效果的。因此到春秋末期,郑国执政子产还坚持保护商人的政策,商人也坚持与外国买卖“必告君大夫”的原则。区区一个玉环,郑商不敢私售,郑卿不敢强夺:郑国君商间的商业盟约的巩固,于此可见。所以郑商对于国家的安危,也很注意。郑国的商人,西到周,北到晋,南到楚,东到齐,都有他们的脚迹,他们甚至干涉国际间的事情,如在楚国的郑商,竟想救出晋国被俘的将领荀罃,计策未行,而楚国已把荀罃送还,后来这个商人到晋国去,不受荀罃的报恩待遇,说:“吾无见功,敢有其实乎”(见《左传》成公三年),这个商人也颇有些贵族的气息。这些都说明郑国商人地位是比较高的,在春秋时代,他们成为自由商人的先驱者。

春秋时代第二个商业发达的国家是齐国。齐国有鱼盐之利,可以作为工商业发展的基础。齐桓公用管仲的政策招徕商人,为诸侯的商贾立客舍,供给养,据说:天下的商贾“归齐者如流水”。根据传说:管仲不得志时,曾与鲍叔牙共同经商,而管仲因比较穷的缘故,分利较多。这个传说如果可靠,则齐国在春秋初期,已有自由商人出现。管、鲍都是低级贵族,可见最早的自由商人中就有贵族的成分。在当时,也只有贵族经营自由商业才比较方便些。在晋国,大概在春秋前期也已经出现了民间商业。《左传》僖公二十七年说晋文公时:“民易资者,不求丰焉,明征其辞”,这可能是指的民间自由交易,这种交易如“抱布贸丝”,“握粟出卜”,还是以物物交换为主。

到了春秋后期,商人的势力格外抬头,正式的自由商人已出现了。在齐国,大贵族陈氏:“以家量贷,而以公量收之;山木如市,弗加于山;鱼盐蜃蛤,弗加于海”(《左传》昭公三年)。可见政治上的贵族到这时已有变成商业高利贷家族的了。陈氏既放高利贷(一面也利用借贷的手段重借轻收,收取民心),也把自己领地里所产的物资运输到市面上去出卖(低价出卖):这是贵族的私家商业,已与官府商业有所不同。这种商业已带“自由”的性质,虽然这还不能算是民间的商业。在春秋后期,齐国的商业确是相当发达的,例如市场的扩大,已与大贵族如晏子的住宅相迫近,而逼得齐君要替晏子搬家。齐国国都里有所谓“诸市”,连卖鞋子的和卖假脚(受刖刑人用的所谓“踊”)的都有(《论语·乡党篇》说:“沽酒、市脯不食”,鲁国的市面上连酒、脯都有得买了)。这种用品,大概是小手工业者自己制造,自己设肆出卖的。这类手工业者应当是民间的自由小手工业者,同时也就是小自由商人。由于工商业的发达,统治阶级加紧掠夺,他们先把有资本的商人可能经营的企业霸占起来,所谓“山林之木,衡鹿守之;泽之萑蒲,舟鲛守之;薮之薪蒸,虞候守之;海之盐蜃,祈望守之”(《左传》昭公二十年),同时又暴征商税和强夺商货,所谓“偪介之关,暴征其私;承嗣大夫,强易其贿”;“内宠之妾,肆夺于市”(同上)。这种情况的存在,就说明当时商业的发达和自由商业的兴起。我们看齐国统治阶级压迫工商业的结果,引起全国人民的诅咒,使得齐君不得不"宽政、毁关、去禁、薄敛、已责"("责"就是"债"字,"已责"就是免除高利贷的债,可见当时贵族政府也向人民放高利贷)。根据《孟子》的记载,古时本来是没有商税的(《梁惠王》篇、《公孙丑》篇),孟子说:"古之为市也,以其所有,易其所无者,有司者治之耳。有贱丈夫焉,必求龙断而登之,以左右望而罔市利,人皆以为贱,故从而征之,征商,自此贱丈夫始矣。"这段传说反映了一个事实,就是:古时的官府商业本是完全为贵族政府服务的,所以不必抽税。到后来商人们兼为自己经营,同时民间商业逐渐兴起,商利丰厚了,所以才引起商税的剥削。因此,春秋时代既然有了"关市之征",那就说明民间商业和自由商业已兴起了(如《诗经·卫风·氓篇》上说"氓之蚩蚩,抱布贸丝",下说"复关",可见关税确与民间商业有关)。齐国对于商人剥削压迫的厉害,就说明了齐国商业的发达。

春秋末年,大自由商人已经出现,如孔子的学生子贡,善于经商,以"货殖"起家:"结驷连骑,束帛之币以聘享诸侯,所至国君无不分庭与之抗礼。"像这类的商人,已与战国以后的大商人没有什么两样了。又据传说:越国的将军范蠡在助越王勾践灭吴后,来到"天下之中"的陶邑,自称"陶朱公",经营商业,"十九年之中,三致千金",子孙继续经营,富至"巨万"。陶朱公也应算是一个大自由商人。还有晋国,在春秋后期,也已出现了新兴的"富商",《国语·晋语》说:"绛之富商……能金玉其车,文错其服,能行诸侯之贿。"这类商人,自然也属于新兴商人的范畴。与子贡、陶朱公属于一类。

春秋末年的商人,虽然地位已显著提高,但在此时,他们似乎还不曾兼营手工业，所以实力还欠雄厚。可是商业的发达，刺激了手工业，民间手工业和自由手工业也在逐渐兴起之中。新兴的工商业予封建贵族领主的经济以严重的打击，使之逐渐崩溃、转化。在这过程中，不能不引起贵族领主的反抗，但是分散的贵族领主是缺乏斗争力量的，因此在春秋后期到战国初期这一阶段中，新兴工商业者是比较占优势的。一直到秦统一前，除秦国以外，东方各国的工商业者，一直不曾受到严重的打击。所以他们的势力蒸蒸日上，甚至要求政权和干涉国事，这种客观的社会现实，反映在先秦诸子的思想里，如孔子这样的贵族改良派，都不敢轻视商人（孔子轻视"农"、"圃"，不轻视商贾，正与商鞅和后世儒家的"重本抑末"的思想相反），他对他的得意门人子贡的经商，并不曾干涉和责备，反而靠子贡的力量，"名布扬于天下"。孟子和荀子也不曾有像后世儒家那样的轻商思想，他们主张"关市讥而不征"，予商业以自由发展机会：他们在一定程度上，作了新兴自由商人的代言人（这种倾向直到西汉的儒家中还残存着。大骂商人的习惯，是到东汉儒家才成熟的，他们所承受的，实是商鞅、晁错等的思想）。墨家的墨子，则主张农、工、商人等，都可以被选举为天子和大官，他代表当时新兴的自由民阶层要求政权的思想，道家则在客观上也有利于新兴商业的发展（因为他们主张自由放任），在汉初就是如此。在当时，只有一部分西方的法家是主张抑制工商的，他们代表集中的封建贵族专制主义，与新兴工商业者作斗争（东方的法家，并不如此）。但是在战国末年，大商人吕不韦终于一度取得了秦国的政权。吕不韦失败后，所谓"重本抑末"的政策才继续发展起来，变成了秦汉封建政府重要的国策之一：我们在下面还要叙述。

战国秦汉时代工商业的发展

战国时代和秦汉时代,在社会经济的发展上说来,是属于同一个阶段的。从春秋中期以来,自由工商业者虽然已经出现,民间工商业虽然已在逐渐代替官府工商业,但是一直到春秋末年,史料上还看不到有民间的大手工企业,比较发达的只是自由商业;而经营这种商业的,主要还是些贵族阶级出身的人,如管仲、鲍叔牙、弦高、子贡、陶朱公等。真正出身平民的大商人,还未发现。因此我们认为:当时虽已经有了脱离贵族官府控制的小手工业者和自由商人,他们所经营的事业,基本上已属于民间工商业范畴,可是平民出身的人掌握大工商业的事情,终春秋时代,似乎还不曾有。只有到了战国,工商业才真正转到了民间来。这里所谓"平民",包括自由农民、依附农民、自由手工业者、自由商人和已脱离贵族阶级的士夫集团等。

中国的第二次社会大分工——手工业脱离农业而独立——实际上是在春秋战国之间正式开始的,而到战国时代,可说分工已经完成;虽然这种分工还是很不彻底的("农业与手工业强固结合"的这一个经济特点,一直到鸦片战争后,还不曾完全消除,讲东方国家的古史,是不能过分强调社会第二次大分工的)。

由于铁器时代的开始,生产力比较高度发展,分工与交换随着发展起来,这就形成战国秦汉时代社会经济的特点。这时候的社会经济现象,最突出的,是手工业、商业的比较发达。表现于手工业方面的,是:小手工业的普及和大手工企业的出现。表现在商业方面的,是:交换的普及,大商业的出现,商品—货币关系的发展和商业城市的形成。同时还有一个特征,就是商业资本与手工业的初步结合和部分结合。至于战国秦汉时代的工商业,与所谓"近古期"——唐中年到鸦片战争——的工商业的不同之点，是在于前者的工商业是比较集中的，集中在少数地点和少数人手里，所以容易崩溃。后者的工商业则比较普及，比较深入——普及深入到各地区和各阶层的各种人，它的基础比较雄厚，所以得到不断发展，而不易毁灭(手工业者和商人身份的不同，也很有关系)。

战国秦汉时代主要的手工业有冶金、制盐、制酒、铸币、开矿、陶工、木工、皮革工、漆工、纺织等，其中最重要的，是冶铁和制盐工业：这是当时最能发财致富的事业。

战国秦汉时代，冶金业曾获得高度的发展。战国的青铜器，形制轻薄灵巧而多变化，花纹的细致繁复，甚至有用金银丝嵌镶成各种图样的。有许多形制特别精巧的青铜器，已经不是实用品，而是一种艺术品了。可是青铜时代到这时候已经基本上结束，青铜工业已不是这时候冶金业的重点。这时候最主要的冶金业是铁业。原来铜和青铜的产量比较少，在东方国家中，它们被统治阶级所垄断、控制，铜器在民间是不很流通的。所以在铜器时代，民间的生产工具很少用铜器制造，铜器在当时是被看成"宝器"的。可是铁与铜不同，铁出现后不久，就被看成劣等金属，不被统治阶级所重视，因此它散布于民间，开采和铸冶往往是民间的事，甚至是贱民的事，在有些地方，铁匠曾被极度轻视。由于冶铁业的被轻视，在起初时，它不曾受统治阶级的垄断，所以民间早就掌握了铁。铁的掌握使民间手工业开始发展起来。《左传》昭公二十九年记："晋赵鞅、荀寅帅师城汝滨，遂赋晋国一鼓铁，以铸刑鼎，著范宣子所为刑书焉。"这是比较确切可靠的有关铁器的一条史料。看这铸刑鼎的铁是用收税的方法向民间征来的，就可见铁本散布在民间，贵族阶级并不掌握它，所以手头没有，而需要征赋。在春秋时代，中国的冶铁技术早已超过了原始的阶段,而进入"冶铸"的时期,用铁铸造刑鼎,铭刻条文,不是一件简单的事,这说明了当时冶铁技术已经相当高明了。到战国时,铁矿的开发非常普遍,根据那时的文献《山海经·中山经》说:"出铁之山三千六百九十。"这个统计数字虽不一定正确,但可知那时被发现的铁矿一定已不少。冶铁业集中的地点相当多,在战国时代,魏国梁地有"用铁冶为业"致富的孔氏,赵国的邯郸也有"以冶铁成业,与王者埒富"的郭纵,还有"用铁业富"的赵人卓氏。楚国的宛地冶铁业尤其发达,制造铁武器非常锋利。韩国的冶铁业最是普遍,出产铁武器也很多。燕国在今河北兴隆有冶铁业地点,近年在那里发现战国时代的铁范七十件。至于秦国,据说在商鞅变法后"盐铁之利二十倍于古",司马迁的四世祖司马昌曾做秦的"铁官",大概秦国也本有相当的冶铁业。其中楚韩两国的铁武器,特别著名,《荀子·议兵篇》说楚国的"宛钜、铁釶,惨如蜂虿",注解说钜就是"刚铁",可见这时已有炼钢术,所以铁武器有"白刃"之称(见《荀子》、《吕氏春秋》、《战国策》等书),白色的刀口该是钢制的。由于冶铁业的发展,生产工具已经普遍用铁,不但文献上有许多证据,在考古上也已发现实物,1950年中国科学院在河南辉县发现战国时代铁制生产工具九十多件和铁制武器七十多件。

到了秦汉时代,冶铁业的发展更是普遍,根据《史记·货殖列传》的记载:赵国卓氏被迁到四川,经营铁业,"富至僮千人"。程郑也是大冶铁企业家,富与卓氏相等。梁人孔氏被迁到南阳,经营铁业,"家致富数千金"。鲁人曹邴氏"以铁业起富,至巨万"。《汉书》上说:"赵国以冶铸为业"(《张汤传》)。《盐铁论》上说制铁器的人"家人相一,父子勠力,各务为善器,器不善者不集"。当时的冶铁业，大的聚众千余人，小的则一家父子合力工作。由于铁器是一种重要的必需品，所以经营铁业的人，最容易发财。冶铁业的发展，大大提高了生产力，推进其他生产事业的发展。在汉武帝以前，冶铁业主要是民间经营的，这是当时民间手工业中最重要的一项企业。

战国秦汉时，民间第二种大手工业，就是制盐业。盐，更是日常必需品。盐有海盐、池盐、井盐等，当然海盐最为普遍。在产盐的地区（尤其是海盐区），到处都可得到盐的原料。古时的贵族统治阶级未尝不想把盐垄断在手里，可是盐区太广，尤其是在古时，控制比较不容易，因此制盐业也成为最早的民间手工业的大家。民间制盐业的开始兴起，大概也在春秋时，那时齐国的海盐和晋国的池盐制造业都已兴盛。晋国的池盐被称为“国之宝”。到战国时，齐、燕两国的海盐制造业，更加发达。魏国河东池盐制造业中，出现了大富人猗顿（见《史记·货殖列传》）。秦汉时代，盐业更加发展，与铁业成为两大财源。西汉桓宽所编的《盐铁论》一书，就是主要讨论盐铁问题的，足见盐、铁二业最被当时人所重视。

次于盐铁二手工业的，是制酒业。酒也是日常用品，但毕竟非必需品，所以获利较薄。汉武帝时除管制盐、铁二业外，还曾统制制酒业，可见制酒也是一种重要的企业。

又其次是铸币业。战国时代，各国各地多有铸币，这种货币究竟是官铸的，还是民铸的，现在还不十分清楚。汉初曾放纵民间铸钱，于是铸币也成为民间的获利企业之一。

至于开矿业，是与冶铁业和铸钱业相结合的，主要是开铜、铁矿。秦时，巴寡妇清，其先祖得丹穴，曾擅利数世。池盐和井盐也属于矿业。此外，战国秦汉时代，虽还没有正式的瓷器，但带釉的陶器和纯陶器,近时出土很多,可见陶器手工业也很发展。但民间手工业中最普遍的,还是纺织业。除了与农业相结合的家庭纺织业外,这时候也有大纺织业的存在,如"蜀锦"、"齐缣"等纺织品,非常著名,可能都是专门的大纺织业的出品。然大纺织业中比较突出而有记载可考的,多是官营的。私家经营大纺织手工作坊和大的家庭纺织业,还不很可考。

当时民间手工企业的发达,文献史料是很多的,现在且举《盐铁论》的两段记载为例证:

> 往者豪强大家,得管山海之利,采铁石、鼓铸、煮盐,一家聚众或至千余人,大抵尽收放流人民也。远去乡里,弃坟墓,依倚大家,聚深山穷泽之中,成奸伪之业,遂朋党之权,其轻为非亦大矣。(《复古篇》)
>
> 异时盐铁未笼,布衣有朐邴,人君有吴王,皆盐铁初仪也。吴王专山泽之饶,薄赋其民,赈赡穷小,以成私威,私威积,而逆节之心作。(《禁耕篇》)

这可见当时的商业资本已初步的、部分的与手工业相结合,而形成大手工业企业。贵族和官僚们也投资于这种企业,但最普遍的手工业者还是所谓"豪强大家",就是新兴的富人家族。他们经营盐、铁、铸钱和开矿等事业,"一家聚众或至千余人",其所经营的企业可谓庞大了。可是这种大企业,是否就是资本主义的因素呢?那显然不是的,因为这些企业家所使用的劳动力,主要不是雇佣工人,而是破产的依附农民、奴隶和所谓"放流"人民等。这些依附者和隶属者,他们的组织是采取"宗族"形式的,所谓"依倚大家,聚深山穷泽之中”，不但奴隶隶属于“大家”，其他依附者，也有其隶属性，近于农奴或工奴的身份。这些贵族、官僚、“大家”们，聚众称霸，近于一种土豪的性质，他们甚至可能兴兵造反。这种企业，与资本主义式的工场手工业，是完全不相同的。主张西周已进入封建社会的范文澜先生，也说：“大商贾利用奴隶劳动，经营采矿、盐、铁等业，这种奴隶劳动，对农民和小工商业者，起了配合的作用”（《中国通史简编》第一编，182 页）；“大商贾实际是封建社会里存在的奴隶主”（同上，179 页）。当时的大商贾就是大手工业企业者，他们多利用奴隶劳动（在商业上也使用奴隶劳动），这是对的；但他们所使用的，如上所述，并不尽是奴隶，而还有许多农奴性或工奴性的依附者（此外还有雇工、小商人等），这也是事实。而且他们往往同时也就是大地主，所以不能称为“最落后的一个阶层”。但如果把他们当作代表资本主义的资本家，那是更错误的！我们暂时给予战国秦汉时代的大工商业者的称呼，是“大工商业家族”或“宗族”，这种称呼，是比较符合事实的。但是必需注意：他们同时是大高利贷者和大地主。除大工商业者外，还有手工业小生产者和小商人的存在，他们经营着小的工商业，往往“坐列（肆）贩卖”。

贵族、豪家大手工业的发展，威胁了当时封建专制政府的统治权，同时他们兼并土地，造成了尖锐的阶级和阶层的矛盾，这就使得当时的封建专制政府不得不起来抑制他们。商鞅变法时，就已经规定从事工商业“末利”的人，罚为奴隶。秦始皇又开始提出了“崇本抑末”。汉初也曾施行种种“贱商”政策，都不曾收到多少实际的效果。到汉武帝时，从经济上打击工商业者，把盐、铁二大企业收归国家控制和经营，并且曾统制制酒业，同时把铸钱业也收归了国家专营，至于开矿业，自然也被控制、垄断了。到了王莽变法，更施行所谓“六管”政策,统制了铁、盐、酒、名山大泽、五均赊贷、铁布铜冶等六种大企业,并予工商业者以很大的打击。此后民间大手工业企业就逐渐衰落,商业资本不得不逐渐脱离手工业,而完全转向高利贷和土地。大工商业者逐渐变成纯粹的地主,这是汉代经济史上的一个重大转变。

汉代官营手工业,往往规模很大,其劳动力使用奴隶、刑徒和隶属手工业者或徭役手工业者。他们的“工官”,除主管制造外,也兼管收税:这是“内务府”性质的官吏,与古时贵族“工官”不同。除了盐、铁二大手工业外,还有其他的官营手工业,最重要的是纺织业(包括制服业),这种纺织业当然是制造奢侈品的。其他的官营手工业也多制造奢侈品:这种工业,虽然可以表示当时的文化水平,但与人民的生活无甚关系,这里就从略了。

战国秦汉时代的商业,自然是非常发达的,这是一般的常识,不用详细叙述,在这里,我们只举几段文献,作为例证:

> 若至力农、畜、工、虞、商贾,为权利以成富,大者倾郡,中者倾县,下者倾乡里者,不可胜数。(《史记·货殖列传》)
>
> 夫用贫求富,农不如工,工不如商,刺绣文不如倚市门。(同上)
>
> 汉兴海内为一,开关梁,弛山泽之禁,是以富商大贾,周流天下,交易之物,莫不通得其所欲。(同上)
>
> 今举俗舍本农,趋商贾,牛马车舆,填塞道路,游手为巧,充盈都邑,务本者少,浮食者众。(《后汉书·王符传》)

随着工商业的发展,到处都有大都市兴起,战国时代,商业都市已很繁盛，如齐都临淄，非常富实，有七万户人家。楚都郢城也同样的热闹。此外，如秦都咸阳，赵都邯郸，魏都大梁和东周的洛阳，都是著名的商业大都会，其他还有许多大城市。到了秦汉时代，这些都市继续发展着，《盐铁论》上说：

> 燕之涿、蓟，赵之邯郸，魏之温、轵，韩之荥阳，齐之临淄，楚之宛丘，郑之阳翟，二周之三川，富冠海内，皆为天下名都。（《通有篇》）

秦汉时代的大都市，实在多到不可胜计。至于那时候的国都咸阳、长安和洛阳，自然更是繁华。城市的兴盛，说明了商业的发达，商业的发达，是由于商品—货币关系的发展。这时候的农产品、手工业品、家畜、奴隶、田地、房屋等，都变为商品，可以自由买卖。同时货币非常流通，战国时代已有各种铸币，甚至已有金币。秦汉时代通行铜钱，而按重量计算的黄金，在这时候，几乎也取得主币的地位。西汉时大量使用黄金，《史记》、《汉书》所记赐金、赠金的数目动辄数万斤，少的也有数百斤。汉武帝时，一次赐给战士的黄金，就是几十万斤。王莽末年，国库中还存着黄金不止六十匮，一匮是一万斤。梁孝王死时，还藏着黄金四十余万斤。这些情况，都说明当时货币经济的高度发达。商业的繁荣，自可想见。此外，这时已有对外贸易，尤其是南方海上贸易，远至南洋、印度一带；西域的贸易，也所至甚远。这也刺激国内工、商业的发达，并增加黄金的来源。

汉武帝时除把大手工业企业收归国家控制、经营外，同时还用种种办法，控制了商业，甚至控制了高利贷业。由国家来经营商业和高利贷,并重抽商税和财产税,没收商人的财产。王莽时,也有同类而更厉害的措施。商业资本经过这两度严重的打击,再加上当时商品货币经济本身内在的矛盾,商业不得不渐趋衰退。到了东汉时代,虽然还有相当的商业存在,但是在各方面看,商业已经在走下坡路了。主要的证据,是货币经济的衰落,最明显的,是黄金使用量的减少(多者虽有万斤,然少者只有斤余),而谷、帛等实物逐渐代替黄金和钱币:这无论如何,不能不说是象征商品货币关系的衰落和商业的走向下坡。到了东汉末年,经过军阀混战的大破坏,兴盛一时的工商业就一蹶不振了。关于魏晋至唐中年,工商业和货币经济的衰落,实物经济的代兴,我们在第三讲里还要详细的叙述和分析,这里不多说了。

最后,我们还要讨论一个比较专门的问题,那就是秦汉“重本抑末”政策的根源。有的历史学家认为:这只是商鞅想出来的救时的办法,秦汉政府不过是遵循商鞅的政策,变本加厉而已。有的历史学家则认为:古时的工商业者本是奴隶,地位低微,商鞅的办法,只是述古而并非创新。我们的看法与这两种看法都有所不同。根据我们的考证:至少从西周以来,工商业者已不是奴隶而是自由人。春秋时代,工商业者的地位更是提高;到春秋战国之间,工商业者的地位已经超过农民,甚至压倒了贵族。所以商鞅和秦汉政府的政策,并不是纯粹的述古,而是有创新的成分的。这主要是封建贵族专制主义对付要抢夺他们统治权的新兴工商业者的一种斗争手段,表现了当时剥削阶级中的内部矛盾。由于这时候,封建贵族专制主义的势力,也正在新兴的时期,所以能战胜势力比较微弱的工商业者,而迫使他们地主化。可是我们也应该注意战国时代的秦国,是比较落后的国家,有许多原始情况存在着。商鞅变法固然有其进步意义，但是在抑制工商的政策上，他所走的实是反动的路线。他要把工商业者置之奴隶的地位，这里确含有某些复古的倾向。我们知道：在奴隶社会初期，工商业者确有许多是从奴隶和贱民中出来的，他们的身份也确与奴隶相去不远。像秦国那样落后的国家，是可能保存着这种制度的残余的，商鞅不过是利用古制，作为新的斗争的方式，而这种新的斗争，在当时封建贵族统治阶级说来，是完全必要的！

第三讲　魏晋至五代手工业商业的特点

商业的衰落与实物经济

极盛于西汉时代的工商业和货币经济，从东汉时代起，突然转向衰落，到了汉末，甚至一蹶不振，此后约五百年左右的时间，形成一种相当严格的自然经济的形态。过去研究历史的人，对于这个问题觉得很奇怪，研究的结果，有许多种不同的看法。由于对这个问题看法的不同，甚至于影响到社会分期的问题，我们在这里，只根据事实来具体地分析这个问题，至于社会的分期，按照教学上统一的说法，秦汉和魏晋，同是属于封建社会的。

按照历史事实来具体分析上述的问题，我们首先应当指出：东方的商品货币经济，本身是有不可克服的矛盾，它的发展不能超过一定的限度。这主要是由于公社制度的残余长期保持在中国封建社会之内，中国的封建庄园经济，也带有某种程度的“宗族”性和“公社”性，小农农业和家庭手工业强固结合在农村里，形成一种几乎不可侵犯的自给自足体：这就对商品经济的发展起了极大的局限作用。商品经济越出了限度,就要反转来否定它自己。由于中国地大物博、人口众多和封建经济及文化的发展,不可能不产生超过其他东方国家的商品经济的基础,是建立在剩余的农产品和农村里不能完全自给自足的盐、铁、酒以及其他某些日用品的买卖上。此外,统治剥削阶级所需要的奢侈品的供给,也成为这种商品经济和国外贸易的基础。但是,这种商品经济的"基础",是不够雄厚的,商品的销售量有其一定的限制,超过了这种限制,商品就没有了出路,因此从剥削生产者和消费者所积累的商业资本,不能用于扩大再生产上,而大部分转化为高利贷资本,腐蚀乡村经济和城市经济,主要是投向乡村,变成兼并土地的手段:因此商业资本的大部分就和土地经济密切结合起来,巩固了封建制的基础。商业高利贷资本大量侵入农村,破坏了农民经济,城市的高利贷资本也破坏了市民经济,这就使得商品市场缩小,商品的销售量减少,城市工商业受到影响,就形成商品经济衰落甚至崩溃的后果。这一经济规律,乃是东方国家在奴隶社会时期不能出现典型奴隶制,在封建社会时期,封建经济长期停滞,资本主义难产的根本原因。汉代工商业在一度极盛之后就转向衰落,其主要原因,也在于此(但应当承认:愈到后世,商品货币经济发展的可能性及其程度就愈大、愈高)。

其次,东方的专制主义是建立在村社制度(广义的)残余之上的,专制国家的税收和兵源,都出在农民的身上,村社体系的破坏,对于东方专制王朝说来,是毁坏了他的统治根基,所以商业资本的破坏农村经济,是东方专制王朝所不能允许的。同时,商业高利贷资本兼并土地,加强了阶级矛盾,动摇了专制王朝的统治,这也是专制王朝所担心的事。因此,当商业资本发展到超过限度的时候,到了威胁专制王朝统治的时候，专制王朝就一定要起来与它作斗争，限制商业高利贷的兼并土地，更把大企业和大商业的命脉收归国家掌握和经营：这样就使商业资本受到一定程度的打击。所以商业资本的衰落，尤其是汉代商业资本的衰落，封建专制主义的压抑，也是一个重要原因（但不能说这为主要原因，否则就无法解释宋、明时代商业资本发展的事实）。至于东汉时期的外患以及汉末的军阀大混战，当然也是加速工商业衰落的重要因素（也不能认为这些为主要的原因，否则就无法解释春秋战国间工商业日趋兴盛的事实）。

汉代工商业兴盛的顶点，是在文帝到武帝时。武帝以后，商业资本就大量转向高利贷；西汉末年，巨大的高利贷资本集中起来向土地进攻，形成极度严重的土地问题和贫民问题。王莽变法失败以后，这种商业资本转向高利贷资本兼并土地的现象，越来越普遍了。地主庄园经济逐渐扩大，把破产的农民变成他们的依附者；大土地所有制发展起来，大地主逐渐代替了过去大商人的地位，大工商业高利贷者也日趋于地主化，商人与地主完全合流了。这种现象的发展，虽然由于《后汉书》没有食货志等记载，不容易很清楚地看出，但是我们如果仔细寻求起来，这种现象，还是可以用具体的史料来说明的。因为我们所讲的不是土地制度史，所以在这里不多引用史料来说明，只引用两条最典型的史料，作个例证：

> 今富商大贾多放钱货，中家子弟为之保役，趋走与臣仆等勤，收税与封君比入。（《后汉书·桓谭传》）
>
> 豪人之室，连栋数百，膏田满野，奴婢千群，徒附万计，船车贾贩，周于四方，废居积贮，满于都城。（《后汉书·仲长统传》）

前一条史料说明大商人已多数在放高利贷,而且有许多中小商人替他们奔走收利,他们变成了高利贷的"封君"。后一条史料说明大商人已拥有"满野"的"膏田",变成了大地主,但同时仍经营着转运和囤积的商业。自然我们知道:高利贷事业在西汉已很发达,商人兼并土地,也不是从东汉才开始的,可是从整个的两汉史料看来,这种倾向是越来越厉害,越来越显著的。商业资本的大量转向高利贷,商人的逐渐地主化都说明正当工商业的不得发展而走向衰落的趋势。换句话说:这也就是封建制度和土地经济进一步发展的现象。

东汉时期,工商业衰落的征象,主要表现在货币经济的没落上。这时货币经济没落的现象,从下列几方面可以看出:第一,如第二讲所述,西汉的黄金使用量和流通量是很大的,到了东汉,黄金的使用和流通,突然转少。东汉时代,不但每次使用黄金的数量比前大为减少,就是史书所载赐、赠黄金的次数,也寥寥无几。但是赐物、赠钱等的数量,则比较加多,如"帛万匹"、"缣千匹"、"缯二万匹"、"布万匹"、"谷万斛"、"钱钜万"等记载,可见实物与钱币已代替黄金而兴。然则黄金到东汉末为什么会突然减少起来呢,这个问题,史学家每每苦于不易解释,这正同欧洲上古时期盛行一时的金银货币,到了中古时期突然不见,一样是历史上的一个大谜。清代赵翼在他所著的《廿二史劄记》中说:"后世黄金日少,金价亦日贵,盖由中土产金之地已发掘净尽,而自佛教入中国,塑像涂金,以天下计之,无虑数千万万,此最为耗金之蠹;加以风俗侈靡,泥金写经,贴金作榜,泥金涂金不复返本,此所以日少一日也。"这种说法是不妥当的。因为东汉时代佛教刚刚输入,还未流行,塑像涂金等事,即使有也是极少的,何至于减少这么多的黄金呢?又有人认为:东汉时物价高涨,铜钱铸造增多,黄金对铜币的折合率逐渐加大,更因为黄金携带与使用都较便利,黄金便成为特殊的良币,遂为恶币驱逐,退为储藏的珍宝,逐渐失去流通货币的地位,所以好像减少了。这种说法,可以解释一部分的现象,但还不能解释整个的现象。因一般说来:东汉的物价虽然比西汉高些,可是除了汉末以外,钱币通货膨胀和物价高涨的现象,并不很显著,所以东汉时期黄金使用量的减少,还得另找原因。我们认为:贵金属货币的流通,是说明商品经济的发展;贵金属货币使用量减少,是说明商品经济的衰落。货币这样东西,是愈流通而愈集中、愈活跃的,一停滞就会逐渐分散并隐藏起来。商品经济的衰落,使贵金属货币不必大量使用,同时物价渐高的结果,使人慢慢的重视实物,这两种倾向结合起来,就使黄金的使用量日渐减少,实物的使用量日渐加多;同时因为黄金的流通减弱,黄金集中的趋势就被遏止而且逐渐分散。东汉时代,商业资本转化为高利贷资本,兼并土地,这使得土地的财富代替了黄金的财富。又由于商业高利贷资本的兼并土地,集中的黄金就逐渐分散了。本来黄金在一般较小的交易中,是不大会流通的(只有像西汉时代那样高度集中的商品经济,才会大量使用黄金),尤其是乡村里,一般只通用钱币和实物,于是黄金散入民间的结果,就被储藏起来而不再流通于市面,这就是东汉以后黄金逐渐不见的主要原因。东汉时使用黄金还有上万斤的,到三国时也还有上千斤的,然而到了南北朝时,黄金普通只以两计算,赵翼《陔余丛考》说:"……金银以两计,起于梁、隋之世也。《通考》谓萧梁间交、广以金银交易,既是民间交易,则零星多寡不齐,自必细及铢两。又《宋书·徐豁传》:中宿县俚民课银一子输半两,则国制收银课亦以两计。因而上下通行,俱论两不论斤。且古时金银价甚贱,故以斤计;后世金银价日贵,故不得不以两计也。"所谓"后世金银价日贵",也就是因为金银多被储藏起来(部分被消耗了),流通于市面的太少的缘故。

货币经济衰落的第二个征象,是钱币制度的极度紊乱,从汉末到南北朝,钱币制度紊乱的程度,是史无前例,也无后例的。直到隋唐时代,钱币制度还不曾十分稳定,钱币的恶劣和铸钱原料的缺乏,是从魏晋起直到五代的普遍现象,这也说明货币经济的衰落。关于这点,我们后面还要仔细叙述和分析,在这里不多讲了。

货币经济衰落的第三个征象,就是"实物经济"的流行,这是与上述两个征象联系在一起的。从汉末到唐代中年,五百年中,实物变成了主要货币。自然经济和实物货币占取了统治地位,而它的萌芽已见于东汉前期,它的余势直到五代。这一阶段使用"实物货币"的情况,史料非常之多,近人有搜集写成专文的,在这里我们且举几条比较重要而典型的史料如下:

黄初二年,魏文帝罢五铢钱,使百姓以谷帛为市。(《晋书·食货志》)

文帝在东宫,尝从洪贷绢百匹。(《三国志注》引《魏略》)

今别致绢二百匹,可以供送葬之事。(《毋丘俭报弟书》)

柔尝使琮赍米数千斛到吴,有所市易,琮至皆散用,空船而还。(《吴志·全忠传》)

武帝欲平一江表,时谷贱而布帛贵,帝欲立平籴法,用布帛市谷,以为粮储。(《晋书·食货志》)

勒铸丰货钱,人情不乐,乃出公绢市钱。(《晋书·石勒载记》)

季龙下书令刑赎之家,得以钱代财帛,无钱听以谷麦。

（《晋书·石季龙载记》）

有人与柔铧数百枚者，柔与子善明鬻之于市，有从柔买索绢二十匹，有商人知其贱，与柔三十匹。（《魏书·赵柔传》）

柔尝在路得人所遗金珠一贯，价直数百缣，柔呼主还之。（同上）

魏初至于太和，钱货无所周流。（《魏书·食货志》）

据今用钱之处，不为贫；用谷之处，不为富。（《宋书·孔琳传》）

（开元）二十年九月，制曰：绫、罗、绢、布杂货等，交易皆合通用，如闻市肆必须见钱，深非道理。自今以后，与钱货兼用，违者准法罪之。（《册府元龟》卷五〇一）

（贞元）二十年，命市井交易，以绫、罗、绢、布、杂货与钱兼用。（《新唐书·食货志》）

（元和）六年二月，制：公私交易，十贯钱以上，即须监用疋段，委度支盐铁使及京兆尹即具作分数条疏闻奏。（《唐会要》卷八九）

从魏晋到唐中年，实物货币与钱币并行，而以实物货币占优势（某些时代和某些地区是完全使用实物的），这就说明自然经济的居统治地位和商业衰落的事实。吕思勉先生说："盖前世钱贵，民间零星交易，并不甚用钱，故钱之用，惟于商贾为最切，商贾不行，即寖至于废矣"（《两晋南北朝史》，1029 页）。这话是不错的！但是，我们不能认为：在所谓"中古"时期中，钱币完全不流通，也不能认为：那时工商业和城市完全被破坏，同欧洲的中古时期一样，这种看法，是不符合事实的。汉晋帝国的灭亡和罗马帝国的灭亡不同,工商业与城市并不曾完全毁灭,在魏晋到唐中年这个时期中,最显著的经济现象,是封建庄园的扩大和进一步发展,在庄园经济和一般农村中,家庭手工业比以前更为发达,商业和城市也有畸形的发展,如贵族官僚们一般都经商,北方和南方还有极繁荣的大都会存在。我们绝不能说:从魏晋到唐中年,工商业和城市一点没有比前进步的地方。不过大致看来,一般的工商业和城市有衰落的征象而已。关于这点,我们在下面还要详细的论述。最后,还有一点必须声明,就是有些史学家(如吕思勉先生)认为货币经济的衰落,主要是由于积久的兵乱,这种说法是根据当时人的看法的,并不完全对。我们知道:东汉全盛时期,已经谷帛价贵,有人认为这是钱贱的缘故,主张天下通用布帛为货币,停止钱币的使用(见《后汉书·朱晖传》)。可见实物货币的兴起,乃是当时经济变化的自然趋势,这种趋势不从根本着手,是无法改变的。战乱只不过是加速它发展的原因,不能认为是根本原因。否则各时代都有战乱,何以没有这种现象发生;从春秋到战国,打了八百年的仗,货币经济却愈来愈发展,这就是前说最有力的反证。

家庭手工业与官府手工业

汉武帝以后,虽然因商业资本受到打击,大企业被封建主国家所垄断,商业资本逐渐脱离手工业,使盛极一时的民间手工企业逐渐衰落,从整个趋势上,我们可以说手工业是在走下坡路了。可是由于从春秋后期到西汉约五百年中手工业发达的结果,使民间手工业有了相当的基础,大手工企业固然衰落了,然而分散的家庭手工业却还继续有发展。这些家庭手工业中,最主要的是纺织业。从东汉时代起,纺织业就逐渐进步起来,所以当时赐、赠的物品中,纺织品占大多数,如东汉章帝前后赐叔父东平王苍一人布四十六万匹。当时皇子死，皇室一次发给布三万匹，嗣王死，一次发给布万匹。从史料中显著地可以看出东汉的纺织业，是超过以前的时代的。西汉时织妇每天大约能纺织绢二三尺，《九章算术》据说是西汉人原著的，中说：

> 今有女子善织，日自倍。五日织五尺，问日织几何。答曰：初日织一寸三十一分寸之十九，次日织三寸三十一分寸之七，次日织六寸三十一分寸之十四，次日织一尺二寸三十一分寸之二十八，次日织二尺五寸三十一分寸之二十五。

从这一条记录，我们可以假定当时妇女纺织业最高的生产量是每天二尺五寸左右。到了东汉时的文献《古艳歌》中说：

> 孔雀东飞，苦寒无衣；为君作妻，中心恻悲。夜夜织作，不得下机。三日载匹，尚言吾迟。

一匹实四丈，三天成一匹，一天可以纺绢一丈三尺余。拿北魏人著的《张丘建算经》来作印证，可以证明上引的记载是确实的。《算经》说：

> 今有女善织，日益功。初日织五尺，今一月织九匹三丈，问日益几何？答曰：五寸二十九分寸之十五。

九匹三丈合三百九十尺，以三十天平均计算，一天正织一丈三尺。当然，西汉时期的妇女不见得每天至多只能织绢二尺五寸，东汉以后的妇女也不是每人每天都能织一丈三尺,然而东汉以后家庭纺织业的生产量,一定比西汉时高,是没有疑问的。此外,东汉后期的作品,还有如下的记载:

新人工织缣,故人工织素;织缣日一匹,织素五丈余。(古诗)

鸡鸣入机织,夜夜不得息,三日断五匹,大人故嫌迟。(《焦仲卿妻·古辞》)

这类记载虽然夸张,但也可以证明东汉以后家庭纺织业的发达和进步。到了隋唐时代,纺织业更有进步,当时文献载:

豫章……一年蚕四五熟,勤于纺绩,亦有夜浣纱而旦成布者,俗呼为鸡鸣布。(《隋书·地理志》)

贫家女大富家织……两日催成一匹半。(王建诗)

这些记载虽也可能有些夸张,然总不会太脱离事实的。当"中古"时期,各种纺织品都有特殊的产地,如左思《魏都赋》载:

锦绣襄邑,罗绮朝歌,绵纩房子,缣总清河。

而最有名的是蜀地的纺织品:

阛阓之里,技巧之家,百室离房,机杼相和。(左思《蜀都赋》)

(蜀)人多任务巧,绫锦雕镂之妙,殆侔于上国。(《隋书·地理志》)

其次就是河北一带的纺织业。大致说来，当时的家庭纺织业可以分成三类：第一类是一般乡村里与小农业结合的家庭纺织业；第二类是地主庄园经济里的家庭纺织业；第三类是城市里的家庭纺织业。最普遍的是第一类，最进步的是第三类。在第三类纺织业里，有较大的组织，例如北朝时毕义云的家庭作坊有织机十余架（见《北史·毕义云传》）；唐代定州富人何明远："家有绫机五百张"（见《太平广记》二四三）。至于当时纺织业进步的原因，除了技术上的改进外，还有工具上的改进，如《三国志·杜夔传》注说马钧改革绫机："旧绫机五十综者五十蹑，六十综者六十蹑"，他"皆易以十二蹑"。由于工具和技术的改进，生产力提高，所以纺织业获得很大的发展。由于纺织业的发达，所以当时的布帛能代替黄金和铜钱，而成为主要的货币；同时当时的封建政府也就着重剥削人民的纺织品，因此而有"户调制"的设立。

当时的民间手工业，除了纺织业以外，还有冶金、制陶、碓磨等业。这些也似乎主要是家庭手工业。在冶金业上，使用马排和水排（为排以吹炭），水排的利益尤其巨大。晋杜预曾作连机碓，刘景宣能使一牛转八磨之重，南齐祖冲之又作水碓磨。水碓磨是唐代最发展的碾米制粉工业，贵族官僚们都努力的追求它。

这时候的手工业，比较可考的是官府手工业。官府手工业主要制造皇帝和贵族们所用的奢侈品，也制造政府所用的各种器物。最主要的官府手工业，大概是纺织、冶金、铸钱、开矿等业，中央和地方都有官府手工业机关。比较像样的，大概还是纺织业。这时候金属很感缺乏，不但金银，铜铁也少，所以这时的开矿业，一定不会很发展的。据出土物看来，如陶瓷、俑像，都比过去精致，这说明手工工艺还是有进步的。当时帝王贵族们所用的奢侈品，一定也很考究,可惜材料无多,详细不能知道。

根据出土物看,东汉以后,陶瓷业日见进步。南北朝时代的瓷器,已经初步超出原始青瓷器的范围,已有鲜明的彩瓷出现。到了唐代,瓷器业更是发展,各地方都有瓷窑,有名的如河北邢州的白瓷器和浙江越州的青瓷器,还有所谓"三彩"瓷器,都可以算作代表作。但这时候的瓷器,还没有完全突破原始瓷器的样式,瓷器业的大发展,要到宋代,在第四讲中,我们就要把瓷器业当作重点来讲述了。至于汉晋到唐代的瓷器业,究竟官营的为主,还是以民营的为主,现在还不能确定。可是到了五代时,南方的越窑,北方的柴窑,都已确是官府经营的瓷窑了。手工业到了唐代,确比以前发展得多,中唐以后新兴的手工业发展的情况,我们将并在第四讲里去讲,因为这些手工业,都是宋代手工业的先驱。又一般说来,到了唐代,除了纺织业以外,南方手工业已逐渐与北方争胜。到唐中年以后,手工业中心已开始由北方移向南方,纺织业也不例外。关于这点,我们在后面还要叙述。

喝茶的风气开始于三国,制茶手工业,到了唐代已变成了重要手工业。但是茶和盐、酒,在唐代都逐渐被封建政府所控制、垄断,所以在这三种大工业中,民间工商业势力的活动,就大受限制了。

这个时候,手工业中的劳动力,在乡村家庭手工业中,自然都是些家族成员们。在地主庄园里,主要是农奴们的家属,也可能有专门为地主服务的奴仆性或雇佣性的手工业者。在城市富人们的家庭手工业作坊中,或使用奴隶,或使用依附性和雇佣性的工人的劳动。在新兴的较正式的手工业作坊里,除了主人或师傅们,也从事劳动外,主人们的家庭成员、徒弟和雇工们,都是作坊里的劳动者。但是一般说来,在私人的手工业中,除了新兴的作坊外,雇佣劳动是不发展的;主要的劳动者,还是家族成员和奴仆等,这种劳动力的组织,仍是很落后的形态。至于官府手工业里的劳动力,主要是所谓"匠户",他们都是徭役手工业者,他们的应役,是被户籍所固定的。在"匠户"中,有所谓"短番匠"、"长上匠"、"巧儿"、"民资匠"、"绫匠"等,这些都是唐代的制度。"短番匠"按着一定的时期,到官作坊里轮班作工;"长上匠"是比较长期上班的匠人;"巧儿"、"民资匠"、"绫匠"等,可能也是长上班的。依照唐律:工匠是"配隶之色,不属州县",虽非"贱人",但和一般百姓不同。此外官府手工业中的劳动力,还有官奴婢,以及从官奴婢解放出来的"蕃户"和"杂户",所谓"一免为蕃户,再免为杂户"。"蕃户"、"杂户"都是按时上班的。"蕃户"一年三蕃,"杂户"二年五蕃,每蕃一月。刑徒也被分配在官府手工业机关中工作。还有"卒",隋唐时叫作"丁夫",也是一种徭役手工业者。总的说来,在唐中年以前,官府手工业的劳动力,都不是完全的自由人:奴婢和刑徒,当然没有自由,因而也没有自己的生产工具。"匠"和"卒"等,也不完全有身体的自由,对于差派的工役,是必须承担的。"匠户"、"蕃户"、"杂户"等,对主管的机关,更有身份的直接隶属关系。他们可能有自己的生产工具,但不一定每人都有。所以这时期官府手工业的特点,首先是它具有更原始的"劳役制"形态:奴婢和刑徒,都是奴隶的性质,他们的劳役是无偿的;"匠"和"卒"等近于农奴的性质,他们在服役的时候,虽可以支领口粮,但在不服役的时候,则要出租税。又这时候的官府手工业还是以制造皇族及其统治集团所需用的各种成品为首要的目的,而获取货币,作为企业的目的,是比较次要的。到了中唐以后,情形逐渐改变,应蕃的工匠不愿上班的,可以纳赀代役(此制以前已有,后来渐发展),官府以其所纳之赀给有特殊技艺而不下蕃的,即“长上匠”,以作酬劳。此外,官府手工业也雇佣“和雇匠”;后来“蕃匠”逐渐减少,“雇匠”逐渐增多:这说明手工业的生产关系,已有相当的改变了。

贵族商业与国外贸易

这一时期中的商业,几乎完全被贵族官僚们所垄断。西欧的封建地主是不经商的,但中国“中古”时期的贵族官僚地主们,却都从事商业和高利贷业,政府虽想禁止,也禁止不了。因为这些官僚地主,他们一部分的来源,就是汉代商人地主的转化。从东汉时期起,地主与商人差不多已完全合流,那时候的大地主本来都经商的,所以从他们转化成的“中古”期的贵族官僚地主,也就带有很浓重的商业性。关于这方面的史料极多,不胜列举。例如晋代的皇室贵族义阳成王望的子孙奇,曾派人到交、广一带去贩货。石崇“百道营生,积财如山”。刘宋前废帝即位时下诏说:“藩王贸货,壹皆禁断。”那时西阳王子尚等都“逐什一之利”。孔觊弟道存、从弟徽也都经商,他们请假东还时“辎重十余船,皆是绵、绢、纸、席之属”。谢庄引用诏书也说:“贵戚竞利,兴货廛肆者,悉皆禁制”;他又说:“大臣在禄位者,尤不宜与民争利。”齐豫章王嶷甚至说:“伏见以诸王举货,屡降严旨,少拙营生,已应上简。府、州、郡邸舍,非臣私有,今巨细所资,皆是公润,臣私累不少,未知将来。罢州之后,或当不能不试学营觅以自赡。”他竟是公开要求开禁了。邓蜿父子都“使婢仆出市道贩卖”。柳世隆治湘州,也在州立邸经商。以上是南朝的情况。北朝则北魏未班官禄之前,有隶官的商人,替官府经营商业。北海王详“公私营贩,侵剥远近”。刘腾“交通互市,岁入利息,以巨万计”,大将邢峦、李崇也都经营商贩。明帝正光三年十二月,以牧守设店肆商贩,下诏纠劾,并禁止七品、六品的官"锢贴店肆，争利城市"。北齐、北周时，贵族官僚经商的风气，也和以前一样。到了唐代，这种习惯仍未见衰落，除了官府和前代一样，也经营商业外，一般的贵族官僚经商谋利，也是寻常的事。在诏令中，常可看到禁止贵族官僚经商谋利的记载。如上所述，可见整个"中古"时期，贵族官僚们的经商是极普遍的事情，他们所经营的商业，实是当时主要的商业。

至于当时的民间商业，当然也不曾完全绝灭，不过当时民间大商人，都和贵族官僚相勾结，只能算是贵族官僚们的附庸。例如苻坚手下的贵族曾引商人赵掇等为国卿；北齐诸王选国臣府佐"多取富商群小"。又段孝言掌选，"富商大贾，多被铨擢"；大臣和士开："富商大贾，朝夕填门。"可见当时的贵族官僚与商人们的关系。唐代更有一种商人，专利用官府的资本，经营商业。官府设有本钱，招商人领钱经营，这种商人对于官府只负担定额的利息，却有免课役和升官的权利，因此富商大贾就多投身为这种商人，他们被称为"捉钱令史"。

当南北朝时，商业已经比较发达。到了隋唐统一，商业就更兴盛，富商大贾逐渐抬头，甚至与皇帝、大臣发生直接的交涉和来往，他们因有资财而得为官的更多。唐代最发达的商业，是转运货物的行商和开设邸店的住商。"邸店"是一种商行的性质，主人与牙人为商客作中间，将货物卖出，或再购买货物；邸店主人也自己购货。这种行商和邸店主人，都是大批发商。一般开设店铺的商人，都向邸店和商客等批发货物，然后零售。此外还有零售的小贩们。商业资本在唐代确已逐渐复兴，随着商业的发展，高利贷也发展起来，不但私人经营高利贷，官府也经营高利贷。

整个"中古"时期国外贸易也相当发达，北方多与附塞的部落通商,南方则经营海上贸易。国外贸易最发达的地区,是西北一带和南方滨海地区。对西域、印度、南洋的商业,特别繁盛。西域人在中国经商的颇多。从南北朝时代起,国外贸易就渐趋发达;到唐代,就达到了全盛时期。这时中国人到国外去经商的已经很多,而外国人到中国来的则更多。外商除船舶到口岸时须纳船税,货物须先由官府买一部分外,他们可以自由的在各内地与人民交易。广州、扬州、长安,都有外商的邸店。外国商人中最多的,是波斯和阿拉伯的商人。他们主要贩卖珠宝、玉器等奢侈品。此外他们也放高利贷。东方的新罗商人,也定居或来往于中国沿海一带,经营商业。唐代国外贸易的兴盛和外人来中国的众多,根据文献史料和实物看来,是大大出于我们意想之外的。中国内地工商业的发达,引起对外贸易的发达;而对外贸易的发达,又反转来刺激国内工商业,使之更发达起来。

隋唐统一以后,水陆商路和都市都发展起来。在这以前,北方和南方本来有若干大都市存在着,并不像欧洲中古初期那么荒凉。到了唐代,长安和洛阳二京,成为当时国际贸易的大都市。西北商业交通线上,也有国际贸易的大都市,如敦煌等。运河沿岸也兴起了许多大都市,最重要的就是扬州。沿海的广州和越州、明州,都成了国际商人的集合点。此外长江中游的荆州和四川的成都,也是有名的大都市。各地的小都市和"草市"、"庙会"等,也发展起来。到中唐以后,都市经济格外繁荣,我们在下面还要叙述。

总之,所谓中国的"中古"时期,工商业和城市仍是相当发达的,并不像有些人所想象。中国的封建经济到唐代已进入大发展时期,不过到了中唐以后,工商业和城市比前更盛,一个新的极繁荣的时期到来了。

南方工商业的发展

北方自从汉末以来，工商业与城市逐渐衰落，经过“五胡乱华”，北方经济更遭受破坏，到北朝统一北方后，经济才得部分恢复，隋唐统一后，北方才有相当程度的工商业和城市。这时候虽因对外贸易比较发达，在工商业上，曾经一度出现繁荣的景象，可是就整个经济现象看来，北方的工商业发展情况，仍不能恢复两汉的旧观。可是南方自东汉以来，逐渐受到北方较高的生产力的影响和移民的开发，过去的落后景象逐渐消失，经过孙吴、东晋、南朝的继续开发，江南一带的经济，就渐渐的赶上了北方。在南朝时候，南方工商业和货币经济，已经非北方可比；唐代一代，南方有许多新城市兴起，工商业更见繁荣，尤其是中唐以后，江南已为财富集中的处所，唐帝国的财政收入，已主要依靠江淮一带了。

要明了南方工商业逐渐兴起的情况，我们可以从几方面来观察：第一，从手工业方面来看，南方本来是没有什么纺织业的，在唐代中年以前，布帛的大宗出产地都在北方，主要是河北、山东等地，其次是四川。但在唐代时，四川的纺织业已经逐渐超过北方，唐初织造进贡丝织物的，与有特别讲究的丝织物的，都是四川。这时候，后来成为纺织业中心的江浙一带，纺织业都是特别落后的，如《国史补》载：

> 初，越人不工机杼，薛兼训为江东节制，乃募军中未有室者，厚给货币，密令北地娶织妇以归，岁得数百人，由是越俗大化，竞添花样，绫纱妙称江左矣。（《太平御览》引《丹阳记》也说：“江东历代尚未有锦，而成都独称妙。”）

可见江南纺织是在中唐以后才兴起的。南方冶金业的兴起,则比较早些,《丹阳记》说:"《永世记》云:县西北百余里铁砚山,广轮二百许里,山出铁,扬州,今鼓铸之地。"《南徐州记》说:"剡县有三白山,出铁,常供戎器"(均《太平御览》引)。此外,扬州所贡的铜镜,也是非常有名的。又根据其他文献的记载,江西、湖南、两广等地出产的铁器,也很精良:这是因为上古时冶铁业本从南方发展到北方的缘故。南方的造船业更是发达,这是由于南方多水的缘故。陶瓷业在"六朝"时,也在南方发展起来,根据文献上记载的传说:唐初江西陶工献假玉器,从此景德镇瓷业开始兴起。但是在唐代,南方瓷器最著名的产地还是浙江所谓"越窑"瓷器,它是唐代瓷器中的代表作。综上所说:可见南方手工业,在所谓"中古"时期,已经在发展了。

第二,从商业方面看,《南史·郭祖深传》说:

> 今商旅转繁,游食转众,耕夫日少,杼轴日空。

因此商税的收入成为南朝政府的财政重要源泉,《宋书·后废帝纪》载:"敕令给赐,悉仰交市。"南朝政府奖励商业的法令,颇为繁多,例如:

> 永初元年七月……(诏)又以市税繁苦,优量减降。(《宋书·武帝纪》)
>
> (大明)八年春正月甲戌,诏曰:东境去岁不稔,宜广商货,远近贩鬻米粟者,可停道中杂税,其以仗自防悉勿禁。(《宋书·孝武帝纪》)

此外这类诏令还不少。又《南齐书·豫章文献王传》载太祖辅政："以市税重滥，更定槁格，以税还民，禁诸市调及苗籍，二千石官长不得与人为市。"《南史·陈本纪下》："税江税市，征取百端。"统治者一面要想发展商业，所以优待商人，然发展商业，原是为了增加剥削，所以终究要重征商税，这一矛盾事实的存在，就说明南方商业的重要性了。

第三，从货币流通方面看，当时钱币在南方是比较流通的，东晋初年承用孙吴旧钱，吴兴沈充所铸的钱，即所谓"沈郎钱"，也流通着。安帝时桓玄主张废钱用谷帛，终因大家的反对而不曾实行。南朝历代都有铸钱，虽然币制紊乱，但钱币是始终流通的。南齐永明四年时："诏折租布，二分取钱"，且"来岁以后，远近诸州输钱处并减，布直匹准四百，依旧折半，以为永制"。租布也可以用钱折纳，而且定为"永制"，这是后世"钱折"的先声。商税取钱，当然更无疑义。这些都说明南方货币经济的比较发达。

第四，从城市发展方面看，南方城市的兴起，从东汉以来已经开始了。南京在汉代还是一个小地方，自从孙吴在这里建都，就很快的发展成一个大都会。左思《吴都赋》述秣陵商业发达的情况，很是详尽。东晋、南朝时，南京变成有名的"六朝金粉之地"，其繁华在当时是首屈一指的。从这时起，沿江的都市普遍发达起来，西从四川，东到吴会，商船上下，都市林立。所谓："凡东南郡邑，无不通水，故天下货利，舟楫居多。"（唐《语林补遗》）可见东南商业城市的发达了。东南沿海地区，如广州、明州等也已成了国际大都市。福建的泉州，在中唐以后，也开始发展起来。但最重要的还是扬州。扬州是唐代最大最富的国际都市，唐代前期，承六朝以来发展的趋势，扬州已很繁盛，到了安史之乱后，扬州是盐铁转运使驻在地,东南财赋,荟萃于此,“商贾如织”,俗称“扬一益二”,这就是说:天下繁华的地方,扬州第一,而四川第二。在唐人诗中,扬州被描写成近代上海的模样。可见这时南方大都市的繁华,已经超过北方了。

总之:所谓“中古”时期,北方的工商业和城市虽然比较衰落,但南方的工商业和城市却在逐渐兴起,本来北富南贫的现象就在“中古”时期逐渐转化,变成南富北贫。南方新兴的工商业,就成为中唐以后领导都市经济发展的主要力量。

钱币问题

从魏晋到五代,钱币问题是很严重的。第一,如前所述:在这时期的大部分时间内,金属货币的使用,很不普遍。过去有些人认为所谓“中古”时期,是一个完全实物经济的时代,固然不对,但是有人夸大这时期金属货币的作用也同样的不对。事实上,从汉末董卓毁坏五铢钱以后,钱币就不很流通了(金银的使用自然更见衰落);曹魏初年,索性明令废除钱币,使用谷帛,后来虽曾恢复钱币的使用,但钱币的流通确已远不如前。到了“五胡乱华”的时代,北方几乎断绝了钱币的使用;北魏初钱币也不流通,孝文帝想恢复钱币的行用,并不能完全达到目的。河北和洛阳以西的地带,仍不用钱。东魏、北齐时,冀州以北还严格地保持着布帛经济。此外,在不少的时间和不少的地区内,钱币都不流通。一直到唐代前期,还是钱币与实物并行的。钱币的比较流通,要到中唐以后。然而在有些时间、有些地区内,尤其是南方一带,钱币总算还相当流通。我们在前面已经作出结论:从魏晋到唐中年的所谓“中古”时期,是以实物经济为主,而以货币经济为副的。有人说:布帛与铜钱都具有货币的性质,用帛不用钱,只是货币使用方式的改变,不是转向现物交易。这种说法也是不对的,因为只有金属货币,尤其是铸币,才是严格意义的货币,用布帛当货币,无论如何的与原始实物交易不同,总是一种实物经济的表现,不能说这仍与普通的货币经济相同。所谓"中古"时期,货币经济的衰退,确是事实。

第二,如前所说,在所谓"中古"时期,钱币的使用并不能完全断绝,而这时候钱币制度的紊乱,却又是史无前例的:钱币种类的复杂,真是五花八门,一面使用前代留下的古钱,一面使用当时铸造的新钱。古钱的种类已经很多,而当时铸造的新币:有大的,有小的,有正式的,有非正式的;有官造的,有私造的,轻重不一,比价不同,使得钱币制度紊乱到了极点。同时,钱币忽而缺乏,忽而过剩;忽而紧缩,忽而膨胀。钱币膨胀的时候,铸造十分滥恶,由于钱币品质的恶劣,物价高涨,影响民生和正当的商业。又钱币与实物的并用,比价也不稳定,因为当时布帛的价格,常被认为铜钱价格的标准,所以布帛乃是当时的本位货币而铜钱只是副币。

当时的货币问题,大概如上所述。我们进一步要研究这种问题发生的原因。前面已经说过:金属货币的不流通,是由于商品经济的衰落,这是没有问题的。至于钱币制度紊乱的问题,就比较复杂了。我们先从钱币种类复杂的原因说起,这是由于货币经济衰落后,政府不大注意造钱,只是沿用古钱,但是古钱留下的不多,人们往往把它当作良币,收藏起来,这样就感到钱币的缺乏。钱币缺乏后,政府与民间不得不铸造新钱,而这时铜很缺乏,所以偷工减料,铸出许多恶劣的钱文,甚至铸造铁币,或者铸造大钱,以膨胀通货。这种新造的劣币,更驱逐了古钱的良币,或者销毁古钱改铸新钱,于是到处劣币泛滥,物价高涨,物价一涨,钱更不够了,于是添造更恶劣的钱文来抵补,这样只会引起物价愈涨和钱币不通的后果。当时钱币反复的改铸,反复的销毁,货币的种类就愈来愈多了。我们认为:当时币制紊乱的原因,第一个是商业的衰落,根本不需要很多的钱文,钱文稍一过多和稍微恶劣一点,立刻就引起通货膨胀的征象,以至钱币制度不得不紊乱。第二个原因是铜的缺乏,南朝沈演之曾说:"采铸久废,兼丧乱累仍,縻散湮灭,何可胜计"(《宋书·何尚之传》)。范泰也说:"寻铜之为器,在用也博矣……器有要用,则贵贱同资;物有适宜,则家国共急;今毁必资之器,而为无施之钱,于货则功不补劳,在用则君民俱困,校之以实,损多益少"(《宋书·范泰传》)。宋孝武帝时,曾禁止人民车及酒器用铜。《齐书·高帝纪》说:"后宫器物、栏槛,以铜为饰者,皆改用铁。"梁武帝东下,用度不足,南平王伟守襄阳,取寺庙铜佛,销毁铸钱。北齐王则为洛州刺史,也毁旧京诸像以铸钱。这些记载,都可证明当时铜的缺乏。这时铜所以缺乏的原因,是由于手工业的衰落,开矿采冶的事很难进行。商业的衰落更影响工业的衰落,整个工业的衰落,影响矿冶事业,以至金属十分缺乏,钱币铸造困难。同时战乱的影响,更使矿业衰落,原有的铜逐渐销亡,而当时又用大量的铜铸造佛像和其他器物,这就更使铜缺乏了。至于钱币过剩的原因,其实也是如此。由于铜少,才滥造恶币,恶币不得人民的信用,转被排斥,这样就显得钱币过剩了。此外,这时候政府和私人还有铸恶币以图利的,这就更使得钱币紊乱了。

当时补救钱币紊乱的政策和主张是很多的:有人提倡不爱铜,不惜工,这种办法也曾部分实行过。这当然是正当的政策,可是在当时的条件下,是不能长期和普遍施行的。也有人主张应听人民自由铸钱,这种办法自然行不通,所以有许多人反对。政府也曾下令严禁私铸。政府更曾禁断新钱,专用古钱,这会造成通货紧缩的现象,自然也行不通。弄来弄去,货币问题始终不能解决。一直到唐代,货币问题还严重地存在着。到宋代,纸币兴起,货币问题才转入了一个新方向。

在南北朝时,也有人能够比较正确地指出钱币问题的症结所在,并且提出比较合理的解决办法,如宋、齐间的孔顗,曾上"铸钱均货议"说:

> 铸钱之弊,在轻重屡变,重钱患难用,而难用为累轻,轻钱弊盗铸,而盗铸为祸深。民所盗铸,严法不禁者,由上铸钱惜铜爱工也。惜铜爱工者,谓钱无用之器,以通交易,务欲令轻而数多,使省工而易成,不详虑其为患也……宜开置泉府,方牧贡金,大兴镕铸,钱重五铢,一依汉法……顷盗铸新钱者,皆效作翦凿,不铸大钱也……反复生诈,循环起奸。此明主尤所宜禁而不可长也。若官铸已布于民,使严断翦凿,小轻破缺无周郭者,悉不得行;官钱细小者,称合铢两,销以为厚。利贫良之民,塞奸巧之路,钱货既均,远近若一,百姓乐业,市道无争,衣食滋殖矣。(《南齐书·刘悛传》)

货币应当统一铸造,在硬币时代,货币本身应具有相当价值:孔顗的话大致是对的,但是这在当时的条件下,怎能行得通呢?总而言之:当时货币问题发生的主要原因,是工商业的衰落和实物经济的排挤,而封建政府只知剥削人民,解决当前的财政问题,不采用正当的办法,而采用过度的通货紧缩和通货膨胀的政策,甚至借以图利,不顾民生,这也是货币问题严重极重要的原因。

第四讲　宋元时代的行会工商业与都市经济

行会的起源与中国行会的特点

中国的封建经济,到了唐代中年以后,开始有了新的变化。由于生产力的发展,农业生产比前发达,在封建关系上和土地制度上,都起了若干变化。手工业与商业也相应的发达起来,手工业的推进,使得手工业方面的封建关系也有若干改变,最明显的是:家庭手工业部分的转向正式的作坊手工业,徭役性的和隶属性的手工业者,逐渐向雇佣制的方面发展:这不能不提高了些手工业者的劳动兴趣和经营兴趣,因此更推进了生产力和生产的发展。农业和手工业的繁荣,自然会刺激商业和商品经济,使它继续前进;而商业的发达,也反转来影响手工业和农业:于是整个封建经济愈来愈发展了。到了南宋时期,这种发达已经达到顶点,替资本主义因素的萌芽准备了条件。蒙元统治中国时,封建经济虽然一度停滞,可是这种停滞只是暂时性的,经济发展的倾向并不曾被根本改变。到了明代,毕竟从封建经济中孕育出资本主义的幼芽来。

宋元时代,是行会工商业的全盛时期。行会是工商业方面的封建组织,所以行会工商业也就是封建的工商业。虽然这种工商业要到封建经济相当发达的时候,才会出现,它是代表比较进步的生产力的。

在西欧,行会的起源是由于工商业者的反抗封建主的压迫。城市工商业者企图摆脱封建领主的束缚,因此组织行会,作为抵抗封建领主势力的手段。虽然它本身也是封建组织,但这是城市的封建组织，与乡间的封建势力是对立的。在中国，行会的起源和西欧有些不同。关于中国行会的起源，有种种说法，近代学者中，有人错误地认为：中国行会，最初不过是宗教崇拜的结合，它的种种经济机能是后来才发达起来的。这种说法，显然倒果为因，因为宗教上的崇拜，只是团结行会中人的一种手段，并不是它的目的。把宗教崇拜作为产生行会的原因，好比说封建制度是起源于宗教的，其荒谬不待多说。

另一种错误说法是认为：中国的行会起源于同乡组织。一个地方的人到了他乡，容易被他乡人所欺压，于是同乡人就团结起来，组织行会，以保护自己的利益。这种说法，是把后起的行会性的乡土组织说成行会的起源。我们知道：最早的行会，分明是同业者的组织，而不是同乡者的组织，所以这种说法，是违反历史事实的。

再有一种错误的说法是认为：行会的前身是某种工商业者的血缘团体，也就是“种姓”。他们主张行会是种姓的发展，由于宗法性的血缘团体的崩溃，种姓就转化为行会了。这种说法，也是不符合历史事实的。因为在中国古代，有种姓色彩的工商业者的血缘团体早已瓦解了，至多只存在些残余形态。如果行会起于种姓，那末行会制度应该早已产生并发展了，何以直到唐宋时代，正式的行会才出现呢？诚然，秦汉时代已经出现过些行会的幼芽，可是那种早期的行会，与后来的行会，性质毕竟是不同的。因此说中国行会起源于家族制度或种姓团体，也是错误的。

还有一种错误的说法是认为：中国行会起源于人口的过剩。由于失业者众多，有职业者，为了保卫自己的职业起见，就组织了独占团体——行会。这种说法，当然也是错误的，因为它隐蔽了行会的阶级性和封建性。封建社会的行会,是一种封建组织,在它内部有阶级,有等级,远并不是一种近代托拉斯性的组织。行会固然有其独占的作用,但这只是一种附加的作用,而不是其主要的作用。

在旧学者中,也有人主张中国行会的起源,由于封建官僚的压迫。他们说:“官吏常对于工商业者加以不法的课税或其它压迫,后者为维持工商业上的利益计,联合起来,组织行会以对抗之。”这种说法也不符合中国的客观历史事实。我们固然不能说中国行会不含有抵抗官僚封建势力的作用,然而中国行会的起源和发展,主要是封建统治阶级促成的。中国封建政府为了加强对于工商业的剥削,就利用在萌芽状态中的工商业者组织,把它按照封建政府的意志,加以有目的的结合,使这种团体为封建政府和官僚们服务:于是中国行会正式形成了。所以中国行会具有两重的封建性,它本身已是一种封建组织,而同时又是封建政府统治机构的一部分。从基本上说来,中国的封建行会是与封建统治势力相结合的,他们之间的统一性大,矛盾性小,因此,中国的行会组织,其进步意义是比较小的。

中国行会的特点,是产生于封建统治势力盘踞城市这一东方封建社会的特征上的。与其他东方国家差不多,中国的封建统治势力不在乡村,而在城市。封建官僚代表着封建帝王的势力,盘踞在城市里,压在工商业者的头上,使工商业者的组织——行会服从他们的意志,而为他们服务:于是就造成了中国行会制度的特点。

中国行会的正式起源是唐代,它的萌芽时代还要早,我们知道“行”的名称,是最初见于隋代的。唐韦述《两京新记》云:

> 大业六年，诸夷来朝，请入市交易，炀帝许之，于是修饰诸行，葺理邸店，皆使甍宇齐正，卑高如一，瑰货充积，人物华盛。时诸行铺竞崇侈丽，至卖菜者，亦以龙须席藉之……

但是这所谓“行”，是否就是后来的行会，还有问题。如果确是后世的行会的起源，那么它的制度怎样，也不可考。根据《两京新记》的记载，隋代“东都”有一百个行。宋代的记载又说：隋时东都有“一百二十行，三千余肆”（刘义庆《大业杂记》）。这种“行”到唐代大为发展，宋敏求《长安志》说：唐时长安“东市”有“二百二十行”，又说“西市”“市内店肆，如东市之制”。唐代各行的家数也比隋代增多，日本僧圆仁入唐，《求法巡礼行记》记载：东市失火，烧曹门以西十二行，四千余家。在唐代的记载中，有药行、肉行、秤行、绢行、鱼行等“行”，这类“行”相当普及，大概是同一行业的组织。同一行业聚在一区，被称为“行”。根据唐代文献，封建政府对于“行”的控制是很严格的，例如限制他们扩张门面，禁止“以滥物交易”，并限制他们的市价。

唐代的所谓“行”确是行会的组织了，这是有文献可以证明的。那时各“行”有“行头”或“行首”，“行头”与“主人”、“牙人”，都负很大的责任。“行头”之下有许多会员，在文献上有“金银行首，糺合其徒”的记载，所谓“徒”就是会员。唐代更有官府手工业者“投本行”的记载，而且已有行会的隐语，师傅、帮工和徒弟的身份，也已正式的形成了。从这些方面都可证明行会制度在唐代已经成立。到了宋代，行会制度更是发展起来。

宋元时代的行会

行会到了宋代，有空前的发展。宋代的行会大致可以分作三类:第一类是手工业者的行会,第二类是商人的行会,第三类是其他职业者的行会。主要的是第一、二种行会。相同职业的手工业者组成手工业行会,偏重于工业品的制造,如《东京梦华录》载:

> 北去杨楼以北,穿马行街,东西两巷,谓之大小货行,皆工作伎巧所居。小货行通鸡儿巷妓馆,大货行通笺纸店。(“酒楼”条)

这种手工业的行会也称为“作”,《梦粱录》卷十三载:

> 市肆谓之团行者,盖因官府回买而立此名……其它工役之人,或名为作分者,如碾玉作、钻卷作、篦刀作……等作分。

宋代的手工业“行”或“作”,是很多的,种类繁杂,而且普及各地。这种行会与商业行会是联系着的,不能严格分开。

同一业的商人组织商业行会,偏重于货品的买卖,如鱼行、肉行、果子行等都属于这一类行会。商业行会的势力超过手工业行会,因为这时的手工业是被商业所控制的,没有商人,手工业的成品,就很难大量倾销。

行会制度的发达,使得其他职业者也组织行会,连教学的和乞儿、妓女等,也有所谓“行”。

宋代行会的作用,文献上有明显的记载,如《都城纪胜》“诸行”条说:

> 市肆谓之行者,因官府科索而得此名,不以其物小大,但

合充用者，皆置为行，虽医卜亦有职医克择之差占，则与市肆当行同也。内亦有不当行而借名之者，如酒行、食饭行是也……又有异名者，如七宝谓之骨董行，浴堂谓之香水行是也。

上引《梦粱录》也说："市肆谓之团行者，盖因官府回买而立此名……"《文献通考·市籴考》载郑侠奏议跋说：

京城诸行，以计利者上言云：官中每所需索，或非民间用物，或虽民间用物，间或少缺，率皆数倍其价，收买供官。今立法每年计官中合用之物，令行人众出钱，官为预收买，准备急时之用。如岁终不用，即出卖，不过收二分之息，特与免行……有指挥：元不系行之人，不得在街市卖坏钱纳免行钱人争利，仰各自诣官投充行人，纳免行钱，方得在市卖易。不赴官自投行者有罪，告者有赏。此指挥行，凡十余日之间，京师如街市提瓶者必投充茶行，负水、担粥以至麻鞋、头髮之属，无敢不投行者。

在这三条记载里，宋代行会制度的作用可以看得很清楚："官府科索"，"但合充用者，皆置为行"，这就是说：凡是可以供给封建政府剥削的行业都设立行会，为封建政府服务，这叫做"当行"。为了加强对工商业者的剥削，就"立法每年计官中合用之物，令行人众出钱"。官府拿这钱去收买需用之物。封建政府规定：不加入行会的人，不得在街市买卖，否则就要治罪：这样就把各种工商业者都赶入行会中，以便封建政府控制、剥削。这就是中国行会制度的特点。自然，加入行会的人，在营业上可以有某些便利。威胁再加上利诱,于是行会制度就空前发达起来了。在宋代,单是杭州一处,就有“四百四十行”,什么事物都有行会(见《西湖志人繁胜录》)。行会的“行首”在宋代多称为“行老”,他领导行会,对外向官府交涉本行的权利,代表本行承接生意,对内统治会员,为封建政府服务,并处理各项事情。行会可能有会所,是行会的办公的地方。

行会到了元代,依然很是兴盛。根据《马可·波罗游记》的记载:元代的杭州有十二个大规模的手工业行会,每个行会的工人占有一万二千所房子,每一所房子至少可以容纳十二人,有些还可容纳二十至三十人之多。这里面有主人和帮工从事工作,这种记载自然带有夸大性,不可尽信。但也可以看出行会工商业,在元代时发达的情形了。明代以后,行会制度虽然还保持着,但是性质已起若干变化,这在第五讲里,我们还要详细叙述。

作坊手工业与“雇佣劳动”

从古代一直到鸦片战争前夜,中国农村里小农农业与家庭手工业结合成的自给自足的自然经济,始终占着统治地位(便是到鸦片战争以后,这种自然经济也只是缓慢地瓦解着,它的残余势力是非常顽强的)。这种与小农农业相结合的家庭手工业,虽然也有它的本身的发展,如东汉以后,家庭纺织业就曾获得很人的进展。然而到唐代中年以后,自然经济里的纯粹家庭手工业,就大致只是维持原来的状态而很少变化。自然,就地区上讲,南方的家庭手工业还是有发展的,它逐渐超过了北方。可是从唐中年以后到元代,手工业重点已经不是农村里的自给自足的家庭手工业了,而是城市里的行会的作坊手工业(与城市中商品经济相联系的一部分家庭手工业,当然还是逐渐发展着的,但这一类的家庭手工业,在本讲所述时期中,发展还不显著)。

发归本家彩帛铺,机织、货卖。(同上)

这时候的作坊手工业,很容易发财,发财的作坊主人,甚至有捐官的。而官僚们也经营手工业作坊,如唐仲友贵为台州知州,他家也开着彩帛铺,所谓"彩帛铺",是一种手工业作坊而兼商店的企业。这里面经营着"机织"、"染帛"等手工业,同时也经营"货卖"事业。它出卖各种高价布帛,一次可以出卖到好几百匹,其规模可谓很大。自然,这种官僚们经营的手工业作坊,与民间师傅所经营的手工业作坊,性质有所不同,然当时作坊手工业的发达,是可以看出的。到了元代,作坊手工业继承宋代的全盛趋势,如《马可·波罗游记》的记载,也可证明当时的作坊手工业还是很发达的。虽然,在元代,由于蒙元统治者的压迫和毁坏,城市的作坊手工业曾受到一定的摧残。

经营手工业作坊的人称为"长老"、"师"、"主人"等(《太平广记》中有"削师"、"染师"等名目),根据"铜坊长老白九峰造"的字样,可见"长老"是自己参加工作的,大概是作头一类人物。这种作头有许多就是作坊中的"师傅"(一般所谓作头也就是大师傅)。"师"当然是师傅的简称,师傅也就是作坊的主人。所谓"主人"当然是经营作坊的人。在作坊中工作的人,除了师傅外,应当还有师傅的家属和徒弟们,此外就是帮工。《太平广记》一四六"尉迟敬德"条说:

至铁冶处,有煅铁尉迟敬德者,方袒露蓬首煅炼工次……尉迟公与其徒拊掌大笑。

所谓“徒”,大概就是指徒弟、帮工们。《东京梦华录》说:“凡饼店……每案用三五人”,这些人之中,当然有徒弟和帮工在内。

这种手工业作坊有规模较大的,也有比较小的,小的只有几个人工作,大的如上引《东京梦华录》中“饼店”记载:

> 唯武成王庙前海州张家,皇建院前郑家最盛,每家有五十余炉。

有这么多炉的饼店,工作的人一定很多,便是近代大都市里的手工业作坊,似乎也不能超过。

手工业作坊,在宋代时,确已成为城市手工业的中心。它们不但制造成品,而且出卖成品,都市里的小商贩们,就从作坊中批买货物,他们的生活几乎是完全依赖作坊的。《武林旧事》说:

> 都民骄惰,凡卖买之物,多于作坊行贩已成之物,转求什一之利。或有贫而愿者,凡货物盘架之类,一切取办于作坊,至晚始以所直偿之,虽无分文之储,亦可糊口。

于此可见,作坊在当时城市工商业中的势力了。

由于手工业的发达,就出现了许多“雇佣工匠”,例如:

> 上都通化门长店,多是车工之所居也。广备其财,募人集车,轮辕辐毂,皆有定价……(《太平广记》八四“奚乐山”条引《集异记》)
>
> 偶至延陵,到佣作坊求人负担药物,却归山居,以价钱多

> 不肯。(《太平广记》七四“陈生”条引《逸史》)
>
> 凡雇觅人力:干当人,酒食作匠之类,各有行老供雇。(《东京梦华录》卷三)
>
> 傥欲修整屋宇,泥补墙壁……即早辰桥市街巷口,皆有本竹匠人,谓之杂货工匠,以至杂作人夫……罗立会聚,候人请唤,谓之罗斋。(《东京梦华录》卷四)

所谓“佣作坊”类乎近代的荐头行,所谓“行老供雇”的制度,类似近代的作头制度。当时的雇佣劳动者确已很多,他们已有供雇的组织。但是这类的“雇佣劳动者”,与近代的自由雇佣劳动者,还有所区别,因为他们的地位很低贱,常被奴役,还有依附的性质。这种现象,一直到明清时代,还不曾完全消除,如《今古奇观》“卢太学诗酒傲公侯”篇所载的雇工,还是所谓“佣奴”的身份,他们与雇主之间还订有依附性的契约。他们与作头之间的关系,也带有浓重的封建性,如柯宗元《梓人传》记载有个称为“梓人”的作头,当进行工作时,他会集“众工”,指挥他们工作,这些工人们“皆视其色,俟其言,莫敢自断者;其不胜任者,怒而退之,亦莫愠焉”。工作完成之后,只记下他自己的名字。他自己说:“食于官府,吾受禄三倍;作于私家,吾收其直大半焉。”这是一个剥削工人劳动的封建作头。他居于“大师傅”的地位,工人们居于他的“徒弟”的地位。这不是资本家与雇佣工人之间的关系,而是封建的“师傅”与“徒弟”、“帮工”之间的关系。这些工人们还带有封建的和宗法的依附性,是没有问题的。但是有些小生产者,虽然也受雇佣,却比较自由,例如韩愈的《圬者王承福传》中记着一个“圬者”,本是个农夫,因为当兵离开本业,回来后失去土地,就做了水泥匠。他租屋住在城市里,看物价的高低而上下他的工价,他养活他自己一个人外,收入还有多余。他自己有生产工具,而受人雇佣:他既有生产工具,又能制定自己的工价,并自有住处,他的身份自然是比较自由的。根据韩愈的描写,他颇有"隐士"的风味,这种佣工似乎与作坊里的和家庭里的佣工有些不同。这类手工业者可以出卖劳动力,也可以自己经营小摊子,富裕些的就可以成为小作坊的主人。像这类手工业者,在唐中年以后的所谓"近古"期中,也是很多的。

手工业作坊,是当时民间手工业的中心。除此以外,私人所经营的手工业,还有采矿、烧窑等工业,规模是比较大的。例如采矿的工业组织,工人可以多到上百,甚至上千。总而言之:唐、宋、元时代,民间的手工业已相当发达了。

唐中年以后到元代,官府手工业也是很发达的。官府手工业的组织,名目很多,或称"作院",或称"作坊",也称为"库"、"务"、"厂"、"局"等。我们可以总称为"官府手工业作坊"。这种"作坊"的范围,也有大有小,分工很是细密,就技术讲,可能超过民间手工业。但是他们所制造的,多是奢侈品。最主要的还是纺织业和冶金业。中央和各地都有官府"作坊"。其中矿冶、造船等工业,与民生比较有关,而军器工业有关国防,也是一种重要的工业。至于劳动者,从唐代中年以后,雇佣制度也兴起了,唐代已经有所谓"和雇"工人;唐代中年以后,雇佣制格外发展。宋代的官府工匠,多从雇募而来,宋代的兵制为招募,工匠也为招募,所以往往混称"军匠"或"兵匠"。这种"雇佣工匠",还有相当的隶属性,不能真作纯粹的自由雇佣劳动者。何况唐中年以后,除招募的工匠外,还有征役的事,当时匠人很怕官府征役。征役有的不给工资,只由官府养活;有的是给工资的,尤其是宋代,根据《梦粱录》的记载:

> 然虽差役，如官司和雇，支给钱米，反胜于民间雇倩工钱，而工役之辈，则欢乐而往也。

这可以证明宋代雇佣劳动的发展。由于民间手工业比较广泛地应用雇佣劳动，官府为了与民间争夺工人，所以甚至有官府“支给钱米，反胜于民间雇倩工钱”的事。自然，宋代的官府手工业中，也还有隶属手工业者和奴婢、刑徒等。

元代的官府手工业者，身份比较低下。蒙元统治者在侵占中国和侵略各国的过程中俘虏和搜刮到的工匠，数目非常之多，几乎把全中国的工匠，都集中在蒙元朝廷和贵族的手里；而且几乎经营了一切手工业。这些工人受着工奴的待遇，劳动兴趣是低下的。蒙元统治者这种措施，阻碍了民间手工业的发展。就手工业方面说，元代也有倒退的现象，虽然这只是暂时的倒退。

从唐中年到元代，手工业的种类，比前更是增加，主要的有纺织、冶金、铸钱、武器、造船、造车、造纸、印刷、陶瓷、碾米、制粉、造酒、制糖、制盐、制茶和采矿等工业。其中最突出的是纺织、冶金、造船、制瓷四种工业。宋代的纺织手工业分类很细，如“锦”一种就有四十二类之多。我们可引一条“锦院”的记载，来说明它技术上分工的细致：

> 吕汲公大防始建锦院……榜曰锦官，公又为之记，其略云：设机百五十四，日用挽综之工百六十四，用杼之工五十四，练染之工十一，纺绎之工百一十。（《蜀锦谱》序）

关于冶金业，金属的生产，宋代比唐代发达得多，如铜，唐代每年岁得六十余万斤,北宋时每年已达两千余万斤;铁在唐代每年岁系二万余万斤,北宋每年已达八万余万斤。此外我们可以引一条炼钢的记载,以说明当时冶铁技术的进步:

> 予出使至磁州,锻坊观炼铁,方识真钢。凡铁之有钢者,如面中有筋,濯尽柔面,则面筋乃见;炼钢亦然,但取精铁锻之百余火,每锻称之,一锻一轻,至累锻而斤两不减,则纯钢也;虽百炼不耗矣。(《梦溪笔谈》卷三)

造船业,则根据当时的记载,已有"长十余丈,深三丈,阔二丈五尺,可载二千斛粟"(见《高丽图经》"客舟"条)的大船。还有"三倍"于这种大船的"神舟"。那时的造船技术确较外国高明,据记载:工人代外人修船时,曾替他们"造转轴,教其起倒之法"(见《梦溪笔谈》卷二十四)。又那时船上已有简单的推进机,所以能造高两三层可乘千余人的有轮的船。

瓷器工业是当时新兴的一种手工业。唐宋的最主要的瓷器,还是所谓"青瓷"(青釉的瓷器)。唐代已有著名的"越窑"青瓷,销行远及海外。五代时南方吴越国有"秘色窑",是官府所造的进贡物品,这是一种比较精致的"越窑"瓷器。北方有所谓"柴窑",据说是柴世宗命令官窑造的,是一种很讲究的青瓷。宋代的官府手工业中,有所谓"官窑"瓷器,南北宋都有,主要是青色的。根据杭州出土的南宋"官窑"瓷器看来,确是非常精致的制品。此外汝州出产"汝窑"瓷器,也是有名的"青瓷"。南宋时还有北方钧州所产的"钧窑"瓷器,青瓷上带有红紫的斑痕。南方有"龙泉窑",大概是民营的,出产青绿色瓷器,精致不下于"官窑"。"龙泉窑"中有一种叫"哥窑"的,上面有碎纹,更是有名。宋代北方的定州又出产一种"定窑"瓷器,是白颜色的,与当时的青瓷齐名。宋代还有各种颜色的瓷器,甚至上面有画花和印花的。瓷器业到了宋代,已进入了全盛时期。但是到了元代,除了官府制造的所谓"枢府窑"相当精致外,一般瓷器都很粗糙,瓷器业在元代,是受了很大的挫折的。

最后,应当一提的是棉花的输入和棉织业的逐渐兴起。棉花是从印度、南洋一带输入的,中国西南一带早就有棉布的生产,不过在南宋以前很不普遍。到了南宋中期以后,原在两广、福建一带种植的棉花,逐渐传到江南,到了元代,栽种更盛,棉织业已成为一种新兴的纺织业了。但棉织业的全盛,还要到明代,明代以后,从棉织业中曾产生出资本主义的幼芽来。这是后话,我们在第五讲里再详细地叙述。

国内外贸易的发展

手工业的发展不能不刺激商业,使之繁荣起来。所谓手工业作坊,多是兼营买卖的。一般手工业作坊的前面,往往就是店铺;或者作工的地方就是店铺。例如《清异录》载:

> 余在翰苑,以油衣渐故,遣吏市新者,回云马行油作铺目录入朝避雨衫,芭蕉裤,一副二贯。

又如唐仲友所开的"彩帛铺",也是手工业作坊而兼营商业的(当然也可能是以商店为主而兼营手工业)。总之,这种手工业作坊与商店合一的组织,主要是销售本店的制造品(以商店为主的,当然也兼销贩买来的货物)。比较大的手工业作坊,也批发自己的制品给零售商出卖,如前引《武林旧事》所载:商贩"多于作坊行贩已成之物,转求什一之利”便是。但是兼营商业的手工业作坊,毕竟多以手工业为主,买卖只是副业,大批的手工业制品,还是由专营商业的店铺或商人贩卖的。有许多手工业制品,只是“定货”,或用雇主的原料,替他们加工;或用自己的原料,替雇主工作。一般商业的经营,自然是靠专业的商人。

近古时期,专业的商人,大体可以分成二类:一类是开设店铺或商行的商人,可以叫作“坐商”;一类是批发货物到远地去贩卖的商人,可以叫作“行商”。前者是比较带有经常性的商人,后者往往是暂时性的商人,换句话说:“坐商”多是固定职业的商人,而“行商”则有时只是暂营贩卖的别业的人。“行商”带有投机性,往往“走几次江湖”,获得厚利,就罢手了。在唐宋元时代,“行商”的势力很大,发财的多是“行商”,而且有专备资本供给“行商”做买卖的,例如:

> 江陵有郭七郎者,其家资产甚殷,乃楚城富民之首。江淮河朔间,悉有贾客仗其资,贸易往来者。(《太平广记》四九九“郭使君”条引《南楚新闻》)

这可见“行商”获利的优厚,所以不惜借钱去经营。这类出钱给人行贩的富人,大概有的通过高利贷形式剥削“行商”;或与“行商”合伙分利,一出钱,一出力,带有共同经营的性质,但其实质仍是一种高利贷的剥削。

唐宋元时代,巨大的“行商”势力的存在,说明当时各地区间的经济联系还不够,各地区间的交通还不方便,各地区的封建势力(地方军阀、地方官僚、地主恶霸、行会组织等)和盗匪等还在严重地阻碍商品的流通，因之贩运货物是一件冒险而有困难的事情，好比抗战时代，“走单帮”有厚利可图，但必须冒很大的危险和困难。经营行贩的人，往往须结伙，甚至带着兵仗或雇“镖客”保护，才能保全货物和生命，而结交各地方的“江湖”势力，有时也是必需的。

危险和困难既大，利益自然丰厚，在生产资料私有制下，利之所在，自然为人所趋，于是“行商”事业，不得不发展起来。例如《太平广记》载：

> 维扬万贞者，大商也，多在于外运易财宝以为商。（三四五“孟氏”条引《潇湘录》）
>
> 有估客王可久者，膏腴之室，岁鬻茗于江湖间，常获丰利而归。（一二七“崔碣”条引《唐阙史》）

元氏《长庆集》有《估客乐》诗，更具体地描写了这种“行商”的生活：

> 估客无住著，有利身则行；出门求火伴，入户辞父兄；父兄相教示，求利莫求名；求名有（一作莫）所避，求利无不营；火伴相勒缚，卖假莫卖诚；交关但交假，本生得失轻；自兹相将去，誓死意不更；亦解市头语，便无乡里情。

所谓“无住著”，“有利身则行”，“求火伴”就是“行商”经营的规律。他们的特点，是“亦解市头语，便无乡里情”。这班“江湖客人”是“重利轻别离”的。在近古时期的小说、笔记等书中，我们常可看到这类“客商”的活动。“行商”是这时期，尤其是唐宋元时代商业中最活跃的势力。没有了他们,都市的繁荣就会受到很大的影响(所谓“商旅不至”,是商业衰落的征象)。所以宋代在开国时,皇帝就曾下诏“宽简”商业通过和市税:

关市之租,其来旧矣。用度所出未遑削除,征算之条,当从宽简……(太宗淳化二年诏)

王安石变法立“均输”、“市易”等法,以抑制商人的专利,反对的人说:

自市易法行,商旅顿不入都,竞由都城外径过,河北、陕西,北客之过东南者亦然。盖诸门皆准都市易司指挥,如有商货入门,并须尽数押赴市易司卖,以此商税大亏。(郑侠上书)

这可见“行商”对于当时都市经济的关系了。大概当时的商业主要依靠远方货物的相互贩运,而这种贩运是专靠一种“走江湖”的商客经营的。都市里的“坐商”多与商客相联系,替他们代销货物,他们自己是不大到远方去贩运货物的。“坐商”与“行商”的分工,是封建时代商业的一个特色:这是与封建时代各地区交通不便的历史条件相联系的。在封建前期,各地的经济主要是自给自足的,随着封建经济的发展,各地区的产品需要相当大量的流通,就产生了专事贩运的商客“行商”,到封建经济再进一步发展时,“行商”的重要性就逐渐降低,这是因为,商业交通逐渐方便,转运货物比较容易,就不大依赖“行商”来专门从事贩运了。

“行商”势力的开始发展,还在唐代以前,但那时候经营商业的，多是贵族官僚或巨富，贩运货物的“行商”事业，也被他们所把持。他们不但从事贩运，而且也从事劫掠，在当时，普通人经营“行商”，是相当困难的。同时那时候也不需要多数的商人来从事贩运。如上所述，只有到了唐代，封建经济开始发展，各地方的货物需要相当大量的流通，这才出现了大批的贩卖商人，这就是“行商”事业在唐代特别发展的原因。由于“行商”的发展，商人们到处“走码头”，所以各都市中就普遍发展出所谓“邸店”来。贵族富商们，甚至“邸店遍海内”。《唐律疏义》说：“居物之处为邸，沽卖之所为店。”“邸”就是货栈，也兼批发买卖的营业，同时留住商客，近于后来所谓“商行”。远方的商客带了货物来到邸店住下，邸店的主人和牙人替商客作中间，将货物卖出，或再购进货物。有时邸店主人也自己购买商货。邸店是当时极有利的一种营业，所以贵族官僚们多从事于此，以与普通商人争利；甚至连官府都设有邸店。邸店也就是“坐商”努力的代表，它是“坐商”中具有大资本的人所经营的。

唐代的“行商”和“邸店”的发展，便替宋代的更高度发展的商业奠定了基础。在唐代，开设店铺的商人，大体上多是批发邸店和作坊里的货品，从事零售。一般说来，普通的“坐商”虽然负担的风险较小，需要的资本较少，但获利也是比较不大的。只有贵族、官僚和大富人们所经营的店铺，因有种种的方便，可能获利较多。但到了宋代，情形便略有变化：一般性的店铺普遍发展起来，例如北宋的都城汴梁，到处都是商店，大的交易动至千万。有名的相国寺，是个定期开放的市场，每月开放五次，交易非常繁盛。“其余坊巷院落，纵横万数，莫知纪极”（《东京梦华录》卷三）。到了南宋时，一般店铺的交易更盛，如《梦粱录》载：

(都城)自大街及诸坊巷,大小铺席,连门俱是,即无虚空之屋。

这里所谓"铺席",除了手工业作坊兼营的商店以外,就是专业的商店,这些商店有大有小,最小的就是小贩们的摊铺,有的没有门面,只在街巷里摆摊;还有叫卖的小行贩。大商店、小摊子和小担子,是充满当时的都市里的。

在宋代,除了"坐商"所经营的店铺以外,"行商"的势力也还相当巨大,如《梦粱录》接着就说:

客贩往来,旁午于道,曾无虚日……江商海贾穹桅巨舶,安行于烟涛渺莽之中,四方百货,不趾而集。

可见在宋代,"坐商"与"行商"已经逐渐平分天下,不像唐代那样"行商"独占优势了。因此一面有专为"行商"而设置的"邸店",但发达不及唐代;一面又有专门堆货的栈房,它们是兼为店铺们而设的。例如《梦粱录》说:

有慈元殿及富豪、内侍、诸司等人家,于水次起造塌房数十所,为屋数千间,专以假赁与市郭间铺席,宅舍及客旅,寄藏物货,并动具等物。四面皆水,不惟可避风烛,亦可免偷盗,极为利便。盖置塌房家,月月取索。假赁者管巡廊钱会,顾养人力,遇夜巡警,不致疏虞。

这种"塌房"的性质,与"邸店"是不完全相同的:营业的范围比较扩大，设备也比较周密。同时，这种“塌房”主要是为商人们堆货而设的，主人们以收取租费为主要的目的。由于商业的发达，塌房的主人所收得的租费大概很丰厚，租屋的商人们甚至聚钱雇人来当警察：这都说明了当时都市商业的发达。

在商品方面说来，唐代的商品大概主要是农产品，或与农业有密切关联的茶、盐、木料等商品。纯粹的手工业制品，除了纺织品以外，似乎较少。在宋代的商品中，尤其是在都市贩卖的商品中，一般手工业制品比重，似乎增加了，如南宋杭州市民所买卖的，多是作坊的成品，就可见手工业对于商业所起的作用已经比前重要。手工业的发展，使商业逐渐改变性质，宋代都市中“坐商”店铺的发展，是与手工业的发展分不开的。

宋代商业的发达，从都市的繁荣中更可以看出，关于都市，我们在下面另有专节来叙述。

“行商”与“坐商”各种营业的发达，又说明各地区由于生产力的提高，经济继续发展，各地区的经济联系比过去加强，这已为资本主义的萌芽和正式的民族市场的出现准备了条件。宋元时代，是“行商”与“坐商”同时发达的时期，也是“坐商”开始逐渐代替“行商”的时期；到了明清时代，手工业进一步发展，商业的情况就又有所改变了。

唐代的国外贸易，已比过去发达，在上一讲里，我们已经讲过。到了宋代，国外贸易也进一步发展起来，尤其是海上贸易，更趋繁盛。这是与当时国内工商业的发展相联系着的。当时称：“东南之利，舶商居其一。”政府财政也依靠它。自从唐代设立市舶司，管领海上贸易后，宋代设置市舶司更多，市舶司的所在地，有广州、泉州、杭州、明州、密州五处，东到高丽、日本，南到南洋，西到阿拉伯、波斯,都有海上贸易。主要输出品是五金、钱币、布帛和瓷器等,主要输入品是香料、象牙、珠宝和木料等。输出的多是有实用的东西,而输入的多是奢侈品,所以这种海外贸易,对于国内的工商业,虽然能起一定程度的刺激作用,可是这种交易,是并不上算的。因此这种海外贸易的积极作用,不能估计过大。同时封建统治者又垄断海外贸易,外货到了海门口,官府先征买一批最好的东西,剩下的才许私人买卖。大致海船到了口岸,征税什分之一,又官买三成。外商要到内地的,从市舶司领券,然后才得到各地贸易。中国人到外洋去的,也受种种限制,禁止私自出国。但海外贸易还是继续有发展,南宋时海外贸易更趋繁荣,已下开明清时代海外贸易全盛的先声了。

元代的手工业,如前所述,虽有倒退现象,但商业在某方面说来,却得到畸形的发展。在元代时,汉人的商业是受到挫折的,元代的大商人,主要是回回人,他们兼营着高利贷。对外贸易和外商高利贷业,在元代空前的发展起来。可是利益却多归色目人,亦即西域人所得。回回人等既由陆路通商,又从海道贸易,国外贸易的畸形发展,在马可·波罗的游记中,也得到反映:“亚历山大里亚以外的商港,如有胡椒船一艘入港,则泉州港必有百艘或百艘以上的胡椒船入口。”又据别的外国人游记的记载,泉州是当时世界上最大的港口之一,甚至是唯一的最大港口。泉州以外,还有上海、澉浦、温州、广州、杭州、庆元等,共计七个市舶司。元代的海外商税是比较轻的,最轻到三十分取一分。但官府往往自备船只和本钱,选商人出海贸易,所获得的利益,官取七成,商人取三成。并且曾经严禁私人出海。所以元代的海外贸易,几乎完全被封建政府所垄断着。元代国外贸易的发达,是与当时国外交通的发达分不开的。元代不但国外交通发达,连国内也四方开辟道路,设置驿站,驿站所在,即成为一个市集。据说大道上每三十五英里或三十英里,即设一个驿站,驿站之数,几乎满万,则市集的众多,也可想而知了。所以元代的商税收入是很多的,但是商业的这种畸形发展,只是好了蒙古统治者和西域人等,汉人的民间商业,一定受到相当的打击;而且民间手工业的衰落,也要影响到民间商业。总的说来:元代的中国工商业,都有倒退的倾向。过去有人认为元代的工商业比宋代发达,这是考察得不够全面的缘故。关于元代手工业的衰落,我们上面已经讲过。关于元代一般商业的衰落,我们只须看《元史·刑法志》所载有关商贾的禁令,就可知道。例如那时经商或因事出外的人,必须从官府取得文凭,否则就要治罪。与外商交通贸易的,也要治罪。五金、丝织品和米粮等,禁止出口。水路的商船,也都需要文凭,船只并有限制,禁止"私贩"。甚至江南的铁器禁止在淮汉以北贩卖,又贩铁也须文凭,贩卖"私铁"也是犯罪的。又元代封建政府也垄断国内商业,而且商税很重,一般商人必须依附权贵或僧道的势力,才能经商获利。有权势的商家甚至阻碍民间的行船。权贵、僧道、西域人等依恃势力而包办商业,也阻滞了汉人民间正常商业的发展。

但话又说回来,元代国内外交通的发达,却为明代商业打下了基础。尤其是对外贸易的畸形发展,更替明代的海外贸易开了先路。更可注意的是:对外贸易的发展,甚至可能引起国内手工业方面的某些改变,如棉花的种植,本来限于边区,因元代打通了国内外的贸易,棉花的种植就逐渐普及到内地,棉织业代替了部分的丝织业。《大学衍义补》说:

> 汉唐之世,远夷虽以木棉入贡,中国未有其种,民未有以为服,官未以为调;宋元之间始传其种入中国,关、陕、闽、广,首得其利。

这段记载,虽不完全正确,但大致是对的。这似是因为闽、广有海外通商,关、陕也有西域通商的缘故。然《元史·世祖纪》:至元二十六年,置浙东、江西、湖广、福建木棉提举司,则棉花的种植已普及到江南一带了。据章有谟《景船斋杂记》说:松江初种棉花,起初技术欠精,"功成甚难","元时有一媪名黄道婆者,自崖州归,乃教人造捍弹纺织之具,至于配色、综线、轧花,各有其法"。于是"竞相制造,转货他郡"。这可见交通发达的结果,远方的技术因之传入,促进了内地的手工业的发展。此外,由于商业交通发达而传播的手工业技术一定还有,不过一时考证为难罢了。

都市的发展

唐代都市的发展,前讲已经讲过。到了宋代,都市经济更加发展。宋代都市与唐代都市不同之点,主要有三:第一,唐代都市的市容是很整齐的,例如唐代的西京长安有东西两市,内南北十四街,东西十一街,街分一百八坊,坊的广和长都是三百余步。皇城南的大街叫做"朱雀街",东西各五十四坊。东京洛阳的市,中广长各十街,街分一百三坊,各坊广长三百步。两京诸市各行有正铺的,不得在铺前更造偏铺,以混乱市容。唐代所定各种都市制度,很是严整。在时间上,在地点上,在规模上,都有限制。这说明唐代都市还是前期的封建都市,工商业的发展还相当有限,所以封建政府控制都市能这样的严格。换句话说:这时候的都市中,人事比较简单,所以比较容易处理。到了宋代,工商业的发展远远超过唐代，封建政府对于都市的种种限制已被突破。宋代就是在首都中，市面的规划也不能像唐代那样整齐，封建势力已不能十分限制工商业的发展。在时间上，从早到晚，甚至到半夜，都可以营业。在地点上，除了政府的禁地外，也到处可以设铺营业。市民的成分非常复杂；工商业的经营比较自由：这些都说明宋代的都市已接近正式的工商业都市了（唐代都市的特点是整齐安静，宋代都市的特点是纷杂热闹）。这种情况起于唐代中年以后，而完成于宋代。从表面上看来，宋代都市的街道似乎不及唐代的整齐，但这种不整齐，是反映了工商业开始发展时期的现象（到了近代，最新的都市，又整齐化了）。

第二，从数量上讲：唐代定制，非州县之所，本不得设市，但到中年以后，都市愈发展愈多，大、中都市以外，到处逐渐出现小镇市，这种小镇市大体上都是从过去的“草市”和临时的市集发展来的，而“庙会”等定期或不定期的市集，也愈来愈发展，各乡村的附近，都有小市面出现，成为联络乡村与城市间的商业据点：这种都市的普及化和商业深入乡村边际的现象，到宋代时，就非常显著了。

第三，从唐中年以后，西北的都市日渐衰落，东南的都市日渐兴起。到了宋代，东南两方，都市新兴的气象，也更加显著。西北交通依靠陆路，所以西北的都市，主要是陆路的都市；东南的交通依靠水运，所以东南的都市主要是水运的都市。水运都市愈来愈多，愈兴盛，逐渐代替了陆路的都市：这也是唐宋都市发展史上一个重要的变化现象。

宋代都市普及化和商业深入乡村的现象，虽然史料上显示得很明白，但是由于这些史料散见于各书，一时不容易搜集，即使搜集起来,也必须列举许多记载,才能证明。我们姑且把这种现象指出,至于详细的考证,不是这里所能谈的。在这里,我们仅举北宋的东京开封和南宋的都城杭州作个例子,来说明宋代的都市发展情况。因为有关这两个都市的史料,是比较集中的,容易查阅。

开封是大运河开凿后一个新兴的都市,到了唐末,这个都市已变成极重要的所在。五代时,除后唐曾建都洛阳外,梁、晋、汉、周都以开封为首都。到后周时,这个都市已繁盛到非扩充市面不可了。周世宗显德二年曾下诏说:当时开封"邸店有限,工商外至,亿兆无穷……将便公私,须广都邑",于是就扩大开封的城市。这是因为开封沟通了运河,在汴河被疏浚以后,水运大开,于是就成了一个最大的商业都会。宋代继续建都开封,开封的商业越发繁盛,根据当时的记载:开封的市面是惊人的:大内东华门外市井最盛,这是因为宫中的买卖都在这里的缘故。皇城的东面有一条"潘楼街",都是珠宝、丝帛、香药等的店铺,最大的交易动至千万。大商店的屋宅雄壮,门面广阔,"望之森然"。大内前有一条"汴河大街",临街有一所大庙,就是有名的"相国寺"。相国寺每月五次开放,"万姓交易":这所大庙实际上是个大市场。据说:"中庭两庑,可容万人",商人们就在这里做买卖,各种东西都有出卖,这大概是当时东京市场的一个中心区。这时候的开封城,到处都是茶坊、酒店和吃食铺,商人们往往不在家里吃饭,而只在店里饮食。夜市直到三更尽,才五更又复开张,热闹的地方,通宵不绝。各路的货物都运到这里来销售。开封几乎是当时的"上海"。后来有人写了一部《东京梦华录》记载当时开封的繁盛,叫人看了,可以推想出当时开封的商业发展情况。

南宋都城杭州,繁华更在北宋都城开封之上。根据许多记载看来，这是当时全世界最繁华的一个都市。单就人口一项而论，就有三十九万户，一百余万口。单是食米一项，每天零售就非三四千担不可，最远的要从广州输入。这个城市里，大街小巷到处都是店铺，没有空虚的房屋。各地的货物都集中在这里。最大的铺子有金银、珠宝、彩帛、饮食、铁器、杂货等店。有早市和夜市，贸易昼夜不绝，"买卖动以万数"。南宋的杭州工业比较发展，它比起北宋的开封只是商业都市来，要进了一步。南宋的杭州不但一般商业兴盛，高利贷业也很发展，"质库，城内外不下数十处，收解以千万计"（《梦粱录》）。还有寄存商货的大堆栈。至于酒楼、茶店、旅舍、妓馆，更是歌舞喧天：其繁华使得后来到这里游历的外国人，惊奇到写专书来宣传。像这样的工商业大都市，如果没有记载作证，是谁也不会相信宋代就有的。当时有首诗描写杭州的情景：

山外青山楼外楼，西湖歌舞几时休；暖风熏得游人醉，直把杭州作汴州。

这虽然是指责统治阶级的荒淫无耻，但当时杭州的繁华也就可推想而知了（杭州的繁华，也与运河、钱塘江和海上的水运有关）。

南宋时代，由于工商业的日趋发展，围绕着大都市出现许多镇市，如明州辖一镇、八市，建康府辖十四镇、二十余市，从此镇市越发普遍。到了明清时代，江南一带的镇市，就像星罗棋布了。

元代时，工商业虽有某些倒退的现象，但都市的繁华，还相当保存着。根据当时外人记载，杭州、泉州等大都市，还是非常繁盛的。又元代因水陆交通的发达，市镇的分布，似乎比前更普及了。有些都市，可能更有新的发展，如北京是当时的大都，在元代时已成为新兴的商业大都市了。据说城外比城里还要繁华。现在北京城的规模,在元代已经奠定下基础了。

在这里,有一点应当特别指出的,就是近古时期(唐中年到鸦片战争),工商业和都市虽然发达,市镇虽然普及,但是广大的乡村,还守着相当严格的自给自足的自然经济。城市工商业的发展,虽然已使乡村与城市发生一定的联系,可是作为封建经济特征的自然经济,还不曾被破坏,而且还相当的巩固。这是客观的历史事实,如果忘记了这个历史事实,过分强调当时工商业的发展,过分强调商业资本的作用,那是个严重的错误。

纸币问题

从唐代中年到元代,货币史上又出现了一个新的问题:那就是纸币问题。最早的纸币是唐代的“飞钱”,它开始于唐宪宗时。那时商人为了贸易的方便,到京城,纳钱给诸道进奏院(驻京办事处)和诸军、诸使富家,自己轻装到外路贸易,向官府合契券取钱。一般富商也经营“飞钱”业谋利。后来朝廷想垄断“飞钱”的利益,限令商人向户部、度支、盐铁三司“飞钱”,每千缗收汇兑费百钱,后又改为照数付钱,不收汇费,以与地方节度使和富商们争利。这种“飞钱”是一种汇票的性质,还不是正式的纸币。到了宋代,四川出现了一种比“飞钱”更进一步的“交子”,它本是“本票”的性质,也是为贸易方便而设的。起初,由富人十六户担保,主持其事。后来有些富人穷了,付不出现钱发生争讼,于是政府把它改为官营,禁止人民私造,就逐渐变成代替铜钱的正式纸币了。这种纸币,越来越推广,愈造愈多,价格日见低落。北宋末,改“交子”为“钱引”,不备本钱,增造更多,价格大跌。南宋改“交子”为“关子”、“会子”,还有其他各种名目。因为南宋财政比北宋还要困难,官府滥发纸币，流弊比北宋更大。北方金人也造纸币，称为“交钞”，但过河就用钱不用“钞”。金政府自己就不信任纸币，所以他的纸币政策，流弊比南宋方面还要厉害。元代越发推行无基金的纸币，以掠夺人民。在元代，纸币也称为“钞”，是唯一的合法通货，强制人民使用。蒙元政府一开始就滥发纸币，到了元末，“每日印造，不可数计”，最后竟不值钞本，等于废纸，以致财政崩溃，无法收拾。关于宋、元两代的纸币政策和它的流弊，到现在几乎已成为一般历史常识，不必多讲。但我们必须仔细分析它产生的原因和它所发生的影响，因为这是直接与工商业的发展有关的。

唐代的“飞钱”和宋代的“交子”，在初起的时候，确乎是反映工商业的发展的。可是，一被封建政府把握过去，便立刻变成剥削人民的工具了。“飞钱”因为不是正式的纸币，这里姑且从略。至于“交子”、“关”、“会”和“钞”等，确乎已变成正式的纸币了。这种纸币的发展，已经主要不是反映工商业的发展了（自然，没有相当发展的工商业，这种纸币是不能推行的）。它主要是反映封建政府利用工商业的发展，采取通货膨胀的手段来剥削人民的。所以它的效果很不好，不但无助于工商业的发展，反而摧残了工商业。甚至摧残了一般人民的经济。到了明代，就不得不把它废止了。这种纸币流行的现象，虽然也说明工商业发展的程度（商业开始发展，需要相当大量的货币，但铜钱太重，不便携带和运输，贵金属货币又还推行未广，于是带有纸币性质的汇票和本票，就乘机而起，代替了一部分货币的职能），但不能说完全是工商业发展的结果。因为明清时代，工商业更加发展，然纸币反而不流通了。历史的事实就替我们说明这种纸币的真实性质，它和近代的纸币，是完全不同的。

有的历史家们把这种纸币看得与近代纸币差不多,认为这完全是工商业发展的结果,固然是错误的。可是也有些历史家认为这种纸币完全不反映工商业发展的情况,也是不符合事实的。明代和清代前期纸币的不流通,证明了前说的错误;秦汉时代不出现纸币以及"飞钱"、"交子"的历史事实,证明了后者的错误。

第五讲　明清时代的资本主义萌芽问题

工商业发展的新倾向

关于中国封建社会内部的资本主义因素的萌芽问题,是近来研究"近古史"的人所集中注意的一个问题。在鸦片战争以前,中国已有资本主义生产因素的萌芽,是没有问题的。问题是在资本主义生产因素的萌芽,究竟开始于什么时候。关于这个问题有许多争论,要解决这个问题,我们首先应当弄清楚什么是"资本主义生产因素"。我们知道"在资本主义制度下,生产关系的基础是生产资料的资本主义所有制,同时这里已经没有了私自占有生产工作者的情形,这时的生产工作者,即雇佣工人,是资本家既不能屠杀也不能出卖的,因为雇佣工人已免除了人格上的依赖,但他们却没有生产资料,所以他们为要不致饿死,便不得不出卖自己的劳动力给资本家,并忍受繁重的剥削"。据此:资本主义的生产关系,是占有生产资料的资本家和一无所有的"自由"的雇佣劳动者相对立的生产关系。这里所说的"资本家",不仅仅是像封建社会前已经产生的商业资本家那样只经营商业或附带经营手工企业,他们是工业的资本家,所经营的是生产商品的大工业。这里所说的"自由”的雇佣劳动者，也不是像封建社会以前就已经存在的，那些暂时的不固定的而且不纯粹的雇佣劳动者。资本主义下的雇佣劳动者，在质的方面说来，是已完全脱离了生产资料，并且不受任何人格依附关系的束缚——即不受封建关系束缚——的劳动者；在量的方面说来，数量远远超过封建社会以前的雇佣劳动者，他们往往集合起来在同一资本家支配之下做工。凡是经营商品生产的工业资本家与多数的“自由”的雇佣劳动者对立的生产关系，就是资本主义的生产关系。严格说来，这种生产关系的萌芽，是在明代中期以后。

有的史学家认为：中国早在战国秦汉时代已有资本主义因素的萌芽。这种看法，自然是不正确的，关于这种说法的不正确，我们得另写专文来讨论。总而言之：在公历纪元的前后，中国已有资本主义因素，这种说法是太惊人了。又有人认为：中国资本主义因素的萌芽，是在宋末元初的时候。这种说法似乎有相当的理由，因为根据《马可·波罗游记》的记载，当时江南一带，确有相当发达的工商业存在。例如他说：南京城“大半经营商业”，“出产生丝，织成大量的金银线布，并有各种各样的花样”。镇江、常州也是大量丝织品的出产地。苏州的丝织业更是繁荣：“周围有二十哩，居民有巨量的生丝，不仅以之制成绸缎，供自己的消费……并且还运销其它市场，他们中间有一些富商大贾，而居民数目之多，真是惊人。然他们……只以工商业为务，在工商业上的确表现很大的能力。”最惊人的，是马可·波罗所记载的杭州的情形，他说：杭州有十二种发展较高的手工业，每种手工业都有很多作坊，这些作坊中拥有劳动者十人至二十人，甚至有四十人之多，他们“各受主人支配”。他说：富裕的手工业“主人”，并不亲自劳动，他们的家属也同样的不做工,他们雇佣工人经营产业。这些“主人”们“表现缙绅的风度”,住宅很是华丽。从这些记载来看,似乎我们可以假定当时已有资本主义的生产关系。可是第一,《马可·波罗游记》是以夸大著名的,它的记载不可尽信。第二,宋元时代是行会制度的全盛期,手工业经营者和雇佣劳动者都受着行会制度的束缚,这些手工业经营者不能称为“工业资本家”,雇佣劳动者也不能称为“自由”的雇佣工人。第三,当时的手工业作坊,至少很少带有手工业工场的性质,那时还不曾形成多数的正式的手工业工场。根据上述三个理由,我们暂时假定:宋元时代还没有资本主义生产的因素,只能说宋元时代的较为发展的工商业,为明代资本主义的萌芽,准备下相当雄厚的基础。

在元代时,中国的工商业虽然受到相当的摧残,可是经济发展的趋势却并不能完全停顿,更不能完全消灭。到了朱元璋推翻了蒙元的统治,并施行一定程度的恢复经济的政策,宋末工商业发展的倾向,就逐渐恢复,逐渐滋长起来。到了明代中期,资本主义因素的萌芽就相当可以看出来了。

明代中期以后资本主义生产因素的萌芽,在下列各方面,我们可以清楚地看出(农业上的资本主义经营方式尚不在内):

第一,随着生产力的发展,引起了生产关系的量的变化。宋元以来,农业和手工业方面的生产力已有相当的提高。到了明代,手工业方面的生产力,更有明显的发展。关于当时各项手工业的生产工具和生产技术,有怎样的改进,我们一时还不能详细的回答。从当时最发达的两种手工业看来,在丝织业方面,如福建的缎机旧用五层,明弘治间,因为要赶上吴中的丝织品,就改为四层,名为“改机”(《古今图书集成》引《福州府志》)。这可见当时江南一带的丝织工具一定已相当进步，由于生产上的竞争，福建的丝织工具也不能不改进。又如元时江南棉织业的技术，本来很差，后来从广东传入高明的技术，就发展了江南的棉织业。明代时，江南棉织业十分发达，在不断生产的过程中，生产技术一定还有改进。还有明代江西景德镇出产的"御窑"瓷器，其精致不但远过元瓷，比起宋瓷来，也进步得多，这固然也由于江西瓷器的原料比较好，但技术的进步，也是不可否认的。此外，根据《天工开物》的记载看起来，明代手工业技术，一定比以前有长足的进展。随着生产力和商品货币关系的发展，工商业方面的生产关系，就不能不起量的变化。手工业雇佣劳动者人数的增加，与雇佣性质的日渐显著，就说明了这点。例如记载上说：苏州的"工匠各有专能，匠有常主，计日受值"；"染坊罢而染工散者数千人，机坊罢而织工散者又数千人，此皆自食其力之良民也"。景德镇的陶瓷匠有几十万人，却都是"四方远近，挟其技能以食力者"。这类的雇佣劳动者，虽然有的还受着封建行头的控制和剥削，换句话说：他们还没有完全脱离封建行会的束缚，可是他们已经是"自食其力之良民"，而且他们的数量相当多。这种"出力"的雇佣劳动者与"出资"的主人的对立，就是最早的资本主义生产关系。便是在官府手工业方面，剥削制度也有改变，我们知道：在元代，官府手工业者几乎完全陷于奴役的地位，到了明初，还有"匠户"的制度，洪武时，全国入籍的匠户有二十三万二千零八十九名，他们或者就地每月上工十天，叫作"住坐"；或者每年到京城服役，叫作"轮班"：这完全是封建的徭役制度。到了正统年间，"轮班""匠户"已经纷纷逃亡。到宪宗成化二十一年，政府就被迫允许轮班匠不愿服役的，可用银折代。到世宗嘉靖四十一年，由于"匠户"逃亡的更多，统治者遂取消轮班服役制，一切改为征银:工匠徭役制度从此逐渐废除。这种制度的改变,也是由于商品经济的发展和被剥削者的不断斗争而造成的。官府手工业方面的这种变化,只是从徭役的租税改变成货币的租税,封建统治者与官府手工业者之间,是不会形成资本主义生产关系的。可是这种制度的改变,客观上却推动了雇佣劳动制,从此官府方面也多雇佣工人来从事手工业生产,这种雇佣工人当然不能算作近代的无产阶级,他们还是封建势力压迫剥削下的手工业者。然官府方面这种制度的改变,自然也影响民间的雇佣制度,使得雇佣劳动日趋发展。因之促进了民间形成了资本主义生产关系幼芽的滋长。

第二,行会制度的转变。在明清时代,传统的封建行会固然还存在,还有相当大的势力,可是行会的性质却部分有了改变,最明显的是同业行会逐渐向同乡的行会发展。所谓同乡的行会就是"会馆"或"公所"。"会馆"的名称最初见于明代,据说开始于嘉靖、隆庆年间。在这个时候,北京出了"会馆",这是因为都城中流寓的人很多,士绅们建立会馆,以控制流寓的人士,使他们"入出都门者,籍有稽,游有业,困有归",而"不至作奸"。但"会馆且遍,古法寝失,半据于胥史游闲"(见明刘侗《帝京景物略》卷四)。可见最早的"会馆"本与行会制度无甚关系,可是会馆发展的结果,就逐渐替代了同业的行会,这是因为商品经济的进一步发展后,各地的经济联系更加强了,同时,交通愈来愈方便,为着应付当地土著的竞争,保护自己的利益,就组织成帮(约分商帮、手工帮、苦力帮三种),并建立会馆,作为机关:于是会馆逐渐变成了同乡的行会。这种会馆,有一县人组成的,有一府人组成的,有一省人组成的,也有两府、两省以上的人组成的;在海外,还有全国人组成的"中华会馆"。在各会馆内,又分成许多帮的公所,如药帮公所、船帮公所等。会馆也有称为“公所”的。如“四明公所”就是。由于地方分工的加强，在各都市里，各地的行帮往往独占一种行业，这些同乡而兼同业的人，也设立会馆，如山西人独占颜料业，他们就设立颜料会馆；四川人独占药业，就建立药行会馆。行帮和会馆制度的建立与发展，说明封建行会有了转变：从同业的组织向同乡的组织发展。这也说明封建社会内工商业经济的发展和地方分工的发展（这是民族市场出现的一个条件）。同乡的行帮组织对于工商业的束缚，似乎要比同业的行会组织轻些，换句话说：同乡的组织内等级关系或许要比较和缓些。同乡行帮的组织，主要是抵抗异乡人的竞争，而发展自己的营业。在本帮内，是比较合作的，一切行会的束缚和压迫要比较少些。这是行会制度转向松懈的倾向，同时也是各地工商业者竞争剧烈的表现。这种同乡组织自然也是封建性很强的组织，但在客观上，由于它代替了同业的组织，使行会的束缚减轻、减少，于一定程度内推进了工商业和地方分工的发展，因此便利资本主义因素的萌芽。自然，当新因素进一步发展的时候，这种行帮组织就又成了束缚生产力前进的东西了。

第三，作坊规模的扩大和手工业工场的确立。在明清时代，许多手工业作坊都比以前扩大，如纺织、陶瓷等业，都已有了正式的手工业工场的组织。关于这点，在下节里，有详细的说明。这便是资本主义生产因素萌芽的表现。

第四，商品货币关系的进一步发展，尤其是海外贸易的发展，反映了资本主义萌芽时期的现象。这种现象，是资本主义萌芽的结果，但是它反转来又刺激资本主义生产因素的发展。

第五，许多都市和市镇的工业化。如江南的南京、苏州、松江等都市，以及江西的景德镇、广东的佛山镇和江南的盛泽镇等市镇,都是手工业的中心。不但大都市逐渐工业化,而各大镇市更完全工业化了。这种都市和镇市的工业化,就说明了资本主义生产因素已萌芽。

第六,票号钱庄等高利贷业的发展,也反映了工商业发达、资本主义因素萌芽的征象。固然,这种高利贷业对于资本主义生产因素害多而利少,但应该注意的是票号和钱庄到近古后期才出现和发展的这个事实。

此外,如工商业者对于封建统治势力的斗争,尤其是手工业者的起义,更说明了新的经济因素的萌芽和发展。以上各点,我们在下面都要详细的叙述和分析,在这里只不过略提一提而已。又在当时的上层建筑意识形态里,也已有了重视工商业的市民意识,这种先进思想的存在,也反映出新的生产关系已经萌芽了(至于这时候是否已出现民族市场,或民族市场早已出现,至此不过继续发展,这个问题太大,同时现在还没有比较一致的结论,在这里我们暂时不谈,留待将来研究)。

各种主要的手工业

在明清时代,中国手工业已经发展到了最高峰,手工业的门类非常之多,在这里不可能全部叙述,现在只选择其中最主要的,也就是带有资本主义因素的几种手工业,来比较详细地叙述和分析一下:

首先应当叙述的,是作为穿衣之本的纺织业。继承唐宋以来的发展趋势,纺织业到了明清时代,已经不是农村里的家庭手工业所能包办的了,纺织业的重心早已逐渐从乡村转移到城市。明清时代的城市纺织业,不仅是纺织业的重心所在,而且是全部手工业的重心所在,这也就是资本主义生产因素的发祥基地之一。

纺织业中所包含的手工业门类也很多，最主要的是丝织业和棉织业。丝织业本是中国传统的纺织业，它的历史非常悠久。在唐代中年以前，丝织业的中心在北方和西方四川一带；唐中年以后，随着整个南方经济的发展，丝织业中心已由北方移向江南一带。南宋时，江南丝织业已相当繁盛。到了明清时代，西起南京，东到苏州，南至杭州，变成丝织业精华集中之所。至迟在元末至正年间，民间丝织业开始进一步的发展。根据当时人徐一夔说：钱塘（杭州）的相安里，富人们常雇佣工人从事丝织业，每夜工作到二更天，工作的所在，“老屋将压，杼机四五具，南北向列，工十数人，手提足蹴，皆苍然无神色”。他们按日计算工钱，每天“二百缗，衣食靠主人供给，拿工钱养家”。技术优良的工人，可以得到加倍的工资（《始丰稿》卷一）。有人认为这已是资本主义性质的作坊手工业，恐怕不一定对。因为这种工人虽有工钱，并可以比较自由出卖劳动力，但是“衣食于主人”，尚有依附性，而且作坊的设备也很简陋，机数和雇工人数也不很多，像这样的组织，元以前早已有了，如果说这就是资本主义生产的手工业，那么资本主义因素早已萌芽了。我们认为这种规模狭小、设备简陋、剥削方式还带有依附性的手工业作坊还不能作为资本主义生产因素看待。

只有到了明代中期以后，才有带有资本主义因素的丝织业出现。例如明代成化末年，有一个姓张的由资本银一锭，购机一张开始，“织诸色纻币”，获利高达五分之一，因之积两旬又增一机，后增至二十余机，更后四兄弟“继业，各富至数万金”（张瀚《松窗梦语》卷六）。这说明当时丝织业的生产很容易发展，资本增加极快，扩大再生产的速率颇为惊人。张瀚说：“大都东南之利，莫大于罗、绮、绢、纻，而以三吴为最。即余先世亦以机杼起家，而今三吴之以机杼致富者尤众"(同上书卷四)。明代后期大富翁潘璧成家的上代"起机房织手,至名守谦者,始大富,至百万"(沈德符《野获编》卷二八)。这些史料都证明丝织业中的小生产者,或较大的经营者,在剧烈地分化,上升的变成"数万金"甚至"百万"的工业资本家;下降的变成出卖劳动力的雇佣工人。万历年间江苏巡抚曹时聘说:"吴民生齿最烦,恒产绝少,家杼轴而户纂组,机户出资,机工出力,相依为命久矣"(《明实录·万历实录》卷三六一)。"机户出资,机工出力":这明显地表现了资本主义性质的生产关系。又根据上引的曹氏的话,那时候苏州至少有织工和染工各数千人,都是"自食其力"的劳动者。据《古今图书集成》的记载,苏州城的居民大半工于技术,而"郡城之东,皆习机业",他们各有专能,且有常主,计月受值。但苏州丝织工匠之多,有些已经到了每天需要寻找工作的程度,他们每日"黎明,立桥以待,缎工立花桥,纱工立广化寺桥,以车纺丝者曰车匠,立濂溪坊,什百为群,延颈而望,如流民相聚,粥后散归。若机房工作减,此辈衣食无所矣。每桥有行头分遣"(《考工典》卷一〇)。可见当时的丝织业,已有相当细密的分工,劳动市场的规模也相当大。当时不仅城市丝织业非常发达,便是镇市丝织业也极繁盛,例如盛泽镇在明初,居民还只有五六十家,到了嘉靖年间,就变成了一个繁荣的工业镇市,此后更有发展,称为江南大镇。根据明代的小说《醒世恒言》记载,嘉靖年间,这个镇市的丝织业已经极盛,机户有大小之分,市镇的丝织品交易却控制在牙行的手里,他们带着商人到大户去"包买",小户则把成品送到牙行出售,当时这种牙行有"千百余家"之多。这篇小说描写一个施姓的小户,由一张机,资金银一锭开始,六年后就增加到三四张机,不过十年,就积累到数千金,开出三四十张机的手工业工场或大作坊了。

到了清代，江南的丝织业中心转移到南京，乾隆年间，南京已有三万多张机（同治《上元江宁两县志》卷七），到道光时就增加到“缎机以三万计，纱、绸、绒、绫，不在此数”（光绪《江宁府志》卷十五）；而“合计城厢内外，缎机总数常五万有奇”（光绪十二年二月十六日《申报》）。便是苏州的丝织业，也保持着明末的盛况，甚至还有些发展。

清代时，丝织中的大资本家是很多的，以南京来说，在康熙以前，满清政府限制“机户不得逾百张”，到康熙时，清政府就控制不了丝织业的发展，取消这种限制，从此资本家“畅所欲为，至道光间，遂有开五六百张机者”（同治《上元江宁两县志》卷七）。这种大资本家不仅在南京存在，同时在苏州也已有了。他们称为“大账房”，除自己设机雇佣工人纺织外，大多又把原料交给职工，“就职工居处，雇匠织造”（民国《吴县志》卷五十一）；他们“散放丝经，给予机户，按绸匹计工资”（《清稗类钞·农商类》）：这实际上是资本主义家庭工作的包买制，以及大手工工场统治小作坊的制度。这些“职工在其中工作的小作坊或家庭，不过是手工业工场的场外部分”（列宁《俄国资本主义的发展》，人民出版社本，344 页）：这是资本主义的工场手工业的特征。

丝织业带有奢侈品的性质，购买它的多半是有钱的人，同时也是畅销国外的商品，所以大商人多经营丝织业。又自从棉花输入，棉织业发达后，民间穿衣多用棉布，因此与小农农业相结合的家庭手工业，就逐渐由丝织业转到棉织业了，丝织业被赶到城市中去，成为作坊手工业和工场手工业的中心。所以带有资本主义性质的手工业，就以丝织业为代表。棉织业在乡村里逐渐取得过去丝织业的地位,成为农村副业中最主要的职业。但随着商品经济的发展和资本主义幼芽的滋长,棉织业获得了过去家庭手工业所不曾有的性质,棉织业方面也出现了所谓“机户”。棉织业的中心地也在江南一带,最发达的地区是松江。明清时江南棉布是输往各地的重要商品之一,一部分也运销国外。在棉织业中也曾出现了微弱的资本主义生产因素。棉织业的主要生产者是农民和小手工业者,他们在家庭和小作坊里工作,商人从乡村里收买大批棉布,转贩到各地销售,随着商业资本的发展,在棉布商人中也逐渐出现了些不用货币而以棉花来收买布匹的“包买主”。明万历时人朱国桢说:“商贾从旁郡贩棉花,列肆吾土,小民以纺织所成,或纱或布,侵晨入市易棉花以归,仍治而纺织之,明旦复持以易无”(雍正《浙江通志》卷一百二引)。这些商贾就是些“包买主”。到清代乾隆、嘉庆年间,这种包买主制度还继续存在着,例如,南浔商人买了新棉花,堆在店中,就有抱着布的小生产者到店里来交换棉花,随时就有布贩来收买布匹。无锡在清代也盛产棉布,乾隆时商人收买布匹:“一岁所交易,不下数十百万”,有“布马头”之称。据说开棉花行的商人,不数年即可致富。乾隆年间,无锡有许多乡村,不分男女,都织布纺花,不做它事。棉织业的发展中,确也产生了些资本主义生产因素。此外,明清时江南的棉布整染业中,有着不少的作坊和大量的雇佣工人。据顾公燮《消夏闲记摘钞》说:“前明数百家布号,皆在松江枫泾、米泾乐业,而染坊、踹坊,商贾悉从之。”染坊就是染布的作坊,踹坊就是“踏布房”。根据雍正八年李卫的奏折:苏州踹坊业有很大的发展,据说:“从前各坊不过七八千人……现在细查阊门外一带,充包点者共有三百四十余人,设立踹坊四百五十余处,每坊客匠各数十人不等;查其踹石已有一万九百余块,人数称是。”雍正元年何天培的奏折说:“至于染、躧(踹)二匠,俱系店家雇佣之人。”可见棉布染、踹业作坊中的工人,也多是雇佣劳动者。

棉织业是元代以后一种新兴的手工业,到了近代,它的地位越来越重要,因为它的产品是广大群众所需要的衣着原料,所以它逐渐打倒了丝织业,取代了丝织业的地位。但在鸦片战争以前,它比起丝织业来,还有逊色,它所表现的资本主义因素,发展得较迟、较慢。

瓷器业也是一种新兴的手工业。原来正式的瓷器,萌芽于六朝,发展于隋唐,而形成于五代。真正的瓷器手工业,是从唐以后才开始发展的。到了宋代,才趋于兴盛。元代时,瓷器业中衰了。到了明代,瓷器业才大大发展起来。明清两代的瓷器远胜于宋元,清代的瓷器又超过明代。中国瓷器的最盛期,是在清代前期。明清两代的瓷器,是驰名全世界的商品,它的中心出产地是江西景德镇。当时生产规模最大的是“官窑”,官窑的产品主要供应皇室和官僚的享用,绝大部分都非市场上的商品。官窑中的生产者又不是雇佣工人,所以官窑决不属于资本主义性质的手工工场。可是官窑的产品,技术是比较高的,如明代有些朝的“御窑”瓷器和清代的康熙、雍正、乾隆三朝的“御窑”瓷器,都非常讲究,种类繁多,式样复杂,质地优良,花绘精巧,可以说是中国瓷器代表作。此外,如康熙年间江西巡抚郎廷极所主办的“郎窑”,所产瓷器也非常精致,仿古能够乱真。然这类皇室和官僚所办瓷窑的产品,无论怎样精致,总非正式的商品,这类瓷器的成为商品,只是骨董的性质。

除“官窑”以外,景德镇同时也有不少的民窑,万历时萧近高说:“镇上佣工,皆聚四方无籍游徒,每日不下数万人”(光绪《江西通志》卷四十九引)。这些佣工中的绝大部分,应当是受雇于民窑的制瓷工人。乾隆时唐英说:"景德一镇……民窑二三百区,终岁烟火相望,工匠人夫,不下数十余万……"(光绪《江西通志》卷九十三引)。嘉庆时刘丙也说:"镇广袤数十里,业陶数千户"(《景德镇陶录》序)。民窑的产品也有很精致的。凡经营瓷器业的通称为"窑户",窑户主人雇用大批雇佣工人工作,临时受雇的工人中最多的是所谓"满窑工",他们是有封建行帮组织的。经常受雇的工人和其他一部分的临时雇工,与窑户之间的雇佣关系,也还是带着若干封建性的残余。但是就生产的规模和分工的精密以及有些雇佣关系看来,明清时代的景德镇民间制瓷业,也已发展到资本主义工场手工业的阶段了。

此外,如广东佛山镇的铁器业,在鸦片战争以前,也已出现了规模较大的手工工场,每一工场中的工人,都在数十人至一百人以上,每一种铁器业的工人总数,也都有千余人或数千人。在陕西汉中一带,也有着很多的规模相当大的冶铁业、木材业和造纸业的手工工场。这些手工工场都属于私人所有,都是富商出资本交给"厂头",雇匠工作的。工人多来自异乡,若不开"厂",就要添出数十万无业游民。这些手工业,也可能带有若干资本主义的性质。

在清代康熙末年,四川"一碗水地方,聚集万余人开矿",但为地方官所驱逐。雍正时,广东"铁炉不下五六十座,煤山、木山开挖亦多,佣工者不下数万人"。道光初年,云南从事矿冶手工业的工人,有十几万人。广州有一制茶手工工场,雇佣男女童工达五百人。

至于明清两代的官府手工业,固然也有相当的发展,如丝织业、制瓷业,也有很多优良的产品。但是这种官用的奢侈手工业,在当时手工业中,不居于最重要的地位,因为它与整个的国民经济关系较少。而明代后期官府所经营的采矿事业,更是剥削人民的一种手段,只有害而无利了。在这里应当补提一下的,是由于海外与内河交通的发达以及国防的需要,所发展起来的造船业,如郑和下西洋的"宝船",大者长达四十四丈,阔十八丈。福建较大的海船,有楼四层,中间并可安放土炮。又明清两代的印刷手工业也很发达,对文化的促进,很起作用。

明代与清代鸦片战争以前的手工业,叙述到此为止。自然这里面缺漏很多,但在目前,暂时还只能做到这样。

商品货币关系的进一步发展

明清时代商业的发展,已经具有过去所不曾有的特殊性质,那就是封建社会末期商业资本逐渐控制生产的事实。当然,这种现象是还不曾十分成熟的,它还在开始出现、开始活跃的状态之中。可是就是这种现象的存在,已经值得我们重视,因为它也表现了资本主义因素的萌芽。

明清时代商业资本发展的现象,首先表现在商品经济的比较普及上。这时候大量的农产品已经变成了商品,不但在本地区附近流通,而且流通到很远的地方。生产的地方和消费的地方有时距离得极远,例如南方所产的米运销到北方,北方所产的麦也运销到南方。中国的农产品运销到海外,海外的农产品也运销到中国。不但成品运销很远,而且原料的出产地和成品的出产地也往往不在一处,例如:

> 东南之机,三吴越闽最夥,取给于湖(浙江湖州)茧。西北之机,潞(山西潞州)最工,取给于阆(四川阆中)茧。(《农政

全书》卷三十一引郭子章《蚕论》)

> 凡倭缎制起东夷,漳泉海滨效法为之,丝质来自川蜀,商人万里贩来,以易胡椒归里。(《天工开物》卷上)

> 南阳李义卿……贤之曾大父也。家有广地千亩,岁植棉花,收后载往湖湘间卖之,是时价颇贱,停于邸舍,越三月,适临江(江西)三商议值三百两,交易讫。(《杨园先生集·近古录》卷一)

江苏、福建出产的丝织品的原料,都是浙江湖州供给的。山西出产的丝织品的原料,是四川供给的。南方出产的棉织品的原料,是北方供给的。四川的丝运到福建来制造缎匹,而把胡椒换回去:这些都说明商品经济的发展,各地区经济联系的加强。而且商品经济的发展,不仅联系了各生产发展的地区,同时也使边疆地区与中原生产发展的地区联系起来,如西北延安一带,绸缎从江、浙输入,棉花、棉布从河南、湖北输入,可见整个中国在经济上已经逐渐联系成一体了。在这种情况之下,是不可能不形成民族市场的。这时候最显著的生产上的分工,就是作为当时最重要的一种手工业　　棉织业,原料棉花主要是北方出产的,而制成品的棉布则主要是南方出产的。这一现象的存在,就说明了明清时代的商品经济,是和过去有所不同了。

这时候商业资本的势力,也比过去普及得多,深入得多。当时商人们奔走四方,极容易发财,例如明万历时:

> 贾人之趋厚利者,不西入川,则南走粤,以其利或当五,或当十,或至倍蓰无算也。(《松窗梦语》)

在地区上说来，山西的生产是不很发达的，需要大量的别的地方的产品，因此他们的商人到处奔走，贩运货物，这就积累了商业资本，使山西变成了一个财富的集中地。沈孝思《晋录》说：

> 平阳、泽、潞，豪商大贾甲天下，非数十万不称富，其居室之法善也。其人以行止相高，其合伙而商者，名曰伙计，一人出本，众伙共而商之，虽不誓而无私藏……故有本无本者，咸得以为生，且富者蓄藏不于家，而尽散之为伙计；估人产者，但数其大小伙计若干，则数十百万产可屈指矣。

这种现象，不到商品经济进一步发展的时候，是不可能出现的。因为只有在商品经济进一步发展的条件下，各地区的经济联系加强了，生产落后的地区这才可能因贩运外路的货物而积累了商业资本。从上引的资料看来，山西商业资本的经营方法，是很特殊的，他们采取“合伙”的形式，以信用相维系，连没有本钱的人都可以通过“合伙”的方法来经商，大商业资本散成许多小商业资本，而这种资本仍集中掌握在大商人的手里，小商人只是大商人的“伙计”，受大商人的控制。大商业资本指挥许多小商人，合伙经营，因此非常容易发财。但我们应注意的是：这种商业资本并不曾与手工业结合起来，这就证明当时资本主义因素的发展还很有限。否则的话，富商所集中的山西，就可能利用外路的原料来发展手工业，使山西变成手工业的中心。就是因为当时资本主义因素的发展还很有限，所以山西的大商业资本不向手工业发展，而向高利贷发展，从此产生出山西的票号事业来。

在滨海生产比较发展的地区，情形就有所不同，例如在福建等

地,商业资本就部分与手工业相结合,而发展了手工业。何乔远《闽书》卷三八载:

> 海澄有番舶之饶,行者入海,居者附赀;或得窭子弃儿,养如所出,长使通夷,其存亡无所患苦。犀、象、玳瑁、胡椒、苏木、沉檀之属,麕然而至。工作以犀为杯,以象为栉;其于玳瑁,或栉或杯;沉檀之属,或为佛身、玩具;夷赀之外,又可得直。

连海外贩来的东西,都加工成手工艺品,这说明商业资本已在开始组织手工业了。商业资本与手工业的结合,在江南生产最发展的地区,格外显著。如杭州的大富豪林氏:

> 始以造币,杼柚不可胜用焉。继以积陈贸新,有无不可胜穷焉。继以行鹾居货,子夺不可胜计焉。故乡人称富赀者,必曰林氏。(邵经邦《弘艺录》卷一八《林益庵传》)

在这里商业资本与手工业资本已混在一起而不可分析了。

当时商业资本发展的情况,文献上记载很多,我们再举几条史料为证,如谢肇淛《五杂俎》卷四说:

> 富室之称雄者,江南则推新安,江北则推山右。新安大贾鱼盐为业,藏镪有至百万者,其它二三十万,则中贾耳。山右或盐或丝,或转贩,或窖粟,其富甚于新安。

新安一带商业资本发展的原因和山西差不多，但是新安一带比较靠近江南生产发展的地区，所以转贩的商业发展还不如山西。这地区的商人所贩卖的主要是滨海地区的鱼盐，这是大宗的买卖，所以也很容易发财。在新安一带，甚至有许多封建地主和士夫出身的人，如唐顺之《荆川文集》卷一说：

> 新安土硗狭，田蓄少，人庶仰贾而食，即阀阅家不惮为贾。

这明显地说明新安一带商业资本发展的原因，同时也说明部分的封建地主已在向商业资本转化了。

从明中叶起，封建地主和富人们，许多转向商业资本而不多置田产，还有更明显的证据，如《天下郡国利病书》说：

> 至正德末，嘉靖初……商贾既多，土田不重。
>
> 嘉靖以来……商贾虽余赀，多不置田业。

这种脱离土地的商业资本，至少有一部分是向手工业企业发展了。在当时甚至有小农变卖田产而去经商的，如：

> 淮扬人户，多弃业逃徙，以兴贩为生。（《世宗实录》卷一六九）

这种现象，一方面说明封建剥削的加强，农民不得不弃产改业，但一方面也说明商业资本的发展。

商品经济的发展,使得货币的使用,尤其是贵金属货币的使用,越发普遍起来。自东汉以来,贵金属黄金逐渐失去货币的职能。魏晋到唐中年实物货币和铜钱相并流行。唐代中年以后,铜钱的流通逐渐普遍。由于商业的发展,需要的货币加多了,同时由于运输的不方便,出现了汇兑式的纸币——飞钱、会子等。封建政府把这种纸币制造权垄断过去,变成无限制发行的掠夺人民的手段,于是产生了极严重的货币问题。到了明代,封建政府起初还想袭用宋元时代的纸币政策,可是由于工商业的发展,工商业者的斗争和广大人民的拒绝,纸币政策始终行不通。商品经济的发展,要求有一定数量的、价值较高的货币,封建统治者扭不过这经济发展的趋势,被迫停止或缩小纸币的制造,开始顺从民间的要求,承认白银为主币,而副之以铜钱。从明代中期以后,银铜并行的货币制度就确立起来了。

白银的当作货币使用,起源很早,至少在汉代已开始了。由于汉代商业发展的倾向,偏于集中,需要价值更高的货币,所以在那时候,白银在货币上还敌不过黄金。魏晋至唐中年的所谓"中古"时期,无论黄金和白银,都不当作正式货币使用。唐代中年以后,商业越来越普及,广泛的贸易,促使贵金属白银逐渐成为正式的货币。宋元时代,白银在货币上的使用,已经日渐普及。到了明初,白银在事实上已成为人民信用的主币了。但明政府却想禁止民间用金银来交易,民间既不信用纸币,专用铜钱又感觉不方便(因为铜钱价贱量重,不便大额交易和运输),于是白银在民间的流通,就愈来愈普遍。到洪武三十年时,商业最发达的地区之一杭州诸郡的商人,就已不论货物的贵贱,一律用金银定价了(见《明太祖实录》卷二五一)。明英宗时,被迫放松用银的禁令,王朝税收开始折银。世宗时,国家收支已大部分用银:从此白银成为正式主币。除了银锭以外,一般用银还是按重量(两、钱、分)计算的。因为中国需银量的激增,除引起明王室探求金、银矿的狂热外,又通过对外贸易,大量输入白银,尤以墨西哥银洋为著。据说明穆宗以来,每年墨洋流入达数十万至一二百万之巨:从此墨洋在中国也成为流通的货币。这些都说明资本主义因素在发展着。

白银的普遍流通和成为主币,完全是商品经济进一步发展的结果,这是无用怀疑的!可是一般学者还可能发生两个疑问:一,怀疑白银的代替纸钞,是倒退的现象。关于这点,我们在上讲里已经辨析清楚,宋元时代的纸币与近代的纸币性质不同,从宋元时代作为封建统治者剥削工具的纸币,发展到明清时代适应商品经济发的白银货币,这是进步的现象,并不是倒退。第二,有些史学家质问:汉代已大量使用黄金,而明清时代反而倒退到使用白银,这明明表示明清时代的商品经济,还不如汉代的发展。那么是不是中国社会从东汉时就倒退起,一直倒退到明清时代还不曾恢复呢?关于这个疑问,我们的答复是:商品经济的集中,不如普遍而深入能够表示发展的程度。汉代的黄金,大概只用于大额的交易和作为积蓄财富的手段,较小的、普遍的交易,是用铜钱的,从政府和民间特别注意铸钱事业看来,当时的主币是铜钱,而不是黄金。在当时农村里的交易,可能还多用实物,西、东汉都有废止金属货币,用实物来代替的主张,这似乎是当时民间还有相当的实物交易存在的反映。从总的方面看来,战国秦汉时代货币经济的发展,是远不及明清时代的。明清时代用银的普遍,只须一看当时的小说等记载,就可以明白。在战国秦汉时代,黄金的使用,绝不能普遍到明清时代使用白银那样的程度。同时,明清时代,也不是不用黄金为货币的,当时实在是金银并用。不过黄金比较分散,不像汉代那样集中,它只站在辅助白银的地位,而还不曾变作主币。我们知道:黄金的成为主币,是商品经济更发展的现象,明清时代的商品经济,还不曾发展到这样高的程度。总之:白银的成为主币,而且广泛流通,这已经足以表现封建社会末期的征象了。

海外贸易的发达

继承宋元时代的历史趋势,并适应商品经济进一步发展和资本主义因素的萌芽,明清时代的海外贸易,也有了新的发展;而海外贸易的发展,又翻转来刺激国内的商品经济和资本主义因素,使之继续发展。

明清时代海外贸易的范围,比过去更扩大了。东到日本,西到欧洲,南面几乎包括整个的南洋与印度。这时候的海外贸易,大体上可分为两类:一类是封建统治者所控制的"朝贡"式的贸易,另一类是私人所进行的贸易。第一类的海外贸易,完全是为封建统治阶级服务的;第二类的海外贸易,一面固然也为封建地主阶级服务,但同时也为新兴的商业资本服务:所以这两类的海外贸易,以第二类为重要;第一类在这里只需要附带一提就行了。

这时候经营海外贸易的私人,主要是些大商人和一部分的官僚地主们,但也有许多合伙经营的中小商人,到海外去进行贸易。例如《海澄县志》卷一载:

> 田多斥卤(指月港)……饶心计者视波涛为阡陌,倚帆樯为耒耜,盖富家以财,贫人以躯,输中华之产,驰异域之邦,易其方物,利可十倍,故民乐轻生,鼓枻相续,谓生涯无逾此者。

又如《海阳县志》载：

> 居民平者多工贾，工多奇技，逐末者多居货，挟赀以航海，而视家如寄。

前引的《闽书》记载也说："行者入海，居者附赀"，举一可以例百，当时东南沿海一带人民经营海外贸易的，确实不少。《拍案惊奇》小说描写一个叫文若虚的人，因为贫困没有办法，跟着几个走海贩货的商人，去海外贸易，后来发了大财。小说中说中国货物运到海外"一倍就有三倍利钱，若再换了他那边的货物，带回中国，也有三四倍利钱……所以人都拼命走这条路"。到海外做过交易的人，在外国"各有熟识经纪歇家通事人等"，替他们介绍买卖。这些记载，都可证明当时的海外贸易，中外双方都是有组织的，而且组织有相当的规模。在中国海口，有牙行的组织，帮本国商人和外国商人介绍买卖，这些牙行有官办的，也有私人办的。牙行商人，也很容易发财。

当时中国输出的商品，根据明末的记载是这样：

> 盖海外之夷有大西洋，有东洋。大西洋则暹罗、柬埔诸国……而东洋则吕宋……是两夷者，皆好中国绫罗、杂缯。其土不蚕，惟藉中国之丝到彼，能织精好缎匹，服之以为华好。是以中国湖丝百斤价值百两者，至彼得价二倍；而江西磁器，福建糖品、果品诸物，皆所嗜好。（《天下郡国利病书》卷九六引《傅元初请开洋禁疏》）

可见当时中国的主要输出品是丝、丝织品、瓷器和糖、果等,其中最主要的,当然是丝织品和瓷器。此外可能还有铁器,但是铁器是被禁止出口的,铁器出口采取“私贩”的形式。还有沿海一带的各种手工艺品和一部分的农产品以及茶叶、大黄等,也输出海外(茶叶后来成为最大宗的输出品)。海外输入的,除了金、银货币外,货物多是奢侈品,如珠宝、香料、胡椒、犀、象、贵重木材和奇禽、异兽、特殊植物等,也还有些实用的东西,如各种布匹、药料、染料等。但主要的是些“海外奇珍”的奢侈品。因此大致说来,中国所输出的,多半是有实用价值的东西,而海外所输入的,则多半是很少实用价值的东西。由于中国地大物博,生产丰富,外洋极端需要中国的物产,所以当时的海外贸易,中国方面是出超的,金、银货币大量流入中国,这就刺激了中国的生产和商品经济的发展,也就有助于资本主义因素的成长。便是当时海外输入的奢侈品,也因在中国的价格很高,刺激中国人去寻求它,要输入这类“海外奇珍”,就必需拿生产品去交换(用货币交换是不大上算的),这样对于中国的生产和商品经济,也起了一定的刺激作用。又因海外贸易的发达,本国商人出海和外国商人来华,都要经过中国沿海的都市,这就又刺激沿海都市的发展,间接刺激工商业的发展。所以从总的方面说来,明清时代海外贸易的发达,是有助于中国的工商业和资本主义因素的滋长的。至于因为海外贸易的发展,中国人到南洋去的很多,把先进的生产技术带到南洋去,开发了南洋,奠定了近代中国与南洋的关系,这些成就,固然也非常重要,但与我们所讲的内容关系较少,这里从略了。

明清时代的海外贸易,大体上可以分作三个时期:第一时期,从明初到正德年间。第二时期,从正德年间到明亡。第三时期,清朝初到鸦片战争。明初"海禁"十分严格,但是私人海外贸易活动并不曾停止。这时候甚至有组织武装力量进行海外贸易的,统治阶级称之为"海盗"。永乐、宣德间,社会经济趋繁荣,再加上郑和下"西洋"的刺激,封建统治者也有意发展国际贸易,"海禁"稍宽,所以私人的海外贸易随之而发展。到了正统、正德年间,私人海外贸易格外发展。这第一时期的特征,是封建统治者的"海禁"比较严,封建统治者所控制的"朝贡"式的贸易比较盛,私人的海外贸易还不如第二时期。第二时期,沿海一带的商人们,已把海外贸易看成自身的经济命脉,积极到海外去"发洋财"。明后期曾部分开放"海禁",于是私人海外贸易开始达到了高峰。这一时期的特征,是"朝贡"式的海外贸易潮趋衰落,私人的海外贸易取而代之。第三时期,清朝统治者严守闭关政策,但在康熙年间也曾部分开放"海禁",这时候公、私海外贸易都比较发达。但大体说来,清代在鸦片战争前,海外贸易是受着很大的限制的。这一时期的特征,是私人和政府的非正式的贸易逐渐退下舞台,而比较正式的国际贸易萌芽发展起来。在清代国际贸易有所谓"公行"制度,成立于康熙五十九年。"公行"是广东商人所组织牙行性的贸易团体,后得政府承认,取得对外贸易的专利权,这就是所谓的"十三行"。因为满清政府只允许在广州一地经营海外贸易,所以只有广东公行。同时广州外人在城外向公行租得房屋,开设"商馆",在中国政府监督之下,进行贸易,商馆的数目也是十三个。由于中国农村不大需要外货,在海外贸易上,当时中国始终保持出超的地位,于是西洋商业殖民者就输入鸦片烟,来换取中国白银,后来就因此引起鸦片战争,使中国沦入半殖民地的地位。

明清时代的闭关政策,显然表现了封建统治者害怕工商业者势力发展后,动摇他们的统治基础。同时也怕沿海商人与外人勾结,对于封建政府不利。又怕所谓“海盗”“侵扰”海口;更怕外国人的势力侵入,尤其是清朝政府,更怕汉族人民与所谓“海盗”和外人结合,来推翻它的统治,因此闭关政策更严。明清封建政府不从加强海防以对付外人侵略下手,而只用所谓“海禁”或“闭关”的政策,来隔断中外贸易,阻碍工商业的发展,这也就延缓了资本主义因素的滋长。明清两代经营海外贸易的商业资本,与封建统治者曾展开不断的斗争,他们用所谓“走私”或“海盗”的方式来经营海外贸易,获得若干发展。但是自从明代后期,西洋的商业殖民者侵入南洋一带,与中国在南洋的商业势力发生冲突,许多华侨和商人都被迫害。明清封建政府并不保护侨民和商人,有时反与外人勾结,以压迫本国商民,这就使本时期的海外贸易受到更大的阻碍。中国的海外商业势力,既受到西方殖民者的压迫而转衰,同时西洋殖民者又想侵入中国,于是如澳门,在明代就被葡萄牙人租借了去,荷兰人又侵入台湾;后来台湾虽被郑成功收复,而澳门一直到现在尚被葡人所占据(整理者案:童先生未见到香港、澳门的回归)。清代乾隆以后,以英国为首的西洋殖民势力,更屡次企图冲破中国的海口,结果就爆发了鸦片战争。

至于明清时代所谓“朝贡”式的海外贸易,大致如下:明初海外诸国入贡,附载商品,与中国贸易,明政府设市舶司以管理对外贸易。洪武二十七年,因为倭寇侵犯浙东,明太祖下令断绝海外诸国的往来,只许琉球、暹罗入贡,严禁沿海人民私自下海贸易。永乐年间,南洋各国多来朝贡,目的就是经营贸易。明成祖曾命太监郑和下“西洋”(即南洋),实际上也是经营国际贸易,并向海外示威。郑和七次下“西洋”,到的地方很远,经历三十余国,“所取无名宝物，不可胜计，而中国所费也不赀”。此后因西洋殖民者的东侵等原因，“朝贡”式的海外贸易，逐渐衰落，但不曾停止。到了清代，这种贸易也还继续存在，可是比较正式的国际贸易，已逐渐发展起来了。

此外，明清两代对于西、北两方的国际贸易，也有相当的发展，比较重要的是中国与帝俄的通商。中俄两国的商业交通，也开始于明代。康熙二十八年，成立《尼布楚条约》后，中俄通商正式开始。雍正五年，又成立《恰克图条约》，中俄通商又进一步发展，以恰克图为主要商场。中俄两国的商业，从此逐渐展开。

票号与钱庄的出现

与明清时代的一部分商品生产是资本主义生产因素一样，这时期的一部分高利贷事业——票号与钱庄，也就是近代金融业——银行的前身。我们知道：明清时代商品生产，虽包含着若干资本主义因素，但这种商品生产并不曾完全脱离封建势力的控制；票号与钱庄的封建性更强，因为中国封建社会的历史传统：高利贷资本总是与封建经济相结合的。票号与钱庄固然是一种新的高利贷形式，可是与其他封建时代的高利贷形式，并没有多大的本质上的不同。

但话又说回来，票号与钱庄毕竟是一种较发展的高利贷形式，商品经济不发展到一定的程度，这种高利贷形式，是不会出现的。我们必须注意：这种高利贷形式的出现，正在明代后期资本主义因素开始萌芽并发展的时候，这一历史事实，是不可否认的。

票号与钱庄大概最早萌芽于明代中期，或许更早些。如《金瓶梅》九十三回、范濂《云间据目抄》卷二，已记载有这类营业组织。《明实录·嘉靖实录》卷一九一有“各闭钱市，以至货物翔踊”的话。大概到了明末清初时,这类高利贷事业已相当发展,清初人著的小说《醒世姻缘传》第十一回,有“在钱庄换钱”、“在那钱庄上换金子”的话,这种“钱庄”显然就是后世的钱庄,《醒世姻缘传》第一回说:

> 开钱庄的说道:如宅上要用钱时,不拘多少,发帖来小庄支取。等头比别家不敢重,钱数每两比别家多二十文,使下低钱,任凭拣换……
>
> 日费万钱,俱是发票向各钱庄支用。

《清稗类钞》说:

> 山西票号虽起于明季,乾、嘉以后,始渐发达,同、光间,则为鼎盛时代。

我们知道:在明末时,汇兑业已很发达,顾亭林的文中就有“会票”的记载,“会票”有官家发的,也有民间发的,《明实录·崇祯实录》卷十六说:“民间之会票,宋时谓之钱引”,可见当时商人已发“会票”了。“会票”可在市面上通行,并兼汇兑之用。

《醒世姻缘》大概是山东人著的,可见在明末清初时,山东一带钱庄业已经兴起。票号的萌芽,似乎与钱庄差不多时候,它是山西商人所经营的事业。在清代时,票号盛于北方,而钱庄则盛于南方。清初以前的票号,已不很可考,一般人只知道清代中期以后的情形。根据传说:在乾、嘉年间,有山西平遥县人雷履泰,在天津开日升昌颜料铺,创行汇兑法,凡商人往来银钱都可接收代汇,方法是出一支票，拿到所汇地点的分号或联号，如数兑现，是为“票号”。票号收汇费，称为“汇水”。此后票号事业日见发达，分为平遥、祁县、太谷三大帮，每帮每号的分号多至二三十处。它们经营汇兑、存款、放款、代官府解钱粮、收捐税等事，营业主要的对象就是官员们。

钱庄事业的开始大发展，大概也在乾、嘉年间，其中也分成好多派，以绍兴派为最占优势，他们阻止了票号的向南发展。钱庄的营业区域，大体说来，在长江南北，主要控制长江中、下游一线。它们的营业范围，与票号差不多。起初票号的势力胜过钱庄，例如国库、省库都为票号势力所盘踞，钱庄只得掌握道库、县库。但是随着南方经济的发展，钱庄终于战胜了票号。这是后话，只不过一提而已。

除了票号、钱庄以外，明清时代的典当业，也经营买卖军粮、兑换银钱和普通放款等事业。

票号、钱庄一类事业的发展，一方面说明商品经济的发展和商业资本的发展，也说明资本主义生产因素在那里发展着。但一方面又说明商品经济的发展还有相当大的局限性，商业资本的大部分还不曾与手工业结合，它多转向为封建势力所控制的高利贷资本，而发展出票号、钱庄与典当的事业。这类高利贷事业的发展，又翻转来阻碍了商品经济的继续发展，亦即阻碍了资本主义生产因素的发展。

城市发展的新倾向

在工商业继续发展的基础上，城市自然也发展起来。可是有一点必须注意的，就是明清时期的城市发展倾向，与过去有所不同，它不是向集中方面发展，而是向着普及方面发展。这时候主要的大城市如南京和北京等,就繁荣说,并不见得怎样胜过宋元时代的开封和杭州。可是明清时期的城市数量却超过宋元。固然在地区上说来,还是集中于沿海、沿江的东南地区。除大城市外,小城市和市镇发展得更是普遍,著名的大市镇,如江西的景德镇,广东的佛山镇和江南的盛泽镇等,都是因手工业发达而繁荣起来的。还有一点也必须指出,就是这时候的大城市,有许多也已经是工业性的城市了,如江南的南京、苏州、松江等城市,都以手工业为基础。这说明近代资本主义性质的城市已经萌芽了。

我们且看看当时那些工业城市的现象:如明末的苏州:"郡城之东,皆习织业",手工业者们每日"黎明,立桥以待","什百为群,延颈而望","家杼轴而户纂组,机户出资,机工出力"。清代的南京:"乾、嘉间机以三万余计。"道光以后,机数更有增加:"合计城厢内外,缎机总数常五万有奇",许多街坊都以手工业制品为名,如绫庄巷、锦绣坊、颜料坊、铜作坊、铁作坊、牛皮街等都是。大工业市镇,如清代的景德镇:市场广阔十余里,"烟火逾十万家",除官窑外,民窑有二三百所之多,陶户与商户占镇上的户口的绝大部分。在明代时,据说景德镇人口近一百万,官、民窑近三千所,昼间白烟蔽空,夜间红焰熏天。明末清初间,景德镇虽曾遭到兵火的打击,但在清代,仍不失为一个工业大市镇。佛山镇的发展,更是显著,它在明代中期,还不过"几万余家",到了清初康熙年间,便发展到"廛肆民居,楹余十万",乾隆末年,佛山镇有"烟火十余万家"。又康熙时的佛山镇已经"四方商贾之至粤者,率以是为归","桡楫交击,争沸喧腾,声越四五里,有为郡会之所不及者"。"沿岸而上,屋宇森覆,弥望莫极,其中若纵若横,为衢为衖,几以千数;阛阓层列,百货山积,几希购之物,会城所未备者,无不取给于此。"乾隆时:

“四方商贾萃于斯，四方之贫民亦萃于斯，挟赀以贾者什一，徒手而求食者则什九也。”这完全表现为一个工业市镇的模样。又如江南的震泽镇，在宋元时，还是一个无甚声名的小镇，但“至洪（熙）、宣（德）间，邑民始渐事机丝，犹往往雇郡人织挽。成（化）弘（治）而后，土人亦有精其业者，相沿成俗，于是盛泽镇及近镇各村居民，乃尽逐绫绸之利”。到这时震泽已变成一个大工业市镇了。盛泽镇，在“民初以村名著，居民仅五六十家，嘉靖年间渐成市。国（清）初，户口日增，每日中为市，舟楫塞港，街道肩摩。乾隆五年，移驻县丞，以资弹压，遂称巨镇”。这显然也是一个以手工业为基础的市镇，所以“镇之丰歉，不仅视田亩之荒熟，而视绸业之盛衰”。

至于明清时代因国际贸易而发展起来的大工商业都市，可以广州为代表。《羊城古钞》说：“岢峨大舶映云日，贾客千家万家室”，“香珠犀象如山，花鸟如海，番夷辐辏，日费数千金”。在清代前期，海外贸易几乎限于广州一处，所以广州更得到畸形的发展，遂奠定了近代广州繁荣的基础。

总之：主要城市的偏重手工业，工商业城市的普遍发展，特别是手工业大市镇的兴起与繁荣，都说明这时候商品经济的进一步发展和资本主义因素的萌芽。自然，我们不可忘记：满清入关时，曾对内地，特别是江南一带的工商业城市，加以很大的摧残，以及清初对海外贸易的限制和垄断，都暂时阻碍了资本主义生产因素的发展，而停滞了中国社会的前进。

市民反抗封建统治势力的斗争

如前所述，中国封建社会中的商业资本与高利贷资本，自始至终都和封建土地经济以及封建统治势力相结合；城市也是封建化的，封建统治势力严密控制着城市，同时一部分封建地主经济又往往转向商业资本与高利贷资本。这样,封建经营商业化,商业资本封建化就构成了中国封建社会的一个重要特点。而中国封建社会的上层建筑,又表现为专制主义的统治:这样,中国封建社会的阶级和阶级的矛盾,就非常复杂:封建专制主义与封建地主、士大夫等与工商业者之间,存在着许多矛盾统一的关系。这是研究中国封建社会史比较困难的处所。

明清时代的工商业城市,还附属于封建经济和封建统治势力,不能完全和西欧的"独立""自由"的城市相比拟;同样,明清时代的市民,也还不能脱离封建势力的控制,与封建阶级分家,所以也不能完全和西欧的市民相比拟。可是由于新的工商业经济的发展,明清时代,确有相当壮大的市民阶级存在,这是不可否认的历史事实。这种市民阶级的构成成分是非常复杂的,其中最基本的力量,自然是工商业小生产者和小所有者,手工业雇佣劳动者和贫民等;此外,在上面,有中等阶层和大商人、土豪以及住在城市中的地主、士大夫们;在下面,又有流氓无产者等。这复杂的市民阶级,虽然很不纯粹,但它的势力已经逐渐威胁到封建统治阶级,而当时的封建专制主义和官僚们,却利用工商业发展的情势,加重剥削城市居民,主要是剥削工商业者:这不能不引起市民阶级,尤其是小商品生产者与雇佣劳动者的斗争。明清两代的市民运动,尤其是明代后期的市民运动,其根源即由于此。

在鸦片战争以前,最显著的市民运动,出现于明代后期的万历、天启年间。嘉靖以来,封建政府已在加紧对工商业者的剥削。到了万历时,由于统治阶级格外腐朽和"三大征"的用兵,财政更是困难,于是越发加强剥削工商业者。除加重原有的"织造"、"烧造"、"采造"等封建剥削外,万历末年,又在重要城镇、关隘、各交通线，分派专门收税的“税监”。这些太监同时又是开矿的专使：“征榷之使，急于星火；搜括之令，密如牛毛”；以至弄得“矿不必穴，而税不必商”。

在这样严重的封建剥削和压迫之下，正在日渐壮大的新兴市民阶级，就不断地起来与封建统治势力作广泛的斗争，这就是发展的生产力与陈旧的生产关系的矛盾的具体表现。

当时市民阶级与封建统治势力的斗争，大体可以分做两个方面：第一方面，是人民私自采矿，甚至武装“私采”；对于封建政府所控制的盐、茶，也很多“私煮”、“私制”、“私贩”的事。而海外贸易的大量武装“走私”，也说明了这种现象。第二方面，就是市民公开的起义，这更直接动摇了封建专制主义的统治。

从万历末年到天启初二十多年中，发生较大的“民变”二十余起，其中最足以表示市民阶级对封建统治势力的反抗的，有如下几次起义：

万历二十四年，矿税使太监陈奉在湖广一带拼命压迫剥削人民，商民恨他刺骨，两三年之内，就连续在武昌、汉口等许多地方，爆发人民起义。万历二十七年，陈奉到荆州收店税，荆州市民聚众数千人，在路上呼噪，用瓦石投击他，把陈奉吓跑。次年，武昌、汉阳又发生“民变”，这次群众运动声势浩大，连统治官僚也承认“锋不可犯”，建议撤销税监、差官，改用地方官收税。这年年底，武昌人民终于起来驱逐陈奉，结果得到胜利。

万历二十九年，苏州市民发生一次规模很大、很有组织的起义，反对的对象是税监孙隆。其原因是：“榷网之设，密如秋荼……吴中之转贩日稀，织户之机张日减……穷民之以织为生者，岌岌乎无生路”，不断剥削、压迫的结果，“于是机户皆杜门罢织，而织工皆自分饿死,一呼响应",打死孙隆的爪牙,并焚烧爪牙们的家。起义者"不挟寸刃,不掠一物,预告乡里,防其延烧,殴死窃取之人,抛弃买免之财"。他们又围困衙门,要求停止征税,这样就把孙隆吓跑。事后起义的领袖葛贤"挺身诣府自首,愿即常刑,不以累众"。这可以说是中国最早的一次比较正式的工人运动,反对的目标,就是封建专制主义。最后封建统治者不得不让步,撤换了税监。后来继续还有"民变",主要的群众仍是工商业者。

天启六年,苏州人民又发动了一次声势浩大的"民变",这次"民变"是由魏忠贤逮捕反阉党的周顺昌而直接激起的,然斗争的目标是"素贪横,妄增定额,恣诛求"的苏州织造太监李实和阉党毛一鹭。运动的领导者,是"市人"颜佩韦、马杰、沈扬、杨念如和"舆隶"周文元五人,他们"激昂大义,蹈死不顾"。苏州人民坚持斗争,"倡议罢用天启钱,各府州县人民皆和其说,将天启钱积下,私禁达十阅月":这更明显地表现了斗争的目标。这次运动的结果,是"自是缇骑不出国门"。同时在江阴也激起类似的"民变","一时集者数千人,与苏州不约而同,欲击宦旗"。

万历三十年,上饶景德镇连续发生"民变",反对税监潘相。景德镇人民"焚烧厂房",这自然也带有工人运动的性质。

在这些"民变"中,也有城市的儒生、士大夫等知识分子参加,他们甚至成为倡导者,所谓"难发于士子,乱成于奸民"。我们知道:在明末,与不断发生的城市"民变"相适应,出现了民主主义的启蒙思想,其代表人物就是士大夫出身的黄梨洲等,他们已有"工商皆本"和"为天下大害者,君而已矣"的思想。同时江南地方士大夫所组织的"东林党"也代表一部分市民的成份,所以使"富商大贾之类,如病如狂,走集供奉者,不知其数"。这说明由于中国封建社会的特点，中国的市民运动包含有士大夫等成份在内，这也就说明了鸦片战争以前中国市民阶级的特点。

满清入关以后，对于这种新兴的平民阶级，加以极强暴的压力，他认识中国市民阶级的特点，首先控制上层的士大夫分子，以消灭市民运动的动员力量，同时对于工商业和工商业者，也加以强力的控制。此外满清统治者的闭关政策，也含有压制市民运动的用意。满清统治者既有力地控制了城市，这就使得城市内的市民运动暂时不能像明代后期那样轰轰烈烈，但是较小的零星的市民运动，也还常有出现。这种市民运动的一部分似乎已与当时广大的农民起义相结合、相呼应。自然，它的力量是很有限的。大体说来：这时候正式的市民运动似乎已转变为帮会运动。清代的青红帮和天地会、三合会、哥老会等的组织，其中就包含有城市贫民和城市流氓无产者等在内。在青帮，其核心力量是苦力帮中人。红帮等组织，核心力量是散兵和流民等。自然也有盗匪的成份。这种帮会的组织，有严重的封建性，自然不能称为正式的市民组织，它们的起义，也不能称为正式的市民起义，但其中包含着一部分平民的成份，则是可以无疑的。

明清时代市民运动，也说明了资本主义生产因素已经萌芽并开始发展。

中国资本主义生产因素发展迟缓的原因

根据前面各节的叙述，至少明代中期以后，中国封建社会内部已有资本主义的萌芽。可是，中国的封建社会存在的时期是比较长的，而根据我们的推定，至少在明代中期，即 16 世纪初年，已有资本主义生产因素的萌芽。这样，中国的资本主义生产因素的萌芽，并不比西欧晚多少，甚至中国封建社会内的商品经济的开始发展,还比西欧早得多。那么为什么一直到 19 世纪中叶,中国还停滞在封建社会,而不曾形成资本主义社会呢?这就是中国封建社会长期停滞的问题。关于这个问题,国内史学家曾作过种种的解答,有些解答是正确的,现在综合各家的解答,加上我个人的意见,对这个问题解答如下:

(一)中国的资本主义生产因素发展迟缓的原因,亦即中国封建社会长期停滞的原因,第一个是小农农业与家庭手工业强固结合的农村经济的存在。马克思说:

> 资本主义以前的、民族的生产方法,其内部的稳固和结构,使商业所具有的破坏力受到阻碍,这种阻碍在英国人同印度及中国的来往关系上表现得十分明显。在中国和印度,生产方法的广大基础就是小农业与家庭工业合成一体,而且在印度还有那种建立在土地村有制上面的农村公社的形式,这种形式过去在中国也是一种原始的形式。(《资本论》第三卷,译文据《马克思、恩格斯论中国》,3 页)

这就是中国封建社会长期停滞,亦即资本主义生产因素发展迟缓的根本原因。中国的奴隶社会和封建社会都是早熟的,当奴隶制度、封建制度形成时,生产力发展的水平都还比较原始,阶级社会的早熟,只是由于自然条件、经济条件和历史条件所促成。由于生产力发展的水平比较原始,公社制的残余和奴隶制的残余,都长期留存在封建社会之内,这对于商品经济和资本主义生产因素的发展,发生不利的影响。而阻碍社会经济发展的最主要力量,就是马克思所指出的“小农业与家庭工业合成一体”的经济结构,这种经济,是公社经济的残余和封建庄园经济的结合,其自给自足性特别强烈。这种经济结构"使商业所具有的破坏力受到阻碍",它抵抗商品经济的势力向农村发展,局限了商品市场的范围,这就阻碍了资本主义生产因素的萌芽和发展。这种特殊的封建农村经济,虽然在明代中期以后,已有极小部分的解体,但直到鸦片战争以后,它还相当顽固地存在着,"给大工业生产品以最顽强的抵抗"(同上书,4 页)。从这里我们就可以理解资本主义生产因素在中国封建社会内发展迟缓的理由了。

(二)第二个原因,是商业资本与封建经济和封建统治密切结合的历史事实。斯大林说:

> 中国农村里是不是存在着商业资本呢?是的,是存在着,不仅存在着,而且从农民身上榨取脂膏,并不亚于任何封建主。但是这种原始积累型的商业资本在中国农村中是和封建主的统治、和地主的统治独特地结合着的。它从地主那里袭用了中世纪的剥削和压迫农民的方法。(《斯大林全集》第九卷,218 页)

斯大林所指的虽然是鸦片战争以后的情形,但是这种商业资本和封建主、地主的结合着的特征,是鸦片战争以前就已经存在的。如我们上面所屡次提过的商业资本和封建经济的结合,往往通过高利贷的形式,商业资本和高利贷资本剥削压迫农民,兼并土地,这使得农民生活极端贫困,无法接受从农村外面来的商品,而只依靠家庭手工业勉强维持衣着和其他需要,这样就更局限了商品生产的发展。马克思说:

> 在亚洲的形式之下,高利贷制可以存在很久,而同时只是引起经济衰落和政治腐败。(《资本论》第三卷,译文据《马克思、恩格斯论中国》,34页)

所以商业资本转向高利贷资本剥削农村确是东方封建社会长期停滞和资本主义生产因素发展迟缓的一个重要原因。

(三)以上两项,是资本主义生产因素发展迟缓的最主要的原因,其次,第三个原因,是由于东方的最高土地所有权掌握在专制君主的手里,因此东方的封建专制主义几乎在封建社会一开始时,就已经存在着雏形。它继续发展,到了封建社会的后期,更发展到最高峰,如明清时代的强大的封建专制主义与官僚机构,横暴地压迫剥削广大人民,控制着工商业,压制工商业者不得抬头。由于工商业发展的有限,市民阶级不够壮大,不能在农民起义中起骨干的作用,因此农民起义虽然频繁,市民阶级虽也有斗争,但是不能取得革命的胜利。强大的封建专制主义终于摧残了工商业,使得资本主义生产因素的发展十分迟缓。

(四)第四个原因,是在唐中年以后封建经济正在向上发展的时候,不断有落后的部族入侵,外族的侵略和统治,摧残了中国的比较进步的经济,阻碍了工商业的发展,使得封建社会格外停滞,资本主义生产因素的发展格外迟缓。

除了上面所说的四个原因以外,当然还有其他的更次要的原因,这里就从略了。

1955年

中国手工业商业史讲稿
(1958 年修订稿)

第一讲　先秦时代的“工官”制度

绪论:论本讲的重点

殷代以前的历史,只能从考古学上来了解,其详细的情况,现在还不很清楚。至于从西周到汉代的历史,显然可以分为两个大阶段,就是西周春秋为一阶段,战国秦汉为一阶段。但是从春秋末期到战国中期,是一个过渡时期,在讲述历史时,往往前后都要照顾到这个时期。大家都知道:商业是公社制解体,私有制形成阶段上才正式出现的;在这个时候,才有真正独立的商人阶级。在这以前,虽然早已有原始性的交换和商业,但个人之间的交换,还不是经常的,主要是部族、部落、氏族和公社之间的交换。那时的所谓“商人”,主要是为这些公共团体服务的,虽然也可能做些私人间的交易。中国的封建社会,虽然可能从西周开始,但直到春秋时代,氏族制和公社制还没有完全解体,所以正式的商业,是从春秋后期才开始的。那时候才有比较正式的自由商人阶级。因此在讲古代史第一阶段时,也就是讲春秋以上的历史时,商业不是重点。我们讲手工业商业史,这一阶段的商业,也可略去不讲,而把重点放在手工业上。

手工业的萌芽

比较正式的自由手工业者和比较独立的民间手工业,也要到氏族制和公社制大体瓦解的时候,才会出现。在中国,也只是到春秋后期才正式出现的。但是手工业却早已有了,它是在新石器时代开始出现的,可以说是同农业、畜牧业差不多时候出现的。在此以前,手工制造当然更早就有了,可以说是与人类俱来的(人类与其他动物的主要区别,就是人类能制造工具,而其他动物不能)。可是在新石器时代以前,是没有比较独立的手工业的,手工制造者就是其他的生产者,换句话说:手工制造者就是采集者、渔猎者等。只有到了新石器时代,由于生产力的提高,生产发展了,生产技术的复杂和生产品需要的增加,人们必须进一步分工,于是就有生产某些手工艺品的“专家”出现。某些氏族或家族公社就成为某种手工艺品的专门制造集团。我们姑且把这种手工业称为“氏族手工业”,经营手工业的氏族称为“手工业氏族”。我们认为:这就是后来工官制度的起源,也就是最早的比较正式的手工业。

氏族分工

自然,这时候广大的手工业基础还是和其他生产事业结合着的,例如:农民和畜牧业者的家属也从事手工制造,农、牧、工等生产事业,在这时候基本上还设有分离;但这并不妨碍说那时候已有比较正式的手工业。因为这种手工业还没有脱离氏族和公社的纽带,个体家属的和个人的手工业还不曾出现;独立出来的手工业者,只是手工业氏族或大家族公社的成员。这只能说是“氏族分工”,还不是正式的社会大分工,这种分工还在社会第一次大分工之前,这点必须弄清楚。

中国氏族手工业的出现

中国氏族手工业的出现,大概也在新石器时代,例如作为仰韶文化特征的彩陶和作为龙山文化特征的黑陶,就绝不是一般人所能制造的,这需要有专门制造者,制造这种手工艺品的人绝不是个体生产者,一定是氏族或大家族公社的生产者,他们整个氏族和整个大家族都是手工业者,过着共同生产和共同消费的生活。这种氏族手工业的存在,单凭考古材料,是不足以说明的,必须参考文献材料,才能够比较清楚地说明它。

工官制度的出现

至少从殷代起,在中国历史上就有一种工官制度存在着,直到战国时候,还不曾完全消灭,后来它转化为官府手工业。我们这里所说的"先秦时代的工官制度",就是指的以夏、殷起,到战国为止的所谓"百工"制度:这是一种官府手工业。其他民间也还有手工业存在,例如与农业结合在一起的家庭纺织业和家庭手工业小生产者,都是存在的。关于前者,可以参看《诗经》的《七月篇》;关于后者,可以参看《国语·郑语》所载"檿弧箕服"的故事(参看讲义第一篇第二节)。但这些手工业,都不是正式的独立的手工业。《考工记》就把"治丝麻以成之"的"妇工"与"百工"分列,次于"农夫"之下:可见那时候人是把家庭手工业和一般所谓"百工"的手工业分开的,并不把家庭手工业当作正式的工业看。换句话说:在那时候,家庭手工业几乎完全是农业的附属物,这种手工业不是那时候手工业的重点,所以在这里也姑且从略。在这一讲里主要所讲的,是工官手工业。

工官制度是怎样形成的

1. 氏族工业与种姓工业:所谓"百工"的工官制度,显然是从氏族工业发展来的。原来氏族工业多是世袭的,一个氏族擅长一种手工业,世世代代把它当作职业,这就产生了最早的“种姓”制度。所谓“种姓”制度有广狭二义:广意的“种姓”包括范围很广,例如士、农、工、商,就可以称作是四个大种姓。《考工记》说:“国有六职。”就是“王公”、“士大夫”、“百工”、“商旅”、“农夫”、“妇工”:这“六职”也带有若干“种姓”的性质(自然,“农夫”和“妇工”不能算是两个种姓)。狭意的“种姓”是指某种生产事业中的某一专门职业集团。只有手工业的门类最多,所以“种姓”往往指的是手工业各种职业集团。我们认为:“氏族工业”和“种姓工业”,是有共同之点的,但“氏族”并不等于“种姓”:“氏族”范围狭,是外婚制的;“种姓”范围较广,是内婚制的。我们认为:“种姓工业”就是“氏族工业”的发展。“种姓”制度是较为晚起的,为了保持技术,不使外传,这样,就产生或巩固了内婚制。

2.“某氏”与“某人”:中国似乎不曾产生像印度那样细密的“种姓”制度,可能只有较大的类似种姓的集团。在中国,“氏族工业”的形态,是比较显著的。《考工记》所载的“工官”,有的称其氏,有的称某人;郑玄注说:“其曰某人者,以其事名官也;其曰某氏者,官有世功,若族有世业,以氏名官者也。”大概称为“某人”的,已经脱离氏族的纽带,只是一种专门职业者;其首领“以事名官”,就称为“某人”或“某师”等。这类手工业,大概世袭性已经不很强。称为“某氏”的,一定是世袭的手工业者,还不曾脱离氏族的纽带;某一氏族有它世袭的手工职业,称为“某氏”,是“以职名氏”;其首领也称为“某氏”,是“以氏名官”。上述的制度,就是所谓“工官”制度。其来源自然是出于氏族手工业的。《逸周书·程典篇》说:“工不族居,不足以给官”;《国语·齐语》说:“工立三族”:可见工人是族居的，当然还保持着氏族的组织（不过保持得有强有弱），《考工记》说："知者创物，巧者述之，守之世，谓之工。"又足见这种工业是世袭的。其为氏族工业的转化，可无疑问。

周代工官制的起源

"氏族工业"传到阶级社会时，就形成"工官"制度。例如《左传》说：薛国的"皇祖奚仲"，"居薛，以为夏车正"。《考工记》说"有虞氏上陶"，而《左传》说"虞阏父为周陶正"。氏族工人和他们的领袖，到了阶级社会，就成了"百工"和"百官"，替统治氏族服务。周代虽是封建社会，但其"百工"和"百官"的制度，则是沿袭前代的。

论《考工记》

《考工记》这篇书，虽然不是周初或春秋时的作品，但从种种方面观察，其著作时代当在战国中期以前。这篇书中所记载的，是相当完整的"工官"制度和"百工"手工业的情况。虽然里面杂有较晚的情况，但大致还可代表周代的工官制度。如果把这篇书仔细分析一下，就可以看出古代"工官"制度下的手工业情况。

《考工记》的记载

1. 六职：这篇书开头是一段序论，下面讲各种手工业。序论比较重要，它一开头就说："国有六职，百工与居一焉。"所谓"六职"，是"王公"、"士大夫"、"百工"、"商旅"、"农夫"和"妇工"，这是把士、农、工、商四种职业都算作国家的事务，分为"六职"。这样说，"百工"是属于国家的。"百工"的任务是："审曲面执，以饬五材，以辨民器"，这就是说，"百工"是为人民造器物的。

2. "国工"及其世袭：这种手工业者就是所谓"国工"，是国家所置立的标准工匠。此外可能还有一般的工人或非专门性质的工人。《考工记》下文说:“粤无镈,燕无函,秦无庐,胡无弓车。”郑注说:“此四国者,不置是工也。”下面的注又说:“言其丈夫人人皆能作是器,不须国工。”这就是说如果是人人能制造的器物,就不必设立“国工”(“工官”):可见“国工”都是专门手工业者,某种手工艺品只有他们会制造,所以世守其业,不使技术外传,这样就构成了“氏族工业”或“种姓工业”。《考工记》跟着就说:“守之世,谓之工。”

3. 天时、地气、材美、工巧:下文又说:“天有时,地有气,材有美,工有巧,合此四者,然后可以为良。”所谓“天有时”,就是指的时令、气候的变化;所谓“地有气”,就是指的地理条件的不同;所谓“材有美”,就是指的各地都有特出的原料;所谓“工有巧”,是指的专门工人的技巧;一定要合乎天时、地理的条件,有好的材料和技术,才能做出良好的器物来。如郑国出的刀,宋国出的斤,鲁国出的削,吴、越出的剑,迁换地方制造就做不好。各国都有土特产的原料,各国都有著名的工艺品。“工官”手工业既已知道选择天时、地理的条件和好的原料,并讲究技巧,这证明其水平已相当高了。

4. 分门及分工:《考工记》底下又说:“攻木之工”有七种,“攻金之工”有六种,“设色之工”、“刮摩之工”都有五种,“搏埴之工”有二种(这里面包括:木器、玉器、陶器、冶金、皮革、工具、用具、车舆、武器、乐器、纺织品加工、绘画、雕刻、染色、建筑等手工业)。其门类是很广的,分工也相当细。

5. 各门手工业:根据记中下文的叙述,各种工艺品多有一定的制度,技术相当高明。(1)车舆:当时最注重的是车舆的制造,《考工记》说:“周人上舆,故一器而工聚焉者,车为多。”可见车舆的分工很细,制造一器需要许多工人,其技术一定是很讲究的。关于车的种类,有兵车、田车、乘车等;关于造车工人的种类,有轮人、舆人、辀人、车人、庐人等。《考工记》中缺造船的工业,则因北方少水的缘故。(2)冶金:冶金业也很有发展,《考工记》载青铜器有六种:有的锡的成分少些,有的锡的成分多些;大体要它明亮、锋利,锡就要和得多些;所以工具的锡和得比钟鼎彝器多,武器的锡又和得比工具多;和锡的目的,主要是增加硬度。(3)武器:武器业也是当时的重要手工业。此外就是奢侈品和乐器等手工业。记中有关纺织品的手工业比较少,足见那时的纺织品主要由农村妇女供给(还有贵族的家庭手工业中,女奴等也担任蚕、织等工作),官府只是加工,如绘画、染色等(当然也有用原料来织纴的)。陶器手工业在那时已不居很重要的地位,这说明石器时代已过去,而正式的瓷器还不曾产生,旧的陶器已在衰落了。

6. 制器入市:但"瓬人"节说:"凡陶瓬之事,髻垦薜暴,不入市;器中膊,豆中县;膊崇四尺,方四寸。"这可见,"国工"所制的器物也进市场贩卖,"国工"所制的器物是有一定的标准的,一般人所造不合标准的器物不能进市场贩卖,这样就排挤了民间手工业,只有民间手工业的制造品能与"国工"看齐,或者超过他们的时候,民间手工业才有出路,这也就是自由手工业兴起的时候了。又根据上引的话,这时的陶器手工业虽比较的不重要,但器式仍有定制,不能乱造。

7. 试工:《考工记》下文又说:"凡试梓,饮器乡衡而实不尽,梓师罪之。"这是说制器不合格式,工人是有罪的。"梓师"就是"梓人"的首领和师傅,也就是工官。

8. 小结:以上据《考工记》叙述先秦时代的"工官"制度和"百工"手工业,已可大致看出一个轮廓来。但如果要进一步的研究,则还需要参考其他的许多文献。

生产工具及技术

从出土物看和从其他方面推测,至少周代的手工业生产工具已经多是用金属制造的了。《论语》说:"工欲善其事,必先利其器。"那时的"百工"已很讲究工具,从出土的铜器、玉器等器物看,特别是从较晚期的若干器物看,再参酌文献材料来推测,周代的手工技术是有一定程度的发展的。尤其是当春秋战国之交,手工业技术有很大的进步,出土的战国时代的遗物充分证明:战国时代手工业技术的高超。手工业生产力既不断有发展,那么它的生产关系自然也是有变化的。

百工身分解释的三派

周代手工业生产关系中的主要部分,就是"百工"的制度。对于"百工"的身分,中国史学界中有距离很远的不同看法。这个问题虽和中国古史分期问题有关系,但关系不算很大。对于"百工"的解释,主要可以分为三派:第一派以郭沫若、范文澜两位先生为代表,郭、范两先生对于中国古史分期问题虽然看法不同,然对于"百工",则一致解释为奴隶。不过范先生认为"百工"中的首领是工官,工人才是奴隶。第二派以主张魏晋封建论的某些史学家们为代表,他们认为"百工"是自由的手工业者;我过去也是这样看法的。第三派的看法,可能以前也有人提过,我最近坚持这种看法,就是"百工"包括工官和所属的工人,而这种工人的身分基本上是自由的,但隶属于官府,由工官率领管理,实际上并不自由。他们有些像农奴,实事求是地说:他们是一种半自由人;称为"工奴"还可以,因为"工奴"的名称是与"农奴"对称的;称为奴隶则不可以。

对于百工为工官及奴隶说的批评

我认为范先生说“百工”中的领袖是工官，这是与原始文献和古注相符合的，古书上某些“百工”，古注都解释为“百官”，而以“工”称官，便是在原始文献里也有证据。例如周初的金文《令彝铭》说：“舍三事令，及卿事寮，及诸尹，及里君，及百工，及诸侯……”《尚书·康诰篇》说：“侯、甸、男、邦、采、卫、百工播民和”：足见古代文献中有些“百工”主要是指的手工业者领袖——工官，所以他们和内官、诸侯们并列：从此可以证明，范先生说法的正确。但范先生把“百工”中的工人解释成奴隶，却与原始文献不合，特别是与春秋文献不合。例如《左传》襄公十四年说：“是故天子有公，诸侯有卿，卿置侧室，大夫有贰宗，士有朋友，庶人工商，皂隶牧圉，皆有亲昵，以相辅佐也。”哀公二年说：“克敌者：上大夫受县，下大夫受郡，士田十万，庶人工商遂，人臣隶圉免。”足见“百工”不会是奴隶的身份。因为他们在贵族之下，奴隶之上，贵族立功可以得到封土，奴隶立功可以免除奴籍，工商则和庶人一样，立功后虽不能获得封土，但能仕进为官，而不必免除奴籍：所以“百工”不是奴隶，是无疑问的了。我们在这点上，不能同意范、郭二先生的看法。

对于百工为纯粹自由人说的批评

那么“百工”中的工人，是不是纯粹的自由人呢？我们认为也不是。因为西周金文里常把“百工”与奴隶等并列，例如说：“□司我西隔、东隔仆驭、百工、牧、臣妾。”“命伊□官司康宫王臣妾、百工。”《左传》上也说：“商工皂隶，不知迁业。”把百工与臣妾、皂隶等并列，足见他们不是纯粹自由的人。所以第二派的看法也不能完全同意。

百工为半自由人的说明

根据上面的分析,我们可以断定:百工的首领是工官,工人不是奴隶,也不是纯粹的自由人,而是一种半自由人的性质。然而古代的阶级往往与等级相交叉,因此分析古代的阶级身分,不是一件很容易的事。就如对于"百工"身分的研究,我们上面的结论,固然大致符合事实,但就是这样算把问题解决,还嫌太早。"百工"这种身分实际上是很复杂的,决不能把它简单化。如上所述:"百工"的来源是氏族手工业者,氏族手工业者应当是纯粹的自由人,为什么他们的身分还不如庶人,仅仅在奴隶之上呢?我们认为:这些手工业氏族出于周人本部落的比较少,许多都是外部落归附的人,有些是被征服的人,可能还有些本是奴隶。依照马克思在《资本主义生产以前各形态》一书中所说:古代的工商业本来不是自由公民的职业,往往起初只是外来人和解放的奴隶所经营的职业,自由公民的经营这种职业,是比较晚起的事。然则古代工商业者社会地位的比较低微,是不足为奇的了。周代的"百工",其中大部分可能是外来归附的氏族成员,在诸侯国家里,也可能征服的氏族要多些。这些工商业者的身分,自然要比一般公社农民("庶人")低些,虽然这些公社农民也有隶属性,有些甚至已接近农奴的身分(统治阶级有过失时,"百工献艺"、"工执艺事以谏",这所谓"工"是单指工官,还是也兼指工人,尚待研究)。

"百工"与"国人"的关系

"百工"和"商人"是列于"国人"之内的,《左传》载春秋末年卫君将要背叛晋国,指示他的臣下说:假使卫国有国难,工商们也未尝不以为患,应当叫工商的儿子也到晋国去做押当。后来卫君召见"国人","国人"们说:如果晋国五次来打我们,我们还能抗战,于是卫君决定叛晋。这件故事表示“国人”被卫君激恼了，从这故事里，可以看出工商确包括在“国人”之中。不然的话，上下文意就不好解释了。但范文澜先生根据《孟子》一段话，断说：“国人”就是工商，对于这点我们也有不同的看法。因为根据较早的文献《左传》来看，“国人”的范围是相当广的，里面甚至包含有下层贵族在内。我们认为：“国人”就是指的国都范围以内的人，其中包括下层贵族（士）、农、工、商们，并不单纯指工商。又“国人”中有工商，其它都邑中人也有工商，所以“工商”与“国人”之间，不能划上一个等号。最明显的证据，是《国语·齐语》所载的政治措施：“制国以为二十一乡，工商之乡六，士乡十五（注：‘唐尚书云：士与农共十五乡’）”，“士乡”，管子作“士与农之乡”。案：“士”是低级贵族，“士”的人数决不可能比工商多一倍半，所以这“士”是指的战士，包括国都中的“甲士”和近郊服兵役的农民在内。据此：“国人”的范围，大致可以认识了。“国人”带有“公民”的性质，不包括奴隶在内，是无可疑的。工商列于“国人”之内，他们不是奴隶，也可断言了。

工官的职能

有关“百工”中工人的身分的考辨，暂止于此，再进一步深入研究，现在还有困难。目下我们再考一考“百工”中的首领——工官的职能。周代工官的名称很多，选择其中重要的来说，最高的当然是“司工”，后世把它写作“司空”，这是一种相当高的职位，在起初只有高级贵族才能担任。汉代今文经家所说的“三公”，“司空”居其中之一，差不多是副宰相的地位。古代的“司空”似乎没有这么高的地位，但地位也不算低了。“司空”主要是管工事的最高官吏，古代的灌溉、防水、建筑等工程，大概都是由他掌握着的。楚国有所谓"工尹",其地位大概和"司空"差不多,能够带兵出征。春秋各国,"司空"之外有所谓"工正"、"工师"和"匠师",大概"工正"的地位较高,有些接近"司空";"工师"、"匠师"就是普通的百工头儿,是低级的工官("工师"和"匠师"是差不多的)。"工师"直接指挥工人,其职能很复杂,他们需要担任指挥工人、调查仓库、审查原料和成品、监督工人、呈报上级等工作(参看《月令篇》等书)。做好的器物上要刻上工人的名字,以便考查成绩。工人工作做得不好,"工师"要加他们的罪。"工师"们对于工人,和家长督察子弟差不多,他们管理自己的工人,向统治氏族负责。"工师"们自己也是某种手工业的专家,懂得本行的底细,对工人来说,他们又是师傅。但这不是后来行会手工业中的所谓"师傅"。

工官与工人的关系

周代时,工官和工人在名义上说来,还是一个整体,就是一个氏族共同体或种姓共同体。但事实上这里面已有了阶级的分化:工官属于统治阶级,工人属于被统治阶级。不过这种统治,还带有所谓"纯朴家长制"的色彩。

百工的隶属性

然而,这种"百工"是整个隶属于官府的,他们吃官府的俸禄,就是一种"庶人之在官者"。他们和皂隶差不多(皂隶是隶属于官府的贱民和奴隶)。《国语·晋语》说:"工商食官,皂隶食职":可以为证。所以当时的所谓"百工",就他们还保存氏族的组织来说,就他们和工官还属于一个整体通称为"百工"来说,是氏族手工业者,也就是纯粹自由人的身分。但就他们和工官之间已有阶级的分化来说,就他们全团体隶属于官府,至少其中的工人和皂隶差不多来说,那么,他们又接近贱民和奴隶,是半自由人的身分。"百工”和后世官府手工业中的隶属手工业者，实在差不多，如汉代的“卒、徒、工匠”，就和古代的“百工”，有共同的地方，他们也往往被误认为奴隶的。

生产情况

现在我们再一说“百工”们的生产情况：百工们接受官府的俸禄，上面已经说过。他们的生活资料，大概都是由官府供给的。他们住在官府所规定的地方，《国语·齐语》说：“处工就官府”，可见百工是住在官府里的。他们在官府工场中工作，这种工场叫做“肆”，《论语》说：“百工居肆以成其事。”据此：“百工”的宿舍一定和工场在一起，也就是在“肆”的范围以内。后世称店铺为“肆”，那么这工场可能也兼店铺的性质，因为“百工”所造的器物也在市上贩卖。那么，“百工”的住所和工作场所一定是靠近市面的。所以“市”的存在，是由工商业共同支持的。后来的手工业经营，有些地方还沿袭着古代的制度。在古代，店铺和工场通称为“肆”，后世如宋代的商店和手工作坊也通称为“铺”，古时工商不能严格分开，于此可见。

工场

“百工”的工作场所，规模可能是相当大的，他们的劳动方式，大概是一种集体劳动，若干工人在一起劳动着，若干工场聚集在一起。这种集体的劳动方式，在后世的官府手工业中，大概还继续执行着。一般说来：官府手工业的经营，是采取一种特殊的工场形式的；与民间手工业作坊并不相同，作坊的规模一般比较小。

工官制工场与后世官府手工业工场的特征

从世界史上的规律来看，工场手工业一般说有两种，那就是奴隶制性质的工场和近代资本主义性质的工场。在中国封建社会的前期,奴隶制残余比较严重,奴隶制性质的工场一直到汉、唐时还存在着,而官府手工业,由于残余的奴隶制的影响,更由于官府手工业性质的特殊(官府可以尽量运用人力、物力,所以工场的规模一般比较大,但其生产目的,主要是供给消费,其商品的色彩比较淡薄,扩大再生产也不大可能),一般带有古代工场的性质和色彩。在中国封建社会中,长期存在着这种官府手工业,直到封建社会崩溃时,它还部分地存在(在中国手工业史上,史料比较集中而容易找的,就是这种官府手工业的史料。至于民间的私人手工业的史料,既分散而又少,很不容易研究。现在我们讲中国手工业史的最古部分,民间手工业的史料几乎没有,而官府手工业的史料则还相当多,恰巧这时候手工业的重点在官府,所以我们对于先秦的工官制度,讲述得比较详细)。

所谓“惠工”政策

统治阶级对于所谓“百工”工人的待遇,虽然供给他们生活资料,可是使用起来,却很残酷。但有时也行些所谓“惠政”,例如春秋初期,卫国为狄人所破,卫文公企图恢复国家的繁荣,就施行“通商惠工”的政策,卫国果然很快就得到复兴。所谓“惠工”并不是单纯的“惠”,目的是要他们增加生产。《中庸》篇说:“日省月试,既(饩)禀(廪)称事,所以劝百工也”:“惠工”的目的不过如此。这也就是所谓“来百工”的政策。

统治阶级对百工的奴役

那时的统治阶级,常有役使工人过度的事,他们对于“百工”工人的剥削和压迫,是相当厉害的。特别是到春秋后期,生产力提高了,生产和交换发展了,统治阶级的奢侈胃口也扩大,剥削工匠格外厉害,因此就引起“百工”匠人的起义。

工官制的解体

同时，也由于领主封建制的转化，氏族性的“工官”制度逐渐解体（它逐渐分化成后来的官府手工业和家庭的、个人的私营手工业。但私人手工业在此前在农村公社中已萌芽，并逐渐脱离公社而分之出来，再加上工官制解体的条件，就更容易发展了），有些工匠包括他们的领袖失业了；他们因失去生活的保障，所以也要起来反抗。

百工起义

例如春秋后期周室贵族王子朝因与其他王子争位，就曾煽动失业的“百工”起来暴动，贵族的另一方也想争取“百工”，不曾成功。结果王子朝失败，大概“百工”也被镇压了。鲁哀公时，卫国君主役使匠太久（可能这时有些工匠已在干自己的活了，不愿为国君服务太久），贵族石圃发动匠人起来暴动。过了八年，同样的原因，匠人们又起来暴动。卫国这两次匠人起义，都有相当的收获：前一次国君失败被杀，后一次国君失败被赶走。这说明手工业者已有相当的力量了。“百工”起义也属于“国人”起义的范畴，而“国人”起义，就是推进中国古代封建社会向前发展的一种主要动力。

结论

总结先秦时代工官制度的各种情况，我们可以得出如下的结论：（一）“工官”制度的手工业是一种官府手工业。（二）这种官府手工业不同于后世的官府手工业，它具有“氏族工业”的性质，起源于远古的“氏族工业”。（三）远古的“氏族工业”是以氏族为单位的，一个氏族往往经营一种手工业；产生这种手工业的原因，是氏族间的劳动分工。这种“氏族工业”传到阶级社会，被统治阶级所利用,为统治阶级服务,就变成了“工官”制度。(四)“工官”制度的存在,是以生产力发展尚有限度为条件的。大体说来,它是青铜器时代的一种手工业制度。这时候交换商业还不曾发展,民间的自由工商业还不曾兴起;生产与交换的局限性,使得“工官”制度的手工业,成为适宜存在的手工业生产形式。(五)“工官”制度下的手工业者不是奴隶,也不是纯粹的自由人,而是一种隶属于官府,地位较“庶人”略低的半自由人。(六)“百工”吃官府的俸禄,差不多一切都由官府供给,他们住在官府所设的工场里,在工场里做工,他们劳动的形式带有集体的性质。他们大体使用官府的原料,替官府制造成品,主要供统治阶级的消费和使用。但也在市场上贩卖,供给一般人民的消费。(七)在“百工”工人的上面,有工官管理着,工官和工人之间大概有血族的关系,工官就是工人的族长,也是他们的师傅。工官统治他们的形式,带有家长统治的意味。但他们属于被统治阶级,而工官则属于统治阶级。普通的工官叫做“工师”、“匠师”等,在“工师”等之上,还设有大工官“工正”、“司空”等。“司空”似乎主要掌管灌溉、防水、建筑等工程。(八)统治阶级对于“百工”的剥削压迫,是相当厉害的,尤其是到春秋后期,由于生产力发展,旧制度逐渐转化,工官制度也在解体,这时候一方面由于统治阶级奢侈胃口的扩大,剥削加重;一方面由于工官制度的解体,使“百工”们失业,发生生活问题,因此在这时候有显著的“百工”起义的记载。这种起义也属于“国人”起义的范畴,“国人”起义是推进中国古代封建社会发展的一种主要动力。

第二讲　秦汉的盐铁

绪论:春秋战国经济情况

春秋后期以来,氏族制和公社制的残余基本解体,社会第二次大分工和第三次大分工的现象,在中国史上也大体出现。在这种情况下,手工业和商业都发展起来,货币经济和商品生产的现象,比较显著。在中国史上说来,这时候是"古典经济"出现的时代。但是由于中国古代社会的特殊性,宗法封建制在这时期之前已经形成,所以战国秦汉时代的"古典经济"形态,只是氏族制和公社制的残余解体的结果;"古典经济"形态的出现,仅仅使奴隶制有了些局部的、畸形的发展,而不曾引导到发展的奴隶社会,不曾改变封建制发展的路线,这是因为封建社会不可能倒退到奴隶社会去。

本讲中心

关于战国秦汉时代的手工业、商业发展的情况,内容相当复杂,如果要全面地来讲述,这是不可能的。我们的讲义虽然还不够详细,但是比较有系统,比较照顾到全面,在讲这一讲的时候,希望大家能仔细参看讲义,以补不足。在这里我们只重点地讲一讲作为战国秦汉时代手工业、商业中心的盐铁业,特别是汉代的盐铁业。

盐铁业兴盛之故

在封建时代,特别是封建社会的前期,比较有发展可能的工商业,只有盐铁业。这是因为在封建时代的前期,无论历史怎样特殊,自给自足的农村经济总是基本的,总是主流。商品经济的发展总是有限度的。自给自足的农村经济的特点,是生产品基本上不外流,基本上不需要外来商品的供给。广大农民所吃的是自己种出来的谷物,所穿的是自己制造出来的布帛,一切自给自足,外来的商品很难打进这种农村中去。只有日用必需品里的盐和制造生产工具等的铁,农民们不能自己生产,需要外面的供给。当时别种商品,只能在少数的城市里销售,至少不能大量的打入农村去,只有盐铁是例外;盐铁是农民们一天不能缺少的东西。在封建社会前期,只有盐铁的工商业比较容易获得发展,其原因就在乎此。

盐业的起源

在民间的工商业不曾兴起之前,盐业大概是操在政府的手里的。在领主封建制时代,土地既完全为领主所支配,属于土地上的富源,自然也都是受领主的支配。山泽林盐等自然富源,领主设有专官来管理。《史记·货殖列传》引《周书》说:“农不出则乏其食,工不出则乏其事,商不出则三宝绝,虞不出则财匮少。”“虞”就是管理山泽等富源的小官吏,也是当时的一种专职。“虞不出则财匮少”,“财”就是指的山泽等处所产的物资。《左传》昭公二十年载:“山林之木,衡鹿守之;泽之萑蒲,舟鲛守之;薮之薪蒸,虞侯守之;海之盐蜃,祈望守之。”这种办法在春秋后期,已经被认为不应当,但在此以前,实是寻常的制度。这些山泽等富源,过去确实是掌握在各级领主手里的,主要是掌握在大领主——周君的手里。《左传》成公六年载:“晋人谋去故绛,诸大夫皆曰:必居郇瑕氏之地,沃饶而近盐,国利君乐,不可失也。韩献子……曰……不可……夫山泽林盐,国之宝也,国饶则民骄佚,近宝公室乃贫,不可谓乐。”“近盐”,则“国利君乐”,“山泽林盐”都是“国之宝”,可见山泽林盐等富源,都是掌握在领主政府的手里的。当时比较开明的领主,在人民压力之下，为了收买民心，才开放这些富源，让人民自由开采，而用征收赋税的办法加以限制、剥削。例如《竹书纪年》载梁惠王曾“发逢忌之薮以赐民”；《墨子》上说：“外收敛关市山林泽梁之利。”大概从春秋后期以来，由于生产力的发展，人们逐渐进入山泽等禁地开发资源，起初是私的，慢慢的由半公开而得到政府的承认，政府也就自动开放资源，这样，可以增多剥削。包括盐、矿等在内，民间的工商业经营逐渐兴盛起来。《史记·货殖列传》上说：“汉兴，海内为一，开关梁，弛山泽之禁，是以富商大贾，周流天下，交易之物，莫不通得其所欲。”这说明到了汉初，山泽之禁已完全开放，于是民间工商业空前的发展起来。盐业在这种条件之下，成为新兴工商业的中心，铁业也乘机而起。

铁业的起源

铁业的情况和盐业略有不同。作为矿产来说，铁矿该也本在领主政府控制之下。但是铁除在最早时期稀有的情况之下，可能被认作珍品外，到铁比较被广泛应用的初期，一般是不被统治阶级所重视的。在这时候，统治阶级所重视的是铜，尤其是和锡的青铜。中国的中原地带铜矿较少，在上古的时候，铜是被看成和黄金差不多的贵品的。锡在北方更难得，所以青铜在中国上古时期非常被珍视（加工制造出来的青铜器，如彝器等，更被看成宝物，是掠夺的对象）。《诗经·鲁颂》上说：“憬彼淮夷，来献其琛；元龟象齿，大赂南金。”“南金”就是南方出产的铜（可能也包括锡在内），它被称为“大赂”，和元龟、象齿等宝物并举，是淮夷所献的琛宝之一：这说明铜在当时中国的被珍视。《左传》僖公十八年载：“郑伯始朝于楚，楚子赐之金，既而悔之，与之盟曰：无以铸兵，故以铸三钟。”郑国的君主到南方的楚国去朝见，楚王把南方出产的铜赐些给他,这铜的数量是不会很多的,因为只能铸造三个钟或三联钟。但是楚王却懊悔把这宝物送给了别国,怕他们铸造兵器来打自己,甚至要用盟誓来要挟郑国,叫他们不要用以制造兵器:这可见铜在当时是何等的名贵,名贵到和现在制造原子弹的铀差不多。从这里可以看出当时铜的稀少,所以广泛用铜来铸造工具和器物,是不大可能的事,就此可以证明《诗经》中从金字的农具和《齐语》上制造农具的"恶金",都可能是铁。和铜矿不同,中国北方多有铁矿,所以在铁开始被广泛应用的时候,是不会受到统治阶级的重视的。很可能:在中国初出现铁的时候,铁矿就被人民所开采。领主阶级所掌握的是铜,而人民所掌握的是铁;从民间新兴起来的地主阶级的战胜领主阶级,也就是铁器的战胜铜器。关于这点,聪明的郭沫若先生在二三十年前写《中国古代社会研究》的时候,就已经初步指出了。

铁器的出现及发展

"铁"这一个字最早出现于《诗经》的《秦风·驷驖篇》,"驖"一本作"铁",可见"铁"、"驖"原是一个字的分化,因为黑马的颜色像铁,所以就称为"驖"。《驷驖篇》是东周初年的诗,可见西周时早已有铁了。最早的铁大概不曾用在武器上,只应用在工具等器物上,这种金属大概很早就被人民掌握了。所以昭公二十九年的《左传》说:"晋赵鞅、荀寅帅师城汝滨,遂赋晋国一鼓铁,以铸刑鼎,著范宣子所为刑书焉。"依照我们的解释:"遂赋晋国一鼓铁",是说在晋国都中征收"一鼓铁"的军赋,可见这时候铁已开始应用在军事上了。但是领主阶级的府库里只藏着有铜,却没有铁(《考工记》里有制造青铜的工业,却没有显著的铁业的记载,可见在领主阶级的眼光里,至少铁业是不占重要地位的),所以要向民间征收铁来铸造刑鼎。刑鼎是著录刑书的鼎，刑书的条文不会太简单，铸刑鼎所用的铁可能要多些，为节省名贵的铜起见，所以刑鼎用铁来铸造（铜要用来铸造彝器等，特别是铸造武器）。看能够用铁来铸造刑鼎，可见冶铁的技术已经不低，看铁基本上还没有用在武器上，可见炼钢术或进一步发展的冶铁术还不曾发明。大概比较锋利的铁器，这时还不会制造。所以直到春秋末年正式的铁器时代还不曾开始，冶铁的技术还有很大的局限性。经过战国二百年的技术的发展，至少到战国末年，大的冶铁业已经兴起了。

铁器时代的开始

《孟子·滕文公篇》说："以铁耕乎？"铁制农具该早就普遍应用。近日出土的战国铁器中也有耕具。战国时代的边疆、现在的河北兴隆曾出土战国时代铸造工具的铁范七十件，可见当时铁业的普遍发达。楚、韩、中山等国已有铁武器，近日出土的战国铁器中也有兵器。又当时的利器有称为"白刃"的，可能已有初步的炼钢术了。

由于铁器的普遍使用，战国后期冶铁的手工业大为繁荣，企业家如邯郸郭纵，以铁冶成业，富埒王者；赵国卓氏，冶铁致富；魏国孔氏、鲁国曹邴氏，都以冶铁起家：这已开汉代铁工业全盛的先声了。

盐铁业的比较

盐、铁业的兴起，并不开始于汉代，但是到了汉代统一，"开关梁，弛山泽之禁"，盐、铁工商业才获得充分的发展。大概是战国时代作品的《山海经·中山经》记载："出铁之山，三千六百九十"，这个数字自然不一定完全可靠，但是可见当时发现的铁矿已着实不少。所以铁业才能繁荣。在秦代时，已有"铁官"的设立，司马迁的上祖司马昌就做过秦王的铁官。大概盐铁二业在初兴的时候,大铁业比大盐业还要重要,因为这个时候的铁还不很多,冶铁业主要操纵在几个大企业家之手,在经济上,他们最占势力。盐在产盐的区域比较普遍,不容易集中到少数人手里去。除国家以外,很难独占盐业。又铁是矿产,却不是人人能开的,所以铁业比较容易被少数富豪所垄断。同时内陆地方,除了有池盐、井盐的处所外,盐的分布不如铁的普遍。由于以上各种原因,战国秦汉时代,以铁业致大富的人较多,以盐业致大富的人较少,有大名的盐业家只有猗顿一个。然除了铁业以外,盐业自然已是工商业中的老大哥了。

盐铁业的全盛

汉代统一以后,一直到汉武帝时,是私营盐铁业的全盛时期。汉代的铁业家著名的,有蜀卓氏、程郑、宛孔氏等,都是当时最著名的富豪之家。李剑农著的《先秦两汉经济史稿》中曾指出:汉代最重要的商业有五项,就是(一)盐铁,(二)运输,(三)囤积,(四)高利贷,(五)榷会与辜榷,即独占的经纪和独占的买卖:这五项商业中真正与手工业相结合的,只有第一项盐铁。盐铁业一方面是工业,一方面也是商业,经营盐铁业的手工企业家,同时也是大商人;汉代所谓"商人",事实上多兼手工业企业家。盐铁二业在汉代确是最大的工商业,甚至朝廷上开会议来主要讨论这两种事业,有名的《盐铁论》,就是这项讨论的一部总记录。《盐铁论·复古篇》说:"往者豪强大家,得管山海之利,采铁石,鼓铸,煮盐,一家聚众或至千余人,大抵尽收放流人民也。远去乡里,弃坟墓,依倚大家,聚深山穷泽之中,成奸伪之业,遂朋党之权。"可见在盐铁官营之前,经营盐铁业的都是所谓豪强大家,他们"一家聚众或至千余人",其规模之大,是足以惊人的。不但民间的豪强大家经营这种事业，而且贵族、官僚也私营这种事业，如《盐铁论·错币篇》说："文帝之时，纵民得铸钱、冶铁、煮盐，吴王擅鄣海泽（盐），邓通专西山（铸钱、冶铁），山东奸猾，咸聚吴国（煮盐之群众），秦雍汉蜀（冶铸之群众），因邓氏。"《救匮篇》要公卿大夫子孙"内无事乎市列，外无事乎山泽"。铸钱业是附属于冶铁业的，只是冶铁业的一个分支，等于铁官也采取铜一样。最大的企业还是盐、铁工业，经营这种企业的人，不但在经济上有势力，甚至在政治上也可能造成势力，这种事业如任其无限制的发展下去，可能会造成割据和叛乱的力量。上引的《盐铁论》已说：经营盐、铁的豪强大家"一家聚众或至千余人"，"聚深山穷泽之中，成奸伪之业，遂朋党之权"：这已经很危险了。再加上贵族、官僚经营这种企业，如"山东奸猾，咸聚吴国，秦雍汉蜀，因邓氏"：终于造成汉朝政权的削弱，而引起吴楚七国之乱。所以当时盐铁企业的发展，不但在经营上造成贫富两极化，增加阶级矛盾，动摇汉朝政府的统治基础；便是在政治上，也威胁汉朝政府的统一局面；而且私营盐铁企业的发展，财富尽归富家、贵族，也影响国家的财政收入。为了巩固统治，去除割据、叛乱的势力，把私家财富夺归国家，并增加国家的财政收入，盐铁等大企业的收归政府官营，迟早总要成为事实，不过是时间问题而已。

私营盐铁业的劳动力

在这里，我们再考察一下当时盐铁等大企业所用的是怎样的劳动力，也就是它的生产关系怎样？当时盐铁等业的生产力情况，虽然不很清楚，然就生产的情况来看，生产力一定是相当高的，然而生产关系呢？是不是像有的学者所说，汉代的手工业主要是使用落后的奴隶的劳动力？我们研究的结果，至少煮盐、冶铁、铸钱等大手工企业，所用的劳动力主要不是奴隶，而是依附农民或流民等。关于这一点,证据很多,如《盐铁论·复古篇》就明确地指出:经营盐铁的豪强大家,一家所聚的千余人众,"大抵"都是"放流人民",他们"远去乡里","依倚大家",自然不会是奴隶。《复古篇》又说:"浮食豪民,好欲擅山海之货,以致富业,役利细民。""细民"当然不是指奴隶。此外如吴王濞所聚的亡命之徒,即所谓"山东奸猾",当然也不会是奴隶。而"因邓氏"的"秦雍汉蜀"的人,更不会是奴隶了。总之,我们找不到多少证据来说明当时主要的大手工企业,如盐、铁、铸钱等业所使用的劳动力是奴隶。因此所谓"汉代农业上不使用奴隶,而手工业上使用奴隶"的结论,是很有问题的!

小盐铁业

至于大企业以外的小盐铁业,不论在汉武帝前和汉武帝后,自然也是存在的。这在古文献上也有证据。不过这种盐铁业,不是当时盐铁业中的主要部分,在当时的经济中,并不起重要的作用,所以我们在这里就从略了。

重本抑末政策的开始

在西周、春秋时代,无论是"百工"或商人,都是官府的隶属,没有什么独立性。在这种情况之下,工商是官府的自己人,人数也有限制,控制管理他们比较容易。同时,这时候工商分途,都为贵族和官府服务,商业资本发展极其有限,还不能结合手工业来扩大自己的经济。手工业者也不能自由向商人转化:所以工商合一的大企业家,在这时候还不可能出现。因为这样,所以在这时候统治阶级还不需要施行什么"重本抑末"的政策;相反的,在某种必需的条件下,统治阶级还要施行所谓"通商惠工"的政策来发展工商。自从春秋后期以来,自由工商业者出现,工商逐渐合流,商业资本结合着高利贷资本,大肆活跃,于是大商人和大手工业企业家越来越占势力，新的富人阶级逐渐代替了旧的贵族阶级的地位：这对于同时在新兴着的封建专制政权和封建官僚说来，是要感到一种威胁的。如上所述，这些新兴富人阶级的发展，造成社会上财产与阶级的分化，增加阶级矛盾，破坏农村经济，影响政府的财政收入，这样就造成了政府与商人（包括手工业企业家）之间的严重矛盾，而商人之中的中坚势力就是大盐铁业者，所以封建地主政府所首先打击的也就是这些盐铁商人。

旧的贵族阶级的崩溃，新兴富人阶级的抬头，新的封建专制政权和新的官僚的出现，都在战国前期；那时中央集权的封建专制政府的代表人，如魏文侯和李悝，秦孝公和商鞅，都是一面收拾残余的领主势力，一面压制新兴的工商业者的。李悝在魏国施行平粜政策，就已经含有抑制商人的用意。有名的商鞅变法，更实施了“大小僇力本业，耕织致粟帛多者，复其身；事末利及怠而贫者，举以为收孥”的办法。秦始皇也继续推行“上农除末”政策。此外秦及汉初的政府，还施行过一系列的压制商人的法令，“重本抑末”是汉初政府的重要国策。但是结果：“法律贱商人，商人已富贵矣；尊农夫，农夫已贫贱矣。”

汉武帝的改革

盐铁等业大商人的势力和经营盐铁的大贵族、官僚们的势力，在汉文、景二帝时，达到了最高峰。吴楚七国之乱后，割据的贵族势力告一结束，汉朝政治上的内患总算除去了；但在经济上，盐铁等业大商人的势力还在发展着。到了汉武帝时，社会问题和财政问题已很严重，《汉书·食货志》说：“县官大空，而富商大贾或滞财役贫，转毂百数，废居居邑，封君皆低首仰给焉；冶铸、鬻盐，财或累万金而不佐公家之急，黎民重困。”在这段话里指出经营盐铁等业的富商大贾们"财或累万金","滞财役贫",使"县官大空","黎民重困",这已告诉我们当时问题的所在和汉武帝施行改革的动机了。

汉武帝经济改革政策虽然方面很多,有(一)收管盐铁,(二)榷酒酤,(三)收铸币钱,(四)均输,(五)平准,(六)算缗钱舟车,(七)禁止商人占田等,但首要的政策还是收管盐铁,便是均输、平准等也与盐铁商人有关;第六项算缗钱舟车,即严格征收工商财产税,拥有财产最多的工商还是盐铁业者,所以这一项也与盐铁商人特别有关。这些政策实行的结果,大大打击了商人,特别是打击了大盐铁工商业者。

汉武帝收管盐铁业的办法

要说明汉武帝收管盐铁业的办法,须先一述以前政府对于盐铁业的措施。如上所述,春秋以上盐铁等山泽的利源,本是掌握在统治阶级手里的,到后来才逐渐开放,听人民私采、经营。可是山泽等富源虽然开放,一般仍要征税,这在战国的文献上已有证据。秦代也有"铁官"的设置,大概是收税的官。《汉书·食货志》载董仲舒说:"秦……用商鞅之法……富者田连阡陌……又颛川泽之利,管山林之饶……(秦政府)田租、口赋、盐铁之利,二十倍于古……汉兴循而未改……宜少近古……盐铁皆归于民。"在这段话里可以看出两点:第一,商鞅变法后,地主政府虽施行"抑末"政策,然让富人"颛川泽之利,管山林之饶",山泽的富源从旧贵族手里转移到新富人手里,一般人民仍旧无份。第二,秦和汉初的政府对于盐铁仍有管制的措施,至少要收税。秦的"盐铁之利,二十倍于古","汉兴循而未改",可见盐铁至少是有税的。董仲舒的意思是要政府放弃"与民争利"的政策,实施真正使"盐铁皆归于民"的政策，真正使“盐铁皆归于民”，这自然是空想。董仲舒一面要使“盐铁皆归于民”，一面又反对富者“颛川泽之利，管山林之饶”，这在客观上是自相矛盾的。“盐铁皆归于民”的结果，必然要形成富人独占山泽富源的局面。关于这一点，李剑农先生已经大致指出了（见《先秦两汉经济史稿》，275 页）。

汉武帝收管盐铁的办法，大概就是他所任用的大商人教给他的，当时当权者桑弘羊就是一个“洛阳贾人之子”，东郭咸阳是齐地的大盐商，孔仅是南阳的大铁业者，他们当权后“除故盐铁家富者为吏，吏益多贾人”。商人们的底细只有商人们才知道，汉武帝把一部分大商人变成官僚，来帮助他对付一般商人，所以他的办法能收到一定的实效。汉武帝所施行的盐铁政策，是很简便而厉害的，他干脆禁止民间“私铸铁器，鬻盐”（从这里可以看出：铁业重在铸造，盐业重在贩运，一偏于工，一偏于商），犯法的人处刑，没收器物：这是禁止私营的办法。至于官营的办法：对于盐，“募民自给费，因官器作煮盐，官与牢（价值）盆（查盐盆）”（《史记·平准书》）。对于铁，则使用带有奴隶性的“徒卒”来采取、冶铸，这就是所谓“铁官徒”。《汉书·贡禹传》说：“今汉家铸钱及诸铁官，皆置吏、卒、徒，攻山取铜、铁（案：这可见铁官也兼采铜），一岁功十万人已上”。这时的盐、铁官主要是为了官营盐铁而设立的，与此前和东汉时的盐、铁官似乎有所不同。汉代的铁官很多，几十郡中有九十个，一般郡国出铁的就设立铁官，便是不出铁的地方，也设置小铁官，使属所在的县（铁官外还有铜官，据《汉书·地理志》，只有丹阳郡有一个）。官府大企业所使用的工人都是所谓“卒徒”，这是一种隶属性的手工业者，未必就是奴隶。但人数很多，因为私家大企业既被禁止，大企业集中于官府，自然需要很多的劳动力（其中可能有奴隶或其他性质的手工业者参加),有时劳动力还嫌不足,或者因奴隶性的工人工作水平低,仍要发动民间的劳动力来作补充。例如《盐铁论·水旱篇》说:“卒徒作不中程,时命(民)助之,发征无限,更繇以均剧。”

官营盐铁的流弊

官府所经营的盐铁业,由于劳动力的落后(如铁业中的“卒徒”带有奴隶性)和官僚制度的流弊等,许多地方经营得不如民间私营的盐铁业。因此在当时许多人反对盐铁官营,特别是儒生们。他们反对的理由,归纳起来有如下几点:(一)盐铁官营,仍使用民间的劳动力扰害百姓。(二)官造的铁器不好,价钱贵,而强迫人民买卖;官营的盐价钱也贵,人民买不起。(三)农民到远方买卖铁器不便。(四)政府官营盐铁业是与人民争利,就是剥削百姓。(五)官吏乘机作弊,使百姓受到痛苦。反对的人当然也有成见,有些是过甚其辞,或者不符合事实。但汉政府官营盐铁业确实有许多流弊,例如官僚作弊,剥削民力,扰害百姓,所制造的盐铁,质劣价贵,等等,大概都是事实。汉政府的代言人抵制反抗者的论调是:官营盐铁的目的在“一其用,平其贾,以便百姓公私”,而“卒徒衣食县官”,“无妨于民”,其最大的理由是:这是“国家大业,所以制四夷,安边足用之本,不可废”。政府方面是也有相当的理由的。总之:盐铁的官营不官营,都有弊害,弊害产生的根源是封建剥削制度。盐铁私营,便于富人们的剥削;盐铁官营,便于封建政权和官僚们的剥削。但在当时说起来,汉政府与商人们的斗争,含有封建制度和奴隶制度残余斗争的意义,这是那时不可避免的一场斗争。当时盐铁等大商人确乎许多是奴隶主(虽然他们所使用的劳动力大部分不是奴隶),而他们的经济带有“古典经济”的性质,其代表奴隶制残余，很是明显。

铁官徒的起义

自然，我们不否认：在封建官僚经营下的官营企业，对于人民没有多大的好处，相反的还有弊害。“铁官徒”由于所受剥削、压迫的严重，生活非常困苦，所以西汉后期成帝时曾两度大举起义，一次“经历九郡”，一次“经历郡国十九”（一作“四十余”），甚至杀死太守、都尉，震动朝廷“以军兴从事”。但开始起义的人众不曾超过三百。

不合法的私营与王莽“六管”

在官营盐铁的时期内，某些地方的贵族、豪富们仍常有乘机经营，和中央政府发生冲突的事实。例如《汉书·张汤传》载：“赵国以冶铁为业，王数讼铁官事，汤尝排赵王，赵王怨之。”这是赵王和中央争夺冶铁权利的记载。《终军传》载博士徐偃：“矫制使胶东，鲁国鼓铸盐铁”，据近人的解释，胶东和鲁国大概在那时候还不曾设铁官，更没有盐官，于法不得造盐铁，徐偃是儒生，他本不赞成盐铁官营，又受地方特殊势力和商人的运动，所以才有这种举动，其实质也是地方与中央夺盐铁的权利。《平当传》载平当：“言渤海盐池可且勿禁，以救民急”，这是局部废除盐铁官营的记事。大概在表面上，西汉自武帝以后，除在元帝时偶因灾异曾一度罢盐铁官三年外，一般说，盐铁官营不曾改变。但是实际上地方势力和地方商人们私营盐铁的事，按照上举的例证来看，是不曾完全禁绝的。而且到了西汉后期，盐铁私营的趋势似乎又起来了。盐铁官营有利于国家财政收入，所以这不能废，而地方贵族、豪强、商业资本的发展，又使国家不能完全垄断盐铁。私营盐铁业的继续发展，又将增加社会矛盾和影响国家财政收入，所以到了王莽时代，又使行“六管”政策,首先管制盐铁和山泽等富源。王莽的“六管”至少一半是对付盐铁大商人的。但是王莽的措施,由于整个王莽改革的反动性和实行政策的不善,所以不曾发生什么效果。然而看:(一)督“五均六管”的人都是富商,他们“乘传求利,交错天下”,可见化为官僚的大商人趁火打劫,在某种角度上说,商人的势力更发展了。(二)当时人们废除“六管”的要求,也说明西汉后期民间盐铁业仍然存在,甚至已发展到不容易抑制的地步了。但王莽的失败,表现了官营企业和私营企业的两败俱伤。到了东汉时代,一方面农村经济破坏,销售市场缩小,民间大工商业不容易发展,一方面地方势力兴起,中央政权削弱,官营大工商业也不容易发展。两个现象交互影响,整个盐铁业都衰落了。东汉一代,乃是特殊性的“古典经济”向典型的封建自然经济转化的过渡时期。

东汉的盐铁

东汉初年,盐铁大概官、私杂营着。盐铁官都属郡县。《后汉书·彭宠传》载:“是时北州破散,而渔阳差完,有旧盐铁官,宠转以贸谷,积珍宝,益富强。”可见渔阳的旧盐铁官还保存着。直到章帝末年,才有人奏请罢盐铁官。大概东汉初年除了不合法的私营盐铁业外,盐铁业主要还是官营的。《后汉书·卫飒传》载:“耒阳县出铁石,他郡民庶常依因聚会,私为冶铸,遂招来亡命,多致奸盗。飒乃上起铁官,罢斥私铸,岁所增入五百余万。”这段记载说明当时不合法的私营盐铁业是存在的,但官家往往增加官营企业,以抑制私营,增加国家的收入。章帝去世,和帝即位,才下诏正式废止盐铁官营,改用征税的办法。诏书上说:“自中兴以来,匈奴未宾,永平末年,复修征伐。先帝(章帝)即位,务休力役,然犹深思远虑,安不忘危,探观旧典,复收盐铁,欲以防备不虞,宁安边境。而吏多不良，动失其便，以违上意，先帝恨之，故遗戒郡国，罢盐铁之禁，纵民煮铸，入税县官如故事。其申敕刺史二千石，奉顺圣旨，勉弘德化，布告天下，使明知朕意。”这段诏书说得比较模糊，有如下的两个问题：第一个问题是：章帝即位以前，盐铁归不归官营？看诏书的话，似乎这时候不曾管制盐铁，到章帝即位以后，才重又管制起来。第二个问题是：“入税县官如故事”，还是指的章帝以前的“故事”，还是指的武帝以前的“故事”，说得也不明确。我们初步的看法认为：自从王莽失败以后，官营盐铁业大概不曾正式恢复，但是为了弥补财政，也不曾正式宣布废止，至少部分地区仍有官营盐铁业。大概这时候是盐铁业官私杂营的时期，而以官营为合法。因为汉政府本来不曾宣布过废止盐铁官营。章帝即位后，为了筹备国防经费，又正式收管盐铁，由于官僚制度的流弊，仍遭到反对，所以到章帝晚年：“遗戒郡国，罢盐铁之禁”，到和帝即位，正式宣布放弃盐铁官营。至于“如故事”的“故事”，当指过去官府对于私营盐铁业收税的“故事”，大概章帝前、武帝前都有，不必深究它指什么时候的“故事”。

上引诏书颁布后十五年，又曾复置涿郡故盐铁官，这是官营，还是收税，难以详考。大概和帝以后，直到东汉止，仍不断有官营盐铁业的存在，这是推想，然可能性很大，因为和帝以后，内外战争很多，农村破产，人民流亡，政府财政极为困难，重建和加强官营盐铁业，是增加收入的唯一有效的办法（看三国时代的措施可知）。至于民间盐铁业，则由于整个工商业的衰落，恐怕发展比较有限，在东汉时代不曾见到有重视和对付盐铁商人的记载，就是一个很坚强的证据（冶铁手工业的生产力，东汉时代是有发展的，出土的东汉器较西汉的好。《后汉书》载杜诗创作水排冶铁，“用力少，见功多,百姓便之”)。

结论

总括上面的研究和分析,盐铁业是封建时代最容易发展的事业,因为它们都是生活必需品,不能一天缺少。但是在春秋以前,盐铁等富源所在的山泽都操在领主政府手里,人民不得自由开采、经营。春秋后期以来,由于生产力的发展,整个领主制度解体,盐铁等山泽富源逐渐被人民所开采、经营,由贵族手里转到富人手里。特别是铁,由于过去不曾得到领主阶级的重视,更容易被人民所掌握。盐铁富源的下降,不是落在整个人民的手里,而主要是落在少数富人的手里。富人们利用商业资本招收破产的流民等,大量开采制造盐铁,同时作为商品来贩卖。这样发财的富人日益众多,盐铁商变成工商业富人中的中坚分子。这些工商业富人经济的发展,许多农民穷困了,商人们通过高利贷兼并土地的手段,破坏了旧的农村经济,增加阶级矛盾,影响国家财政收入,使“县官大空”、“黎民重困”。统治阶级为了巩固统治,缓和阶级矛盾,增加国家收入,就施行一系列的控制和打击商人的政策。比较有效的,是汉武帝的经济改革,这种改革远祖李悝、商鞅和秦始皇的“上农除末”政策,近法汉初的“重本抑末”政策,进一步打击工商,主要是打击盐铁大商人。从此以后,一直到西汉末,盐铁基本上由官府控制、经营,但私人的盐铁业仍有局部的存在。王莽变法,施行“六管”政策,主要是收管盐铁。王莽失败后,直到东汉初年,盐铁似乎处在官私杂营的状态中。章帝时又正式收管盐铁。到和帝即位,正式宣布废止盐铁官营。但此后直到东汉末,盐铁恐怕仍在官私杂营状态中。东汉后期,由于整个工商业的衰落,盐铁的利益逐步缩小,所以此后盐铁业就暂时不大被人所注意了。

第三讲　魏晋南北朝的官府手工业

绪论

先秦时代是官府手工业的第一度全盛时期，魏晋南北朝则是官府手工业的第二度全盛时期（余势一直发展到隋唐）。秦汉和唐以后，不是没有官府手工业，但官府手工业在这些时期不占手工业史上的主要地位。秦汉时代的官营大企业，和宋、明、清时代的官营企业，都只是官府代替民间经营手工企业，其性质不属于正式的官府手工业的范畴（正式的官府手工业是为皇帝、贵族和官府的消费服务的）。秦汉的官营大企业的建立，虽然代表封建制度战胜奴隶制的残余，然这类官营企业的经营有很大的流弊，从另外一种角度上来说，它却使手工业的发展受到阻碍。因为官营企业的质量反有落后的倾向。仅仅就当时的政府是地主政府，大工商业者都是奴隶主（他们所经营的带有“古典经济”色彩的企业如果发展下去，会走上古典奴隶制经济的道路）一点说来，官营企业的代替私营企业，是封建制度的代替奴隶制度。然而工商业奴隶主并不曾把他们的奴隶完全使用到工商业上，他们在手工企业上所使用的劳动力，多是些破产的流浪者，身分倒是比较自由的（虽然有一定的依附性），官府手工业所使用的劳动力反倒是些奴隶性的“徒卒”，所以秦汉时代的官营企业并说不上有多少的进步性，它们的代替私营企业，并不说明手工业的进展。至于宋、明、清时代的官营企业，也往往阻碍私营企业的发展，与秦汉时代的情况不同，这种官营企业的发展，阻止了新经济因素的萌芽和发展（资本主义因素的萌芽和发展)。就秦汉时代说,代表手工业发展主流的,已本是私营的手工企业,只是因为中国古代社会发展的特殊情况,这种手工业同时代表了前一时期经济的畸形发展(奴隶制经济的畸形发展),所以不能高度繁荣而夭折了。我们在讲手工业商业史时,应该比较详细讲一讲这时期政府与所谓"商人"的斗争,但不应当把官府手工业当作主流来讲,至少不能单讲官府手工业。宋、明、清时代的官营企业,更不应当强调,因为它代表落后的经济势力;这时候手工业的主流,更是民间新兴的手工业,它不断在发展而且到了明清时代,这里面已出现了资本主义的幼芽。只有元代,因为情况的特殊,民间的手工业衰落。官府手工作成为手工业的主导方面,讲这时期的手工业时,也只能着重讲述官府手工业。

比较正式的官府手工业是魏晋南北朝到唐中年时期的官府手工业,特别是北朝的手工业,可以作为这种手工业的代表,它是东方的典型的封建手工业(先秦时代的官府手工业,还带有原始性,不能算作很典型的封建手工业)。这种手工业的特点,是规模相当完备的手工业在官府里生产,而且在一定程度上发展了手工业技术。在这个时期中,出现了许多"奇器",代表当时科学技术的发明,这些技术往往为官府手工业服务,成为当时官府手工业发展的技术基础。

魏晋南北朝时期的手工业、商业史,我们考虑的结果,只有拿官府手工业作为重点来讲述,比较适合。因为这时期最普遍的手工业是和小农农业相结合的家庭纺织业,这种手工业和小农农业结合的生产,构成了强固的自然经济,它是整个工商业发展的障碍。在典型的封建制度发展的时期(魏晋南北朝),农业几乎掩蔽了整个的生产部门;在这个时候工商业是不发展的,就手工业商业史说来这时期是个中衰时期，没有什么可讲的。在手工业上说，小规模的个体的家庭纺织业几乎代表了整个的手工业，这种手工业的生产力在一度发展之后，就停滞下来，较少进步。在商业上说，一般商业停滞衰落，只有贵族、官僚所经营的贩运商业有畸形的发展，但这种商业的存在，只说明一般商业的停滞，不代表商业的发展。在货币制度上说，实物经济代替了钱币经济，钱币很不流通。高利贷的横行，也只说明商业资本的没有出路。凡此种种，都说明工商业的衰落停滞。所以说这时候的手工业商业，几乎没有什么特别可以讲述的东西。只有科学技术的发展和以这种技术为条件的官府手工业，还有可讲述的地方，因此这一讲就以这方面为重点来讲述。

生产力

魏晋南北朝时期官府手工业的发展，是有它的生产力条件的，这可以分作两方面讲：第一方面，是一般生产力的发展；第二方面，是科学技术的发达。而这两者之间，也有相互的关系。西汉中期以来，农业和手工业的生产力都有进展，农业上如代田法、区田法的施行，大大提高了生产力；手工业上如纺织业的生产量日见增大，甚至把布帛代替金钱使用（参看讲义第三篇）；冶铁业从考古和文献上看，质和量都有提高；此外如陶瓷和各种工艺品的出土物，都告诉我们从东汉到南北朝，手工技术是有不断的进步的。大家只须到博物馆去看一看汉代的明器和魏晋南北朝时代的明器，两相比较之下，自然会明白这时期手工艺的发展。

科学发明

科学技术的进步，从东汉到南北朝，最是显著。这里所说的“科学技术”是指有关种种工艺的科学发明，有些包括一般生产力在内。东汉时期的重要发明,如南阳太守杜诗发明冶铁的水排,利用水力来制造铁器,推进了冶铁工业(见《后汉书·杜诗传》)。宦官蔡伦用树皮、麻头等造纸,开始了中国的造纸工业(见《后汉书·蔡伦传》):以上是直接和手工业有关的发明。此外如张衡造浑天仪和地震仪(见《后汉书·张衡传》),灵帝时人造吐水的虾蟆和翻车(水车)等引水的机械(见《后汉书·张让传》):这些也都表明技术的进步,与手工艺的发展是有关系的。三国时代出现了一个大发明家马钧,曾发明新绫机,并制造指南车、翻车,甚至能使木人击鼓、吹箫、跳丸、掷剑。他见到诸葛亮的"连弩",认为"未尽善",如果他"作之,可令加五倍"。又想造新发石机攻城。魏明帝曾下令引谷水过九龙殿,叫马钧"作司南车,水转百戏"(以上均见《三国志·魏志注》)。蜀汉诸葛亮曾造连弩,"一弩十矢俱发"。又作木牛、流马,运输军粮(均见《三国志·诸葛亮传》)。还有一个李譔,也懂得"弓弩机械之巧"(见《三国志》本传)。孙吴有个张奋,"年二十,造作攻城大攻车"(见《三国志·吴志·张昭传》)。又有葛衡,也懂得机巧,作浑天仪(见《三国志·赵达传注》)。晋代时石虎也曾命人造指南车和司里车;又造舂车木人"行十里,成米一斛";更造磨车,"行十里,磨麦一斛"(见《邺中记》)。

这时期最大的科学发明家是南齐祖冲之,据说宋武帝打平关中时,得到后秦姚氏的指南车"有外形而无机巧",后来齐太祖命祖冲之改制,他"改造铜机,圆转不穷,而司方如一",为马钧以来所未有。他又造"欹器"献给竟陵王子良。他因为诸葛亮有木牛、流马,就"造一器,不因风水,施机自运,不劳人力"。又造千里船,"日行百余里"。他的儿子暅之和孙子皓都能"少传家业",祖氏三代都是科学发明家(见《南齐书》和《南史》本传)。此外南齐还有个叫俞灵韵的，造木马，“人在其中，行动进退，随意所适”，用以教东昏侯骑马（见《南史·齐本纪》）。陈代的长沙王叔坚，“刻木为偶人，衣以道士之服，施机关，能拜跪”（见《陈书》本传）。徐世谱“造楼船、拍舰、火舫、水车”，用在军事上；他所造的器械“妙思出人”（见《陈书》本传）。

北朝的发明虽比不上南朝，但在制造武器方面，也有进步。北魏青州刺史侯文和“亦以巧闻，为要舟，水中立射”（见《魏书·术艺传》）。北齐有个术士綦毋怀文，创造一种“宿铁刀”，能“斩甲过三十札”。他用熟铁作刀脊，刀刃部分用钢，这样制成的刀既锋利而又不易折断。后来襄国地方所造的“宿柔铤”，就是他的遗法，作刀还很快利，不过“不能截三十札”（见《北齐书·方伎传》）。此外制造战争利器的人还有，姑不多述。

科学发明原因

魏晋南北朝时期的科学发明，确实很多，关于这点，如不加以说明，很使人疑惑，为什么这时候科学技术发明特别多呢？我们初步研究的结果，认为主要有三个原因。第一，是战国秦汉时代生产力高度发展的结果。生产力水平提高之后，才使科学发明有了基础。为了进一步提高生产，就在生产实践的经验上，发明了许多高级的技术，科学发明是以生产实践为基础的。许多科学发明，都是实际需要的反映。同时生产发展后，封建统治阶级的奢侈需要也提高了，这时期的有些发明，是应付统治阶级的需要的。总之：这时期的科学发明，是生产力、生产发展的表现。第二，秦汉以来对外商业交通的发展，使东西经济、文化开始交流，西方的许多物产和技巧传入中国，丰富了中国物质文化的内容；特别是汉武帝到东汉时期，西方的文化产品和西域人流入中国的很不少，文化交流的结果,对于中国科学技术的发展,是起了一定的作用的。这只须一看所谓“六朝”时期的出土物,就可以大致明白(魏晋南北朝时期中西商业交通也盛,彼此间文化也颇相影响)。第三,在分裂割据的时代,战争比较多,需要战争利器,结合生产水平的提高和外来文化的刺激,技术提高了,就使战争利器不断发明,这也是一种技术的发展,这对于整个的科学技术的发展,也有影响。

科学发明与官府手工业关系

但是,魏晋南北朝时代科学技术发明虽多,却多作“奇器”和兵器,与一般民间日用品的关系较少,所以它的流传不广,对于生产所起的作用不大。这类发明,有许多只是供给封建统治阶级奢侈和游戏之用,或用以杀人,统治阶级兴趣一过去,战争一停止,这类发明就逐渐失传了。不过这许多技术发明,对于当时的官府手工业,不能不起一定的作用(就是对于民间一般生产力也至少有间接的影响)。我们知道:当时的许多发明者都是士大夫阶层中人和皇帝亲近的人,如杜诗是南阳太守,蔡伦是宦官,张衡也是大官,他们的发明自然要为官府和内廷服务的。《三国志注》说马钧“不典工官,巧无益于世”,可见当时认为有技巧发明的人应该“典工官”,根据记载,马钧也曾做过“博士”,曾为皇帝服务,他的技巧和发明,对于官府手工业,不会一点没有影响。诸葛亮更是当权者,他的创作,自然是为政府服务的。凡是战争利器方面的发明,其技术的影响,当然首先在官府手工业上表现。《三国志·韩暨传》载韩暨做监冶的官,继承杜诗的事业,造作水排,利益很大,“在职七年,器用充实,制书褒叹”。他的创造当然主要是为官府手工业服务的。石虎时代的制作(详上),更是官府手工业的直接创造。《南齐书·祖冲之传》说:“建武中,明帝使冲之巡行四方,兴造大业可以利百姓者,会连有军事,事竟不行。"可见祖冲之的发明,对于当时的官府手工业,一定有影响。假使齐明帝的办法能够实现,那么不但会大大的推动官府手工业的发展,使得官府手工业部分有利于百姓,还会促进民间手工业的发展。可惜因军事的阻碍,事情不曾实行。《陈书·徐世谱传》载"世谱性机巧,谙解旧法,所造器械,并随机损益,妙思出人"。徐世谱大概也是一个官府手工业的技术指导者。北朝的侯文和是青州刺史,綦毋怀文是以道术事高欢的人,他们的发明自然对于当时官府的军器制造业有影响。总之,从许多文献记载看来,当时的技术发明,对于官府手工业的发展,是起了作用的。当然也间接影响到民间手工业技术的进展。我们认为:当时官府手工业的发展,就是以科学技术的发明为一种条件的。魏晋南北朝时代的官府手工业技术的发展,对于一般技术的提高,应当有一定的影响;而官府手工业的发展,以技术发明为条件;技术的发明,又以一般生产的发展为基础。归根结蒂说来:这些都是劳动人民生产实践的贡献。

工业机构

魏晋南北朝时期的官府手工业机构,是相当完备的。三国时候的制度,史料缺乏,比较难考,姑且从晋代说起。晋代设立少府监,为官府手工业主要机关,它的下面分设若干部门,许多官府手工业都隶属于它。另有卫尉,也统帅若干官府手工业机构。南朝刘宋仍设少府,掌管的工业范围似乎更广,主要掌管武器制造、矿冶和织染等业。此外还有别种工官。南朝各朝的制度,大体相同(当然也有变化)。北中国的五胡十六国,也多继承晋朝的制度。北魏统一北方,也沿袭中国旧制,设立少府,后来改为太府,便是掌管官府手工业的主要机关。北齐官制多继承魏代,北齐的太府寺

"掌金帛府库,营造器物"。它统帅机关很多,所掌管的,也主要是织染、矿冶等工业;其中丝织业很是突出,例如太府寺所属的中尚方别领泾州丝局、雍州丝局、定州紬绫局等机构。矿冶业大概也很发展。北魏的制度应当与北齐相近。北周的官府手工业也着重织染、矿冶,大体说来:当时官府手工业的主要门类,是纺织业、矿冶业、土木工程业和武器制造业。前两者往往由少府、太府等机构掌握,后两者的土木工程由将作大匠等官掌管,武器制造有时专设军器监掌握,有时划归别的机构掌握。各朝制度虽不完全一致,但基本精神是一样的,就是由政府掌握织染、矿冶、武器等几项主要工业(纺织业虽然主要分布在民间,但是高等工匠所从事的精致品的纺织业,则主要由政府掌握)。官府手工业的中心,在京城中央政府,与宫廷相联系。各地方也有官府手工业,在中央控制管理之下生产。整个一套官府手工业的机构,垄断了当时手工业的最主要的部分。

生产关系

魏晋南北朝时期的工匠,也被官府所掌握控制(官府手工业劳动者除正式工匠外,还有刑徒、奴隶,数量大概也相当多)。三国时代的情况,不很清楚。在晋代,官府大概是掌握着相当数量的工匠的,如西晋的卫尉就"领冶令三十九,户五千三百五十"(见《宋书·百官志》),可以看出西晋政府确掌握着许多工匠。其实汉代政府已经掌握着不少的工匠,如《汉书·贡禹传》说:"今汉家铸钱及诸铁官,皆置吏卒徒,攻山取铜铁,一岁功十万人已上。"汉代的"卒徒工匠"都有很大的隶属性,他们是隶属于官府的半奴隶的身份。大概"工匠"的身份比"卒徒"的身份要自由些。西晋卫尉所领的冶匠五千三百五十户,以户数计,大概只是一种隶属于官府的匠户,这种匠户就是手工业上的农奴。继承西晋的五胡十六国中的夏国，大概所掌握的工匠数量也不少。北魏政府所掌握的工匠，数量更多，在北魏灭后燕时，就将山东一带的“百工伎巧，十万余口”迁到京城平城（见《魏书·太祖纪》）。又曾“徙长安城工巧二千家于京师”（见《魏书·世祖纪》）。北魏定制不许私人私藏工匠，犯法的处“门诛”的重罪（见《魏书·世祖纪》）。并且规定工匠身份世袭，不准读书上进，犯规的也要处罪（见同上书）。这类工匠由于有隶属性，所以身份低于一般人民，通婚有限制，而且不得上升为高官（见《魏书·高宗纪》及《高祖纪》）。“百工伎巧”属于所谓“卑姓”身份，和“皂隶”差不多，不得与“清流”为伍。大体说来：魏晋南北朝时期的工匠，特别是北朝的工匠，身份是很低下的，他们就是手工业方面的农奴，他们与统治阶级之间的关系是农奴和封建主的关系（当时一般的农民和手工业者都属于广义的农奴的范畴，其中有些人的身份甚至接近奴隶；只有商人，法律身份虽然低下，而在经济上还有一定的地位）。五胡十六国中的夏国役使工匠非常残酷，简直把他们当作奴隶看待：“造五兵之器……工匠必有死者，射甲不入即斩弓人，如其入也便斩铠匠……凡杀工匠数千……”（见《晋书·赫连勃勃载记》）。一直到隋唐时代，工匠的身份还很低下，而且官府工业和束缚在官府工业上的工匠，在手工业中还占很大的比重。北朝的工匠就是“杂户”的一种，如纺织业工匠，就曾设立“杂营户帅”来管理，形成“杂户帅，遍于天下”的情况（见《北史·仇洛齐传》）。唐朝的“番户”、“杂户”分班轮流服役，“番户一年三番，杂户二年五番，番皆一月”（见《唐六典·刑部》）。唐朝的法令多沿袭北朝，所以北朝工匠的服役制度，可能和唐朝差不多。自然，长期服役的“长上工匠”数量一定也不少。

禁止私营

官府所经营的某些手工业,是禁止私家经营的,但禁令似乎时紧时松。官府所掌握的矿冶业,当然由官府经营,民间不得私营。武器的制造,自然也掌握在政府的手里。便是许多精致品的纺织业,也主要由官府经营,禁止民间私造,北魏孝文帝曾下诏:"罢尚方锦绣绫罗之工,四民欲造,任之无禁"(见《魏书·高祖纪》)。可见尚方锦绣绫罗之工,本来是禁止人民制造的。北齐时,大官僚毕义云还因"私藏工匠,家有十余机织锦,并造金银器物"而得罪(见《北齐书·毕义云传》)。可见直到北朝的后期,还是不许私藏工匠和私造禁物的。

前项结论

总括起来说:魏晋南北朝时期的官府手工业,是典型的东方的封建手工业,它和西方的封建手工业的不同,是西方封建全盛时代的手工业控制在封建领主手中,而东方封建全盛时代的手工业控制在封建专制政府手中。但手工业者的农奴性和手工业方面的封建生产关系却是一样的。

现在应当说一说官府手工业各部门的情况。在魏晋南北朝官府手工业中,最主要的是纺织业和矿冶业以及武器制造业,此外还有盐酒制造业和碾硙业等。我们分述如下:

纺织业

先说纺织业,主要是丝织业。我们知道:丝织业从东汉以后,有相当大的发展。在东汉时代,皇帝和贵族赏赐、赠送的物品,多是纺织品。皇帝的赏赐,动不动就是布帛几万匹,单是明帝和章帝赐给东平宪王苍的布帛,先后就有四十八万匹之多(见《后汉书·东平宪王传》),这真是一个惊人的数字。至于赐赠布帛数千匹和千匹，更是寻常的事。据《后汉书》的记载：东汉和帝以前，始封的皇子死了，都赠布三万匹；继承的王死了，赠布万匹。到后来因为军事频繁，国用不足，始封王死了，减赠布万匹；继承的王，五千匹。像这样多的布帛赠赐，如果没有极盛的纺织业来供应，是不可想象的。以上所说的布帛，自然主要是从农村剥削来的，但总有一部分（里面的精致品）出于官府手工业。官府纺织业的发展，自然以民间纺织业的发展为基础，如果民间的纺织业不发展，那么官府纺织业也是发展不起来的。汉末以后，赋税制度中的"户调制"的建立就以民间家庭纺织业的发展为条件。直到唐代，"户调制"的剥削，还是一种极重要的赋税剥削。后汉以来纺织业的进步，王仲荦先生根据西汉人所作的《九章算术》，后汉人所作的古诗，北魏人所作的《张丘建算经》和《隋书·地理志》，以及唐朝人的诗，考证的结果，认为大概西汉妇女纺织的最高生产量每天不过五尺，后汉以后发展到每天可织一丈三尺，隋唐时代纺织生产量还有提高（参看讲义第三篇）。

《三国志注》说马钧曾改善绫机，纺织业生产力此后当有提高。官府纺织业在这种基础上，才能有发展。这时的纺织业作坊，除了官府手工业外，恐怕是极少的。官府纺织业的生产，主要是供给统治阶级消费的物品，其中许多是奢侈品，即所谓"尚方锦绣绫罗之工"，这类纺织业虽然于民生无甚实用，但它却反映了纺织业的高度技术水平，对于提高一般纺织业的技术，还是有一定作用的。除京城中官府纺织业的生产品外，各地方也多有官府纺织业的生产品。那时纺织业（最主要是丝织业）最发达的地方，是河北、河南、山东与四川，其中河北的定州，是丝织品的最大生产地，一直到唐代，还有极发达的丝织业。北朝和隋唐官府手工业所控制的丝织品生产地,主要就是定州。定州官私丝织业的出产,是当时的最大贡品之一。在唐代,河南和山东出产的丝织品,也曾被认为是最上等的。四川在汉代时,就是官府手工业的一个中心地,各种精致的手工艺品,往往是四川的出产。在魏晋南北朝时期,甚至到唐宋时期,四川都是丝织业的大中心。成都出产的所谓"蜀锦",是非常有名的。当江南丝织业兴起以前,官府手工业总是选择四川成都为制造丝织品的中心地。河北和四川丝织业的被江南所代替,是中唐以后逐渐造成的事。

北朝隋唐时,北方的丝织业有高度的发展。当时的丝织品既是衣料,又被当作货币使用,直到唐代,还是这样。北魏孝文帝时曾把御府衣服绫罗锦绣等物颁赐给百官和京城士庶,下至工商皂隶,以及六镇兵士(见《魏书·高祖纪》),可见官府丝织业产量之多。灵太后更曾听任百官进府库取布绢,"多者过二百匹,少者百余匹"(见《魏书·皇后列传》),可见官府所藏的纺织品的丰富。北周一次就省去后宫罗绮工人等五百余人(见《周书·武帝纪》),这也可见当时官府丝织业的规模不小。

矿冶业

重要性次于纺织业的,是矿冶业,而矿冶业中最重要的是冶铁业。铁业在汉代时本是最主要和最发展的手工业,自从汉政府收管铁业以后,民间的铁业就趋于衰落,后来虽经重新开放,或半开放,但是不论官、私铁业都不及从前的兴盛了;这是由于整个工商业的衰落所造成的。然这并不是说东汉以后冶铁业就毫不足称道了,东汉以后冶铁业至少还是政府所控制的一项重要手工业,不过发达的趋势不如从前罢了。蜀汉刘备曾"较盐铁之利,利入甚多,有裨国用"(见《三国志·王连传》)。三国政府恐怕是经常控制盐铁业的。晋代以后，铁业仍控制在政府手里，如西晋的卫尉就“领冶令三十九”。南北朝的官府手工业机构都掌握矿冶业。从东汉到南北朝，官府冶铁业是有一定进展的（但除铁冶外，其他矿冶业似乎都很衰落，例如铜矿的采发就很有限，魏晋南北朝一直到唐代，铜的产量很不够，影响钱币的制造）。魏晋南北朝时期官府手工业中也有铸钱业，但不占重要地位（参看讲义第三、四篇）。

冶铁业的技术，从东汉时代起，就有发展。上面已经提过：东汉时南阳太守杜诗“造作水排，铸为农器，用力少，见功多，百姓便之”。这是引水力冶铁方法的创始。后来又有所谓马排、人排，用马力、人力冶铁。《三国志・韩暨传》：“徙监冶谒者，旧时冶作马排，每一熟石用马百匹；更作人排，又费功力；暨乃因长流为水排，计其利益，三倍于前。”这可见杜诗虽然已经发明了水排，但是推行不广，到了三国时，水排又重新推行，这是冶铁技术需要改进的表现。水排冶铁法比起其他的冶铁法来要进步得多，水排的发明和推行，是冶铁业技术的巨大进展。三国以后，水排冶铁法就逐渐推广，《水经注・谷水注》说：“（白起垒）侧旧有坞，故冶官所在，魏晋之日，引谷水为水冶，以经国用，遗迹尚存。”《太平御览》引《武昌记》说：“北济湖，本是新兴冶塘湖，元嘉初，发水冶，水冶者，以水排。”此外北魏也曾在现在安阳县的铜山，“引水鼓炉”。可见魏晋南北朝时代用水排冶金的方法是推行得相当广的。又以前的铁器大概多是铸铁，质地较差，到魏晋以后，锻铁炼钢的方法逐渐普及了。有名的嵇康就是个锻铁的好手。南齐时有人对皇帝说：锻箭用铁太多，不如用铸法，当时的冶官反对，认为铸铁太钝，不合用，事情就不曾实行（见《南齐书・戴僧静传》）。这可见当时的冶铁术确已提高，铸铁不满人意了。北朝的冶铁业相当普遍，《魏书・

食货志》说:“其铸铁为农器、兵刃,在所有之。”从北魏初年就设置官冶,铸造兵器。有些已废的铁官也被兴复了(参看《魏书·崔挺传》)。北朝出产铁器最有名的地方是相州一带,这地方出产的铁器非常锋利,所以也是个武器制造所在。当刘宋攻破北魏的碻磝戍时,就得铁三万斤,大小铁器九千余口(见《宋书·索虏传》)。北齐太府寺下面诸冶东西道署,就掌握着七个冶局,足见官府控制的矿冶业之多。北周官府所掌握的冶铸业,规模也很大,如“于夏阳诸山置铁冶……每月役八千人,营造军器”(见《周书·薛善传》)。魏晋南北朝时冶铁业的普遍,和农具、武器的需要最有关系。

特别应当提出的,是这时候官府炼钢术的发展。炼钢术大概开始于战国时代,从战国到汉代,铁的冶铸技术大体相同,但并不是毫无进步的,最显著的进步,是由生铁炒炼熟铁的技术有了提高。战国时的武器还有许多是青铜制的,到汉代时,铁武器完全排挤了铜武器。铁武器用成熟的熟铁打造,由于制作经验的累积,使它们的性质接近于钢。在汉代,炒炼熟铁的技巧和炼钢术继续发展,到三国以后,炼钢术就有了突出的进步。晋代刘琨《重赠卢谌》诗说:“何意百炼刚(钢),化为绕指柔。”原来世界上各地最早的炼钢法,是从矿石直接炼出来的,这就是所谓“自然钢”。这种冶炼自然钢的技术是比较艰难的,主要是依靠长期积累的经验来完成,因此所炼成的钢就不能很多,所造出来的刀剑很是名贵。自然,所制造的刀剑有很好的。炼钢术的进一步发展,就发明了用熟铁块来炼钢的方法,这种炼钢法,大概在汉代已发明了,魏晋南北朝时,行用已经稍广,要由熟铁炼为钢,主要是依靠不断的锻炼,越锻炼越坚韧,这样就出现了“百炼钢”。五胡十六国中的夏国曾制造一种

"百炼刚(钢)刀",其他兵器也非常"精锐"(见《晋书·赫连勃勃载记》)。南朝有一种"横法钢",也是百炼出来的。《太平御览》引陶弘景说:"作刚(钢)朴是上虞谢平,凿镂装治是石(右)尚方师黄文庆,并是中国绝手,以齐建武元年甲戌岁八月十九日辛酉建于茅山,造至梁天监四年乙酉岁,敕令造刀剑形供御用,穷极精巧,奇丽绝世。别有横法刚(钢),公家自作百炼。"这里所说谢平和黄文庆所造的刀剑,大概都是最讲究的自然钢制品,这种高等的自然钢刀剑,非专家不能造。至于百炼钢,大概是普通较高明的铁匠就能造,但也非容易。这两种钢制品,都是官府手工业的出产,前一种更是供御用的特制品,最是考究。

据近人的研究,中国早期炼钢术最突出的成就,是"灌钢"冶炼法的创造。百炼钢的方法虽然高明,但要花费很多的人力和时间,仍不可能生产大量的钢。灌钢冶炼法的发明,就是补救这个缺点的。灌钢法利用生铁的熔液灌进未经打过的熟铁,也能炼出品质较好的钢铁。这种炼钢法至少南北朝时在南方已经普遍应用,《本草》上引陶弘景说:"钢铁是杂炼生鍒作刀镰者",所谓"生",就是指生铁,所谓"鍒"就是指熟铁,"杂炼生鍒"就是把生铁和熟铁混杂起来冶炼。东魏、北齐间的綦毋怀文所造的"宿铁刀",就是一种用灌钢法造的刀,上面已经说过。这种刀是非常锋利的,大概綦毋怀文的灌钢术又比一般的灌钢方法高明些,所以后世人仿造不易。又据近人的研究,灌钢法先在南方流行,所以陶弘景已把它当作主要的炼钢方法,而北方则由于綦毋怀文的应用,才在襄国(今河北省邢台县)一带逐渐流行起来。

在这里应当附带一说的,是用石炭炼铁方法的使用。石炭就是煤,它的起源很早,中国至少从魏晋时代起,冶铁的燃料已开始用石炭。《水经注》说西域用石炭冶铁,充三十六国之用,那么至少北魏时西域已用石炭来冶铁。中国至少在汉代已发现石炭,而且西域各国的冶铁术可能是汉代时从中国学去的,用石炭冶铁的技术也可能是从中国学去的,因此近人推断中国用石炭冶铁,至少在魏晋时代已开始了。北朝产石炭大概已不少,《水经注》中常提到石炭,所以那时一定也用石炭炼铁,这自然会促进冶铁业的发展。

武器业

由于冶铁业的进步,武器的质量也提高了。魏晋南北朝时期战争很多,武器制造业自然很盛。这时候出现了许多精良的刀剑和特制的战具。武器制造业不会不掌握在官府手里,军器监一官,就是专管制造武器的。

盐业

制盐业,在魏晋南北朝时,大概也常在政府控制之下,不过这方面材料比较少,详细的情况不很清楚。河东郡的盐池,北魏时也曾"立官司以收税利";孝文帝曾开盐池之禁,但又被豪强垄断,反成贫民之害,于是再立官司。终北魏一朝,盐官时设时罢,大体官府掌握制盐业,是比较经常的。沿海一带的海盐,产量很大,曾全部掌握在官府手中,作为一笔重要财源(见《魏书·食货志》)。北周时盐业也主要归官府掌握(参看《隋书·食货志》)。隋初还沿袭周制,"盐池、盐井皆禁百姓采用"。开皇三年,才"通盐池、盐井,与百姓共之"(见《隋书·食货志》)。

酒业

酿酒业,北魏时曾设酒禁,私酿者有罪。孝文帝时开酒禁,其后又禁私酿。东魏、北齐时开时禁。北周也"官置酒坊收利"(见《隋书·食货志》)。到隋朝时,才和盐池、盐井的禁令一同罢去。

碾硙业

碾硙业就是碾米、磨麦业，在魏晋南北朝时代，有很大的发展。碾硙业的发展，是从水碓的发明开始的。水碓汉代已有，《桓谭新论》说："又复设机关，用驴骡牛马及役水而舂，其力乃且百倍。"从此碾硙业就逐渐发展起来。水碓据说就是"翻车"（水车），是一种引水力的器械。三国时张既也曾作水碓，南齐祖冲之造水碓磨，"世祖亲自临视"。此外晋杜预曾作连机碓，刘景宣能使一牛转八磨之重。石虎有舂车木人和磨车：这些都说明碾米磨麦的利器不断在发明。碾硙业的生产技术既不断的有进步，所以大碾硙业就在这时候出现了。除贵族、官僚所设的私人大碾硙业外，碾硙业似乎也主要掌握在官府的手中。如北魏尚书仆射崔亮"奏于张方桥东，堰谷水，造水碾磨数十区，其利十倍，国用便之"（见《魏书·崔亮传》）。东魏、北齐间，营构大将军高隆之，也曾"凿渠引漳水周流城郭，造治碾硙，并有利于时"（见《北齐书·高隆之传》）。这些碾硙业，应当都是官府的。（当时手工业中不能确定是官营盛，还是民营盛的，是陶瓷业。瓷器至少在汉代时已萌芽，东汉以后逐渐进步，到了南北朝时，瓷器已经相当进步。隋时何稠用绿瓷造琉璃，与真不异，就可见这时候瓷器的进步。琉璃的仿制和瓷器的进步，是很有关系的。我们初步假定：当时的陶瓷业一部分也由官府经营着，但是民营的成分要比别种重要手工业大些。关于这点，自然还应该继续探究。）

土木工程

大的土木工程，自然由官府掌握，将作大匠等官，就是专门掌管这项事业的。便是寺院的建筑，也都由官府经营。魏晋南北朝时代土木工程的技术，也有发展，典型的史料是《洛阳伽蓝记》，看这部书中的记载,就可明了魏晋南北朝时期土木工程的技术。许多建筑都有艺术性,不仅属于手工业的范畴。

以上讲述了魏晋南北朝官府手工业中比较重要的部门,官府手工业的范围很大,当然还包括其他若干工业,在这里不能完全叙述。总之:魏晋南北朝时期的官府手工业,是比较突出而重要的。

总结

官府手工业的生产品,虽然许多供给皇帝、贵族和官府消费之用,与一般人民的生活关系较少,但如冶铁业、制盐业、碾硙业和土木工程等,不能说和一般人民生活没有关系。而且官府手工业集中了人力、物力,讲究技术,其生产力是比较高的。官府手工业的生产力一定要影响民间手工业,技术的流传和工匠的散出,对于改进民间手工业的技术,是起了一定的作用的。随着官府手工业的发展和一般生产力的提高,整个工商业自然要逐渐复兴并繁荣起来。南北朝后期,一般的工商业已有复兴的趋势,经过隋代和唐前期的继续发展,到了唐中年以后,新的工商业和新的都市经济,已在普遍兴起了。

第四讲　唐宋的"团""行"制度

绪论:中国行会起源的旧说

中国有没有像欧洲那样的行会制度,中国行会制度有什么特点,中国行会制度是什么时候开始的等等问题,在现在都还有着争论。我在这里所讲的,只是代表我个人的初步看法。

在西欧，行会制度的萌芽是很早的，在古代时候就已经出现了行会制度的幼芽。但它的正式成立和发展，是在中世纪时期。关于西方行会制度的形成和它的性质，已是常识，这里不加赘述。关于中国行会制度的起源，过去有许多不同的说法，现在先略叙如下：

第一种说法认为中国的行会起于宗教团体。主张这种说法的人，认为行会最初不过是崇拜手工业、商业等想象上的创始者的人的结合，例如泥水行的崇拜鲁班先师，药材行的崇拜药王菩萨之类。主张这种说法的人认为行会的种种经济机能都是后来才加上去的。我们认为，行会中固然有宗教信仰，但这种宗教信仰只是团结同业的一种手段，只是行会产生的果，而不是它所由产生的因，这种说法是因果倒置的。

第二种说法认为中国的行会起源于同乡团体。主张这种说法的人认为一个地方的人来到他乡后，因为言语、风俗、习惯的不同，而又人地生疏，每被本地人欺侮、压迫，于是这些客籍人由于地方意识的激发，就团结起来组成行会，以谋保持自己的利益。这种说法比前一种说法进了一步，但是它只能解释近代的行会的一部分情况，而不能解释中国行会的起源。这种说法虽好像有一定的理由，然它是不符合历史事实的，经不起史料的对勘。明代以前的中国行会，显然主要不是同乡团体而是同业的组合，这种说法以后来的情况推测从前，自然也是错误的。

第三种说法认为中国的行会起源于家族制度或种姓制度。主张这种说法的人认为古时候生产技术幼稚，制造较为复杂的器具，必须有相当的熟练功夫，于是技术就成为一种秘密的东西，这样便出现了掌握某种手工业技术的家族，扩大起来便形成了职业的种姓。技术不传出家族和种姓,各手工业家族和种姓就自然形成为职业团体,这就是行会的起源。这种说法是根据了一部分材料而推想出来的。我们知道:中国中古以后的行会显然不是家族或种姓的组织,根据史料看来,这种说法也是没有根据的。中国有家传的手工业,而且古代也有类似种姓的制度,这都是事实,但这种事实不能用来解释中国行会的起源。

第四种说法认为中国的行会起源于独占职业的团体。主张这种说法的人认为中国人口太多,生活资料不足,于是劳动力大量过剩,失业的人多,已取得工作权利的人,为保自己的职业计,不得不组织独占的团体,以排挤业外人的侵入,于是行会便产生了。这种说法是根据近代行帮制度的一部分事实,加以夸大、推测而造成的。根据史料看来,中国行会起源的原因,显然不是如此。

第五种说法认为中国的行会起源于抵抗封建政府的非法剥削。主张这种说法的人把西欧的行会制度完全套到中国的行会制度身上,他们认为封建政府对于工商业者不法课税,或加以其他的压迫,工商业者为保持自己的利益计,就联合起来组织团体,以为对抗。这种说法拿史料对勘起来,也是有问题的。我们只能适当地、部分地接受。

第六种说法认为中国的行会起源于封建政府为了便利剥削而有意组织的工商业团体。这种说法是比较新的,有一定的史料根据。但这种说法还是不够全面的,它看到了一面,而不曾注意到其他方面,不曾注意到中国行会制度起源情况的复杂性。所以这种说法也有很大的缺点,它依旧不能全面解释中国行会的起源。

总之:中国行会起源的原因很是复杂,现在还不能完全弄清楚。在这里,我且提出我个人的初步的假定看法。

行会的定义与中国的行会

首先是行会的定义应当弄清楚,不然的话,中国历史上有没有行会,都成问题了。我认为行会的定义,应当从行会的经济职能来认识。行会主要是封建社会中的工商业者为了维护本身的利益而组织起来的一种职业团体,维护工商业者的本身利益,就是行会的主要经济职能,不具有这种职能的,就不是行会。根据这个定义来观察,那么在中国历史上,的确存在过行会制度,例如唐、宋、元时代的"团行",明、清,一直到近代的"行帮",都是行会性质的组织,也就是行会。

中国行会的起源

其次,我们要研究中国行会制度开始的时代和它出现的原因。关于这个问题,现在还不能作出明确的结论。在唐代以前,的确已经有过和后来行会有关的制度,但这些制度能不能就说是行会的起源或萌芽,还成问题。可以断定的是:至少在唐代,已经有了早期的行会制度,虽然这时候的行会制度,有它特殊的性质。

与"团""行"有关的"行"字,根据现在已经发现的材料来说,大概到隋代才开始出现。唐朝韦述所著的《两京新记》说:"大业六年,诸夷来朝,请入市交易,炀帝许之,于是修饰诸行,葺理邸店,皆使甍宇齐正,卑高如一,瓌货充积,人物华盛。时诸行铺竞崇侈丽,至卖菜者,亦以龙须席藉之。"在这里有两个问题:第一,这种较后的人的追述是否完全能代表当时的情况。第二,这里所谓"行",是否就是后世"团""行"的意义。我个人觉得:这里所谓"行",显然就是汉代所谓"坐列贩卖"的"列",似乎是指店铺的行列,也就是市内的街道,恐怕与后来的"团""行"的"行"还有分别:因此,如上引的这类记载,还不能证明隋代已有行会制度。

与上面所述的“行”同类意义的“行”字,在唐宋人的记载中还很多,如宋敏求《长安志》说:长安的东市“市内货财二百二十行”;又如日本僧圆仁的《入唐求法巡礼行》记载:长安“东市失火,烧东市曹门以西十二行,四千余家”。像这类“行”的记载,我个人认为与行会制度至少关系不大,所以不加详细的分析。但是唐代确已有“团”“行”的“行”字,例如唐卢言所著《卢氏杂说》载:“卢氏子失第,徒步出都城,逆旅寒甚,有一人续至附火,吟云:‘学织缭绫功未多,乱拈机杼错抛梭。莫教官锦行家见,把此文章笑杀他。’卢愕然以为白乐天诗,问姓名,曰:姓李,世织绫锦,前属东都官锦坊,近以薄技投本行,皆云:如今花样与前不同,不谓伎俩儿,以文彩求售者,不重于世,如此且东归去。”《唐会要》“泉货”载贞元九年诏说:“自今以后,有因交关用欠陌钱者,宜但令本行头及居停主人、牙人等检察送官,如有容隐,兼许卖物领钱人纠告,其行头、主人、牙人,重加科罪。”前一条史料说明当时已有所谓“本行”、“行家”的称呼,这个“行”字已与后世的“行”字相接近,就是行会、行业的意义。后一条史料说明当时已有“行头”的名称,这也与后世的制度相近。但是这两条史料中的“行”,还与后世的所谓“行帮”,并不完全相同。关于这两条史料中的“行”字,很有研究价值。我个人初步认为:前一条史料中的“行”字,与宋代记载中所谓“团”“行”的“行”相近;后一条史料中的“行”字,可能指的商行;也许与前一条史料中的“行”字相同;但商行的制度与团行的制度,在宋代记载中,本来有混淆处,不易分析,我们在下面还要讲到。总之:宋代所谓“团”“行”的制度,在唐代确实已经有了,但是要研究“团”“行”的制度,现在还得依靠宋代的史料,已发现的唐代的史料,还很不够。

在《五代会要》中，还有两条有关“行”的记载，一条说：“后唐天成元年十一月二十一日敕：在京市肆，凡是丝绢、斛斗、柴炭，一物已上，皆有牙人，百姓将到物货卖，致时物腾贵，百姓困穷，今后宜令河南府一切禁断。”另一条说：“周广顺二年十二月，开封府奏：商贾及诸色人诉称：被牙人、店主引领百姓赊买财货，违限不还，其亦有将物去后，便与牙人设计，公然隐没。”这两条记载证明五代时候商行制度已相当发展了，牙人们已有作弊的事情。在唐、宋时代，商行和“团”“行”几乎不分，我们须得先研究一下它们之间的关系。

商行制度和行会的关系

商行的制度至少在汉代确已开始，《史记·货殖列传》列举商业门类，在最末有“节驵会”三字，注说：“《汉书音义》曰：会，亦是侩也；节，物贵贱也；谓估侩其余利，比千乘之家。”所谓“会”者，就是“侩”的初字，是一种中间商人，为买卖的人评价，如近代所谓经纪商人；“驵”就是马。《后汉书·逸民传》载王君公遭乱，“侩牛自隐”，也是这种经纪商人。《汉书·景十三王传》载赵王彭祖：“使使即县为贾人榷会，入多于国租税。”注说：“会，平会两家买卖之价；榷者，禁他家，独王家得为之也。”“榷会”就是专利的经纪商，某种买卖专由某家经纪人评价成市，这种“榷会”的利益，是很大的，从上引的记载，可以证明从“榷会”进一步，就发展为所谓“辜榷”，便是从经纪的独占，变成买卖的独占。例如《后汉书·灵帝纪》载：“豪右辜榷马，一匹至二百万。”注说：“辜，障也；榷，专也。谓障余人卖买，而自取其利。”吕思勉先生认为“榷会”制度就是行会制度的起源，见《秦汉史》。我个人认为吕先生虽然不曾把商行和行会区别开，立说有些缺点，但是他指出了这种商行性的制度和行会的关系,而且认为商行性的制度就是行会的起源,这种看法,却是有相当道理的。在这里先把我对于中国行会起源的看法作一个大致的介绍如下。

中国行会产生的过程

在中国古代,有一定的市区,商业的经营都在市区以内。这种市区是相当整齐的,即某一种行业的店铺,聚合成为一条条的行列,这就是汉代的所谓"列",隋代的所谓"行"。因为这样,同业的店铺之间关系自然比较密切,他们之间不可能不渐渐产生组织,而在组织中,大店铺和大商人,自然要发生垄断的作用。又为营业方便起见,需要有比较固定的物价,为了调整物价,免除争执,这就产生了"节会"的制度,进而产生了所谓"榷会"和"辜榷"的制度。物价不是独家可以确定的,这就不能不利用商业组织,所以"节会"的制度与行会制度不能没有关系,而独占经纪和独占买卖,更需要利用组织的势力,这样原始的商行和原始的行会就结合起来了。我个人认为:中国行会的基础,在唐代以前早已存在,到唐代就正式形成了行会制度。上面的推测,虽然缺乏原始史料来作证明,但是根据后来的史料,和原始的仅有的很少史料联系起来观察,可以得到如上的假定。我上面的这个假定,是根据唐以前的商市行列的制度和"节会"等制度,再参考唐以后的情况,建立起来的,是否可靠,还待进一步的研究。

当行制度

从上引的唐代两条史料中,可以看出唐代是有职业组织的,即所谓"本行";同时也有商业性的组织,即所谓"行头"、"牙人"等制度。五代时候更有明显的商行史料,根据《五代会要》的记载看来,封建政府对于商行的组织,是压制、禁止的,因为牙人等乘机图利,使一般商人和百姓受到损失，所以政府要加以抑制。便是在唐代，如上引《唐会要》的记载，封建政府对于商行的控制，也是相当严厉的。由此可见：当时封建政府对于商行是并不奖励的。可是对于"本行"的"行"，却加以利用，这在唐代，一时还找不到明确的证据，但在宋代的记载中，则有许多明显的证据，例如《梦粱录》卷十三"团行"条说："市肆谓之团行者，盖因官府回买而立此名，不以物之大小，皆置为团行，虽医卜工役，亦有差使，则与当行同也。"《都城纪胜》"诸行"条也说："市肆谓之行者，因官府科索而得此名，不以其物小大，但合充用者，皆置为行，虽医卜亦有职医克择之差占，则与市肆当行同也。"这两条记载告诉我们："行"（也称为"团"）的起源是由于官府的科索，凡能充官府使用的东西，都设立来搜刮。照这样说来，好像"行"完全是为适应官府的需要，而由官府创立的。但事情不会是这样简单，如果工商业者原来一点没有组织，那么这种"团""行"制度，是不大可能建立起来的。正因为商市中原有"行"、"列"的组织和商行的制度，而且到了唐代，这两种制度已有一定的发展，所以封建政府才能利用这种组织，把它改变成专为官府服务的东西，这就是宋元时代"团""行"制度的起源。这种制度是在一定的社会经济发展的条件下出现的。原来在古代，本有"力役"的制度，后来发展为"差役"的制度，对于工商业者的一种"差役"制度，就是所谓"当行"。我们知道：至少在唐代中年以前，工商业者的社会地位是很低贱的，他们被认为不够"良民"的资格，所以在唐代中年以前，封建政府甚至把某些手工业者垄断起来，把他们变成隶属于官府的匠户；同时也有隶属于官府的商人，专替官府服务。唐代中年以后，封建社会的生产关系有了发展，匠户逐渐解放，他们纳资代役，变成比较独立的手工业者；商人的地位也比过去提高了,这些都是生产力和交换发展的结果。工商业发展的结果,工商业者的收入增多了,封建政府为了进一步剥削他们,就确立了所谓"当行"的制度。如上所述,这种"当行"的制度,是利用原来的工商业组织而建立起来的。

在这里我们再举两条史料来说明"当行"的制度,使大家更能清楚些。《愧郯录》"京师木工"条说:"今世郡县官府营缮创缔,募匠应役,凡木工率计在市之朴斫规矩者,虽居锲之技无能逃,平日皆籍其姓名,鳞差以俟命,谓之'当行'。间有幸而脱,则其侪相与讼挽之不置,盖不出不止也,谓之'纠差'。"据此可见,"当行"的制度就是工商业方面的一种差役制度,这是一种很严重的剥削。《文献通考》载《郑侠奏议跋》也说:"官中每所需索,或非民间用物,或虽民间用物,间或少缺,率皆数倍其价,收买供官。"这是对于商人的"当行"制度,就是一种苛捐杂税。把这一条和上一条手工业者的"当行"制度联系起来看,至少宋代的"当行"制度的大概,已可以明白了。但是这种制度的起源,似乎可以推到唐代,从中古时期整个社会经济发展的历史看来,应当得到这样的结论。

免行钱

如上所述,"当行"制度的剥削很是严重,在生产和交换进一步发展的条件下,工商业者自然企图改变这种残酷的制度。北宋中期王安石变法时,汴京肉行代表徐中正等就向政府建议:定立"免行钱"的制度,规定按各行工商业者的资力,每月交纳"免行钱",以代替过去的"当行"的剥削。这实在也是一种"纳资代役"的办法,反映当时社会经济的继续发展。可是这种制度在宋代封建经济还处于全盛阶段的条件下,尚难实行,"免行钱"的制度随着整个新法的失败,不久终于被废止了。此后工商业者仍受着封建政府的许多非法剥削和压迫,到明代中叶以后,资本主义生产因素萌芽时,就开始了早期的"市民运动"。

在这里我们再引用两条史料,来说明当时行会的作用和"免行钱"的意义。《续资治通鉴长编》卷二四四载:"初,京师供百物有行,虽与外州军等,而官司上下须索,无虑十倍以上。凡诸行陪纳猥多,而赍操输送之费,复不在是;下逮稗贩贫民,亦多以故失职。肉行徐中正等以为言,因乞出免行役钱,更不以肉供诸处。"从这条史料中可以看出"当行"制度的流弊,这种制度严重阻碍了工商业的发展,所以行会代表要建议"免行钱"的办法。从这里可以证明把中国行会的起源完全说成为封建政府服务的说法的缺点。中国行会在早期已有保卫本行利益,抵抗封建政府过分剥削的作用。但唐宋的行会,至少其中的长老等人,确是与封建政府相勾结的,他们固然也一面保障本行的利益,而为封建政府服务的作用,却更为显著。《郑侠奏议跋》说:"今立法:每年计官中合用之物,令行人众出钱,官为预收买,准备急时之用;如岁终不用,即出卖,不过收二分之息,特与免行……随有指挥:元不系行之人,不得在街市卖坏钱纳免行钱,与人争利,仰各自诣官投充行人,纳免行钱,方得在市卖易,不赴官自投行者有罪,告者有赏。此指挥行,凡十余日之间,京师如街市提瓶者,必投充茶行;负水、担粥以至麻鞋、头髮之属,无敢不投行者。"这条史料非常重要,它说明几个问题:第一,"免行钱"的立法用意,本是减轻剥削,它在客观上是提高工商业者的社会地位的(免除他们差役的义务,用纳钱的办法来代替,这就是改差役为赋税,此后工商业者在实际上变成纳税的自由人,隶属身份就解除了)。第二,行"免行钱"办法的同时,封建政府反而扩大行会,要把所有工商业者纳入行会之中,以便控制。这一面说明行会的出现并不完全由于“当行”的制度,工商业者原来已有组织,所以“当行”制度废除后,行会仍然存在。一面也说明那时的行会确被封建政府所利用,变成封建政府的剥削工具,所以封建政府要巩固并且发展行会。第三,“免行钱”的办法,似乎由行会保证执行,这样行会就变成封建政府的征税机关,并为封建政府广泛剥削本来不“当行”的工商业者的收入,这样行会就进一步发展起来,控制了所有的工商业者。第四,这条史料证明宋代记载中的许多“行”字确有行会的意义,“行人”就是行会中的工商业者。看了这条史料,就可以知道主张唐宋时代的团行不是行会,甚至说中国没有行会的人的看法,是错误的。第五,看“不赴官自投行者有罪”一句话,又可证明当时的行会确受封建政府的控制,工商业者组织行会和投充“行人”,必须经过官府的允许。

宋政府施行“免行钱”的办法,主观用意原是要稳定对于工商业者的剥削,但是这种办法施行的结果,只是好了官僚和大商人们,政府的收入很是有限,根据《续资治通鉴长编》记载,元丰八年九月,“按在京诸色行户总六千四百有奇,免轮差官中祇应,一年共出缗钱四万三千三百(贯)有奇”。这条记载说明汴京行户的总数和每年“免行钱”的总数。“免行钱”的数目,实在不多,比起过去“当行”的剥削来,一定要少得多,所以比较有势力的工商业者,不怕官僚的从中非法剥削,都希望“免行钱”的办法继续施行,《宋会要》有条记载说:“(高宗绍兴)十一年四月八日,臣僚言……宣和间市户乞依熙宁旧法纳免行钱,罢行户供应,民实便之。至靖康间罢纳。近来州、军、县、镇遇有抛买,依前下行户供应,望下有司严行禁止,依旧法量纳免行钱。从之。”这可见“免行钱”的办法如果严格执行,确是有进步性的,但它却发生很大的流弊,它的流弊是:

（一）官府从中作弊，增加非法的剥削。（二）大工商业者的负担是减轻了，而小工商业者，本来并不"当行"或"当行"而负担不重，现在也必须纳"免行钱"，甚至还要受到额外的剥削，所以负担加重了。（三）"免行钱"办法施行后，仍有"科差"的事，变成了双重的剥削。由于以上的这些原因，就使"免行钱"的制度发生流弊，不得不废止。我们看《宋会要》的另一条记载，就可大致知道："免行钱"施行后，并不曾真正普遍减轻剥削，有时反而加重剥削："（宣和）三年二月二十八日，访闻开封府将已纳免行钱人户，又行科差，显属违法骚扰，应在京已纳免行钱人，不得违法更有科差；其不纳免行钱诸色行人，仍不许科差非本行事；如违以违制论，仍许人户越诉。诸路令行户供应非本行斡运兴贩者，准此。"这条史料说明官府的违法加重剥削，也说明当时还有不纳"免行钱"的"行人"，但也被加重剥削："科差非本行事"，各地方也有"令行户供应非本行斡运兴贩者"的事，这样自然要给反对"免行钱"的人以口实，甚至给反对整个新法的人以口实。总而言之："免行钱"法的立法用意本是减轻剥削，有进步的作用，但实行的结果，由于官僚们的作弊，反而加重了剥削，特别是对小工商业者不利。这种情况，可能整个新法都是如此，不但"免行钱"法一项。

宋代记载中"行"的分析

关于唐宋时代行会的性质和它的特点，唐代的史料比较少，很难依赖它说明问题。我们主要依靠宋代的史料。现在我们且把宋代有关行会的史料分成几类，进行分析，从中说明上述的问题。

在宋代记载中，最突出而常见的有关行会的"行"字，是各种行业的名称，如《东京梦华录》卷二载汴京有"果子行"、"姜行"、"纱行"、"牛行"、"马行"和所谓"大小货行"等。咸淳《临安志》卷十九载临安有“鲜鱼行”、“鱼行”、“南猪行”“北猪行”、“布行”、“蟹行”等(亦见《武林旧事》卷六)。这种“行”的种类是很多的,《西湖老人繁胜录》说那时的京都杭州有“四百十四行”。这所谓“行”究竟是什么呢,很值得研究。过去往往就把它们单纯解释为行会,实在还有问题。《都城纪胜》“诸行”条说:“市肆谓之行者,因官府科索而得此名,不以其物小大,但合充用者,皆置为行,虽医卜亦有职医克择之差占,则与市肆当行同也。内亦有不当行而借名之者,如酒行、食饭行是也。又有名为团者,如城南之花团、泥路之青果团、江干之鲞团、后市街之柑子团是也。其它工伎之人,或名为作,如篦刀作、腰带作、金银镀作、钑作是也。又有异名者,如七宝谓之骨董行、浴堂谓之香水行是也。大抵都下万物所聚,如官巷之花行,所聚花朵、冠梳、钗环、领抹,极其工巧,古所无也。”《梦粱录》卷十三“团行”条有相同的记载,而文字有出入多寡。如上所说,依照这两条记载说来,“行”只是封建政府因为剥削工商业者而设立的一种组织,依照职业分为各个单位,这就叫做“行”,“行”的设立是由于“当行”的剥削制度。“行”也称为“团”,手工业者的组织称为“作”或“作分”;根据咸淳《临安志》和《武林旧事》,“行”也称为“市”,此外还有其他的名称。我们认为上引的《都城纪胜》和《梦粱录》的说法是不完全可靠的。《都城纪胜》本书就说“内亦有不当行而借名之者”,既不“当行”,为什么也称为“行”呢?可见“行”所起源不是由于“当行”的制度。我们上面已经说过:“行”字本是商市行列的意思,因为同业的店铺聚合在一起,成为一条行列,所以一种职业就称为一“行”;一种职业的店铺聚在一起,有了组织,就又拿“行”字来称呼这种同业组织。后来同业的店铺虽有分散,不完全聚在一起了,但是“行”已成为习惯的名称,于是一种职业和一种职业的组织就永远称为“行”了：“行会”的名称就是这样来的。“当行”的意思就是说某种行业值差，受官府的派遣。应当是先有商市行列的“行”字，再有行业的“行”字，再有行业组织的“行”字，然后才有“当行”的“行”字；“当行”的制度是成立在后的。怎么知道最先有商市行列的“行”字呢？因为远在汉代已有“列”的名称，在隋代已有“行”的名称。既然同业的店铺聚合成一条行列，那么自然可以把一种职业叫做一“行”，于是出现了“行业”的名称。那么又怎么知道先有同业的组织，然后有“当行”的制度呢？这只须看“行”也称为“团”，就可知道，“团”就是集团，团体的意思。从“团”“行”的名称上，我们可以知道是先有同业组织的“行”，然后才有“当行”的“行”。不然，值差就叫做“值差”或“当差”好了，为什么叫做“当行”呢？“当行”这个名词的本身就已经说明行业的“行”和行会的“行”在先，而“当行”的制度在后。至于“作”的名称，是由于手工业是一种生产工作；“作分”的“分”是分类的意思。又因为“行”是工商业的名称，工商业都在市里，所以“行”也称为“市”。例如卖米的店铺聚在一起，称为“米行”，也可以称为“米市”在许多名称中，“行”的名称最为普遍，后来就成为通称，这大概是因为“行”的名称出现最早的缘故。不然的话，最适宜的名称实在是“团”字。还有“行”本指工商业者的职业和组织，到后来“行”的意义范围扩大，连苦力、教师和乞丐的组织，都可以叫做“行”了。以上是宋代记载中第一类“行”字的分析，这类“行”字，实在包括四个意义：（一）指商市行列，就是某种店铺集合的区域。（二）指某一种职业，就是行业的意思。（三）指某一种职业的同业组织，就是行会的意思。（四）指为官府值差，就是“当行”的意思。

宋代记载中的第二类“行”字,似乎是商行的意思。例如《梦粱录》“鲞铺”条说:“城南浑水闸,有团招客旅,鲞鱼聚集于此,城内外鲞铺不下一二百余家,皆就此上行合摭。”“团行”条说:“更有儿童戏耍物件,亦有上行之所。”这两条记载中所谓“上行”的“行”和“有团招客旅”的“团”,我个人认为都是指商行的。前一条记载最为明确。它说在城南浑水闸的地方,有个“团”召集客商,作为商品的鲞鱼都聚集在这个地方,城内外一二百家鲞铺都到这里来“上行”,那么这个“团”和“行”当然是指的商行。根据前一条记载来推测后一条记载。所谓“上行之所”,自然也是指商行了。这两条记载中的“团”字和“行”字,不论解释为商市行列、行业、行会、当行,都讲不通,只有解释为商行,才讲得通。有人把“上行之所”解释为行会的办公处所,说“上行”就是到行会去登记、检查货物,这种说法是有问题的,因为还不曾发现有史料可以证明那时的行会已有办公处所,如后世的“会馆”“公所”之类。没有史料根据而凭推想来立说,是不妥当的。

宋代记载中的第三类“行”字,是专指同业组织,即指行会的。例如《郑侠奏议跋》说:“元不系行之人,不得在街市卖坏钱纳免行钱,与人争利,仰各自诣官投充行人,纳免行钱,方得在市卖易,不赴官自投行者有罪,告者有赏。”这里的若干“行”字,只能解释为行会,不可能有别的解释。

宋代记载中的第四类“行”字,是指苦力等行帮的。例如《东京梦华录》“雇觅人力”条说:“凡雇觅人力,干当人、酒食作匠之类,各有行老供雇;觅女使即有引至牙人。”《梦粱录》“雇觅人力”条说:“……或官员士夫等人欲出路、还乡、上官、赴任、游学,亦有出陆行老雇倩脚夫、脚从,承揽在途服役,无有失节。”这两条记载证明当时的厨师、仆役、苦力等，都已有行帮一类的组织，所以他们受雇起来，都有“行老”替他们接洽。如果没有行帮一类的组织，那就不会有所谓“行老”。那时候连雇用女佣人的“荐头行”都已经有了，这种荐头行也有行帮和商行的性质，所以也有所谓“牙人”，牙人就是介绍人。

宋代“团”“行”的性质及其特点

宋代记载中可能还有别种意义的与行会有关的“行”字，现在只讨论以上四类的“行”字。从这四类“行”字，我们就可以知道宋代行会的性质和它的特点，就是：（一）宋代的行会主要是一种工商业者的同业组织，上面推有“行头”、“行老”等首领。（二）这种同业组织的成立，本是谋行业本身的利益的；但更重要的，是为封建政府当差服务。（三）大概先有工商业者自发的同业组织，然后封建政府才加以利用，承认它们的合法地位，并把它们变成官府的征税机关和官府控制工商业者的机关。（四）这种行会组织和商行制度相联系，商行大概就是行会中的一种垄断贸易的机构，它和行会的关系，现在还不能完全弄清楚。（五）与行会同类的行帮，大概已经出现，它们主要是仆役、苦力等的组织，这类组织的作用，似乎主要是垄断职业，防止业外人的竞争。总括起来说：宋代的“团”“行”已是比较正式的行会组织，它的特点就是被封建政府所控制和利用，对抗封建统治势力的作用比较小。从这里我们可以认识东方国家的行会与西方国家的行会的不同处，这是和东、西方封建社会的特点相联系着的。东方封建社会，领主制的时期比较短，封建专制主义的存在比较长久；在东方，封建势力集中成封建专制国家，力量比较强大，能够压制新兴工商业者的势力，使他们不成为封建主义的对立物，而为封建主义服务。同时东方的封建势力控制了城市,在东方没有工商业者独立的自由城市,所以行会对抗封建统治势力的作用很小,反而变成封建政府的御用工具。东方资本主义生产因素的萌芽迟晚而缓慢,与这也有关系。一般说来,行会虽然本身也是一种封建组织,但它在早期本有对抗封建统治势力的作用,它对于封建社会内部的工商业的发展,曾是能起些促进的作用的;到了后来,行会才变成束缚资本主义生产因素发展的势力。可是中国的行会所起的进步作用比较小,因为它的封建性特别强,本身既是封建的组织,而又被封建统治势力所利用。

中国行会史的两大阶段

我们把中国的行会制度史分成两个大阶段:第一个阶段包括唐、宋、元三代,这一阶段的行会就是所谓"团""行",它的特点是:为封建政府服务的作用大,保卫自身利益的作用小。第二个阶段包括明、清二代,直到解放前,这一阶段的行会就是所谓"行帮",它的特点是:保卫自身利益的作用扩大了,为封建政府服务的作用缩小了。特别是从行会分化出来的秘密帮会,更具有反抗封建统治势力的作用,甚至成为发动和参加农民起义的力量。当然它本身的封建性也是很强的。近代的苦力帮的组织,特别具有保障职业的作用,它和秘密帮会往往有联系。又前一阶段的行会,主要是同业的组织;后一阶段的行会,逐渐转化成同乡的组织,而同乡的关系又与同业的关系相结合。近代的行帮在社会上的潜势力是相当大的,所谓"会馆"、"公所",往往成为控制某地方工商业的重要机构。宁波帮、广东帮、徽州帮、山西帮等行帮的势力,特别强大。过去有人认为中国的行会制度,以宋代为全盛时期,宋代以后就逐渐衰落了,这种说法,是不符合历史事实的。相反的,清代以至近代的行帮势力,是比较强大的。至少我们可以说:行会的逐渐衰落,要到近代时期才开始，但我们还是不能不承认它的余势的强大。

第五讲　唐宋的四大都市

汉末以后，工商业衰落，直到南北朝末期，才有复兴的趋势。隋唐统一，工商业逐渐发展，在这时候已经出现了比较正式的兴盛大都市。到唐代中叶以后，都市更见发展；到宋代，就出现了极其繁荣的封建大商业都市；特别是南宋，在封建大都市中，似乎已准备下资本主义萌芽的条件。当然，根据史料看来，还不能说这时候资本主义已经萌芽。资本主义的萌芽，不能早过明代中叶。

在唐、宋两代的手工业、商业上，表现得最突出的，是都市经济的繁荣状态。这种都市经济，还是纯粹封建性质的，但其繁荣的水平却很高。如果不读记载，我们简直不相信那时候已有这样繁荣的大都市。这种都市经济，表现了当时工商业发展的程度。我们如果能够比较具体地描写一下当时的都市经济，就能够说明当时工商业发展的情况。

唐宋时代的大都市是很多的，在这里不可能完全叙述。当时最大的都市，是首都和国际贸易港，国际贸易港的情况比较特殊，不能完全代表一般的都市，首都比较能够代表一般的都市，它就是一般都市的首领。又首都都市的记载比较详细而集中，叙述起来也比较方便。这里就只叙述唐代的长安、洛阳，宋代的汴梁、临安四个大都市。

唐代长安都市的史料，比较丰富。《旧唐书·地理志》记："隋开皇二年，自汉长安故城东南移二十里置新都，今京师是也。城东西十八里一百五十步,南北十五里一百七十五步,皇城在西北隅……有东西两市。都内南北十四街,东西十一街;街分一百八坊,坊之广长皆三百余步。皇城之南大街曰朱雀之街,东五十四坊,万年县领之;街西五十四坊,长安县领之;京兆尹总其事。”宋敏求《长安志》卷七记:“皇城,东西五里一百一十五步,南北三里一百四十步。南面三门……东面二门……西面二门……城中南北七街,东西五街,其间并列台省寺卫。宫城南门外有东西大街,承天门外横街之南有南北大街,曰承天门街。”“外郭城,东西一十八里一百一十五步,南北一十五里一百七十五步,周六十七里,其崇一丈八尺。南面三门……东面三门……西面三门……北面一门……皇城之东五门,皇城之西二门……郭中南北十四街,东西十一街,其间列置诸坊。有京兆府,万年、长安二县所治,寺观、邸第、编户错居焉。当皇城南面朱雀门有南北大街,曰朱雀门街,东西广百步,万年、长安二县以此街为界,万年领街东五十四坊及东市,长安领街西五十四坊及西市。”原来唐代的长安有三重城:第一重是“宫城”,里面都是宫殿,是皇帝住的地方。据说:“东西四里,南北二里二百七十步,周十三里一百八十步,其崇三丈五尺,掖庭宫广一里。”这里面是没有商市的,而且它是别的都市所没有的地方,在这里我们从略。第二重是“皇城”,如上引《长安志》所记载的,里面都是衙门。据说:“自两汉以后,都城并有人家,在宫阙之间,隋文帝以为不便于事,于是皇城之内惟列府寺,不使杂居,公私有辨,风俗齐整,实隋文之新意也。”第三重是“外郭城”,范围最大,街道最多,是人民所住的地方和市区,有住宅区和商业区的分别:住宅区分为许多“坊”,以坊为单位,在这里也有府、县的治所和寺庙等。最重要的大街是皇城南门外的“南北大街”,这街很广阔,街东、西都有五十四个坊;还有东、西市，东、西市就是商业区，这是固定的市区，只有在这里方可以开设店铺。据说："市制：四面皆市人居之，中为二署，盖治市之官府也。"大体说来："坊"和现在的"里"差不多（例如现在上海的某某里，也有称做某某坊的），据说："每坊皆开四门，中有十字街。"这样说来，一个"坊"好像是一座小城似的。"市"大致和现在的市场差不多，不过范围应当较大。唐代的"坊""市"制度和近代普通都市制度的不同处，是在于唐代的"坊""市"是居民和商店分开的，也就是说：住宅区的"坊"和商业区的"市"是严格分开的。近代的都市是"坊""市"杂在一起的，民居和商店没有固定的区域，到处可以住家，也到处可以开店，这种情形，至少从宋代就已经开始了。总之：唐代都市的规模是比较齐整的，它的特点，是"棋布栉比，街衢绳直"，而且街道宏广，规模阔大，与后世的都市，气象有不同处。据《长安志图》说："皇城之南三十六坊，各东西二门，纵各三百五十步；中十八坊，各广三百五十步；外十八坊，各广四百五十步。皇城左右共七十四坊，各四门，广各六百五十步；南六坊，纵各五百五十步；北六坊，纵各四百步。市居二坊之地，方六百步，面各二门，四面街各广百步。"从这段记载里看，唐代的长安都城规模虽然阔大，但商市所占的范围比重，却比较小，这说明工商业的发展还相当有限，称之为"商业大都市"，还有不称之处。唐代的长安都城，基本上还是个政治都会，和宋代的汴梁、临安比较起来，颇有不同之处。宋代的汴梁、临安，虽是首都，但同时也是商业大都市，它们在商业上的地位，甚至比在政治上的地位还重要。

现在且说一说唐代长安中的商市的情况。《长安志》卷八说："（东市），隋曰都会市，南北居二坊之地，东、西、南、北各六百步，四面各开二门，定四面街各广百步，北街当皇城南之大街，东出春明门,广狭不易于旧;东西及南面三街向内开,壮广于旧街。市内货财二百二十行,四面立邸,四方珍奇,皆所积集。万年县户口减于长安,又公卿以下民止多在朱雀街东,第宅所占甚多,由是商贾所凑,多归西市,西市户口少列律宽;自此之外,繁杂稍劣于西市矣。”韦述《两京新记》说:“(西市)隋曰利人市,南北尽两坊之地,隶太府寺。市内店肆如东市之制,市署前有太衣行,杂糅货卖之所,记言反说,不可解识。”《长安志》卷十记载略同《两京新记》,它又说:“长安县所领四万余户,比万年为多,浮寄流寓,不可胜计。”根据这些记载看来,我们可以得到几点概念:第一,“市”有市门,有四面街道,市内店铺分为“行”,“行”的数目很多,四面又有“邸”(堆栈、牙行一类的机构?)。第二,“市”中有“市署”等衙门,“市署”前似乎是买卖最繁杂的处所。第三,西市比东市更繁华,领西市的长安县户口较多,浮寄流寓的人不少,西市是长安商业集中的地方。

说到长安西市,应当注意当时的长安不仅是个国内最大都市,它也是个国际贸易的商埠(但以国内贸易为主)。这时候外族人来到长安的很多,其中有不少是所谓“西域人”。由于胡商的众多,所以长安开设了不少的胡店;西市既在西边,又是商业集中的处所,所以胡商、胡店大概也集中于西市。在唐代的记载中,往往提到西市的胡商和胡店;这些胡商主要是做珠宝等奢侈品买卖,他们很容易发财,在长安的商业中,大概拥有一定的势力。唐代的长安是一个陆路的国际商埠,和外国交通主要在西方,西市的繁盛和胡商、胡店的众多,似乎有些关系。

长安是唐代的西京,而洛阳则是唐代的东京,记载洛阳都市情况的史料比较少而不集中,在这里我们只能简单的谈一谈。《旧唐书·地理志》记:“隋大业元年,自故洛城西移十八里置新都,今都城是也……都城南北十五里二百八十步，东西十五里七十步，周围六十九里三百二十步，都内纵横各十街，街分一百三坊、二市，每坊纵横三百步，开东西二门。宫城在都城之西北隅。”韦述《两京新记》说东都丰都市：“邸凡三百一十二区，资货一百行。”元《河南志》“京城门坊街隅古迹条”：“丰都……市内百二十行。”这些情形都和长安差不多。原来远在北魏时代，根据《洛阳伽蓝记》的记载，洛阳已是一个工商业相当发达的大都市。隋代的东京有东、南、北三市，北市“北临通济渠，上有通济桥，天下舟船集于桥东，常万余艘，填满河路；商贾贸易，车马填塞于市”。唐代的洛阳，繁盛的情况大概也和隋代相去不远。长安和洛阳可以代表唐代大都市的规模，拿唐代两个都市来和宋代两个都市比较一下，就可以相当明确的看出唐宋两代都市的不同处。本讲题是着重讲宋代都市经济的，宋代的都市经济以汴梁、临安两个都市为顶点，要说明唐宋都市情况的不同，只有比较上述的四个都市，才能得出明确的结论。

在这里我们还得讲一讲唐代都市制度的大概，这能帮助我们了解长安、洛阳都市的特点。《唐会要》卷八十六载：“景龙元年十一月敕：诸非州县之所，不得置市。其市常以午时击鼓三百下，而众大会；日入前七刻击钲三百下，散。其州县领务少处，不欲设钲鼓，听之。”根据这条记载，可见唐代的市是有固定区域的，不是随便什么地方都可以设市开店；营业的时间也是固定的，不是随便什么时候都可以做买卖。政府对于市控制得很严。同书又说：“两京市诸行，自有正铺者，不得于铺前更造偏铺，各听用寻常一样偏厢。诸行以滥物交易者，没官。诸在市及人众中相惊动令扰乱者，杖八十。”这又可见唐代都市中商店的铺位也有一定的限制，市规是很严的。

但是,唐代的工商业是不断有发展的,工商业发展的结果,必然要求突破市规的限制;特别是到唐代中年以后,大概上述的那些市规有些已逐渐被冲破了。例如“非州县之所”本来是“不得置市”的,然而后来在交通要道等地方涌现了许多“草市”,这些草市可以说就是后来镇市的前身。连乡间都可以设市,那么城里头的市自然也可以扩大,商店就逐渐设到固定的市区之外去了:以上是商业空间限制的开始打破。至于时间,本来是午时开市、傍晚收市的,后来逐渐有了早市和夜市;夜市本来是违法的(见《唐会要》),后来差不多到处都有夜市出现;特别是大都市,在商业高度发展的条件下,夜市是很难禁止的(唐人记载中各地夜市很多,除京城有夜市外,如王建扬州诗说:“夜市千灯照碧云”);这样就几乎整日整夜都可设市营业。商业的空间、时间限制的打破,大概开始于唐代而完成于宋代。

现在要说到宋代的两大都市了,先说汴梁。汴梁开始兴盛于隋唐,这是和运河的开凿有关系的。五代的梁、晋、汉、周都以汴梁为首都,《五代会要》记周世宗的诏书说:“东京(汴梁)车马辐辏,水陆会通,时向隆平,日增繁盛……坊市之中,邸店有限,工商外至,亿兆无穷;僦赁之资,增添不定……将便公私,须广都邑。宜令所司,于京城四面别筑罗城。”《玉壶野史》说这时候“遣周景大浚汴口,又自郑州导郭西濠达中牟,景心知汴口既浚,舟楫无壅,将有淮浙巨商贸粮斛(解)贾,万货临汴,无委泊之地……踞汴流中要起巨楼十二间……景后邀巨货于楼,山积波委,岁入数万计。”根据以上的记载,可见汴梁的繁盛已经奠基于后周时代。同时可以看出:汴梁的繁盛,是以水运开发为条件的。在上引的两条记载中,我们又可看出一个重要的消息,那就是唐代市区的限制,到这时候已有被突破之势,原因是由于“工商外至,亿兆无穷;僦赁之资,增添不定”;所以公家要“广都邑”,私家也要起堆货的“巨楼”。《东京梦华录》所记载的北宋时代汴梁的情景,在后周时代已经逐渐在形成了。

北宋统一,定都汴梁,生产和商业继续发展,汴梁就很快的成为当时的第一个商业大都市。孟元老在《东京梦华录》序里叙述了北宋时汴梁的繁华后,跟着说:“近与亲戚会面,谈及曩昔,后生往往妄生不然。”可见北宋时代汴梁的繁华,已为南宋初年人所不信,大概这时候汴梁已遭毁灭,而临安尚未兴盛,人们觉得那么繁华的大都市是不可能有的,便是我们现在读《东京梦华录》,也有几分怀疑。但无论如何,汴梁在北宋时代已经达到当时可能达到的最大繁荣程度,是无可疑的。孟元老早年曾住在汴梁,正是北宋末年汴梁达到最繁盛阶段的时期,他的记载都是得之亲见亲闻的,可靠性自然很大。根据他的记载,汴梁有外城、内城:“东都外城方圆四十余里,城濠曰护龙河,阔十余丈,濠之内外皆植杨柳,粉墙朱户,禁人往来,城门皆瓮城三层,屈曲开门……”(卷一),这种规模,确是很惊人的。他又说:“旧京城(内城)方圆约二十里许”,东、南、西、北四壁都开有三座门(同上);“穿城河道有四”(同上)。北宋的汴梁,就规模说,也不甚下于唐代的长安。至于街市商业的繁华,则远远超过长安。现在我们摘录几条《东京梦华录》的记载,来看看汴梁的繁华情况:“坊巷御街,自宣德楼一直南去,约阔二百余步,两边乃御廊,旧许市人买卖于其间,自政和间官司禁止。”“出朱雀门东壁,亦人家;东去大街,麦稭巷,状元楼,余皆妓馆,至保康门街。其御街东朱雀门外,西通新门瓦子以南杀猪巷,亦妓馆。以南东、西两教坊,余皆居民或茶坊。街心市井,至夜尤盛。”“东去乃潘楼街,街南曰鹰店,只下贩鹰鹘客,余皆真珠、匹帛、香药铺席。南通一巷,谓之界身,并是金银、彩帛交易之所,屋宇雄壮,门面广阔,望之森然,每一交易,动即千万,骇人闻见。""北去杨楼以北穿马行街,东西两巷,谓之大小货行,皆工作伎巧所居。""大抵诸酒肆、瓦市,不以风雨寒暑,白昼通夜,骈阗如此"(以上卷二)。"夜市北州桥,又盛百倍,车马阗拥,不可驻足,都人谓之里头。""至门约十里余,其余坊巷院落,纵横万数,莫知纪极。处处拥门,各有茶坊、酒店、勾肆饮食。市井经纪之家,往往只于市店旋买饮食,不置家蔬……夜市直至三更尽,才五更又复开张,如要闹去处,通晓不绝"(以上卷三)。

根据《东京梦华录》的记载,我们可以归纳出汴梁都市的几个特点:(一)都市建筑的规模很大、很讲究,不十分亚于唐代的两京。(二)水陆交通方便,商业特别繁盛,也有一定的工业。(三)市区空间的限制已打破,店铺和民居等杂在一起,各种店铺似也已混杂,商市行列的制度在消亡着。(四)营业时间的限制也已打破,从清晨到夜尽都有买卖,最主要的营业时间似乎已移至上午(参看《梦华录》卷三"天晓诸人入市"条),夜市也非常盛行。(五)消费的商业特别盛,如酒楼、茶坊、饭店、吃食铺之类最多。奢侈品的买卖也很盛,交易货币额极大。(六)妓馆、"瓦子"(游戏场)等颇普遍。(七)人口众多,街市热闹拥挤。以上各点说明:汴梁确是很繁华的,但它还是个消费的都市,工业的发达远不如商业,在生产上的意义不大,主要是起了交流物资的作用。

此外,汴梁还有一个很大的庙市,这是特殊的市区。《东京梦华录》卷三记:"大内前州桥之东,临汴河大街,曰相国寺。""相国寺每月五次开放,万姓交易:大三门上皆是飞禽、猫犬之类,珍禽奇兽，无所不有。第二、三门皆动用什物。庭中设彩幙露屋义铺，卖蒲合、簟席、屏帏、洗漱、鞍辔、弓剑、时果、脯腊之类。近佛殿，孟家道冠王道人蜜煎，赵文秀笔及潘谷墨，占定两廊，皆诸寺师姑卖绣作、领抹、花朵、珠翠头面、生色销金花样幞头帽子、特髻冠子、绦线之类。殿后资圣门前，皆书籍、玩好、图画，及诸路罢任官员土物、香药之类。后廊皆日者、货术、传神之类。”相国寺临汴河大街，当是个水陆交通方便的地方，它一面是个都市中的庙会（如南京的夫子庙，苏州的玄妙观），一面又是个水陆、内外商货的销售场。在这里买卖的货物，范围很广，简直是个汴梁市场的缩影。所买卖的东西，固然也有不少的日用手工艺品，但奢侈品却很多。手工艺品包括精致的纺织品、衣帽、装饰品和动用什物、枕席、屏帏、文房、武器等：可以看出当时手工业的主要门类。食物也是重要的商品。至于珍禽、奇兽、土物、香药之类，都是远方运来的东西。从这条记载里，也可以看出当时主要商品的种类。某些东西是专家的特制品，属于家庭手工业的范畴。现在我们再顺便把《东京梦华录》里所记载的重要商品种类叙一叙，这可以看出当时工商业的性质。除上述的相国寺内交易的商品外，书内提到饮食品处特别多，简直可以说饮食品是当时汴京的最主要商品。饮食品种类之多，即便在今天看来，也是可惊奇的（请参看卷二“州桥夜市”、“饮食果子”等条，卷三“马行街铺席”条和卷四“食店”条）。还有所谓肉行、鱼行、果子行、饼店和酒楼、茶坊等，真是应有尽有：这可见汴梁真是个消费的大都市。其次最大的交易，是金银奢侈品的交易，所谓“每一交易，动即千万，骇人闻见”。手工艺品最主要的纺织品有许多也是奢侈品。再次才是一般手工艺品，即所谓“大小货行”的制造物。此外就是各地运来的土产，种类当然也不少，其中有日用必需品,如粮食之类;有牲畜,如牛、马等;还有珍禽、奇兽、宝物等,其中有许多也是奢侈品。我们且抄《东京梦华录》卷二最热闹的"东角楼街巷"一条记载,就可以看出当时热闹市场中所买卖的是些什么东西:"以东街北曰潘楼酒店,其下每日自五更市合,买卖衣物、书画、珍玩、犀玉;至平明,羊头、肚肺、赤白腰子、奶房、肚胘、鹑兔、鸠鸽、野味、螃蟹、蛤蜊之类讫,方有诸手作人上市买卖零碎作料;饭后饮食上市,如酥蜜食、枣錮、澄砂团子、香糖果子、蜜煎雕花之类;向晚卖河娄头面、冠梳、领抹、珍玩、动使之类。"

至于妓馆、"瓦子"等娱乐场所,更是到处都是,因与工商业直接关系较少,这里从略。但妓馆、"瓦子"、酒楼、茶坊等的普遍和繁盛,也正反映了工商业的发达,特别是商业的发达。

北宋时大概行会制度已初步发展,那时的都市工商业,已属于行会工商业的范畴。汴京都市里手工业作坊和商业店铺是很多的,它们大概都受行会的控制,也就是间接受封建政府的控制。自然,小工商业也有不在行会中的,大概都是些散匠、散商之类,这种人往往要倚靠作坊、店铺和行会,否则的话,营业会有困难:这是根据当时的某些记载和后来的记载推测出来的情况。还有些不能完全独立营业和专门受人雇用的匠人等,以及苦力等,他们往往在早晨的时候站在桥、市、街、巷口,"候人请唤";他们可能有行帮的组织,"各有行老供雇":这可见当时农民转化为工匠和都市贫民的已不少,寻找职业已相当困难,这是封建经济发展到一定阶段时,都市中自然会出现的情况。

在《东京梦华录》卷五中有一条"民俗",叙述汴京都市买卖有规格,工商业者的服装,"各有本色,不敢越外";以及其他风俗。条末说:"其阔略大量,天下无之也。以其人烟浩穰,添十数万众不加多,减之不觉少。所谓花阵酒池,香山药海。别有幽坊小巷,燕馆歌楼,举之万数,不欲繁碎。”这一面可以看出汴京的繁华,一面也可看出它还保有很强的封建性,所以封建士大夫一面歌颂它的繁华,一面又歌颂它的风俗之美。从记载看来,宋代的都市和明代的都市也有相当大的不同处,宋代都市的封建性似乎要比明代都市强。

北宋汴梁的繁华,还不及南宋的临安——杭州:这是工商业进一步发展和南方经济新兴的结果。北宋灭亡时,汴京随之毁灭,此后汴梁都市就一蹶不振,其他北方都市也逐渐衰落下去。但南方都市却在这时蓬勃发展起来,这和政治中心的转移自然也有关系,而南宋所以能保有东南半壁,也是依靠的南方新兴的农、工、商业,都市经济的繁荣,正是封建经济发展的突出点。在南宋的临安都市中,不但表现了封建行会工商业的全盛,也替后来的江南地区资本主义的萌芽准备了条件。

随着唐代经济发展的趋势,中唐以后,江南的苏州和杭州已经繁盛起来了。李华《杭州刺史厅壁记》描述中唐时的杭州,说它是“东南名郡”,“骈樯二十里,开肆三万室”。又杜牧《上宰相求杭州启》说当时的杭州“户十万,税钱五十万”。五代时吴越钱氏在浙江建设,杭州都市从此大为繁荣起来。到宋高宗南渡,定临安为首都,杭州都市的发展就达到了顶点,到明清时代,就有“上有天堂,下有苏杭”之说了。

《梦粱录》卷七记:“杭城号武林……隋朝特创立此郡,城仅三十六里九十步。后武肃钱王发民丁与十三寨军卒,增筑罗城,周围七十里许。”据此,南宋临安都市的基础大概是奠定于五代十国吴越钱氏时的,正和北宋汴梁都市的基础奠定于五代后周时一样。

又据《梦粱录》卷十九记:“柳永咏钱塘词曰:参差十万人家,此元丰前语也。自高庙车驾自建康幸杭驻跸,几近二百余年,户口蕃息,近百万余家。杭城之外城,南、西、东、北,各数十里,人烟生聚,民物阜蕃,市井坊陌,铺席骈盛,数日径行不尽,各可比外路一州郡,足见杭城繁盛耳。”根据这条记载,似乎北宋时,杭州的人口还和唐代差不多,到南宋时,人口才大为增加,内外城都很繁盛。但是根据咸淳《临安志》卷五十八的记载,杭州九县人口总数不过“户三十九万一千二百五十九,口一百二十四万七百六十”,而附郭的钱塘、仁和二县城,只有户一十八万六千三百三十,口四十三万二千四十六。“近百万余家”自然是虚数,当以《临安志》的记载为比较可靠。然而即使根据《临安志》的记载,当时杭州的繁盛,也就很可惊人了。《梦粱录》卷十六记:“杭州人烟稠密,城内外不下数十万户,百十万口,每日街市食米,除府第、官舍、宅舍、富室及诸司有该俸人外,细民所食,每日城内外不下一二千余石,皆需之铺家。”这样,杭州单是人们食米一项的交易,就非常频繁了。米铺的众多,自可想见。据《梦粱录》说杭州的食米依赖“苏、湖、常、秀、淮、广等处客米到来”,这些地方运来的米,都由米行(牙行)做价、集散,《梦粱录》说:“城内外诸铺户,每户专凭行头于米市做价,径发米到各铺出粜;铺家约定日子,支打米钱,其米市小牙子亲到各铺支打发客。”这又说明不但米铺很多,米牙行也不少,单是新开门外草桥下南街,就开出了“米市(米牙行)三四十家,接客打发,分俵铺家”。看米铺、米牙行这样普遍发达,别的行业也就可想而知了。

耐得翁《都城纪胜》序说:“圣朝祖宗开国,就都于汴,而风俗典礼,四方仰之为师。自高宗皇帝驻跸于杭,而杭山水明秀,民物康阜,视京师过十倍矣。虽市肆与京师相侔,然中兴已百余年,列圣相承，太平日久，前后经营至矣，辐辏集矣，其与中兴时，又过十数倍也。”这条记载说明：南宋临安的繁盛是远远超过北宋汴梁的。这是南方经济发展迅速的证明。记载临安都市情况的史料比较丰富，所以我们对于临安都市情况，也知道得比较详细、明确。最重要的记载，是吴自牧所著的《梦粱录》，它叙述整个南宋时期临安的情况，有的材料根据耳闻目见，有的材料根据原始地方志，史料的可靠性相当大。其次是周密所著的《武林旧事》，它也记述了整个南宋时期临安的情况，一部分材料也是根据耳闻目见的。此外比上述两书稍早的，有耐得翁所著的《都城纪胜》和所谓《西湖老人繁胜录》，这是更原始的史料；然记述得比较草率，不够详明。又原始地方志咸淳《临安志》也保存了下来，其中也有反映临安都市情况的珍贵史料。根据上述的这些书，我们可以比较详细地描写出一个南宋时代的临安都市来。

临安都市规模的大概，上面已经提过，现在应当先叙述一下临安街市买卖的情况。《都城纪胜》“市井”条说：“自大内和宁门外，新路南北，珠玉、珍异及花果、时新、海鲜、野味、奇器，天下所无者，悉集于此。以至朝天门、清河坊、中瓦前、坝头、官巷口、棚心、众安桥，食物店铺，人烟浩穰。其夜市除大内前外，诸处亦然，惟中瓦前最胜，扑买奇巧器皿百色物件，与日间无异。其余坊巷、市井，买卖、关扑、酒楼、歌馆，直至四鼓后方静，而五鼓朝马将动，其有趁卖早市者，复起开张：无论四时皆然。”这条记载告诉我们临安都市中买卖的商品，仍和汴梁差不多，就是饮食品、奢侈品、一般手工艺品等等，而以饮食品的买卖为最盛：所以临安基本上也仍是个消费的都市。店铺的开设，到处都是；全日都做买卖，夜市更盛。临安都市的繁华超过汴梁，单就这一条记载说，已可看出。《都城纪胜》

“铺席”条又说:“都城天街,旧自清河坊,南则呼南瓦,北谓之界北,中瓦前谓之五花儿中心。自五间楼北,至官巷南御街,两行多是上户金银钞引交易铺,仅百余家,门列金银及见钱,谓之看垛钱,此钱备入纳算请钞引。并诸作匠炉鞴,纷纭无数。自融和坊北至市南坊,谓之珠子市头,如遇买卖,动以万数。间有府第、富室质库十数处,皆不以贯万收质(《梦粱录》卷十三作‘城内外不下数十处,收解以千万计’)。其他如名家彩帛铺,堆上细匹段,而锦绮、缣素,皆诸处所无者。又如厢王家绒线铺(自东京流寓),今于御街开张数铺,亦不下万计。又有大小铺席,皆是广大物货,如平津桥沿河布铺、扇铺、温州漆器铺、青白碗器铺之类。且夫外郡各以一物称最(如无纱洪扇、吴钱之类),都会之下皆物所聚之处,况夫人物繁伙,客贩往来,至于故楮、羽毛、扇牌,皆有行铺,其余可知矣”。这条记载更是具体,拿这条记载和《东京梦华录》的记载相比较,我们可以看出临安都市和汴梁都市的不同之处:汴梁虽有“工作伎巧所居”的“大小货行”,但在《梦华录》中很少见手工业作坊一类的记载,但《都城纪胜》却在最热闹的地方记载说:“诸作匠炉鞴,纷纭无数。”和其他记载合看,可以证明:临安的手工业是比汴梁发展的。汴梁是个比较纯粹的商业都市,而临安则除具备商业都市的条件外,还兼有工业都市的性质。所以临安不能算是纯粹的消费都市。自然,它的手工业发展得还相当有限,还比不上明代江南某些都市的手工业。《武林旧事》卷六“作坊”条说:“都民骄惰,凡卖买之物,多于作坊行贩已成之物转求什一之利。或有贫而愿者,凡货物盘架之类,一切取办于作坊,至晚始以所直偿之。虽无分文之储,亦可糊口:此亦风俗之美也。”这条记载说明某些小商贩已经依赖作坊,手工业作坊已有相当势力。又如彩帛铺、绒线铺、布铺、扇铺、温州漆器铺、青白碗器铺之类，以至故楮、羽毛、扇牌等物，都是手工业品行业，可见临安的手工业确实是超过汴梁的。又临安城“有府第、富室质库十数处”，似乎南宋临安的高利贷业比较发展（当然汴梁不是没有质库），这也是商业资本发展的结果。上引两条《都城纪胜》的记载，《梦粱录》内也有相类的文字，《梦粱录》“铺席”条说：“自大街及诸坊巷，大小铺席，连门俱是，即无虚空之屋。每日清晨，两街巷门浮铺上行，百市买卖，热闹至饭前，市罢而收。”“处处各有茶坊、酒肆、面店、果子、彩帛、绒线、香烛、油酱、食米、下饭鱼肉、鲞腊等铺。”这更具体的说明临安店铺的普遍和拥挤。它的做买卖的时间主要是上午：这些情况都和汴梁相近，而和唐代的长安、洛阳不同。大概临安的店铺，最主要的有三类：一类是饮食品店铺，数量最多；一类是手工业品店铺，数量也不少；再一类就是粮食等店铺，当然也不会少。《梦粱录》这一条又列举了一下杭城前后有名的店铺，共一百二十家，其中饮食品铺二十七家，一般手工品铺五十六家，药铺二十三家，珠宝等装饰品铺七家，金银钱钞铺三家，书籍等铺三家，骨董铺一家。由于商业的繁盛，货物来得很多，于是就有专门并保险的栈房出现，《都城纪胜》“坊院”条说：“城中北关水门内，有水数十里，曰白洋湖，其富家于水次起迭塌坊十数所，每所为屋千余间，小者亦数百间，以寄藏都城店铺及客旅物货。四维皆水，亦可防避风烛，又免盗贼，甚为都城富室之便。其它州郡无此，虽荆南、沙市、太平州、黄池，皆客商所聚，亦无此等坊院。”《梦粱录》卷十九略同。《都城纪胜》又有酒肆、食店、茶坊、瓦舍众伎等条专门记载。《梦粱录》卷十六整卷记载饮食品店铺，不厌其详：这都说明临安都市的消费性质。关于这点，我在上面已经指出，现在不赘述了。

南宋临安的行会制度,更是突出发展,如《都城纪胜》、《梦粱录》等书,都有团行的记载,而且列在显要的地方(记工商业部分的二、三条)。《都城纪胜》说各种工商业,不论物的大小,都设置团行,可见团行的普遍。《梦粱录》的记载更是详细、清楚。《西湖老人繁胜录》说:“京都有四百十四行”,详举其名。根据南宋人和元初人的各项记载看来,南宋的临安是一个相当典型的行会工商业都市。《马可·波罗游记》尤其能说明这点,虽然它的记载不完全可靠。

唐宋的都市,是典型的封建都市,但它带有东方性。东方都市的特点,不论是古代或中世纪,手工业都不够发达,商业和手工业结合得很不够,剩余的商业资本大量投向高利贷,深入农村去兼并土地。商业的作用只是交流各地方的剩余物产,刺激生产的作用不大。比较繁盛的都市,往往只是王公、贵族、官僚们采办奢侈品的场所。中国古代、中世纪的都市,也呈现着东方性,但是从宋代以来,特别是从南宋以来,都市手工业开始兴盛,大都市逐渐具备了封建后期都市的性质。东方国家都市发展到这种程度,说明在封建社会内部已经产生了新的因素,这种因素虽还不能算是资本主义的因素,但它却为资本主义的萌芽准备了条件。这种新的因素,大体说来,就是逐渐在发展的行会工商业,它在这时有促进封建经济发展,替资本主义生产因素打下基础的作用。但必须指出:这种因素到了后来,会变成束缚资本主义生产因素发展的东西。

总结上面的叙述,我们可以得到几点简单的结论如下:(一)唐宋的都市经济,是在南北朝、隋已有的基础上发展起来的,到中唐以后,都市经济才获得进一步的发展,到宋代,才达到比较成熟的阶段。南宋时代是这种都市经济发展的最高峰,但还没有达到资本主义萌芽的阶段。(二)唐宋都市的代表是首都长安、洛阳和汴梁、临安。长安、洛阳代表封建经济全盛阶段的前期都市，汴梁、临安则代表这阶段的后期都市。（三）长安、洛阳都市的规模比较整齐，市区的范围比较小，营业的空间和时间都有限制。汴梁、临安都市的规模比较紧密，但欠整齐，市区的范围比较大，营业的空间和时间很少限制。（四）汴梁是个比较纯粹的消费性的商业都市，手工业比较不发达。临安虽然基本上也还是个消费性的商业都市，但手工业比较发达。汴梁都市的商业性质很突出，临安都市除商业性质外，还带有工业性质。（五）唐宋大都市中的工商业，都属行会工商业的范畴，行会制度是逐渐在发展的，到了南宋时代，行会制度已几乎笼罩了临安都市中的所有工商业。

1958 年作

附：重要手工业

冶铁业（铁矿、冶铁）

冶铜业（铜矿、冶铜）

采煤业（采煤、制炭）

伐木业

碾磨业（碾米、磨粉）

纺织业（丝织、麻织、棉织）

制盐业

制糖业

制茶业

制酒业

陶瓷业（制陶、制瓷）

造纸业

印刷业

西周春秋农业畜牧业原始史料

童书业辑

不克讼,归而逋其邑人三百户。(《易·讼》)

不事王侯,高尚其事。(《易·蛊》)

不耕获,不菑畬,则利有攸往。(《易·无妄》)

易有"大畜"之卦。

康侯用锡马蕃庶,昼日三接。(《易·晋》)

君子于行,三日不食。(《易·明夷》)

《易》有"井"卦

改邑不改井,无丧无得,往来井井,汔至亦未繘井,羸其瓶,凶。(《易·井》)

井泥不食,旧井无禽。(同上)

井谷射鲋,瓮敝漏。(同上)

井渫不食,为我心恻,可用汲,王明并受其福。(同上)

井甃,无咎。(同上)

井洌寒泉,食。(同上)

井收勿幕,有孚,元吉。(同上)

以上《易经》

我后不恤我众,舍我穑事而割正夏。(《书·汤誓》)

无或敢伏小人之攸箴。(《书·盘庚上》)

若农服田力穑,乃亦有秋。(同上)

惰农自安,不昏作劳,不服田亩,越其罔有黍稷。(同上)

小民方兴,相为敌雠。(《书·微子》)

今殷民乃攘窃神祇之牺牷牲,用以容,将食无灾。(同上)

汝则有大疑……谋及庶人。(《书·洪范》)

厥父菑,厥子乃弗肯播,矧肯获。(《书·大诰》)

妹土,嗣尔股肱,纯其艺黍稷。(《书·酒诰》)

矧惟若畴圻父,薄违农父,若保宏父定辟。(同上)

惟曰若稽田,既勤敷菑,惟其陈修,为厥疆畎。(《书·梓材》)

用牲于郊,牛二……乃社于新邑,牛一,羊一,豕一。(《书·召诰》)

兹予其明农哉。(《书·洛诰》)

王在新邑,烝祭岁,文王骍牛一,武王骍牛一。(同上)

尔(多士)乃尚有尔土,尔乃尚宁干止。(《书·多士》)

尔不克敬,尔不啻不有尔土。(同上)

今尔惟时宅尔邑,继尔居,尔厥有干有年于兹洛,尔小子乃兴从尔迁。(同上)

君子所其无逸,先知稼穑之艰难,乃逸,则知小人之依。相小人,厥父母勤劳稼穑,厥子乃不知稼穑之艰难,乃逸乃谚,既诞,否则侮厥父母曰:昔之人无闻知。(《书·无逸》)

其在祖甲,不义惟王,旧为小人。(同上)

不知稼穑之艰难,不闻小人之劳。(同上)

文王卑服，即康功田功。（同上）

今尔尚宅尔宅，畋尔田。（《书·多士》）

尔乃自时洛邑，尚永力畋尔田……迪简在王庭，尚尔事，有服在大僚。（同上）

稷降播种，农殖嘉谷。（《书·吕刑》）

今惟淫舍牿牛马，杜乃擭，敜乃阱，无敢伤牿，牿之伤，汝则有常刑。马牛其风，臣妾逋逃，勿敢越逐，祗复之，我商赉尔，乃越逐不复，汝则有常刑。无敢寇攘，踰垣墙，窃马牛，诱臣妾，汝则有常刑。（《书·费誓》）

以上《书经》

爰采麦矣，沫之北矣。（《鄘风·桑中》）

星言夙驾，说于桑田……騋牝三千。（《鄘风·定之方中》）

我行其野，芃芃其麦。（《鄘风·载驰》）

彼黍离离，彼稷之苗。（《王风·黍离》）

鸡栖于埘，日之夕矣，羊牛下来。（《王风·君子于役》）

蓺麻如之何，衡从其亩。（《齐风·南山》）

无田甫田，维莠骄骄……（《齐风·甫田》）

十亩之间兮，桑者闲闲兮……十亩之外兮，桑者泄泄兮。（《魏风·十亩之间》）

不稼不穑，胡取禾三百廛（亿、囷）兮；不守不猎，胡瞻尔庭有县貆（特、鹑）兮；彼君子兮，不素餐兮……（《魏风·伐檀》）

硕鼠硕鼠，无食我黍（麦、苗）；三岁贯女，莫我肯顾（德、劳）；逝将去女，适彼乐土（国、郊）；乐土乐土，爰得我所。（《魏风·硕鼠》）

王事靡盬，不能蓺稷黍（稻粱）。（《唐风·鸨羽》）

洌彼下泉，浸彼苞稂……芃芃黍苗，阴雨膏之。（《曹风·下泉》）

七月流火，九月授衣，一之日觱发，二之日栗烈，无衣无褐，何以卒岁？三之日于耜，四之日举趾，同我妇子，馌彼南亩，田畯至喜……女执懿筐，遵彼微行，爰求柔桑；春日迟迟，采蘩祁祁，女心伤悲，殆及公子同归……蚕月条桑，取彼斧斨，以伐远扬，猗彼女桑……八月载绩，载玄载黄，我朱孔阳，为公子裳……八月其获，十月陨萚，一之日于貉，取彼狐狸，为公子裘；二之日其同，载缵武功，言私其豵，献豜于公……十月蟋蟀入我床下，穹窒熏鼠，塞向墐户，嗟我妇子，曰为改岁，入此室处……十月获稻，为此春酒，以介眉寿……采荼薪樗，食我农夫。九月筑场圃，十月纳禾稼，黍稷重穋，禾麻菽麦。嗟我农夫，我稼既同，上入执宫功，昼尔于茅，宵尔索绹，亟其乘屋，其始播百谷。二之日凿冰冲冲，三之日纳于凌阴，四之日其蚤，献羔祭韭。九月肃霜，十月涤场，朋酒斯飨，曰杀羔羊，跻彼公堂，称彼兕觥，万寿无疆。（《豳风·七月》）

（《国风》完）

薄言采芑，于彼新田，于此菑亩……薄言采芑，于彼新田，于此中乡。（《小雅·采芑》）

皎皎白驹，食我场苗……皎皎白驹，食我场藿。（《小雅·白驹》）

谁谓尔无羊，三百维群。谁谓尔无牛，九十其犉。尔羊来思，其角濈濈，尔牛来思，其耳湿湿。（《小雅·无羊》）

尔牧来思，何蓑何笠，或负其糇，三十维物，尔牲则具。（同上）

牧人乃梦……大人占之。（同上）

瞻彼阪田,有菀其特……佌佌彼有屋,蔌蔌方有谷,民今之无禄,天夭是椓,哿矣富人,哀此惸独。(《小雅·正月》)

彻我墙屋,田卒污莱,曰予不戕,礼则然矣。(《小雅·十月》)

交交桑扈,率场啄粟。(《小雅·小宛》)

睆彼牵牛,不以服箱。(《小雅·大东》)

溥天之下,莫非王土;率土之滨,莫非王臣。(《小雅·北山》)

我黍与与,我稷翼翼,我仓既盈,我庾维亿。(《小雅·楚茨》)

信彼南山,维禹甸之,畇畇原隰,曾孙田之,我疆我理,南东其亩。上天同云,雨雪雰雰,益之以霢霂,既优既渥,既沾既足,生我百谷。疆场翼翼,黍稷彧彧,曾孙之穑,以为酒食……中田有庐,疆场有瓜。(《小雅·信南山》)

倬彼甫田,岁取十千,我取其陈,食我农人,自古有年,今适南亩,或耘或耔,黍稷薿薿,攸介攸止,烝我髦士……我田既臧,农夫之庆……曾孙来止,以其妇子,馌彼南亩,田畯至喜……禾易长亩,终善且有;曾孙不怒,农夫克敏。曾孙之稼,如茨如梁,曾孙之庾,如坻如京;乃求千斯仓,乃求万斯箱,黍稷稻粱,农夫之庆,报以介福,万寿无疆。(《小雅·甫田》)

大田多稼,既种既戒,既备乃事,以我覃耜,俶载南亩,播厥百谷,既庭且硕,曾孙是若。既方既皂,既坚既好,不稂不莠,去其螟螣,及其蟊贼,无害我田稚,田祖有神,秉畀炎火。有渰萋萋,兴雨祈祈,雨我公田,遂及我私,彼有不获稺,此有不敛穧,彼有遗秉,此有滞穗,伊寡妇之利。曾孙来止,以其妇子,馌彼南亩,田畯至喜。(《小雅·大田》)

乘马在厩,秣之摧之。(《小雅·鸳鸯》)

芃芃黍苗,阴雨膏之。(《小雅·黍苗》)

我车我牛。（同上）

滮池北流，浸彼稻田。（《小雅·白华》）

周原膴膴，堇荼如饴……乃疆乃理，乃宣乃亩。（《大雅·绵》）

王在灵囿，麀鹿攸伏。（《大雅·灵台》）

诞寘之隘巷，牛羊腓字之……蓺之荏菽，荏菽旆旆，禾役穟穟，麻麦幪幪，瓜瓞唪唪。诞后稷之穑，有相之道，茀厥丰草，种之黄茂，实方实苞，实种实褎，实发实秀，实坚实好，实颖实栗，即有邰家室。诞降嘉种，维秬维秠，维穈维芑，恒之秬秠，是获是亩，恒之穈芑，是任是负，以归肇祀。（《大雅·生民》）

敦彼行苇，牛羊勿践履。（《大雅·行苇》）

乃场乃疆，乃积乃仓……乃造其曹，执豕于牢……度其隰原，彻田为粮……取厉取锻。（《大雅·公刘》）

好是稼穑，力民代食，稼穑维宝，代食维好……降此蟊贼，稼穑卒痒。（《大雅·桑柔》）

旱既大甚，则不可推，兢兢业业，如霆如雷，周余黎民，靡有孑遗。（《大雅·云汉》）

王命申伯，式是南邦，因是谢人，以作尔庸；王命召伯，彻申伯土田；王命傅御，迁其私人……王命召伯，彻申伯土疆，以峙其粻，式遄其行。（《大雅·崧高》）

实墉实壑，实亩实籍。（《大雅·韩奕》）

江汉之浒，王命召虎，式辟四方，彻我疆土，匪疚匪棘，王国来极，于疆于理，至于南海……告于文人，锡山土田，于周受命，自召祖命。（《大雅·江汉》）

人有土田，女反有之，人有民人，女覆夺之。（《大雅·瞻卬》）

瘨我饥馑，民卒流亡，我居圉卒荒。（《大雅·召旻》）

（《雅》完）

亦又何求，如何新畬，于皇来牟，将受厥明……命我众人，庤乃钱镈，奄观铚艾。（《周颂·臣工》）

噫嘻成王，既昭假尔，率时农夫，播厥百谷，骏发尔私，终三十里，亦服尔耕，十千维耦。（《周颂·噫嘻》）

丰年多黍多稌，亦有高廪，万亿及秭。（《周颂·丰年》）

载芟载柞，其耕泽泽，千耦其耘，徂隰徂畛，侯主侯伯，侯亚侯旅，侯强侯以，有嗿其馌，思媚其妇，有依其士，有略其耜，俶载南亩，播厥百谷。实函斯活，驿驿其达，有厌其杰，厌厌其苗，绵绵其麃，载获济济，有实其积，万亿及秭。（《周颂·载芟》）

畟畟良耜，俶载南亩，播厥百谷，实函斯活，或来瞻女，载筐及莒，其饟伊黍，其笠伊纠，其镈斯赵，以薅荼蓼，荼蓼朽止，黍稷茂止，获之挃挃，积之栗栗，其崇如墉，其比如栉，以开百室，百室盈止，妇子宁止。（《周颂·良耜》）

駉駉牡马，在坰之野，薄言駉者，有驈有皇，有骊有黄……思马斯臧（才、作、徂）……有骓有駓，有骍有骐……有驒有骆，有骝有雒……有骃有騢，有驔有鱼……（《鲁颂·駉》）

是生后稷，降之百福，黍稷重穋，稙稺菽麦，奄有下国，俾民稼穑，有稷有黍，有稻有秬，奄有下土，缵禹之绪……乃命鲁公，俾侯于东，锡之山川，土田附庸。（《鲁颂·閟宫》）

稼穑匪解。（《商颂·殷武》）

（《颂》完）

以上《诗经》

蔓草犹不可除。（《左》隐元年）

有蜚不为灾。(同上)

四月,郑祭足帅师取温之麦。秋,又取成周之禾。(隐三)

诸侯之师败郑徒兵,取其禾而还。(隐四)

郑人侵卫牧。(隐五)

周任有言曰:为国家者,见恶,如农夫之务去草焉,芟夷蕴崇之,绝其本根,勿使能殖。(隐六)

天子建德,因生以赐姓,胙之土而命之氏。(隐八)

王取邬、刘、蔿、邘之田于郑,而与郑人苏忿生之田:温、原、絺、樊、隰郕、欑茅、向、盟、州、陉、隤、怀。(隐十一)

秋,大水。(《左》桓元年经。传:"凡平原出水,为大水。")

有年。(桓三经)

冬,浚洙。(庄九经)

秋,宋大水。公使吊焉,曰:"天作淫雨,害于粢盛……"(庄十一)

秋,有蜮。(庄十八经,传:"为灾也。")

及惠王即位,取蔿国之圃以为囿……王夺子禽、祝跪与詹父田,而收膳夫之秩……(庄十九)

大水。(庄廿四经)

秋,大水。(庄廿五经、传)

亟战将饥。(庄廿七)

大无麦禾。(庄廿八经,传:"冬,饥。")

秋,有蜚。(庄廿九经,传:"为灾也。")

卫文公……务材训农。(闵二)

公赐季友汶阳之田及费。(僖元)

冬,十月,不雨。(僖二经)

王正月,不雨;夏,四月,不雨……六月,雨。(僖三经)

三年，春，不雨；夏，六月，雨。自十月不雨，至于五月，不曰旱，不为灾也。（僖三传）

冬，大雨雪。（僖十经）

八月，螽。（僖十五经）

晋于是乎作爰田……晋于是乎作州兵。（僖十五）

郑伯始朝于楚，楚子赐之金，既而悔之，与之盟曰：“无以铸兵”。故以铸三钟。（僖十八）

夏，大旱。（僖廿一经。传：“是岁也，饥而不害。”）

出于五鹿，乞食于野人，野人与之块。（僖廿三）

以绵上为之（介之推）田。（僖廿四）

（周王）与之（晋文公）阳、樊、温、原、欑、茅之田，晋于是始启南阳。（僖廿五）

舆人之诵曰：“原田每每，舍其旧而新是谋。”（僖廿八）

不有行者，谁扞牧圉。（同上）

秋，大雨雹。（僖廿九经。传：“为灾也。”）

郑之有原圃，犹秦之有具囿也，吾子取其麋鹿，以间敝邑，若何？（僖卅三）

臼季使过冀，见冀缺耨，其妻馌之，敬，相待如宾。（同上）

（晋襄公）以再命命先茅之县赏胥臣……以一命命郤缺为卿，复与之冀。（同上）

自正月不雨，至于秋七月。（文十经）

自正月不雨，至于秋七月。（文十三经）

秋八月，螽。（宣六经）

秋……大旱。（宣七经）

赤狄侵晋，取向阴之禾。（宣七）

冬,葬敬嬴,旱无麻,始用葛茀。(宣八)

秋……大水,冬……饥。(宣十经)

抑人亦有言曰:牵牛以蹊人之田,而夺之牛。(宣十一)

训之以若敖蚡冒,筚路蓝缕,以启山林。(宣十二)

秋,螽。(宣十三经)

秋,螽。(宣十五经)

冬,蝝生。饥。(同上。传:“幸之也”。)

初税亩。(同上)

筑室反耕者。(宣十五)

初税亩,非礼也;谷出不过藉,以丰财也。(同上)

冬,大有年。(宣十六经)

三月,作丘甲。(成元经)

为齐难故,作丘甲。(成元)

既而问之,辟司徒之妻也,予之石窌。(成二)

使齐之封内尽东其亩……先王疆理天下,物土之宜,而布其利……今吾子疆理诸侯,而曰尽东其亩而已,唯吾子戎车是利,无顾土宜,其无乃非先王之命也乎!(同上)

秋,大水。(成五经)

楚围宋之役,师还,子重请取于申吕以为赏田,王许之。申公巫臣曰:不可!此申吕所以邑也,是以为赋,以御北方,若取之,是无申吕也,晋郑必至于汉。王乃止。(成七)

以其田与祁奚……乃立(赵)武而反其田焉。(成八)

晋侯欲麦,使甸人献麦。(成十)

晋郤至与周争鄇田……晋侯使郤至勿敢争。(成十一)

君子勤礼,小人尽力,勤礼莫如致敬,尽力莫如敦笃;敬在养

神，笃在守业。（成十三）

入我河县，焚我箕、郜，芟夷我农功，虔刘我边陲。（同上）

施氏之宰有百室之邑，与匡句须邑，使为宰，以让鲍国，而致邑焉。（成十七）

古人有言曰：杀老牛莫之敢尸。（同上）

齐侯伐莱，莱人使正舆子赂夙沙卫以索马牛，皆百匹，齐师乃还。（襄二）

戎狄荐居，贵货易土，土可贾焉……边鄙不耸，民狎其野，穑人成功……（襄四）

秋，大雩，旱也。（襄五）

八月，螽。（襄七经）

秋，九月，大雩，旱也。（襄八）

其（晋）庶人力于农穑。（襄九）

初，子驷为田洫，司氏、堵氏、侯氏、子师氏皆丧田焉。（襄十）

凡我同盟，毋蕴年，毋壅利……（襄十一）

世之治也，君子尚能而让其下，小人农力以事其上……及其乱也，君子称其功以加小人，小人伐其技以冯君子……（襄十三）

于是将早城（防），臧武仲请俟毕农事，礼也。（同上）

（晋）将执戎子驹支，范宣子亲数诸朝，曰："来，姜戎氏！昔秦人迫逐乃祖吾离于瓜州，乃祖吾离被苫盖、蒙荆棘以来归我先君。我先君惠公有不腆之田，与女剖分而食之……"对曰："昔秦人负恃其众，贪于土地，逐我诸戎。惠公蠲其大德……赐我南鄙之田，狐狸所居，豺狼所嗥。我诸戎除翦其荆棘，驱其狐狸豺狼，以为先君不侵不叛之臣，至于今不贰。"（襄十四）

宋皇国父为大宰，为平公筑台，妨于农收，子罕请俟农功之毕，

公弗许。（襄十七）

秋，七月……大水。冬……大饥。（襄廿四经）

秋……将以伐齐，水不克。（襄廿四）

楚蔿掩为司马，子木使庀赋，数甲兵。甲午，蔿掩书土田，度山林，鸠薮泽，辨京陵，表淳卤，数疆潦，规偃猪，町原防，牧隰皋，井衍沃，量入修赋，赋车籍马，赋车兵徒卒甲楯之数，既成，以授子木，礼也。（襄廿五）

子产曰："政如农功，日夜思之，思其始而成其终，朝夕而行之，行无越思，如农之有畔，其过鲜矣。"（同上）

郑伯赏入陈之功……享子展，赐之先路，三命之服，先八邑。赐子产次路，再命之服，先六邑。子产辞邑……公固予之，乃受三邑。（襄廿六）

初，宋芮司徒生女子，赤而毛，弃诸堤下。（同上）

（卫）公与（公孙）免余邑六十。辞曰："唯卿备百邑，臣六十矣，下有上禄，乱也……"公固与之，受其半，以为少师。（襄廿七）

宋左师请赏曰："请免死之邑。"公与之邑六十，以示子罕。（同上）

崔氏之乱，申鲜虞来奔，仆赁于野，以丧庄公。（同上）

二十八年春，无冰。梓慎曰："今兹宋郑其饥乎！"（襄廿八）

秋，八月，大雩，旱也。（同上）

与晏子邶殿，其鄙六十……与北郭佐邑六十。（同上）

于是郑饥而未及麦。（襄廿九）

宋亦饥。（同上）

晋悼夫人食舆人之城杞者，绛县人或年长矣……赵孟问其县大夫，则其属也……遂仕之……与之田，使为君复陶，以为绛县师，而废其舆尉。（襄三十）

子产使都鄙有章，上下有服，田有封洫，庐井有伍……从政一年，舆人诵之曰：“取我衣冠而褚之，取我田畴而伍之，孰杀子产，吾其与之。”及三年，又诵之曰：“我有子弟，子产诲之，我有田畴，子产殖之，子产而死，谁其嗣之。”（同上）

譬如农夫，是穮是蓘，虽有饥馑，必有丰年。（昭元）

民参其力，二入于公，而衣食其一，公聚朽蠹，而三老冻馁，国之诸市，屦贱踊贵。（昭三）

（郑）子丰有劳于晋国，余闻而弗忘，赐女州田，以胙乃旧勋。（同上）

八月，大雩，旱也。（同上）

郑子产作丘赋，国人谤之。（昭四）

竖牛取东鄙三十邑以与南遗……竖牛祸叔孙氏，又披其邑。（昭五）

秋，九月，大雩。（昭六经。传：“旱也。”）

今吾子（子产）相郑国，作封洫，立谤政，制参辟，铸刑书，将以靖民，不亦难乎。（昭六）

禁刍牧，采樵，不入田，不樵树，不采艺，不抽屋，不强匄。（同上）

马有圉，牛有牧。（昭七）

子产为丰施归州田于韩宣子（同上）

凡公子公孙之无禄者，私分之邑。（昭十）

九月，大雩，旱也。（昭十六）

郑大旱。（同上）

（少皞氏）九扈为九农正，扈氏无淫者也。（昭十七）

六月，鄅人藉稻，邾人袭鄅。（昭十八）

初，莒有妇人，莒子杀其夫，已为嫠妇，及老，托于纪鄣，纺焉以

度而去之。(昭十九)

郑大水,龙斗于时门之外洧渊。(同上)

(伍员)耕于鄙。(昭廿)

民狎其野,三务成功。(昭廿三)

夫正其疆场,修其土田,险其走集,亲其民人,明其伍候……(同上)

抑人亦有言曰,嫠不恤其纬,而忧宗周之陨。(昭廿四)

秋,八月,大雩,旱也。(同上)

秋,七月上辛,大雩;季辛,又雩。

(昭廿五经。传:"秋,书再雩,旱甚也。")

齐侯曰:自莒疆以西,请致千社,以待君命。(昭廿五)

失鲁,而以千社为臣,谁与之立?(同上)

民不迁,农不移,工贾不变。(昭廿六)

冬,晋赵鞅、荀寅帅师城汝滨,遂赋晋国一鼓铁,以铸刑鼎,著范宣子所为刑书焉。(昭廿九)

冬,十月,陨霜杀菽。(定元经)

昔武王克商,成王定之,选建明德,以藩屏周……分鲁公以……殷民六族:条氏、徐氏、萧氏、索氏、长勺氏、尾勺氏,使帅其宗氏,辑其分族,将其类丑,以法则周公,用即命于周,是使之职事于鲁,以昭周公之明德。分之土田陪敦,祝宗卜史,备物典策,官司彝器,因商奄之民,命以伯禽,而封于少皞之虚。分康叔以……殷民七族:陶氏、施氏、繁氏、锜氏、樊氏、饥氏、终葵氏,封畛土略,自武父以南,及圃田之北竟,取于有阎之土,以共王职,取于相土之东都,以会王之东搜蒐,聃季授土,陶叔授民,命以康诰,而封于殷虚,皆启以商政,疆以周索。分唐叔以……怀姓九宗,职官五正,命以唐诰,

而封于夏虚，启以夏政，疆以戎索。（定四）

夏，归粟于蔡。（定五经。传："以周亟矜无资。"）

秋……大雩……九月，大雩。（定七经）

晋赵鞅谓邯郸午曰：归我卫贡五百家，吾舍诸晋阳，午许诺。（定十三）

生少康焉，为仍牧正。（哀元）

（少康）有田一成，有众一旅。（同上）

陈人从田，无田从党。（同上）

克敌者：上大夫受县，下大夫受郡，士田十万，庶人工商遂（注："得遂进仕"），人臣隶圉免（注："去厮役"）。（哀二）

初，周人与范氏田，公孙尨税焉，赵氏得而献之……（赵孟）止而与之田。（同上）

初，武城人或有因于吴竟，田焉，拘鄫人之沤菅者曰：何故使吾水滋。（哀八）

秋，吴城邗，沟通江淮。（哀九）

初，（陈）辕颇为司徒，赋封田以嫁公女，有余，以为己大器，国人逐之，故出。（哀十一）

季孙欲以田赋，使冉有访诸仲尼，仲尼曰：丘不识也。三发……仲尼不对，而私于冉有曰：君子之行也……敛从其薄，如是则以丘亦足矣，若不度于礼而贪冒无厌，则虽以田赋，将又不足。且子季孙若欲行而法，则周公之典在，若欲苟而行，又何访焉，弗听。（同上）

十有二年春，用田赋。（哀十二经。传："王正月，用田赋。"）

冬，十有二月，螽。（同上经。传："季孙问诸仲尼，仲尼曰：'丘闻之，火伏而后蛰者毕，今火犹西流，司历过也。'"）

宋郑之间有隙地焉，曰：弥作、顷丘、玉畅、嵒、戈、钖，子产与宋

人为成,曰:勿有是!(哀十二)

九月,螽……十有二月,螽。(哀十三经)

(郑)以六邑(上六邑)为虚。(哀十三)

冬……饥。(哀十四经)

(齐)因与卫地,自济以西,禚、媚、杏以南,书社五百。(哀十五)

以上《春秋左传》

使民以时。(《学而》)

陈文子有马十乘。(《公冶长》)

子华使于齐,冉子为其母请粟……子曰:君子周急不继富。(《雍也》)

原思为之宰,与之粟九百。(同上)

子曰:三年学,不至于穀,不易得也。(《泰伯》)

子曰:禹,吾无间然矣……卑宫室而尽力乎沟洫。(同上)

厩焚,子退朝,曰:伤人乎?不问马。(《乡党》)

子贡问政,子曰:足食、足兵、民信之矣。(《颜渊》)

哀公问于有若曰:年饥,用不足,如之何?有若对曰:盍彻乎?曰:二,吾犹不足,如之何其彻也?对曰:百姓足,君孰与不足,百姓不足,君孰与足。(同上)

樊迟请学稼。子曰:吾不如老农。请学为圃。曰:吾不如老圃。樊迟出,子曰:小人哉,樊须也……(《子路》)

禹稷躬稼而有天下。(《宪问》)

问管仲,曰:人也!夺伯氏骈邑三百,饭蔬食,没齿无怨言。(同上)

子曰:君子谋道不谋食,耕也,馁在其中矣;学也,禄在其中矣,

君子忧道不忧贫。(《卫灵公》)

丘也闻有国有家者,不患寡而患不均,不患贫而患不安,盖均无贫,和无寡,安无倾。(《季氏》)

天下有道,则庶人不议。(同上)

齐景公有马千驷。(同上)

旧谷既没,新谷既升,钻燧改火,期可已矣。(《阳货》)

食夫稻,衣夫锦,于汝安乎!(同上)

长沮、桀溺耦而耕……耰而不辍……夫子怃然曰:鸟兽不可与同群,吾非斯人之徒与而谁与,天下有道,丘不与易也。(微子)

子路从而后,遇丈人以杖荷蓧,子路问曰:子见夫子乎?丈人曰:四体不勤,五谷不分,孰为夫子,植其杖而芸。子路拱而立。止子路宿,杀鸡为黍而食之。见其二子焉。明日,子路行以告子。子曰:隐者也!使子路反见之。至则行矣。(同上)

(周)所重民、食、丧、祭。(《尧曰》)

以上《论语》

农人美利。(文酌)

大农假贷。(同上)

农之少积。(同上)

成年年谷足,宾、祭以盛……皂畜约制供,余子务艺。(籴匡)

年俭谷不足,宾、祭以中盛……三牧五库补摄……余子务穑。(同上)

年饥则勤而不宾,举祭以薄……闻随乡,下鬻塾,分助有匡,以绥无者,于是救困。(同上)

大荒有祷无祭……舍用振穷,君亲巡方,卿参告籴,余子倅运,

开口同食，民不藏粮，曰有匡，俾民畜唯牛羊。（同上）

卷一完

春违其农，秋伐其穑，夏取其麦，冬寒其衣服，春秋欲舒，冬夏欲亟，武之时也。（武称）

爵位不谦，田宅不亏，各宁其亲，民服如化，武之抚也。（同上）

四时：一、春违其农，二、夏食其谷，三、秋取其刈，四、冬冻其葆。（大武）

风雨饥疾……农乃商贾。（大明武）

田宅之荒，沟渠之害……水旱之菑。（大匡）

农夫任户，户尽夫出，农廪分乡，乡命受粮，程课物征，躬竞比藏，藏不粥籴，籴不加均，赋洒其币，乡正保贷，成年不偿……财殖足食，克赋为征，数口以食，食均有赋，外食不赡，开关通粮，粮穷不转，孤寡不废。滞不转留，戍城不留……旦夕运粮口……无播蔬，无食种……人不食肉，畜不食谷……资农不败务。（同上）

慎地必为之图，以举其物，物其善恶，度其高下，利其陂沟，爱其农时，修其等列，务其土实，差其施赋……（程典）

生穑省用……牛羊不尽齿不屠。（同上）

卷二完

农不失其时。（文传）

天有四殃，水旱饥荒。其至无时，非务积聚，何以备之？夏箴曰：小人无兼年之食，遇天饥，妻子非其有也。大夫无兼年之食，遇天饥，臣妾舆马非其有也……有十年之积者王，有五年之积者霸，无一年之积者亡。（同上）

告岁之有秋，今余不获，其落若何？（大开武）

若农之服田务耕，而不耨，维草其宅之，既秋而不获，维禽其飨

之，人而获饥，去谁哀之？（同上）

卷三完

别其阴阳之利，相土地之宜，水土之便，营邑制命之曰大聚。（大聚）

五里有郊，十里有井，二十里有舍。（同上）

耦耕口耘。（同上）

六畜有群。（同上）

春和猎耕耘，以习迁行。教芧与树艺，比长立职。与田畴皆通。（同上）

若其凶土陋民，贱食贵货，是不知政。（同上）

陂沟道路，藂苴丘坟，不可树谷者，树之材木。春发枯槁，夏发叶荣，秋发实蔬，冬发薪烝，以匡穷困。（同上）

且以并农力，执成男女之功。（同上）

分地薄敛，农民归之。水性归下，农民归利。（同上）

用牛于天、于稷，五百有四；用小牲羊豕于百神，水土社，二千七百有一。（世俘）

卷四完

在昔后稷惟上帝之言克播百谷，登禹之绩。凡在天下之庶民，罔不维后稷之元谷，用烝享。在商先哲王，明祀上帝，□□□□，亦维我后稷之元谷，用告和，用胥饮食。（商誓）

胥翕稷政。（同上）

汝（周公曰）播食不遑暇食，矧其有乃室。（度邑）

肆若农服田，饥以望获。（同上）

都鄙不过百室，以便野事，农居鄙得以庶士。（作雒）

小民率穑，保用无用。（皇门）

卷五完

维四年孟夏，王初祈祷于宗庙，乃尝麦于太祖。（尝麦）

卷六完

卷七无

东南曰扬州……其畜宜鸡犬鸟兽，其谷宜口。正南曰荆州……其畜宜鸟兽，其谷宜稻。河南曰豫州……其畜宜六扰（注："家所畜曰扰"），其谷宜五种（注："五种谓黍、稷、菽、麦、稻也"）。正东曰青州……其畜宜鸡犬，其谷宜稻麦。河东曰兖州……其畜宜六扰，其谷宜四种（注："四种，黍、稷、稻、麦"）。正西曰雍州……其畜牛马，其谷宜黍稷。东北曰幽州……其畜宜四扰（注："四扰，牛、马、羊、豕"），其谷宜三种（注："三种，黍、稻、稷也"）。河内曰冀州……其畜宜牛羊，其谷宜黍稷。正北曰并州……其畜宜五扰（注："五扰，牛、马、羊、豕、犬"），其谷宜五种（注："五种，黍、稷、菽、麦、麻"）。（职方）

卷八完

卷九无

卷十无

以上《逸周书》

昔我先王世后稷，以服事虞，及夏之衰也，弃稷弗务，我先王不窋用失其官，而自窜于戎翟之间。（《周语》上）

民之有口也，犹土之有山川也，财用于是乎出，犹其有原隰衍沃也，衣食于是乎生。（同上）

宣王即位，不籍千亩，虢文公谏曰：不可！夫民之大事在农……是故稷为大官。古者太史顺时覛土，阳瘅愤盈，土气震发，农祥晨正,日月底于天庙,土乃脉发,先时九日,太史告稷曰,自今至于初吉,阳气俱烝,土膏其动,弗震弗渝,脉其满眚,谷乃不殖。稷以告王曰:史帅阳官以命我司事,曰,距今九日,土膏俱动,王其祇祓,监农不易。王乃使司徒咸戒公卿、百吏、庶民。司空除坛于籍,命农大夫咸戒农用。先时五日,瞽告有协风至,王即齐宫,百官、御事各即其齐,三日。王乃淳濯飨醴。及期,郁人荐鬯,牺人荐醴,王祼鬯飨醴乃行,百吏、庶民毕从,及籍,后稷监之,膳夫、农正陈籍礼,太史赞王,王敬从之。王耕一墢,班三之,庶人终于千亩。其后稷省功,太史监之,司徒省民,太师监之,毕。宰夫陈飨,膳宰监之,膳夫赞王,王歆大牢,班尝之,庶人终食。是日也,瞽帅音官,以省风土,廪于籍东南,锺而藏之,而时布之于农,稷则遍戒百姓,纪农协功,曰:阴阳分布,震雷出滞,土不备垦,辟在司寇,乃命其旅曰:徇,农师一之,农正再之,后稷三之,司空四之,司徒五之,太保六之,太师七之,太史八之,宗伯九之,王则大徇,耨获亦如之。民用莫不震动,恪恭于农,修其疆畔,日服其镈,不解于时,财用不乏,民用和同。是时也,王事唯农是务,无有求利于其官,以干农功。三时务农而一时讲武……今天子欲修先王之绪,而弃其大功,匮神之祀,而困民之财,将何以求福用民?王弗听。(同上)

牧协职。(注:"周礼牧人掌牧,养牺牲,合其物色之数")。(同上)

王治农于籍,蒐于农隙,耨获亦于籍。狝于既烝,狩于毕时。(同上)

庶人工商各守其业,以共其上。(同上)

昔我先王之有天下也,规方千里以为甸服……其余以均分公侯伯子男……(《周语》中)

野有庾积，场功未毕，道无列树，垦田若蓺……（同上）

其时儆曰，收而场功，偫而畚梮，营室之中，土功其始。（同上）

周制有之曰，列树以表道，立鄙食以守路，国有郊牧，疆有寓望，薮有圃草，囿有林池，所以御灾也，其余无非谷土，民无县耜，野无奥草，不夺民时，不蔑民功，有优无匮，有逸无罢，国有班事，县有序民。（同上）

晋闻古之长民者，不堕山，不崇薮，不防川，不窦泽。（《周语》下）

天所崇之子孙或在畎亩，由欲乱民也；畎亩之人或在社稷，由欲靖民也，无有异焉。（同上）

《周语》完

《鲁语》上无

昔圣王之处民也，择瘠土而处之，劳其民而用之，故长王天下。（《鲁语》下）

季康子欲以田赋，使冉有访诸仲尼，仲尼不对，私于冉有曰……先王制土，籍田以力而砥其远迩，赋里以入而量其有无，任力以夫而议其老幼，于是乎有鳏寡孤疾，有军旅之出则征之，无则已。其岁收：田一井出稯禾、秉刍、缶米，不是过也，先王以为足。若子季孙欲其法也，则有周公之籍矣，若欲犯法，则苟而赋，又何访焉？（同上）

《鲁语》完

令夫农群萃而州处，察其四时，权节其用，耒耜枷芟。及寒，击菒除田（注："菒，枯草也"），以待时耕。及耕，深耕而疾耰之，以待时雨。时雨既至，挟其枪刈耨镈，以旦暮从事于田野。脱衣就功，首戴茅蒲，身衣袯襫，霑体涂足，暴其发肤，尽其四支之敏，以从事于田野。少而习焉，其心安焉，不见异物而迁焉，是故其父兄之教

不肃而成,其子弟之学不劳而能,夫是,故农之子恒为农。野处而不昵,其秀民之能为士者,必足赖也。(《齐语》)

管子于是制国以为二十一乡:工商之乡六,士乡十五(注:“唐尚书云:士与农共十五乡”)。(同上)

桓公曰:伍鄙若何?管子对曰:相地而衰征,则民不移……陆阜陵墐,井田畴均,则民不憾。无夺民时,则百姓富,牺牲不略(注:“略,夺也”),则牛羊遂。(同上)

美金以铸剑戟,试诸狗马;恶金以铸鉏夷斤斸,试诸壤土;甲兵大足。(同上)

翟人攻卫,卫人出庐于曹……其畜散而无育,桓公与之系马三百。(同上)

《齐语》完

其犹隶农也,虽获沃田而勤易之,将弗克飨,为人而已。(《晋语》一)

以皋落翟之朝夕苛我边鄙,使无日以牧田野,君之仓廪固不实……(同上)

中大夫里克与我矣,吾命之以汾阳之田百万。嬖大夫丕郑与我矣,吾命之以负葵之田七十万。(《晋语》二)

(晋)作辕田……作州兵。(《晋语》三)

轻關易道,通商宽农,茂穑劝分,省用足财。(《晋语》四)

公食贡,大夫食邑,士食田(注:“受公田也”),庶人食力,工商食官,皂隶食职,官宰食加(注:“官宰,家臣也。加,大夫之加田”)。(同上)

《晋语》五无

《晋语》六无

且夫戎翟荐处，贵货而易土，与之货而获其土，其利一也。边鄙耕农不儆，其利二也……（《晋语》七）

范宣子与龢大夫争田，久而无成……宣子说，乃益龢田而与之和。（《晋语》八）

大国之卿一旅之田（注："为田五百顷"），上大夫一卒之田（注："为田百顷"）。（同上）

（韩）宣子忧贫，叔向贺之……昔栾武子无一卒之田……今吾子有栾武子之贫。（同上）

叔鱼为赞理（注："赞，佐也"），邢侯与雍子争田，雍子纳其女于叔鱼以求直。（晋语九）

夫中行、范氏不恤庶难……今其子孙将耕于齐，宗庙之牺为畎亩之勤……（同上）

《晋语》完

故王者居九畡之田，收经入以食兆民。

《郑语》完

庶人有鱼炙之荐（注："庶人祀以鱼"）。（《楚语》上）

庶人食菜，祀以鱼。（《楚语》下）

士庶人舍时。（同上）

士庶人（祀）不过其祖。（同上）

天子之田九畡，以食兆民，王取经入焉，以食万官。（同上）

《楚语》完

譬如农夫作耦，以刈杀四方之蓬蒿。（《吴语》）

吴王夫差……乃起师北征，阙为深沟于商鲁之间，北属之沂，西属之济，以会晋公午于黄池。（同上）

余（夫差）沿江泝淮，阙沟深水，出于商鲁之间，以彻于兄弟之

国。(同上)

今吴民既罢,而大荒荐饥,市无赤米,而囷鹿空虚,其民必移就蒲嬴于东海之滨。(同上)

(越) 王命大夫曰:食土不均,地之不修,内有辱于国,是子也……(同上)

《吴语》完

(越王句践) 非其身之所种则不食,非其夫人之所织则不衣,十年不收于国,民居有三年之食。(《越语》上)

除民之害,以避天殃,田野开辟,府仓实,民众殷。(《越语》下)

《越语》完

以上《国语》

补:

其卿让于善,其大夫不失守,其士竞于教,其庶人力于农穑,商、工、皂隶不知迁业。(《左》襄九)

是故天子有公,诸侯有卿,卿置侧室,大夫有贰宗,士有朋友,庶人、工、商、皂隶、牧圉,皆有亲昵,以相辅佐也。善则赏之,过则匡之,患则救之,失则革之。自王以下,各有父兄、子弟,以补察其政,史为书,瞽为诗,工诵箴谏,大夫规诲,士传言,庶人谤,商旅于市,百工献艺……(《左》襄十四)

故天子建国,诸侯立家,卿置侧室,大夫有贰宗,士有隶子弟,庶人、工、商各有分亲,皆有等衰。(《左》桓二)

凤凰于飞,翙翙其羽,亦集爰止,蔼蔼王多吉士,维君子使,媚于天子。凤凰于飞,翙翙其羽,亦傅于天,蔼蔼王多吉人,维君子命,媚于庶人。(《大雅·卷阿》)

庶人之愚，亦职维疾，哲人之愚，亦维斯戾。（《大雅·抑》）

惠于朋友，庶民小子。（同上）

经始灵台，经之营之，庶民攻之，不日成之；经始勿亟，庶民子来。（《大雅·灵台》）

弗躬弗亲，庶民弗信。（《小雅·节南山》）

若保赤子，惟民其康乂。（《书·康诰》）

天罚不极，庶民罔有令政在于天下。（《书·吕刑》）

《洪范》中“庶人”、“庶民”。

越三日庚戌，太保乃以庶殷攻位于洛汭……越七日甲子，周公乃朝用书，命庶殷侯、甸、男、邦伯，厥既命殷庶，庶殷丕作。太保乃以庶邦冢君出取币，乃复入锡周公曰：拜手稽首，旅王若公，诰告庶殷，越自乃御事。（《书·召诰》）

以厥庶民（校勘记：“民，古本作人”），暨厥臣，达大家；以厥臣达王，惟邦君。（《书·梓材》）

皇天既付中国民，越厥疆土于先王。（同上）

民献有十夫，予翼，以于敉宁武图功。（《书·大诰》）

锡汝邦嗣四伯，人鬲自驭至于庶人六百又五十又九夫；锡夷嗣王臣十又三伯，人鬲千又五十夫。逦寂□自厥土。（大盂鼎铭）

姜商（赏）令贝十朋，臣十家，鬲百人。（令段铭）

锡女田于埜，锡女田于渒，锡女井家匔田于畯，与厥臣妾。锡女田于康锡女田于匽，锡女田于陴原，锡女田于寒山，锡女史小臣霝龠鼓钟，锡女井退匔人䰞，锡女井人奔于量。（大克鼎铭）

余考止公仆庸（墉）土田，多諫（债），必伯氏纵许。公宕其参，女则宕其贰，公宕其贰，女则宕其一。（召伯虎段铭）

侯氏锡之邑：二百又九十又九邑，与鄩之民人都啚（鄙）。（子

仲姜宝镈铭)

……丧其人民都邑……(洹子孟姜壶铭)

佳四月辰在丁未,王省珷(武)王,成王伐商图,遂省东国图,王立(位)于宜入土(社),南乡(向)。王令虞侯夨曰:“繇! 侯于宜,锡𩰫鬯一卣,商鬲一口,彤弓一,彤矢百,旅弓十,族矢千。锡土:厥川二百口,厥口百又廿,厥小邑卅又五,厥口百又四十。锡在宜王人口又七姓,锡奠七伯,人口口又五十夫,锡宜庶人六百又廿夫。”宜虞侯夨扬王休,作虞公父丁尊彝。(夨𣪘铭)

庄子思想大纲

（一）概论（庄子的时代与社会形态，庄子的出身与代表的阶级，庄子书的问题）。

（二）宇宙观与方法论（道，天，人，物，绝对的相对论—齐是非、善恶、美丑、一切，对“知”的态度，从客观唯心论到主观唯心论）。

（三）人生观（自然主义，天性，“逍遥游”，“心齐”，“坐望”，“无情”，“冲生之经”，“重生”观念，生死问题，归宿到宗教—梦与非梦、仙、真）。

（四）政治观（对社会的态度，对政治的态度，对当时政治的批评，“治天下”之方，归结到“无为”，理想社会）。

（五）思想斗争（“古之道术”，“六经”与“百家，“百家”之得失，对儒、墨、杨的批评，对诸家的批评，看待“关、老”与自己的学派）。

庄子史料

自由　夫列子御风而行，泠然善也，旬有五日而后反，彼于致福者，未数数然也。此虽免乎行，犹有所待者也。若夫乘天地之正，而御六气之辩，以游无穷者，彼且恶乎待哉！故曰，至人无己，神人无功，圣人无名。（《逍遥游》）

坐忘、天籁　南郭子綦隐几而坐，仰天而嘘，嗒焉似丧其耦，颜成子游立侍乎前，曰：何居乎？形固可使如槁木，而心固可使如死灰乎？今之隐几者，非昔之隐几者也，子綦曰：偃！不亦善乎而问之也！今者吾丧我，汝知之乎？汝闻人籁而未闻地籁，汝闻地籁而未闻天籁夫！子游曰：敢问其方？子綦曰：夫大块噫气，其名为风，是唯无作，作则万窍怒号，而独不闻之翏翏乎……泠风则小和，飘风则大和，厉风济则众窍为虚，而独不见之调调之刁刁乎！子游曰：地籁则众窍是已，人籁则比竹是已，敢问天籁？子綦曰：夫吹万不同，而使其自己也，咸其自取，怒者其谁也？（《齐物论》）

人生观　日夜相代乎前，而莫知其所萌，已乎已乎，旦暮得此，其所由以生乎？非彼无我，非我无所取，是亦近矣，而不知其所为使。若有真宰，而特不得其朕。可行已信，而不见其形；有情而无形。百骸、九窍、六藏，赅而存焉，吾谁与为亲……如求得其情与不得，无益损乎其真，一受其成形，不亡以待尽，与物相刃相靡，其行尽如驰，而莫之能止，不亦悲乎！终身役役，而不见其成功，苶然疲役,而不知其所归,可不哀耶?人谓之不死奚益?其形化,其心与之然,可不谓大哀乎!人之生也,固若是芒乎?其我独芒而人亦有不芒者乎?(同上)

齐是非　道恶乎隐,而有真伪,言恶乎隐,而有是非,道恶乎往而不存,言恶乎存而不可?道隐于小成,言隐于荣华。故有儒墨之是非,以是其所非,而非其所是,欲是其所非,而非其所是,则莫若以明。(同上)

齐是非　物无非彼,物无非是;自彼则不见,自知则知之。故曰:彼出于是,是亦因彼。彼是,方生之说也。虽然,方生方死,方死方生;方可方不可,方不可方可。因是因非,因非因是。是以圣人不由,而照之于天。亦因是也,是亦彼也,彼亦是也。彼亦一是非,此亦一是非;果且有彼是乎哉?果且无彼是乎哉?彼是莫得其偶,谓之道枢。枢始得其环中,以应无穷。是亦一无穷,非亦一无穷也。故曰:莫若以明。(同上)

齐是非　以指喻指之非指,不若以非指喻指之非指也。以马喻马之非马,不若以非马喻马之非马也。天地一指也,万物一马也。可乎可,不可乎不可。道行之而成,物谓之而然。恶乎然,然于然;恶乎不然,不然于不然。物故有所然,物固有所可;无物不然,无物不可。故为是举莛与楹厉与西施,恢恑憰怪,道通为一。其分也,成也;其成也,毁也。凡物无成与毁,复通为一。唯达者知通为一,为是不用,而寓诸庸。庸也者,用也;用也者,通也;通也者,得也。适得而几矣。因是已,已而不知其然,谓之道。劳神明为一,而不知其同也。谓之朝三。何谓朝三?曰:狙公赋芧,曰:朝三而暮四,众狙皆怒;曰:然则朝四而暮三,众狙皆悦。名实未亏而喜怒为用,亦因是也。是以圣人和之以是非,而休乎天钧,是之谓

两行。(同上)

齐是非　古之人其知有所至矣,恶乎至?有以为未始有物者,至矣尽矣,不可以加矣。其次以为有物矣,而未始有封也。其次以为有封焉,而未始有是非也。是非之彰也,道之所以亏也。道之所以亏,爱之所以成。果且有成与亏乎哉?果且无成与亏乎哉?……(同上)

绝对相对论　今且有言于此,不知其与是类乎,其与是不类乎?类与不类,相与为类,则与彼无以异矣。虽然,请尝言之:有始也者,有未始有始也者,有未始有夫未始有始也者,有有也者,有无也者,有未始有无也者,有未始有夫未始有无也者。俄而有无矣,而未知有无之果,孰有孰无也。今我则已有谓矣,而未知吾所谓之其果有谓乎,其果无谓乎?天下莫大于秋毫之末,而太山为小;莫寿乎殇子,而彭祖为夭。天地与我并生,而万物与我为一。既已为一矣,且得有言乎?既已谓之一矣,且得无言乎?一与言为二,二与一为三,自此以往,巧历不能得,而况其凡乎……(同上)

止辩　六合之外,圣人存而不论;六合之内,圣人论而不议;春秋经世先王之志,圣人议而不辩。故分也者,有不分也;辩也者,有不辩也。曰:何也?圣人怀之,众人辩之以相示也。故曰:辩也者,有不见也……道昭而不道,言辩而不及,仁常而不成,廉清而不信,勇忮而不成,五者园而几向方矣。故知止其所不知,至矣……(同上)

知与不知　庸讵知吾所谓知之非不知邪?庸讵知吾所谓不知之非知邪……自我观之,仁义之端,是非之涂,樊然殽乱,吾恶能知其辩。(同上)

自由　乘云气,骑日月,而游乎四海之外,死生无变于己,而况

利害之端乎?(同上)

死生　予恶乎知说生之非惑邪?予恶乎知恶死之非弱丧而不知归者邪?(同上)

梦与非梦　梦饮酒者,旦而哭泣;梦哭泣者,旦而田猎。方其梦也,不知其梦也,梦之中又占其梦焉,觉而后知其梦也,且有大觉,而后知此其大梦也。而愚者自以为觉,窃窃然知之。君乎,牧乎,固哉!(同上)

梦丘　丘也与女皆梦也,予谓女梦亦梦也,是其言也,其名为吊诡。(同上)

齐是非　既使我与若辩矣,若胜我,我不若胜,若果是也,我果非也邪?我胜若,若不吾胜,我果是也。而果非也邪?其或是也,其或非也邪?其俱是也,其俱非也邪?我与若不能相知也,则人固受其黮暗,吾谁使正之?使同乎若者正之,既与若同矣,恶能正之?使同乎我者正之,既同乎我矣,恶能正之?使异乎我与若者正之,既异乎我与若矣,恶能正之?使同乎我与若者正之,既同乎我与若矣,恶能正之?然则我与若与人,俱不能相知也,而待彼也邪……化声之相待,若其不相待,和之以天倪、因之以曼衍,所以穷年也。(同上)

天倪——寓诸无竟　何谓和之以天倪?曰:是不是,然不然。是若果是也,则是之异乎?不是也亦无辩;然若果然也,则然之异乎?不然也亦无辩……忘年忘义,振于无竟,故寓诸无竟。(同上)

自由　罔两问景曰:曩子行,今子止;曩子坐,今子起,何其无特操与?景曰:吾有待而然者邪?吾所待又有待而然者邪?吾待蛇蚹蜩翼邪?恶识所以然,恶识所以不然。(同上)(按:指《逍遥游》)

梦——齐物　昔者庄周梦为胡蝶，栩栩然胡蝶也，自喻适志与，不知周也。俄然觉，则蘧蘧然周也。不知周之梦为胡蝶与？胡蝶之梦为周与？周与胡蝶，则必有分矣，此之谓物化。（同上）（按：指《齐物论》）

不求知——全生　吾生也有涯，而知也无涯，以有涯随无涯，殆已！已而为知者，殆而已矣。为善无近名，为恶无近刑，缘督以为经。可以保身，可以全生，可以养亲，可以尽年。（《养生主》）

人生　安时而处顺，哀乐不能入也。古者谓是帝之县解。（同上）

至人　古之至人，先存诸己而后存诸人；所存于己者未定，何暇至于暴人之所行……德荡乎名，知出乎争。名也者，相轧也；知也者，争之器也，二者凶器，非所以尽行也。（《人间世》）

名实　名实者，圣人之所不能胜也。（同上）

名实　有而为之，其易邪？易之者，暭天不宜。（同上）

心齐　（颜）回曰：敢问心齐。仲尼曰：若一志，无听之以耳，而听之以心；无听之以心，而听之以气。听止于耳，心止于符，气也者，虚而待物者也；唯道集虚，虚者心齐也。颜回曰：回之未始得使，实自回也；得使之也，未始有回也。可谓虚乎？夫子曰：尽矣！吾语若，若能入遊其樊，而无感其名，入则鸣，不入则止。无门无毒，一宅而寓于不得已，则几矣。绝迹易，无行地难。为人使易以伪，为天使难以伪，闻以有翼飞者矣，未闻以无翼飞者也。闻以有知知者矣，未闻以无知知者也。（同上）

心齐　夫徇耳目内通，而外于心知，鬼神将来舍，而况人乎？是万物之化也……（同上）

大戒　仲尼曰：天下有大戒二：其一命也，其一义也。子之爱

亲,命也,不可解于心。臣之事君,义也,无适而非君也,无所逃于天地之间,是之谓大戒。(同上)

与物相化　彼且为婴儿,亦与之为婴儿;彼且为无町畦,亦与之为无町畦;彼且为无崖,亦与之为无崖。(同上)

与物相化　且予求无所可用久矣,几死,乃今得之,为予大用。使予也而有用,且得有此大也邪?(同上)

支离　支离疏者,颐隐于脐,肩高于顶,会撮指天,五管在上,两髀为胁,挫针治繲,足以糊口;鼓荚播精,足以食十人,上征武士,则支离攘臂于其间,上有大役,则支离以有常疾不受功;上与病者粟,则受三锺与十束薪。夫支离其形者,犹足以养其身,终其天年,又况支离其德者乎!(同上)

无用之用　山木自寇也,膏火自煎也;桂可食,故伐之;漆可用,故割之。人皆知有用之用,而莫知无用之用也。(同上)

合同异　仲尼曰:自其异者视之,肝胆楚越也,自其同者视之,万物皆一也。(《德充符》)

合同异　日夜相代乎前,而知不能规乎其始者也。(同上)

无情　惠子谓庄子曰:人故无情乎?庄子曰:然。惠子曰:人而无情,何以谓之人?庄子曰:道与之貌。天与之形,恶得不谓之人。惠子曰:既谓之人,恶得无情。庄子曰:是非吾所谓情也。吾所谓无情者,言人之不以好恶内伤其身,常因自然而不益生也。惠子曰:不益生,何以有其身。庄子曰:道与之貌,天与之形,不以好恶内伤其身,今子外乎子之神,劳乎子之精,倚树而吟,据槁梧而瞑,天选子之形,子以坚白鸣。(同上)

天、人、真人　庸讵知吾所谓天之非人乎?所谓人之非天乎?且有真人而后有真知。何谓真人?古之真人,不逆寡,不雄成,不謩士，若然者，过而弗悔，当而不自得也。若然者，登高不栗，入水不濡，入火不热，是知之能登假于道也若此。古之真人，其寝不梦，其觉无忧，其食不甘，其息深深。真人之息以踵，众人之息以喉，屈服者，其嗌言若哇，其耆欲深者，其天机浅。古之真人，不知说生，不知恶死，其出不欣，其入不距，翛然而往，翛然而来而已矣。不忘其所始，不求其所终。受而喜之，忘而复之，是之谓不以心捐道，不以人助天，是之谓真人。(《大宗师》)

天、人、真人　以刑为体，以礼为翼，以知为时，以德为循。(同上)

真人　其一，与天为徒，其不一，与人为徒。天与人不相胜也，是之谓真人。(同上)

生死　与其誉尧而非桀也，不如两忘而化其道。(同上)

生死　夫大块载我以形，劳我以生，佚我以老，息我以死，故善吾生者，乃所以善吾死也。(同上)

生死　若夫藏天下于天下，而不得所遯，是恒物之大情也。(同上)

道　夫道，有情，有信，无为，无形，可传而不可受，可得而不可见，自本自根，未有天地，自古以固存。神鬼、神帝、生天、生地，在太极之先而不为高，在六极之下而不为深，先天地生而不为久，长于上古而不老……(同上)

修道　南伯子葵问乎女偊曰：子之年长矣，而色若孺子，何也？曰：吾闻道矣。南伯子葵曰：道可得学邪？曰：恶，恶可……参日而后能外天下，已外天下矣，吾又守之，七日而后外物。已外物矣，吾又守之，九日而后能外生。已外生矣，而后能朝彻。朝彻而后能见独，见独而后能无古今，无古今而后能入于不死不生。杀生者不

死，生生者不生，其为物无不将也，无不迎也，无不毁也，无不成也，其名为撄宁，撄宁也者，撄而后成者也。（同上）

与物相化　浸假而化予之左臂以为鸡，予因以求时夜。浸假而化予之右臂以为弹，予因以求鸮炙。浸假而予之尻以为轮，以神为马，予因而乘之，岂更驾哉？（同上）

人生、多胜天　且夫得者时也，失者顺也。安时而处顺，哀乐不能入也，此古之所谓悬解也，而不能自解者，物有结之。且夫物不胜天久矣，吾又何恶焉。（同上）

人生　今一以天地为大炉，以造化为大冶，恶乎往而不可哉。成然寐，蘧然觉。（同上）

生死　彼方且与造物者为人，而游乎天地之一气，彼以生为附赘县疣，以死为决疒丸溃痈，夫若然者，又恶知死生先后之所在。假于异物，托于同体，忘其肝胆，遗其耳目，反复终始，不知端倪，芒然彷徨乎尘垢之外，逍遥乎无为之业，彼又恶能愦愦然为世俗之礼，以观众人之耳目哉！（同上）

相忘　鱼相忘乎江湖，人相忘乎道术。（同上）

天、人　天之小人，人之君子；人之君子，天之小人也。（同上）

化　且方将化，恶知不化哉；方将不化，恶知已化哉。吾特与汝其梦未始觉者邪……（同上）

道　吾师乎！吾师乎！整万物而不为义，泽及万世而不为仁，长于上古而不为老。覆载天地刻雕众形而不为巧，此所游已。（同上）

坐忘　颜回曰：回益矣。仲尼曰：何谓也？曰：回忘仁义矣。曰：可矣，犹未也。它日复见，曰：回益矣。曰：何谓也？曰：回忘礼乐矣。曰：可矣，犹未也。它日复见，曰：回益矣。曰：何谓也？曰：

回坐忘矣。仲尼蹵然曰:何谓坐忘?颜回曰:堕肢体,黜聪明,离形去知,同于大通,此谓坐忘。仲尼曰:同则无好也,化则无常也,而果其贤乎。丘也请从而后也。(同上)

天性与人为　马蹄可以践霜雪,毛可以御风寒,龁草饮水,翘足而陆,此马之真性也。虽有义台,路寝无所用之。及至伯乐曰:我善治马,烧之剔之,刻之雒之,连之以羁馽,编之以皁栈,马之死者十二三矣。饥之渴之,驰之骤之,整之齐之,前有橛饰之患,而后有鞭筴之威,而马之死者已过半矣。(《马蹄》)

复归于自然　吾意善治天下者不然,彼民有常性,织而衣,耕而食,是谓同德。一而不党,命曰天放。故至德之世,其行填填,其视颠颠,当是时也,山无蹊隧,泽无舟梁,万物群生,连属其乡,禽兽成群,草木遂长,是故禽兽可系羁而游,鸟鹊之巢可攀援而窥,夫至德之世,同与禽兽居,族与万物并,恶乎知君子小人哉!(同上)

仁义　夫残朴以为器,工匠之罪也;毁道德以为仁义,圣人之过也。(同上)

仁义　及至圣人,屈折礼乐,以匡天下之形;县跂仁义,以慰天下之心;而民乃始踶跂好知,争归于利,不可止也,此亦圣人之过也!(同上)

毁圣　圣人生而大盗起,掊击圣人,纵舍盗贼,而天下始治矣……圣人已死,则大盗不起,天下平而无故矣。圣人不死,大盗不止……(《胠箧》)

毁圣　为之斗斛以量之,则并与斗斛而窃之;为之权衡以称之,则并与权衡而窃之;为之符玺以信之,则并与符玺而窃之;为之仁义以矫之,则并与仁义而窃之。何以知其然邪?彼窃钩者诛,窃国者为诸侯,诸侯之门而仁义存焉,则是非窃仁义圣知邪?(同上)

毁仁知　削曾史之行，钳杨墨之口，攘弃仁义，而天下之德始玄同矣。（同上）

毁知　故天下每每大乱，罪在于好知，故天下皆知求其所不知，而莫知求其所已知者；皆知非其所不善，而莫知非其所已善者，是以大乱故。（同上）

治天下　闻在宥天下，不闻治天下也。在之也者，恐天下之淫其性也；宥之也者，恐天下之迁其德也。天下不淫其性，不迁其德，有治天下者哉！（在宥）

无为　自三代以下者，匈匈焉终以赏罚为事，彼何暇安其性命之情哉……故君子不得已而临莅天下，莫若无为，无为也，而后安其性命之情……（同上）

毁儒墨　下有桀跖，上有曾史，而儒墨毕起。（同上）

毁儒墨　今世殊死者相枕也，桁杨者相推也，刑戮者相望也，而儒墨乃始离跂攘臂乎桎梏之间，意甚矣哉！（同上）

长生　至道之精，窈窈冥冥；至道之极，昏昏默默；无视无听，抱神以静，形将自正；必静必清，无劳女形，无摇女精，乃可以长生。目无所见，耳无所闻，心无所知，女神将守形，形乃长生。慎女内，闭女外，多知为败，我为女遂于大明之上矣，至彼至阳之原也；为女入于窈冥之门矣，至彼至阴之原也。天地有官，阴阳有藏，慎守女身，物将自壮。我守其一以处其和，故我修身千二百岁矣，吾形未常衰。（同上）

天道、人道　何谓道？有天道，有人道，无为而尊者，天道也；有为而累者，人道也；主者，天道也，臣者，人道也；天道之与人道也，相去远矣，不可不察也。（同上）

天道、人道　无为为之之谓天，无为言之之谓德，爱人利物之谓仁，不同同之之谓大，行不崖异之谓宽，有万不同之谓富，故执德之谓纪，德成之谓立，循于道之谓备，不以物挫志之谓完。君子明于此十者，则韬乎其事心之大也，沛乎其为万物逝也。(《天地》)

形与道　故形非道不生，生非德不明。(同上)

仙　千岁厌世，去而上仙，乘彼白云，至于帝乡。(同上)

无一一大顺　泰初有无，无有无名，一之所起，有一而未形，物得以生谓之德。未形者有分，且然无间，谓之命。留动而生物，物成生理，谓之形。形体保神，各有仪则，谓之性。性修反德，德至同于初。同乃虚，虚乃大，合喙鸣，喙鸣合，与天地为合。其合缗缗，若愚若昏，是谓玄德，同乎大顺。(同上)

忘己　忘乎物，忘乎天，其名为忘已，忘已之人，是之谓入于天。(同上)

天运　天其运乎？地其处乎？日月其争于所乎？孰主张是，孰维纲是，孰居无事推而行是，意者其犹机缄而不得已邪？意者其运转而不能自止邪？(《天运》)

仁、孝　庄子曰至仁无亲……夫至仁尚矣，孝固不足以言之。此非过孝之言也，不及孝之言也。(同上)

圣　圣也者，达于情而遂于命也。(同上)

性命　性不可易，命不可变，时不可止，道不可壅。苟得于道，无自而不可；失焉者，无自而可。(同上)

长生、修道、天德　吹呴呼吸，吐故纳新，熊经鸟申，为寿而已矣。此道引之士，养形之人，彭祖寿考者之所好也。若夫不刻意而高，无仁义而修，无功名而治，无江海而闲，不道引而寿，无不忘也，无不有也，澹然无极而众美从之，此天地之道，圣人之德也。故曰：夫恬淡寂寞，虚无无为，此天地之平，而道德之质也……圣人之生也天行,其死也物化,静而与阴同德,动而与阳同波。不为福先,不为祸始,感而后应,迫而后动。不得已而后起,去知与故,循天之理,故无天灾,无物累,无人非,无鬼责,其生若浮,其死若休,不思虑,不豫谋,光矣而不耀,信矣而不期。其寝不梦,其觉无忧,其神纯粹,其魂不罢,虚无恬淡,乃合天德。(《刻意》)

真人　能体纯素,谓之真人。(同上)

隐士　古之所谓隐士者,非伏其身而弗见也,非闭其言而不出也,非藏其知而不发也,时命大谬也。当时命而大行乎天下,则反一无迹;不当时命而大穷乎天下,则深根宁极而待,此存身之道也。(《缮性》)

相对　以道观之,物无贵贱;以物观之,自贵而相贱;以俗观之,贵贱不在己;以差观之,因其所大而大之,则万物莫不大;因其所小而小之,则万物莫不小……以功观之,因其所有而有之,则万物莫不有;因其所无而无之,则万物莫不无;知东西之相反,而不可以相无,则功分定矣。以趣观之,因其所然而然之,则万物莫不然;因其所非而非之,则万物莫不非。(《秋水》)

看政治　帝王殊禅,三代殊继,差其时,逆其俗者,谓之篡夫;当其时,顺其俗者,谓之义之徒。(同上)

道、物　道无终始,物有死生。(同上)

天、人　牛马四足,是谓天;络马首,穿牛鼻,是谓人。故曰无以人灭天。无以故灭命,无以得殉名,谨守而勿失,是谓反其真。(同上)

知之域　庄子与惠子游于濠梁之上。庄子曰:鯈鱼出游从容,是鱼乐也。惠子曰:子非鱼,安知鱼之乐?庄子曰:子非我,安知我不知鱼之乐。惠子曰:我非子,固不知子矣;子固非鱼也,子之不知

鱼之乐全矣。庄子曰:请循其本,子曰:女安知鱼乐云者,既已知吾知之,而问我,我知之濠上也。(同上)

人生　人之生也,与忧俱生。寿者惽惽,久忧不死,何之苦也,其为形也亦远矣。列士为天下见善矣,未足以活身;吾未知善之诚善耶,诚不善耶;若以为善矣,不足活身;以为不善矣,足以活人。(《至乐》)

天、人　至乐无乐,至誉无誉。天下是非果未可定也,虽然,无为可以定是非,至乐活身,唯无为几存……天地无为也,而无不为也,人也孰能得无为哉!(同上)

死生　庄子妻死,惠子吊之,庄子则方箕踞鼓盆而歌。惠子曰:与人居长子,老身死,不哭亦足矣,又鼓盆而歌,不亦甚乎?庄子曰:不然!是其始死也,我独何能无槩然,察其始而本无生,非徒无生也,而本无形;非徒无形也,而本无气,杂乎芒芴之间,变而有气,气变而有形,形变而有生,今又变而之死,是相与为春秋冬夏四时行也,人且偃然寝于巨室,而我噭噭然随而哭之,自以为不通乎命,故止也。(同上)

死生　生者假借也,假之而生,生者尘垢也。死生为昼夜,且吾与子观化,而化及我,我又何恶焉?(同上)

乐死　髑髅曰:死无君于上,无臣于下,亦无四时之事,从然以天地为春秋,虽南面王,乐不能过也。(同上)

名实、适福　故先圣不一其能,不同其事,名止于实,义设于适,是之谓条达而福持。(同上)

万物、出机、入机　久竹生青宁,青宁生程,程生马,马生人,人又反入于机。万物皆出于机,皆入于机。(同上)

复归于天　有生必先无离形,形不离而生亡者有之矣。生之来，不能却；其去，不能止。悲夫！世之人以为养形足以存生，而养形果不足以存生，则世奚足为哉！虽不足为而不可不为者，其为不免矣。夫欲免为形者，莫如弃世；弃世则无累，无累则正平，正平则与彼更生；更生则几矣。事奚足弃，而生奚足遗，弃事则形不劳，遗生则精不亏；夫形全精复，与天为一。天地者，万物之父母也；合则成体，散则成始；形精不亏，是谓能移。精而又精，反以相天。（《达生》）

内外　凡外重者内拙。（同上）

物物　浮游乎万物之祖，物物而不物于物，则胡可得而累耶？（《山木》）

游世　人能虚己以游世，其孰能害之？（同上）

庄子贫　庄子衣大布而补之，正緳系履，而过魏王。魏王曰：何先生之惫耶？庄子曰：贫也，非惫也。士有道德不能行，惫也；衣敝履穿，贫也，非惫也。（同上）

生死　生也死之徒，死也生之始，孰知其纪。（《知北游》）

生死　人之生，气之聚也；聚则为生，散则为死；若死生为徒，吾又何患，故万物一也。是其所美者为神奇，其所恶者为臭腐；臭腐复化为神奇，神奇复化为臭腐，故曰：通天下一气耳，圣人故贵一。（同上）

坐忘　曰：形若槁骸，心若死灰。真其实知，不以故自持。媒媒晦晦，无心而不可与谋，彼何人哉！（同上）

天、人　舜问乎丞曰：道可得而有乎？曰：汝身非汝有也，汝何得有夫道。舜曰：吾身非吾有也，孰有之哉？曰：是天地之委形也。生非汝有，是天地之委和也。性命非汝有，是天地之委顺也。孙子非汝有，是天地之委蜕也……（同上）

宇宙精神　夫昭昭生于冥冥，有伦生于无形，精神生于道，形本生于精，而万物以形相生。故九窍者胎生，八窍者卵生，其来无迹，其往无崖，无门无房，四达之皇皇也。邀于此者，四肢强，思虑恂达，耳目聪明，其用心不劳，其应物无方，天不得不高，地不得不广，日月不得不行，万物不得不昌，此其道与……（同上）

道　东郭子问于庄子曰：所谓道，恶乎在？庄子曰：无所不在。东郭子曰：期而后可。庄子曰：在蝼蚁。曰：何其下耶？曰：在稊稗。曰：何其愈下耶？曰：在瓦甓。曰：何其愈甚耶？曰：在屎溺。（同上）

物物　物物者，与物无际，而物有际者，所谓物际者也，不际之际，际之不际者也。谓盈虚衰杀，彼为盈虚非盈虚，彼为衰杀非衰杀，彼为本末非本末，彼为积散非积散也。（同上）

无无　予能有无矣，而未能无无也。及为无有矣，何从至此哉！（同上）

物　无古无今，无始无终……有先天地生者物耶？物物者非物，物出不得先物也，犹其有物也，犹其有物也无已。（同上）

卫生之经　老子曰：卫生之经能抱一乎？能勿失乎？能无卜筮而知吉凶乎？能止乎？能已乎？能舍诸人而求诸己乎？能翛然乎？能侗然乎？能儿子乎？儿子终日嗥而嗌不嗄，和之至也；终日握而手不掜，共其德也；终日视而目不瞚，偏不在外也。行不知所之，居不知所为，与物委蛇而同其波，是卫生之经已……夫至人者，相与交食乎地，而交乐乎天，不以人物利害相撄，不相与为怪，不相与为谋，不相与为事，翛然而往，侗然而来，是谓卫生之经已……（《庚桑楚》）

天门——无有　天门者，无有也；万物出乎无有，有不能以有为有，必出乎无有；而无有一无有，圣人藏乎是。古之人其知有所至矣，恶乎至？有以为未始有物者，至矣尽矣，弗可以加矣。其次以为有物矣，将以生为丧也，以死为反也，是以分已，其次曰：始无有，既而有生，生俄而死，以无有为首，以生为体，以死为尻，孰知有无死生之一守者，吾与之为友，是三者虽异，公族也，昭景也，着戴也，甲氏也，着封也，非一也。（同上）

性　性者，生之质也；性之动，谓之为，为之伪，谓之失。（同上）

无情　故敬之而不喜，侮之而不怒者，唯同乎天和者为然。（同上）

真人　古之真人，以天待之，不以人入天，古之真人。（《徐无鬼》）

不惑　以不惑解惑，复于不惑，是尚大不惑。（同上）

环中　冉相氏得其环中以随成，与物无终无始，无几无时日，与物化者，一不化者也……夫圣人未始有天，未始有人；未始有始，未始有物；与世偕行而不替，所行之备而不洫，其合之也若之何？（《则阳》）

天地、阴阳　是故天地者，形之大者也；阴阳者，气之大者也……穷则反，终则始；此物之所有，言之所尽，知之所至，极物而已。睹道之人，不随其所废，不原其所起，此议之所止……有名有实，是物之居；无名无实，在物之虚，可言可意，言而愈疏；未生不可忌，已死不可徂；死生非远也，理不可睹，或之使，莫之为，疑之所假，吾观之本，其往无穷；吾求之末，其来无止，无穷无止。言之无也，与物同理，或使莫为，言之本也，与物终始，道不可有，有不可无；道之为名，所假而行；或使莫为，在物一曲；夫胡为于大方。言而足，则终日言而尽道；言而不足，则终日言而尽物。道物之极，言默不足以载；非言非默，议其有极。（同上）

阴阳五行　木与木相摩则然,金与火相守则流,阴阳错行,则天地大絯。于是乎有雷有霆,水中有火,乃焚大槐。有甚忧两陷而无所逃,螴蜳不得成,心若县于天地之间,慰睯沈屯,利害相摩,生火甚多,众人焚和,月固不胜火,于是乎有僓然而道尽。(《外物》)

庄子贫　庄周家贫,故往贷粟于监河侯……(同上)

两忘　与其誉尧而非桀,不如两忘而闭其所誉……去小知而大知明,去善而自善矣。(同上)

至人　唯至人乃能游于世而不僻,顺人而不失己,彼教不学,承意不彼。(同上)

得意、忘言　荃者所以在鱼,得鱼而忘荃;蹄者所以在兔,得兔而忘蹄;言者所以在意,得意而忘言。吾安得夫忘言之人而与之言哉!(同上)

寓言、重言、卮言、无言、相对、万物、相禅、若环　寓言十九,重言十七,卮言日出,和以天倪。寓言十九,藉外论之……重言十七,所以已言也,是为耆艾……卮言日出,和以天倪,因以曼衍,所以穷年。不言则齐,齐与言不齐,言与齐不齐也。故曰无言,言无言,终身言未尝言;终身不言,未尝不言。有自也而可,有自也而不可;有自也而然,有自也而不然。恶乎然?然于然;恶乎不然?不然于不然;恶乎可?可于可;恶乎不可?不可于不可。物固有所然,物固有所可;无物不然,无物不可。非卮言日出,和以天倪,孰得其久。万物皆种也,以不同形相禅;始卒若环,莫得其伦;是谓天均,天均者,天倪也。(《寓言》)

鬼　有以相应也,若之何其无鬼耶?无以相应也,若之何其有鬼耶?(同上)

重生　夫天下至重也,而不以害其生,又况他物乎?(《让王》)

重生　能尊生者，虽贵富，不以养伤身；虽贫贱，不以利累形。（同上）

重生　帝王之功，圣人之余事也，非所以完身养生也。（同上）

重生　重生则利轻……不能自胜而强不从者，此之谓重伤，重伤之人，无寿类矣。（同上）

养生、适欲　今吾告子以人之情，目欲视色，耳欲听声，口欲察味，志气欲盈。人上寿百岁，中寿八十，下寿六十，除病瘦死丧忧患，其中开口而笑者，一月之中，不过四五日而已矣。天与地无穷，人死者有时，操有时之具，而托于无穷之间，忽然无异骐骥之驰过隙也，不能说其志意，养其寿命者，皆非通道者也。（《盗跖》）

适欲　故势为天子，未必贵也；穷为匹夫，未必贱也。贵贱之分，在行之美恶。（同上）

观政治　小盗者拘，大盗者为诸侯，诸侯之门，义士存焉。（同上）

观政治　小人殉财，君子殉名，其所以变其情，易其性，则异矣，乃至于弃其所为，而殉其所不为，则一也。（同上）

性　夫欲恶避就，固不待师，此人之性也。（同上）

庄子儒服　今夫子（庄子）必儒服而见王。（《说剑》）

贵真　真者，精诚之至也；不精不诚，不能动人……真在内者，神动于外，是所以贵真也……礼者，世俗之所为也；真者，所以受于天也，自然不可易也。故圣人法天贵真，不拘于俗，愚者反此。不能法天而恤于人，不知贵真碌碌而受变于俗，故不足惜哉！（《渔父》）

道　且道者，万物之所由也；庶物失之者死，得之者生；为事逆之则败，顺之则成。故道之所在，圣人尊之。（同上）

遁天之刑　古者谓之遁天之刑。（《列御寇》）

天而不人　庄子曰：知道易，勿言难；知而不言，所以之天也；知而言之，所以之人也。古之人，天而不人。（同上）

至人　彼至人者，归精神乎无始，而甘冥乎无，何有之乡……（同上）

隐居不仕　或聘于庄子，庄子应其使曰：子见夫牺牛乎？衣以文绣，食以刍菽，及其牵而入于太庙，虽欲为孤犊，其可得乎？（同上）

隐居不仕　以不平平，其平也不平，以不征征，其征也不征。明者唯为之使，神者征之，夫明之不胜神也久矣，而愚者恃其所见，入于人，其功外也，不亦悲乎？（同上）

古之道术　天下之治方术者多矣，皆以其有为不可加矣，古之所谓道术者，果恶乎在？曰：无乎不在。曰：神何由降，明何由出，圣有所生，王有所成，皆原于一。不离于宗，谓之天人；不离于精，谓之神人；不离于真，谓之至人。以天为宗，以德为本，以道为门，兆于变化，谓之圣人。以仁为恩，以义为理，以礼为行，以乐为和，薰然慈仁，谓之君子。以法为分，以名为表，以参为验，以稽为决，其数一二三四是也。百官以此相齿，以事相常，以衣食为主蕃息畜，藏老弱孤寡为意，皆有以养，民之理也。（《天下》）

古之道术、六经、百家　古之人其备乎！配神明，醇天地，育万物，和天下泽及百姓，明于本数，系于末度，六通四辟，小大精粗，其运无乎不在。其明而在数度者，旧法世传之史，尚多有之。其在于诗书礼乐者，邹鲁之士缙绅先生，多能明之。诗以道志，书以道事，礼以道行，乐以道和，易以道阴阳，春秋以道名分。其数散于天下，而设于中国者，百家之学，时或称而道之天下大乱，贤圣不明，道德不一，天下多得一，察焉以自好，譬如耳目鼻口，皆有所明，不能相

通，犹百家众技也，皆有所长，时有所用，虽然不该不徧，一曲之士也。（同上）

百家　百家往而不反，必不合矣。后世之学者，不幸不见天地之纯，古人之大体，道术将为天下裂。（同上）

关老　关尹老聃乎，古之博大真人哉！（同上）

庄子之学　芴漠无形，变化无常，死与生与，天地并与，神明往与，芒乎何之，忽乎何适，万物毕罗，莫足以归，古之道术有在于是者。庄周闻其风而悦之，以谬悠之说，荒唐之言，无端崖之辞，时恣纵而不傥，不以觭见之也，以天下为沈浊，不可与庄语。以卮言为曼衍，以重言为真，以寓言为广，独与天地精神往来，而不敖倪于万物，不谴是非以与世俗处，其书虽瑰玮，而连犿无伤也；其辞虽参差，而諔诡可观。彼其充实不可以已，上与造物者游，而下与外死生无终始者为友，其于本也弘大而辟，深闳而肆，其于宗也，可谓稠适而上遂矣。虽然其应于化，而解于物也，其理不竭，其来不蜕，芒乎昧乎，未之尽者。（同上）

教　凡人之患蔽于一曲，而暗于大理。（《解蔽》）

政　天下无二道，圣人无两心，今诸侯异政，百家异说，则必或是或非，或理或乱。（同上）

论争　墨子蔽于用而不知文，宋子蔽于欲而不知得，慎子蔽于法而不知贤，申子蔽于势而不知知，惠子蔽于辞而不知实，庄子蔽于天而不知人。（同上）

论争　故由用谓之，道尽利矣；由俗谓之，道尽嗛矣；由法谓之，道尽数矣；由势谓之，道尽便矣；由辞谓之，道尽论矣；由天谓之，道尽因矣。此数具者，皆道之一隅也。（同上）

伦、教　人何以知道，曰：心；心何以知，曰：虚一而静。心未尝不臧也，然而有所谓虚；心未尝不满也，然而有所谓一；心未尝不动也，然而有所谓静。人生而有知，知而有志，志也者，臧也。然而有所谓虚，不以所已臧，害所将受，谓之虚。心生而有知，知而有异，异也者，同时兼知之，同时兼知之，两也，然而有所谓一。不以夫一害此一，谓之一。心卧则梦，偷则自行，使之则谋，故心未尝不动也，然而有所谓静。不以梦剧乱知，谓之静。（同上）

名　然而心为之择谓之虑，心虑而能为之动谓之伪，虑积焉能习焉而后成谓之伪，正利而为谓之事，正义而为谓之行，所以知之在人者谓之知，知有所合谓之智，知所以能之在人者谓之能，性伤谓之病，节遇谓之命：是散名之在人者也，是后王之成名也。（《正名》）

名、政　故王者之制名，名定而实辨，道行而志通，则慎率民而一焉。故析辞擅作名以乱正名，使民疑惑，民多辩讼，则谓之大奸，其罪犹为符节度量之罪也。（同上）

名、政　今圣王没，名守慢，奇辞起，名实乱，是非之刑不明，则虽守法之吏，诵数之儒，亦皆乱也。（同上）

名、政　若有王者起，必将有循于旧名，有作于新名。然则所为有名，与所缘有同异，与制名之枢要，不可不察也。（同上）

名、政　交喻，异物名实玄纽，贵贱不明，同异不别，如是则志必有不喻之患，而事必有困废之祸，故知者为之分别制名以指实，上以明贵贱，下以辨同异……此所为有名也。（同上）

从地理之观点论中国今昔之国防*

一、绪论

人类过去生存活动之史迹，表现于民族之互斗，与国家之竞争者，无不受自然环境之支配，无不与地理之要素相关。世界者，民族活动之大剧场也。一民族为欲维持其生存，不能不用武力以保卫疆圉，抵抗侵略，且因人口膨胀之故，原有土地，不克自容，固有资源，顿难自给，势不能不用武力以侵占邻国之土地，略夺邻国之资源，于是而战争以起，而国防问题以生。吾人试探讨有史以来之人类战争，必可发现，无役不有"求领土，求资源"之因子存焉。即以中国之匈奴为例：匈奴自古为中国之大患，盖地理环境使然。中原之地，平野沃壤，气煦物华，而塞北之域，则硗薄荒凉，寒暑酷烈，是以每当秋高马肥之候，河冰冻结之秋，匈奴辄思南下牧马，控弦压境，以逞其大欲，由是，中国之外患，常来自北，而国防之重心，端在长城，地理与国防之关系，顾不大哉。一民族欲求生存于世界，不可不占有土地，有土地，不可不有国防，欲贯彻其国防目的，不可不从事战争，故"生存"、"国防"与"战争"实三位一体之物，而"生

---

* 本文发表时，作者署名庸盦。

存”、“国防”与“战争”，自地理学上观之，乃为地球表面上，所起人文地理学之现象之全豹，故将国防视为地理学研究之对象，乃属至当。吾人欲研究中国之地理与国防，必先确实明了地理与国防之不可分性。

有国家即有国防。国防云者，国家之防卫也（按，國之一字，即取一口一戈，以卫吾圉之意）。然古时之国防，重在边境陆地，以军备为主体，以武力为对象，今日之国防，乃全国之国防，全民之国防，及立体之国防，由是可知今日国防要素之繁多，军备军需，固为直接之国防力，即工业、农业、外交、内政、人口、民气、资源、地形等等，亦皆与国防有莫大之关系。大别之，可分为自然之要素，与人为之要素二类，自然之要素，又可区分为土地、资源二种，人为之要素亦往往与自然之要素有关，兹专就土地、资源二项中论地理与国防之关系。

（一）土地与国防

1. 面积　“有土始有财”，有“广土”，始有“民众”，故土地乃国家之宝。且土地为国家三大要素之一，无土地则无国家，故国防最明显之目的，即消极地保守疆土，积极地扩张疆土。试就今日世界各国而言，国家之强弱，适与土地之多寡成正比，如英、俄、法、美，领土最广，国防之储藏力亦最丰，故国势坚强难撼，日本于六十年前，原为蕞尔三岛，地褊民穷，国际地位，且在中国之下，然日人富于民族精神，卒能打破环境，恢拓境宇，一跃而入于世界大国之林，至中国者，言土地，则居世界第四，论人口，则列全球第五，实称雄图霸之资也。然以人谋不臧，自 1840 年中英鸦片战后，一蹶不振，固有疆土，且恐不保，何暇向外进取耶！

2. 地势　一国地势之高低险夷，海岸线之长短屈曲，港湾岛屿之分布多少，皆与国防有关。如国土四境，屏障天然，若日本之夸金瓯无缺，英国之保名誉孤立，则于国防有利；海岸线便于我之攻防，而不利于敌之袭击，则于国防有利；与敌作战时，攻守有优良之地势地形之凭藉，能避免作战于本国领土之内，则于国防有利。吾国疆土，经周、秦、汉、唐之开辟，宋、元、明、清之混同，金瓯完整，山川险塞，试以清乾、嘉时之地势言之，西方有阿尔泰山、天山、葱岭之天险，蜿蜒如堡垒，而境外且有中亚诸属国，为新疆之屏障；北以阿尔泰山、外兴安岭、黑龙江，与西伯利亚相隔，森林葱郁，气候奇寒，于防守上亦居有利之地位；东北则有朝鲜半岛为屏藩；西南则有喜马拉雅山之大崭及尼帕尔、哲孟雄、不丹之环卫缓冲；南自马来半岛起，沿苏门答腊、麻六甲、巴拉瓜、麻尼拉、小笠原群岛，构成海防之第一线，自台湾、琉球经陲隅诸岛，至朝鲜半岛之对马海峡，形成海防之第二线，且北方复有渤海湾之锁钥，南方有闽粤澎湖列岛之门户，故无论海陆两方，国防地势，极占优势，进攻退守，无不宽裕。惜我国不能光大先业，保卫疆土，边圉既日被蚕食，国防乃日趋呰窳，降至今日，乃成为有国无防之国家矣。

3. 位置　一国国土之位置，为决定国防政策之基本条件，滨海之国与大陆之国，其国防政策必全然相异，今以英德为例而阐明之。德国处欧洲之中心，其国防之危险，乃法俄东西之夹攻，当1871至1890年，铁血宰相俾斯麦执政时代，德国之国防政策，即为孤法、睦俄、联奥、亲英，且于国内完成以柏林为神经之复线铁道网，俾能东西肆应焉，是以当俾氏在位时，德国俨为欧洲之盟主，迨威廉二世即位，一反俾氏之政策，于是德国乃陷于四面楚歌之境矣。英为岛国，领土遍全球，设其海外领土为他国所夺，则英伦三岛，不战可屈，故英国之国防政策，为两强标准海军之保持及海洋航路安全之维持，至于陆军，英国因非国防所切需，故不甚重视，德人曾夸云："英国陆军，一入德境，德警察亦可任意拘扑之。"于此可窥见英国陆军实力之较弱矣。吾国位于亚洲之东部，东南环海洋，西北连大陆，故欲固中国之国防，须兼有强大之海陆军，方足自卫，兴建海军，已非中国之财力所胜任，且缓不济急，故以建造多数优秀之小型潜艇，以供防海之用为得计，若吾人增强陆军及空军，亦可补海军力之不足也。又与中国有领土关系之国，有日、俄、英、法，与中国有历史及经济关系最深者，为美国，此五国家之利害极不一致，纵有一国为我之敌，其他四国，未必为我之敌，设吾人能从外交上着眼于国防政策，平时务讲信修睦，多联与国，战时则可以借贷取资，孤敌助我焉。

（二）资源与国防

就普遍情形而言，共同生存于地球上之任何一民族之命运，决定于地下蕴藏之资源，一国富于资源且能利用之者，其国必强，一国地瘠土贫者，其国必弱，一国虽富于资源，但不善开发之者，国必衰弱且易引起邻国之侵略，如中国是也。若就国防而言，则蕴蓄于地之资源——铁、煤、油等——实为国防基本条件之一，且为战争胜负之关键。故法福煦将军有"一滴石油与一滴血有同等价值"之语。现代战争，由欧战之经验观之，可谓消耗之战争，是以欧战之后谈国防，咸亟亟于资源之获得也。若吾人不开发土地之资源，而徒言充实国防，实无异于纸上谈兵，所谓空言无补也。

今请以英国为吾人之借镜，世人谓英国之外交政策，从未失败，吾人亦可谓英国之国防政策，亦从未失败。英国一手树立国内工商业之基础，一手攫取海外殖民地之富源，有与英对抗者，虽诉诸战争亦不辞，故纳尔逊有言："英国之国防线，在敌国之海岸线。"

英国此种积极之国防政策,可谓着着成功,吾人观1800年至1919年英国领土人口之增加,即可知矣。

年代	领土增加数(方英里)	人口增加数
1800	1500000	20000000
1850	4500000	160000000
1900	11300000	390000000
1919	13700000	475000000

录自 The New Warlde, Bowman.

英国之所以赢得今日“海上霸主”之皇冠及“英无落日”之名誉,实由于英国之国防政策,以夺取资源为目标之故,因欲贯彻其国防政策,英国曾向西班牙、荷兰、法国及德国挑战,而每次皆属英国胜利,故英得垄断世界之资源,国防地位愈固若金汤矣。试以下列事实证之:

年代	交战国
1588	英国歼灭西班牙无敌舰队
1652—1666	英国单独对抗荷兰
1666—1667	英国对抗荷兰及法国
1667—1688	英国联法抗荷
1688—1713	英国联荷抗法
1798—1799	英法海战
1800—1801	英国孤立抗法
1803—1806	英国战胜法国
1914—1918	英国联法俄等国战胜德国

欲巩固中国之国防,效英国之积极进取,已失时机,但中国资源之尚未开发者极饶,吾人即能利用固有之天然富源,则国防资源

问题,亦解决大半矣。

二、中国历代国防概观

国防之观念,吾国发生最早,《易》云:“王公设险,以守其国。”又《礼记·月令》之训曰:“孟冬之月,命有司坏城郭,戒门闾,修键闭,慎管钥,固封疆,备边境,完要塞,谨关梁,塞蹊径。”二者之意,盖谓国家宜依地理以设防也。以下分期说明历代国防之地理沿革,以见我祖先开基创业之伟大魄力,使今之国人,有所警惕,知所奋勉焉。

Ⅰ.上古之国防

吾国上古国防之可考者,自黄帝始,黄帝南擒蚩尤,北逐荤粥,画野分州,恢疆拓土,而国家以宁。其时,中国民族活动区域,为以西安、北平、南京为顶点之三角形大平原,此平原四周,富于山岳、江河、森林、沼泽之险,足以资固守焉。然洞庭彭蠡之面,三苗仍负嵎不服,故唐尧、虞舜、夏禹三代,皆以征苗为国家大事。“尧战于丹水之浦,以服南蛮”(《吕氏春秋·召类篇》)。舜“窜三苗于三危”、“分北三苗”(《尚书·虞书》)。崩丁南征道中。禹平水土,平服三苗,完成黄帝未竟之业,于是画分天下为九州,一曰冀(在今河北、山西间),二曰兖(在今河北南境,山东西北境),三曰青(在今渤海至山东之东部),四曰徐(在今泰山以南至淮之山东南境,江苏、安徽北境),五曰扬(在今淮水,至于南海,两江闽浙之地),六曰荆(在今荆山至两湖一带之地),七曰豫(在今黄河以南至于荆山河南全部及湖北北境),八曰梁(在今华山西南,陕西南境及四川一带),九曰雍(在今陕西西部及甘肃之地)。此当时国境之版图也。

禹又分国境为五服，以为边地之区分，“甸服”为王畿，“侯服”为诸侯，“绥服”近于边徼，“要服”、“荒服”则已属蛮夷戎狄矣。对外之政策，挞伐与羁縻并行，“要服”及“荒服”，职在朝贡，若外族有窥边侵略之行，则奋武卫以安之。此种国防政策推行之结果，于是“光天之下，至于海隅苍生，万邦黎献，共惟帝臣”（《尚书·皋陶谟》）。商朝仍守此五服之制，周朝乃更为九服，实际上与五服之制无殊。

商代，汧陇太行之间，鬼方甚强，高宗伐之，三年始克，可见中国与外族斗争之激烈矣。入周，北狄玁狁甚猖獗，太王居邠，被迫迁岐。《孟子·梁惠王章》云：“昔者，太王居邠，狄人侵之，事之以皮币，不得免焉，事之以犬马，不得免焉，事之以珠玉，不得免焉，乃属其耆老而告之曰：狄人之所欲者，吾土地也，吾闻之也，君子不以其所以养人者害人，二三子何患乎无君，我将去之。去邠，逾梁山，邑于岐山之下，居焉。”由斯可见周之始祖，对于外族甘辞厚币之弱态。文王之世，复服事昆夷，周宣王立，颇能振作，以征讨玁狁为职志，既薄伐玁狁，即命南仲城守朔方（今绥远河套之地），而国防以靖。《诗·小雅·出车篇》云：“王命南仲，往城于方，出车彭彭，旂旐央央，天子命我，城彼朔方，赫赫南仲，玁狁于襄。”

由上所述各点观之，可见自黄帝至唐虞夏商周诸代实采一贯之积极国防政策。然周以重文之结果，末季不免流于衰弱，西戎之祸，深入腹心，曾五败宣王之师。幽王立，犬戎卒攻破周之首都镐京，杀幽王，此役实开异族入侵之纪录，于我国之国防史上，诚为值得大书特书之事。降自春秋之世，因周室衰微，诸侯争伐，外族之势力又蔓延滋长，如荆吴（群舒属之），东夷（嵎夷、莱夷、岛夷、淮夷、徐戎），苗蛮（苗、黎、蛮、卢、濮属之），百越（东越、瓯越、闽越、南越等)，氐羌(巴、庸、蜀、骊戎、阴戎属之)，群狄(鬼方、荤粥、玁狁、昆夷及赤白诸狄)，群貊(山戎、犬戎、东胡属之)等族，或骚扰于心腹之地，或为寇于边陲之处，以致中国疆土日狭，故宋朝洪迈曾云："成周之世，中国之地最狭……其中国者，独晋、卫、齐、鲁、宋、郑、陈、许而已，通不过数十州，盖于(今)天下，特五分之一耳。"当此之际，无一有权能之中央政府，亦无一整个之国防政策，设非有一才智杰出之士，出而尊王攘夷，则中国之民，早已被发左衽矣。此孔子之所以称赞管仲之功被生民也。由春秋入于战国之世，内部之外族，渐与中国同化，待秦之一统，中国国防，又呈伟绩矣。

Ⅱ. 中古之国防

中国今日之疆圉，实奠定于秦汉二代，而秦始皇与汉武帝，尤为二代之代表人物。后世儒者，对二人之毁誉不一，但就国防之观点言之，秦皇、汉武，实中华民族之伟大功臣也。设中国无秦汉之武功，或秦汉二代，无始皇、武帝之经营八表，则中国早颠覆于异族之下矣。故"秦始皇筑长城，而今可世无胡虏之患"(明谢肇淛《论始皇》)。"统计武帝所辟疆土，永为中国四至，千万年皆食其利"(《廿二史劄记》)。武帝本人亦云："朕不变更制度，后世无法，不出师征伐，天下不安。"王船山先生云："江浙、闽越，文教日兴，迄于南海之滨，滇云之壤，理学节义文章事功之选，肩踵相望，天所佑也，汉肇之也。"秦汉二朝之国防政策，可谓模规宏远，惜乎东汉末季及魏晋诸代，不克继承大业，致令前功废于一旦，诚可叹也。兹分为秦、汉、魏晋，三时期论之。

甲　秦朝之国防

秦统一六国，行中央集权之独裁制，统制民族力量及民族思想，以全国之发展与安全为目的，按照整个之计划，雷厉推动积极之国防政策，故国威洋溢于中外。秦代年数虽短，然实占中国国防史中之最光荣之一页，以下分述秦代推行积极国防政策之方法。

1. 建筑长城　七国分立时，燕、赵、魏、秦四国，境邻北边，各筑长城以拒匈奴，然不相连续。秦灭六国，始皇乃命蒙恬，将十万之众，北击胡，悉收河南之地，因河为塞，筑四十四县城，自九原至云阳，因边山险堑，溪谷可缮者治之，西起自甘肃之临洮，沿黄河，傍阴山，东至辽东，直绵延至朝鲜境内，较今之长城，加长者几一倍，此世界仅有之万里长城完成，匈奴乃不敢南下牧马，而汉族与北方诸族，遂以长城为绝大之界域，而长城亦为吾国统一之象征焉。

2. 拓地殖民　秦灭燕，朝鲜隶属辽东外徼。既北逐强胡，复徙民以实边塞，又发兵五十万，戍守五岭（大庾、骑田、都庞、萌渚、越城），收复今之两广、安南，为南海、桂林、象郡。考秦始皇徙民实边，前后凡三次。始皇三十三年（共和628年），发诸逋亡人、赘婿、贾人，实塞北、南越。三十四年，谪治狱吏不直者，筑长城及南越地。三十五年，益发谪徙边。被令殖民之秦民，虽“戍者死于边，输者偾于道”，然拓地殖民之策，卒大告成功。其时，滇蜀百粤，实多赖中夏谪戍移民，为之开化，如赵人卓氏之以铸铁倾滇蜀之民，秦尉赵佗，统治百越，颇有中国之人相辅，带甲百万有余。始皇既充实边境，同时复强固根本，徙天下富豪于咸阳十二万户，使都城成为全国政治经济之重心。

3. 统一制度　秦废封建，立郡县，政令一统于始皇，而七国时，田畴异亩，车涂异轨，律令异法，衣冠异制，言语异声，文字异形之分裂之状态，亦变为整齐划一。儒家“车同轨，书同文”之理想，随秦之统一而实现矣。惟秦能行此集权统一之制度，故能开基创业，泽及万世焉。

4. 便利交通　始皇即位后，时巡游四方，而东西南北之大道，随之次第开辟，《史记·蒙恬传》言："始皇欲游天下，道九原，直抵甘泉，乃使蒙恬通道，自九原抵甘泉，堑山堙谷，千八百里。"《汉书·贾山传》则言："秦为驰道于天下，东穷燕齐，南极吴楚，江湖之上，滨海之观毕至，道广五十步，三丈而树，厚筑其外，隐以金椎，树以青松。"其规模之远大，实与古罗马帝国之交通政策相媲美，诚以交通统一，实为向外发展之要图也。

5. 军国民制度　秦民"月为更卒，已复为正，一岁屯戍，一岁力役，三十倍于古。田租口赋，盐铁之利，二十倍于古"（《汉书·食货志》董仲舒言）。而谪徙赀算之类，犹不在内，往来徭戍者，道中衣装，悉自备，由是可见秦民对于国家义务负担之重，故四境之拓殖，实由人民之血汗换来，绝非一二帝王将相之力。然秦民何以如此尽忠国家，服从命令耶？此不得不归功于秦之军国民政策矣。考秦之所以能壹天下，实由秦孝公用商鞅之变法，商鞅既相秦，励行军国民主义，其法为，"令民为什伍而相收司连坐，告奸者，与斩敌首同赏。不告奸者，与降敌同罚。有军功者，各以率受上爵，为私斗者，各以轻重被刑。大小僇力本业，耕织致粟帛多者，复其身，事末利及怠而贫者，举以为收孥。宗室非有军功论，不得为属籍，明尊卑爵秩等级，各以差次，名田宅臣妾衣服，有功者显荣，无功者虽富无所芬华。"由是，秦民养成勇武斗争之精神，闻战而喜，从令如流，壮者务于战，老弱务于守，死者不悔，生者务劝，父诏兄勉，以马革裹尸为荣，其精神诚可歌可泣矣。商鞅之军国民制度，自有其理论之基础，商鞅《画策篇》云："民勇者，战胜。民不勇者，战败。能一民于战者，民勇，不能一民于战者，民不勇。圣王见勇之出于战也，故举国而责之于兵。入其国，观其治，兵用者强。”且其时，全国统动员之方法，已经实行，商鞅《兵守篇》云：“三军，壮男为一军，壮女为一军，男女之老弱者为一军，此谓之三军也。”壮男为一军者，从战之军也，壮女为一军者，乃盛食负垒之军也，老弱为一军者，乃飞刍挽粟之军也。由是言之，凡全国之民，莫不为兵，凡兵者，莫非全国之民，此种举民皆兵之制度，构成秦朝强盛之基础。

乙　汉朝之国防

汉朝亦采积极之国防政策，但功业尤过于秦。汉外拓国家之范围，内辟僻壤之文化，使吾民所处炎黄以来之境域，日扩充而平实焉。

1. 北方之开拓　汉时，北方诸族，曰匈奴、曰乌桓、曰鲜卑，而以匈奴为最强。汉初建国，实力未充，故高祖文景三代，务以休养生息为事。武帝立，乃凭借中国之财力、人力，大兴师数十万，使名将卫青、霍去病将之，前后十余年，斩首虏数十万级，驱匈奴于漠北。元朔二年，收河南地，置朔方城，受降城，及五原塞，千余里，列亭障，至卢朐，徙贫民实之。又击匈奴右地，置酒泉、武威、张掖、敦煌四郡。于是汉之北境，轶于秦二千余里。匈奴或徙或降，乌桓亦为汉用。昭宣之世，匈奴称藩宾服，漠南无王庭。东汉时，匈奴亦为窦宪所破，勒石燕然而还。后二年，窦宪又遣左校尉耿夔破北匈奴于金徽山，出塞五千余里，为汉前代所无，于是北匈奴远遁欧洲，而中国之北边以固矣。

2. 西方之开拓　汉武帝欲制匈奴，乃使张骞通西域，以断其右臂，绝其党援，于是天山南北，葱岭东亚诸国，悉臣服于汉。昭宣之世，傅介子、常惠、冯奉世等殖民家，迭建功于西陲。东汉时，班超、班勇，通西域之功更轶于西汉，而汉朝乃有窦宪破匈奴之成功。可见汉之通西域，实含有国防之目的。当时，西羌（周犬戎之族），种类繁殖，时叛乱于甘陕蜀青之地。“胡羌相连”，其祸更炽，汉宣帝命赵充国破羌，行屯田之策以镇之。东汉桓帝，西羌复为患，张掖校尉段颖，血战平之，用屯田镇抚之策，卒弭羌患。

3. 南方及西南之开拓　西南及南方，民族复杂，地形广袤，汉世屡世经营，始同化之，收复为郡县，兹分区研究之。

（A）两广及安南之地　秦于百越，只置三郡，武帝时，更置六郡，光武帝时复教其耕稼，制为冠履，建立学校，导之礼义，开零陵、桂阳、峤道，以便利交通。马援平征侧之乱，随山利道千余里，立铜柱于安南新州港之南，以为汉之极界，此汉代开发两广安南之事实也。

（B）四川云贵之地　四川云贵之地，汉时为西南夷之大本营，汉武帝使唐蒙通夜郎道，置犍为、牂牁二郡，复置越嶲、沈黎、汶山诸郡，滇则为益州郡，后汉明帝时，又设永昌郡于云南保山县澜沧江之南。

（C）湖北湖南之地　汉时湖北湖南，多为蛮苗所据，风气闭塞，教化难及，经汉朝以武力文教双管齐下之政策，两湖之苗蛮，乃退居山野或同化汉族。

（D）浙江福建之地　东汉之世，浙江、福建之地，为瓯越、闽越民族所居。汉患其地险阻兵，人民叛服不常，故悉徙瓯越、闽越之民于江淮间。东汉时，设章安（今宁海）、永宁（今永嘉）、侯官（今县）等县，海滨之地，渐渐开拓，人文亦日进。

4. 东方之开拓　朝鲜自周初箕子立国，已被商周之文化，然中国与朝鲜之交通颇隔绝。汉初，燕人卫满入朝鲜为王。武帝时，朝鲜相参，杀其王卫右渠以降，汉乃以其地建乐浪、临屯、玄菟、真番四郡，且汉之声教，由朝鲜而传入日本。《汉书·地理志》载："乐浪海中有倭人，分为百余国，以岁时来献见。"《后汉书·东夷传》称："建武中元二年，倭奴国奉贡朝贺……光武赐以印绶，安帝永初元年，倭国王帅升等，献生口百六十人，愿请见。"

5. 汉朝之殖民政策　汉武帝元朔二年，募民徙朔方十万口，四年，关东贫民徙陇西、北地、西河、上郡、会稽，凡七十二万五千口，五年，徙天下奸猾吏民于边。元鼎六年，分武威、酒泉地，置张掖、敦煌郡，徙民以实之。天汉元年，发谪戍五原。王船山先生论之云："徙荒民于朔方新秦者，七十余万口，仰给县官，给予产业，民喜于得生，而轻去其乡，以安新邑，边因以实。"

丙　魏晋之国防

自东汉行销兵政策以后，渐启外族寇心，降至魏晋，国防更属腐败，于是酿成五胡（匈奴、鲜卑、氐、羌、羯）乱华之民族大变，汉人死者无数，优秀分子，纷纷渡江避乱，于是黄河以北，沦为异族屠戮场者，几数百年，中原文物，经秦汉之血汗所缔造者，毁灭无余，汉族唯僻处江左，偷安旦夕，此时代，实为中国民族史上一最黑暗、卑污、混乱之时代。不但开中华民族衰弱之端，而且造成外族统治中国之先例也。考当时国防腐败之原因，约有四端：

1. 销兵政策　晋自平吴之后，悉去州郡兵备，大郡置武吏百人，小郡五十人，是以祸乱一起，难以抵抗。

2. 边防不修　外族如乌桓、鲜卑、匈奴、氐、羌之属，经血战降服者，汉魏以还，往往处之内地，使居边塞，外族种类繁兹，积嫌怀恨，至晋武帝、惠帝时，隐祸已大露，虽江统、郭钦之徙戎论，警心动魄，然当局仍不实行其策，故卒酿成五胡之乱。

3. 民族精神堕落　魏晋南朝，皆不注重名节，士风亦尚清谈，以放浪为高，民族精神丧失殆尽，外族入侵，遂束手待毙。

4. 内乱不息　孟子云：“国必自伐，而后人成之。”故晋室八王之乱甫终，匈奴之兵随起矣。

Ⅲ. 近古之国防

甲　隋之国防

隋享国只三十年，然实结束南北朝之乱局，而开唐代之规模，其国防之可得而言者，有：

1. 开发交通　炀帝开通济、永济二渠及江南江，皆与邗沟衔接，于是南至余杭，北至涿郡，西至洛阳，皆可以舟航直达，故大业七年讨高丽之役，能集全国兵一百一十三万八千余人会于涿也。

2. 开拓四境　北平突厥，南平林邑，招赤土，东通使倭国，发见琉球，西破土谷浑，辟地数千里，然伐高丽，全军几没，隋因以衰亡。

隋之用兵四夷，殆非为国防，不过为扩张声威而已，故于攻守，辄乖方略，且内政不修，骄怠成风，民无训练，是以集隋之全力，而不能平区区之高丽，故隋之国防政策，殊无足述。

乙　唐之国防

唐代国防之宏远完备，较之秦汉，尤且过之。唐既平天下，即命将伐突厥，一举克之，于是“瀚海龙庭之地，尽为九州，幽都穷发之乡，隶于编户。”（《唐书·突厥传》）复西平土谷浑、高昌，东伐高丽、新罗，大败日本援军于白江口，北灭薛延陀而西臣西域，其地域东至海，西逾葱岭，南尽林邑，北被大漠，以长安为西京，洛阳为东京，两京之模规，轶于前世，因唐之威声文教远播四表，欧亚各民族，来中国经商传教观光者不绝，当时，世界各种人民，各种宗教，各种珍异，皆荟萃于中国之天都长安，故当时之长安，实不啻为世界政治文化之中心也。而唐之天子，不仅为中国之共主，且兼为塞外诸族及西域各国共戴之天帝，所谓“九天阊阖”，“万国衣冠”之盛况，诚非虚语也。但版图既扩大，藩属又增多，苟非有常备之武力，悠久之教化，固未易绥维持，自唐中叶以后，不克继承光大先业，国防顿改旧观，内则骄将叛帅，称兵斫杀，外则回纥、吐蕃、南诏诸族，深扰腹心，于是唐亡，沦为五代昏乱之世。考唐中叶后，国防衰敝之原因，不外：（一）内治不纲，（二）兵备废弛，（三）民气卑靡，（四）边防不饬，四项足以尽之。以下言唐代治平时之国防措施。

1. 都护府制　唐代拓土之广，声教之远，超秦汉而迈明清。至于统治此广土之法，为于边州设六大都护府，其下统属都督府，都督府，即就外族归化部落，列置州县，其大者，即为都督府，以其首领为都督刺史，而都府之下，又设羁縻州府，为数凡八百五十六。兹述之大都护府之概略如次：

一、单于大都护府　属关内道。统突厥部，云中……等都督府。

二、安北大都护府　属关内道。统回纥部瀚海……等都督府。

三、安东大都护府　属河北道。置于朝鲜平壤，镇东夷。

四、北庭大都护府　属陇右道。统突厥部蒙池等都督府。

五、安西大都护府　属陇右道。镇西域诸城。

六、安南大都护府　属岭南道。治交州，镇南海诸国。

（按：唐初分中国为十道）

2. 节度使制　缘边戍兵，自唐初陆续建置，至玄宗世，于边境置十节度使，经略使，式遏四夷。其时边镇兵，占全国兵额十分之八强，边兵每岁食粮，当岁入粟额之十一，而军衣当岁入绢布之半，由此可见唐世驭夷防边之宏规，此十节度使，虽后日成尾大不掉之势，但于抗御外侮，实俱功劳也。兹列表于下：

平卢节度使　治营州（今热河朝阳）　控制室韦、靺鞨。

范阳节度使　治幽州（今河北、北平）　控制奚、契丹。

河东节度使　治太原（今山西太原）　控制回纥。

朔方节度使　治灵州（今宁夏灵武）　控制回纥。

河西节度使　治凉州（今甘肃武威）　控制回纥、吐蕃。

陇右节度使　治郑州（今青海乐都）　控制吐蕃。

安西节度使　治龟兹（今新疆库车）　控制西域诸国。

北庭节度使　治庭州（今新疆迪化）　控制突骑施、默啜、坚昆。

剑南节度使　治益州（今四川成都）　控制吐蕃。

岭南节度使　治广州（今广东广州）　控制南海诸国。

自肃宗时，安禄山以平卢节度使，起兵犯阙，唐从此衰落，甚且借大食、吐蕃兵，以平内乱，拒狼进虎，国终受其害，吾人诚不能不责唐中世之君王，不能注意国防，保持国威矣。

丙　宋朝之国防

宋朝一代，可谓与外祸相终始。而宋之版图，因外族之强大而日蹙，日削月让，以至于崖山孤军抵抗，宋君臣投海以尽，而天下遂亡矣。故宋代连消极之国防政策，亦未做到，遑论积极进取！宋朝士大夫“闲暇则以和议为得计……仓卒则以退避为爱君”（李纲语）。虽有韩、岳之徒，安能挽救国运！

宋之外族，计有契丹、女真、西夏、蒙古四族。当契丹之世，宋与辽以白沟河为界，犹保有两河之地。女真之世，则以黄河与金为地界，于是武都、河池、襄阳、兴元、鄂州、庐州、楚州、扬州，皆为国防重镇矣。迨蒙古之世，则退无可退，而国家举以与元。

宋朝之不能力行自强自助之国防大计,而惟假夷狄相攻,以免灭亡之祸,故宋联金以灭辽,复联蒙古以灭金,殊不知已无国防之备,“以夷制夷”之策,适所以自促灭亡而已。

王船山《宋论》,言之极沉痛,盖以宋之亡于元,开以后中国全部沦亡之先例也。“以堂堂十五叶之中国之天子,匍伏乞尺土于他族,生不如死,存不如亡久矣……宋之亡,亡于屈而已。澶渊一屈矣!东京再屈矣!秦桧请和而三屈矣……”又云:“汉唐之亡,皆自亡也。宋亡,则举黄帝、尧、舜以来道法相传之天下而亡之也。是岂徒徽、钦以降之多败德,蔡、秦、贾、史之挟奸私,遂至于斯哉,其所繇来者渐矣!古之言治者曰:‘觌文匿武’云者,非销之之谓也,藏之也,固用之也……响令宋当削平潜伪之日,宿重兵于河北,择人以任之,君释其猜嫌,众宽其指摘,临三关以扼契丹,即不能席转燕云,而契丹已亡,女真不能内柔,亦何至弃中州,以为完颜归死之穴,而招蒙古以临淮泗哉……”

丁　元朝之国防

元以武功建国,版图之广,前史罕有,元于欧洲中亚征服之地,则设汗国以统治之,于中国,则设行省以治理之,凡唐代之边陲各地,领于羁縻州者,至元代,则均以行省统之。顾蒙古人,勇于战争,而短于文化,长于破坏,而短于建设,故不百年,元室即归瓦解,可见国防,亦非纯粹之武力问题也。

戊　明朝之国防

明驱胡元于塞外,其实力尚健存,故明特重北防,设置九边,驻军列戍,建筑墩堡以守之。考九边之大要如下:

1. 辽东　历代为郡县,明改设卫,独于辽阳,开元设安乐、自在二州，以处内附夷人，其外附者，于东北则有建州、毛怜、女直等卫。西北则有朵颜、福余、泰宁三卫，互相羁縻藩蔽，而疆场无虞。

2. 蓟州　为京师左辅，明太祖特设大宁都司，封宁王于此，以与辽东宣府东西并列，以为外边，又命魏国公徐达，起古北口至山海关，增修关隘，以为内边，然太宗时，弃大宁以赐投诚之兀良哈部落，由是辽东、宣府二边，孤立无援，明边防失策，莫过于此。

3. 宣府　即秦汉时之上谷，明设开平卫，太宗三犂虏廷，皆自开平，曰："灭此残虏，惟守开平、大宁等处，则边境可无事。"宣府地势完固，为京师锁钥，宣德中，弃宣府三百里，国防以弱。

4. 大同　古云中地，川原平衍，古多大举之寇，号为难守。

5. 榆林　明不能据河套富饶之地，故军队仰给于内。

6. 宁夏　即古朔方，西依贺兰山天险为固，后边墙不修，虏时入寇。

7. 甘肃　即汉之河西四郡，武帝所开，所以断匈奴右臂者。由兰州至姑臧，以一线之路，孤悬几二千里，西控西域，南隔羌戎，北遮胡虏，诚国防重镇也。

8. 固原　在宁夏之南，东顾榆林，西顾甘肃。

9. 太原　为北防之重地。

明之北防，皆局促辕下，非复汉唐之规模，加之后世偷惰相袭，攻守无策，文法太密，而巧避益多，斥候不立而勇敢未扬，功赏不明而激励每爽，故地方屡失，御侮不遑。而当时之海防，亦极端腐败，倭寇深入沿海诸省，所过无不残破，其祸不亚于北虏也。故明之国防，实无远大计划。

Ⅳ. 近代之国防

甲　清朝之国防

清之国势,可截然分为两时期:(一)乾隆以前,采积极进取之国防政策,疆土日张。(二)咸同以后,消极退守之国防政策,亦不能维持,国势日下,兹分期言之。

(一) 嘉庆前之国防

1. 武功　清康乾两朝兵额(除八旗兵外),在六十余万、七十余万之间,益以京旗各营,亦只八九十万而已,较之隋大业年兵百十三万余,宋皇祐年,兵一百四十一万,明代兵一百三十万人,犹为少矣。然清之征讨外方,用兵无过十万人者,可见清康乾时,兵卒之精练。清室未入关前,即平定朝鲜、蒙古,以为亡明之初步。入主中国后,于康熙二十二年(1683),平台湾,二十八年,以武力为后盾,与俄定尼布楚约,以外兴安岭、额尔古纳河为界,打破俄人东进之梦想,三十六年,平定漠北,五十八年,平定西藏。雍正时,平定青海及苗疆。至乾隆二十七年,平定准回各部,四十一年,克服大小金川,于是今之新疆南北路及西川,悉告底定,缅甸于三十三年,为中国所破,乞和,暹罗、安南等皆臣服。

2. 疆域　自清初至乾隆末年,一百五十余年之经营,于是亚洲全部,除东之日本,北之西伯利亚及西南之印度、阿富汗等国外,皆入中国之版图。时俄人势力,未达东亚,英法势力亦未及于中国,而中国版图之内,新疆、蒙古、青海、西藏,皆确实受清之统制,非汉唐之羁縻可比,故较嘉前之国防,可谓表里完互,金瓯无缺,兹表列以明之。

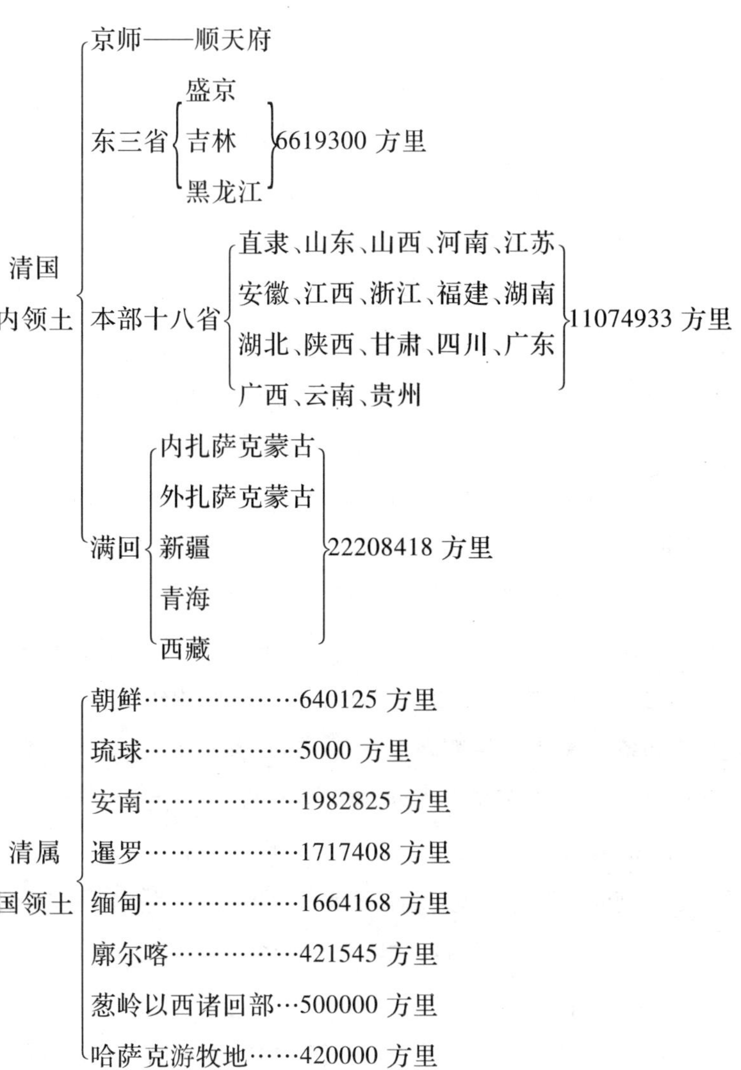

- 清国内领土
  - 京师——顺天府
  - 东三省（6619300 方里）
    - 盛京
    - 吉林
    - 黑龙江
  - 本部十八省（11074933 方里）
    - 直隶、山东、山西、河南、江苏
    - 安徽、江西、浙江、福建、湖南
    - 湖北、陕西、甘肃、四川、广东
    - 广西、云南、贵州
  - 满回（22208418 方里）
    - 内扎萨克蒙古
    - 外扎萨克蒙古
    - 新疆
    - 青海
    - 西藏
- 清属国领土
  - 朝鲜……………………640125 方里
  - 琉球……………………5000 方里
  - 安南……………………1982825 方里
  - 暹罗……………………1717408 方里
  - 缅甸……………………1664168 方里
  - 廓尔喀…………………421545 方里
  - 葱岭以西诸回部…500000 方里
  - 哈萨克游牧地……420000 方里

3. 边防　清乾嘉前之边防，较之汉唐，尤为周密，兹分述之：

A. 部署　对诸藩疆域，采用“众建政策”，以分其势，盖非众建，不足以收统治之效也。于蒙古、青海，则行旗盟制，行政区最小单位为旗，合旗为部（蒙古语 Aimak），合部为盟（蒙古语 Choyolgan）。于新疆则设郡县，于西藏则设城，皆各就其地理环境统治之。

B. 防卫　边塞之地，当国防前线，交通阻隔，人烟稀少，欲固国防，须从要塞交通入手。清有鉴于是，特于蒙古新疆险隘之地，设立防卫瞭望之所，曰“卡伦”，尤以新疆一地之“卡伦”为多，计二百余处，其驻防之严密，盖可知矣。更于蒙古境内，设立“台站”，以便利行军，是以全蒙纵五千里，横三千里之广，绝无抚驭不及之患。

C. 移戍　清实行军民移戍政策，推行最力，成效最著者，厥为新疆。以伊犁为总汇，使满兵驻防，汉兵屯种，皆携眷移戍。伊犁河南岸，复建六城，开屯兴筑，与伊犁城相环峙，兵六万五千三百三十，此北路驻防兵制也。南路回疆则行轮番戍守之制。东则乌鲁木齐，扼南北两路之冲，设驻防满洲兵三千四百六十，以都统辖之，并设屯田副都统二员，屯田绿旗兵四千，并属伊犁将军节制调遣，此东路之兵制也。然外蒙古东三省、青海、西藏，清廷反不甚注意，此所以边备空虚，启强邻觊觎之心也。

D. 抚绥　清对藩属之政教，纯以怀柔为宗，或因其俗，或制其宜，或施以训练，或示以威德，宽猛相济，其方法至不一端，而所以笼络之意则同。但注重抚绥，而不尽力教化，行宗教愚民之策，而不施导民自强之法，此清抚绥政策之大弊也。

（二）咸同后之国防

咸同以前，中国国防之重心，在西北陆路，而咸同以后，中国国防之重心，渐移于东南海路，盖欧群各国，咸挟其坚船利炮以威胁我海疆也。我国处此千古未有之变局，不惟不恐惧戒慎，以建立国防，反而颟顸闭塞，故步自封，无怪中国日趋衰弱也。彼欧美诸国，皆有其优良之文化与武力，迥非以前之四夷可比，而中国仍以待藩属之礼以待欧美，诚为失策，迨战败割地，相形见绌，又转而为畏外媚外，而于国防大计，从未深从思之，此中国国势日落之主因乎。

考我国近代国防堕落之原因，厥为缺乏现代之领土观念：（一）传统之“四海之内，莫非王土”之观念，使中国人对于疆界之分析不精，故咸同后，因遗忘勘界，及忽略所丧失之土地无数，影响国防甚巨。（二）中国历代，对于四境之开拓，恒抱“得其地，不足以守，得其民，不足为利”之荒谬观念，驯至边地文化低落，设备简陋，国防空虚，外患以生。以康熙时代武力之全盛，对俄定约，犹弃额尔古纳河以西，外兴安岭以北之地，可见中国轻视边土之观念。（三）我国历代开辟领土，与欧美各国开辟领土之观念全异，谢彬氏于其所著《中国丧地史》一书中，言之甚透彻：“我国开辟土地，以矜武功，彼则用为殖民，我视为藩属，只求朝贡虚荣，彼则对藩属，务期实施统制，我则禁人民出洋，对寻获新地，或创业新地学，斥为奸民而加以斧钺，彼则奖励人民出洋，有寻获新地或创业新地者，尊为伟人，而锡以上赏，我则持闭关主义，罔识世界现势，而轻弃边地，彼则军事通商政策，顺应时势转移，而争揽海权。”

国防观念，由于领土观念而生，我国对于领土观念既薄弱，国防观念亦随之暗淡。自咸同以后，我国之原有外藩属地，既丧失无余，而藏、新、蒙、满各地，亦岌岌难保，且由于不平等条约之订立，中国沿海之军港要塞，咸被割让，内河流域，外舰横行，北平天津，外军屯驻。中国之国防，自兹大坏矣。

乙　民国之国防

民国建设后十五年间，频年内战，民穷财尽，内忧外患，应接不暇，国防大计，无人过问，是以外患更甚于昔疆边疆有缩于曩，以十五年之光阴，乃消耗于国内互相斫杀、互相牵制之乱动中，坐视外寇之深入腹心，斯谁之过欤？吾人今日宜加猛省！

自民国二十年“九一八”事，东三省及热河，相续沦亡，《塘沽协定》成立以后，国军不能驻扎冀北，中国国防之日非，殆莫过于今日。且日本复增加华北之驻兵，强化华南之海军，双管齐下之势已成，吾人已处于被攻击之劣势地位矣。

V. 结论

由上述之论列，对于吾国以往之国防，已可得一明切之概念，我国国防，自地理之观点论之，实草创于黄帝，充实于唐、虞、夏、商、周，更光大恢宏于秦、汉、隋、唐，混一完成于清康乾之经略。然中国国防亦非永保长胜之状态。周末轻武事，而犬戎寇镐京，开外族入侵之纪录。晋末兵锁政敝，而五胡乱华，开中国局部沦亡之先例。宋室退守屈和，卒亡天下，开外族统治全中国之先例。明代弃地内守，终归灭亡。清末，欧美入侵，中国国防，完全破坏。民国二十年“九一八”后日本独侵中国，国际均势之局不存，国防之危机更紧，今日已达生死之关头矣！

总之，无论采积极进取之国防政策，或消极自卫之国防政策，皆以保守疆圉为第一要义，盖国土只可以尺进，而不容于寸让也。我国今日外祸已深入国内，国防已残破不完，在战略上，势不能不采守势，但于精神上，仍以积极进取之国防政策为上，因我今日之向外进取，并非侵略，不过为收复故土，以求自卫而已，至于怎样建设今日中国之国防，则于下章论之。

三、今后中国国防建设之商榷

吾人既以地理之观点，论述前代国防之得失，今更以地理之观点，进而论今后国防之建设。

战后新兴国捷克第一任总统马纱力博士，曾有名言云："有国，就应有国防，有国防，才能有国。"吾人细味斯言，复反顾吾国今日之国防现状，诚令人不寒而栗。昔人所谓"抱薪措火"之描写，尤不足形容今日国防危机于万一。环观世界各国，为准备第二次世界大战起见，工厂日夜制造，资粮尽量储藏，人民埋首苦干，孜孜遑遑，紧张万状，而我国当此"刀枪交颈"，呼吸存亡关头，犹不少醉生梦死之国民，泄泄沓沓之群众，且百废未举，一事难成，瞻念前途，诚堪深虑。

当此危急之秋，我国民亦不乏爱国之士，发挥国防之议论，然往往逞一时之热忱，不脱书生之见解，兹试举一例，有人主张敌强而兵少，利在速战，我弱而兵多，利在持久，故与敌作战，宁放弃沿海诸省，供其蹂躏，敌占地既广，兵力乃分而不敷，侵入既深，运转乃艰难而阻滞，于是我可效俄罗斯败拿破仑故智，而获最后之胜利。此说初听之，似觉持之有故，言之成理，然细究之，则不然，无准备，无条件，不抵抗，不固守，而放弃沿海诸省，实等于自杀。因：

（一）从人口方面说　沿海诸省之人口，实占全国之半数而弱，以如许多量之民众，沦于敌人统治之下，于我国防力量之打击何大！而民众素未训练，安保其不为虎作伥？难望其为国尽力！

然苦使民众向腹地移徙，则必发生民生经济之恐慌及骚乱，两者皆不可行，可见未可轻言放弃土地也。

（二）从地形及地势方面说　侵入敌土愈深，后方接济愈艰，占领敌土愈广，兵力愈不敷分配，此乃普通之情形也，但中国沿海之交通，与内地实成反比例，沿海数省，有铁路、公路、水道之便，敌人占之，可作为最好之后方粮站及进攻之根据地，苟无第三者之干涉，则敌方可长利用其资深，采稳扎稳打办法，专以飞机为进攻之利器，如是形成反客为主之势，不但我不能困敌，敌反可以困我矣！

（三）从资源上说　沿海诸省富于矿产及农业，我若失之，则我少一分作战力量，敌人得之，则敌人增一分作战力量，尤有进者，中国产盐区，大部在沿海，如江苏之两淮盐，山东之青岛盐，渤海之长芦盐，粤盐及闽浙之盐，若我沿海数省，为敌所占，则食盐必被封锁，而国民有淡食之忧，将何以持久作战？虽则川晋等地，亦产盐，但产量少，恐不应求耳。

由此观之，吾人不立即作最低限度之国防准备，而漫言弃地诱敌之政策，实第于自杀。须知人民无训练，则不足以言作战，且若无强硬之钢铁与灵活之机械作后盾，亦不能获胜于今日科学战争场中。吾人今日唯一之自救，即为积极建设国防。国防建设，经纬万端，决非一纸之文所能包括，兹不过就地理学之眼光，以于今后中国国防之建设而已。

考与国防有关之地理学上三大要素，曰人口、资源及地势地形。人口为国防之主干，无待赘言，资源乃战争之根本，宜于平日讲究充实之道，地势地形与军队作战及国防建设，有密切之关系，更应彻底研究之。兹分别论之于下：

甲　人口

现代之国防，乃全民之国防，现代之战争，亦为全民之战争，今假定两交战国人民之个人能力大略相等，则两国人口之多寡，成为战斗力之标准，国家强弱之尺度。尤其在战争惨烈时，人员之需要大，死亡之补充多，一国之人口之补给力，究有其最高限度，何国能支持最久，则战争之胜利亦即谁属。以人口言，我国在数量上可谓超越，然而人民无训练，无组织，在战争时，必不能发挥整个民族之力量，故“生聚教训”之策，宜于平日讲求，以备将来之御侮，孔子云：“以不教民战，是谓弃之。”故国防建设，以训练民众为先，至于训练民众，巩固国防之法，谨条举大纲于下：

1. 振兴民族精神

2. 严密组织民众

3. 普遍提倡体育

4. 厉行国民军训

5. 推行征兵制度

6. 举行全国动员

若我民众有如此训练，则战争时，可发挥各个作战之能力，及散兵游击战术，即使敌人占我沿海诸省，我民众亦能节节抵抗，时时袭击，使其不能安枕高眠，长驱直进，此可谓“天时不如地利，地利不如人和”也。

乙　资源

我国地确谓大，而物亦不薄，不患粮食之不足，而患分配之不均，不忧矿产之不丰，而忧开发之未尽。今日之国防问题之焦点，乃在如何开发固有之资源，如何储蓄过剩之资源，如何补充不足之

资源,如何代替缺乏之资源,兹所论资源,乃特广义的一切国防资源而言,非专指地下自然之资源。欲达到上述目的,须实行:

1. 实施计划统制

2. 建设国防工业

3. 发展国民经济

4. 奖励科学研究

有精练之民众,更需有丰富之资源,然后战争始能制胜,国防方可巩固。此孔子"足食足兵"之意也。

丙　地势及地形

两国交绥,兵连祸接,设人口与资源之要素,假定相同,则于决定战斗之经过归结最有力之第三要素,为国家之土地状态。夷考我国地势地形之弱点,在(一)海岸线易受敌人之攻击或封锁,(二)内地有外人之租界,为侵略之根据地,(三)国内河流,外国炮舰可自由往来,(四)外国可在中国领土内驻军,(五)东三省失,而华北危,平津弃,而华北形势愈弱。从上数点观之,及就中国现在之国力、武器、动员上考量,采取攻势之战略,乃情形所难许,吾人既已处于被攻击之劣势地位,则不能不采以守为攻之防御作战,但欲克奏朕功,必先实行下述三项:

1. 建设国防之中心,以为长期作战之基础。从地理学上三要素——人口、资源、地形——论之,湖南、四川、陕西,皆适于作为民族复兴之根据地。

2. 确立国防工业之中心,使远离敌人直接之攻击。如俄国之建立其国防工业于乌拉尔山区域是也。

3. 打通国际路线,如广东与英属香港,广西之与法属安南,云南之与法属安南，及英属缅甸，新疆之与俄国，西藏之与英国关系是。故吾人宜注意边地交通及文化之开发。

总而言之，今日国家之危机，已达最严重之关头，国家之领土，已达退无可退之地步，故国防之建设，实缓不能再缓。设吾人不痛定思痛，作未雨绸缪之计，则时机一去，将不容吾人之从容准备矣。本文所论，不过贡其一得之见，聊为抛砖引玉之举，且详述我先民之伟迹，使吾人知中华美土，乃我祖先血汗所创造，断不容吾人之轻弃，而甘为黄帝之不肖子孙。吾人回忆秦汉唐清之“日扩国百里”之丰功伟绩，返观今日“日蹙国百里”之积弱不振，吾人能不五中感愧，奋发图强乎！外侮日深，时不我待，望我全国同胞，各贡其最大可能之智力，以共建全民之国防！以共赴全民之战争！以共求全民之生存！

原载《黄埔》第六卷第三期，1936年

略论近年来国内史家史前史研究的成绩

历史的研究，自从王静安先生（国维）提出二重证据（地下的与纸上的）之论，于是那虽有器物遗迹而不能与书本确实印证的殷商以前的时代便变成史前时期了。本文所指的史前时期，便是指从夏代末年上溯至有人类的那个时期。这时期的历史传说和文化遗迹，在最近一二十年来，几乎成为历史研究的中心，好像一个历史研究者不研究殷商以前的历史，便不能成为史学家一般。因之最近一二十年来关于这一时期的历史研究也最有成绩。

近年来，国内史前史的专门研究者确实很多，其间派别纷纭，极史学界之奇观，其最重要的派别大略可分为七个：

（一）信古派　这是传统的旧派，人数最多，都持“信而好古”的态度。但这一派中专门研究上古史的人却很少，其中对于史前时期的历史具有较新的见解的，据我所知，有缪赞虞先生（凤林）、张素痴先生（荫麟）、刘桢藜先生等几位。

（二）考据派　这是现代历史学界的正统派，人数也不少，其治学的方法是参合清代的汉学和西洋正统派史家的考据方法而成的。他们之中，对于史前史有特殊见解的，大略有王静安先生、胡适之先生、傅孟真先生（斯年）、徐中舒先生等几位。

（三）考古派　这是史前史研究成绩最可靠的一派。他们应用科学方法做地下发掘研究的工作。在史前史方面用功的，略有李济之先生、董彦堂先生(作宾)、梁思永先生等几位。

(四)疑古派　这是传统派史学的反动。他们对于史前史持极端怀疑的态度。其方法也是考据的,其特点为动的线索的研究法,即用溯源的方法以探索传说在各时代各地域的变动状态,而根本推翻其信史的地位。这一派的重要人物可推顾颉刚先生和钱玄同先生等为代表。

(五)释古派　这派似乎又是疑古派的反动。他们的态度是"古史传说虽不必尽可信,但也未必尽无根据,古史传说不过是野蛮事实文明化和简单事实的繁复化而已"。他们根据通史和社会史的知识眼光来探索史前史的真相。其方法也用考据,但多从推论而假定结论。这派的人也很多,据我现在记忆所及,如冯芝生先生(友兰)、吕诚之先生(思勉)、蒙文通先生、钱宾四先生等几位都是。

(六)神话学派　这派似是疑古派和释古派的混合派。他们用神话学宗教学的眼光来探索史前传说的真相。其与疑古派异者为:疑古派多从破坏方面着手,而这派多从建设方面着手(他们的目的是要推翻伪的政治史而建立真的宗教史)。其与释古派异者为:释古派多据异时代异地域的事实推测史前时间的真相,而这派根本认史前传说都是神话,没有信史的存在。这派的重要作家,据我所知,有郭沫若先生、闻一多先生、陈梦家先生、杨宽正先生(宽)等几位。

(七)社会科学派　这派是现代史学界里最新的集团。他们专用社会科学的知识眼光来研究史前传说。他们的立场和释古派很近,所不同的,释古派所用的仍是传统的考据法,而他们所标榜的是所谓最时髦的唯物辩证法;释古派是"疏通知远",而他们却是依律断狱。这一派截至现在为止,有成绩的作家还不多,最重要的代表者也是郭沫若先生。此外梁园东先生和陶希圣也都属于这一派(梁陶二人所用的方法常被正统派的社会科学家认为旁门外道)，但是所谓正统派的社会科学家他们对于史前史研究的成绩又在哪里呢?

以上七派，各有各的见地，各有各的特长和贡献。他们研究的成绩略述在下面:

(一)史前文物的研究　这差不多是考古派专有的成绩。如河南仰韶村，辽宁沙锅屯，山西西阴村、荆村及甘肃等古文化遗址的发掘和研究，使我们知道上古文化的真相。至彩陶和黑淘文化的发现和研究，尤使我们明白古代文化确有东西两系，而且受有外来的影响。

(二)古史地域的研究　关于这点，各派的绪论已大致接近，即殷商以前，中国民族的主要活动区域不出黄河两岸的地点。但各派对于中国文化的发源地仍是争论不一，如:傅孟真先生等主张东西两源说，王静安先生、吕诚之先生和杨拱辰先生(向奎)等主张东源说，钱宾四先生等主张河洛之间为中国古文化根据地说。至于疑古一派的人对于夸张的古代疆域说的破坏其功也不在小。

(三)古史民族的研究　关于这点，有一源说和多源说两种。传统的史家多主中国民族一源说。新史家则有的主张汉族一源异族多源说，如吕诚之先生等;有的主张中国民族东西两源说，如傅孟真先生等(傅先生主张中国民族:虞夏周为一系，殷商及东夷为一系)，疑古派的史家多主张中国民族多源说;他们在摧毁旧的中国民族一源说上颇为花了些气力。至于王静安先生的古代民族统系的研究和蒙文通先生、吕诚之先生等古代民族移徙的研究，也极有成绩。

(四)史前人物的研究　关于这点，以疑古和神话学二派为最有成绩，其它各派也多有新见解提出。如缪赞虞先生主张三皇是道家理想化的人物，三皇五帝的称号都出于周秦人的杜撰，伏羲神农等都是社会进化阶段的象征人物。顾颉刚先生主张三皇是天地泰一之神的人化,五帝是五天帝的人化,禹是越族或羌族的宗神后祇神的人化,太康是启人格的分化。吕诚之先生主张少皞传说是蚩尤传说的分化。蒙文通先生主张三皇的称号原本三一(天一、地一、泰一),五帝的称号原本五运。郭沫若先生主张舜是帝喾的分化,少皞即是帝喾。陈梦家先生主张太皞也是帝喾的分化,少皞仓颉都是契的分化,夏代帝王都是商代帝王的分化(夏世即商世)。杨宽正先生主张盘古本为犬戎之宗神,五帝是东西两系民族上帝的组合,黄帝即是皇帝(上帝),颛顼是尧的分化,丹朱即朱明祝融(亦即驩兜),为东方民族之火神;鲧即共工玄冥,冯夷为东方民族之水神(陈、杨二先生都否认夏代的存在!陈先生以为夏世即商世,杨先生以为夏即下,下国是对上天而言的)。我也曾提出三皇称号本于三才,五帝称号本于五行,黄帝即五天帝中的黄帝,炎帝即五天帝中的赤帝,颛顼也是天帝的人化,丹朱与驩兜,鲧与共工,伯夷与皋陶四岳许由,禹与勾龙,后稷与柱都是一人传说的分化。五观人名为扈观国名的分化(我又曾主张陶唐代号后起,尧本是虞帝)。

(五)史前事迹的研究　关于这点,疑古、神话、考据、释古等派的贡献都不少。例如顾颉刚先生假定古圣人制器和尧舜禅让等传说都出于墨家的主义宣传,鲧禹治水传说是神话的人事化,太康淫佚传说出于启淫佚传说的分化。傅孟真先生主张大禹治水的传说为中国的创世纪。吕诚之先生假定大禹治水分州的传说出于古代九个小部族抵抗洪水的事实(吕先生认为禹的治水并不曾成功,乃从东方平原退到西方的高地而安居的)。羿浞篡夏和少康中兴等传说多出于神话的增饰。蒙文通先生等发挥刘知幾的尧舜禹禅让实为篡夺事实的增饰说。钱宾四和郭沫若诸先生主张禅让说为古代部族酋长推举制的遗影(郭先生近已否认旧说,认尧舜禹禅让的故事出于神话)。杨宽正先生主张黄帝征蚩尤的传说实出于皇帝(上帝)遏绝苗民的神话,尧舜禹禅让的传说实出于天帝禅代的神话,禹治水的传说实出于社神平定水土的神话。我也曾推定黄帝征蚩尤的传说出于姜(羌)姬苗三族斗争事实的神话化,重黎绝地天通即太阳神开辟天地的神话,尧舜禹禅让说是神话而经过墨家增饰的,禹的得天下本由于征有苗,舜禹禅让传说是墨子以后人所增造的。鲧禹堤防疏导洪水的传说出于"湮洪水"的神话,羿浞少康等之争本为神话中神之斗争,现在所传少康中兴的故事出于东汉人影射光武中兴的事实而杜撰的。

(六)史前史料的考订　史前的史料只有后人伪托的《虞夏书》。关于《虞夏书》的考订,经过各派的争辩,大致有如下的各种主张:(甲)关于《尧典》的著作时代(《皋陶谟》的时代略同《尧典》),略有春秋时代著作说(刘朝阳先生等主之),战国时代著作说(主张这说的人很多,我从前也主这一说),秦代著作说(顾颉刚先生的旧说,近叶国庆先生等主之),西汉时代著作说(顾颉刚先生等主之),各时代增成说(吕诚之、杨宽正诸先生和我现在都主张这一说),西周著作而经过汉人翻译说(缪赞虞先生主之)。(乙)关于禹贡的著作时代,略有战国时代著说(这一说主张的人也很多,有的主张著作地点在魏国,有的主张著作地点在秦国),秦代著作说(我最近的主张),西汉时代著作说(间有主张之人),各时代增成说(吕诚之先生等主之)。(丙)关于《甘誓》的著作时代,略有本为商书说(郭沫若先生主之),战国时代著作说(主张的人很多),西汉时代著作说(顾颉刚先生主之)。

以上六项,就是近年来史前史研究的重要发现和主张。大家如要寻他的出处,关于信古派的,可参看缪赞虞先生的《中国通史纲要》(钟山书局出版)和古史辨诸文。关于考据派的,散见海宁王忠悫公遗书和《胡适文存》、胡适论学近著及《中央研究院语言历史研究所集刊》、北京大学《国学论丛》、《史学论丛》、清华大学《清华学报》、燕京大学《燕京学报》、《史学年报》、禹贡学会《禹贡半月刊》等刊物。关于考古派的,可参看地质调查所及中央研究院、吴越史地研究会出版的考古各专刊及卫聚贤的《中国考古学史》(商务出版)。关于疑古派的,可参看《古史辨》一、二、三、五、七等册(《古史辨》第七册即将出版)。关于释古派的,可参看吕诚之先生的《先秦史》(将由商务出版),蒙文通先生的《古史甄微》(商务出版),以及国内各重要国学刊物。关于神话学派的,可参看郭沫若先生的《甲骨文字研究》、《金文丛考》、《先秦天道观之进展》(商务出版)等书及《清华学报》,《燕京学报》等刊物与《古史辨》。关于社会科学派的,可参看郭沫若先生的《中国古代社会研究》及陶希圣的各著述。吕振羽的《史前期中国社会研究》,以及神州国光社出版的《读书》杂志"中国社会史论战专号"等刊物。

上面所述的近年来史前史研究者的重要发现和主张,虽不一定都是对的,但总是大家苦心思索的结果。大致说来,以史前文化、古史地域、古史民族三项的研究为最有成绩。傅孟真先生的中国民族文化东西二源说是最值得我们注意的一种主张,至史前人物和事迹史料的研究,我们现在虽不敢决定哪种主张是对的,但古代的野蛮乃是事实,在史前时期决没有像传说里的那种三皇五帝禹启式的神化的圣人(不是说绝对没有他们的人,是说没有传说里的他们)和制作禅让治水等的神化的圣史,以及现在所传的《尧典》、《皋陶谟》、《禹贡》那类的小说化的圣书,这是已经可以决定的了!在这点上,我们又不能不推崇王静安、胡适之、顾颉刚、郭沫若诸位先生的开创伟绩!

《光华年刊》1939 年

近年研究古史的总成绩

童书业先生讲，文哲研究组记录（四月三十日上午十时，在十二号教室）

今天我所要讲的，只是近几年来，像北平方面的许多学者们，像南京中央研究院和其他的学术机关，研究和整理古史的成绩。

一个专家对于二十四史，是需要深刻的认识和摩娑的，普通的人，二十四史虽然并不完全看，可是，过去因为儒家的势力很强大，普通人对于四书五经，总是常要读读的。四书五经里面，却也有不少的古史的材料存在。

过去整理古史的书籍，像谯周的《古史考》，皇甫谧的《帝王世纪》，一直到宋代罗泌的《路史》，清代马骕的《绎史》，可以算得是一个系统的。罗著材料最称繁博，马著材料不及罗著的多，但是，他用纪事本末体，却是一个很大的贡献。

不过，他们的研究考据的范围，通常只限于经学；对于过去的历史，并不敢乱加批评，仅偶然对子部略有评论的话。

然而，唐代已经有"春秋三传束高阁"的话了，宋代的欧阳修，对于许多古书都有怀疑的论调，清代崔东壁（述）的《考信录》，更可以做怀疑古书的一个代表。《考信录》里，从开辟时代起一直到西周间，他都有怀疑的主张。不过他的怀疑的目的，只是在于"卫道"。所以他的态度只是对《传》略有怀疑，对《经》却是十二分的迷信。例如,他说《孟子》上面的“大王居岐之阳”一段,已经是春秋时人的感想,未必是当时的真相;却并不敢更有什么大胆的和破坏的主张。

康有为的《新学伪经考》、《孔子改制考》,当然也是两部很有价值的著作。不过,因为康先生同时又是一位政治家,所以,他主张六经都是孔子作,用来托古改制的。其实,像《尚书》等书,从文体上看去,已经决不是一个时代的产物,怎样能够说是孔子一人作的呢?

崔适的《史记探原》,里面的证据却并不能算是十分的充足。

在民国十二三年的时候,顾颉刚先生、钱玄同先生,他们开始有对于五帝到夏初的这个阶段,如黄帝、尧、舜、禹等人的神性或可靠性的讨论。他们主张黄帝是天神,禹是地神。不过因为当时举的证据并不十分多,而反对的人也都有很剧烈的讨论,问题仍不能得到完满的解决(当时的论文,多收入《古史辨》的第一册)。

从《古史辨》的第三册起,我们渐渐的可以看出:他们研究的对象,已经从古史的问题,转变到古书的真伪了。同时,顾颉刚先生还有《尚书研究讲义》,张西堂先生对春秋有很精详的考据,钱穆先生有《周官著作时代考》,我个人对二戴礼记也有一点考证,可看洪煨莲《礼记引得序》。关于春秋问题,我们可以联想到《国语》和《左传》两书的关系来。现在我们研究的结果,大约《国语》和《左传》并非一书分化(因为从文体、文法上看,从材料内容看,两书都有不同),我们颇疑心现在的《左传》,就是原本的《国语》;现在的《国语》,却是古本的史记。《汉书·五行志》里可以找到一点证据,不过,还没有人把它写成具体的论文。

《周官》,我们疑心是本有六国间人的色彩,西汉末更加以改动。

《仪礼》一书,崔东壁也曾疑心是战国时的著作。孔子说“诗书执礼，皆雅言也”，还没有提到《礼》的这一部书来。

《诗经》的时代，最早可到西周末年，最晚当在春秋中年。《颂》的时代较早，大小《雅》次之，《国风》最近。《周颂》的时代并非甚古，《商颂》也并不是商朝的人作的。《豳风》未必是周公的时候作的，崔东壁曾主张是鲁人作。

《书经》的《尧典》、《皋陶谟》，是战国秦汉间作的。《禹贡》我疑心是秦时博士的书。孟子、荀子的时候，尚不知道有《禹贡》。《盘庚》是西周末以降，春秋以前的作品。《金縢》、《洪范》、《牧誓》、《高宗肜日》、《西伯戡黎》……等，大约都是晚出的作品。

《易经》中最古的材料可以到商代，晚可到春秋末，是战国人杂编的书籍。《左传》中所引的《易》，已与今《易》很有不同。

近年的倾向，研究古史的兴趣又日渐扩大。像杨宽正先生，他的《中国上古史导论》，可以说是很有系统的整理古史的论文集。他和蒙文通先生、缪凤林先生，都曾对三皇和五帝的传说的来源，有过较缜密的考据。

以上可以说是“疑古”一派的人的总成绩。

此外，还有“考古”一派的学者们，像郭沫若、董作宾、傅孟真、徐中舒……等人，都有颇不少的贡献。各地的古物发掘和整理的成绩，也颇有可观。

再有，“释古”一派，像郭沫若先生的《中国古代社会研究》，用社会学的眼光去观察古史，是一部开创的杰作。余如旧日《读书杂志》一派的人和近年的李季、叶青、李麦麦等，对于古书的修养都不很深，常有“惊人”的怪论。

《文哲》(上海 1939)第 1 卷第 6 期

中国地理与中国历史

近来研究社会史的人往往说:社会的发展,是有一定的规程的,不论什么地理环境,什么国家民族,社会演变的过程,无有两样,所以它的归宿,也有一定,而改革社会,使达到一定的目标,其方策更不许有二致。

以上的说法,我们对它总不免有些怀疑。因为我们感觉中国社会演进的历史,便和西洋的显然有不同之处:中国的社会形式比较固定,而西洋的却比较有变化。如果咬定说中国社会演变的过程和西洋的完全一致,那除非摹仿秦始皇的办法,把所有的中国史籍一烧干净。否则历史的事实会显示出真相,终使一班"社会史家"感到失望的。

假使大家承认我们的话,必定有人要进一步质问:中国的历史何以会和西洋的不同呢?这个问题太大,不是一篇短文所能完全解答的。我们现在姑且就中国的地理环境与中国历史的关系一点来解释一下:

我们知道地理与历史的关系是非常密切的。西洋科学家曾说:"任何一个种族,只有在真正的适存气候之下才能繁荣的生存下去。某一地域的气候形成了该地域的四周环境,也助成了在该地生活的部落,种族及民族的生活方式与生活观念。"(W. Hellpach:《气候与人》)四周的环境和气候等因素,便是所谓的地理现象;地理现象的力量，对于每个民族，甚至于一切生物，都能给与一种伟大的影响。这是无论如何不能否认的事实。不过“人类之所以异于禽兽者，就在于他不但能吸收环境所造成的影响，他还使那种影响变成一种新的形式，尤其是环境所给予的印象”。所谓“一切人类都在不知不觉中，一方面受着环境的影响，一方面也给予环境以影响；有些富于创造性的人，或者更带有或多或少的自觉性在那里如此做着”。照这样说来，各个地理环境中的民族的历史和社会怎会完全一致呢？所以我们要了解某个民族或国家的历史和社会，非得先认识它的地理环境和地理环境所能对历史社会发生的影响不可！

然则中国的地理环境是怎样呢？一般人都知道：中国文化是发生于本部平原的。所谓中国本部平原，是指江河下游沿海一带的冲积地带，北到长城，南到长江以南，包括北部、中部地方的大部分。这一带地方是一个肥沃而广大的平原；东南阻于大海，西北阻于高山大溪，不容易与其他的文明区域发生接触。又缺乏内海，航海事业更不易发展，只有行一种农业自给自足的经济，才能维持生存。国人吕诚之先生（思勉）曾说：“欧洲文明之发展在海，而中国文明之发展在陆，中国浙东闽粤乃至山东半岛，其人航海之力未尝不强，然而文明中心终在大陆者，东南海非地中海缘岸之比也。此非徒中国如此，即印度亦然。印度之文明能裨益南洋群岛，南洋群岛之文明不能裨益印度也。欧洲必加入俄国部分，方能与中国江河流域之平原相比拟，然欧俄之适于发达，非江河流域之比也。其发达在海则重商，而一地方易成为大的经济重心。其发达在陆，则为运输所限，经济上只能行成若干区域，而各有其重心，不能有一真正之大中心”（以上引的话系摘自吕先生致作者讨论中西史迹异点的信函)。中国经济所以始终不脱小农经济的规模,工商业所以不能发展和社会始终不脱封建制的形式,其故尽在于此。

由地理环境影响经济,由经济影响民族性和社会,由民族性和社会影响文化、政治等等,便构成了中国特殊的历史,其重心全在地理和经济两点。地理好比是机器,经济好比是发动力,民族好比是劳工,一切文化好比是产品。各个民族非适应他的地理环境,不能生存发展;地理环境非通过经济制度不能影响一切文化,经济制度非适合地理环境也不能成立。所以民族、地理、经济是三位一体地融成一个力量,宰制着全部的历史,而地理尤其是这个重心的基础。说明了上面一个理论,我们便可以进一步再说明全部中国历史和中国地理的关系了。

先就经济史说,中国全部经济史,只是小农农业演进史。中国从前称农为本业,工商为末业,便是重视农业,轻视工商,认工商为分利的行业的意思。商朝以前的历史,我们不是"信古派"的历史模,不敢瞎说。而自商朝以来,农业已占了生产界的主要地位,到了周朝,农业更逐渐进步;由石制或铜制的农具进步为铁制的农具,由全用人力的耦耕进步到牛耕(牛耕盛于汉以后,但在春秋时已发明)。汉以后更由粗耕而进于精耕(汉代有个农业家赵过,创立代田之法,把一亩田分为三个甽,播种其中,甽以外叫做陇。苗生叶以后,除去陇上的草,把陇上的土倾颓下来,使它附着苗根,到盛夏的时候,陇尽根深,便能够耐风和旱。甽和陇是年年更换的,所以唤作"代田"。后来又有"区田"之法,把田分成一块一块的,唤作"区",隔一区种一区,锄草和颓土也和代田相同,这种方法不外乎所耕的面积少,而耕作则较精)。近代江南一带的农耕,并不休息田亩,而地力不竭,足见施肥和更换作物的方法比从前更进步。不过中国历代所行的多是"小农制",中国农夫的技能,在小农制中,可算首屈一指了;这便是数千年来中国农业自然进化的结果。

中国生产事业中最有成绩的是农业,至于工商业,则可怜得很,近世的手工业并不比汉唐时代进步多少,或许反而退化,商业则汉唐时代也比较活跃,颇有能集中资本经营大商业的资本家。宋以后商业虽普及全社会,然资本渐渐分散,比例的说来,资本集中的情形,也反而不如古代了。

中国经济史上农业独盛,而工商业均有逊色的原因,全由于地理环境,已详前说。所谓"机械惟商业资本为能利用之,则又不得不归宿诸地理"。吕诚之先生的话,确是不错!因为商业必须在交通便利的条件下才能发达,而内海是便利水上交通最主要的地理环境。所谓"发达在海则重商",欧洲工商业发达的基础,便是那古代文化圈中心的地中海。

次就社会史说,中国全部社会史只是封建社会的演进史。中国开始有史时(商末周初)已由氏族制的社会渐次演进成封建社会,西周一代,原是原始封建社会的全盛时期,春秋以后,原始封建制开始转变,到了战国秦汉,便形成一种奴隶经济占优势的半封建社会,在这时候,封建势力最为消沉。但一经汉末的大乱,封建势力便重新抬头,构成门阀制的准封建社会。五代以后,门阀制消灭,又造成以士大夫身份为中心的半封建社会。直到最近世,西洋资本主义的势力侵入,残余封建势力才逐渐衰退,而使整个社会有革新的趋势。

不过,中国封建社会的性质却和西洋的并不十分相同。西洋中古时代的封建社会,多少是建立在政治的基础上的,所以蛮族一经文明化,跟着交通就便利,工商业就兴起,统一的民族国家就出现,封建社会便告瓦解,而走入资本主义的途径。中国的封建社会,却完全是建立在地理环境和经济条件的基础上的,所以政治尽管统一,而封建势力并不完全崩溃,社会始终不易脱胎换骨。还有中国的封建社会中,氏族的势力始终不曾消灭,如周代的宗法制,魏晋南北朝隋唐的世族制,近代的大家族制,常为封建社会的骨干,这点也与欧洲的封建社会略有不同,而带有所谓"亚细亚社会"的色彩,这自然也因地理环境不同的缘故。

中国的地理环境是相当封闭的,所以社会状态也相当停滞,后一时期的社会之中,往往遗留前一时期的社会的残余形态,这就是中国社会中民族和封建的势力不易消灭的主要原因。而由地理环境所造成的小农农业的经济基础,更足以维系封建势力于不坠,而使中国社会永久停留在封建的阶段上。吕诚之先生说:"旧时(指五代以后至清代)社会所视为最高阶级的,乃读书做官的人,即所谓士。此种人,其物质的享受,亦无以逾于农工商,但所得的荣誉要多些。所以农工商还多希望改而为士,而士亦不肯轻弃其地位。这还是封建残余的势力。此外则惟视其财力的厚薄,以判其地位的高低……至于(一)铲除阶级,(二)组织同阶级中人,以与异阶级相斗争,则昔时无此思想。此因(一)阶级之间相去并不甚远,(二)而升降也还容易之故。"我们也认为中国近世的社会虽不脱封建的形态,但阶级是相当平夷的。这是中国社会史上的特色,与地理环境和经济条件有密切关系的。(中国大陆的地理环境宜于和平统一,统一的政治下不宜有严峻的多层阶级;农业经济,需要和平合作,不宜有激烈的阶级斗争。)

再就政治史说,中国全部政治史,只是统一的专制政治演进史。中国在秦以前,政治上虽不曾真正统一过,但从商代至战国,由分散的氏族部落渐渐团合成列国,再由小国渐渐团合成大国,到秦始皇统一,中国本部已形成一个大民族国家,自此就统一为常态,分裂为变态了。由秦汉到清代,更扩充势力到四边,逐渐形成一个包含数个种族的大帝国。直到现在,中华民国还是一个数族共和的联合国家,而在民族上,“中华民族”一个名词已经成立;从此以后,统一的中国,更无从分化了。

在政治制度上,从秦代到清代,“专制主义”的色彩,一天浓厚一天。秦朝承战国以来中央集权的政治趋势,确定了集权中央的郡县制度。汉代以后,政权更一步步的集中于皇帝一身。这种专制政治的发展,可以分成两大阶段:第一阶段从秦汉到五代,中央政府中最主要的官员——宰相——逐渐由皇帝的辅佐变成皇帝的亲信(秦代和汉初的三公,只是天子的辅佐,地位是很崇高;东汉以后,相权移属天子的近臣尚书;晋时,因尚书的地位渐尊,相权更由尚书而分属更接近天子的中书;南北朝时,中书的地位又尊,相权复属于天子的近侍侍中;唐初尚书、中书、门下三省并列,相权仍属于天子的亲信,中叶以后,政权复内移于翰林学士和枢密使)。第二阶段从宋代到清代,不但相权更移属于天子的私人(宋以差遣治事,参用唐制以“同平章事”和“参知政事”为正副宰相,相权更分,而大权尽属于皇帝。明初更因胡惟庸的谋反,彻底废除相职,而由天子直辖六部;其后虽有殿阁大学士之设,也不过替天子批拟文件,只是一个秘书的地位罢了。清代更设军机大臣,以分相权,一切事情,都由皇帝一人专制,相职至此已名实两亡了)。而且政治上的封建余势几乎廓除干净,军阀割据的局面既不曾复现,而中央政府中权臣篡位的事情也永远消灭。君主专制政治至此遂告完成(民国初年,因君主专制政治一旦推翻,真正的民主还未出现,所以军阀割据的局面又乘机重新出现,但这种现象,也不过是封建余势的回光返照,决不能持久,所以不久中国复归于统一)。

说到这里,大家必定要质问:封建与统一是相反的两种势力,中国的社会既始终是封建社会为什么政治上反趋向于统一呢?关于这点,我们上面已经解答过,现在再引一段吕诚之先生的话来作补充。吕先生说:“封建(指政治上的封建)的元素,本有两个:一为爵禄,受封者与凡官吏同;一为君国子民,子孙世袭,则其为部落酋长固有的权利,为受封者所独有。后者有害于统一,前者则不然,汉世关内侯,有虚名而无土地;后来列侯亦有如此的,然尚须给以廪禄。唐宋以后,必食实封的,才给以禄,则并物质之耗费而亦除去之,遂全然无碍于政治了。”这便是说:中国在政治上早已把封建制度铲除净尽,所以能如此,我们以为由于秦以后,原始封建社会早已崩溃,秦以后的政府等于欧洲14世纪到18世纪时的民族统一政府,不过中国因为地理环境和经济条件特殊,所以始终产生不出真正的资本主义社会,而长时期停滞在半封建的状态中;然政治上的封建制度,则因统一政府既然出现,自无缘再继续存在了。吕先生又说:“彼(指西洋)之发展,既在海而不在陆,陆地法俗自不如中国之统一,语言异,信仰异,风俗嗜好无一不异,文明民族与野蛮民族人口众寡之比例,盖远非中国与五胡等异族之比例,于是封建政体之基础坚固,虽有王政,而帝政卒不能成矣。”所以欧洲在社会上虽早已打破封建制的拘束,而发达成今日的资本主义社会,然在政治上,则封建制至今日,还不能消灭净尽,这种情形,正与中国相反,一般“社会史家”可曾注意到这点吗?

更就文化史说:中国全部文化史,只是凝合的学术思想发展史。西洋的学术思想由合而分,中国的学术思想则常见由分而合。古代分立的王官专门之学,由诸子之学而凝合。诸子的思想,虽各不相同,然其自居于集古代学术思想之大成,则初无二致。到了汉代,虽号称儒家独尊,然儒家之学中实混有其他诸子之学的成分。魏晋以后,儒释道三教并立,都自以为足以包罗一切。宋明以来,理学兴起,又统一了三教的理论,而形成一个学术界的新权威,就是清代的考证学,到了中叶以后,汉宋之学也渐告泯灭,甚至有了要统合义理,考据词章为一体了。

中国学术思想之所以常趋凝合,实由于政治和地理之统一。中国本部南北地理环境之不同,实不敌其相同之点。至本部以外的区域,则本不能发生独立的伟大文化系,只能迎受本部的文化,而与之合流同化而已。

还有中国的科学所以不能发达,也由于地理和经济的原因。因为中国的地理环境是闭塞的,所以工商业不能发展,科学是随交通便利,工商业发展而兴的,中国既无适宜于科学的地理环境和经济条件,科学自然不能兴盛了。

综合上面的理论,我们可以看出地理与历史关系的密切;我们简直可以说:地理是历史之父,历史是地理之子;而经济却是历史之母。过去“地理史观”的历史观,缺点常在忽视经济条件的力量。我们却认为:经济是历史的重心;不过经济须受地理的限制,而地理环境也必须通过经济条件才能影响到历史,所以我们的结论是:地理是历史的基础,而经济却是历史的重心!(民族性是由地理环

境和经济条件造成的,所以其重要次于地理经济)

中国的历史,因中国地理环境的特殊而特殊,社会是历史的产物,所以也要受到地理环境的影响。中国的社会,也因中国地理环境的特殊而特殊;特殊的社会产生特殊的社会问题,自然需要特殊的社会政策来解决。

《中国国民》(上海 1946)第 1 卷第 3 期

《野叟曝言》略考*

前清光绪八年才完全出版的《野叟曝言》小说，据旧说是康熙年间江阴缪某所作的。蒋瑞藻的《花朝生笔记》上面记说：缪某这人很有才学，非常自负，但是终身不能得志，晚年时才作这部书，用以抒泄不平的愤恨。书中的文素臣就是暗表作者自己，匡无外是暗射一姓王的，余双人是暗射一位姓徐的，王、徐二人都是作者的至友。乾隆帝南巡时，缪某把这书缮写了一部，装潢得很是精致，外面加上包袱，预备在"迎銮"的时候进献给皇帝，以表示他的才情，希图皇帝的赏识。不料他有一位女儿，颇通文墨，而且很聪明，懂得人情世故，知道这部书如果真的进呈了，必致酿成大祸。她又猜度父亲性情坚执，是无法劝止他的计划的。于是她就和她父亲的一个学生商议了，秘密用白纸照式装订了一部，把原书偷换了。到缪某将要去迎驾的时候，打开包袱，拿出书来检看，已变成了白纸一部。他急得痛哭出声，认为是见忌于造物，书已羽化登天了。他的女儿就向他劝解道："书既为造物所忌，就是不进献也好。现在的皇帝性情猜忌，你老人家的书又多有不检点的地方，塞翁失马，安知非福！近代的文字狱是这样的多，你老人家难道不曾听到吗？"缪某无可如何，只得郁郁而罢。到缪某死去后，他的女儿因为

* 本文最初发表时署名童丕绳。——整理者注

这部书乃是她父亲一生心血之所寄，不肯就叫它失传，便将原书润饰一过，把秽亵的话大略都删除了，然后付印面世，这就是近日流传的本子。案：这段记载是完全不足信的！第一，《野叟曝言》小说实是江阴夏二铭作，见于《江阴艺文志》凡例。鲁迅先生已考证得很清楚了。决非缪某所作。第二，夏二铭又著有《纲目举正》一书，有他的儿子祖耀的案语，说："是书既成，携入闽中，祈故友福建抚军富公纲奏呈，未果。归，遇乾隆丙午南巡，赴苏迎銮，拟躬进献，又有所阻。"可见夏氏所要进献的，乃是《纲目举正》正经书，并不是《野叟曝言》小说。所以种种附会之说，都是皮之不存，毛将焉附的。第三，现今流传的《野叟曝言》小说，秽亵的地方触目皆是，有些地方实远驾《金瓶梅》之上。可见所谓"秽亵之语删除略尽"（《花朝生笔记》原文）也非事实！第四，这书初次出版是在光绪初年，决非康熙时缪某的女儿所印。不过，鲁迅先生的考据虽然精密，但仍疏忽了一点，便是这书固非缪某所作，但也决非全部出于夏二铭之手，这书实在至少有一部分是时代很晚的人写的，大家如不相信，请看我下面举的证据：

> 单有宋素卿一人，是其（木秀）腹心，虽居中将之任，实未统兵（第一百二十四回，下同）。
>
> 东京城中。
>
> 幸有宽吉母族藤峡种臣……受木秀陆军少将之职。
>
> 已抵……东京港外。
>
> 直入东京。
>
> 文恩因问明东京几座寺院。
>
> 东京这许多寺院。

带归东京。

自此东京单留文龙文恩……

东京安堵无事。

案:日本江户定名为东京,乃明治元年七月的事情(迁都东京为明治四年事),当中国前清同治七年。夏二铭怎能知道"东京"的名词?"中将"和"陆军少将"等名词也决非康熙乾隆年间人所能悉。这些乃是今本《野叟曝言》晚出的铁证!此外还有两位狂生的说话:

古时学宫:春夏教以礼乐,秋冬教以诗书,别无制义之目。今虽兼课经义治事,而仍以制义相参,使学者有用之心思,消磨无用之帖括。兼使精神俱瞀,知识昏昏,一旦临民,茫然无主。坐如木偶,全凭线索提牵;行若纸棺,一任模糊葬送:欲望老太师奏闻皇上,废去制科,将坊间一切刻版,世上一切时文,俱付之祖龙一炬(第一百五十二回,下同)。

这种话很像是康长素、梁启超的前身说的(案:李鸿章已言:"论者咸知时文试帖之无用,又不敢倡言废科举。"可见时文试帖之无用在同光间已是常识了。所以本书中会借狂生之口来大骂八股)。书中说这话的人也是两位狂生:吴江秀和卞特立。康梁的意见被当时的"正人君子"和大臣们斥为"邪说",吴卞两人的话也被文素臣斥为"安石之邪论":

制义本无益于学者,而使畅发圣贤之精义,辨析经传之疑蕴，较唐宋元取士之制，或雕琢其心思，或纵横其意见，或俳优其兴趣者，得失判然矣。况为太祖所特制，为臣子者可贸贸然去之乎？

祖宗法度有必当更改者，有可以不更改者，若不问其当改不当改而肆意改之，以为责难于君，此安石之邪论也！安石变法而行雇役，民既安之矣；温公并议改除，苏轼犹以为言，况祖宗法度，百余年所安者耶？本朝由制义出身者，忠如方景诸公，直如钟戴诸公，苏尚书之理学，李祭酒之气节，于少保之功勋，彭相国之经济，麟麟炳炳，史册可稽。即现在阁臣如刘谢，六卿如王马刘戴诸君子，树立卓然，何一非制科出身，而必欲变祖宗之法度乎……利不什不变法，害不什不变法，正无庸明与祖制为难，而轻议革除也。

“太祖所特制，为臣子者可贸贸然去之乎？”就是所谓“祖宗成法，为臣子者岂可忍心改变”（清末某人奏疏中语）？“正无庸明与祖制为难，而轻议革除”，也很像清末顽固派的话，虽然这位文素臣已开通得知道“制义本无益于学者”了。（历举由制义出身的名臣，以反对废除八股，也很像清末某某等人的说话。）

这两位狂生来见文素臣，结果是被匡无外撒酒疯吓走的。他们走了之后，文素臣的朋友中就有人说：

这两醉生语虽乱道，却颇有些见解，非鄙生腐儒也。

彼自负为颜渊复生，若没无外这一吓，将来便为祢衡之续矣。

废除八股虽是"乱道",但也被承认为"颇有些见解",这正是清末人的说话。作者固为怕这"自负为颜渊复生"的人,"为祢衡之续",所以叫匡无外去把他们吓走,多见其菩萨心肠了!

以上这些证据已足证明《野叟曝言》小说即使不是康梁同时人所作,也至少有一部分是康梁稍前的人所增窜。我们且再看看这书的序文:

> 康熙中,先五世祖韬叟宦游江浙间,获交江阴夏先生。先生以名诸生贡于成均,既不得志,乃应大人先生之聘,辄祭酒帷幕中,偏历燕晋秦陇……所历既富,于是发为文章,益有奇气。先生亦自负不凡,然首已斑矣。先五世祖以官事过禾中,邂逅水次,一见倾倒。旋吴之后,文讌过从,殆无虚日。先生亦幸订交于先祖,屏绝进取,一意著书。阅数载,出《野叟曝言》二十卷,以示先祖,始识先生之底蕴,于学无所不精,亟请付梓。先生辞曰:"……言多不祥,非所以鸣盛也。"先祖颔之,因请为之评注。先生许可,乃乘便缮副本,藏诸箧中,先生不知也。先生既没,先祖解组归蜀……尝谓曾祖光禄公曰:尔曹识之,承夏先生之志,慎勿刻也,自是什袭者。又百有余年矣。乃今夏六月,余友程子自海上购得此书,以予好读奇书,持以相赠,不觉大诧。余友为述刻书之用,始知是书成于吴中书贾,而出之者,夏先生之后人也。然已缺失十一,不若吾家副本之全,余惟夏先生之为人,著述震海内,传世之文当非一种,是书抒写愤懑,寄托深远,诚不得志于时者之言,故深自秘靳而不欲问世,今则去先生之世已远,无所忌讳,其后嗣既出其书矣,徒以兵燹剥蚀,使海内才人皆有抱残守缺之憾,则将以

是书知先生而不足以尽知先生，并无以知余祖与先生之交，及当日慎重勿刻之意矣。夫后世不以是知先生，先生亦不以是书见知。均之已矣，既以是知而仍无异乎勿知，则亦非吾祖之所乐也。爰出全书以付余友，达诸海上之刊是书者，亟谋开雕，俾读者快睹其全，并述藏书之由，以告夏先生之达人，证二百年前之交契云。光绪八年，岁次壬午，九月，西岷山樵谨识。

著了一部百五十回眩才的大书，而竟情愿秘藏，不以问世，这已经出乎人情之外了。知交缮了副本而"先生"竟"不知"，又是很使人奇怪的一件事。这部大书藏了"百有余年"，忽然出现，而出于作者后人的本子已有缺矣，知交所藏的副本反能独全，种种疑窦实在可疑。这书的来历既是这样的暗昧，而书中又露出许多马脚，则其有一部分出于伪作，是可以断定的了！（案：鲁迅《小说史略》已说："一本独全，疑他人补足之。"）

《星岛日报》1941年《俗文学》第8期

《梼杌闲评》考证*

大约在十多年前，有一家书局，拿一部《梼杌闲评》小说，托我标点，并嘱我做一篇新序，我在那篇序中曾说：

> 《明珠缘》（即《梼杌闲评》的别名）是明末清初的一部极有价值的历史小说，这书的文学上的优点暂且不论，单就它在史料上的地位而论，也决不在明史纪事本末以下，我们知道作者是魏忠贤同时或稍后的人，因为本书第三十三回，称清太祖奴尔哈赤为酋，可证决是明亡以前的作品（案：此语稍误）。但书中如第四十四回称清兵为兵，而上不加著番字，似又可疑。然此或是此书创始于明而完成于清代，故为此含糊之称，或是后人为忌讳而删改（删改得不全，故仍旧有未删之处）。总之，此书之作者决去魏忠贤本人时代不远（本书中证据极多，以上不过略举一斑），此书所写魏忠贤与后世史书及传说上之魏忠贤颇不同，就情理考察，当以此书所写为大致近实；此书之史料价值尚不仅此，又如第二十一回之梃击案，第二十三回之移宫案，第三十一回至三十七回所写之党狱本末，第三十九回之

* 本文发表时，作者署名吴流。——整理者注

盐款案,第四十八回之崔呈秀卖官擅权事实等,皆有极宝贵之史料可供采取。

当时我因为事情太忙,没有许多闲功夫为这部小说详加考证。但序中所云,已足为求得正确结论的基础。现在我先把那时所根据以考定本书时代的文句录在下面:

他(冯铨)因父亲冯盛明做过蓟辽兵备道,奴酋陷辽阳,他便弃官而归。(第三十三回)

吴国秉道:"小的是盖州卫人,前广宁陷时,被兵擒去,广宁兵退回,被擒的有千余人,在四河逃回,到山海关水口……"(第四十回)

我那时根据这两段话,便假定"此书创始于明而完成于清代"。其实这书的"完成于清代"还有证据在,如第五十四回目为"明怀宗旌忠诛众恶,碧霞君说劫解沉冤"。称崇祯帝的谥法,足证其书成于清初(清顺治元年谥崇祯帝曰怀宗,乾隆初改谥庄烈帝)。又,第二回说:"原来明朝官吏,只有迎春这日,可以携妓饮酒。"语气中也表示着已经易代。第四十三回说:"纪信意要出战,听得入犯的消息,见锦州是他攻关的要路……坚垒不出,听其深入。""入犯"的上面不加虏寇等字样,称敌为"他"为"其",都含有讳避的意义。但其下文又称:"这些敌人因前次广宁之败,知道袁巡抚的威名,又怕西洋大炮厉害,况又不是大队,如广宁之寇,只有七、八万人马。"又称清兵为"敌人"为"寇",似删改未尽,这又似是"此书创始于明"

的证据。

我现在假定这书是清初明遗老所著。关于这书完成于清初，已详上论；至于说这书是明遗老所著，除上所引二十三回和四十三回二证外，还有很多的证据，如：

> 又过了数年，皇上大渐，于四十八年七月杪升遐，是为神宗，深仁厚泽，流洽人心……文武勋戚大臣于八月四日奉皇太子登极，发政施仁，克绍前烈……励精图治，万几无暇；凡一切内外表章，件件亲阅，犹恐下情难达，一月间施惠政四十余事。谁知天不慭遗，四海无福，圣躬过劳，致成脾泻不起……是为光宗，恺悌君子，有道圣人，仅一月而崩。（第二十三回）
>
> 汉家已见条侯死，宋室难明武穆冤。（第三十六回悼熊廷弼诗）
>
> 文武大臣并勋戚等，先至邸躬引贤圣（指崇祯帝）至灵前。（第四十七回）
>
> 皇上（指熹宗）是个圣贤之君（第四十四回）
>
> 此时皇上（指崇祯帝）新政，亦欲优容，以全大臣之体统。（四十八回）
>
> 圣王炳炳振威灵，瞬息奸雄散若萍；何物妄思回主听，等闲枯朽碎雷霆（第四十八回赞崇祯帝贬逐权阉徐应元诗）

庸劣如明神宗，而称为“深仁厚泽，流洽人心”；好色如明光宗，而称为“励精图治”，“有道圣人”；昏妄如明熹宗，而亦称为“圣贤之君”；又称崇祯帝为“圣贤”、“圣王”并称赞熊廷弼，这不是本书出于明代遗老手笔的铁证吗？然则这位遗老是怎样的人呢？我以为其人必是个中立派，籍贯是南方人，何以见得他是南方人呢？因为本书第六回说："原来北方女人骑马是常事，故不以为奇。"这两句话便证明了作者的籍贯。何以见得其人是个中立派呢？因为本书对于魏忠贤并不十分痛恶，如第十、第十二、第十四、第二十一诸回，对于魏忠贤都有奖词，而且把傅应星算作魏忠贤的儿子，使他得道飞升①，且抬高救魏忠贤的道士陈玄朗和一位老僧；更把忠贤的妻子傅如玉，也说成得道仙人；又把忠贤杀戮忠良的事说成劫数，都有偏护魏氏的嫌疑（但这也是作小说的体裁）。又本书大骂东林的羽翼汪文言道：

> （汪）文言，原是徽州府的门子，因坏了事，逃走到京，依附黄正宾，引荐王安门下，纳了个中书，他就先打勤劳，遍传消息，也与士大夫熟识。及至纳了中书，他也出来攒分子，递传帖子，包办酒席，强挨入缙绅里面鬼混，这些缙绅也只把他当作走卒。及后那王安事坏，他又翻转面皮，依傍魏党，得免于祸。他却旧性不改，凭着那副涎脸，利嘴，软骨头，坏肚肠，处处挨去打账。（第三十一回）

可见文言不是个好人。但《明史》卷二百四十四《魏大中传》却说：

① 第五十回说："傅应星随着空空儿学导引击刺之法……傅应星不恋荣华，刚正嫉邪，知机勇退……傅应星夫妇同孟婆母子，俱乘风飞升而去。"

> (汪)文言者,歙人,初为县吏,智巧任术,负侠气,于玉立遣入京刺事,收赀为监生,用计破齐楚浙三党,察东宫伴读王安,贤而知书,倾心结纳,与谈当世流品,光熹之际,外廷倚刘一燝,而安居中,以次行诸善政,文言交关力为多。魏忠贤既杀安府丞,邵辅忠,遂劾文言,褫其监生,既出都,复逮下吏,得末减,益游公卿间,舆马尝填溢户外,大学士叶向高用为内阁中书,(魏)大中及韩爌赵南星杨涟左光斗与往来颇有迹。

这两段话比较起来,显然是一袒东林(明史),一袒魏党(《梼杌闲评》)。案:当时大学士叶向高因荐举汪文言,文言被逮,他就上疏道:"光斗等交文言事暧昧,臣用文言显然,乞陛下止罪臣而稍宽其他,以消缙绅之祸。"(《明史》本传)可见文言确是有罪的人,只缘他交结东林,所以被目为"负侠气"。其实像文言这类的人,正是士阀中的活动分子,即今所谓政客。这类人紊乱是非,兴风作浪,煞是可恶,魏忠贤等的处置他,未可以人废事。《梼杌闲评》作者痛斥汪文言,固有袒魏之嫌,然文言的不理人口,也必是事实。

至于著者不深斥东林,书中证据也很多,如袒熊廷弼,称道杨左诸贤的话触目皆是,即如第五十回称:"还有那杨熊诸党的人,不该起用,这还是门户一字未化。但那班忠臣身死之惨,追比之苦,皇上久已洞鉴……"可见作者并不是纯粹魏党,确是个中立派。案:第三十七回称:"从未见以文字罪人者也。"可见作者作书无庸十分忌讳,他的议论也相当公正,又足见这书必是清代文字狱大兴以前的作品,其为清初人所著,可不必疑虑了。

邓之诚先生《骨董续记》里说:

《梼杌闲评》不详撰人。其所载侯魏封爵制辞，皆不类虚构；述忠贤乱政，多足与史相参。缪艺风《藕香簃别钞》云："弘光朝工科给事中李清为其祖李思诚辩冤，思诚由翰林转福建副使，与吕纯如比，向媚税监高宷。逆阉用事，仍复原官，历升礼部尚书，颂美逆阉有纯忠体国，大业匡时等语，故入逆案，案酌中志云：河南右布政使何志完辇三千金馈崔呈秀，谋升京卿，为逻卒所获，思诚寓呈秀比邻，乃卸罪于思诚，因之革职。映碧欲辨三千金则可，欲辨入逆案之冤则不可，纯忠体国，大业匡时是何等语，尚以为不当入逆案邪？《梼杌闲评》亦载此事，因心疑亦映碧所撰。"之诚案：《梼杌闲评》记事，亦有与《三垣笔记》相发明者，总之，非身预其事者，不能作也。谓之映碧所撰，颇有似处。

缪邓两先生以此书为李清所撰。所谓李清者，江苏兴化人，明崇弘两朝历官刑吏兵科给事中，立言中立无倚。死于清康熙时，著有《三垣笔记》等书，《三垣笔记》下卷说：

传给谏槐，当天启时连疏纠左佥宪光斗，魏都谏大中等，诚过！然狎邪之汪文言，自宜纠。

这种议论正与《梼杌闲评》相应，可见《梼杌闲评》确有出于李清的可能，李清历仕崇祯弘光两朝，死于清初，与上所考此书为清初明遗老所著一点相合。李清是江苏人，也与上所考此书为南方人所著一点相合。李清立言中立无倚[①],与上所考此书为中立派所著一点,也并不抵触。总之,此书是否李清所著,虽未可定,其为清初明遗老所著,则可以断言的了。

本书不但在政治史上有参考的价值,就是在社会史上也很有史料的价值,别的不谈,我且举出这书中的几条经济史上的材料,作个例子。如第六回载:

> 京中近日米粮甚贵,要五两多银子一石。

五两银子等于七元银币,是明末北京米价曾经到过七、八元一石的,古时银贵物贱,这价钱已很可惊[案:《三垣笔记》时议下载:"上(崇祯)于癸未年九月,发帑金四十万买米,是时若折米给军,每担八钱,上下两便……而京商豪家长以囤米召买为利,竟不能行也。户部不得已,以一金买一担,价高米恶甚。"可见一两一石的价

---

① 《三垣笔记》李审言序云:"艺风之跋是书,盛诋映碧,多为其祖碧澥公回护,深文周内,无所不至。夫碧澥公为王家栋所诬陷,魏阉因奏削其籍,此见于《明史纪事本末》,《三朝要典》之署名亦为顾养谦等所胁,故其后功赏不及。至御史吴尚默等交章奏雪,有诏起用,事乃大白。映碧官弘光时,亦有为祖颂冤之奏,足与《纪事本末》相证,若诬以颂珰,则劾碧澥去者即珰,其不为珰用明矣。映碧此书,绝无回护碧澥之语,䨓立朝列,不为势夺,不为利诱;阳羡为其座师,绝不附和,同里姻亲吴鹿友入相,为吴四时所惑,映碧殊不谓然,直著其事,而开国靖难,与天启惨死诸臣,皆由映碧疏请予谥,南渡荒朝,此举实快天下后世;至国变后,卒以屡荐不起,槁隐以殁,盖吾朝皭然不滓之一老,即全谢山杨秋室熟于明季史事者,亦未尝于映碧稍有微辞,世以信谢山秋室者信映碧,则映碧可以无憾矣!"

案:李氏为其族祖辩诬,语辞颇晰,虽间有掩护,而大体可据。盖李思诚本当时之中立派人物,故两派皆对之不满;魏阉既败,遂致名挂逆案。其实谓其不附东林则可,谓其附阉,似有冤抑。李清之持论,盖与其祖颇相近,此所以《三垣笔记》与《梼杌闲评》二书,在史料上之价值甚高也。

钱已算相当高，等于战前上海的十元一石，若“五两多银子一石”，则等于五、六十元一石的高价了。此所以第七回说：“王老爷道：‘你几时到京的，米贵得很哩’”]。又如第十二回载：

北路麦粮刻下大贵，若是这里到临清去卖，除盘缠外还可有五、六分利息哩。

这又可见明末北方麦价也曾大贵过的。第十三回载：

拣了一匹上好的绒，讲定三钱一尺，叫成衣算了，要二丈二尺……取了三钱银子做手工。

可见明末衣价也不很便宜。诸如此类的经济史料和社会史料，本书中都很多。所以这部书不但文笔优美，值得一读，就是研究历史也不可把它轻轻放过！

《春秋》第一卷第十期　1944 年

董源画法源流考[*]

郭沫若同志提出了《兰亭序》的真伪问题,断定今传的《兰亭序》书帖并其文字均伪,论证确凿,毫无可疑!我对于书法史素无研究,不能为郭老补充证据,只能说:我对于《兰亭序》书帖也是久已怀疑的一人(主要是从汉魏六朝及唐代考古文物上的书法和传世的书帖比较上得到这样的看法),郭老之说是先获我心的。

但我是研究绘画史的,对于某些传世古画,也是很怀疑的,这里姑且不提画名,但提画法,用《考信录》的体裁一考董源的画法。

> 董源,字叔达,锺陵人,事南唐为后苑副使。善画山水,水墨类王维,着色如李思训。兼工画牛、虎,肉肌丰混,毛毳轻浮,具足精神,脱略凡格。有《沧湖山水》、《着色山水》、《春泽牧牛》、《牛》、《虎》等图传于世。(《图画见闻志》卷三《纪艺》中"王公士大夫依仁游艺臻乎至极者"类,董源列在最末)。

案:此为记载董源画法最早的文献。在这里,只说出董源山水的特点是"水墨类王维,着色如李思训"。所谓王维的山水画法,据唐、五代人的记载是"山水松石,踪似吴生,而风致标格特出"、"复画

---

* 本文为未完成稿。

《辋川图》,山谷郁郁盘盘,云水飞动,意出尘外,怪生笔端”(《唐朝名画录》)、“工画山水,体涉今古。人家所蓄多是右丞指挥工人布色原野,簇成远树,过于朴拙,复务细巧,翻更失真”、“清源寺壁上画辋川笔力雄壮”、“破墨山水,笔迹劲爽”、“王右丞之重深”(《历代名画记》卷十)、“山水平远,云峰石色,绝迹天机”(《旧唐书》卷一百九十下)。则王维的山水画,应当兼具“六朝”的“古”体和唐代的“今”体,即既有顾恺之、展子虔等人的拙朴、纤细,又有李思训、吴道子等人的“遒劲”、“雄壮”。其特点是使用“破墨”法(似指后世之所谓“渲染”),甚为“重深”。善画“平远”之景。这些记载还不够具体。比较具体的是明代人的记载。明末时项元汴藏有王维的《雪江图》,董其昌亲眼看到过,他说:“都不皴擦,但有轮廓耳”(《画禅室随笔》等书)。董其昌曾收得赵大年临王维《湖庄清夏图》,“亦不细皴,稍似项氏所藏雪江卷”。董其昌认为“大家神品,必于皴法有奇”,所以《雪江图》和赵大年临本“未尽右丞之致”,最后得郭忠恕“辋川粉本”“乃极细皴”,然董氏说他“所见者庸史本,故不足以定其画法”,“相传(郭氏《辋川图》)其真本在武林”。更后他“至武林,观高氏所藏郭恕先《辋川图》二卷”,“多不皴,惟有钩染”则与《雪江图》相似。但董氏又认为那《辋川图》“犹是南宋人手迹”。其实,根据敦煌壁画等考古文物来看,唐人是基本无皴的(只有简单的石纹),董氏所见《雪江》等图,犹近真迹。宋米元晖题画说:“右丞王摩诘,古今独步,仆旧秘藏甚多,既自悟丹青妙处,观其笔意,但付一笑耳。”(《铁网珊瑚》等书)“王维画见之最多,皆如刻画,不足学也”(董其昌《画禅室随笔》引)。可证董氏所见《雪江》等图,是比较近于王维山水真迹的(明代人对于王维的皴法究竟怎样,其实并未弄清楚,汪珂玉、陈继儒、董其昌等人高谈皴法,而对于王维皴法,始终说不出一个所以然来,其实王维的山水是无皴的)。

李思训的画法,大家比较清楚,但也有没有完全弄清楚的地方。唐人记载李氏的画法是:“其画山水树石,笔格遒劲。湍濑潺湲,云霞缥缈,时睹神仙之事,窅然岩岭之幽。”(《历代名画记》)“鸟兽草木皆穷其态。”(《唐朝名画录》)则根据原始记载:李氏的画法用笔是“遒劲”的,山水比较细致,有水、有云,自然都用钩法。还有神仙、鸟兽等人物。其为着色画必然无疑。但较后的记载却说他“画着色山水,用金碧辉映,自为一家法”。(元汤垕《画鉴》)“金碧山水”是否唐代已有,我们不曾见过真迹,无从悬揣(但是明代的唐志契认为“画院有金碧山水,自宣和年间已有之……盖金碧者石青、石绿也,即青绿山水之谓也。后人不察,于青绿山水上加以泥金,谓之金笔山水……一幅工致山水加以泥金,则所谓气韵者,能有纤毫生动否?且名山大川有此金色痕迹否”,这话却未必对!“金碧山水”至少宋代已有,唐氏以文人画法衡量古着色画法,自然不会合适)。然而看传世的自宋到明的几幅李氏父子画摹本,一般说也是无皴的。真正的皴法,唐代似乎还不会有(看敦煌壁画等可知)。皴法大概是兴起于唐末、五代之间的(对此我们另有考证)。

用李思训的“笔格遒劲”的青绿着色画法,加上王维的“笔迹劲爽”、“雄壮”的水墨渲淡画法,或灿烂、或“重深”,而少皴法,大概就是董源的真画格。

> 董元(源),江南人也。善画,多作山石水龙……大抵元(源)所画山水,下笔雄伟,有嶄绝峥嵘之势,重峦绝壁,使人观而壮之……然画家止以着色山水誉之,谓景物富丽,宛然有李思训风格。今考元(源)所画,信然!盖当时着色山水未多,能效思训者亦少也,故特以此得名于时。至其出自胸臆,写山水

江湖，风雨溪谷，峰峦晦明，林霏烟云与夫千岩万壑重汀绝岸，使鉴者得之，真若寓目于其处也。而足以助骚客词人之吟思，则有不可形容者。今御府所藏七十有八。(《宣和画谱》卷十一《山水二》)

案：这是郭若虚记载的发展，依然基本上不出"水墨类王维，着色如李思训"两句话。但有可以注意的，就是这段记载说明当时的画家是"止以着色山水"赞美董源的，认为他的画"景物富丽，宛然有李思训风格"。也就是说那时的一般画家是重视董源的"着色如李思训"的画的。《宣和画谱》作者根据宣和内府的丰富收藏，断说："今考元所画，信然！"可见当时画家对董源的评价基本上是正确的。《宣和画谱》作者认为五代南唐时"着色山水未多"，所以董源"特以此得名于时"。这话至少也可以供参考。"至其出自胸臆"以下云云，大概就是指他的"水墨类王维"的画。《宣和画谱》所特别指出的是："元(源)所画山水，下笔雄伟，有崭绝峥嵘之势。"这样又接近"荆、关"等北方画派，与所谓"平淡天真"的"一片江南景"，似不相同，这也是很可注意的一点。与《宣和画谱》说法相应的，除较早的记载《图画见闻志》外，还有不少的文献。如宋、元间人饶自然著的《绘宗十二忌》说："设色金碧……如唐李将军父子、宋董源、王晋卿、赵大年诸家可法。"南宋邓椿《画继》所载"铭心绝品"中董源的画只《着色山水图》一幅，宋、元间的周密著《云烟过眼录》载："着色山水三幅，平二幅，云是董元"(卷上)。又载："董元着色山居图，思陵题。""董元河伯娶妇一卷……山水绝佳，乃着色，小人物……余向见董元所作弄虎故实，略同"(卷下)。可见在一般的宋人眼光里，董源着色山水是其画中最足宝贵的。

董源平淡天真多,唐无此品,在毕宏上,近世神品,格高无与比也。峰峦出没,云雾显晦,不装巧趣,皆得天真。岚色郁苍,枝干劲挺,咸有生意,溪桥渔浦,洲渚掩映,一片江南也。(米芾《画史》)

江南中主时,有北苑使董源善画,尤工秋岚远景,多写江南真山,不为奇峭之笔。其后建业僧巨然,祖述源法,皆臻妙理。大体源及巨然画笔皆宜远观,其用笔甚草草,近视之几不类物象,远观则景物粲然,幽情远思,如睹异境。如源画落照图,近视无功,远观村落,杳然深远,悉是晚景。远峰之顶,宛有反照之色,此妙处也。(《梦溪笔谈》卷十七)

案:这两段记载是与《图画见闻志》和《宣和画谱》等一般的宋人记载相矛盾的。米芾论画见解,在宋人中最为特别。他最喜欢立异标奇,自命不凡。他是襄阳人,徙居于吴,很爱好江南山水,竭力推崇江南画家,驾之北方画家之上。这时候在画苑最享盛名的都是北方画家,如山水画以关仝、李成、范宽为代表的"三家"(其中尤尊李成),花鸟画以黄氏父子、赵昌们为代表作家(黄、赵皆西蜀人,黄氏后入北宋画院,成为标准作家,赵昌则是继承黄氏的),人物画以吴道子为代表作家。他却与一般人相反:在山水画上推崇江南画家董源、巨然,而说自己"无一笔李成、关仝俗气"。在花鸟画上推崇江南画家徐熙、刘常,而说黄筌"虽富艳亦俗"、"赵昌、王友之流,如无才而善佞士"。在人物画上推崇江南画家顾恺之,而说"不使一笔入吴生"。由于他这种封建名士的怪癖,所以奇论很多。例如他说:"刘道士亦江南人,与巨然同师(案:米氏说:'巨然师董源')。巨然画则僧在主位,刘画则道士在主位:以此为别。"哪有这种道理？考《图画见闻志》虽说“巨然工画山水，笔墨秀润，善为烟岚气象，山川高旷之景”，但并未说他师董源。（《宣和画谱》卷十二也只说：“僧巨然，锺陵人，善画山水，深得佳趣，遂知名于时”，未言其师董源）。又说“吴僧继肇工画山水，与巨然同时，体虽相类，而峰峦稍薄怯也”。也没有说他师董源。至于刘道士，《图画见闻志》引之于人物门，说：“刘道士，建康人，工画佛道鬼神，落笔遒怪，江南寺观时见其迹，尤爱画甘露佛，多传于世。”（《宣和画谱》山水门亦不列刘道士）则是个人物画家，何尝是什么董源的徒弟，巨然的同门？米氏的作伪、荒诞至于如此。米氏所见董源的画并不很多，他自认为可靠的，大概只“见五本”，怎及宣和内府所藏之多！米氏所记董源的画法和巨然的画法，大体上和他自己的画法差不多，也焉有此理？横卷画虽然古已有之，但是“横披始于米氏父子，非古制也”（宋赵希鹄《洞天清录集》）。米氏《画史》却载：“余家董源雾景横披全幅，山骨隐显，林梢出没，意趣高古。”这种画法不是和他自己的画法很相近吗？赵希鹄说：“米元章就人借名画，辄模本以还，而取其原本，人莫能辨。”周晖也说：“米元章（一本‘章’作‘晖’，误，下同）善画，能以古为今，盖妙于薰染缣素。”“元章尤工临写，在涟水时，客鬻戴松牛图，元章借留数日，以模本易之，而不能辨。”（《清波杂志》卷五）《宋史》本传也说他“尤工临移，至乱真不可辨”。是米氏喜欢造伪古画，则他造些伪董源的画来骗人，完全是可能的。又较古的画是没有名款的，题为某人所作，都是后人的事。米氏所记那些董源画，即使不是他所伪作，也有可能是他或别人乱题别人的画作为董源的画。至于沈括，治学的态度是比较谨严的，但他也是南方人，封建时代的人总有地域观念，而且他并非画家，对于古画的鉴别不是很内行，因此他的年辈虽较米芾略长,却受到米氏的影响。米氏以才气早年就为人所知,他的《画史》中也提到沈括跟着米芾说话,把伪董源画当作真董源画,也是可能的。

> 颍州公库顾恺之维摩百补,是唐杜牧之摹寄颍守本者……其屏风上山水:林木奇古,坡岸皴如董源(案:此‘皴’字当指石纹),乃知人称“江南”盖自顾以来皆一样。隋、唐及南唐至巨然不移。至今池州谢氏,亦作此体。余得隋画金陵图于毕相孙,亦同此体。(米芾《画史》)

案:米氏这段记载是很可注意的!实际上和他的《画史》中他条所记“董、巨”的画法颇相矛盾。据他这段话看来:唐代所摹顾恺之的画存在公库里的(这当然不可能是米氏伪作),画法和当时传世的董源、巨然等江南人的画相近,凡是江南人所作的山水,都从顾恺之一脉发展而来,这完全是可能的(因为顾氏享名极大,影响甚远)。我们知道:在唐代以前,接近山水的画已有两派:南方的一派似以顾恺之为开创人,继承者大概有戴勃、宗炳、王微、萧贲、梁元帝等。北方的一派比较后起,可能以展子虔为开创人。唐代的李思训、昭道、吴道子、王维等人大概都是综合南、北二派作风的(正与书法相同)。到了五代时,荆浩、关仝创立北方山水画体,董源、赵干、巨然等人创立南方山水画体。但从这时候起,正和瓷器发展史的情况差不多,北方画派逐渐压倒南方画派了。所以到了宋代,关、李、范并称“三家山水”,画史中几乎没有董源、巨然等人的地位。正和瓷器史上宋代的北方青瓷压倒南方青瓷一样。董源、巨然等人,大概画的多是南方山水。巨然是个和尚,和僧继肇差不多,他的作品是“琐细”和“气质柔弱”的(见《宣和画谱》)。继肇的峰峦据说更是“薄怯”(见上引《图画见闻志》)。但他们的画“笔墨秀润,善为烟岚气象”,当时称为“能品”,开后世“南画”(江南画派)的先河。只有董源则是所谓“王公士大夫”之流,独宗李思训、王维,而偏重“着色山水”。虽然如此,他的画法仍有与南方画派顾恺之一脉相贯通之处。今传的顾恺之《女史箴图》和《洛神赋图》虽是摹本,却是比较近真的,其中都有山水配景,和现在尚传世的所谓《展子虔游春图》的笔法相近。所谓《展子虔游春图》无论就水势看和山头看,都是江南风景,而并非北方山水,所以不可能是北方画家展子虔的作品。但与敦煌壁画对照看来,其时代不会在五代以后。其山头小树的形式,尤近后世所谓“董源画法”。所以这图至少也是江南派的古体山水。“盖自顾以来皆一样”一句话,用在这幅图上,还说得上。真董源的山水,至少着色的一种,大概是比较接近这幅《游春图》的(《游春图》的画法也杂有北体着色山水的画法,张丑《清河书画舫》就说它“与李思训笔法相似”)。

> (董源)树石幽润,峰峦清胜,蚤年矾头颇多,暮年一洗旧习……董元(源)山水有二种:一样水墨矾头,疏林远树,平远幽深,山石作麻皮皴。一样着色,皴纹甚少,用色秾古,人物多用红青衣,人面亦用粉素者:二种皆佳作也。(汤垕《画鉴·五代画》)

案:汤氏识见不高,其书多抄袭旧文,可取处不多。这段文字第一节主要抄自米芾《画史》。《画史》说:“巨然师董源,今世多有本。岚气清润,布景得天真多。巨然少年时多作矾头,老年平淡趣高。”

（案：所谓“平淡趣高”，大概就是像米芾的画，全作圆平峦）这是说的巨然，汤氏却误为董源。所谓“董元（源）山水有二种”，系袭取《图画见闻志》的记载。“水墨矾头”之说又与上文矛盾。其实这是接近王维的画法，即“钩染”的方石和半方石。“平远幽深”，也是王维的画格。只有“山石作麻皮皴”一语，是汤氏新加的，前所未有。“麻皮皴”之名大概兴起于元代。黄公望也说：“董石谓之麻皮皴”。这种“麻皮皴”究竟是怎样一种皴法，留待下面研究。所谓“着色，皴纹甚少，用色秾古……”大概就是宋代所传的“着色如李思训”的董源画格。赵孟頫也说：“董源是放泼底李思训”。大抵董源的画传到元初，除了米元章所说的“董源”外，还不曾很大的走样。

> 董源坡脚下多有碎石，乃画建康山势。董石谓之麻皮皴，坡脚先向笔画边皴起，然后用淡墨破其深凹处，着色不离乎此。石着色要重。
>
> 董源小山石谓之矾头，山中有云气，此皆金陵山景。皴法要渗软，下有沙地，用淡墨扫屈曲为之，再用淡墨破。（黄公望《写山水诀》，见《辍耕录》）

案：这里所谓“坡脚”，是指山坡之脚，即山下之意，与一般所谓“坡”不同（否则“坡脚先向笔画边皴起”语便不可解）。黄氏是说董源山脚下多有小石，这是画的南京附近一带的山景。所谓“麻皮皴”似指垂直的皴，董其昌说：“宋人院体皆用圆皴（案：此语自非），北苑独稍纵。”又说：“子昂画虽圆笔，其学北苑亦不尔。”恽南田也说子久画法“今世传叠石、重台、枯槎、丛杂、短皴、横点”。黄子久画主要师法那时的所谓“董源”，明见于元、明间人所著之《图绘宝鉴》，当尚可信。则元时所谓“董源”画法必与黄子久画法相近。据此，元时所谓“麻皮皴”形必较直，也可能较短。所谓“坡脚先向笔画边皴起”，就是按石的轮廓、纹痕加皴，不像宋人某些画家的皴法皴在阳面。这种皴法可能是从王维的钩染法加繁而变化出来的。其好处在于润泽。“然后用淡墨破其深凹处”，即渲染法，不是后世所谓“淡墨画，浓墨破”的“破”，凡古画书所谓“破墨”之法多指渲晕以破阴阳面。“着色不离乎此”，似指浅绛设色法，青绿着色不能加重阴面，除非是无皴的石，否则会遮盖笔法。“石着色要重”似是对山面而言，后世的画法也大致如此。子久特提“董源小山石谓之矾头”，似乎当时所传董源画法矾头甚多，甚或如子久所言：“用方圆之法，须方多圆少。”汤垕也说“水墨矾头”。明代前、中期所传的子久的画法，正近于此。矾头多所以取雄杰之气，凡古书中所记山水画雄壮者大抵都是矾头较多的作品。所谓“皴法要渗软”，“麻皮皴”与“斧劈皴”有异，不能用刚硬笔也。

评俞剑华著中国绘画史

国画有数千年之历史，成绩灿烂，东渐西被，蔚为世界艺术之雄。顾历代画人多致力于绘艺之改进，而于画学本身之沿革，则阙焉不详，致世界美术主流之一，真相不明，殊可憾也！晚近始稍有人注意于绘画史之编纂，其内容丰富，足称巨著者，除郑氏昶之《中国画学全史》外（郑书余另有评），当推俞君此著。俞君对国画之根本见解，以为“中国绘画在元以前为创作与写生之时代，故光华灿烂，发展甚速。元朝以后，则变为临摹时代，故每况愈下，日渐消沉”（《中国绘画史》凡例）。此根本见解本不误，故俞君此书较之其它敷衍完篇毫无见解之作品自为远胜。惟俞君艺人，似于史学方法不甚注意，盖所谓“史”者，要在抉因明变，非仅叙述现象之谓，本书大部偏重于画家传记（但出处不甚妥）及书画解题。于画学源流，反颇简略，不无可议。

本书于画学源流叙述颇简，尚有可商讨处，聊举数端如下：

（一）国画理论解释之缺失。案：中国画之基本特色为抽象美及线条美。此二者皆植基于上古而完成于六朝。自南齐谢赫“六法”论出，国画基本之理论于以大成。“六法”首“气韵生动”，次“骨法用笔”，前者即所谓“抽象美”，后者即所谓“线条美”。气韵生动云者，后人解释颇为繁夥，愈传而愈失其真。以谢赫本人之论证之，则气者气势，韵者韵致，初无甚深文奥义。如谢氏评张墨、荀勖云："风范气韵，极妙参神；但取其精灵，遗其骨法；若拘以体物，则未见精粹；若取之象外，方厌膏腴。"以"气韵"与"风范"连称，其义可见，所谓"精灵"亦即气韵也。又如评顾骏之云："神韵气力，不逮前贤；精微谨细，有过往哲。"所谓"神韵气力"即"气韵"之的诂也。又古画多作人物，故气韵常见于笔，后世之画多作山水，故气韵常见于墨。如唐张彦远《历代名画记》云："古之画或能移其形似而尚其骨气……今之画纵得形似而气韵不生……骨气形似皆本于立意而归乎用笔。"此以骨气用笔为气韵也。宋韩拙《山水纯全集》云："石为山之体，贵气韵而不贵枯燥。"以气韵与枯燥对言。又云："或烘漫以显气韵"，以气韵由烘漫而生，此以墨晕为气韵也［明唐志契驳论气运（韵）与烟润（即墨晕）不同，以为"世人妄指烟润。遂谓生动"，亦可见时人已不知气韵原始之义而以墨晕为气韵矣。］气韵说为研究国画史者首先应探索之学，俞君仅抄录谢说一过，考证之语太少。实为一大遗憾！

（二）不明古代人物画之家法。古代人物画以顾恺之、张僧繇为二大宗。俞君论顾张二人画法。仅注重于其描写阴影及没骨法二点，而于二人在线条法上之大贡献及其技术分宗之异点不置一辞，似亦未审。考昔人评顾恺之画云："坚劲连绵，风趋电疾"；评张僧繇画云："点曳斫拂，依卫夫人笔阵图，一点一画，别是一巧。钩戟利剑森森然。"可见二家用笔之妙。《历代名画记》云："顾陆（探微）之神，不可见其盼际，所谓笔迹周密也。张吴（道玄）妙笔才一二，像已应焉，离披点划，时见缺落，此虽笔不周而意周也。若知画有疏密二体，方可议乎画。"是顾恺之一派之特色为"笔迹周密"，乃所谓"密体"，而张僧繇一派之特色为"笔不周而意周"乃所谓"疏体"。必知疏密二体，方可议乎人物画，不知俞君以为然否？

（三）未明山水画之二宗家法。案：中国山水画向有南北分宗之说，创有明莫是龙、董其昌辈，其说荒谬杂凑，不值一哂，俞君辨而斥之，是矣（余前亦有《中国山水画南北分宗说辨伪》一文，载北平《考古学社社刊》第四期）。然山水画自五代以后，实有南北二派不同之作风，惟与莫董辈所见者不同耳。盖荆浩始兼“笔”“墨”之长，骨法老劲，墨法苍厚。承之者如关仝、李成、范宽、郭熙诸人，所画皆属北方山水，其特色为雄健；董源始学二李，以着色山水著名（此点一般人尚不知，详拙著《中古绘画史》。如《宣和画谱》云：“画家止以着色山水誉董源，谓景物富丽，宛然有李思训风格。”可证）。然以身居南方，受江南秀丽山水之影响，始有“平淡天真”之水墨类作品，米芾评为“一片江南景”，是即江南派山水之创始。巨然承之，“渲淡”画法随行发展（“渲淡”画法亦始于五代、宋，非始于唐，详拙著《中古绘画史》）。至米芾父子出，专写云山，所作多表南方精神。其特色为秀润，此二宗作风至南宋而合之。马远、夏珪以健挺之笔致运融润之墨法，遂开后世浙派先声。元四家起专宗董巨，排斥李范，南北之宗法又离。自后北风不竞，南画大昌。降及明清，渐成定则。是为中国山水画真正南北宗作风之演变。盖北方派代表第一时期，江南派代表第二时期，南北混合派代表第三时期，南派末流代表第四时期。所谓南北派，乃相承之势，非对峙之局也（以上之论，并详见《中古绘画史》）。此亦研究国画史画者所不可不知之事，未知俞君又以为何如？

（四）不明花鸟画徐黄二体之原始。案：南唐徐熙画花“意不在似”，创“野逸”之作风；后蜀黄筌画花颇求形似，创“富贵”之风（“黄家富贵，徐熙野逸”语见宋郭若虚《图画见闻志》）。徐熙先用墨笔勾勒，后填色彩。刘道醇《圣朝名画评》评之云：“必先以墨定其枝叶蕊萼等,而后傅之以色。”李廌《画品》载徐氏鹤竹图,记云:“根干节叶皆用浓墨粗笔,其间栉比略以青绿点拂。”汤垕《画鉴》并云:“徐熙画花落笔颇重,中略施丹粉。”皆为明证。黄筌勾勒极轻,注重堆色,《圣朝名画评》评之云:“写生设色,迥出人意。”《宣和画谱》载有黄筌没骨花枝图。《洞天清禄集》亦称,黄筌之画“似粉堆而不作圈线”,“不作圈线”即所谓“没骨法”。后人反谓徐氏创没骨,黄氏创勾勒(明清人多有此说),实为大误。盖徐氏之没骨法实始于熙孙崇嗣,非熙自创。至黄氏则为没骨法之画,徐氏之没骨法实皆自黄氏。沈括《梦溪笔谈》云:“江南平,徐熙至京师,送图画院品其画格。诸黄画妙在傅色,用笔极新细,殆不见墨迹,但以轻色染成(案:此即所谓‘没骨法’),谓之写生。徐熙以墨笔画之,殊草草,略施丹粉而已。(案:此即所谓‘勾勒法’),神风迥出,别有生动之意。筌恶其轧己,言其画粗恶不入格,罢之。熙之子(案:当作孙)乃效诸黄之格,更不用墨笔,直以彩色图之,谓之没骨图,工与诸黄不相下,筌等不复能瑕疵,遂得齿院品。”此言可为余说之明证!盖徐氏后人以欲入画院之故而改其画之作风也。《宣和画谱》又称:“崇嗣前后所出皆富贵图绘”,是徐派为黄派所并之显证。黄氏以后,画院竟以黄法为标准。自崔白、崔悫、吴元瑜等出,追法徐熙,力改黄风,其格始变(参看《宣和画谱》、《洞天清禄集》称崔白作花鸟必先作圈线,填以众彩,是崔氏取徐法之证)。今俞君于花鸟画风之变迁,谓:“徐熙……创以墨写枝叶,然后敷色之法”,已高庸人一等,然又谓黄筌之花鸟画“先行勾勒,后填色彩……为后世勾勒花鸟画法之祖。”则于是项公案,似未能彻底明了也。

(五)意见不一,前后矛盾。俞君深贬元画,于下册二页论曰:“元代画家大半皆系崇拜宋人,规行矩步,竞竞以古为圭臬,时时以古为信念，其结果不过延宋画之残喘，毫无发明。其画风虽盛极一时，究无裨于画坛之进境……特然独起，前无古人，后无来者之作家，杳焉无闻。”（八页亦有一大段议论，与此略同）然于一四页又论云：“山水画至元四家已至炉火纯青时代，其醇厚之趣味不在表面，而在内容，令人百读不厌，真绝诣也。”（三二页又云：“元代绘画认为中国绘画进化之极峰，殊非过当。”）二说前后矛盾。窃谓中国画笔墨上之技巧，实备于宋代，此后确无甚特殊之进展，然意境气韵则大成于元代，为宋以前所不及。作者深斥赵孟頫、高房山一派，以为“后古”之俑，不知赵高二人在美术史上之地位，不在发明与改进技巧，而在另辟路径一点。倪云林题黄子久画云：“虽不能梦见房山鸥波。”所谓“不能梦见”者，谓子久境界细碎，不及赵高之浑成高起耳。见赵高之师法宋人，遗敬取舛，亦非仅为“印刷机”（俞君斥元以后画为印刷机）也。高氏云山墨法润厚，较之二米之板滞已胜一筹，昔人谓高不如米，亦属偏见！俞君但注意笔墨之技巧，而忽于气韵意境之价值，一面则自发全能痛斥元人，一面又依随俗论推崇四家，似太粗疏。

（六）不脱偏见，袭取旧说。俞君评明代浙派山水画云：“吴伟……过事驰骋，难免剑拔弩张之弊，只图快意，毫无蕴藉含蓄之致，士气日少作家气愈多，寝候而为霸悍俗浊之态……至钟钦礼、郑颠仙、张路、张复阳、蒋嵩辈，私心妄用焦墨枯笔，点染粗毫板重颓放，狂态可掬。”案：他人余不致之，吴伟、蒋嵩画曾见数帧。吴氏山水法马夏，人物师牧溪，笔墨酣畅而有含蓄之致，较之戴进之刻露，当出其上。蒋嵩师法吴氏，善用焦墨，厚实生动，得意之作极似西画，亦非文沈可及。俞君明眼人，而仍袭取吴派之谬论口诋浙派，不无偏见。俞君评李开先《中麓画品》云：“是书右浙派而左吴派……今人见崇沈唐抑戴吴之书,而不觉其持论之偏,独见此崇戴吴,抑沈唐之书,而觉其持论之偏者,盖已深中吴派宣传之毒,而不免有成败论人之弊矣。”此言甚是,何俞君亦躬践世人之谬乎?

以上略举俞书疏失六点为例,不暇一一为之商榷,然俞书亦有长处之:其一,搜采画家人名颇具备;其二,分类尚为明晰;其三,批评时有独到之见,不失为佳作也。

《选萃》第一卷第三期　1939年6月20日

中古绘画史讲话

绘画的发明是很早的事,远在原始时代已经有了。中国考古事业还未发展,但是太古的艺术品亦已掘出了不少。本书的目的在说明从唐代中世到元代的绘画概况,对于太古的艺术姑且从略。

中国的绘画,到汉以后,才入正式发展的时期。至汉以前,绘画附属于工艺,不能独立成为正式的学科。所以绘画史上的所谓上古似应以唐中世为断;因为中国绘画到唐中世以后,各科具备,已入全盛时期。到了元代,绘画已发达到了极点,明清两代只是继续宋元的余续,加以发挥,所以绘画史上的所谓近代,应以元明之际为断。

太古时期(指汉以前)的绘画,我们能看见的大致都是些简单的图案,其详细状况,我们已不能正确地知道。大略说来,周代的绘画,似以敷色为主,如《考工记》说:"画绘之事杂五色",又说:"凡画绘之事后素功",《论语》也说:"绘事后素",这是说作画先以粉地为质,而后施以五彩,似与后世以线为主的中国画不同。至于那时绘画描写的对象,据《考工记》载:"土以黄,其象方,天时变,火以圜,山以章,水以龙、鸟、兽。蛇。"《虞书》(战国秦汉间人述古之书)《皋陶谟》(今在《益稷》)说:"日,月,星,辰,山,龙,华,虫,作会,宗彝;藻,火,粉米,黼,黻,絺,绣,以五采彰施于五色,作服。"《疏》说:"其日月星辰山龙华虫作会,合五采而画之;又画山龙华虫于宗庙彝罇。其藻火粉米黼黻,于絺葛而刺绣。以五种之彩,明施于五色,制作衣服。”可见古时大致是以天地日月星辰水火山川草木和动物等自然物作绘画的题材。

但是至迟,人物画在战国时已开始发达了。《楚辞·天问·王逸章句》说:“楚有先王之庙及公卿祠堂,图画天地山川神灵,琦玮谲诡及古贤圣怪物行事。”这大概是一种神怪故事画。又《山海经》亦似作于战国时,其中所述,似乎也是根据一种图画的,大约神怪故事画在战国时已很发达了。《韩非子》载:“客为齐王画者,问之:‘画孰难?’对曰:‘狗马最难!’‘孰最易?’曰:‘鬼魅最易!’狗马人所知也,旦暮于前,不可类之,故难;鬼魅无形,无形者不可睹,故易。”是其时绘画已有从想像而向现实的趋势了。又那时的画具似乎已用笔墨,《庄子》载:“宋元君将画图,众史皆至,受揖而立,舐笔和墨,在外者半。有一史后至者,儃儃然不趋,受揖不立,因之舍。公使人视之,则解衣般礴,臝,君曰:‘可矣,是真画者也。’”那时的画工唤做史,似乎地位还高;画史而能“解衣般礴”,则画艺进步可知。

《史记·秦本纪》载:“秦每破诸侯,写放其宫室,作之咸阳北阪上。”这大概是一种建筑图案画。隋代统一南北朝而宫室图大兴,秦并诸侯也“写放其宫室”,可见建筑画必兴盛于区宇混一、天下太平的时期。

汉代开始入绘画正式发展的时期,其初年的绘画似仍以神怪故事为主,如武帝“作甘泉宫,中为台室,画天地太一诸鬼神”(《史记·封禅书》)。但较正式的人物画也开始发展,如武帝所宠幸的“李夫人少而早卒,上怜悯焉,图画其形于甘泉宫”(《汉书·外戚传》),这是写真的人像画。又如宣帝“甘露三年,单于始入朝,上思股肱之美，乃图画其人于麒麟阁”（《汉书·苏武传》），也是此类。《淮南子》说：“寻常之外，画者谨毛而失貌”；高诱注：“谨悉微毛，留意于小，则失其大貌”，可见那时的像人的艺术已知留意于精神的摹写了。同书又说：“画西施之面者，美而可悦；规孟贲之目者，大而可畏；宋画吴冶，甚为微妙，尧舜之圣，不能及也。”那时的绘画中心地在宋与吴，其艺术微妙之处，虽尧舜之圣也不能及，这是绘画独立的宣言。

东汉崇尚儒术，绘画多与礼教相表里，如光武宫中常列古代圣帝贤后等像为观瞻。明帝开画室，立画官；创立鸿都学，以集奇艺。诏班固、贾逵等选诸经史故事，命尚方画工画之，都可代表一时的风气。又如武梁祠石刻，图帝王圣贤名士列女诸像，攻战庖厨升鼎乐舞诸事，舟车舆马弓矢斧钺釜甑权衡诸器，鱼龙鬼神奇禽异兽祥瑞诸物，备极繁富工致，其用意也与礼教有关。王充《论衡》说：“人好观图画，夫所画者，古之死人也；见死人之面，孰与视其言行；古昔之遗文，竹帛之所载，灿然，岂徒墙壁之画哉。”这都可见当时绘画的用意在维持礼教。魏曹植尚说：“观画者，见三皇五帝，莫不仰戴；见三季异主，莫不悲惋；见篡臣贼嗣，莫不切齿；见高节妙士，莫不忘食；见忠臣死难，莫不抗节；见放臣逐子，莫不叹息；见淫夫妬妇，莫不侧目；见令妃顺后，莫不嘉贵。是知存乎鉴戒者，图画也。”（《历代名画记》）。

上古期的绘画当以汉末为一段落，入三国以后，绘画又入一个新时代了。这新时代的揭开，是以西方宗教的输入为先导。

《兼明》1939年创刊号

枫川画诀

虎头云，画人最难，次山水。此语虽浅，实不易之论。盖画人物有定理且有定形，少有不合即全幅皆乖矣。画林木山水则有定理而无定形。士大夫寄兴写情，不求形似，得其神意即足。故自唐宋以来，画山水者常多也。

六法精论，万古不移。然谢君本为画人物者说法，非谓山水画也。后人泥古，必以之兼包山水之法。于是六法之定义变，气韵遂为烟润之代称矣。盖山水画重墨法，故山水画家所谓气韵，常指墨法而言。

伪右丞《山水诀》云，夫画道之中，水墨最为上。肇自然之性，成造化之功。此后人右丞始用渲淡之说所本也。然水墨之法确起于唐，荆浩尝云，水晕墨章，兴吾唐代。自元以后崇尚干笔，古人水墨之遗意失矣。

先师王季欢先生（修）云，一幅画若全无病，此即是病。此语从未经人道过，盖有所蔽即有所得，有所病即有所长矣。无病之画即无长之画，是画中之乡愿也，故不足取。

画须熟后生，能后拙。不能熟、不能能，是不能画也。不能生、不能拙，是匠人之作也。

昔人云，山水原是风流潇洒之事，与写草书、行书相同。不是拘挛用功之物。此语专指元以后画法。若唐宋人山水，不可一概而论。

近体山水始于元。元以前画法近已无人能为之。貌为高古，反易落魔道也。

不行万里路不能工山水，不读万卷书，虽工无韵。人品不高者其画躁，学力不深者其画薄。

宁嫩勿老，宁率勿板，宁生勿熟，宁涩勿甜。

山水家南北宗派之论多不可信。自明迄今言此者纷纷聚讼，不如吾之不信也。

神韵不可强求。但多读书、多写字，高其人品，澄其思虑，神韵不求高而自高矣。

气韵之说，自古聚讼纷纭。其实就字面释之即得，不必深求也。

笔墨嫩弱者，当于秀处求韵。笔墨健厚者，当于雄处求韵。笔墨疏拙者，当于率处求韵。笔墨工谨者，当于严处求韵。笔墨苍老者，当于厚处求韵。笔墨轻脱者，当于清处求韵。即短可以见长也。作画造景最难。就余身验言，欲景不平凡，最要莫如写生。写生者，非言滥写常景也，言入名胜之景，取其一角半边之景布置成画，即有奇致。其次莫如择古人诗词中佳句写之，往往亦能引人入胜。若狂怪以求趣，斯为下矣。

写生须善体气象。郭河阳分别四时朝暮晴雨之景极细，学者苟取其书读之并常常游真山，自有所得。

布局惟主峰远山最难。主峰远山得势，则全幅振起矣。

一幅中有以树为主者，有以山为主者。以树为主者，须注重树之布置；以山为主者，当注重山之安排。不然，注力于宾而轻其主，则本末倒置，虽有工处无益也。

胡师冷庵云，布局应用人字法。所谓人字法者，即偏左偏右相间之谓也。然切不可过拘，过拘则如左右山脚排列矣，须多寡虚实变化以破之，始免平板。

大幅布局宜细碎，小幅布局宜浑成。

布局宁虚毋实，宁浑勿碎。

布局须有照应连锁，不可使一幅中气势中断。

用笔之法，书画略同。惟书法用中锋处多，画则正锋、侧锋、转笔、折笔变化无穷，要在参差变换，切忌板实。然画法亦如书法用笔有一根本之法。所谓根本之法者如作篆书，起笔落笔处固宜用力，而中间处须将手腕挺住，速用力拖，须力量无处不到，切忌油滑霸悍之病。根本之法既熟，而后以变化出之，则正侧锋互施，转折笔并用，自生无限妙用。至点法须疾而有力，要提空落笔，不可使笔着纸落迹。古今名人点苔最优者如石田翁、黄鹤山樵，最劣者莫如石谷子，审其优劣，即知避短从长矣。

刚柔互用，粗细折中之谓笔。浓淡相生，干湿兼施之谓墨。笔与墨不可完全分开，即笔可以见墨，即墨亦可以见笔。

古人云，墨分五彩。其实岂止分五彩而已，虽数十彩亦可分也。自焦墨至最淡墨可分十余色，自枯墨至水墨又可分十余色，更加以积墨法、染墨法，诸法相互变用，色彩之多，可至不可胜数。然用墨之妙，全凭功力，有积数十年之功力始尽其妙用者。

积墨者，加厚破醒之法，墨之重加者也。染墨者，渲染烘晕之法，墨之无笔者也。

用笔最忌者，曰板、曰弱、曰结、曰散、曰刻、曰薄。用墨最忌者，曰滞、曰死、曰黑、曰浅、曰淆乱、曰不融洽。

作画不宜用过劣之笔、过新之笔、过破之笔。不宜用劣墨、不宜用脱胶之墨、不宜用松烟等有灰色之墨。

石谷云,凡作一图,用笔有粗有细,有浓有淡,有干有湿,方为好手。若出一律,则光矣,此是画中圣训,最宜留意。

画树干、树枝最宜见笔,画干笔如划沙,画枝笔如篆籀,若干枝无力,则全幅不能振起。

画树叶须用浓淡墨,最好能一气呵成。密林则可点数遍,疏林一遍已足。大抵浓淡干湿虚实相参,自然生色。

树枝略分鹿角、丁香、蟹爪三种。一幅中或专用一种,或间杂变换用之。

杂树叶略分介字、个字、胡椒、梅花、横点、垂藤、夹叶数种,宜间杂用之。

画松干宜奇古。松枝多倒拖横曳,笔宜用力。画松针宜清劲。画松鳞宜活泼,最忌拘板。

松针略分鼠尾、车轮两种。鼠尾用于普通山水中,车轮松惟郭熙、马远等一派画中用之。又有排针画法,黄鹤山樵常用之。

画柳干、枝条均宜柔。李长蘅言,胸中先不着画柳想,画老树,随意钩下数笔,便得之。此语欺人,不可从也。

柳叶作细笔公字点,惟工细画中用之。柳干中宜加叙皱。

画柏干枝用笔与松略同,惟干中皱作缠身状耳。叶用梅花点。

画桃李等花树宜矮小,工细画外,少作为宜。

树之穿插法最须注意参差疏密。大抵近树宜低、宜斜、宜密,远树宜高、宜直、宜疏。

画小树密林宜厚,染须到底,方显深密。点法先用淡墨点,然后用焦浓墨破之,即融厚有味。

伪右丞《山水论》云,凡作林木,远则疎平,近则森密,有叶者枝柔，无叶者枝硬，生于上者修长而劲直，长于石者拳曲而伶仃。数语颇尽树法之要。

画竹干、枝宜劲挺，叶宜清灵，不可使数棵漫成一片。密林老竹用垂叶，稚竹用仰叶，近竹画枝节，远竹但略作细干即可。

画芦草用笔与竹同，但略柔耳。

画石用笔最宜活泼，须用转笔，侧锋多于中锋。

树下之石宜与树相衬，不可过多过少。大间小，小间大之法不必过拘，但亦不可紊乱。大抵参伍相间，聚散互见，自成章法。正面石皴宜简，侧面宜繁。

石之负土者用笔宜柔，用墨宜淡。小石露骨者，用笔宜硬，用墨宜浓。

石坡用笔宜硬，皴作斧劈，宜极简洁。土坡用笔宜柔，皴作横披麻，笔亦宜简。

画山须有气势，宜起伏相间。主峰宜高峻，旁峰宜低侧，与主峰相朝揖。

山脚宜隐，但空云气处不可过多。近世画山多及腰而已，如飞空中，虽平密亦然，最不合理。

画河笔宜劲健，但不可露锋，须用写隶书法。

皴法种类虽多，但最普通者，仅披麻、斧劈、解索、点簇、卷云等数种。大抵纯土山用披麻皴，纯石山用斧劈皴，土多于石者用解索皴，石多于土者用卷云皴，土石相等者用点簇皴。

龚半千云，大石间小石，染墨小石宜黑，大石宜白，此画石用墨要诀也。余更为补一语云，边石宜黑，中石宜白，作山石有先钩后皴者，有随钩随皴者，可随各人各画之便为之。

皴之阴面可用擦法补之，擦宜用干墨。皴擦后再加渲染，渲染宜用湿墨。渲染后如嫌模糊，可再用浓干墨破醒之，但破醒之笔宜虚灵，且不可过多，否则板滞。

点苔略分圆、直、横、斜数种点法，间有用介字点或钩草以分清山石界限者。大抵圆点多用于春夏景，横点多用于夏秋景，斜直点多用于秋冬景，介字点苔亦用于夏秋景。

点苔用笔须速而有力，攒三聚五，如空中坠下者为佳。用墨先用浓墨点，然后用淡墨补一遍，或浓淡墨一气呵成，皆见秀润之致。

四时。大抵春景，青绿山水，树叶、钩叶用石绿，点叶用草绿，山石先以草绿赭石染，再加石绿，阳面绿，阴面赭，小石用浓赭。浅绛山水，树叶用草绿间花青，山石阳草绿，阴赭石，小石亦用浓赭。夏景，青绿山水，树叶、钩叶用石青绿，点叶用草绿间花青，山石先以草绿、花青染，再加石青绿，阳绿阴青，小石用石青。浅绛山水，树叶用花青间草绿，山石用墨青间赭石，阳青阴赭，小石用墨青。秋景，青绿山水，树叶、钩叶用石青绿间丹赭，点叶用花青间赭石，间用丹脂点红叶，山石先以草绿花青赭石染，再加石青绿，阳赭间绿，阴绿间青，小石用浓青赭。浅绛山水，树叶用草绿花青间丹赭，山石阳赭阴青间绿，小石用浓青赭。冬景，青绿宜少，多用赭色，浅绛山水可但用淡赭着山石阴面，而以清水晕拂阳面。雪景借地为雪，或用薄粉晕山头，浓粉缀苔，天水用墨青染，树干四时皆用赭石，钩叶及柳间用墨青着干，梧桐用绿，钩叶树间有一、二株不着色，最见古雅，柏落宜用花青染，石坡，青绿，阳淡石绿，阴赭石，浅绛，阳淡草绿，或不设色，阴用赭石，土坡宜赭色。苔点，春用草绿缀点，夏秋用花青或草绿缀点，冬用青赭缀点。泉水、云烟之两面宜用墨青烘染，点缀物各随其色。大致设色，树坡、苔点、点缀物等，宜较山石略浓，或全幅仅用赭石染树干及坡侧、点缀物，间用花青缀点苔点树叶，亦见古雅。

设色须分浓淡，能染出层次最好，全幅设色毕如尚嫌不精彩，可再用浓色略点缀，但不可多。又设色后不宜多加墨。

色中藤黄、丹朱均宜少用，否则俚俗火气。色中和墨亦不可过多。

钱松壶云，设大青绿落墨时，皴法须简，留青绿地位，若淡赭则繁简皆宜。又云，青绿设色，只可两次，多则色滞，勿为前人所误。王耕烟云，凡设青绿，体要严重，气要轻清，得力全在渲晕，余于青绿法静悟三十年，如尽其妙。此两家语皆设青绿要诀，一字不可放过。

题款有一定之地位，所以补画中章法之不足，画成后悬起观之即得款处。若画中地位已满，不必勉强多题，书名即足，印章亦不宜过大过多。

书法不佳者，少题为宜。

孔石村云，画上题款，各有定位，非可冒昧，盖补画之空处也。如左有高山，右边空虚，款即在右，右边亦然，不可侵画位。字行须有法，字体勿苟简。郑一桂云，落款上宜平头，下不妨参长，所谓齐头不齐脚也。如有当抬写处，只宜平抬，或空一格，题句字略大，年月等字略小。钱松壶云，印章最忌两方作对，画角印须施之山水实处。以上皆近古人、名人题画要诀。余更为增数语云，题款字宜少勿多，宁古勿工，款与画须相合相离，最忌题诗如报账，称呼不合古格。

昔人云，传模移写，乃画家末事。今人则全恃摹写，千篇一律之富春山图，有何趣味。

今人或全恃摹写，或全弃摹写之功。全恃摹写固非，全弃摹写之功亦非也。古人历尽名山，费尽心力，积千百年之经验，始创出种种妙法，妄人乃欲一己之浮慧，压倒千万人之积智，多见其不知量也。

临古宜先学近己者一家，然后纵揽博取，以成本家面貌。局于一家则固陋，贪多求速则无根。临画必先以读画，少临犹可，少读则终身无有成就。读画者，先读笔意，次观画法，渐求其布置、气韵及用意，分析纵合，尽研究之能事，至一如己作，则一画之精神得矣。

临古之外，最要者为写生，宜多游真山川，心会造化，笔纳烟云，然后以己之性灵写之，乃所谓写生也。

苔须有大小疏密，不可一律，一律则板。皴繁者苔宜寡，皴简者苔宜多。

苔须点于山石之顶及二石相交处，气宜聚而笔宜散，最忌沿边漫点如堆粪。石谷苔常犯此病。

古画有不着苔者，须山石钩皴皆妥始宜。六如、南田画中常不点苔，益见清趣。

山石间道路有显者、有隐者。显者使人一望而见，隐者但用林木、屋宇、人物等表之。画路最须注意曲折隐显，不可太直太露。

元以后山水家多不画水，但以空白表之，亦避难就易法也。宋人画水绝妙，或平远细皴，一丝不紊；或惊涛怒波，变化万端，要在工整尚自然，熟练自生巧耳。水之阴面亦须渲染，始见起伏之势。

大痴老人云，山水中惟水口最难画。钱松壶云，水口或用碎石，或设水阁桥梁，或藉藏拙，此为初学者言之耳。又云，瀑泉甚难。大痴老人亦以为不易作，须两边山石参差错落，天然凑合而成为妙，略有牵强，便落下乘。黄钱二家之语甚是。盖画水口最易犯故意装点而不自然之病，必须多看真景，落笔时全任自然而成，方免牵强之病。画瀑布与画水口略同，亦极不易作。凡瀑泉须有来源，不可直从山头挂下，如架上悬巾式样。大约见瀑泉处，其上必须尚有远山，则来源便见深远。画瀑布不可太直太曲，太露太藏，一切均须顾到气势。

水及瀑布两旁之山石，墨色须稍黑，且宜光润。

水口及瀑布略有两种画法，一种钩线，笔须细而墨宜淡；一种涂染，笔墨又须活泼自然。

画云亦有钩染二法。钩法用于工细画中，或全幅粗笔，而以钩云破其荒率。大抵钩云之法，用笔宜轻而柔，要有虚无缥缈之势，不可着实。染云之法，用笔墨处宜渐虚渐淡，以至于无。染烟与染云同，但云厚而烟轻，染烟尤宜用渐渍法。云用于高处，烟则用于低处林木山脚间。

云烟中小树，能补救笔墨之不妥或不足，最便于藏拙。但亦须知渐密渐疏，渐浓渐淡之法，须与云烟之势相应。

画屋宇宜用力，须用篆隶法，始见古雅。

画人物笔宜工细，不可粗犷，否则易生习气。

屋宇、人物等须画于明显处，不可过多，否则有市井气。

欲工点缀物（指人物、屋宇等）须多看唐宋人画，元以后人多不工此。

着色之法须要墨底好，墨底好浓淡皆宜，否则浓生火气，淡显怯薄。麓台云，设色所以补笔墨之不足，显笔墨之妙处。今人不解此意，色自为色，笔墨自为笔墨，不合山水之势，不入绢素之骨，惟见红绿火气，可憎可厌而已。惟于阴阳向背处逐渐醒出，则色由气发，不浮不滞，自然成文，非可以躁心从事也。此言诚得设色三昧。

设色宁淡勿浓。笪重光云，青绿之色本厚，过用则皴淡全无，赭黛之色本轻，而滥设则墨光尽掩。旨哉斯言，盖得诸经验也。

写真山水须有加减因革，照本直抄，是为笨伯，且亦不能成画。国画写生用默写法，与西画对写之写生大大不同。盖国画乃用以大观小之法，如人观假山，西画则如摄照也。

临古须先略识其门径，宜多读画书，大抵唐五代真迹已无存者，学者不必好高骛远。学画宜先以明人入手，然后上溯宋元以探其源，下涉清人，以博其趣。

宋初人真迹亦已不可见，如世所传李成、范宽、董源、巨然画法，恐诸贤复起不免失笑。据余研究，大抵郭熙、马、夏之画近李、范，二李、三赵之画近董、巨。董源本善青绿，近李将军，见《宣和画谱》，其水墨画法近二米，见米芾《画史》等书。

郭熙树法、石法皆与马远有相近处，所不同者，郭氏树较繁细，而马氏树法则较简直。郭不用卷云皴，方圆笔兼用，乃斧劈、披麻之混合变相。马氏石法则用带水斧劈，全用方笔、卧笔斫晕法耳。夏珪树法益趋粗简，法似传说之范宽，水墨淋漓，实为郭、马、二米之中间作家。

二米真迹虽不易见，然就世所传者观之，多圆山平景，近江南景物，其弃线用点，注重焦墨、积墨之法，皆开元人之先声。

赵孟頫始用尖笔线法，首开简率之作风。其本人家法虽出宋人，然不愧为元画之祖。

子久画树用行书法，画石兼草书法，乾笔钩皴，淡墨渲晕，浓墨提破，自明季以来，诸家画法几无出其范围者，真近古之画宗也。

叔明用笔兼篆隶真草之法，真有天马行空之趣，用墨尤为秀润，乾皴淡染，间以渴苔，葱郁之致，尤出子久之上。

云林笔墨与子久为兄弟行，但更朴秀耳。至其自谓得荆、关遗意，殆与米老夸称董、巨，同为托古改制也。

吴仲圭画兼从马、夏来，故用笔苍劲，墨法湿润，稍与倪黄诸子异趣。然皴法圆秀，仍不出松雪门庭耳。

沈石田中年本色画虽沈雄古健，然太驰骋，余不甚喜。余最爱其晚年学梅道人墨法一种，苍润之气扑人眉宇。石田画用笔全从其书法来，能学其书，即能学其画矣。

文徵明粗笔画近石田，固佳，然余尤爱其简劲一种，真有元人及李希古之遗意。

唐六如山水用笔近李希古、刘松年，用墨近马远、夏珪，布置如世所传荆、关，意境近后来之恽寿平，秀雅之气不可掩，盖真文人中之作家也。

董香光布局最劣，用笔虽超犹可及，独其用墨，乾湿浓淡晕积诸法无一不备，真不可及也。董香光虽明人，实为清画之祖，某画在香光之先，某画在香光之后，画史者能一见辨之。

王烟客、廉州二老之画，不过渊源子久、香光，无甚特出之处，所以为一代画苑领袖，秖是适逢其会耳。

麓台画虽太生拙，然自有一种古厚之味，设色尤佳，其填实闭塞之处，正是其妙处。

吴渔山山水气魄最好，笔墨无甚特长之处，布置亦嫌雷同。

南田山水小品，超过明人，堪与元贤齐驱并驾，清人中无此画品，其秀逸之气，直是亘古一人。然大幅总嫌气力不足，且时有刻露浅薄之病。

石谷画以拟荆、关者为最佳。其钩皴老峻，湿晕清丽，可无间言。其学元人小品，间有极佳者，然平时所作多嫌刻露，且馆阁气太重。

石谷用笔太碎，用墨嫌薄，布置之功最见特长。余尝谓恽王（石谷）二家皆渊源六如者，尝见二家少作，树石之法，无一不宗文、唐，石谷石法，南田树法，虽至晚年犹不脱六如遗意。

石涛画虽布局、立意、用墨皆极有可取处，然江湖习气未脱，如从文人画立场评之，殊不及石溪、八大之能尽雅也。

八大画虽奇古，然太单调。石溪苍苍莽莽有林下风，气魄虽不及石涛，然物象之幽雅，品固在清湘上也。

戴醇士画，余临抚最多，颇能别其真伪，大抵戴画用笔宗石谷、麓台，往往失之细碎板实，用墨宗香光、渔山，最有清润苍厚之气，布局小景甚佳，大幅平浅无甚可取。

清末海派画亦有可取者，如吴伯滔之苍古，杨伯润之温润，皆不易企及者。唯终嫌习气太重，雷同苟简之病尤为显见。

《群雅》第一卷一、二、四、五、六期　　1940 年 4、5、7、8、9 月

所谓山水画"南北宗"说的批判

后世所盛传的山水画分南北宗说最早见于明末莫是龙的《画说》:

> 禅家有南北二宗,唐时始分,画之南北二宗,亦唐时分也。但其人非南北耳。北宗则李思训父子着色山水,流传而为宋之赵干,赵伯驹,伯骕以至马夏辈。南宗则王摩诘始用渲淡,一变钩斫之法,其传为张璪,荆关,董巨,郭忠恕,米家父子,以至元之四大家,亦如六祖之后,有马驹,云门,临济儿孙之盛,而北宗微矣。

这画分南北宗之说颇多可疑处,如一、这种说法前无来源,为何前人不知,明人独能知之?二、画法既分南北,为什么其人又非南北?三、王维画格在唐代的地位并不高(说详拙著《中古绘画史》),如何能成为一宗的始祖?四、王维的画法的一部本与李思训相近,怎能显然分为两宗?五、张璪的画并无师承,在唐代他的地位在王维之上,怎会传王维的画统?六、荆关在前代也并无师法王维之说。七、郭忠恕是擅长楼阁画的,近于李思训。八、董源也本以着色山水著名,是个兼着王李二派的作家。九、米家父子深薄王维,怎都会变成右丞的肖子?十、赵干"所画皆江南风景"(见《宣和画谱》

等书)，也怎可称为北宗传人？十一、马夏与二李画法相去甚远，也怎可称为北宗传人？种种破绽露出，使我们疑心这种说法只是从明代中叶以后禅宗思想流行的社会背景里产生出来的，所以开首便以禅教附会画宗。董其昌说“吾郡顾仲方专门名家已有岁矣，云卿一出，而南北顿渐遂分二宗”。

与莫氏同时的董其昌更说：

> 文人之画自王右丞始，其后董源，僧巨然，李成，范宽为嫡子，李龙眠，王晋卿，米南宫及虎儿皆从董巨得来；直至元四大家：黄子久，王叔明，倪元镇，吴仲圭皆其正传；吾朝文沈则又遥接衣钵，若马夏及李唐，刘松年又是李大将军之派，非吾曹易学也。

他改南宗之称为“文人画”又把李成、范宽、李龙眠、王晋卿等找补在王维的画系里。我们知道李成在宋代称为“前无古人”，范宽的画“师心，师造化”，怎会专是王维的“嫡子”？李龙眠“山水似李思训”，王晋卿也“师唐李将军”，都是李派传人，怎可强拉到王维一面来？董氏们只是巧立名目以便私已，他们想借文人画之名来掩饰自己的“不能精工”，并打倒别人能精工罢了！董氏又曾说：“李昭道一派为赵伯驹，伯骕精工之极，又有士气，后人仿之者，得其工，不得其雅……行年五十，方知此一派画殊不可习，譬之禅定，积劫方成菩萨，非如董巨米三家，可一超直入如来地也。”原来他们只想“一超直入如来地”，不肯做“积劫方成菩萨”的功夫啊！

董氏的朋友陈继儒也说：

> 山水画自唐始变,其法盖有两宗:李思训王维是也。李之传为宋赵伯驹,伯骕以及于李唐,郭熙,马远,夏圭,皆李派(秘笈又有王诜,张择端,刘松年三人),王之传为荆浩,关仝,董源,李成,范宽以及于大小米,元四大家,皆王派(秘笈又有李公麟,燕肃,赵令穰三人)。李派粗硬无士人气,王派虚和萧散,此又慧能之禅,非神秀所及也。至郭忠恕,马和之(秘笈又有郑虔,大小米,倪瓒等),又如方外不食烟火人,另具一骨相者。(《偃曝余谈》)

他又把郭熙归入李派,但郭熙是宗李成的,李成既入王派,郭熙何以独入李派?他又硬说李派“粗硬无士人气”,但是李氏父子的画实很细腻,他们又都是士人。他更把郭忠恕等剔出二宗之外,别立方外一派,这又是他的独异之处,但也并无根据。

莫董等稍后,又有沈颢,著《画麈》一书,其中也有南北宗之论,大致与三家无甚出入;不过他在末了处大斥北宗的“戴文进,吴小仙,张平山辈日就狐禅,衣钵尘土”。案戴氏等在当时称为浙派,诚是马夏院体一派的后裔;浙派在明代与所谓吴派对立,吴派正是元四家的一支,莫董诸氏便是吴派的末派,他们提出了南北宗的公案来,目的只是想压倒浙派而已。明清之际,是画家支派纷起的时代,南北宗之说便是这时代潮流的护符。所以这只能作为研究明清绘画史的材料,而不能用以说明古代绘画史的真实情况!

《美术界》1940 年第 1 卷第 3 期

美术界一日

二十八年七月十四日

上午唐侠尘先生来访，谈及石谷、南田画法之渊源，余谓恽王两家山水皆源出唐子畏。石谷树法劲硬刻露，石法好作中锋细折带皴，渲染清润，皆与六如一同。又石谷点苔与山石之钩皴每不溶洽，此亦缘学子畏之故，盖子畏山石全借骨法见长，常通幅不着一苔，故石谷亦不工苔也。至南田树法持与子畏相较，更如出一手，南田山石亦骨法显露，其气韵之轻灵，亦与六如殊途同归也。侠尘颇首肯余说，并谓渠亦早有此见解。

午后侠尘招余合作山水，因至其寓，相与挥汗点染，殊不觉天气之炎暑。余近日颇喜郭熙山水，因仿其法作巨松二株间以杂树，微露枝梢，作石岩用卷云皴间斧劈，侠尘为补水阁人物及泉水。作成悬观之，颇似明人小景，乃知学宋不成则类明，所谓取法乎上，其得乎中也。

傍晚返寓，取右丞诗集一卷，坐栏台上诵之，诵至“明月松间照，清泉石上流”，不觉心神俱爽。

《美术界》1940 年第 1 卷第 3 期

画经·第一编·山水*

枯燥而单调的生活，常使人们想尽了种种方法，去求取趣味的调剂；这种种的方法，便是我们所知道的消遣方法。但是，由我们所得到的经验而论，所有的种种消遣方法，不一定会有不使人发生厌倦之感的效果。只有绘画是例外，尤其是画山水。因为我们在作画的时候，把山川风景、人物动态，一一从记忆或想像之中，用笔墨颜色，画在纸上，固然是在作一种消遣，可是一幅既成，置之座右，或悬之壁上，静观默思，目驰神游，也还是作一种消遣。即使我们画了一半，暂时搁笔，抽一支烟，喝几口茶，看看纸上哪一角还可以添上几间茅屋，哪一处还可以堆上几块顽石，岂不也还是在作一种最有趣味的消遣？所以，这里我们预备用最浅显的字句，来说明作这一种消遣的方法。

---

* 本文为金勤昌、童允嘉、卞其薿合著稿，“童允嘉”为童书业之笔名——整理者注

趣味章第一

一般人总以为绘画是一件难到了不得的事情,其实这种观念是错误的。艺术家口中的天才,不过是阻止我们对于绘画发生成功野心的一种手段。历来画家所写的关于绘画方面的文章几乎都是些玄之又玄,不可索解的东西。他们的唯一的目的,当然也无非是要使我们知难而退,不要我们入他们的禁地。揭穿了绘画的秘密,我们立刻就会觉得这种艺术,并不像我们所想像的那么艰难。

假使我们现在走出大都市,到田野或郊外去散步一次,那么我们所看到的辽阔的天空,淡淡的山容,萧萧的落木,清浅的流水,便是绝美的大自然深秋的全姿。在这种美的环境之中,我们如果看见一个牧羊童子,或者有一个捕鱼的渔人,那么我们就觉得这是一首诗,是一首可以用墨和色彩画出来的诗。所谓山水画家,就是那些会利用墨和色彩,把所看到的一切,画到纸上去的人们。

这样看来,绘画不难,所难的不过是怎样利用墨和颜色而已。然而这个问题是很容易解决的。理由是中国画和西洋画大不相同。西洋画是具体的,无论画一朵花,画一棵树,或者画一个人,总非力求其像真不可。要求其像真,自然不得不注意大小远近的透视的规律,颜色的区别,光线的隐现等;以求达到和实物完全相同的目的。中国画不是这样,它是抽象的,只要把实物所给与我们的印象,随便地写出一些就好了。例如树干的颜色本来很复杂,而中国画里大都只用赭石一色;树叶的颜色本来也很复杂,而中国画里大都只用花青一色之类。至于线条,西洋画要力求像真,所以也不得不把轮廓勾得和实物相似；中国画所用的线条，仅是实物的一种抽象符号，例如松针的实体本来是马尾般的，但是在山水画上，往往只用（图001）中的一种符号就行了。除掉松针是一种抽象的符号之外，还有种种的其他抽象符号，可以用来表示我们常见的几种树叶，例如胡椒点，个字点，介字点，大混点，小混点，横点，双钩夹叶等等。凡此种种抽象的符号，都有一个共同的特色，不是弯曲的线条，就是或大或小的点子，几乎无一不是容易着笔的。

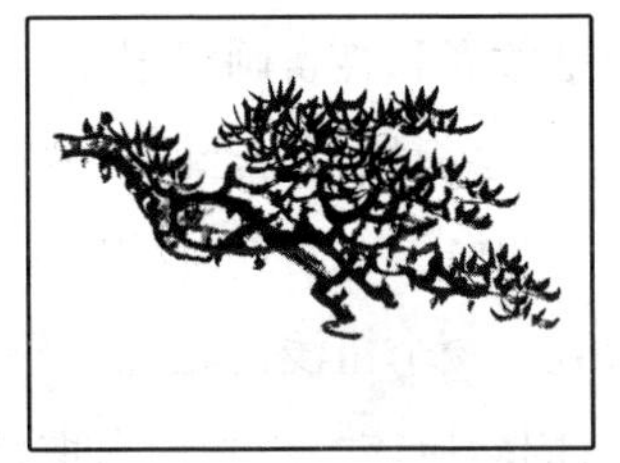

图001　松针

画树叶既不复杂，勾树干自然也相当的容易，差不多只要随意画几条直线和横线，便可以表示出各种树木的形态。上面已经说过，中国画是抽象的，所以，即使我们看见许多种类的树木，浓荫蔽日地集在一起，在作画的时候，正不妨从记忆中选出几株最前头的和印象最深的出来，使成为简单的疏林。

那么又有一个问题放在眼前了——茂盛的森林化为疏林以后，纸上的大块的空白，用什么来填满它？

是的，这个问题我们应该费一些笔墨，来讨论一下：第一，我们必须明白西洋画中的风景画，大概都是实地写生的。因为是实地写生，所以极目力所能看见的景物，至多不过半里一里而已。就为了这一点原因，于是所画成的画面，只能选择风景中最美丽的一角，而惨淡经营地绘画出来。中国的山水画可不是这样，作者所凭的不是实景，而仅是记忆。假使我们所记忆的风景，其范围大至十里百里，也可以在长仅数尺的纸上，给我们选择最有趣味或印象最深的几点，像一幅地图般地表示出一个大概。所谓“尺幅千里”，就是这意思。

第二，西洋风景画中往往注重人物，如宗教历史等绘画，以人物为主，不必说了，就是普通的风景画山水之类，也常仅被用作点缀或衬托的背景。譬如画一张《夕阳归牧》图，画家的全副精神，一定集中在牧者和牲畜之上，使这画成为画的重心。中国的山水画，在这一点上，又和西洋画适相背反，画中的人物，只被用来当作大自然界的点缀而已。所以，同是一张《夕阳归牧》图，在中国画上可以把牧者和牲畜画得很小，而整个的篇幅，却让远山近水，古木乱石，茅亭板桥，暮云乱鸦，占据了十分之九以上的地位。

明白了这两点，我们怎样填满纸上大块空白的一个问题，已经得到了一个粗浅而正确的解决的办法。但是，我们对于绘画的方法，固然应该一步步地求取深切的了解，对于绘画的理论，也应该彻底领会。中国画的画理，约言之，可以把蔡元培的“中国之画，与书法为缘，而多含文学之趣味”这句话来代表一切。

那么所谓“文学趣味”者，究竟是怎样的一种趣味呢？这个，我们就不得不用我们的头脑来思索一下了。

假使我们对于过去的秋天，所留给我们的印象，还有好几分存在着的话，那么我们可以用文字作如下的抒写：

虽然秋天的山色还是那么苍翠，可是这苍翠的色调已经是寒凉的象征了。就是流水，也一天活泼一天似地，向着归宿的终点赶去。在一个小村庄上,有几间茅屋。柴门外面,站着一个年龄相当大的村汉,披了短褐,拄着藜杖,临风企首,正在静听暮蝉的鸣声。这蝉声正从几株疏枝瘦叶的秋柳上传播出来,凄切哀怨,好像正是西风吹动了秋的心弦的急奏。这时候,茅屋顶上有一缕炊烟,袅袅上升。远远的渡头半边,只剩下了一个即将沉没到地平面之下去的太阳影子。有一个挥着轻袖,唱着狂歌的醉汉,从那几株柳树的前面经过。他的狂歌和蝉声打成一片,顿时扰乱了那个拄藜杖,站在柴门外边的村汉的视听。

这样的抒写,不能说不好,但是字数太多,未免不经济,因为像这样的一个情景,最好是用诗来表示:

寒山转苍翠,秋水日潺湲。倚杖柴门外,临风听暮蝉。渡头余落日,墟里上孤烟。复值接舆醉,狂歌五柳前。(王维)

这么一来,非但字数减少,节省了篇幅,而且把"倚杖柴门外"的老者和"狂歌五柳前"的醉汉的身份也表示出来了。我们读了这首诗,自然会在心底深处涌出一种超逸之感,甚至于生出种种幻想,以为我们自己就是诗中所描写的人物,正沉醉在大自然的美景之中。这种耐人寻味的景地,引起幻想的人物,便是所谓"文学的趣味"了。

自然,像这种描写景物,使人对于大自然发生美感的诗,我们随时随地都可以从古人的诗集中翻出来。例如:

明月松间照，清泉石上流；竹喧归浣女，莲动下渔舟。（王维）

空山不见人，但闻人语响；返景入深林，复照青苔上。（王维）

清明时节雨纷纷，路上行人欲断魂。借问酒家何处有，牧童遥指杏花村。（杜牧）

不错，我们承认这是文学。那么当我们看到一幅山水画上的景物，正和一首诗所描写的一般够味的时候，我们难道能够不承认它不含有文学的趣味吗？

所以苏东坡所说的“诗中有画”，果然是在赞美王维的诗的“文学趣味”；而他的“画中有诗”这句话，却是在赞美王维的画的“文学趣味”了。

然而我们不是诗人，我们不是隐逸之士，我们怎么能够把诗的趣味深深地嵌入画中？

不难，我们只要记好一条规律：凡是我们在自然界所看见到的自然的背景物，都是含有诗意的，也都是含有“文学趣味”的。只要我们不把那人为意味太重的红砖石的洋房，怪兽般的汽车，老鹰般的飞机之类的工业和科学的产物搬到纸上去，我们的一幅画，便不至使人感到什么不舒服（关于中国画里何以不能搬上科学的产物一点，在下文当另作详细的讨论）。这也好说是一个秘诀，一幅画如能表示出某一个季节中，某一段风景中的几点特色，已经根本和美的原则符合了。给能够领略诗意的人们看到了，自然会说我们的画，正是饱含着诗的趣味。举一个例来说：一幅画上有一丛绿竹，有几枝桃花，有一泓清水，水中有几只鸭；苏东坡便在画上题了两句“竹外桃花三两枝，春江水暖鸭先知”的妙诗。像“鸭先知”及上面所引王维诗中的“接舆狂”，都是诗人们的心事，实际上与我们无涉。

那么让我们走到大自然界去游展一回罢。这样,我们可以看一看现在的季节的特点,然后记住了回来画到纸上去。假使无法脱离大城市的怀抱,那么我们也不必失望,因为我们曾经有过一次或者几次,看见过秋末冬初的大自然的美景的。凭我们的记忆,我们又何妨把一度看见过的,一一搬到纸上来试一试呢!

笔者的意见

一、在这里,我们特地画了几幅线条很简单的图画(图 002、003、004),给读者们作为参考。这几幅画,都是眼前秋末冬初的景色,虽然不曾着色,但是并不曾遗漏了这个季节所昭示我们的特征。假使这几幅画图,万一恰是读者所正想要画出来的,或者恰是读者所认为有几分合意的,那么我们十二分至诚地希望着,希望读者一一摹临,开始去领略这种消遣的趣味。

二、在学中画的开始,必须从临摹入手,这是不二的法门。所以第一图的松针,我们特地用几幅来表示结构的程序。虽然这种画法我们在后文将有更详细的说明,但是我们很希望读者能按图摹临,认真练习,预先打下一个根基。

三、假使读者手头有山水画册,请翻开细细玩索,看看册子上的山水,有没有"文学趣味"?以及能不能了解这种"文学趣味"?假使有机会去看名人画展,请用同样的方法去览赏。

《家庭》1943 年第 10 卷第 2 期

图 002　柳岸晓风

图 003　茆亭远岫

图 004　双松平远

趣味章第一下

我们解剖中国山水画的结果,首先所发现的最有兴趣而也最重要的一点是它和文学中的诗的关系。但是,它除掉和诗有密切的关系外,和音乐也有相当的关系。换句话说,它不但具有诗的趣味,并且还具有音乐的趣味。

我们中国的音调,是微弱的,缺少刺激性的,所以,在中国山水画的画面上,也有这种表现,例如山上不画猛虎,水中不画长蛟。音乐是抑扬顿挫的,所以山水画上的树、木、山、川、茅舍、村落,无一不高低异趣,横斜多姿。例如把五棵树木画在一起的时候,第一棵向左,第二棵便向右,第三棵则偏于左方或右方而直立,第四第五棵必位置较后,各有参差,像这里(图 005)所示的样子。

上面已经说过，中国山水画是抽象的，记忆的；因此，它的变化是无穷的，可以凭我们的主观，把尺幅之上的一切画得起伏隐现，和音乐所表示的抑扬顿挫，完全一样。而作画时用墨运笔所讲究的刚柔、粗细、浓淡、干湿、疏密、曲直，更是音乐重浊清轻，高下疾徐的象征。

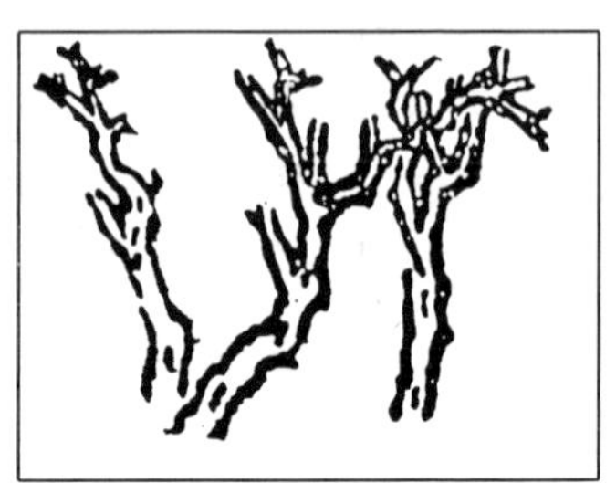

图 005　树干

西洋风景画的布置有三条谨严的规律：第一是统一；第二是停匀；第三是变化。这三条规律，虽然西洋画家都在大声疾呼，可是他们的作品，却并不能和这三条规律吻合无间。最大的原因，便是中国山水画的结构是音乐化的，而西洋的风景画的结构不是音乐化的——非但不是，而且是不可能的（只有最新的西洋画派，才得有音乐化的表现，但又嫌音乐化得太彻底了）。

所谓统一，假使用音乐来作比喻，那便是在悲哀的调子中间，不能含有快乐的音调。西洋画处处讲究色彩，则在大体上，这统一的一条规律，勉强可以遵守，而不显出矛盾来。至于停匀，西洋画可不大办得到，这是因为西洋画家所描写的风景画，高的树木和低的花草，雄伟的建筑和纤细的电线，根本就是不停匀的（自然物的自然布置要完全停匀是不可能的)。

那么他们可以应用第三条规律去加以变化的啊!不错。但是我们知道他们的画是具体的,不能任情随意加以大量的改变,假使有二棵树并立在一起,他们决不能把这两株树搬开,使它们中间有一个适当的距离。

既然不能停匀,既然不能任意变化,当然不能合音乐的结构,这还有什么疑义!所以,虽然西洋画家明文规定了这三条画律,不过能够遵守这三条严谨的规律的,却是中国的山水画家。

话虽然这样说,可是我们决不能以为这一种艺术太难,这一种消遣太偏重于知识方面。因为这不过是理论,不过是我们在学画山水画之前应该懂得的一些基本常识,而并不是什么法则。当我们在不久的将来,学会了作画的方法以后,我们即使不继续讨论这种种的画理,我们的作品,却仍会和这种种的画理,暗暗吻合的。所以,让我们安心地再讲下去:

现在,我们可以随便看一看自己的衣服,或者人家的衣服,有没有明显的花纹在上面。假使有的,那么那种花纹是不是很停匀的一种图案?对于图案画这个名称,我们知道连一个字的解释也是不必需的。图案画的唯一特色,是位置的停匀和远近距离的平均。所以,织物上的花纹,差不多十分之九都是采用的图案画。

既然这样说,那么中国画中的山水画,难道在结构方面除掉音乐之外,还合于图案画的原则?

是的。因为中国画中的山水画,比较西洋的风景画更能合乎停匀的规律,又因为画中的景物,大概都是些抽象的符号,所以它的结构当然不仅是音乐化的,而且也是图案化的。

如果我们到热闹的市区中去散步,说不定会在商店的橱窗中,看见一两套绸质的睡衣上面的花纹，正是一幅五、六寸大小的中国山水画，例如几株覆地的垂杨，下面藏着一只渔舟，隔岸障着一两座遥山，看在眼里，真是非常有趣。这便是一个明显的证据。

试想：要不是中国山水画本身具有图案的特色，怎么可以用来作为绸帛的花纹？

而且，在平剧和越剧中的戏装上面，也尽有在袖袍上面，绘画中国山水画来作为图案的。西洋风景画就没有这一个特色，所以我们从不曾看见他们用写生画来作为衣服上的图案。

这里特地绘制一幅可以用之于织物的中国山水画，来表示它的富于图案性（图008）。然而上面所申说的一切，还不是最有趣和最伟大的部分，因为中国山水画之所以能够在艺术史上占有最光荣的一页，全在乎它具有自然哲学的意味。

自然哲学——尤其是中国的自然哲学——的内容，虽然一般人认为是玄妙的，不大容易了解的，可是假使我们去揭穿了它的秘密，我们的疑团就也可以打开了。

记得朱光潜先生有一个譬喻，这里正可以借来作为说明自然哲学的开端。他的譬喻是——有三个人一同到庐山去游玩，他们中间一个是美国人，一个是印度人，还有一个是我们中国人。看见了庐山上的大瀑布，美国人首先发表他的观感：

“这么大的瀑布，很可以利用来发展工业，这真是工厂中推动机器的最经济的原动力”。

“神力是何等的伟大啊！”印度人接着虔诚地唱出了这一句礼赞。

最后，中国人却从容闲适地说：“真美丽，大自然真美丽，我们真应该尽量欣赏它！”

言为心声,他们三个人看见了瀑布所发生的感想不同,所以他们的论调也各趋端极,这是毫不足怪的。而他们的三种不同的论调,正代表了三种不同的民族思想:

西洋人处处地方想利用自然;印度人处处地方敬仰自然,崇拜自然;我们中国人则欣赏自然,优游自然。

因为要征服自然,所以西洋的科学,突飞猛进,一日千里。即以绘画一点而论,注意透视光线,利用色调,使一切立体的东西,能够逼真地重现于画面上,这也何尝不是征服自然的一种表现!

印度人崇拜自然,所以他们的绘画最值得称颂的,无非是五光十色的宗教画而已。

中国人欣赏自然,优游自然,所以我们的山水画,便把山川树木,禽兽人物,混在一起,打成一片了。

如果我们和自然处于对立的地位,那么不是因敌视它而想征服它,便是因畏惧它而要崇拜它。如果我们和自然处于携手的地位,那么我们自身就是宇宙间所有一切物事中的一个分子,对于自然,既无所谓“敌”,也无所谓“敬”,而是所谓“亲”。吴锡麒写给张水屋的一封信里,有如下几句:

>……芒鞋拾路,落叶打包;猿鸟无猜,水云得意。可因树以为屋,将缝荬以制衣。

这正是我们中国人喜欢和大自然打成一片的心理的明证(这也就是山水画在中国特别发达的缘故)。

可是这种哲学是从哪里得来的?

这个问题很重要。理由是我们现在所讲的中国山水画,它正是自然哲学的产物。只要这一个问题得到清楚的解答，中国山水画的来源，也就立刻会被我们找到了。

那么让我们看，中国人的自然哲学是从哪里来的。

读过周秦诸子的著作的人们，都知道当时最有势力的两大学派的思想家，是儒家的“中庸之道”和道家的“清静无为”，前者的代表是孔子和孟子；后者的代表是老子和庄子。

道家一派的哲学是这样的：他们把大自然看作一个整个的“体”，人类和其他一切有生物及无生物，都不过是整个自然的分子。所以人类无论做什么事情，应当以自然为依归。这就是所谓“道法自然”，也就是所谓“辅万物之自然而不敢为”。

老子《道德经》上说：“宇宙间的万物，没有一样不顺着自然而得到归根复源的结果。假使不明白这一种定则，想利用智巧，轻举妄动，违抗自然，那么结局一定对于人类本身是不利的。”他所提出的证据是：“驰骋畋猎，令人心发狂；难得之货，令人行妨。”所以他要提倡“无为”，不敢“妄作”。

道家所说的“为”，就是“人为”。他们认定一切自然的东西，都是美的，只有人为的东西，才会有美丑、好坏、善恶的区分。因为人类的文化是人为的，所以文化是“罪恶之源”，是“小道末技”。于是喊出了“绝圣弃智，民利百倍；绝仁弃义，民复孝慈；绝巧弃利，盗贼无有”的口号，希望杜绝一切智巧的作为。

他们理想中的人类社会生活，是用不到什么组织，也用不到什么制度的。《道德经》倒数第二章说：“理想的世界，是国家小而人民少，治理的方法，是要使得人民即使有很多的器具而不用；要使得他们看重生命，不迁移到远处去。虽有舟车，没有人去乘坐；虽然有甲兵，没有人去战争；要教他们用太古结绳记事的方法来代替文字。使他们吃饱肚子，穿暖衣服，安稳地住着，快乐地过他们的习俗生活。在这一个国家和它的邻国之间，虽然鸡犬之声相闻，可是国中的人民却始终不相往来”。

这种情景，和陶渊明的《桃花源记》的内容，有什么两样？而陶渊明的《桃花源记》的内容，和一幅中国山水画的境界，又有什么两样？

至于庄子，他的主张正与老子的大致相同，所以也说：“赫胥氏的时候，人们只是为生活而生活，并没有什么目的。吃饱了饭到处嬉戏，不知其他。”又说：“上古之世，山上没有人工穿凿的道路，水上没有桥梁舟楫。草木丛生，禽兽成群。人类和别种动物，在一起生活，彼此不相顾。”到了后世“有了弓箭网罗的制作，于是扰乱了禽兽顺自然的本性，而使得它们害怕起来了；有了聪明欺诈，坚白同异的争辩，于是扰乱了人民朴素的本性，而使得他们迷惑起来了”。所以他希望“掷玉、碎珠，以杜绝盗贼的贪心；破斗、断秤，以杜绝人们的争夺；毁坏乐器，散灭文采……”使天下的人民，复归于自然。

这种哲学，从周秦到两汉，从两汉到魏晋，非但不曾日益衰替，反而日益光明起来。魏晋时代中人，最受这种哲学的影响。那时候士大夫阶级的生活，都趋向于道家化，对于社会抱着消极主义，亟欲躲避现实，而想遁迹到山林中去过他们的隐逸的生活。他们在文学上都有避世精神的表现，充满了爱慕自然的思想。上文所提起的陶渊明，正是这一流人物的代表，他在《归去来兮辞》中说：

> 归去来兮，请息交以绝游！世与我而相违，复驾言兮焉

求（这是逃世），悦亲戚之情话，乐琴书以消忧……或命巾车，或棹孤舟，既窈窕以寻壑，亦崎岖而经丘（这是隐居的田园生活）。

但是他对于这种隐居的田园生活，还不满意，因为还不合老子和庄子的理想社会生活。所以他渴望能够置身于"不知有汉，无论魏晋"的境界中去。在这境界中："荒路暧交通，鸡犬互鸣吠。俎豆犹古法，衣裳无新制。童孺纵行歌，班白欢游诣。草荣识节和，木衰知风厉。虽无纪历志，四时自成岁。"

就在这天下扰攘，士大夫竞相避世的时代，代表中国艺术中心的山水图，开始萌芽了。大名鼎鼎的顾恺之，以及刘宋时代的宗炳和王微，都是中国山水画的开山祖师。它是时代的产物，是表现自然哲学的另一方式，也是安慰心灵的一种象征幻想的艺术。这种艺术，备于唐而盛于宋，历元、明、清三朝，直到现在，始终保持着它所独有的出世精神，而从不曾遭遇"革命"的厄运。

所以，凡是一幅纯粹的中国山水画所留给我们的印象，总不外乎是一个离开闹市红尘很远很远的环境；这个环境，几乎是超现实的，城市中人从来不曾见到的。在画面上，有的是青山绿水，茅茨土墙，古木乱草和淡烟清云。偶然点缀着一两个人物，大概都是大袍宽袖，望之如神仙的模样。

假使在中国山水画上画几幢洋楼，一两个时装人物，牵着一条狗，仰头观看在天空盘旋的飞机，这就不成其为出世的、隐遁的、大自然深处的环境了。

在纯粹的中国山水画上，非但不能有洋楼之类的新式建筑物，就是红楼一角，也在大忌之列。只有古寺和宫殿是例外，因为这两种建筑也会引起人们的出世之感,而有神仙境界的幻象。

现在我们大概可以明白中国山水画的真精神,而认清它的价值了。研究绘画的人们,都知道西洋的风景画,已经受了中国山水画的影响,而有改变其固有作风的趋势。这并不是西洋画家的好奇心使然,实在是他们自己的作品,过于凝滞现实,并且过于科学化了。20世纪的科学界,固然在人类的发明史上发射异彩,社会国家都渐渐地达到了利用厚生的目的,但是枯燥的物质生活,终未能不使人感到单调与乏味。在另一方面,科学愈文明,生存竞争愈烈,杀人的利器也愈新奇,时时使人们发生死的恐怖。处于这种状况之下,只有少数的人,不想从绘画艺术中求取精神的解放和心灵的滋润。可是,他们在绘画上所能看到的,依然是充满着刺激的,科学范围之内的现社会的缩影,丝毫不能给予他们半点安慰。

本来,世界上哪里有比大自然深处,无荣无辱,无得无失的环境更好的地方?我们在干事业的时候,固然要积极,要奋斗;然而在疲乏的时候,郁闷的时候,厌腻的时候,却又不能不使精神有所休养与调剂。

试看一般大腹贾,刻意经营,钞票塞满了他们的衣袋,论理他们总该能够享受极端舒适的生活了,然而不然;他们的精神似乎很不爽快,常常想离开市廛,投到大自然的怀抱中去。可是他们一时摆脱不开物质的羁绊,于是乎在厅堂中挂起名家的山水画来,并且肯不惜重价,去换取他们所冥想的《溪山行乐图》。这不是很好的例证吗?

我们不做旁的消遣,却相信绘画最有艺术价值,山水画最为一般企求精神安慰的人们所爱好。闲暇时作一两幅山水画,自己看看,真够味极了,而且也很足以自傲的。

综合上面所讲的一切,归纳起来,不过只有三点:一,中国山水画的趣味,是文学中的诗的趣味;二,它所包含的意义,是自然哲学的意义;三,它的构造是音乐的和图案画的构造。这三点交相融和在一起的特色,可以用我国的烹调方法来譬喻。假定我们烹制一条醋溜鳜鱼,等到一切烹调手续完成以后,这一样菜肴中,便含有糖、醋、酱油、盐的滋味,这几种滋味,已经深深地渗入鱼的肉质,甚至于骨质之内,再也无从分辨什么是糖,什么是醋了。

西洋画虽然也可以含有文学的意味和哲学的思想,但是终究不能完全调和在一起,使人对它发生浑成的感觉。这正和他们的烹饪方法一样:一块煎过的鱼,放在一只碟子中,一边点缀着几片黄色番薯片或绿色的生菜,一边摊了一些红色的番茄酱或褐色的沙司。鱼的肉质中没有番薯和番茄的滋味,番薯和番茄中也没有鱼的滋味。

换一句话说,西洋风景画和西菜是同等爽利的;中国山水画和中菜是同等蕴藉的。这么一比,我们还有什么不能了解的呢!

笔者的意见

一、因为目前的印刷费及制版费十分昂贵,所以不能用三色版精印一两张西洋风景画和中国山水画,来作为本文的插图。不过这暂时似乎不是必需的,读者尽可以从其他书本上或壁上的镜框中找到相当的参考资料。我们要求读者比较它们之间的种种异点,辨一辨我们所说的一番话是否真确。

二、现在读者既然明白了中国山水画的来源和它所含有的自然哲学的意义及文学中的诗的趣味，那么读者当然已经对于这种艺术有了第一步的认识。请仔细看一看壁上所挂着的，或者画展中所陈列着的中国名家山水画，自己问一问，是否已经能一变从前的莫名其妙的心理，而很热心地去欣赏或鉴阅它。

图006　怅怅独策远

三、虽然现在还没有讲到作画的方法，但是读者们尽不妨先行练习起来。在这里，我们特地附上几张插图，假使是愿意的话，请临摹一遍。这几幅插图，都是根据陶渊明“归园田居”的几首诗，用最简单的线条画成，并且充分地表现了“世外桃源”的幻境，在临摹的时候，不必拘束，随意画去就是了。假使不像，或者画不好，这全然没有关系。等到将来讲完画法以后，读者自然一定会画得很像很好，这是我们可以负责保证的。（图006、007、008、009）。

图007　时复墟曲中

图 008　垂杨渔舟远山

图 009　榆柳荫后檐

四、任何家庭中的主妇，儿女，如果每天愿意集合在一起作这种绘画山水的消遣，我们认为对于疲劳的恢复，品性的修养，智慧的启发，都有很大的帮助，我们真心诚意，预备为读者忠实服务，以副本刊提倡有益消遣的宗旨。

《家庭》1943 年第 10 卷第 3 期

气韵章第二

在这里，我们预备开始讲述作画的基本法则。这种基本法则，共计六点，就是画家们所说的“六法”。“六法”这一个名词，始见于南齐谢赫所作的《古画品录》。所谓六法，就是：

一、气韵生动；

二、骨法用笔；

三、应物象形；

四、随类赋采；

五、经营位置；

六、传移模写。

从“骨法用笔”以下的五法，因为不在本章的范围之内，姑且暂置不论。现在就第一种法则“气韵生动”这四个字来讨论一番。

从字面上看，“气韵生动”这个名词真是太抽象了。唯其过于抽象，所以自谢赫创立了这个名词之后，一千四百年来，解释纷纭，大有使人对它发生无从索解之感。不过历来解释这个名词的学者虽然很多，意见虽然各有出入，一经归纳，大致不外乎下列三种：

第一种是气韵生知说。主张这种解说的一派，以为作画的技术，虽然可以由学习而渐趋于精工，可是从笔底下所描画出来的一切，能否有一种与众不同的超脱的趣味表示出来，这实在是不能学习，并且无从学习的。换一句话来说，他们所说的“气韵”简直等于在夸张他们的超逸天才。因为他们觉得他们的作品和一般画匠们的作品大不相同，但是却说不出所以不同的原因，于是只好称赞他们的作品“气韵高超”，而指斥画匠们的作品“全无气韵”。他们的“气韵高超”是天生成的，所以是了不起的。

其实这种说法，简直是不通之论。我们必须明白，中国的文学，是传统文学；中国的画艺，也是传统的画艺。假使要说得更透彻一些，那么说中国的画艺纯然是贵族化的，亦无不可。历来中国的名画家，大致都是“风雅之士”，也就是吃饱了饭，绝不计较功名利禄的一班人物。他们的作画，目的是仅在于消遣。至于画匠，他们的目的却在于借此营生。双方的出发点不同，所以他们的成绩当然也就不同。

假使画匠不用靠着一枝秃笔和几种颜色，去画出许多幅心里不想画，而事实上不得不画的作品，以求换得几斗米和百斤柴爿，去养活他们自己和他们的亲属，那么他们兴之所至，闲来抹一笔山，皴几块石，也或许能够使人看了有超脱之感的。反之，如果叫所谓“风雅之士”，整天作画，要他们把作品去换饭吃，我们可以保证他们的作品势必和画匠所作的一样，而分不出多少高下的。

《东庄画论》（王东庄，清初名画家，王原祁的后学）中说：“未作画前，全在养兴。或睹云水，或观花鸟，或散步清吟，或焚香啜茗。俟胸中有得，技痒兴发，即伸纸舒毫。兴尽斯止，至有兴时续成之。自必天机活泼，迥出尘表。”

所谓“天机活泼，迥出尘表”，无异是“气韵卓绝”四个字的演绎。“气韵卓绝”既须由优闲而来，“生知”说也就不攻自破了。倘画匠也能有安闲的环境，享受到士大夫阶级的有闲生活，他们的作品又何尝不会有气韵？

气韵生知说是不通的，这已经毫无疑义。不过我们应当注意，提创气韵生知说的一般士大夫阶级和“风雅之士”对于画艺的富有修养工夫，这一点是很有价值的。

董其昌（明末的大书家兼大画家）曾经这样说：“要能得到高的气韵，必须先有高的人品；人品高的人们，就是士大夫阶级和隐逸之士。这班人都是读过万卷书和走遍名山大川的人物。”“读万卷书，行万里路”，虽然适足以证明生知说的矛盾，但是我们不能不承认这正是他们的修养工夫。画匠的人品不高，以及画匠的作品没有气韵，归根结蒂，无非是欠缺修养；而欠缺修养的原因，则在于不是有暇阶级。

第二种是墨晕说。主张这种解说的一派，以为水和墨调和之后，画在纸上所生出的浓淡干湿的趣味，就是“气韵生动”。

这一种说法，根本是“托古改制”，是“挂羊头卖狗肉”。

什么叫做“托古改制”？

我们在上文已经说过，中国的画艺是传统的画艺。但是，中国山水画的萌芽，虽始于晋朝，而水墨渲晕之法，实在是到了宋朝才大成的[注]。宋人既然在用墨的方法上有所创获，而又不敢公然告诉大家，说是他们自己的发明，于是只得在表面上假托是谢赫的方则，而实际上却把“气韵生动”的原意抹杀，另外换上了一种新的注解。这就叫做“托古改制”。

其实谢赫是六朝时候的南齐人，他本人是一位人物画家，他所首创的“六法”，是描画人物的法则。在他的时代里，中国山水画还不曾抬头！

从六朝到宋朝，其间相差有五百年之久。研究绘画史，或懂得中国文化史的人们，决不会给墨晕说所迷惑，而承认它是“气韵生动”的诠解。宋人的墨晕说，一定要借用谢赫的“气韵生动”这块招牌，无非是恐惧人家的攻击，骂他们“野狐禅”，排斥他们不是画派正统而已。

然而后来不会研究绘画史的一般人们，都轻易地给迷惑了。他们相信“气韵生动”就是墨晕生动。所以当他们看见了一幅烟云满纸，山石浑厚的山水画，便加上了一句“气韵生动”的评语。这真是幽默之至。

关于这一点，早就有人对于这种见解表示不能满意。明朝的唐志契曾经这样说过：“气韵生动与烟润不同。”所谓“烟润”便是水墨渲晕法的效果。因为把墨画在纸上以后，立即用笔蘸了水，就着墨处濡之使湿，润之使开。即起湿润如烟的墨晕了。不过若说墨法有气韵，那么笔法难道没有气韵，布局没有气韵吗？所以清朝的张浦山说:“气韵有发于墨者,有发于笔者,有发于有意者,有发于无意者……发于墨者为下。”这正是以墨韵铨解“气韵生动”的反应。

这里我们所要注意的是:虽然这种铨解等于“移尸换魂”,可是墨晕说的本身自有其相当价值,因为它是代表画艺上的进步的,断不能予以忽视。至于这种画法的详细解释,不久的将来我们当在谈到用墨的时候一一说明之。

第三种是感情移入说。主张这种解说的一派,以为作画者把自己的感情移入对象中,与对象融合,而臻于“无我”或“物我一体”的境地,于是“气韵生动”。

“感情移入”这一个名词,是见于西洋绘画理论中的。它的意义是这样的:譬如我们作画的对象是一块顽石,而我们作画的时候,心头正蕴藏着一种不可告人,无可发泄的愤恨,于是我们把当时的愤恨,移上那块顽石,然后用笔勾画到纸上去。结果在纸上所表现出来的那块顽石,一定线条刚劲,棱角锐露;并且一定色调浓厚,刺激泼辣。它充满了力和热,似乎正在对人寻衅,大有绊人足尖,致人倾跌,而后快意的模样。

所以,在同一的冬天黄昏的环境之下作画,热情的画家,必把落日染得和血一般的鲜红,而在光秃的树枝上添几片红叶;性情冷酷的画家,则必用蓝色,使落日在蓝色的云霞包围之中,而使人感到一切都将失去光明,黑暗即将统治大地。这种不同的表现,也无非就是不同的感情的移入。

假使说得更广泛一些,那么心地愉快的人,看见任何一切,都有愉快之感;心地悲伤的人,看见任何一切,都有悲伤之感。杜甫诗中所说的“感时花溅泪,恨别鸟惊心”和吴淑姬词中的“莺虽老,声尚带娇羞”，都是绝好的例证。在文学上的表现是如此，在绘画上所表现的也是如此。凋谢的残花，在悲观者的笔下，是一片狼藉，繁华消歇之后的惨象；在乐观者的笔下，却是红紫交错，在草地上织成了美丽的图案。

中国山水画的萌芽既早，而历代画理的演进，更是不容抹杀的事实。对于感情移入的理论，原早就有所阐发，不过不曾用这一个“感情移入”的名词而已。这里我们可以随便援引恽南田（清初的名画家）所作《瓯香馆画跋》中一二语来作证。他说：“谛视斯境，一草，一树，一丘，一壑，皆灵想所独辟，总非人间所有。其意象在六合之表，荣落在四时之外。”又说：“秋夜横坐天际，目之所见，耳之所闻，都非我有。身如枯枝之迎风萧聊，随意点墨，岂所谓此中有真意者非耶？”老实说，像这种见解，西洋画理论中所讲的“感情移入”，远没有这样高深而清楚呢！

然而，“感情移入”是“感情移入”，“气韵生动”是“气韵生动”，决不能混为一谈。无奈偏偏有人拿了一瓶子的威士忌酒，倾入我国铅制的酒壶之内，强说壶内的威士忌是远年花雕，于是弄得一般人对于自己的味觉也有些不信任起来了。

因为他们极端要把两种根本不同的理论，拉在一起，自不勉牵强附会，使人无从索解。他们把西洋画的理论，来铨解中国画理中的“气韵生动”，取其所微似，遗其所大异，怎能不去题万里？他们说作画者如果把自己的感情移入对象之后，便能得气势神韵生动活泼之妙。却不曾注意到中国画本来富于纯主观的意味，用不到引“感情移入”说来作注释；而“气韵生动”的原意，断断用不到把“主客合一”、“物我一体”等等名词合起来，费了九牛二虎之力，方能曲折表达。

综合上述三点,我们的结论是:

一、谢赫的“六法”中的“气韵生动”不是生知说。不过主张生知说的一般士大夫阶级对于画艺的修养,是值得效法的。

二、“气韵生动”不是指的墨晕。但是墨晕说的本身是代表宋代画艺的进步的,自有其不可磨灭的价值。

三、“气韵生动”决不就是感情移入之后所表现的效果。感情移入原是中国画的唯一特征,它是国画原理之一,却不是作画方法之一。

那么,“气韵生动”的原来意义究竟怎样?

我们的回答很简单:气是“神气”,韵是“韵致”。神气韵致不呆不滞,便是“气韵生动”。

谢赫的“气韵生动”,无非是说,为人物写照,最重要的方法是取神遗形。若力求形似而不注意对象的生动的气韵,虽然画得和对象本体不差毫厘,然而呆滞已极,完全失去栩栩欲活的表现了。因为他是人物画家,所以这该是他所创导的人物画法的第一基本单位,初与中国山水画法,全无因缘。后人“托古改制”,硬要移尸换魂,于是原来极浅显易解的意义,一变而为玄之又玄的,不可理解的理论了。

既然“气韵生动”本和山水画全无因缘,我们在本文之前,为什么要以“气韵”二字,置在第二章之上?

关于这一点,我们应当先发表几句声明:我们引用气韵二字,目的也在于“托古改制”。不过我们的“托古改制”和人家“托古改制”不同;我们承认我们的“托古改制”,等于借用一个旧瓶子,来装盛我们的新酒,不像人家的“托古改制”,借用了旧瓶,盛入新酒以后,硬说瓶中的新酒是远年花雕。

"画有六法",我们自然不能略去最重要的一法。因为画人物画应该取神遗形,注意"气韵生动",而作山水画的方法也正该如此,所以我们不得不把作山水画的"气韵生动"法,来详细申说一番。

虽然"气韵生动"似乎是一幅既成的画所表现出来的山川树石的融和的精神,但是实际上它只是取神遗形的效果。假使我们能够明白取神遗形究竟是什么一回事,我们当然能够达到我们所希望的目的。换句话说,取神遗形是因,"气韵生动"是果;取神遗形是法则,"气韵生动"是这种法则所表现的成绩。

让我们先谈因,后说果。

因为纸上空谈,很不容易发生具体的印象,所以这里不得不引两幅画来作为参证。第一幅是宋朝夏珪的《江头泊舟》(夏珪字禹玉,钱塘人,工山水,擅人物,宁宗时为画院待诏)(图 010)。试看画中的桥,断断续续,若不相连。然而我们看了,反觉得很有趣,很雅致,一点也不呆板。又如画中的几间草屋,线条不平不直,好像梁折柱断的破屋;上面所挂的酒旗,竿与屋簷,悬在半空。然而我们看了,反觉得很洒脱,很飘逸,一点也不拘泥。

图 010　夏珪《江头泊舟》

第二幅(图011)是清代高其佩的《庐山瀑石》(高其佩字韦元,号且园,又号南村,铁岭汉军人,工诗,以指头画名于时)。试看画中的瀑布,只有半段;几个正在看瀑布的人,头和脚都不像人,然而我们看了,反觉得饶有天趣,远非俗手所能尽状。

画之上端,有长春居士题句云:

> 庐山高,高插天,瀑布千尺飞其颠。擘开玉峡白龙走,空蒙万古生云烟。七十老翁戏作此,不用霜毫用十指。丈山尺树都不论,壁间仿佛流寒水。

图011　高其佩《庐山瀑石》

这正是一幅指画的山水画。题画诗中所说的"擘开玉峡白龙走"和"壁间仿佛流寒水",我们至少可以领会到这便是取神遗形所表现出来的伟大的精神。

就第一幅画而论,桥上的人,岸旁的船,树上的枝叶,无一不和实物的形态相离太远,但是却无一不和美的条件相符合。

就第二幅画而论,山巅飞激的瀑布和几个看瀑布的人,形固有所未似,然印象则殊真切。

平直的线条是单调而缺少变化的,所以曲线美于直线。实物是呆滞的,所以想像美于现实。所谓取神遗形,揭穿了天窗说亮话,原不过是把脑中所着的实物的印象,用曲线甚至于断线,表示出一个大概而已,至于似与不似,可以绝不计较。元朝倪云林曾经说:“余之竹,聊以写胸中之逸气耳。岂复较其似与否,叶之繁与疏,枝之斜与直哉?或涂抹久之,他人视以为麻,以为芦,予亦不能强辩辩为竹。”这几句话,正可奉为中国画的圭臬。

五代时候荆浩所著的《笔法记》中,有句“似者,得其形而遗其气”的话。俗手及画匠的作品,所犯的就是这毛病。此所谓“气”,即等于取神遗形一语中的“神”。二者互为参证,自能心领神会,不烦反复赘言了。

注:旧说唐朝的王维始创渲淡之法,所谓渲淡法,或许就是墨晕法;又其后的王洽曾作泼墨山水,据说是米派山水的先河;而五代时南唐的名画家董源和他的学生僧巨然也有擅长墨法的记载。然而我们对于这种说法还不独尽信:因为据传世的几幅比较可靠的北宋人画幅看来,墨法的表现还很少,甚至可以说全无墨法,我们知道:董源本是擅长青绿山水的(见《宣和画谱》等书),董源之所以有“平淡天真,一片江南景”的表现墨法的画,似乎全是北宋末年米芾一流人的“托古改制”。而王维的“渲淡”法和王洽的“泼墨山水”,又似乎只是一种近于墨笔的画,未必有多少墨晕法存乎其间(又所谓项容有墨而无笔的“墨”,也似乎只是书法中的所谓“墨”,与后来水墨渲晕法不同)。据我们的考证,墨晕法是大成于南北宋之间的。这是中国山水画史上的一个大问题,不是这里所能详论,读者如要知道它的详细,不久的将来,我们当有一部考证体的绘画史出版,可以参观。

笔者的意见

一、虽然上面夏珪的《江头泊舟》和高其佩的《庐山瀑石》两幅山水画可以显示出取神遗形的画法，不过一经制版，面积缩小，未免有些不大清楚的弊病。所以我们希望读者能从古今书画会中去着意鉴赏这种画法，并且深刻地记忆起来。

二、为求实习起见，这里有三幅小图：一状孤亭，一状垂钓，一状松风（图 012），请一一临摹亭的结构，垂钓者的姿势和被风吹动的树枝。并且，请学习线条的配合，笔法的粗细和墨色的浓淡。打定了这一些基础，将来讲到用笔和用墨的时候，就更容易明白了。

三、读者假使脑膜上正有板桥、孤舟、疏林、古木等等的印象，请随意抒写出来，尽可以不求形似，而求其神似，从资习练。自然，也许读者会感到笔底所表现出来的，离开理想中的成绩太远，或者大有笔不达意之感。但是这正是一种进步，因为我们未曾讲

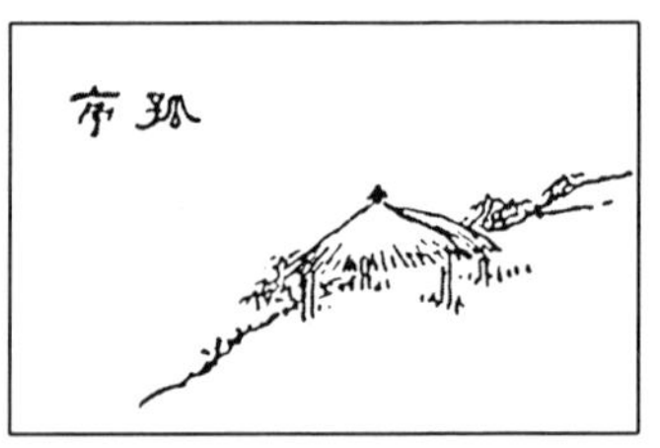

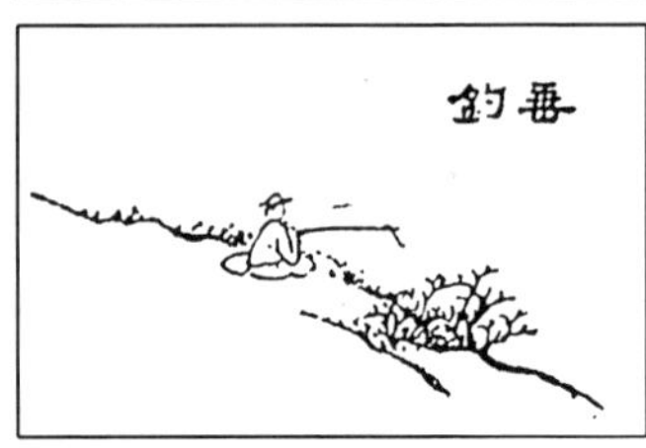

图 012　孤亭《垂钓》松风

过树、石等等的基本画法之前,读者已经能够画出似石非石,似树非树的画图,已经是值得安慰自己的了。

《家庭》1944 年第 10 卷第 4 期

气韵章第二下

对于取神遗形的法则,我们既然已经了然于胸中,那么现在应该谈谈取神遗形的效果,所谓“气韵生动”了。

取神遗形固然是一种法则,但是用来表现这种法则的工具,不外乎笔、墨和颜色而已。善于利用绘画的工具,所表现出来的成绩,如果恰到好处,而能够合于取神遗形的法则,这就达到了“气韵生动”的目的;否则就是“气韵不生动”,或者“没有气韵”,或者“气韵卑劣”,或者“气韵庸俗”。

可是使用笔、墨和颜色,在纸上所表现出来的成绩,要能够达到恰到好处的一步,这就非明白“雅”与“俗”之间的分野或区别不可。

什么叫做“雅”?

如果我们看了一幅画,精神感到愉快,内心得到安慰,愈看愈有趣味,并且愈看愈有意思,这种从心底深处所涌出来的趣味与意思,使我们能够心旷神怡,仿佛已经置身于山林泉石之间,游目骋怀,大有流连忘返的模样,这幅画便不失为“雅”,而有艺术的值,可以获得人家口头的赞叹和内心的共鸣了。

什么叫做“俗”?

如果我们看了一幅画,精神感到不安,内心觉得厌恶,愈看愈乏味,愈看愈沉闷,这从心底深处所产生出来的乏味与沉闷的感觉,使我们如对伧夫,如遇市侩,很想立刻远远地避开去,这幅画便是既庸且"俗",全无艺术价值,只好送给苦力或人力车夫去挂在他们的炉灶一旁。

不仅绘画有"雅"与"俗"的区分,就是文章、诗、词以至于雕塑、音乐和戏剧等等,也无一不有"雅"与"俗"的区别。

试就平剧而论,从前谭鑫培在《空城计》一剧中饰诸葛亮,彬彬儒雅,真够得上一个"雅"字。假使叫三清观里的道士去饰演《借东风》一剧中的诸葛亮,那就俗不可耐,要使人作三日呕了。

老谭唱戏,嗓音不高。学老谭唱戏,用劲使腔,固然有类驴鸣,距"雅"太远,但是声涩音微,中气不足,也是同样地未能免"俗"。前者失之太过,后者失之不及。过与不及都是"俗",只有恰到好处才是"雅"。

唱戏如此,作画也是如此。绘画中的"城隍庙派",简直等于一个性情粗暴、嗓音犷野的票友,在学老谭唱戏;而绘画中的"纱灯派"则等于一个精神萎顿、嗓音沙哑的票友,在学老谭唱戏。"城隍庙派"失之太过,"纱灯派"失之不及。

凡是曾经到城隍庙去观光过的人们,都知道城隍庙的内容,非常繁复,简直等于一个小天地。那里,有相面先生、拆字摊、变戏法的、卖狗皮膏药的、卖鸟雀虫鱼的、弄蛇的、唱小热昏卖梨膏糖的、玩具摊、花树摊、陶器铺子、骨董字画……形形色色,好说无奇不有。

所有张挂在那里的画,无论是创作的或者是模仿的,总有一点彼此相同的特色,这一点特色就是"俗"极不堪。作画者仿佛都曾受过卖狗皮膏药,或者卖拳鬻技者的洗礼,他们在纸上所表现出来的成绩,无论一树一木,一山一石,总不脱剑拔弩张、咆哮狠暴、穷形丑态、装腔作势的作风。见了这种画所生的感觉是心烦意躁,不安之至。所以,凡是类于这种作风所画,我们便给它一个名目——城隍庙派。

“城隍庙派”这个名词是相当新鲜的,在讨论或研究绘画的专书中,是决计找不到的。但是,我们的解释,只能有这一些,而不能举例说明。因为我们如果说某人的画正是“城隍庙派”,那么得罪人家是小事,受人责难,遭人攻击,弄得无暇应付,却是大事。

试想:假使我们对着一个懂得技击的人说:“你的武艺实在不高明,只好到城隍庙里去使棍弄棒,出卖狗皮膏”,那么他一定要瞅我们一眼,恶狠狠地卸下他的衣服,预备同我们较量一下了。

事实上,他无礼地向我们瞅视,恶狠狠地卸下衣服,正是他的武艺庸劣的表现。但是,他怎会明白这便是他的最大的缺点?要是我们对他劝告,他更要恼羞成怒,说不定竖直了他的头颈,立刻会撞到我们胸前来的。

这就叫做“俗”——“城隍庙派”的“俗”。

总而言之,一切逞才使气、驰骋笔墨的画,都是属于“城隍庙派”的。学扬州八怪——郑板桥、金冬心、罗两峰等——或黄山派 石涛、石溪等——的画而不能得其神髓的,最容易流入“城隍庙派”。

至于“纱灯派”,这也是一个相当新鲜的名词。贳器店中所租的纱灯,无论是喜庆用的红纱灯,或者丧吊用的蓝纱灯,上面都画有笔笔工细,而又笔笔板滞的画。就是农历新年城隍庙中所出售的纱灯,上面也有同样的作品。不过这种纱灯,近年来已经不大有得出卖了。

这一派的画是相当工细的,和“城隍庙派”的犷野粗俗、肆无忌惮者适成为反比。然而,不经意地观看这一派的画,固然似乎工致可喜,可是在细心观察之下,却只感到笔死墨僵,全无生气,好像泉石花木,都是用一柄钝刀,硬刻出来的模样。

一个饿了肚子,三天不曾吃饱粥饭的人,换上戏装衣去学老谭唱戏,火气固然脱尽了,无奈他的一副憔悴形态,却提不起观众的精神。

一个在殡仪馆中经过化装手续,而预备盛殓的女子的尸体,脸儿上白的是粉,红的是胭脂,粗看起来,未尝不相当美丽,可是只要少微多看一会,便会感到她的皮肤的可怕。

没有精神,没有灵魂,泥塑木雕,貌合神离,都是"纱灯派"的特色。这种画不一定要到纱灯上去找寻,就是在财神龛子上、神台上、旧式卧床的承尘上,以及旧式的橱上和窗棂上,都有它们的陈迹存在着。

指斥人家的画是"纱灯派",虽不致于有被撞击的危险,但是遭他的白眼却是免不掉的。而"纱灯派"之"俗"就在于这有色无神的白眼上面,所以这里也不便举例说明。

总而言之,一切形似工细而实不工细,只有外表而没有精神的画,都是属于"纱灯派"的。凡是学四王——王时敏、王鉴、王原祁、王翚——的画而不能得其神髓的,最容易流入"纱灯派"。综上所述,可以得到一个结论:恰到好处谓之"雅",过与不及则谓之"俗"。但是,这还是不能被一般人了解的。我们必须条分缕析,把合于"雅"的条件和流于"俗"的原因,一一申说一下:

一、蕴藉　蕴藉就是含蓄;没有含蓄就是浅薄。能蕴藉则"雅",不能蕴藉则"俗"。

试以词而论,像"雨打梨花深闭门","帘卷西风,人比黄花瘦”,都是很蕴藉的,都包含着无限的意思,可以写成长篇小说,也可以写成传奇。假使我们把这无限的意思,组成一个系统的话。

清朝乾隆时代的纪晓岚,有一天赴盐商的宴会。席上某盐商忽发诗兴,吟了一句“正是桃红柳绿天”,请纪晓岚续下去。纪晓岚便接下去唱一句:“太夫人移步出堂前”。接着大笑几声,便离席走了。

因为“正是桃红柳绿天”不像诗句,却很像鼓词,实在浅薄得不登大雅之堂,所以他听了要续上一句“太夫人移步出堂前”了。

这是最容易领会的。其他如萧伯纳的幽默,是蕴藉的;而在游戏场唱独脚戏的,则是浅薄的,这也可以作为一例。

至于作画,我们就该了解文学上的所谓蕴藉,处处有一些含蓄。譬如就布局方面说,画正面不如画侧面,因为画了正面,最易犯一览无余的大病;画远山不宜画山脚,画楼台宜蔽以白云,画瀑布不宜画源流尽处,因为这些都是表现含蓄,而可以留待鉴赏者自己去加以体味的。

其次,就用笔方面说,必须能够明白“意到笔不到”的深意,而不用直笔,不用长划。让没有着笔的地方,留给鉴赏者自己去猜测,这也就是含蓄。

再次,就墨色方面说,浓墨不如淡墨,湿墨不如焦墨,因为“浓”与“湿”难于有所含蓄,“淡”与“焦”则能多所蕴藉。

二、生辣　“生”的反面是“熟”;“辣”的反面是“甜”。我们从开始学画的时候起,在技巧方面,由生而熟,原是势所必然的。由生而熟是进步,不是退步,这是很明显的事实。但是我们要顾到油滑的弊病,而注意予以避免。

和话剧中的对白一样,演员如果把台词读得滚瓜烂熟,在台上像背书般地顺流泻水一样的读出来，便味同嚼蜡，没有深长的意味，可以使观众感到心弦的紧张了。

他必须就他的身份、地位和环境，表示他说话时候的心理的变化和思想的运用。

所谓“画须熟后生”者，就是这意思——不是把熟练的技巧，全部表现出来，而是就所画的泉石花木的位置，参入一些创作的技巧，使人看了能够发生一种“生”与“新”的感觉。

作画的唯一大忌，就是笔笔甜熟，一点儿也没有毛病，但是却也说不出什么值得赞美的特征。所谓“誉之无可誉，疵之无可疵”，正是这种甜熟作品的最恰当的评语。换一句话说，凡是没有毛病的绘画，也就正是有毛病的作品。

就文章而论，八股文不是不好，但是技巧太甜熟的结果，无有不成为滥调的。滥调的文章，读来句句顺口，好像曾经熟读过的。若要说出它的不好处一般困难；若说它没有毛病，它的毛病正在于无可指摘。所以用字造句要避熟就生，所以结撰起落要不落前人的窠臼，其理由无非为此。

因此，凡是别开生面，另辟蹊径，自成家法，匠心独具之类的作品，无论是在文章或是在绘画方面，都是避熟就生，不落前人窠臼的相对名词。明白了这一点，“生”字在此处的真意，自然不至于被误解为生疏的“生”字了。

能生既能辣，这是必然的。此所谓辣，不是剑拔弩张，使人感到不安的辣，而是以熟练的技巧，表现自己的见解，所生的一种生的刺激。这种刺激，因为是创作所生的效果，所以自有一种使人为之神往，为之击节的魔力。若说这种刺激是瑕疵，却正是这幅画的值得称誉处。能够达到这一步，我们的画不仅已经成功，而且也可以获享盛名了。

三、朴拙　朴拙是真率的意思;不能朴拙,便是纤巧,便是过度的精能。朴拙易雅,纤巧易俗,差不多这是艺术上的规律。

钢骨水泥的建筑物,矗立在各国的大都市中,不好算不雄伟,但是为什么我们对于埃及的金字塔会独具好感?康熙年间的瓷瓶,在技巧方面是比不上现代的西洋瓷器的,但是为什么康熙年间的瓷器,会比较更有价值?

这没有旁的理由,只因为金字塔和康熙年间的瓷器是朴拙的。现在的物质文明,一天进步一天,已经精能到相当程度。然而愈是精能,离朴拙愈远。

我们曾在第一章里说过,中国的山水画是含有自然主义的哲学意味的。在大自然中的一切,山石泉水,怎比得上花园中的假山和喷水池那样的精巧?精巧虽然在科学方面是个成功名词,但是在自然主义方面却是一个破坏真美的名词了。

假使我们喜欢精能的美,那么求之于照片,不更可以感到满足吗?正因为精巧的摄影,不能使我们感到精神上所需要的满足,所以我们才求之于超现实的中国山水画的。中国山水画的原则是这样,技术的表现也该是这样。

冲淡静穆、笔致超逸、不落纤巧、不逞才气,这就是所谓朴拙。这种朴拙的形容词,依然十分抽象,可是我们感觉到这一点实在不能作更具体的解释。假使我们是研究过古文学或者致力于书法的,那么有了这一些解释,也就足够了。

还有,关于朴拙一点,在开始学画的时候是无所谓的。但是到了功力到家的时候,却不能不深加注意。就一般情形而论,由浅入深,由深而转归平淡,固然是必然的程序,不过在这过程中,不能欠缺修养。否则登峰造极，充其量“能”而已矣，朴拙是办不到的。从前人批评王石谷的画失之太“能”，这是对的。事实上王石谷之所以不能成为一代最高的宗匠，与董其昌、王时敏等并论，正是为此。而许多画家辛苦一生，终于不能出人头地，追本溯源，也无非为了不能朴拙。

上述三点，蕴藉是首要条件。能蕴藉则“雅”，不能蕴藉则“俗”。至于生辣，这是第二个条件。够得上称为“雅”的作品，没有不是生辣的；而生辣的作品，却未必都能“雅”，原因是在于生辣使人所生的感觉的不同——剑拔弩张的生辣是“俗”的，而风流蕴藉自成家法的生辣是“雅”的。朴拙是第三个条件，过“能”不如过“拙”，“能”近于“俗”，而“拙”则近于“雅”（关于“蕴藉”、“生辣”和“朴拙”的例证见图013：上面右方的一棵树，两间屋，一块石用笔都是比较含蓄的。例如树干的笔线断断续续，树枝的用笔似乎很嫩。茅屋的线条用笔也断断续续，粗细疏密都不很均匀。画石的用笔也相当松毛。与在左方的树石房屋相比，便可看出左方的各种用笔都欠含蓄而呆板了。图014：右图是新罗山人《独树溪屋》图的树石法，用笔是比较生辣的。左图是清人仿大痴的树石法，用笔是比较朴拙的）。

除此以外，我们再列一个表在下面，以便对照参看，从求获得更清楚的印象。

雅

含蓄　正大　冲淡　静穆　和驯　超逸

俗

显露　邪曲　浓浊　浮躁　乖戾　凡庸

图 013　树房石用笔比较

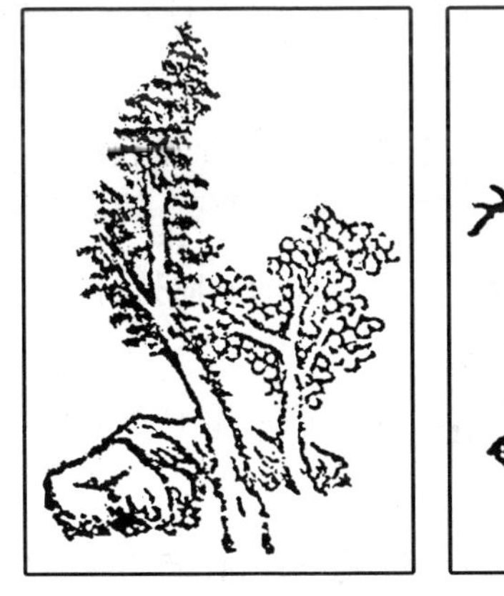

图 014　树石法比较

虽然“气韵生动”是取神遗形的效果,但是作画者各人的资质、个性、品格、学识、技巧、工力等等,无不互有差异,这是铁一般的事实。所以各人所表现出来的气韵,当然也互有不同,有的雄壮、有的秀美、有的沉着、有的飘逸、有的浑厚、有的清灵。就大体而论,我们可以借用中国古代哲学上两个名字——“阴”与“阳”——来说明一二。

桐城派的古文家,曾经把文章分成“阳刚”之美与“阴柔”之美两种。大概雄壮、沉着与浑厚是属于“阳刚”之美的;秀美、飘逸与清灵是属于“阴柔”之美的。

假使我们认为“阳刚”之美和“阴柔”之美的说法太旧、太含混,那么尽可以把这两个名词改为“硬性”的与“软性”的。

至于近代,鲁迅的作品是硬性的;巴金的作品是软性的。

若论电影,《万世师表》、《孔夫子》是硬性的;《金玉满堂》、《良宵花弄月》是软性的。

若论话剧,《岳飞》是硬性的;《浮生六记》是软性的。

若论平剧,《华容道》、《逍遥津》、《鱼藏剑》是硬性的;《拾玉镯》、《文章会》、《玉堂春》是软性的。

若论塑像,寺院中的四大金刚是硬性的;弥勒佛是软性的。耶稣像是硬性的;圣母像是软性的。

举了这许多例,我们对于硬性与软性之间的不同处,自然是很明白的了。

现在且让我们举出几个画史上的有名人物,并且分别他们的作品为软性的和硬性的两种:

一、吴道子画嘉陵山水,一日而成;关仝的画,笔愈简而气愈壮;董源的画,据说丰腴多肉,笔酣墨畅;范宽的画,刚劲多骨,笔峭墨浓。这几个人的作品,是雄伟壮健,兼而有之的。

二、米芾画山,用横点七八层点染而成;黄子久的画,张伯雨曾评云:“山峦浑厚,草木华滋。”这都是以浑厚胜的。

三、僧巨然、马远、夏珪、吴仲圭、沈石田数家的画,苍老滋润,也各有各的长处。

以上的几位画家宗匠,都是站在硬性的或“阳刚”之美的旗帜之下的。

四、像唐子畏的画,清灵潇洒(虽然他的用笔很是挺劲);恽南田的画,秀逸非凡;倪云林的画,超脱出众,便都该列于软性的或“阴柔”之美的旗帜下面去了。

五、其他如石涛和尚、八大山人的奇辟的笔墨,则兼有“阳刚”、“阴柔”之美,硬中带软,软中有硬了。这好像硬性的剧本中加以软性的穿插,软性的剧本中加以硬性的穿插,原是不足为奇的。

这样说来,似乎要达到气韵高雅的目的,正不是一件容易的事情。然而,我们知道绘画是艺术,艺术的成功,到达登峰造极的一个阶段,当然是艰难辛苦的。如果我们在不怕难和有恒心的两个条件之下,继续努力下去,那么未来的成功,却正未必离开我们十分远。

最后,让我们记着:所谓“气韵生动”,原是取神遗形的效果,而这种效果的获得,与修养很有关系。多读古人的名画,使我们的趣味与古代名画家多所接近,这是一种修养;多读文学和哲学的书籍,使我们的思想高超,这也是一种修养。两种修养,应该同时并进,久而久之,高尚的趣味与卓越的思想交相酝酿的结果,自然能够在技巧的表现上显露出不同寻常的风格来了。

著者的意见

一、这一章的内容，比较艰深。但是这是画理，所以非要明白它不可。我们也可以说，这是一种绘画的常识，是每一个从事绘画，或者以绘画作为消遣的人，所一定要了然于胸中的。作画的技巧不难，所难的却是画理。现在虽然或者会觉得这种画理似乎是学术化的，可是到了将来应用的时候，却自然会左右逢源，感到自己的作品，确是高人一等，而蒙受这种画理的益处的。凡是没有什么价值或意义的消遣，做起来固然比较容易，但是高尚而有价值的消遣，总要经过一番努力，然后才能成功。所以，我们很希望读者有坚定的意旨，始终如一，按照着预定的程序，继续练习。

二、假使读者愿意从这一章中取得更深的印象，请随时留意观察市肆中的绘画。这是很有趣味的。当你看到一幅满纸火气、笔墨乖张的“城隍庙派”的作品，或者一幅病骨支离，笔墨如死的“纱灯派”的作品的时候。同时，读者也自然会感觉到现在的鉴赏力的进步和兴趣的增加，因为能够看一幅画的好处在哪里，仿佛自己新买了一只尺，可以品量长短了。有时候并且可以发现笑料；假使看见人家的堂屋正中，挂上了一幅劣画，而它的两旁却正有一副名人的对联在相应着的时候。

三、这里附印一幅新罗山人的山水（图 014.2）。这幅画恰足以给予读者看清一个“生辣”和“朴拙”的实例。左角上的山的勾画，朴拙之至，也生辣之至。右下角的楼阁，不画根脚，好像无所凭依的样子。然而唯其如此，才足以显得超脱，才足以显得不拘泥，同时也就符合了蕴藉的条件。这一点,请特别注意。如果读者喜欢临摹,请在放大镜下细看,自能认清它的笔致。

图 014.2　华新罗山水图

《家庭》1944 年第 10 卷第 5 期

笔墨章第三

从这一章起,我们所讨论的作中国山水画的方法,将比较地更为具体,而不再像以前的那么抽象了。但是第一章所讲的趣味,第二章所讲的气韵,实在是中国山水画的画理,并且是学画者所必须知道的基本常识，所以它们的重要性千万不容忽视，虽然关于具体的技术，尽不妨从现在开始研习，以求渐渐地到达成功的境地。

这一章所讲的笔墨，是说作画时候的用笔和用墨的方法。现在先说怎样用笔。但是在讲述怎样用笔之前，我们应当先把笔和墨之间的关系，申说清楚。

在南齐谢赫所作的《古画品录》一书中，所谓“六法”，只有用笔，而无用墨。并且，“用笔”和“骨法”二字连系在一起，叫做“骨法用笔”。

为什么只有“骨法用笔”而没有“肉法用墨”？说起来这是很有趣味的。因为在谢赫的时代，作画的方法，根本还不曾大备，只知用笔，而不知用墨，这正是中国画史上的一个划时代的特色。

试看唐朝时候所遗留下来的古画，差不多只有许多线条所勾成的轮廓，在轮廓之内，着上颜色，就算已经尽了绘画的能事。

因为要用线条构成轮廓，所以线条差不多就是画的骨干，假使线条没有劲挺的力的表现，画出来的东西自然将变得薄弱而没有精神了。为了这一点原因，于是“用笔”和“骨法”，发生了连带关系，而成了一个合并的名词。

图015　山石线画轮廓

当时的画，非但树干和石的轮廓是纯粹用线条构成的，就是树枝和树叶，也是笔笔双钩或细笔单钩；石头上的阴影，也是条条短线（见图015）。至于除用线条外而兼用点，那时候的画家们还不怎样擅长。但是用笔勾画线条的方法，终于逐渐地有了进步。本来画线时所用的是笔的中锋,等到中锋和侧锋兼用,于是所画出的线条,不仅能构成轮廓,并且同时线条本身也显出了浓淡不同的墨色。因为笔头蘸墨以后,笔尖墨多,所以画到纸上去时,墨色也浓;笔尖上端墨少,所以画到纸上去时,墨色也淡。

这种方法是随时可以实验的。试取新笔一支,在清水中放开笔头,然后洒去水点,在笔上蘸了墨,而在一张宣纸上顿挫作势地画几条线,那立刻便可以看见每一条线中的浓淡不同的墨色,很分明地呈现在眼前了(见图016)。这种用笔的方法,被称为顿挫笔。

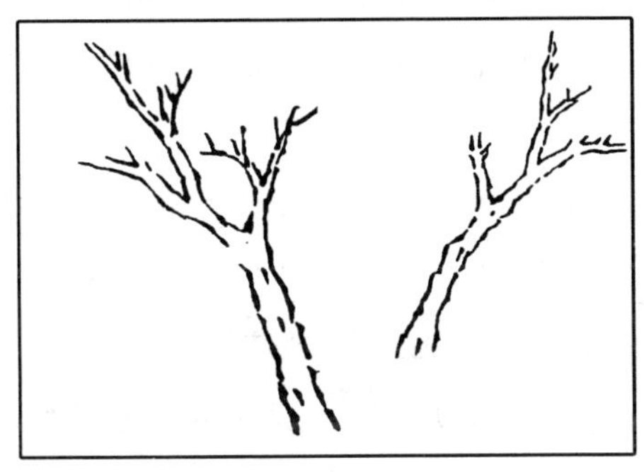

图016　树勾轮廓

到了南宋和元朝,用笔的方法,更进一步而发明了转笔。画线条如果单是顿挫作势,所用的还不过是笔的中锋和侧锋,而不是整个的笔头。至于转笔,这是要用笔倾斜地在纸上滚动运转的,无论笔尖或笔尖以上的四周,差不多处处都要用到(见图017)。

在仅用笔的中锋勾画线条的时代,是有“笔”无“墨”的(这里所谓“笔”,便是笔力;所谓“墨”,便是浓淡干湿)。凡是墨迹所留着的地方,都是有力的笔痕,而墨色却是没有浓淡干湿等等分别的。

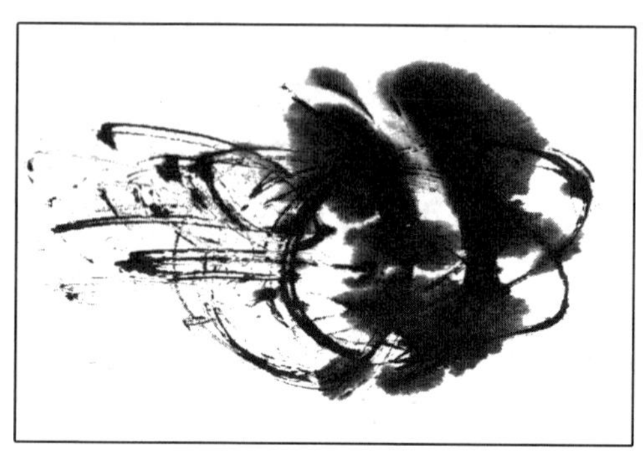

图 017　墨染

但是到了进一步用顿挫笔，更进一步而用转笔的时代，同一线条，有阴阳、有浓淡、也有干湿，于是每会发生有“笔”的地方就有“墨”的感觉了。

其次，张浦山说：“古人画山水多湿笔，故曰水晕墨章。兴乎唐代，迄宋犹然。”足见这“水晕墨章”的方法，在谢赫的时代是没有的。所以，用墨的方法，不能见于“六法”。

然而到了后世，论画的学者，都把笔和墨连带起来讲了。例如王椒畦说：“用笔有工处，有乱头粗服处；用侧笔者亦间用正，用正锋（正笔正锋皆等于上文所说的中锋）者亦间用侧。用墨之法，忽干忽湿，忽浓忽淡，有特然一下处，有渐渐渍成处，有澹荡虚无处，有沉浸酞郁处；兼此数者，自然能具五色。”

明白了笔法和墨法的进步，知道了谢赫的“六法”以后，才有“水晕墨章”的发明，那么我们便不至于要疑惑地问：“为什么笔和墨要分开来讲——难道墨不是蘸在笔头上的吗？”

现在我们可以开始说用笔的方法了。

我们已经知道线条是构成轮廓的基础，在唐朝以前是如此，就是现在也还是如此。所以,在一幅画上尽可以没有点,但是决不能没有线。线在中国画上所占地位的重要,于此可见一斑。这完全和西洋画是不同的,因为西洋画所重的是色彩和光影。譬如西洋风景画中的树木,无一不是直接用颜色画成的。而中国山水画中的树木,非但树干和较粗的树枝要先勾轮廓,然后设色赋彩,就是树叶也是这样,非要先用墨笔勾轮廓或点画不可。

为着轮廓的构成是利用的线条,于是线条的强弱流滞,便足以左右一幅画的好坏美恶了。为着线条的强弱流滞是由笔底所表现出来的成绩,因此用笔的方法便成为学画的首要基本;而成功的画家,更没有一个不笔致挺秀的。

然而论画的学者,虽深知用笔的巧妙,并极得心应手之能事,可是在他们的著作中,却又找不出明白的解释,尚几乎全是些抽象的说法。现代画家黄宾虹先生,在其所著近数十年画者评的结论中,有几句是:"非先明古人用笔用墨之方,无以开士习希圣希贤之路。故……诀由口授,秘钥斯传;机或禅参,真铨可获。"所谓"口授斯传",所谓"禅参可获",足证用笔的方法的难于为一般人所明白了。

平心而论,这也无非是画家们故作深语的心理,欲使一般人无从捉摸而已。而画家之中,尽有知其然而不能道其然者,也是不可讳言之事实。

其实用笔的方法,并不怎么难懂。浅显地说,只要用几句简单的话,就可以表达出来的:

无论画一条直线或横线,在起笔和住笔的地方,固然应该用力,但是在中间的部分,也应该用力。在起笔的时候,把笔一顿,立刻挺着手腕,用力直拖或横拖,直到住笔的地方为止,处处见力，这样画出的线条，便是一条好线条了。在画的时候，不可过慢，也不可过快；过慢则凝滞，过快则油滑，这一点是应该随时注意的。

这是画线条的最初一步的方法，最宜勤加练习。在初学的时候，也许划不平正，竖不垂直，也许手不应心，而会感到吃力。但是，等到过了相当时期，所画出来的线条，自然条条挺秀有致，假使和初次所画的作一比较，显然可以看出苍老和稚弱的分别来了；这就是进步。

不过这种画线条的方法，既然是最初一步，当然还有较有变化的方法在等待我们去学习。最重要而能曲尽线条之美的笔法，无过于顿挫和转折。因为中国画法的进步，是由中锋所画的简单线条，进而用顿挫笔和转折笔的，所以在学画的时候，也必须循序渐进，以求获得每一种笔法的特性，然后求其融会贯通可以一任己意去役使笔墨。

顿挫两字的含义是停顿而有挫折。停顿是在画一条线的时候，有时把笔尖下压，略一停住，然后再继续画下去；挫折是不顺势而往之谓，在画一条线的时候，有时曲，有时折，有时斜下而上逆，有时直上而削下。所以，由于笔下顿挫的缘故，结果便在线条上表示出轻、重；刚、柔；粗、细；转折等等的变化来了。

我们中国的字和画，本来是同体的。"作画"不曰"画"而曰"写"，便是绝好的证据。这是因为无论书画，都是同样地注重笔力和线条的缘故。赵孟頫自题《枯木竹石》画卷云："石如飞白①木如

① 飞白，系字体的一种笔势，飞举而字画中空。

籀[①]，写竹还应八法[②]通，若也有人能会此，方知书画本来同。”杨铁崖也说：“士大夫工画者必工书，其画法所在，即书法所在。”吴昌硕画松梅兰石，用笔以隶篆之法出之，得以自成一家。凡此种种，更是书法与绘画有因缘的证据。

从注释中，我们可以明白写字用笔八法，同时也可以明白写画的笔法，是和写篆书、隶书、楷书等等的笔法相同的。但是，当我们提起作画用笔法中的转折笔的时候，似乎不能和“八法”相互参证，因为转折笔非但要用笔的中锋和侧锋，并且几乎要用到笔头的全部——有时候把笔竖起了画，有时候把笔睡倒了画；有时候用笔锋的这一面，有时候用笔锋的那一面；最活泼而流转的线条，笔头的四面都要用到；笔在纸上滚动转连，如隔帘炉香，袅袅飘舞；蜿蜒游龙，莫辨首尾。

这种线条在画成以后，简直使人看不懂是怎么画的。转折笔的妙处，就全在这里。倪云林和黄子久两家的画，差不多全是用的转折笔，假使能够随时留意，自然不难看见他们的遗墨，而玩其神趣的。这种笔法毕竟是最神明的一种，所以在初学的时候，如果不先从用中锋画平直线和顿挫笔着手，无有不流入于野狐禅的。

还有一句附带的话，就是工书者可以工画，而工画者未必都工书，理由是作画的用笔虽尽有和“八法”相通的，但是一经融合——直笔、顿挫笔和转折笔的相互融合——之后，正未必能作书也和作画的成绩适相伯仲，进步相等，而不分轩轾的。

---

① 籀，即大篆。

② 八法，作楷字用笔之侧、勒、努、趯、策、掠、啄、磔八法也，即永字八法。《艺舟双楫》曰“八法者，点为侧，平横为勒，直为努，钩为趯，仰横为策，长撇为掠，短撇为啄，捺为磔也”。细辨永字，即可明八法之为用，因为永字的写成，八法全要用到的。

上面所说的基本笔法虽然只有三种，可是由于这三种基本笔法所化生出来的线条，最重要的有六种之多；而线条的性质，更有刚柔之分，凝重与轻灵之别。

现在先论线条的刚柔和凝重与轻灵：

在所谓"南派"（南北派之说，本不可尽信，当在宗派章作详细的说明）的山水画中，常常侧锋多于中锋，从他们用笔的活泼方面着眼，可以看出他们作画时执笔的手指是非常灵活的，运笔是非常如意的。唯其如此，所以他们所画出的线条，轻灵柔婉，极其美秀。

"北派"的画，多用刚笔。他们的用笔法，称为"勾斫"。勾是用的中锋，笔笔显露而有力；斫是用的侧锋，笔笔浑成而遒劲。从他们用笔的端厚方面着眼，可以看出他们作画时的腕力是矜持的。唯其如此，所以他们笔底下所表现出来的象气，庄严凝重，极气魄雄伟之观。

斫的方法，在"南派"的画里是几乎看不见的。斫是用的侧锋，而"南派"的画，用侧锋处并不少于"北派"，既然这样，为什么"南派"的画是柔笔，"北派"的画是刚笔。

其实这也是很容易明白的，"南派"的用笔是中侧锋互用的，线条的曲转处特别多，不像"北派"的画，用中锋处不用侧锋，用侧锋处不用中锋，笔笔方硬而少见转曲。其次，"南派"的画，常用擦法。擦法是有笔意而无笔痕的，和斫法的笔笔显露大不相同。斫是刚的，而擦则是柔的。再次，"南派"所用的大部分是转折笔，而"北派"所用的不过是直笔和顿挫笔而已。

不过在画法之中，尽有刚柔笔兼用的，在勾斫之外，同时也见皴染①,这就熔"南"、"北"于一炉,颇有亦刚亦柔的妙趣了。

现在应该开始论三种基本笔法所产生出来的,最重要的六种线条:

一、界画线——就是平直线,画房屋时应用最多。

二、勾斫线——这就是勾画嶙峋山石的线条,和皴法中的大斧劈与小斧劈。

三、顿挫线——无论曲线或直线的有顿挫的。

四、转折线——就是用转折笔所滚动而成的线条。

五、圆转线——光滑而软,线是勾云勾水,画披麻皴,都用这种线条。恽南田勾树石,也常用它的。

六、流动线——和圆转线相近,活泼流动,若流水然,也是用以勾云勾水或画解索云头等皴的。

除界画、顿挫、转折三种线已见于图016、017、018及勾斫线已见于图019之外,余如圆转线和流动线,披麻皴、云头皴、解索皴,大斧劈和小斧劈(见图019、

图018　勾斫皴染

① "皴染"这个名称是和"勾斫"相对应的。"皴"字的解释,在这里不仅是指木石上面的阴影的皴法,连到用转折笔描绘轮廓的方法,也包含在一起的。假使用直笔中锋勾勒挺劲的线条,这就叫做"勾";如果用转折笔滚动转运地描出山石树木的形态,便叫做"皴"。"染"字的意义,在这里也不仅指水墨渲染,这里正是兼擦法而言的(见图018)。

020、021)。线的变化很多,不容一一叙述,现在虽然只举出了六种,不过其余的也就不难触类旁通了。

图 019　上为圆转线,下为流动线

图 020　披麻解索云头皴

线条之外还有点。这也是关于用笔方面的。点的基本方法是圆点,是用笔的中锋,直注下去所点成的点子。每一点要有力的表现,好像簷头滴水落在石上的样子。这当然也要用了相当的工夫,

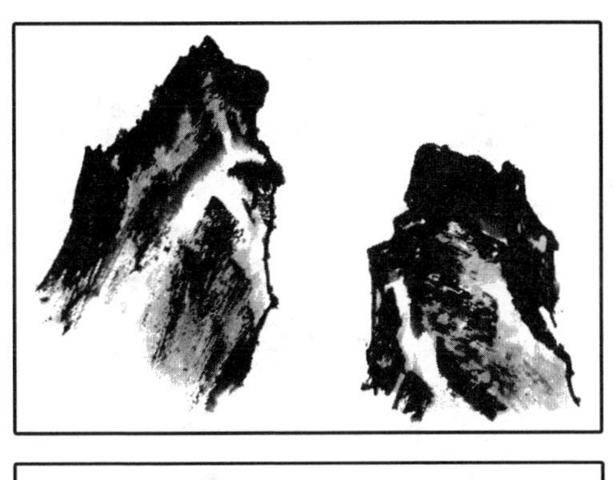

图 021　大小斧皴

勤加练习，才能达到成功的目的。

从圆点中所化出的，有直点、横点和斜点等。点的方法，大致和圆点的相同，不过所用的是侧锋而不是中锋。

最玄妙的是一种破笔点，这是用败笔或枯笔，在笔尖上蘸了一些干墨所点成的点子。它们差不多已经失去了点的痕迹，所以能够和线交融在一起，而极活泼生动之致（见图 022）。

从前人说："刚柔互用，粗细折中之谓笔。"因此，除掉上述的刚柔问题之外，还有粗细的问题。一条线的本身，固然应该要粗细得当，适可而止，在整个画面上，也应该如此——在当粗的地方，无论

图022　各种点

线与点，自然要粗一点；在当细的地方，无论线与点，自然要细一些。假使当粗处不粗，当细处不细，非但每条线失去了本身的美，并且也破坏了整个的画面的美。不美或者失去了美，统谓之病。

王石谷曾说："用笔要毛。"毛是光的反面。在一幅画上，用笔有粗处、有细处、有刚处、有柔处、有轻处、有重处、有用中锋处、有用侧锋处，变化无穷，便是所谓毛，假使变化少而相似处多，笔笔若出一律，那就是毛的反面，而犯了光的病。就一条线的本身而论，大致线的两侧，不可以过于光润，不光润便是毛。

王麓台下笔主张凝重。他的学生温仪说："吾师每一下笔，腕臂皆力。"麓台题他自己的画，也曾有"笔端金刚杵"一语。主张凝重，主张用力，固然是不错的，但是大忌恣意用力，而流为霸悍。霸悍是大病——就是城隍庙派的大病，上一章已经详细解释过了。

然而用笔的病，不仅是这几种而已，其他还有：

一、板　不灵活叫板，全没有生动之气，也叫板。明末徐俟斋的画，笔墨板滞，是最好的例证。清兵到了，徐俟斋殉难而死，他的画于是因此而有了一些小名声。大致性格方正，行事拘泥固执不善苟且通融的人们的笔致，多有犯这病的。

浙派的开创者戴进、吴伟和清初集其大成的蓝田叔等人的作品，霸板皆犯。他们驰骋笔力，学宋人的雄健而不可得，于是流而为霸；学宋人的庄严而不可得，于是流而为板。

二、刻　不浑成叫刻。《绘事发微》云："心手相戾，妄生圭角，其病在刻。"所谓"心手相戾"，便是手不应心，笔底所画出的树石的线条，棱角太不自然的意思。王石谷晚年的不经意之作，正犯此病。他以"宋人之笔墨，运元人之丘壑"，所以不免刻露，而失去了浑成之气。

宋画的用笔，雄健而有力；元画的用笔，变化多而柔和。以雄健的笔力，用之于元人的画法，自然棱角多而呈刻露之象了。其次，宋画重渲染，有渲染到七八次之多的，所以能呈浑成庄严之象；但是元画的渲染，至多二三次而已，假使不用转折笔的皴染法，连皴带擦，则无以掩其薄，这一点也是应该明白的。

石谷曾说，他的画是"以元人之笔墨，运宋人之丘壑"的，当他中年的时候确能做到这一步。不料他的晚年的作品，适与其所持论调相反，否则他的晚年的作品，决不致于病刻而受后人讥评的。

三、滞　不流动叫滞。欲行不行，当散不散，好像笔底下受到了什么阻碍似的模样的笔致，使人看了绝无流畅之感，所以这也是大病。金陵八家如龚半千、樊会公等人的劣作，正可作为代表。

四、弱　不挺健叫弱；没有力也叫弱。大致气魄不大，行事胆小的人们,最容易犯此种病症。

五、纤　过细叫纤,纤与弱不同,一条极细的线,可以强若铁丝,也可以弱如棉线。纤是过于工细,细得几乎无所用其力。大致女性的线,多半病纤。

四王后学,大都纤弱无力。如杨西亭之犯纤,董邦达、钱维城应制之作的纤弱两犯,都是因为刻意求工的缘故。纤弱正是霸悍的反面,前者之极,就是纱灯派;后者之极,就是城隍庙派。

六、野　不雅正叫野。石涛的不经意的画,野而欠文,是最好的例证。他曾居扬州,受扬州画派的影响很深,又怪异性成,所以有时难免于野。

七、浮　不沉叫浮。这是一般画匠的通病。江西派的画,失之太易,唯其太易,所以犯浮的毛病。江西派的领袖是罗饭牛。这一派的画,流传很少,现在是不大多见的。

著者的意见

一、无论作哪一件消遣,最要紧是必须能够感到趣味,学琴、学棋是这样,学画也是这样。假使受了一时的好奇心的驱使,握管学画,那是很不容易有成功的希望的。如果读者阅读本文,看了第一章,想看第二章;看了用笔,想看用墨。这就是兴趣所在,喜欢作这种学画的消遣的明证。

二、这一章所讲的用笔的方法,虽然著者已经尽了绝大的努力,用最显浅的语文解释如上,但是读者是否能够彻底明了,这还是一个问题。不过我们至少能够保证读者从本章中获得了对于用笔方面的几点具体的粗浅印象,这是没有疑惑的。

至于所引古画家及其言论,因为不是一般人所应有的常识,所以难免有摸不着头脑和不能十分了解的感觉。但是,这一点是没有什么重大关系的,等到将来讲完树石章和宗派章,那时候读者自然会认识本章里所引的人名,并且会明白他们所说的话的意义了。

三、虽然用笔的大病,著者已经诠释如上,可是读者在练习用笔的时候,切勿胆小,唯恐犯病。惧怕犯病是没有益处的,只有多读书,多写字,多看名家的画本,才能够避免犯病。

初学用笔,应当从画直线和横线开始。这里特地画一幅用中锋和侧锋构成的极简单的画,以供读者临摹(见图023),兼以调剂画线条的枯燥乏味。

图023　古涧寒林(整理者注:此处以《幽涧流泉》替)

四、为求认识王石谷的画艺，并为用笔方法作一参证起见，这里特别缩印一张王石谷的雪景。这幅画正是他中年时期的杰作之一，所谓“以元人之笔墨，运宋人之丘壑”的妙处，确可窥见一斑。（见图 024.1）图中右上方的一带远山和远树，全是用中锋，右下方的枯树老干和左方的山石，多用侧锋和转折笔，极生动活泼之妙趣，令人目怡神爽。至于枯枝和屋宇泉水，则又是中锋多而侧锋少，笔笔挺秀有力。树石有皴有擦，且也有勾有勒，真有融南北两宗于一炉的长处。

图 024.1　王翚雪景图

读者假使愿意临摹这幅画上的枯树和房屋，尽可在放大镜下详细观察，然后模写。他的枯树是有名的。至于山石，摹临较难，不妨等到讲完了树石章，明白起笔落笔和种种皴法以后，再行练习。

《家庭》1944 年第 10 卷第 6 期

笔墨章第三下

现在应该讲到用墨了。关于这一点，我们不妨先看看画史上用墨的演变，然后再研究用墨的方法。

根据流传的记载,在南北朝的时候,梁元帝曾著有《山水松石格》一篇文字,文字中有“高墨犹绿,下墨犹赪”的两句话。它们的意义是:在高处的墨色,看起来和山与树叶的绿色差不多;在低处的墨色,看起来和地土的赤色差不多。这似乎就是“墨分五彩”的意思。中国绘画理论提起墨法,这两句话算是早的了。虽然这两句话不见得真是梁元帝的,但是至少是宋明前人的说话。

明代画家董其昌和莫是龙曾经说:王右丞(既王维)“始用渲淡,一变钩斫之法”。所谓渲淡,含有两种意义:第一,先在纸上抹一笔浓墨,随手用笔浸了清水,把浓墨化开,便是润湿迷糊的状态;第二,在一幅画作成以后,而未曾着色以前,用淡墨水涂染一遍,使树叶山石呈浑秀润的状态(狭义的“渲淡”,专指第一点,第一点便是“硬墨”法)。明人的意思,似乎以为在王右丞以前的画,都是用的钩法,右丞始创“渲淡”,这是画格的一变。

但是我们遍查古籍,却没有显明的证据,足以证明这一点。只有《旧唐书·王维传》里的“云峰石色,绝迹天机”的两句话,可以附会上去。“天机”是个抽象的名词,可解作天性,也不妨解作性灵。“绝迹”是没有痕迹。云中的山峰、石块的色调,在纸上所表示出来的精神,没有笔墨刻露的痕迹,当然非水墨交融,不能办到。然而我们正不敢凭这模糊的孤灯,便下一个武断的结论。

比较可信的用墨最早的始创者,与其说是王维,无宁说是和王维同时代的张璪。因为唐末五代时的一代宗匠荆浩,最崇拜张璪,他曾说:“夫随类赋彩(即设色,详见第七章),自古有能;如水晕墨章(详见后文),兴吾唐代。故张璪员外树石,气韵俱盛,笔墨积微,真思卓然,不贵五彩(五彩指颜色);旷古绝今,未之有也。”张璪之所以能“旷古绝今”,全凭“水晕墨章”一点,这却是墨法在山水画里取得重要地位的宣言。

继张璪之后，在用墨方面获得成功的有二个画家，一个是天台处士项容，一个是王墨。项容的画，用笔不甚露圭角，是全以墨法见长的，所以荆浩在《笔法记》中，说他“树石顽涩，棱角无踪，用墨独得玄门，用笔全无其骨”。但是《宣和画谱》却说“项容……作松峰泉石图，笔法枯硬而少温润……然挺特巉绝，亦自是一家”。这和《笔法记》中所说的适相矛盾。或者项容的图，虽重墨法，可是没有水法，所以荆浩对他已有“顽涩”的批评。并且，从五代到赵宋以来，墨法也跟着时代而演进。因此，“用墨独得玄门”的唐人项容的作品，到了北宋后期，竟会受到“笔法枯硬而少温润”的批评。

至于王墨，《唐朝名画录》说他：“善泼墨画山水，时人故谓之王墨。”当时的人们把墨字替代了他的名字，他的善于用墨，也可想而知了。张璪的“水晕墨章”，到了王墨手里，放纵恣横地运用起来，便变成了泼墨法。这种方法虽然已经旁入支流，可是在事实上，倒是后世米派画的开山祖师。

项容、王墨之后，在墨法方面最有贡献的，当然要数到荆浩了。荆浩实在是确立山水画基础的一个人。山水画在技术方面，是以墨法为基础的，没有墨法，便不成其为山水图。有唐一代山水画，吴道子重笔，项容重墨；张璪虽然笔墨兼重，但他所擅长的是树石，不是山水画的正宗；王维笔墨兼备，无奈秀丽有余，雄壮不足。荆浩取吴道子的笔法和项容墨法的长处，融而为一，所以终唐之世，除掉他一人之外，实在没有一个够得上山水画宗师的资格的。

要明白荆浩的伟大，应该先读一读他所著的《笔法记》。《笔法记》中有“六要”之说：

画有六要，一曰气，二曰韵，三曰思，四曰景，五曰笔，六曰墨……气者，心随笔运，取象不惑；韵者，隐迹立形，备仪不俗……笔者，虽依法则，运转变通，不质不形，如飞如动；墨者，高低晕淡，品物浅深，文彩自然，似非因笔。

这是谢赫“六法”（见气韵章第二）论以后绘画理论第一次的正式变迁。“六要”与“六法”的同异有下列三点：

一、“六要”分气韵为二，与“六法”气韵合一之论不同。

二、“六要”去“六法”中的“随类赋彩”和“传移模写”，而加入用“墨”。

三、“六要”中的“思”，相当于“六法”中的“应物象形”；“六要”中的“景”，相当于“六法”中的“经营位置”。这种变迁，正足以说明山水画与人物画的不同。“六要”中除“笔”法之外，另有“墨”法，把笔所表现的为“气”，墨所表现的为“韵”（所谓“隐迹立形”，即是墨韵）。所以分“气韵”为二，这是山水画比较人物画注重墨法的缘故。还有，“六要”中以墨法为韵的论调，正是下开后人“以烟润为气韵”（详见气韵章第二）的先声，这一点也是值得注意的。

综观“六要”的要点，只在添加用墨一法。足见王维、张璪以后，经项容、王墨，到了荆浩，墨法在山水画技术方面的位置，已经是很重要的了。

荆浩以后，最有声望的山水画家，是李成和范宽。他们在用墨方面，李成的“墨法精微”，比范宽的“用墨太多，土石不分”，要轻灵得多。范宽之所以“用墨太多”，也许正是过求雄伟的弊病。

到了北宋时候，用墨的方法，更见进步了。以用墨独步一时的，无过于郭熙。郭熙尝为翰林院待诏，是画院中的名手。《宣和画谱》说他“……于高堂素壁，放手作长松巨木，回溪断崖，岩岫巉绝，峰峦秀起，云烟变灭，晻霭之间，千态万状”。

他的云烟变灭的画格，大致因为宗法李成，在墨法方面，潜心研究而创立成功的。他曾著有《山水画论》，这部著作的内容，似乎已经被他的儿子郭思辑入《林泉高致集》中去了。《林泉高致集》有山水词、画意、画诀、画题、画格、拾遗等篇。画诀中论用墨方法，非常精微，最堪注意的是：

> 运墨：有时而用淡墨，有时而用浓墨，有时而用焦墨（即浓干墨），有时而用宿墨，有时而用退墨，有时而用厨中埃墨，有时而取青黛杂墨水而用之。用淡墨六七加而成深，则墨色滋润而不枯燥；用浓墨、焦墨，欲特然取其界限，非浓与焦，则松棱石角不了然故尔。了然，然后用清墨水重迭过之，即墨色分明，常如云雾中出也。

他的“用淡墨六七加而成深”，就是积墨法；“用浓墨、焦墨，欲特然取其界限”，就是醒墨法；“用清墨水重迭过之”，就是渲染（即渲淡）法。经过这三种墨法的运用，自能收“墨色分明，常如云雾中出”的效果了。

郭熙的积墨法，到了米芾手里，便一变而为“米点”，造成自有山水画以来的一个独特的新局面。所谓“米点”，是全以大小横点，点积成山的；用笔墨点染，重重渲积，多至七八遍。所以，一幅画成，自有“云烟满山”的气象了。

他真不愧为创新立异的大家。因为他创始了“米点”，而又不愿意说这是前人所从不曾能够梦见的新法，于是不得不玩一套“托古改制”的把戏，把五代时候的两个名声较差的画家董源与巨然和尚，大捧特捧，借此明诏大号，说他的“米点”正是董源与巨然和尚的正宗嫡派,并非杜撰。其实董源的画,不过"水墨类王维",巨然和尚的画,不过"笔墨秀润,善为烟岚气象"而已。他们真好算是画坛上的两个幸运儿,给米芾一捧,好像他们都是用墨圣手的老祖宗了。

米芾的大小横点的积墨法,到他的儿子米友仁手里,更进一步,而臻于大成。他们父子二人"解作无根树,能描蒙鸿云"。这种云山墨戏的妙趣,可以在米友仁自己所作的《潇湘图》的题语中领略几分。他的题句是:"夜雨欲霁,晓烟既泮,则其状类此。"假使再一读季雄的跋,所得印象,当更深刻。跋云:

> 雨山晴山,画者易状;惟晴欲雨,雨欲霁,宿雾晓烟,既泮复合,景物昧昧,时一出没于有无间,难状也。此非墨妙天下,意超物表者,断不能到。

米家父子的艺术既然这般地出神入化,无怪对于王维的画,要说出笔墨"皆如刻划不足学","但付一笑"的评语来了。

水墨云山虽然所重的是水和墨的积染,但是也可以一变而为着色山水。水墨与着色在色调上自然有所不同,不过在理论上是可以相通的。因为用色如用墨,才能灿烂焕发;用墨如用色,才能明润鲜妍。善用色的必善用墨;善用墨的也必善用色。

积墨法到了米友仁手里,已经进步到极点,于是南宋的马远和夏珪,别取奇径:马远"以大斧劈带水墨皴"山石,夏珪"寓二米墨戏于笔端","笔法苍老,墨汁淋漓"。

米派的水墨云山,在眼底虽然呈露出烟雨迷离的绝妙状态,可是毕竟全是层层水墨的积染,差不多不大用笔。马远和夏珪两家,用大斧劈带水墨皴"即笔见墨"薄纸便分浓淡,岂不更生动而活泼?

时代是进步的。米派重墨，浑厚有重，轻灵不足，所以马远和夏珪笔墨并重，用大斧劈带水墨皴。可是这种皴法，轻灵是轻灵了，无奈有时候假使渲染的工夫不到家，则又失太薄。因此，到了元朝黄公望、王蒙、倪瓒、吴镇四家，又发明了干墨淡染的墨法。这种墨法的解释，《辍耕录》卷八黄公望《写山水诀》中有云：

用描处糊突其笔，谓之有墨；水笔不动描法，谓之有笔。此画家紧要处，山石树木皆用此。

又云：

作画用墨最难，但先用淡墨积至可观处，然后用焦墨浓墨分出畦径远近，故在生纸上有许多滋润处。

“在生纸上有许多滋润处”，是非用干皴淡染和积墨法不为功的。所谓“用描处糊突其笔”，是说用笔描画的地方，糊涂磨擦，这似乎就是指的干皴法。“先用淡墨积至可观处，然后用焦墨浓墨分出畦径远近”，便是积墨法。这种方法，郭熙时已经知道应用，但是到了元四家才盛行起来。

中国古代的山水画，多用湿笔，“水晕墨章”，兴于唐代，下延两宋，直到元四家才用干笔，糊涂磨擦。因为用干笔，所以渲染不能浓厚，淡染的方法，于是也同时兴起来了。干笔宜于用积墨法，为着“干笔易于见厚”，因此积墨法也终于抬头了，而“干笔点曳便捷”，也是积墨法兴起的一大原因。

细看宋人的画，润湿中，不无浅薄，这是用了湿墨所不能避免的结果。元人的画，粗看似薄，细看反厚，这是即墨见笔，干笔易厚的缘故。用墨的方法,由湿而干,也是山水画演进的一个大阶段。

综上所述,用墨法演进的阶段,约可分为五期:第一期,从王维到项容王墨,破墨渲淡法渐次成立,这一时期中的中心代表人物,似乎是张璪。第二期,荆浩开始注重笔和墨的对称,顾到骨肉停匀。经过李成,传到郭熙,集“北方派”墨法浑厚分明的大成。第三期,米氏父子发扬积墨法(似始于李成,成于郭熙,盛于二米),造成水墨云山的奇观。第四期,马远、夏珪创水墨交融的方法,完成了破墨法的功用。第五期,元四家发明的干墨淡染方法,另辟一径,中国山水画的用墨法,于是大备。历明迄清,各种墨法,愈见精熟,到董其昌、龚半千、戴醇士,兼用破墨、积墨、干墨的方法,极用墨之能事,而中国山水画的成绩,也就到了登峰造极的一步了。

让我们暂把墨法的演进问题放在一边,开始来讲一讲用墨的方法。因为墨法演进过程中所提起的几个人物,将来在宗派一章里,仍旧要一一提起,并且预备约略叙一叙他们的履历,所以,目前即使有印象不深或者纠缠不清的困难,将来是可以用一个系统表来概括起来的。并且,墨法的演进问题,在看完下面的用墨方法以后,也会更加明白一些的。

用墨的方法中首先应该解释的,是“水晕墨章”。“墨晕”是说墨的模糊光影;“墨章”是说墨的色彩。先用墨在纸上画一笔,接着用水把墨化开,由深而浅,渐趋模糊,而呈浓淡不一的色彩,这就叫做“水晕墨章”。墨虽然只有一种黑色,但是由浓转淡,可以分出十几层之多。古人说“墨分五彩”,其实还不曾能够概括墨色的广大的变化。必须“用墨如用色”,才能极用墨之能事。

其次,上文所提起过的破墨,实在就是“水晕墨章”的另一名词,正和上文渲淡法的第一项定义,同是“水晕墨章”的另一名词一样。但是这是广义的说法（见图024.2）。至于狭义的另一界说，“破墨”法已被近代的人当作醒墨法的代名词了。例如以干笔用积墨法画成的山石，分界处模糊不清，于是用较深一些的墨，点曳提醒一过，使界限分明，精神活泼，这就是醒墨法，这就是狭义的破墨法。

图024.2 《江山秋月》（整理者注：此处以宋萧照《秋山红树图》替）

第三，上文所提示的积墨法，包含两种方法：第一种是用的湿墨先淡后浓，层层染积起来的。郭熙和米氏父子所用的，正是这一种方法。不过米氏父子，变本加厉，且不宗“水晕墨章”的成法，而用大小横点点染而已（见图024.3）。第二种是用圆转笔和干墨，也是先淡后浓，层叠起来的。元人的积墨，就是用的这一种（见图024.4）。

第四，因为元人的积墨法所用的是干墨，凡是空白的地方，如果不加渲染，势必像蛛网般的，空洞太多，所以要用淡染。淡染的方法，非常简单，就是把淡色的水墨，渲染到已经画好的山石上去（用墨也宜较干）。

图 024.3　米芾山水

图 024.4　《秋岚晚霭》(整理者注：此处以元黄公望《水阁清幽图》替)

第五,夏珪的"寓二米墨戏于笔端"和马远的"大斧劈带水墨皴"实在就是一笔之中,用"水晕墨章"的方法——先把笔洗净,略蘸清水,在笔尖蘸一些墨,然后用中侧锋画到纸上去。这样浓的地方是墨,淡的地方是水,在墨与水相间的地方,便是水墨融和,由深转淡的"水晕墨章"了。

第六,墨色除浓淡之外,更有干湿。干的作用近于淡,湿的作用近于浓。运用干湿的方法,和运用浓淡一样。笔要"刚柔互用,粗细折中";墨要"浓淡相生,干湿兼施"。能够把浓淡干湿混化起来,便到了功力成就的一步了。

所谓“浓淡相生，干湿兼施”，就是浓中见淡，淡中见浓，湿中见干，干中见湿的方法。譬如在许多浓墨之中，略见几笔淡墨，这几笔淡墨便能特别显得幽雅；在许多淡墨之中，略见几笔浓墨，这几笔浓墨便能特别显得精神。所以要湿中见干，干中见湿的理由，也是如此。

第七，“笔”与“墨”是可以混化交融的。用笔重了，墨色自然会较浓较湿；用笔轻了，墨色自然会较淡较干。本来是一笔淡墨或干墨，因为用笔重了、慢了，自然显得凝厚；本来是一笔浓墨或湿墨，因为用笔轻了、快了，自然会显得轻灵。还有，用笔模糊的结果，墨色便显得浑厚；用笔轻润的结果，笔致便显得灵秀。这就叫做“笔中见墨，墨中见笔”。笔墨的变化真是无穷的。

用笔固然是作画的基本条件，但用墨却是作山水画的基本条件。作山水画用笔较差一点，还不十分要紧，可是墨法一坏，除换特殊的画派之外，便不登大雅之堂了。

用笔有九病，用墨也有九病：

一、黑　用墨过重，黑色有浓无淡，黑气满纸，这是大病。《画史》上说：“范宽势虽雄杰，然深暗如暮夜晦景，土石不分。”这正是黑气满纸的最妥当的注释。

二、暗　墨色灰淡，全无光彩，也是大病。这种弊病，是用墨的技术未臻化境，不能调和干湿，浓淡兼施的原因。清末光绪年间，海派画家很有几个是犯有此病的。

三、薄　不浑厚叫薄。唐子畏和王石谷的画，每有因渲染遍数太少，而失去浑厚气象的。

四、死　墨色板滞，像鞋底泥痕，砚上宿墨；又像帐顶积灰，旧帽蒙尘，全无半点精神。徐俟斋的画，是最好的例证。

五、枯　墨色干枯而不滋润，这叫做枯。学倪云林而不能得其用墨神妙处,最易犯此病。

六、湿　湿是枯的反面。滋润太过,把画上的笔隐痕蔽抹煞,便失去松动灵秀之致了。金陵派的画,常常是湿浊满纸的。

七、露　有笔无墨,或者墨不掩笔,结果,呈露在纸上的是笔笔线条,这就叫露。犯枯的常易犯露。宋人画笔致虽板,然而为着渲染遍数相当多,所以没有墨不掩笔的弊病。王石谷晚年学宋人运笔,而懒于渲染,因此常要受到有笔无墨的讥评。

八、淆乱　浓淡干湿,夹杂混乱,不成片段,也是大病。当浓处不浓,当淡处不淡,东夹西杂,墨色便无伦次。

九、不融洽　浓淡干湿,水墨不能融合浑成,叫做不融洽。浓淡当相生而不能相生,干湿当兼施而不能兼施,病根正在于腕底不能运融。

著者的意见

一、用墨方法的演进,实在就是绘画史的递嬗。所以这一章不得不约略申述推动演进程序的几个有名的画家。但是,也许读者们会因此感觉到一种困难。因为我们引证各家用墨的诠注,全是文言,并且抽象的论调,多于具体的说明。我们也很想竭力避免这一点。无奈墨法的理论根本是偏于抽象的,而各家对于用墨的抽象的诠释,实在没有方法可以一一使之具体化。假使读者们能够看得明白,固然最好;万一看不明白,印象模糊,那么只有先从方法入手,等到从实习方面了解用墨的技巧以后,然后多看人家的作品,一面再去参看这些抽象的诠释。

说句老实话，中国山水画本来是形而上的艺术，超现实的艺术，所以作山水画的用笔和用墨的两种方法，前代人甚至于当代人的诠释注解，也都是抽象化的。就是画上的款识题跋，又何尝不是抽象化的。要想明白这种抽象化的东西，唯一的方法是用心细想，用物比方，但求心领神会，却不必求用现代的文字或言语表达出来。

二、从“水晕墨章”的方法起，直到一笔画出墨色浓淡的方法为止，应该逐步练习，每天至少要有一两个钟点，来做这种消遣。种种用墨的方法，在下笔练习的时候，好在于很有趣味，并且，从下一章起，将开始学画树石，同时就要应用到种种墨法了。

三、关于清朝戴醇士的作品，这里特选一帧，以供读者们作为了解用墨的参考（见图024.5）。他的画全以墨法见长，笔法是很板刻的。唯其用墨高明，所以笔法的板刻，全被墨色隐藏起来，在外观上，反而有清腴秀逸的气象了。

图024.5　戴熙《四梅阁图》（整理者注：此处以其《秋江芦雁图》替）

四、董源是五代时候的人。他所流传下来的作品，十分稀少。不过宋人摹临他真迹而遗传下来的却还相当地多。从这些作品看来，我们知道他是用钩斫法画青绿山水的。所以，就情理而论，无论他的用墨怎样高明，断断不能吻合米芾父子所称道他的说话。

这里特地印一张所谓董源真品《烟岚重溪图》(见图024.6)。这张图千真万确,绝对不是董源的作品。就笔法和墨法上看,无论如何总该是明以后的伪作。然而这张图却也有相当的价值,因为墨法实在高明得可爱极了。这真是一幅集破墨、积墨、淡染等法,融于一炉的成功作品(这也正是假托董氏的伪作的强有力的证据)。

图024.6　董源《烟岚重溪图》(整理者注:此处以其《重溪烟霭图》替代)

我们复印它的目的,第一在于辨伪,第二在于再给予读者们一个用墨神化的例子,以资观摩。

五、懂得了笔法、墨法,住何一幅画的好坏优劣,总比较地能够鉴别了。假使读者们有相当的时间,请走到展览国画山水的场所去细心鉴赏,并且默默地批判一下。这样,无形中的进步,是会一天大似一天的。

《家庭》1944年第11卷第1期

树木章第四

中国山水画的构成,是用的线条,这一点前面早已讲过了。至于线条表示的是什么，这个问题，现在可以用四个字来作答，就是：树木山石。在一幅山水画上，最重要的无过于树木山石，所以，这一章便预备把树木的画法详细说一个明白。

每一棵树有干、枝、叶三部。除掉树以外，还有竹、芦苇和草等。现在顺着这个次序，一一讲下去：

一、树干

凡画树干，必需较画山石更见笔一些。换句话说，画树干的线条应该较为清楚。所以，用中锋笔的地方，也比较的多。至于墨色，就一般情形而论，应该比山石浓一些。

树干是一树之主，无论用笔用墨和形态安势，都要特别注意。假使树干画得不好，那样整棵树便坏了。

画树干和树枝要笔笔有力。树干应用顿挫笔，要显出苍老雄健的样子。黑色宜较枝叶略淡；虽然树叶也有比树干更淡的地方，但大致是树干淡于枝叶的。

树干的分叉要有高低，有俯仰，宜上下取势，宜右左参差，大忌纵得呆板，好像是用大小木材所构成的木架。

画树干不能有半寸以上的直笔。直笔就是直线。直线一长，便宜犯光、板的弊病。

整个的树干，愈到根部愈粗，愈近生枝处愈细。但是，在树干近根处，左右两条宜稍稍收束，大忌八字形。

画树干所用的是双钩笔，这就是说树干是左右两条平行线所构成的。所谓平行线，原不是绝对的平行，不过终不宜一凹一凸，形成全部臃肿模样。

画好树干，再画树根。树根可画可不画；大致生在土多石少的地方的根，可以不露，或只露少许；生在岩石上的根，可以全部露出。如有三棵或五棵树攒聚在一起，最好有的露根，有的不露根，相度部位，从而变化之，便不致千篇一律了。

画树根用笔最要苍老，用浓墨（即焦墨）画。

树根有繁式和简式二种；（见图025）。大抵老树根繁式，普通树多用简式。其实繁式和简式，也就是全露和根半露的意思。

整个树干画成以后，应用浓墨点疤；点在分叉处、凸出处、臃肿处或粗肥处。所谓疤，即树枝折断以后所长成的疤节，或肿臃部分所凸出的瘤状物的深度陷处。

树干的阴面部分，普通可以用直线皴几笔。至于特种树的皴法，详见下文。

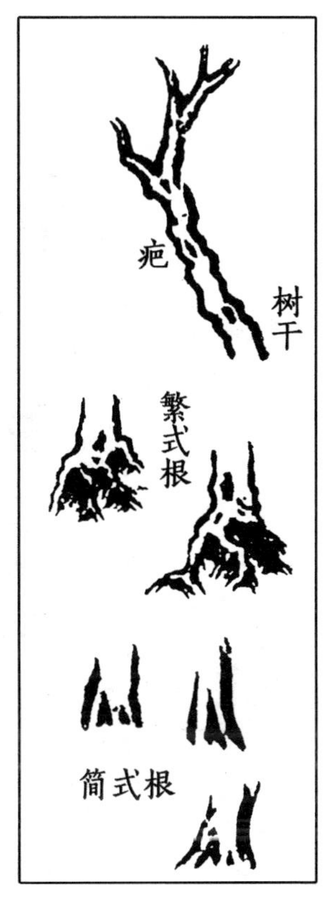

图025　树干和树根

有两株以上的树干生在一起时，它们的排列方法有二种：一种是分形式，另一种是交叉式。分形式是每树的姿态各不相同的并立，例如一右、一直斜、一繁等等；交叉是两株树交叉在一起的，如一树向左，一树向右，上部或中下呈交叉状态，但切忌呈×，而三棵树交叉式，尤忌呈鼓架形（见图026）。

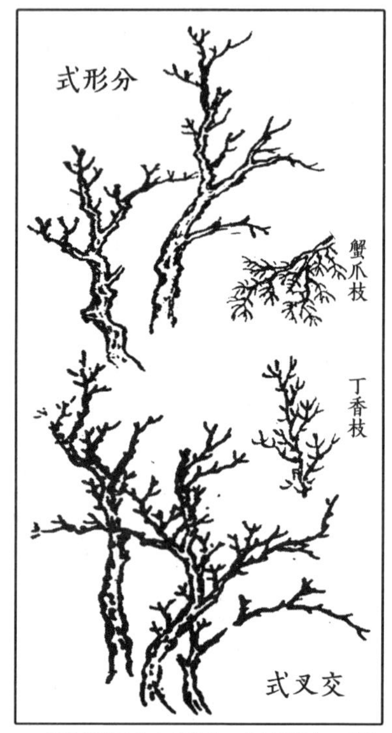

画树用笔无论由上而下，或由下而上，可以随意；普通是由上向下的。至于落笔程序，大致是由左向右的。在前面的和近处的应该先画，在后面的和远处的，应该后画。

图 026　分形式和交叉式

两棵以上的树画在一起时，应注意两棵的前后远近的位置。树根越在画幅的下面，这是越近；越在画幅的上面，就是越远。其次在前面的树的顶部（即枝叶部）大致也要比较后面的顶部画得低一点。但是，假定后面的树比前面的矮小时，那么除在根部应绝对表示出它们的前后位置的不同之外，顶部尽可以反而画得较低，而特别注意用墨来分出它们的前后；在前面的枝叶用深的墨色，在后的用淡的墨色。还有,前面的树可以掩蔽后面的树;后面的树不许掩蔽前面的树,只有遇到后面的枝叶伸展到前面的树的正面时,才是例外。

二、树枝

画树枝的用笔,要比画树干的更有力,所以用中锋笔的地方也更多。树枝是一幅画里最见笔力的部分,也就是画中的筋骨。用墨宜浓,并且绝对要谨守前浓后淡的规律,否则难免淆乱不清。

画树枝所用的是单笔,不再是双钩笔。树枝和树干的接合的地方,也就是单笔和双钩笔接合的地方。在这接合的地方应顺着树枝的部位,衬托出一条短线,万勿呈露支离状态,或骨折皮连的模样,自然会更加明白了。

画树枝最要疏密参差,摇曳生姿。树枝的线条,越近和树干结合处越长,越到树顶越短。树枝从一个而分为两个,而四个……愈到上面愈繁。但是大忌画成和馒头般的圆顶,也大忌画成如用花剪轧过的平头;画叶也是如此。

树枝普通有三种画法:一、鹿角;二、蟹爪枝;三、丁香枝。其中蟹爪枝的用笔最要锋利,并且枝干都要向下(见图026)。在一幅画上,或单用一种画法,或参用二种三种,可以看形势自由配搭。

画枯树最难,因为枯枝有树而没有叶,毫无半点假借,所以应该笔笔见力。枯树在秋冬二季应用最多,我们作山水画,断不能略而不习。

除夏景中的树可以不画树枝外,其他都以画枝为妥,不过繁简各有不同而已。大抵初春树木,要先画枯枝,画好后在枝头点绿色小点;深秋树木,也要先画枯枝,画好后添上红叶或黄叶。已死或半死的枯木,树枝可以比较简,在干的上部的两旁,略加攒点,表示藤萝。至于普通树木,那就不用生枝过密,只要少许画几枝就可以添叶了。

画树枝必须"枝随干发",取势最要自然。并且笔笔要有线索,要有着落,不能枝脱悬空。

三、树叶

树叶大抵可以分为点叶和钩叶两种。点叶又分杂树和特种树二类。杂树的点叶大抵可以分为下列八种(见图027、028、029、030):

图027　个字点　介字点

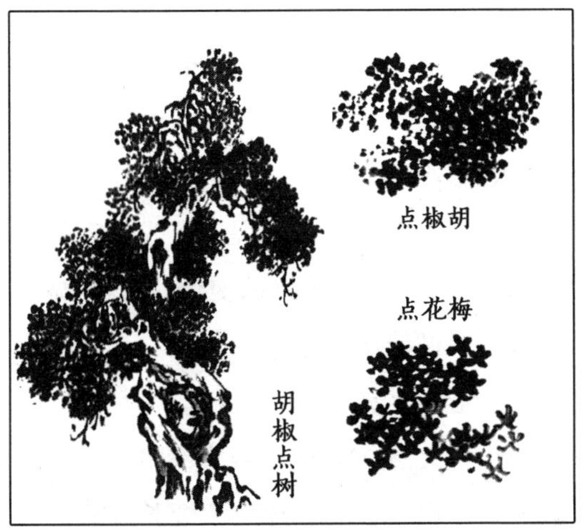

图 028　胡椒点等

图 029　垂藤点

图 030　仰叶点等

（一）介字点，形如介字。疏的画四笔或五笔，密的画五笔至六笔。

（二）个字点，形如个字，比介字点粗。疏的自三笔至四笔。密的自四笔至五笔。

（三）胡椒点，形小而圆，作胡椒颗粒状。

（四）梅花点，形如梅花，每一簇是五笔或六笔所组成的。

（五）横点，宜长短相间。横点的变化有二种：略向上的，叫做仰叶点；略向下的，叫做俯叶点。

（六）大混点，形如枣实，宜大小相间。

（七）小混点，视大混点较小，也要大小相间。

（八）垂藤点，是用直笔画的短线条，要长短粗细相间。

以上八种点法，有一共通的秘诀，就是：在作点时先把笔在清水中洗净，然后在半个笔头上蘸上淡墨，再在笔头的尖端下蘸上一些浓墨，一口气画下去，自能得浓淡相生之妙。凡近枝头处，点宜浓密，所以要先点；近本干处最疏最淡，所以宜最后点。这一个定律，非但杂树如此，任何树叶都是如此。

图 031　杂树穿插

在一幅画里，画一种杂树或画几种杂树，都可以随意。不过一般人常参画几种，而不常单画一种，这也是竭力避免单调的一种办法。

特种的点叶，种类很多，普通常用的有四种：

（一）松树　松树的树干，常较其他树木的劲直；不过老松的盘根错节，势如龙蛇，当然是例外的。松树的干子上应用圆圈作皴，使成鳞片状，古画诀上所谓“松龙鳞”，就是这意思。不过每个圆圈，不可以画得十分整齐，好像雕刻出来的样子，且不宜过圆，应略带方形，使介于方圆之间。画时用破笔一一略带侧锋，卧笔取势画出的圈子，自然会成为破残状的。

龙鳞皴从松干的左右两旁画起（左右两旁是阴面，也就是树的边缘），愈近边缘处，圈子愈整齐而连续；愈近树干中心（中心是阳面），圈子可以渐渐或断或续，且由断续而变成点剔。如画细干嫩松或远松，不必用龙鳞皴，只要用点剔作皴就好了。

松树画成以后，可以用焦墨在阴面略点几点，不过不宜过多，只可略作点缀。

松树的树枝大致是横拖倒曳的，也比其他树木的来得苍劲。干枝全部钩画就绪后，便可开始添叶。叶作针形，所以叫做松针。在一般山水画中所习见的松针，形如图032。每丛松针，常是七笔至九笔构成的，笔数再多些也无妨。用笔要细劲而尖利，要密而整齐，黑色要较浓。松针住笔处（即松针的叶柄交接处），除特种画派以外，切忌画成一团。

（二）柏树　柏树的干树形势，都和松树的差不多，不过更较刚劲而已。树干的皴法，是用的斜线，所谓“柏缠身”，就是这意思。树叶用梅花点，不过墨色较杂树的梅花点少许浓一些（见图033）。

（三）柳树　柳树的干和枝应画得较软，枝或向上，或少向下

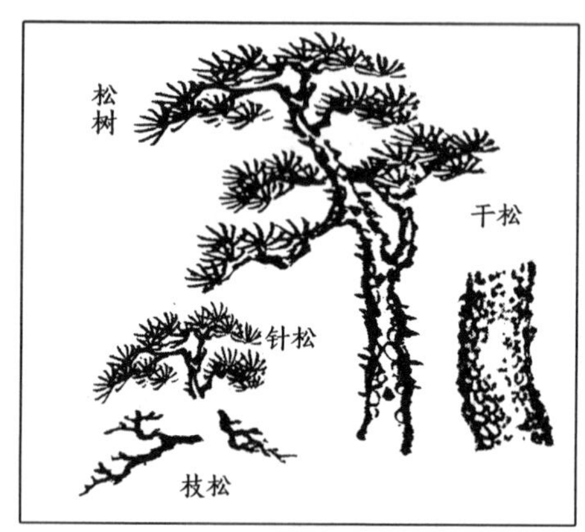

图 032　松树画法

图 033　柏树画法

垂。树干的皴法用短斜线。柳条应随枝而发,大忌作乱发状。柳条用笔直而软,但需于细软中见笔力;用墨要较淡。如果柳条上要添叶子,可用介字形小点,形如竹而较软。不过普通山水画中的柳条,大致是有条无叶的(见图 034)。

(四)梧桐　梧桐的干子较直,而且也较瘦。皴法简易,只要

图 034　覆垂柳

在边缘处略荡几笔横线就好了。树枝也多是横出下曳的，不过较松柏为软。叶子用个字点，墨色宜较淡（见图 035）。

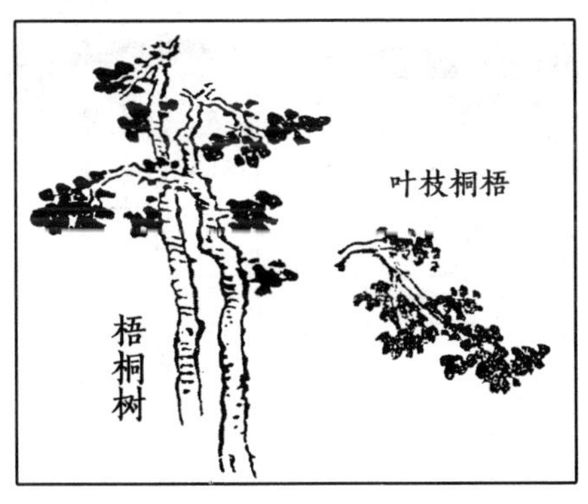

图 035　梧桐树

以上四种特树，大抵画起来常成丛林。但是，在一幅画里，单画一二棵，也很有别趣的。

钩叶的种类很多，普通所常用的，约有五种。

钩叶即双钩叶，亦称夹叶（见图036），用笔大多宜细而有劲。墨色宜较浓；一棵树上的钩叶的黑色，大致浓淡一律，相差不多，不比点叶树的由浓而淡，深浅判然。

钩叶宜个个整齐清楚，和点叶交叠在一起的，也截然不同。

芭蕉的叶子，也是钩叶的一种，形如白叶而高大，下卷上舒（见图037）。

藤萝是老树上面的点缀，大抵是缠绕在松柏上的。缠绕的姿势，自树干上达树枝，然后下垂。下垂的嫩条，用墨或用颜色在两旁加小点，即成叶子。用笔宜苍劲，用墨宜浓。

图036　夹叶

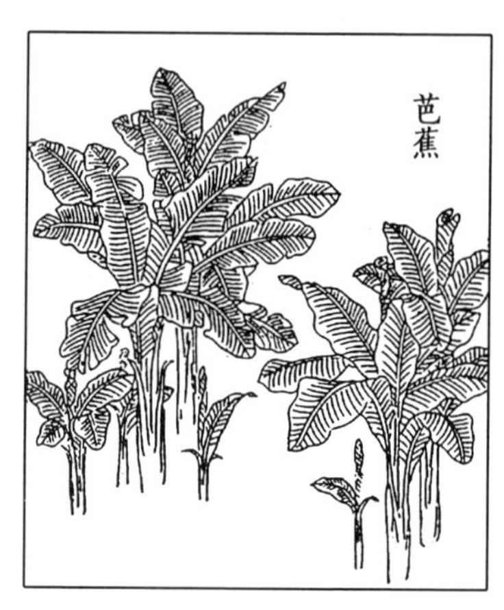

图037　芭蕉

上面已经讲过，画树叶要用浓淡墨，最好是一气呵成，这里所要注意的是，疏林点一遍就好了，至于密林，尽可以点几遍，便更形混成。加第二遍之点的时候，宜用极淡的墨，极轻快的笔法，一遍一遍地加上去。每加一遍,要让墨色干一次,否则要模糊不堪,形成墨团的。

树的穿插方法,最要注意参差疏密。大抵近树宜低、宜斜、宜密;远树宜高、宜直、宜疏(见图031)。

右丞《山水论》(这大概是宋人假托王维之名所著的一部专讲画理画诀的书,内容很好,可以说是中国山水画论之祖)云:"凡作林木,远则疏平,近则森密。有叶者枝柔,无叶者枝硬。生于土者,修长而劲直,长于石者,拳曲而伶仃。"这几句话,简括扼要,确是一种秘诀。

著者的意见

一、从现在起,可以正式开始练习了。请照着上面所印着的一张张的图,顺着次序摹临下去。这里所附的图,非常详明。慢慢练习,一定能够获得进步。

二、在练习的时候,只要备几张习字用的纸,一支干净的笔,一锭墨和一方洗净的砚台。先学画树干和树枝,等到画得有几分像了,再学画树叶。

三、在初画的时候,当然会遇到相当的困难,例如画出来的树干不像树干,树叶不像树叶,要用干墨的地方,偏偏给湿墨化了个墨团等等。但是,这不过是开始时候所易受到的挫折。忍耐一些,多试几遍。克制困难要有坚忍的,不怕麻烦的精神,否则,断断不会侥幸成功。

四、关于用笔方面的“中锋”和“侧锋”及用墨方面的“焦墨”等的术语，请参看上一章。上一章所讲过的种种，现在要用到它们中间的一部分了。假使是我们的新读者，最好请补购前几期的本刊，以便随时参考。

五、以前几章所讲的，是偏重画理方面的。虽然我们每一次总请读者用笔墨摹临实习，但是我们的目的仅在于提起读者的兴趣而已。当然，以前所做过的练习，决不是白做的，事实是最好的证明。所以，凡是以前曾经每次做过练习的读者，对于现在开始种种基本方法，一定会感觉到加倍的兴趣，因为以前所遇到的种种问题——例如树干怎样画，树叶怎样画之类——都可以得到明晰的解答了。

《家庭》1944 年第 11 卷第 2 期

树木章第四下

四、花树

花树的种类很多，普通山水家所常画的是桃树。作青绿山水画，如果用桃花作点缀，能领读者有身入桃花源的感觉。花树比较普通树木大致总要矮小些，桃树尤其矮小，枝作丁香式（见图 038 上），树干画成后，在枝头用粉红（铅粉调胭脂或西洋红）略加点染，以象征桃花。在暮春时候，更可用草绿在花间略缀绿叶，表示春光将去的样子。

杏树应较桃树为高（见图038中），花的颜色亦应较淡，因为杏树先叶开花，所以画者多不点叶。

在冬末春初，画家多在山水画中，点缀梅花的，梅树的干枝，用笔宜较遒劲，枝多作横拖下曳状（见图038下）。若画梅林，花宜作白色，否则容易犯俚俗的毛病（梅树的画法，宜从花卉画谱中去练习，山水中的梅花不过略写大意，如果画者不曾经过专门的练习，则不易得其神气。普通山水画家所以不大肯画梅树，就是为此）。

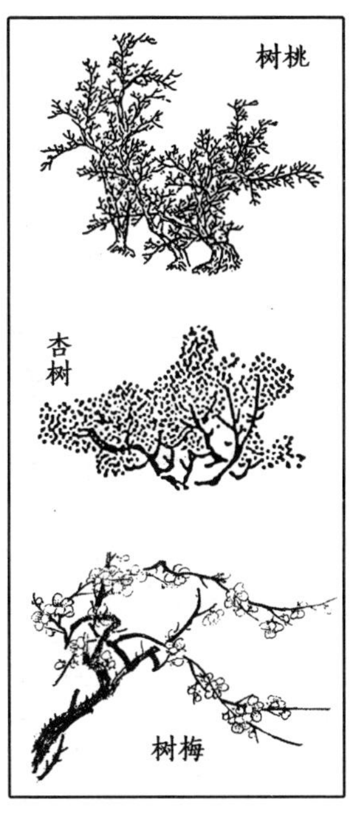

图038　桃杏梅

五、小树

小树和远树的画法，与大树和近树略同，不过较为简略而已。在山水画的术语中，只有“小树”而没有“远树”，所以小树有时候就是远树的代名词。小树的树干较直，普通在画上，画两条直线即成。小树（此处之小树，即指远树）大半是成林的，画成林的小树有一个秘诀——一株浓的与一株淡的相间，便不致混成一片了。

小树的种类，大致有下列八种：

（一）小枯树　普通小枯树的画法与大树相同，但有一种荆棘，画法比较特别：它的枝是横出的，很是简老，连干只有数笔，用笔宜顿拙遒劲（见图039），这种树，画中不宜多作，在密林间，夹着一两株荆棘，很见别趣。

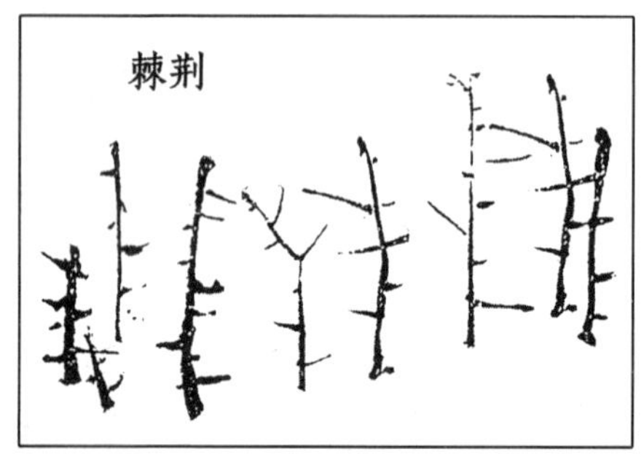

图 039　荆棘

（二）横点小树　直干横点，不必画枝，由干顶点起，分向干的两旁，直到近树根处为止（见图 040）。如作两三层，更见深密。

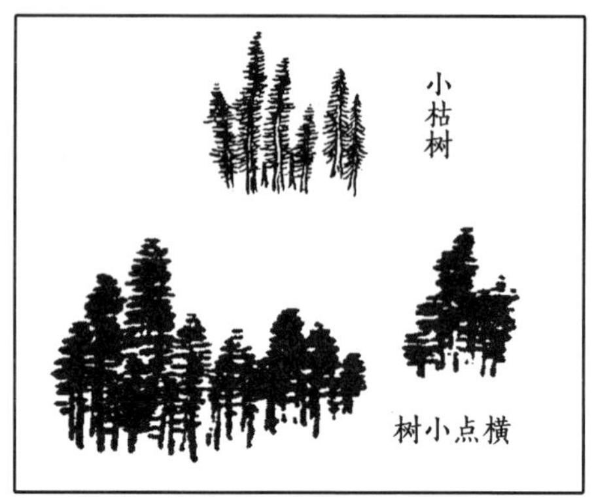

图 040　小枯树　横点小树

（三）圆点小树　直干圆点，画法与横点小树略同（见图 041），以上两种小树，画中用处最多。

（四）松叶点小树　是松杉一类的树，画法也与上两种略同（见图 042），最忌拘板。

图 041　圆点小树

图 042　松叶点小树

（五）小杂树　直干，叶随其类，不过是简单化的大杂树而已（各种小树都可以画成一种单林，惟双钩叶的小杂树不宜画成单林）。

（六）小松树　画法很简，叶多作直点，附着枝上，成排刷状（见图 043）。

（七）小柳树　画法与大柳树略同，不过枝条略简而已。

（八）云烟中小树　不须画干，但作枝叶即可。春夏多用圆点或横点，秋冬间或用枯枝，画时宜用较淡之墨，中间较浓较密，四围

图 043　远松

近云烟处，最宜参差出入，渐淡渐疏，以至于无（见图 044）。这种小树多用于山坡上或山腰云烟封锁处。如果画得其法，最能形成烟云满纸的气象。

图 044　云烟中小树

六、竹

在亭宇陂陀之旁画几竿竹子，最能添出幽雅的趣味来。竹也有干、有枝、有叶。竹干分段而生，分段处有节。竹枝是分叉的，笔宜细劲。竹叶近介字点，不过较为尖细，叶尖宜锋利，用墨浓淡法与树叶同，密竹的竹叶，五笔至七笔；疏竹的竹叶，三笔至五笔。普通竹叶的画法是向下的，新竹的叶子则是向上的，用笔更宜犀利。较远的竹子的干无需画节，但画几笔直线就好了。枝可画可不画，最远的竹子，无需画枝干，出没于云烟间，与云烟中小树一样（见图045）。

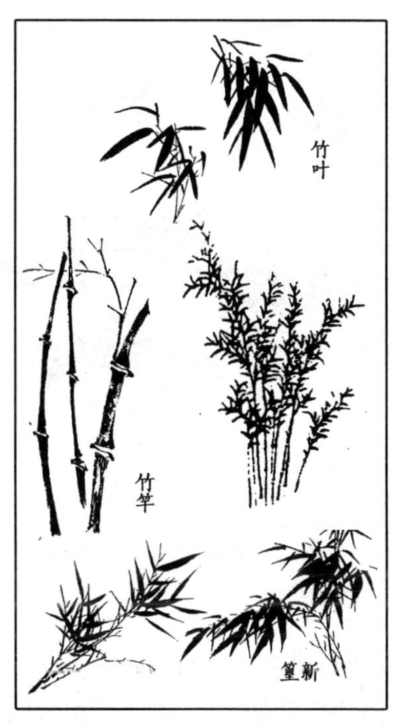

图045　竹子

七、芦苇

芦苇画于夏秋景中，秋景中用得最多。芦苇生于水边，有干、有叶，干的画法，比草较长较硬，叶随干而生，单笔与交叉笔相间，画法与竹叶略近似，不过方向是偏向一面的，近干顶和根处较短较细，中部较长较粗（见图046）。芦苇宜株株清楚，不可混成一片。如画两丛以上，层次要分明。

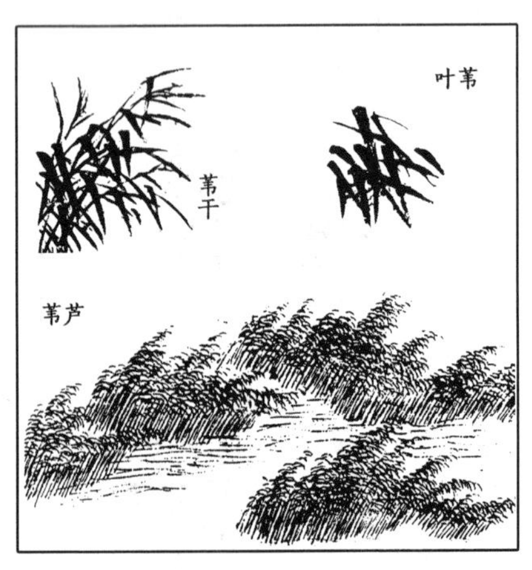

图046　芦苇

八、草

草也画于水边或低原上，画法普通有两种：（一）细别草，用笔最宜细劲清晰，或单笔，或交叉，须长短粗细浓淡相间，层次宜分明。（二）直笔草，用笔较粗，根宜稍齐，画在水中的，近根处要添几笔横线条的水波纹（见图047）。

普通树木类的画法，已经分别申述如上，虽不能算十分详尽，然而读者如果肯用心去学习，一定可以收无师自通之效。不过树木的种类很多，安置起来，各有一定的处所。例如：重山复岭，宜以松林为主；平远江村，宜以柳树为主；园林小景，宜以梧竹为主；原

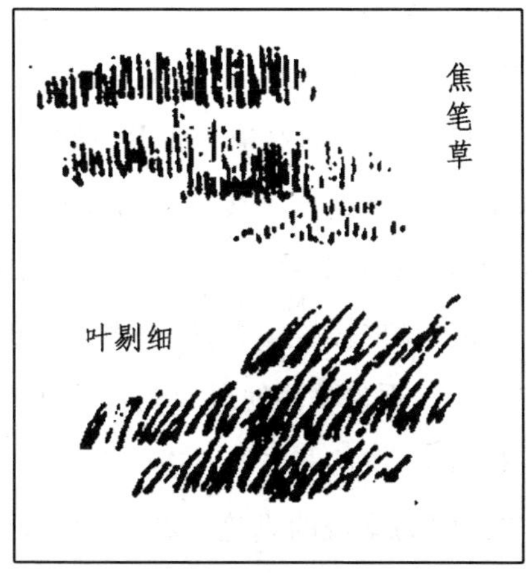

图047　焦笔草　细剔草

野湖渚,宜以芦草为主。寒山宜作枯树,夏山宜画密林。许多规律,一时也说不尽。董其昌曾说:“画树木各有分别,如画潇湘图,意在荒远灭没,即不当作大树。及近景丛木如园亭景,可作杨柳梧竹及古桧青松。若以园亭树木移之山居,便不称矣。若重山复嶂,树木又别当直枝直干,多用攒点,彼此相藉,望之模糊郁葱,似入林有猿啼虎嗥者,乃称。”这段话很有道理,读者切宜留心。

除了普通画法之外,还有名家的特殊画法。在画树方面,名家的画法固然比较可以相通,例如王维与李成,关仝与范宽,李成与郭熙,董源与巨然,马远与夏珪,黄子久与倪云林,吴仲圭与沈石田,赵子昂与文徵明,李唐与唐六如等,树法都可相通,但是名家的作风,毕竟不同,虽然尽有彼此画法相通之处,还是各有各的面目,学者不可不知。其中最别致的是:李成、郭熙和倪云林的枯树,董源和黄子久的杂树,赵大年的柳树,马远和王叔明的松树,夏珪的雨树，吴仲圭的梅花点树等。至于二米的大小混点树，已经讲过，兹不赘述。现各作一图，并加说明，以便读者参考。

李成的树法（见图048），据说是千屈万曲的"一枝一节有千百转身，俯仰向背，全由屈中取出"。其实李成的树，据我们所见到的比较近真的作品和后世的摹本看来，不过较他家略曲，并不如传说那样曲得厉害。他的枯树"槎枒张天，严寒满目，绝无荒率之态，气冷而不凋，自然华贵"。据说摹仿他最像而得其神韵的，是王石谷，本篇所附的李成枯树法，便是根据王石谷的摹本，参照李成本人的画法而重摹的，这是因为李成的真迹实在太少（米元章的时代，李成的真迹已经很少，所以米氏曾欲作无李论），所以我们不敢好高骛远，与其临抚去真相万里的伪迹，还不如以学李最像的王石谷的抚本作为根据，比较来得妥当。石谷所学的李成枯树，据批评是"荒寒已露"，不如真迹远甚了。然而虽无老成，犹有典型，好在我们不过举个例子，以窥一斑而已，至于进一步的研究，自然要去看比较近真的作品的。郭熙喜作蟹爪枝枯树，然而变化很多，老健而奇幻，正和他的山石皴法（详下章）相配。本篇所附的图（见图049），是从明人摹本转摹的，这也是因为郭熙的真迹不易见到的缘故。

倪云林喜作秋林，他的枯树枝干，用笔简洁，姿态劲直，据说是源出董源，参以李成的画法的结果。但是他的用笔同时也很拙稚，实在不宜于作枯树，只因为他在枝上略点缀疏叶，浓淡掩映，自然生出一种萧瑟情状，这是他善于献长藏拙的地方。他在杂树上装点叶子，也极简略，多露枯枝，很有清疏之致（见图050）。

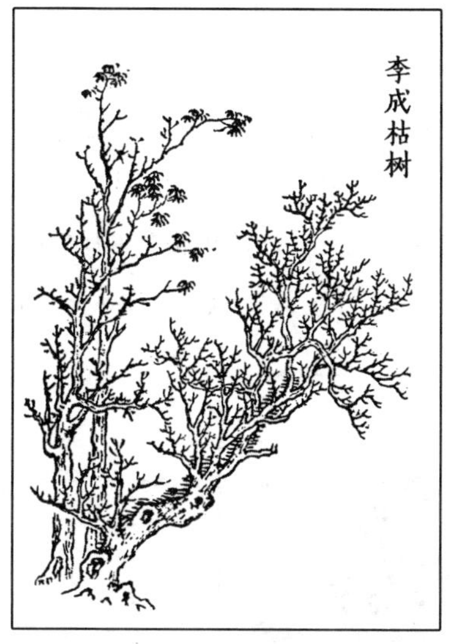

图 048　李成枯树

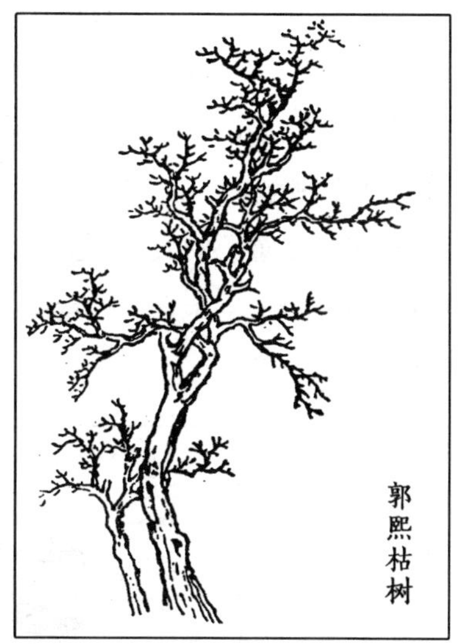

图 049　郭熙枯树

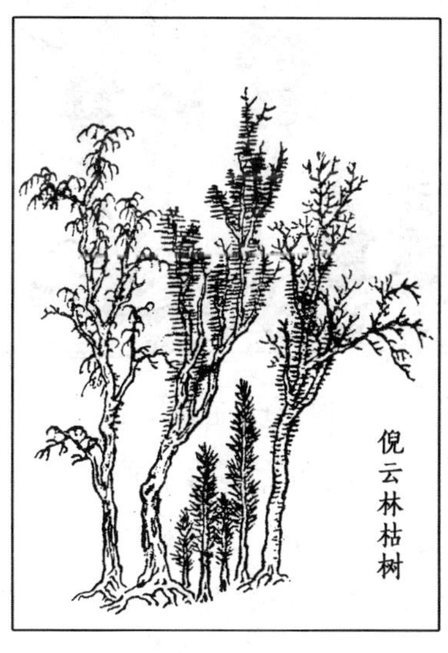

图 050　倪云林枯树

董源的画究竟怎样，到现在还是一个谜（详下宗派章），据普通的说法和传世的大部分作品，他的树法很是劲直，无甚屈曲。他喜欢画点杂树，墨法浓润，好像书法中的颜字，肉多骨少。后世董其昌专摹此种树法。本文所附的图（见图 051），是根据普通说法作的，虽未必是董源的真法，但是世间既有这样一种极流行的画法，我们便该学习，至于真正的董源树法怎样，在这里倒可以不必十分过问的。

图 051　董源杂树

黄子久的树法，据说是从董源得来的。但是传世的董源树法，用墨比较浓湿，而子久的树法，却是淡多于浓，干多于湿的。所以子久的树法，比较董源来得疏秀（见图 052）。子久的画法，为后世多数画家所宗，学画的人必须留心学习［他的小树用横点，清润浑厚,现在也作一个图(见图053),作为参考]。

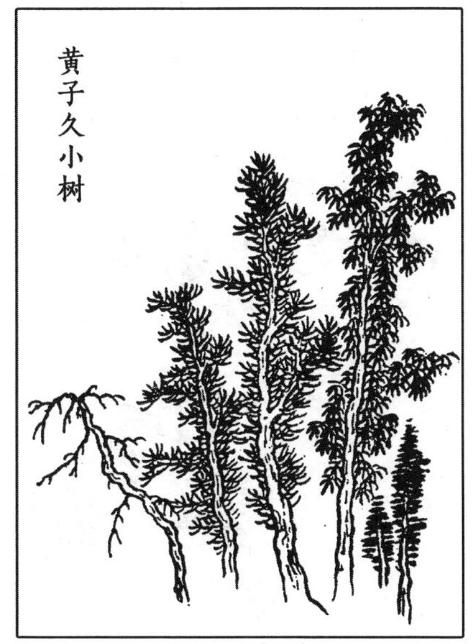

图052　黄子久小树

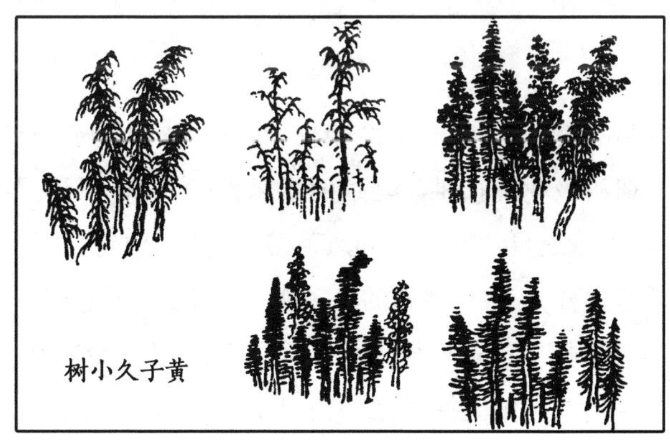

图053　黄子久小树

马远的松树有两种，一种枝干折铁，瘦硬通神，似乎源出李成，松针作车轮式，笔笔挺整清秀。一种用破笔画，简率而生劲，似乎源出郭熙，但画得不好，易入魔道，初学可以暂置不习（见图 054）。

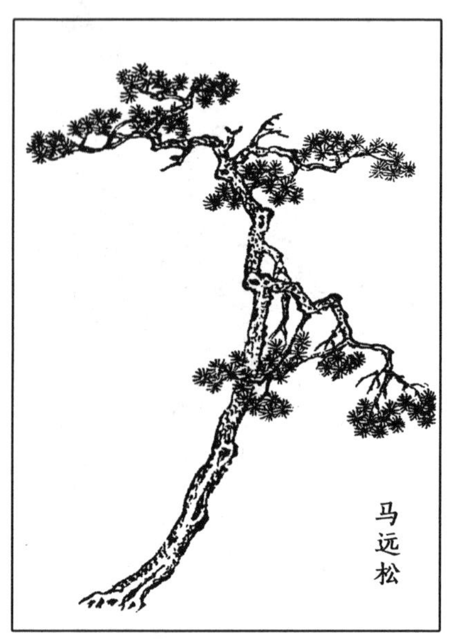

图 054　马远松

王叔明的松树，正与马远的相反，马远的松树极工稳老健，王叔明的松树则极凌乱拙稚。马远的松只作一二株，王叔明的松则多成林，多作“长针巨干，运笔如风”，能于“凌乱中得文理”。他画松的方法有两种，一种与普通的画家所画的不远，不过较为丛密而已；一种作排刷状，好像普通画家所画的远松一般（见图 055）。至于他作小松：“初但细笔擢剔，后加小干，远望之便有万壑涛声”，这是他的拿手好戏。但我们以为王叔明的画松最妙之处是他的用笔拙稚，愈拙稚处，愈见功力，这是文人画艺的一般特色，并非单是王叔明的松如此。

赵大年的柳树,肥泽而劲秀,是柳的最高格,后世以王石谷摹得最像(见图056)。

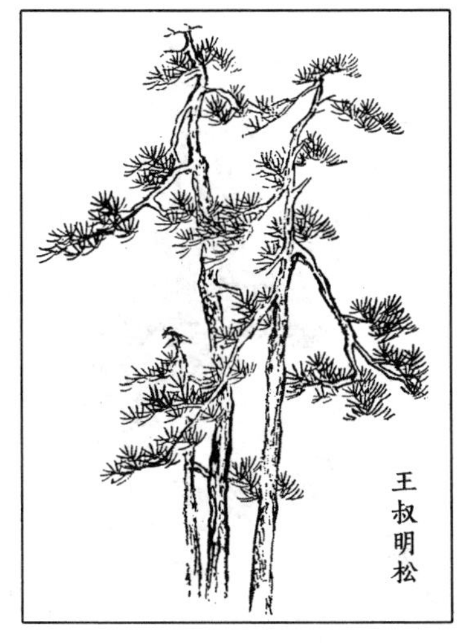

图055 王叔明松

图056 赵大年柳树

夏珪的树法,用笔与马远相近,相当老健,但较为生动,用墨之法则出于二米。董其昌说夏珪的画:"夫模拟蹊径,而若灭若没,寓二米墨戏于笔端,他人破觚为圆,此则琢圆为觚耳。"(破觚为圆,就是破方棱为浑圆的意思)这段批评很是确当。看本章所附的图(见图057),便可明白夏珪的树法,是墨胜于笔的,他的苍健活泼,很难学步。

吴仲圭的树法,喜用介字点和梅花点,而梅花点尤其是他的树法的特征。他的树干树枝,都近传说中的董源,树叶的润密,也与董源相近。他的树叶先用浓淡墨一气点成,再用淡墨水加点一遍,所以异常秀润。董其昌说:"古人画树有以朽笔随势作圈者,即就圈形左右而点之。"所谓以朽笔随势作圈，便是在树干的左右和顶巅，点一圈虚线，然后在虚线的范围之内，点染树叶，这就是吴仲圭画树的方法(见图058)。

图057　夏珪雨树

吴仲圭树

图058　吴仲圭树

此外，名家树法的特点还很多，目下我们只能介绍上述的几家，至如二李(李思训、李昭道)、三赵(赵伯驹、赵伯骕、赵子昂)的细笔树、八大二石(石涛、石溪)等的粗笔树，都不是初学山水画的人所需要学习的，所以现在姑且从略。

著者的意见

(一)一般说明中国山水画法的书本，所说明的大致是种种基本法则,向少列举各家的画法,而比较其异同的。可是在事实上,树石的画法,决不能单单道明了基本法则,就可以了事。因为各人的好恶不同,个性不同,于是笔底下所表现出来的一树一石,也各有各的不同。所以,为求适合各人的笔致和爱好起见,特地罗列各家的画法,摹临制版。在说明方面,穷源究本,不敢蹈笼统模糊的故辙。这一点,我们在下笔叙述的时候,虽然很感困难,但是完篇以后,却又觉得是一件堪以自慰的快事。

(二)本章所附插图,有几幅钤有"名世"印章的,是特请毘陵承名世先生临摹的。承先生天分甚高,汀鹭先生未谢世前,对承先生的画艺,奖饰备至,谓其艺事已青出于蓝。当代名画家郑午昌、汪亚尘、唐企林诸先生也很赞许他的绘事。因为他手头的参考书籍较多,所以我们便提出一部分他所擅长的笔路的插图,请他代为临摹,这是应该特别在这里郑重介绍,并且向承先生致谢的。

(三)假使读者已经把上一期本文所附各种插图,临摹了几遍,而须要我们看一看的话,那末请由邮局寄交本刊转来,并附回件邮票,自当把我们的观感和意见,尽量提供给读者。

(四)有几位读者的胆子似乎太小,画出来的树干和树枝,十分拘板。这显然是不敢用湿笔点染的原因。我们希望读者能够按照下面所定的顺序练习:

第一　先用几张透明的纸,复在画上,印着画几遍。如对于用笔或用墨的方法有什么不明了的地方,请细细查看笔墨章。

第二　用几张元素纸或宣纸,裁成小幅,一面看画,一面临摹。务须细心,力求神似。临摹完毕,换纸再临第二遍,非但要求神似,并且还应牢记着哪几处是干笔和湿笔,哪几处是浓墨和淡墨。

第三　把画藏起来,单凭记忆所及,用笔在纸上画出已经临熟的几幅。这叫做“背临”，等于“背书”，或者“背台词”，是很重要的一步练习工作。

《家庭》1944年第11卷第3期

山石章第五*

树木是山水画的主体，而山石不过是它的重要的辅佐（虽然山水画中也有以山石作主体的，甚至于只作山石而不作树木的，但这是山水画的变格，正格的山水画，总是以树木为主体的）。山石的种类也很多，普通可分为石、山、石坡、土坡、远山五大类，此外像田亩、原野、路径等，在山水画中也是属于山石类的，现在依着次序，一一说明它们的画法：

一、石

山石的画法有一点和树木的画法是大不相同的，这便是树木的用笔多用正锋，方法比较呆板，而山石则除特种的宗派以外，往往用侧锋之处多于正锋，用笔变化转折较多，所以初学山水的人，宜先从树木入手，如果树木之法已经纯熟，那么画起山石来，便比较容易了。

山以石为本，学画山又宜先从学画石入手，画石有方笔、圆笔两种，初学宜先学圆笔的石法，因为圆笔石的用笔，变化较多，如果

* 自本章起，作者加承名世。——整理者注

画惯方笔石以后，画起圆笔石来，便比较困难了，若先学会圆笔石，方笔石是不难学会的。

无论方笔石或圆笔石，都可分为轮廓和皴法两部分。轮廓是描写石的外廓的，轮廓描成，石的形势已定；皴法是表示石上的纹痕的，有了皴法，便可显出阴阳的背向了。加皴的地方，便是阴画；不皴的地方，便是阳面，然而在一块石上，不能有两处或多处的阴面或阳面（即不能有两处深淡相同的地方），画家有“石分三面”一句术语，三面是：左右各一面，上部一面，如果皴法得宜，自能呈立体形的。

圆笔石是比较柔性的，轮廓的画法，宜多用侧锋转折笔，从前人曾说：“画石有一字金针日活。”活便是多转折顿挫的意思。用侧锋转折笔画石，粗的和重的地方，便是阴面（山石背日光处）；细的和轻的地方，便是阳面（山石向日光处）。未曾加皴以前，阴阳向背的形势，大致在轮廓线上，已能分出，这是画石的上乘；圆笔的石法，最能尽这种妙用。至于方笔石，用笔较为板实，线条上的阴阳向背，便不甚能表达了（见图059）。

图059　圆笔石　方笔石

这里所谓“圆笔石”，并不是指纯粹的“圆笔”，纯粹的“圆笔石”只有传说的董源和米芾等，才有这种画法，普通所谓“南宗”的画法，多是方圆笔兼用的，不过比较起纯粹的“北宗”石法来，稍为圆润而已。本篇为叙述方便起见，姑且把普通所谓“南宗”的石法都归入圆笔一类。

轮廓既就，便可加皴（有的画家是把一带，甚至全幅的山石轮廓都钩就，然后加皴的；也有随钩轮廓，随时加皴的。就我们的经验而论，后一种画法似乎比较方便）。皴法的种类很多，属于圆笔的，大略有下列种种：

一、披麻皴（亦称麻皮皴）：这是圆笔的画派中号称正宗的皴法。它的形状，好像是披散的麻线，画法是正锋中略参侧锋，笔宜圆劲，它的轮廓，比较圆浑，否则要和皴法不相呼应的。披麻皴法，又分长短二种，初学宜从短笔的一种入手（见图060）。

图060　披麻皴

二、解索皴:形如解散的麻索,弯曲较多,用笔较长而细,这种皴法,实在是披麻的变格,比披麻皴来得灵活,它的轮廓也宜较为弯曲,才和皴法相呼应(见图061)。

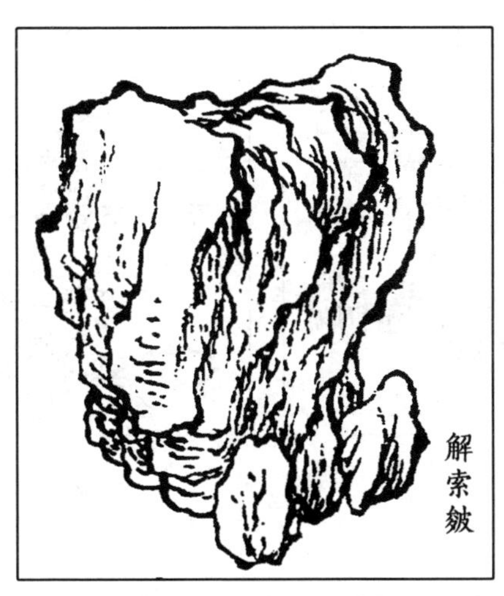

图061　解索皴

三、牛毛皴:形如牛毛,是一种短笔的细皴,画法介于披麻、解索之间,画者多与解索皴参用(见图062)。

四、云头皴:形如云头,这种皴法,较披麻皴生动,较解索皴简略,多用圆转笔,如果略参斧劈皴法,尤见奇峭(见图063)。

五、荷叶皴:形如荷叶的筋络,画法较简,宜用犀利的中锋笔。这种皴法多用于内石外土,已经剥蚀的山石正面(所谓"内石外土",就是指山的泥土,已经被雨水冲掉,而呈深深的纹痕,露出石质来了,因为水流从上泻下,常作荷叶筋络状,所以冲去土质之后的形象,要用这种皴法)。一幅画中,全用这种皴法,据传说,古代有王维;据目见,近代有蓝田叔(见图064)。

图 062　牛毛皴

图 063　云头皴

图 064　荷叶皴

六、乱麻皴:是一种乱笔的披麻皴,较为粗略(见图065)。

七、乱柴皴:与乱麻皴相近,不过用笔较硬而已,形状是介于披麻、荷叶之间的(见图066)。

图065　乱麻皴

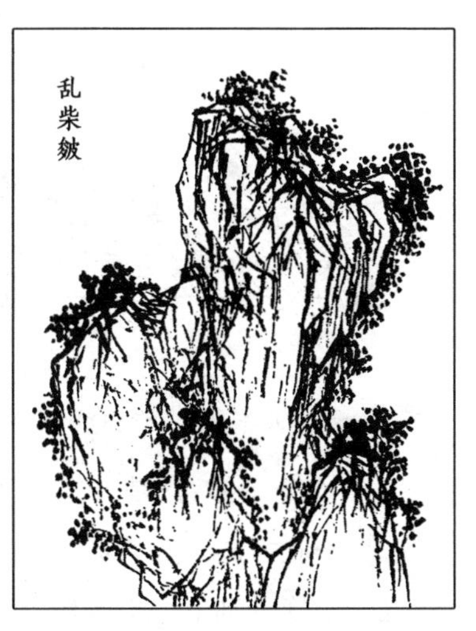

图066　乱柴皴

以上七种圆笔皴法,都是常见的。大致披麻皴多皴于石的阴面(便是石的下部和两旁近轮廓处),解索、牛毛两种皴较披麻皴为繁,有时阳面每可加几笔皴。云头皴作于石的周围近轮廓处,当中及上部略露空白,以见阳面。独有荷叶皴是皴在阳面的。乱麻和乱柴皴,须斟酌轮廓的形势,阴面略多,阳面略少。

圆笔石中,除荷叶皴画法宜清晰外,其他的圆笔皴法,用笔都宜含蓄浑厚,不可笔笔清楚,成为铁丝网的形状(各种圆笔皴法,宜先以披麻皴入手)。

凡圆笔皴法,在画成后,如嫌不浑厚,可用较干较淡之笔,在石的阴面擦一遍(有笔意无笔痕谓之“擦”),自免刻露之病(见图067)。

图067 擦

方笔皴法大略有下列种种:

一、小斧劈皴:这是方笔皴法中的正宗,宜先学习。轮廓用纯中锋笔,形状方硬。皴的形状,如用斧劈石,所显出的痕迹,上重下轻,宜用中锋劲利笔。也多作于石的阴面,不过在阳面处如果略加数笔,便更见巉峭之致(见图068)。

二、大斧劈皴:轮廓也用中锋方笔,皴的形状,较小斧劈粗重而生动,多用侧锋笔,带水和墨,须用水法(即水晕墨章法),阴阳凹凸之间,最近真石(见图069)。

三、矾头皴:形如矾头。轮廓用中锋方笔,皴法用方折笔和横直笔,画成后能显出严严的气象(见图070)。

四、折带皴:这种皴法,实在是兼具圆笔之美的。轮廓兼用中侧锋笔,宜带转折,笔宜简洁,皴法如衣带的折叠状,画成以后的形状又如叠糕。这种方法是从矾头皴化出来的,不过矾头皴用的是中锋笔,而折带皴则多用侧锋,所以兼有圆笔皴的秀润之致(见图071)。

图 068　小斧劈皴

图 069　大斧劈皴

图 070　矾头皴

以上四种，是常见的方笔皴法，大致小斧劈皴最为整齐拘板；矾头皴最为庄严；大斧劈较为生动，能令笔墨为一事；关于折带皴法，更是通常“南宗”的笔法，活泼处甚至胜过披麻等皴法。

凡方笔皴法，用笔都宜清晰劲峭，除折带皴外，忌用擦法。

近世以来，盛行一种连皴带擦的石法，这种画法的轮廓线，用笔很是轻淡，用墨较干，若断若续，转折处很多。皴法多用披麻等法，作皴笔时即带擦法。皴笔用干淡墨，若隐若现，擦笔甚厚，这种画法，近于现在的铅笔画，画成后有云烟满山之姿，这种画法，在最近尤其风行，虽有妙处，然初学似乎不宜先习（见图 072）。

图 071　折带皴

图 072　连皴带擦

石的用墨：轮廓与皴法的墨色须相近，皴法宜用浓淡墨，或先淡后浓，或先浓后淡。圆笔皴的墨色宜较淡，方笔皴的宜较浓（土淡而石浓，圆笔石多土，方笔石多石，若用墨一式是谓“土石不分”）；大石宜较淡，小石宜较浓；正面的石，墨宜较淡，皴法宜较简，旁面的石，墨宜较浓，皴法宜较繁。

一幅画中，可观察形势兼作方圆石，并参用多种皴法。但是，如果只作一种皴法也是无妨的。

石的布置法，是变化无穷的，但大致不出“大间小”、“小间大”

两种法则:“大间小”是以大石为主,以大石领导小石(见图073),“小间大”是以小石为主,以小石拥护大石(见图074)。攒三聚五,起伏隐现,也是画石的重要布置方法。又山水画中,往往先画树,后画石;画树下石块时,须注意树的姿态,宜与树相掩映,方能得势。

图073 大间小

图074 小间大

水中的小石和原野上的碎石,用笔都宜简洁,布置须注意疏密,尤宜注意形势上的呼应,不宜过多。

庭园中的怪石,画法较为别致,须注意“皱”、“瘦”、“透”三字:皱是多皱纹;瘦是清奇;透是空灵。形状宜玲珑,最忌臃肿(见图075)。

图075　庭园石

二、山

山的画法,与石的画法大略相同,也有轮廓与皴法之别,不过轮廓较大,笔线较长而已。

山可以分为峰峦两大类,又有土山和石山之别。高耸的为峰

（见图076），圆平的为峦（见图077）。至于绵延一带、势平可登的为岭，孤悬峭立、势危难登的为岩，拔起两顶平的为岗，突出水面的为岛，这些不过是峰峦的变化罢了。土山多圆形而低平，石山多巉峭而高峻（即土山多峦，石山多峰），山上积累小石，谓之“矾头”，颇能增添雄杰之势。

图076　峰

图077　峦

画山有定理而无定形，阴阳向背，起伏转折，是有定理的，多看古画和真景，自能得其要领。姿态和形状，却是没有直定的，或如坐、或如立、或如俯、或如仰、或如走、或如奔，甚或如飞、如舞，都可随作者之意而安排的。不过普通画山，多作尖顶或圆顶的形状，奇峰怪岩，须作于深远或高远的大景中，寻常的平远景中，是不甚相宜的。还有一幅中的山须互相照应，要渐低渐平，渐高渐耸，缓缓的转变去（见图078）。平峦之后突起高峰，最是大忌（但高岩之后，远处作平峦一列，在形势上倒没有不妥之处）。并且石与山也须互相照应，不可形势相去悬远。

图 078　相互照应

三、石坡

山石有平面的谓之坡，坡有石、土两种：

石坡的画法，用笔宜较劲硬，用墨宜较淡，先钩出平面，再钩侧面的轮廓。平面和侧面交笔之处，最忌露出圭角。皴法作于侧面近轮廓线处，宜带斧劈的笔法，要简而峭，数笔即可。如嫌平而空白处太多，可用淡墨作横皴数笔，以显层次。石坡有高低两种，画法相同。低石坡作于近水处，坡面较阔，层次不宜过多（见图 079）；高石坡作于小山上或山腰，在画中颇能生出平旷之趣（见图 080）。

图 079　低石坡

图 080　高石坡

四、土坡

土坡即普通所谓山脚，用柔笔浓墨画，层次多的多至五六层，每一方向至多不过三四列，愈近的坡面愈阔，愈远的愈狭，最远的只用淡墨作横线数笔即可，皴法用斜笔或横笔，是披麻皴的一种变格（见图081）。

图081　土坡

五、点苔

山石画成后，除特殊画派外，都要点苔。这一步手续，宜于全幅画成之后开始。苔作于山石交笔处及阴面，笔宜散而气宜聚，用墨宜浓，攒三聚五，笔笔有力，如从空坠下的为佳。点苔也有用浓淡墨的，要渐浓渐淡，或先用浓墨点后，再用淡墨罩一遍，最见秀润之致。还有一种渴笔（即干笔）苔，多用于解索、牛毛等皴的石上，用笔宜灵捷浑圆，用墨宜浓宜干，点子宜略大，在石的正面，要点得密，要大小相间，王叔明常用这种点法（见图082）。

图082　渴笔点苔

苔点大致有四种：

一、圆笔点：宜用较秃笔点，多用于春夏景中（见图083）。

二、横笔点：除山石交笔处外，宜用较淡墨点，多用于夏秋景中（见图084）。

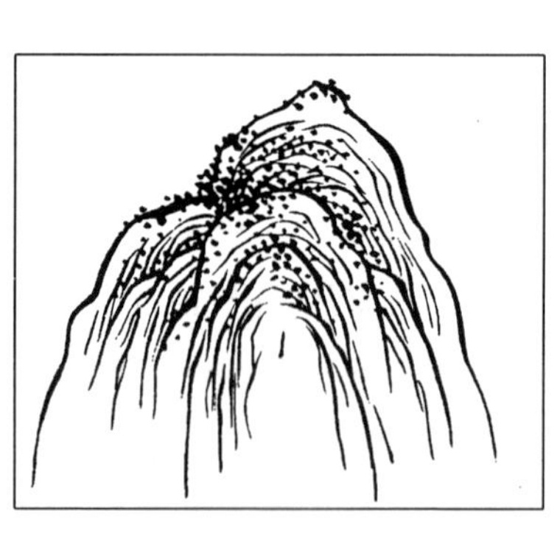

图083　圆笔点苔

图084　横笔点苔

三、叙笔点:是圆笔点的变格,四时之景皆可用(见图085)。

四、直笔点:不宜过多,用于秋冬景中(见图086)。

图085　斜笔点苔

图086　直笔点苔

此外尚有用方字点作苔的,多用于夏秋景中,但除少数画派外,殊不多见。石坡或岩石的交笔处和阴面,有时候可以用焦墨剔细草,但不可过多。

普通山水画中的苔,实在是代表小树和草的。如不点苔,便有童山之感。但古人的画,也有全幅不点苔的,这非笔墨功夫已臻上乘,断乎办不到。因为点苔能遮山石的败笔和丑处,能增加山石的美态,不点苔,便缺少一种藏拙的机会了,为了这一点,所以山水画中,苔点得越少越妙。

六、远山

山水画中,远山最难布置,须全幅成后观察形势而为之。

远山的形势须与近山相应，却又不宜画成近山的高影子，要不即不离，不嫌多，不嫌少才好。画远的笔，应该用比较大一点的。墨中最好略加胶水，然后画出来才能一气浑成，没有水墨不和的痕迹。

山水画中也有不作远山的，须近山完全得势才妥。

远山的画法有钩染两种：远山的钩法须用淡笔顿挫笔，宜作于普通所谓“北宗”的画中（见图087）。染法宜用水笔，先将笔洗净后，笔端略蘸淡墨或淡色，自上至下，一二笔扫成（见图088）。工笔熟纸的画上，宜用染晕法，先用淡体或淡色涂染山顶，再用清水向下晕接。凡远山多不见底，其下部必须成没入云烟状。不过平原景中的远山是例外，常连下部画出的。

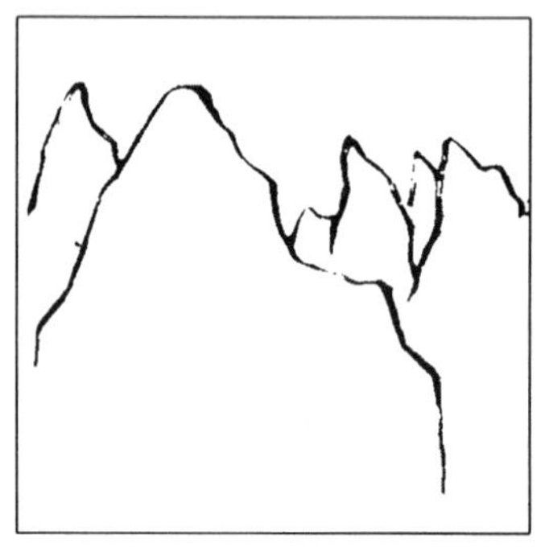

图087　远山钩法

图088　远山染法

远山色宜淡，最忌重描。普通远山，近的较浓，远的较淡，但也有后山反较前山色浓的，这是日光映射的缘故。

远山大抵填在山坳里，很少有远山高于近山的。还有，近山的山顶和远山的应该作类似的形状，例如近山的山顶如果是作圆形的，远山的山顶，必须略带圆形；近山的山顶如果是作方形的，远山的山顶必须略带方形。

著者的意见

一、这一章开始讲山石了，山石虽然看起来比较画树木容易，可是种种皴法，也总得费了许多精神去学习。

无论做什么事情，假使在开始的时候，不怕艰难，鼓足了勇气做去，结果却并不能一定获得成功。因为这开始时候的一点勇气，是由趣味和好奇心所激发出来的。等到趣味和好奇心减退以后，衰歇的勇气便再也兴奋不起了。

况且作画这件事，究竟是艺术，只有始终对于这件事能够感到趣味的人们，才能持续他们开始时候的勇气。所以，这时候应该请读者自问，对于作山水画的趣味，是否和几个月之前一般浓厚。假使是的，那么才是真正能够作有益消遣的一个人。

在国外的艺术学校里，很有几个年纪在四十岁以上的妇女，开始学习绘画。她们并不是天才艺术家，她们对于绘画，并没有什么雄心，想求取发展，她们的目的，不过是消遣而已。但是，因为她们有恒心的缘故，她们的成绩也尽有可观的。

我们在这里提起这一段话，无非是希望读者们，从每一章中找寻新的趣味，引起新的好奇心，继续不断地练习，保持开始时候的勇气，以抵于成功而已。

二、山水画的主体，自然是树石。但是，会画了树木和山石以后，要画上几幅画，便可以一挥而就了，这种快乐，自能偿学习树石时的辛苦，而得到意外的报酬了。

三、山石的皴法，种类很多，我们只举了十一种通常所用的。此外如鬼面皴、骷髅皴、雨点皴之类，都从披麻，斧劈等皴法变化而出。因为是不常见的，所以略而不详。读者学会了普通画法以后，再进一步，多看古画和真景，自能触类旁通的。

四、解索加渴苔的画法，最不容易，当代名家唐侠尘（云），善学黄鹤山樵，对于此法，却颇擅胜场。特附印唐先生酌一幅杰作于此，并资观摩（见图089）。

图089　唐云画作

五、从这一章起，我们请承名世先生加入合作，所有插图，全系名世先生手笔，附此声明，尚希读者注意。

《家庭》1944年第11卷第4期

山石章第五下

七、田野

城郭之外,四处都是田野。深山大泽,要到极荒僻的地方才会有。中国画所代表的是出世的思想,入山惟恐不深,所以所表现的常常是深远的山景,而很少画平畴旷野,适宜于人类居住的所在的。但是“平远江村”、“深柳草堂”一类画题,作村舍田野的小景,古人的画中,也还时常可以见到。因此田亩原野的画法,也不可不讲求。

中国画中画田亩不可过多,否则有俚俗气。屋旁水边或山脚下,作田亩一列,顿生可居之感。在平远小景中,这类点缀确也不可少的。

画田先画田塍,宜用淡墨顿挫笔。形状不可过于方整,势宜自然。田中须作淡墨横皴,上宜加点,但不可多(见图090)。

图090　田亩

田亩之外，当有原野，原野宜旷远。画中露出一段空白，略加淡墨短笔横皴，以表地纹，上作直点或细剔草，自生莽苍之感（见图091）。

图091　原野

八、路径

路径可以贯通画中气脉，且可破山石之板刻，所以常不可少（过远之处不宜作路，否则即不合画理）。

画路径最须注意曲折二字，有句画中俗谚，叫做："有好山，无好路"，这便是说：布置山石，容易得势，而安排路径，不易见好。初学路径，往往嫌直，形如死蛇，便乏深远之致。

山水画中作路径，用空白法，布置山石时，在适宜处露出一线空白（最要自然，不可勉强），便成路径（原野中或屋旁用横笔皴衬托，亦可成路）。

狭的、平的路径可不必加路纹，较阔较高的路，上宜加淡笔横线成阶级之状，便更见深远了。

除明路外，尚有暗路：本来画路不宜全现，要有隐藏之处，或用山石遮断，或用树木屋宇等掩护，以增加它的曲折之致。还有一种全用暗示的画路法，两山之间，作丛丛的树木，远处露出屋宇，即是表现其下有路。或树石间画人曳杖而行，也是表现其下有路。

明路不可过多，否则有太显之病。

路有平远、高远、深远三种，平远的路，其势宜平（多不作路阶），多作于近景或原野中。高远的路，其势宜陡（上宜作路阶），多作于高远景中。深远的路，其势宜深，要多曲折隐现，多作于深远景中（见图092）。关于平远、高远、深远的布景方法，当于布置章中详加说明，这里暂且不提。

图092　深远路高远路平远路

山石类的重要画法，已如上述。此外尚有前人所得的重要画诀，略录数节，以补前文之所未及：

石有四忌：顽固凝滞，毫无姿态，曰蛮。故作顿挫，妄生圭角，曰巧。四角等度，向背不分，曰板。随手勾取，状如土坟，曰滑。

主山来龙起伏迴环，客山朝楫相随。主峰之胁傍起者为分龙之脉，右耸者左舒，左结者右伸。两山相交可出流泉：龙脉之法，尽在其中。

石之立势正，走势则斜。半山交夹，石为齿牙；平垒逶迤，石为膝趾；山脊以石为领脉之纲，山腰藉树为藏身之幄。

各家的树木法多可通用，已详前章。至于各家的山石法，门径甚严，多不可通假混用。所以叙述名家的树木法，不妨稍简，而叙述名家不同的山石法，则宜较繁较详，否则初学不易辨别古人的不同处。

从前人说：董巨石法，多属金陵一带；山顶有碎石，谓之矾头；坡脚亦然，谓之沙口。倪黄得之吴越诸方；岭半有破山，谓之崖；山脚亦然，谓之平岗。他如米家法，出润州城南。郭氏图形，在太行山右。摩诘辋川；荆关桃源；皆借江山之助，足见古代名画家的画法多出于真山水。真山水各地不同，所以名家的山石法不可通假混用（至于树木的形态，各地大致相同，所以各家多可通用）。

王维的山石，据传说，多用荷叶皴或披麻兼斧劈皴的。但据传世的比较可靠的摹本和书本上的记载，他的山石似乎皴擦很少，全用钩法和染法的。不过究竟如何，实在无从悬断，因为我们离开他的时代太远，不易看见他的真迹。

李思训和他的儿子李昭道的真迹，虽然也不易见到，但他们的画法似乎很板刻。据传说，他们所用的是小斧劈皴，所画的多是蜀中的风景或海外的仙山，大约还不能脱六朝人纤巧的习气。

荆浩、关仝的摹本画，比较容易见到（真迹也是绝无仅有的），大致荆浩用小斧劈皴，山头兼作披麻，极雄伟老壮之致。据记载：他善作云中山顶，四面峻厚。关仝的山石似乎比较秀润，他善作矾头皴，庄严深远，也间用斧劈、披麻等皴法。王石谷最善学他，本文所附的，关仝山石图（见图093）便是从石谷的画册上转摹来的（荆关二家都喜在山顶上作丛树，最见茂密之致，后来的李成、范宽等人，也擅作此，都是学他们的）。

董源、巨然的山石，据传说和后世的摹本，都是用披麻皴的（董用长笔披麻皴，巨然用短笔披麻皴）。他们都是画的江南真山，山头多作圆形，气势很是雄伟（见图094）。但据作者们所见，董巨二人的比较近真的作品，也间用斧劈矾头等方山的皴法。

图093　关仝山石

图094　董源山巨然石

李成的山石多用斧劈、矾头等皴，山头和远处，也间用短笔披麻皴。峰顶多攒小树，密而不繁，是他的特色。据传说：他善用淡墨，清润旷远，有“惜墨如金”之誉（见图095）。

范宽的山石最有雄杰之致。山下水边喜作磐陀大石，峰峦壮阔，墨色浓厚。皴法以雨点皴为主，兼用斧劈、披麻、矾头等皴法。

雨点皴形如雨点，上轻下重，是斧劈、披麻的混合变相。山顶作荷叶兼斧劈、披麻的皴法，笔线较长，与山顶丛树相映带，更增森严的气象（见图096）。

图095　李成山石

图096　范宽山石

郭熙山石用云头皴，间亦作斧劈、披麻等皴法，最为灵活有致。山顶学李成法，笔简而气厚。秋冬景的山头和树下多作直点，也是以荆、关、李、范等人的画法变来的（见图097）。

米芾和米友仁父子的画山是很别致的：圆山略作轮廓皴法（披麻皴），即加层层的横点（大米用大混点，小米用小混点），先淡后浓，往往点至六七遍，最后用浓焦墨分出远近畦次，所谓“云烟满山”的米家山水，便是他们所发明的（见图098）。

图 097　郭熙山石

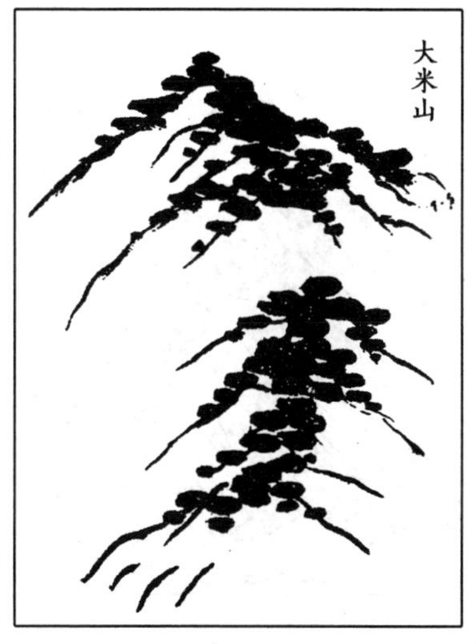

图 098　大米山

李唐画山石大小斧劈皴，笔意巉峭，全不点苔。方笔画派中用水墨渲淡法作山石的，似乎以李唐为第一人，后来唐六如的山石法，据说便是从他学来的（见图 099）。

刘松年的山石，似乎是混合李唐与李思训、关仝等的画法而成的。他的山石异常奇巧，皴法似较简略，是南宋四家（李唐、刘松年、马远、夏珪）中最接近古法的一个人（见图 100）。

马远、夏珪的山石都用大斧劈皴，马远较为谨严，夏珪则很是放纵。他们都善用水墨法，马远皴法清润，夏珪水墨淋漓。马远喜作夜景，夏珪喜作烟雨景，他们的布置多取真山水的一角半边，很少作全景的；当时有"残山剩水"的讥评，其实这种布置法乃是一种进步，比较接近真景。像普通中国山水画那样的重峦叠嶂，在真景中，一目望去，是断乎见不到的（见图 101、图 102）。

图 099 李唐山石

图 100 刘松年山石

图 101 马远山石

图 102　夏珪山石

赵大年喜作平远小景，如《春水人家》一类的画题，土坡曲折，平野旷荡，远处只作平峦，皴法甚简。高峰危岩，在他的山水画中是很少的。据传说，他的山水摹仿王维，得有清秀之致（见图 103）。

图 103　赵大年坡石

赵子昂山水学王维、董源，兼善李思训青绿法。他的山石多用披麻、荷叶等皴，也间用小斧劈，清丽秀润，用笔甚细（见图 104）。

黄公望山水学董源，多用披麻皴。坡脚与山顶喜作丁字皴石。

图 104　赵子昂山石

所谓丁字皴，就是在石的轮廓中作丫形的石纹，形状像丁字，所以分出石的三面（上、下、侧）。这种石法不可过多，过多则嫌板刻。与这种画法相应的，他在山脚、山腰和山顶，喜作层层的石坡，以显平旷之趣。他的山石布置法，小石很多，有时微嫌细碎板实。点苔多作横点，他种点法甚少。巅脚近云烟处，用横点衬染，山顶也喜作浓厚的横点。这种画法似乎出于米派（他所画的，都是富春山和虞山的景致，圆山多于方山）（见图 105）。

倪云林用折带皴法，间亦作披麻皴。点苔多用横点。他的布局非常简单：近处作树石一二丛，平坡茅亭互相映带，远处只作平山一列，即成章法。他的笔墨与黄公望相近，所谓用笔干，用墨淡，先画后破（这里所谓“破”是用较浓墨钩提的意思）的方法，是倪黄

图 105　黄公望山石

两家所共同的(便是王叔明,也逃不出这种画法的影响)(见图 106)。

图 106　倪云林山

王叔明所常用的，是解索、牛毛、披麻三种皴法，得意之作，兼用各种皴法，变化甚多。他的用笔较干，墨法先淡后浓。布置多作重山峻嶂，气势雄浑。苔用渴笔浓墨，作大小圆点，松动有致（见图 107）。

图 107　王蒙山石

吴仲圭的山石用湿笔浓淡墨，披麻皴法笔笔圆劲，兼作小斧劈皴，也很劲峭。苔用圆点，间作直点或介字上，先浓后淡，很是秀润。他的画法一部分从李唐、马、夏化出，融入董巨的笔墨，所以峭而不露，厚而能清。他的山头喜作拔起之状，从前人说他人品孤高，所以有这种表现。其实这种画法，只是从所谓“北宗”变来的（见图 108）。

沈周和文徵明是学吴仲圭的，沈氏粗放，文氏谨细，但笔墨很相接近。文氏的粗笔画（所谓“粗文”）和沈氏的细笔画（所谓“细沈”）有时如出一手。他们都用披麻兼斧劈皴和圆点苔，笔法刚劲，墨法苍润，是董巨一系的后起之秀（见图 109）。不过文沈二家都善于摹仿（这是明代画家一贯的风气），他们能兼学名家的画法，变化之多，不是宋元人所能及的。

图 108　吴仲圭山石

图 109　文徵明山石

唐寅学李唐而能变化，自成一家面貌。他的用笔很是秀劲，山石用大小斧劈兼矾头皴，水墨晕染浓淡之间，很有清润之致。他的画多不点苔，更见功力（见图 110）。

图 110　唐寅山石

董其昌学传说中的董源和二米的画法，用墨极佳，用笔微嫌稚拙，他的山石多作圆形（但也偶作方形石，是学倪黄等人的），披麻皴法兼米点。布局很是平实简单，变化较少（见图 111）。

图 111　董其昌山石

清代以来,画家专尚摹古,各家多没有特殊的面貌可说。比较起来,只有常州派的恽南田能够超绝各家。他的山水学唐六如,变方板之笔为圆劲,灵秀之气,很难学步。这就是他的卓越的成就(见图112)。黄山派的八大、石涛、石溪和金陵派的龚半千等,虽有特殊面目,然前者狂放,后者失之板滞,都不是初学所宜摹仿,现在姑且从略,等待将来在宗派章中详细叙述。

图112　恽南田山石

著者的意见

一、树木和山石两章,原是山水画中的主体物,所以,我们详尽地说明各种画法之外,更临摹各家图本,以供读者参阅。在这物力维艰的时期，本刊每期因制版而付出的一笔支出，实在庞大惊人，上期已达万余元，本期正未能减少。为着提倡有益消遣，本刊的发行人和编辑人能不惜如此牺牲，在目今出版界中，也可以算得绝无仅有了。

所值得欣慰的是读者对于本文确有好感，确能照着我们所指示的逐项练习……（整理者案：下文评诸习画者之作，从略）

二、（略）

三、从现在起，读者如果遇到相当的机会，请随时利用，去看看当代画家所作的山水画，观摩各种山石的皴法和树木的画法。这无论对于学问经验，都有莫大裨益的。假使有机会能够看到古画，那自然是更好了。画上所题的诗句或短跋，最好也能同时加以注意。默记在头脑里，回去记录在一本簿子上，将来便可以作为题画的参考资料。

《家庭》1944 年第 11 卷第 5 期

点染章第六

山水画的基本是树和石，树石以外的物事，都是辅助品，如泉水、云烟和人物屋宇之类，画家总称之为“点缀物”。还有渲染和设色，画家也称为“点染”。本文为求篇幅的匀称起见，把点缀物和点染法并在一起叙述，而题名为“点染章”。

一、泉水

泉水可以分为两种:第一种是高处的水,分为瀑布和水口两项;第二种是平处的水,分为沙水和波浪两项。

瀑布是两山之间由高向下直流的水。因为形状像机上的布匹,所以唤作"瀑布"。它的画法也可以分成两种,一种是钩线法(见图113),一种是涂染法(见图114)。钩线法的瀑布,用淡墨作细笔的线条,笔法宜轻松,必要处不妨用断续笔,切忌板刻(近云烟处用笔尤宜虚灵)。涂染法的瀑布,用较浓的墨涂出水的阴面(就是凸出水面的两旁),用笔也忌板。拿刻印来比喻,钩线法如阳文的印章;涂染法如阴文的印章,笔线不妨稍粗。

图113　瀑布1

古人说：瀑布最忌画成“架上悬巾”的式样，这句话确是不错的。架上悬巾的式样，便是所谓板刻毛病的一种。还有：画瀑布的山的上面，必须更有山峰，否则便犯“水无来源”之病。

图114　瀑布2

瀑布不宜过长过直，过长则用山石间断，使有曲折。普通画瀑布的方法，大致是上狭下宽的。但是真的瀑布，看起来往往上宽下狭的势子，反感觉得有力，只因中国画画的是远景，瀑布从远处看来，确是上狭下宽的（从近处看瀑布只能见到一段，一段的瀑布，往往上宽下狭；从远处看瀑布，能见到瀑布的全体，就瀑布的全体看来，它的势子确是上狭下宽的）。

瀑布两面的山石宜较黑，否则瀑布不易显出。大致瀑布两面的山石但用钩法，用墨涂染其空白处，不必多加皴法。

钩线法的瀑布的阴面（就是近线条处和下部），宜用淡墨略加晕染，更显水势。

瀑布的源头要隘，宜用小树苔草等遮映，以见深远。

水口就是瀑布的出口处。瀑布从高远处下降，到了山脚近平泉源处，急剧下落，层次格外多了，于是形成水口（见图115）。水口最不易画，古人往往用树石亭屋等遮掩，是一种藏拙的方法。

图 115　水口

水口的画法与瀑布大致相同。所不同的：瀑布线条长，面积狭，层次少；水口线条短，面积宽，层次多，所以水口顶容易画成"架上悬巾"的式样。如要避免这种毛病，只有多多转换方向，注意曲折变化；更要处处想像真景，使它的形状自然，笔线灵活。

水口中可以夹画碎石，愈近平泉处，碎石愈多，更可显出水势的汹涌。

山石的下面，用淡墨作几条紧密而有力的横线，便成平沙（见图 116）（在淡墨的线条中夹几笔浓墨，更见精神）。平沙下面的空白处，便是平水（画家谓之"沙水"）。普通山水画中的平水，多不着笔墨，以虚代实。这是因为中国山水画的章法，全靠虚实相间，才生韵致，树木山石都是实笔描画的，若在水上再着笔墨，便嫌实结了。但有时在靠近山石处，略着几笔松散的淡墨横线，作为水纹（见图117），也未为不可（这要看画派的适宜与否，如较细的画派，宜画水纹，如简略的画派，画了水纹，反近俚俗）。

图116　平沙

图117　水纹

波浪只宜作于工细画中(石涛、石溪等人粗笔的画中,也作波浪,这是例外,初学对于他们的画本来不宜摹仿的)。它的画法,用笔宜细劲,用墨宜淡,形状宜活泼,宜有汹涌之致(见图118)。过远处不宜作。如能多看真景和宋人的画,是不难学好的。

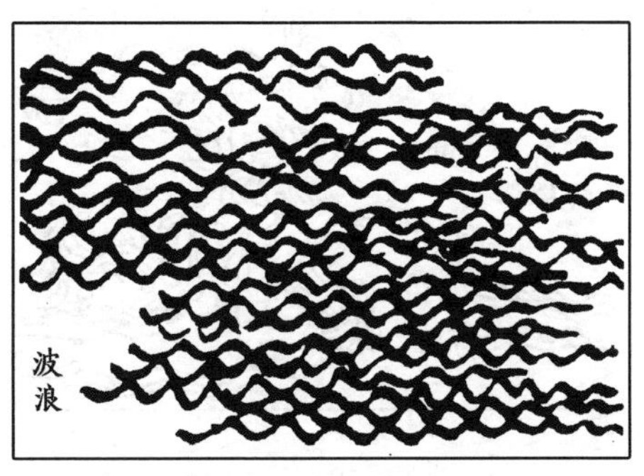

图118 波浪

关于画水方面,还有一点要注意的。龚半千曾说:"今人画水口坡脚,都似空中倒悬,此盖不识水性,可笑,可笑!"这是说水性是平行的,坡脚崖石,受水所浸的地方,决不会成屈曲高低的形状。

二、云烟

云烟是一类的物事,在高处的为云,在低处的为烟。云有两种画法,一种是钩法(见图119),一种是染法(见图120)。钩法的云用细笔淡墨,要轻灵缥缈,不可画成灵芝式样。古人说:"画云不可似水,画水不可似云",水和云的画法毕竟有什么区别呢?原来水性流动,云性凝结,所以画云宜较团聚(但钩笔不可太繁),画水宜较散漫(但笔意仍宜连贯)。还有一点:云有厚处,有薄处,薄处钩笔宜较多,厚处钩笔宜较少。云既钩成,宜用淡墨在钩线处略染一遍,以显深厚。钩云法只宜作于较工细的画中,但有较简略的画派,也用钩云法变化全幅的单调,不过是例外罢了。

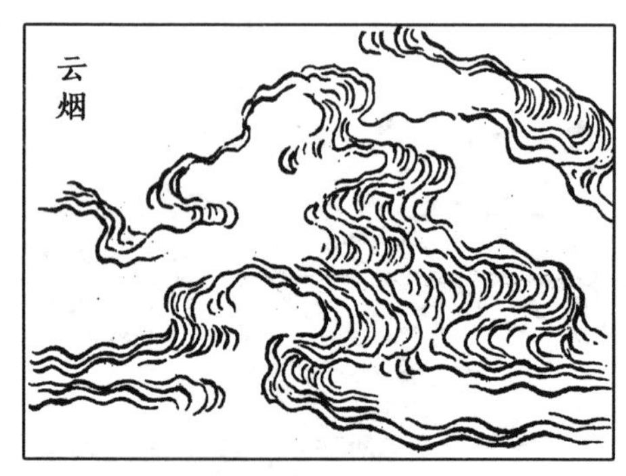

图119　云烟

图120　染云法

染云是用烘染的方法衬托出云气来。烘染的墨宜淡,空白处便是云层的厚处。在高远或深远的布景中,山腰和树杪,往往露出一段空白,画家谓之“云断”(见图121、图122),这能使画景愈显高深之致。

图 121 山腰云断

图 122 树梢云断

画烟只用染法,烘染的墨色更宜轻淡(要渐淡以入于虚无),露空白处宜较少(见图 123)。

无论是烟是云,都可用小树或竹帮助烘托的作用。这类小树或竹不必露根,只须在云烟处略事点染即可(见图 124)。

云烟的露空白处,切忌太齐,须参差出入,始显灵活。

图 123　烟

图 124　云烟中竹

云烟在画中的作用,是显画景的深远。中国山水画的妙处,就在乎此。近代人常说:画宜虚而不宜实,与其失之太实,宁可失之太虚。甚至于有人认为一幅画不妨虚处多实处少。这类议论,容或有过甚处,然而“太实”,在中国画中,确是大病;虚处过多一些,倒是无大害处的。所谓“实”,就是画中的着实笔处,如树木山石之类都是;所谓“虚”,就是画中的空白处,如泉水云烟之类都是。所以泉水和云烟在画中都不可少,尤其是云烟,更是山水画的生命线,万不可缺。

三、人物

人物和屋宇等虽都是山水画中的附属点缀品,然而很不易作。古人常有工山水而不工人物屋宇的,例如五代大画家关仝画了山水,非请别人补画人物不可;倪云林、董其昌等人的画中也多不着人物,而他们所作的屋宇,笔部也是非常简略的。不过有志于学画的人,似乎不可因此藏拙,对于人物屋宇之类,不去加熟练功夫,须知不能画这类点缀物,很是吃亏,不但不能作工细的画幅,就是画起实景的图来,指定一处风景描画,唤作“点景”,也会感到非常不便的。

画人物的笔宜较工细,要多临古人的名画,随时熟练,才有把握。粗笔人物要等细笔人物学成后,方可学习。不过普通山水画中的人物不必画得过细,否则反嫌小派,初学可先学笔墨较简的细笔人物(见图125)。然后进一步学工细画中的人物(见图126),再进一步,学习粗笔人物(见图127),这样似乎比较来得妥当。

图 125　简笔人物

图 126　工细人物

图 127　粗笔人物

画人先画衣裳，后画头面，除发髻须眉等外，均宜用较淡墨描写。画成后如嫌不清晰，可用较浓墨略加钩醒。

山水画中人不宜过大，亦不宜过多，否则便显俗气。

山水画中人宜姿态闲雅，不可作伛偻可厌之状。

山水画中的动物，普通所画的，只有雁、鸦、鸭、鹤、鸡、狗、马、牛等几种（见图 128、129、130）。而最常见的，只有鸦、雁、鸭三种。

雁和鸦在画中形状粗似,所不同的,雁翅较长,鸦翅较短,所以画雁如写反人字,而画鸦如写十字。还有雁飞时的行列,是成一字形或人字形的,而鸦的行列,则疏密参差,另成一种阵势。画鸭如写乙字,行列较为整齐。鸭多作于春景中,雁作于秋景中,鸦多作于冬景和晓晚的景中。

图 128　鸦雁鸭

图 129　鹤鸡

图 130　牛马狗

凡人物都宜作于画中的明显处，使人一望便见（过远处不宜画人）。画物体积较小的，宜用较浓的墨。但没入云烟中的飞鸟，墨色宜淡。

四、屋宇

屋宇类的用笔，要像写篆隶字一样，古厚有力。用墨宜较浓（远处的除外）。

屋宇类的画法，也分粗笔、细笔两大派，初学也宜从细笔派中较简略的入手。

屋宇类约分（一）屋，（二）亭，（三）阁，（四）台，（五）塔几种。屋和亭阁，都先画顶，次画墙壁栏柱之类。台塔也是从上向下画的。屋分瓦屋、茅屋两种（见图 131）。瓦屋的顶须画出瓦片，茅屋的顶，也须画出茅草。瓦片用横直线表示，茅屋的顶只须在下部略作线条表示茅草纹痕。简略的画法，也有但作空白屋顶，不分瓦屋、茅屋的（见图 132）。庙宇的画片，与普通房屋略同，不过庙宇多有楼阁，屋脊的两面都有鸱尾（屋梁上的翘角）罢了（见图 133）。

亭有河亭，阁有水阁，比普通的亭阁下面多出几根撑柱（见图134、135）。塔的下部不宜露脚，可用树木拥护遮掩（见图136）。

图131　瓦屋茆屋

图132　简笔房屋

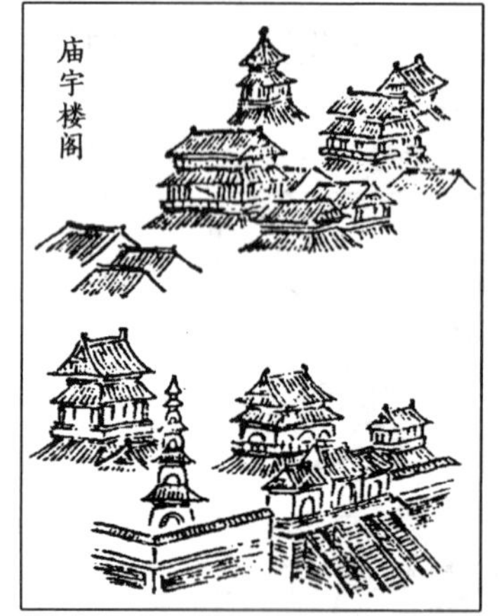

图 133　庙宇楼阁

图 134　河亭

图 135　水阁

图 136　塔

屋宇之类,愈近的笔线愈繁,愈远的笔线愈简。最远的房屋,只须略作屋顶,下面用树点掩护,更显深远(见图 137)。

图 137 远屋

画屋至少须两间在一起(只有倪云林等人常作一间的孤屋)。画亭塔之类不可过多,在一处地方只宜一个。

画数间屋在一处,方向不可一律;排列忌太齐,屋的形式,最好也能变换,始免呆板。

房屋周围的垣墙和篱笆,宜曲折掩映,不宜全露。用笔宜古拙(见图 138)。

房屋中放置的物事,形式宜求古雅,不可过繁。

桥梁船舶等,附属于屋宇类。桥梁大略分为(一)大石桥,(二)石板小桥,(三)山梁(见图 139),(四)大木桥,(五)小板桥(见图 140)几种。大桥的画法宜较工细,小桥可以较为简略。山梁是修凿天然的山石而成的,形式宜较自然。又栈道是介于路和桥之间的物事,须画得险峻而曲折(见图 141)。船舶分为(一)楼船,(二)帆船,(三)小舟三种。楼船宜画得较工细,帆船、小舟可较简略。画船须表出风势,帆的方向须与全幅的风向一律,最远处

图 138　篱垣

的帆船，只须用淡墨描出帆顶即可（见图 142）。桥梁能贯通全幅的气势，船舶可补空白，且生情趣，位置最适宜。

图 139　桥梁

中国画虽不十分讲究形似，但人物屋宇等大小的比例和透视的原理，也须略略讲求。这种地方，在工细画中，尤须注意；较简略的画派中，可以不必十分拘束（太拘束了，反伤画韵）。

图 140　板桥

图 141　栈桥

图 142　船舶

宋人画云水用细描法，工于形似，但有时过嫌板刻。元人画云水，多用之烘染和空白法，自此以后，画家多沿袭元人的画法。只有明人中的一部分仍继续采用宋法。

宋人山水中人物屋宇之类,也画得非常工细,往往以这类物事为全幅的主题。元人山水中点缀物极少(赵孟頫、王叔明等人是例外),用笔很是简略,人物屋宇之类已退居无关轻重地位了。明人始创粗笔的人物屋宇画法,有的古趣盎然,有的不免近俗(但明人中也有画人物屋宇极细的)。清人的点缀物各种画法都有,普通的画法近于元人。

点缀物中不同的派别较少,所以我们在这里只略述四代画风的区别,不举各个作家的特殊画法,而且也不附图了。

著者的意见

一、在这一章里,读者可以看到点缀在山水画中的人物、屋宇、桥梁之类,而感到极大的趣味。这里的三十幅插图,都是承名世先生的手笔。

有许多读者在怀疑,因为不知道我们四个人是怎样工作的。现在不妨解释几句:从第一章到第四章的前半章,都是童允嘉先生口述大意,而由我负责写成文字的,有几处我并且加入了我自己的意见。自第四章的后半章起,内容完全是偏重技术方面的,所以改由童先生执笔,以求时间上的经济。于是我的工作,就只在负责发表几点意见,供给读者作为参考而已了。以前的画,本来是童先生画的,自从他担任写作以后,我们便请承名世先生加入合作,目的实多一个人的力量,便多一分精彩。他的一支笔,画什么像什么,够得上天才二字的批评,真是读者的眼福。金勤昌先生的工作是校订和题字，他的书法是有名的，无论行草隶篆，都有朴厚之味，更为本文增光不少。但等本文初稿完成，我们当以极大之努力，集合一起，彻底作一次修正，并请承名世先生一手绘画全书插图，这是我们四个人早就规定的计划。

二、（略）

三、（略）

四、（略）

（卞其薿）

《家庭》1944年第11卷第6期

国画讲话

假使你们能提出这样的问题，我将赞美你们是聪明而肯用心的学生

朋友们：你们在学校里上图画课的时候，是不是常常会发生这样的感觉："我们画的是真的东西，先生却对我们说，这是美术。先生要我们画得同真的东西一样，说是愈像愈好，那么真的东西当然是顶好顶美的了；既经有了真的东西，为什么还要画呢？"假使我是你们的先生，我将回答你们说："真的东西固然有极美的地方，但也有不很美的处所，我们画画的人，要选择它的最美的地方，用方法把它表现得更美，这便成了美术，绘画的美术就是人们把美感借真的东西的形象表达出来的一种方法。学画的人，第一步先要求能够把真的东西的形象完全模仿像，然后才能纯熟地发挥自己的美感，所以现在教你们画得同真的东西一样，并不错误！"

以上这段话，不但对学西洋画的人说，是不错的，便是对学国画的人说，也是不错的，因为西洋画和国画，虽然表现的技术不同，但它们的根本原理却是并无两样的。

朋友们！我还有一句话要问你们：当你看见一处好的风景，或

者一丛美丽的花的时候，你们是不是会高呼“这真像一幅画”。又当你们看见一处好的风景画，或者好的花卉画的时候，你们是不是又会高呼“这简直同真的一样”。为什么你们既赞美真的东西像画，又赞美画像真的东西，毕竟是像画好呢，还是像真的东西好？你们对于这个问题，能不能回答？

假使你们不能回答上面的这个问题，我将代你们回答说：“真的东西像了画，那东西便是美的；画像了真的东西，那就证明它已吸收了真的东西的美。绘画美感的标准：是既有真的东西的美；同时又具有人的美感，真的东西的美和人的美感混化为一，然后才是真正的最高等的绘画美术。”

说到这里，你们或许又将质问我说：“怎样叫做美？真的东西怎样会有美？我们的美感又是怎样来的？”假使你们能提出这样的问题，我将赞美你们是聪明而肯用心的学生，我将很高兴地同你们谈话。

要说明怎样叫做美，我们先得问：美是不是有一定的标谁。关于这一点，却很难有确定的答案，因为假使说美有一定的标谁，那么为什么古代人和近代人，野蛮人和文明人，这国人和那国人，这个人和那个人，所承认的美，并不完全一样？譬如说：中国古代人，把“硕大且俨”认为美人的标准形状；而近代人却把大块头认为丑人。西洋人以健康的女子为美，而中国人却以林黛玉式的痨病鬼为美。野蛮人以红绸绿缎为美，而文明人却以雅淡的色彩为美。普通人以头发光滑为美，而艺术家却以头发蓬松为美。这个人欢喜圆面孔，那个人欢喜长面孔；这个人欢喜肥，那个人欢喜瘦。所谓“情人眼里出西施”，便是麻面女郎，也未必没有爱人。照这样看来，美是没有一定标准的。但是宋玉潘安和西施王嫱，人人都认为美男美女，东施无盐，人人都认为丑人怪；一朵美丽的花，人人看见都爱，一处美丽的风景，人人看见都赞，照这样看来，美又是有一定的标准的了。那么究竟应当怎样说呢？我们可以这样说：美是有相对标准的，却没有绝对的标准。

然则究竟怎样叫做美呢？我也可以告诉你们，美有两个大原则：一个原则是整齐，一个原则是变化。拿一个人的面孔来说，假使五官排得太不匀了，那就会变成一个怪物；假使五官排得太匀了，那又会变成一个泥阿福，非要在整齐中有不整齐，不整齐中有整齐，才会觉得合适的美。再拿一张画的布景来说：譬如一张一尺见方的画上，画四个苹果，作画的人把那张画面一划为四，每一部分占据五寸见方的地位，在每一部分地位的正当中画上一只苹果，这样整齐是整齐极了，可是呆板得引不起人们的美感了。又假如把那四只苹果乱画在那张画面上，东一只，西一只，既无秩序，又无系统，这也不成一张画，不能引起人的美感来。必须要把那四只苹果安放得相当匀称，而又有参差变化，这才能成一张美的画面。如果详细地说起来，所谓美实有三个条件，便是在整齐变化之外，还有一个统一的条件，统一便是有组织有系统的意思，不过它与整齐的条件很是相近，所以简单地说来，美只有整齐变化两个大原则了。

至于真的东西所以会有美，是因为自然界的变化顶多，而且顶有条理。譬如说：弯弯曲曲的一带清溪，歪歪倒倒的几棵杨柳，蓬蓬松松的几丛乱草，古古怪怪的几块石头，杂在一起，虽然乱七八糟，却自成一种章法，教人看了，便引起美感来。假如用人工去安排，无论如何排得好，和真的风景一比，总嫌单调而不自然，这是因为真的东西的安排，都有它不可移易的条理。溪水所以弯弯曲曲，是地形构成的，柳树所以歪歪倒倒，也是顺着它的生理而如此的。这里没有一丝的勉强，没有一点妆点，所以能产生一种合式的美态，人工无论如何巧妙，总不能和自然竞胜的，这便是我们表现美感的时候，不能不求教于真的东西的理由。我们多模仿了自然界的东西，便能多得到美的要素和材料，于是我们便能创造出比自然界更美的东西来了。

人的本性，本来是像白纸一样的，善恶美丑，都是后天的知识，不过人性中却具有一种本能，接触外物之后，便会构成美丑的观念，接触外物愈多，美丑的观念，便也愈丰富，我们有了丰富的美感，便要想办法把它表现出来，这就是美术的由来。在很古的时候，极野蛮的人类，已经懂得怎样表现他们的美感了。考古学家发现远古石器时代的文化遗址中，已经有动物的壁画，描画在野蛮人所居住的石洞的岩壁上，这种壁画的表现技术，已经相当的高明，足见绘画和音乐一样，是随人类最早的文明而俱来的。

但是我们要尽量发挥出我们的美感来，却并不是一件容易的事。因为这需要技术的训练，我们先要摹仿现成的作品和真的东西，等到渐渐摹仿像了，我们才练熟了我们的技术，有了熟练的技术，我们才能如愿地尽量发挥出我们的美感，这当中，有一定的步骤，不能十步路一步就跨到的。

朋友们！你们听了我这许多的话，想必对于怎样叫做美？怎样叫做绘画美术？怎样才可以把绘画美术学成的几个问题，都得到了解答。假使你们还有不明白的地方，下次我再来告诉你们吧！

《少年世界》(上海)1946 年

“关于读书”的商榷

最近在《正言报》“学林”栏里读到卞其薿先生“关于读书”的一篇文章，开头的地方，引据吕思勉先生的话，来说明一般人的糊涂，而断言糊涂之所以致成的根本原因，应归咎于一般人的不肯读书，或者读的书太少，我对这点，很有异议，想把它写出来，以就教于卞先生。

卞先生认为：“一般读书的人，似乎总只认和其所研究或偏爱的学问范围之内的书籍，为值得阅读，此外就不很留心了……于是对于普通事物便感不到兴趣，终以印象模糊，而不能判别是非。”“一般不肯读书的人，根本缺乏知识，对任何一方面的事物，都没有清楚的认识”，这诚然是事实！从前本有一句老话，叫做“读书明理”，读书的人，对于道理，当然是应该比较明白的。不过头脑的清楚与否之根本原因，却并不在此。我认为要头脑清楚，首先要有逻辑的训练，而这逻辑的训练，应当在受教育的时代先训练好的，中国的教育方法，是相当落后的，从小学到中学一般学生所受的教育，大都是死的，机械化的，先生虽然把许多知识，灌输到学生的头脑里，但只是灌输而已，并不加以启发，因此学生从小就没有思考的经验。那末除了天资富于分析事理的能力者以外，一般人的头脑怎会清楚呢？我本人从事中学教育十余年，所感觉到的困难是：学生只会接受，不能思考，没有批判事理的能力。因为他们在小学和初中时代，已经把头脑弄得机械化了，到了高中以上，虽有想利用启发方法的教师，也无能为力。孔子说：“不曰如之何，如之何者，吾末如之何也已矣”，这真是现在学生的评价！

现在我且举个例子来说：目下一般人，都怪邮信和交通涨价，以为物价的上涨，就是公用事业涨价激成的。但他们却不想想：我们要吃饭，邮政局，铁路局和电车公司的员工们亦要吃饭。我们做生意不能亏本，政府做生意岂能亏本（最多只能不赚钱）？现在法币的购买力，平均算起来，大约只当战前的一千五百分至二千分之一，战前发一封平信，要五分钱，照一千五百倍算，现在发一封信，已应该要七十五元法币了（即伪币一万五千元），所以现在的邮费，还不及战前的三分之一，我们只须到邮局去看一看，发信人的拥挤，真会出你意料之外，这就证明了邮费是便宜的了。战前，三等火车从上海到常州，票价大概是一元几角，那末，现在的上海到常州三等车票，照一千五百倍计算起来，就需要法币二千元左右了。所以现在的火车费，只能抵到战前的四分之一。火车拥挤的真正原因，实基于此。我们知道：政府的钱，都是向人民头上取来的，没有人会带钱来办公共事业，假使邮政、火车不涨价，这笔损失，向谁去清算呢？政府没有办法，只有发钞票，或增加捐税，来救济这个困难，多发钞票，物价就要涨，捐税亦是向人民征收的，所以种种损失，仍然是人民的，只不过换一个方法而已。这本是极明显的事实，但一般人却不明白这道理。他们的错误是怎样来的呢？就因为没有思考的经验，以致于对各种事情，都丧失了批判的能力，像这类的错误，在中国社会里，是极其普通的，不论读过书或不曾读过书的人，差不多都是一样的看法，所以，这不是读书和不读书的问题，而是教育成功与失败的问题！

最后我且再举一个例，请教卞先生：我的朋友×先生，不是读书很博，而且相当能写文章的吗？但他对于事理的观察是怎样的呢？大家都认为他的头脑不大清楚，这就证明了读书与否和头脑清楚与否并没有多大的关系。总之我们要社会上一般人头脑清楚，须得先养成头脑清楚的环境，而这个非用教育的力量是没有成功的希望。

《家庭》（上海1937）第13卷第2期

谈谈当前的史地教育

“历史地理是人生很切要的学问。”这句话稍有知识的人都能首肯的。可是史地教育在我国，却是失败得不成话说。只要看近年来各学招生和各中学会考的成绩，便知道什么功课都要比史地两科成绩好些。这史地教育的所以失败，最主要的原因约有四点：

第一点是国人对于史地教育的轻视。我们知道，在中学里有所谓“国英算三主科”之称，一般人都认史地只是敷衍门面的功课，可有可无，从学校当局起到学生止，谁也不肯在这两门功课上注意，聘教员时马糊聘，讲时马糊讲，听时马糊听，考的时候也马糊地考，所以结果便会闹出“青苗是青海的苗民”，“府兵是国府的卫兵”（见缪凤林著《中国通史纲要·自序》中所述中央大学招考时学生的答案）的笑话来。

第二点是史地师资的缺乏。专门研究历史地理的人本来不多（尤其是地理），各大学的史地学系往往是人数最少的一科（多数大学甚至于没有史地学系），而史地学系毕业出来的人，高的多走向研究的路上去，不肯去当中学史地教员，低的连自己的知识还不充分，怎能做个良好的教师（有的学问虽好，而教育经验不足，也是徒然的）。一般中学里的史地教员，不请专门研究史地的人担任，往往由国文或英文教员兼任，甚至叫丝毫没有史地常识的人去教史地，则史地教育怎会不失败？

第三点是史地教科书编著的不善。史地教科书本来是极不容易编的,几千年的史籍,何其丰富,几千万平方公里的区域,何等广大,单就搜集材料一点来讲,已经是谈何容易。何况研究历史是需要高超的见解的,研究地理是需要深博的科学知识的,现在一般编著史地教科书的人,也和史地教师一样,本身往往就是个外行,既无专门的学识,又无高超的见解,随意瞎凑成书。怎会不错误百出,叫人笑痛肚子!我是一个学历史的人,就拿现在风行一时的两部历史课本来略评一下做个例子:

中华书局本的《初中本国史》,是一部销行最广的教科书,但是这实在是一种最要不得的课本!其中语句几乎字字都是似是而非的,例如第一册页一八说:"诸侯齐桓公晋文公先后用尊王攘夷的名义,号召中原诸侯出兵,共同战败楚国。"这里面至少有两点是杜撰的事实。第一,晋文公固然曾败楚人于城濮,但齐桓公何尝有"战败楚国"的事?第二,晋文公与楚人战于城濮,齐秦宋三国固然曾以偏师助战,但晋人的击败楚军并不借其力,其事明见《左传》,何得有号召中原"诸侯出兵,共同战败楚国"的话?何况照本书的措辞,一般未读古书,未明文义的中学生怎会不引起"齐桓公与晋文公共同战败楚国"(我在杭州惠兴女子中学任教员时小考的学生答案)的错误观念呢?又如页二六说:"流亡的农民往往离开了农村,集中都市,或专营商"。注引《史记·货殖列传》子贡和陶朱公的事作证,于是子贡和陶朱公就都成了流亡的农民,这岂不是破天荒的大笑话!又如页九引《逸周书·世俘篇》"武王……"一段话,于"武王"二字下面注即"商汤",据《诗经》、《史记》,汤固然亦称"武王",但《世俘篇》武王也会变成了商汤,那末商竟是汤灭的了,这岂不又是一个空前的奇谈!举上三条作例,其书的价值可想而知了!

正中书局的《高中本国史》教科书，也是一本要不得的作品。如页一五把大食人说成是黄种的回族，页二一七说印度人占领月氏，页九六把齐太王田和说成即齐威王（把祖孙混为一人），页××（整理者按：此处扫描文缺字）说杜预著《左传杜林》（注意这个“林”字），页二二八确认关羽为刘备的结义兄弟，都是要使人笑断肠子的（详见《文汇报·史地周刊》拙作《评罗香林高中本国史》）。像以上两部这样荒谬的教科书，竟会风行一时，成为名著，这真要惊叹我国史地教育界的无人了！

其他坊间出版的史地课本，好的实在真少。即有好的如商务印书馆出版的两种《高初中本国史》教科书和《外国史》教科书，又嫌程度太深，太专门化些，和现在中学生的需要不甚合。因此，我们可以说，现在我国没有一部最完善的史地教科书，这句话决不过分！既无良好的课本，史地教育又怎会不失败？

第四点是国文程度的低落，现在中学生国文程度的低落，已成了普遍的现象：因学生国文程度的低落，于是一般常识课本，只要语句稍为深奥些便说不懂，教师们不得不将一切常识课本都当作国文一般逐字逐句的讲授，先生喊哑了喉咙，结果学生还是莫明其妙，连教科书范围内的教材都教不完，说不清，不要说再在课本外补充教材和令学生参看课外的书籍了。我有好几个朋友，都在中学里担任过史地教师，他们都说教科书太多，不容易教完，这便是拿常识课本当作国文课本讲授的弊病！

以上把现在史地教育失败的原因略述一过，然则补救的方法应该怎样呢？就我的愚见以为至少应该：

（一）赶快编写通俗教本和课外读物。中学史地课本和参考读物，不但要写得文字浅显，而且内容也要简要确实而有趣。文字不浅显,中学生读不懂,事实不简要,学生摸不清纲领,而且所花脑力太不经济;事实不正确,会贻误后学;不有趣,不能引人入胜,学生便不肯再读下去。又关于中学史地课本和参考读物,应令学生自读,教师只站在辅导的地位,不可专做留声机器。

(二)宣传史地教育的重要,叫一般人知道要做一个完善的现在的人,必先要知道过去的情形和四周的环境。“亡人之国者,必先灭其史”,即这句名言,便可知道一个中国人不能不知道自己的史地。等到一般社会都正确地明白了史地教育的重要时,史地教育的程度便不加以提高,也会自动地提高了。

(三)提倡史地专家下中学讲授。关于这点,自然是很难的事。因为现在中学教员的报酬是这样的菲薄(尤其是目前的上海),所花费的时间是这样的繁多,专家们怎肯去下顾中学呢。但要知道史地学问的内容虽然丰富,但是扼要的讲起来,实在花费的时间并不甚多,普通中学即使请不起专家教员,但可以请专家讲师。所谓讲师者,每星期演讲一次,把史地两科学问的要点提讲给学生听,这一来可以引起学生的研究兴趣,二来可以补充教员讲授的不足。像这样的办法,讲师和学校两方面如都肯牺牲些,或者可以实行的。这对于史地教育程度的提高,必有帮助。

(四)请教育部严格审定史地教科书,凡文字艰深的聘人改浅(除不得已外不引原文),内容错误或配置不匀的勒令更正,务期其适合实用。关于这点,如能由教育部集合专家自行编纂适用的课本,自然是更好的事了。

至于国文程度的提高一点,则属于国文教学的范围,非此篇所能详言,但史地教本的通俗化,很可以补救当前的这个缺点。

《美商青年》1939 年第 1 卷第 4 期

猫在中国

“猫”这字在中国很古的时候就有了。最古的文学书如《诗经》里有句“有猫有虎”。不过最古的注解《毛诗故训传》上说:“猫似虎浅毛者也。”因此这个猫是否即现在的猫,还很成问题。《尔雅·释兽》说:“虎窃(浅)毛谓之虦猫。”疏说:“虎之浅毛者别名虦猫”,那末《诗经》中的猫决是另一种动物,不是普通的猫,而是浅毛的老虎了。

但是现在普通的猫,在先秦时也未尝没有。《五经》中的《礼记》说:“迎猫谓其食田鼠也。”这是祭猫的一种典制。因为猫能食田鼠(野鼠)驱除妨谷的害虫,对于人类有功,所以要规定了时候去祭祀它。照这条材料看来,或许在周代时候已养猫作为家畜了。

猫自从被人类养为家畜以后,它就担任了肃清家鼠的工作,如果它不尽它的职责,便有被人类捐弃的危险。宋朝的苏东坡曾说:“养猫以扑鼠,不可以无鼠而养不扑之猫。”可见猫若不扑鼠,那就是懒猫,要被视为无用之物。

猫因能扑鼠,为人类除害,所以常被看做灵物而得到祭祀。除了上引的古代“迎猫”的祭典以外,历代也常祭猫,如《唐书·礼仪志》就载有“祭五方之猫”的制度。在南北朝时,更有一件祭猫鬼的故事:

（独孤）陁婢徐阿尼言，本从陁母家来，常事猫鬼，每以子日夜祀之，言子者鼠也。其猫鬼每杀人者，所死家财物潜移于畜猫鬼家。

猫鬼会杀人，还能把被杀人家里的财物移到养宅的人家来，它真有后世狐仙爷的本领了。

猫不但懂得搬运的法术，它还会变化：

唐道袭夏日在家，会大雨，其所畜猫戏水于檐溜下，道袭视之，稍稍而长，俄而前足及檐，匆而雷电大至，化为龙而去。（《稽神录》）

猫同鲤鱼一样会得化龙，足见不是寻常的动物了。不过猫有时又很被人轻视：

道州狗子无佛性，也胜猫儿十万倍。（《指月录》）

这是一句骂和尚的话。但这样一来，猫儿的身份便大为降落了。这是佛教徒的动物学。

猫虽然会扑鼠，但有时也有反被鼠子啮咬的危险，据古书说来是有凭有据的：

弘道（唐高宗年号）初，梁州仓有大鼠长二尺余，为猫所啮，数百鼠反啮猫。（《唐书·五行志》）

猫固然有伏鼠的天然本领，但到了鼠子懂得合群御侮的时候，它便不得不吃些亏了：虽然未必真有这么一件事情。

猫在中国也不仅仅为扑鼠之用，它有时也被当作玩物看待的。中国人的爱猫虽不及西洋人爱狗的热烈，但爱猫的人数实在不少，尤其是妇女和孩子。玉腕捧猫，传为韵事。猫在中国也常被咏于歌诗，被绘于图画。中国善于画猫的画家有宋代的李蔼之。他曾画过《戏猫》、《刍猫》、《醉猫》、《小猫》、《蛋猫》等图，载于《宣和画谱》的有十八幅。中国人画猫很知道格物，古书上载有一幅《牡丹猫》图，猫的眼睛黑而如线，有人批评道：

> 此正午猫眼也，猫旦暮目睛圆，日渐午狭长，正午则如一线。

中国有一种宝石，叫做“猫儿眼”，形如猫眼，中有黑点，据说这黑点也如猫睛，随时会变化的。

猫在中国的灵迹还多着呢，它会修炼，据说雄猫常在月光下拜月，吸收了精华，便能成精。猫成了精，就有迷人的本领：人们在睡着的时候感觉有物压在胸上，那就是猫精作祟在吸人的精气，人的精气被吸尽了，便面黄肌瘦以至于死。不过这种可怕的猫精多是雄猫变成的，雌猫不会成精。所以中国有好多地方人家不畜雄猫，便为此故。这大约是因为雄猫不如雌猫的柔顺可爱，人们因为憎厌雄猫，便替它造出种种可怕的谣言了。

天上玉皇大帝的驾下有一只玉面猫，它能够收伏鼠精，当五花洞里的五头老鼠变化人形扰乱东京（宋朝的都城开封）的时候，弄得包文正也没有办法，他只得借他的法宝游仙枕使魂灵到天上去请下玉面猫来,把鼠精一口一个的收完。

中国人有一种迷信,他们说:“狗来富,猫来穷”,他们以为狗能替主人守门,保守财物,所以狗来是富的象征。猫儿嘴馋,要偷吃主人的食物,所以就把猫来看作穷的象征了。但也有许多地方反过来说“狗来穷,猫来富”的。

中国人养猫,寻常是把小鱼拌了饭给它吃,唤做“猫儿饭”。但除了拿猫当作玩物的人家外,多数是不肯把猫喂饱的,尤其是晚间,总叫它带三分饿,好使它尽些扑鼠的责任。猫死了,把它吊在树上,唤做“吊死猫”,因为猫的前世是个因偷吃而吊死的尼姑。在中国有好多地方通行这种风俗。

中国人也有把猫皮来制裘毡等物的,但是很少见。广东人又把猫当做食品,他们把猫肉和蛇肉煮在一起唤做“龙虎斗”,据说味道是很鲜的,这是广东馆子里的一味有名的大菜。

我们知道猫是非洲原产,埃及尼罗河沿岸是它的发祥地,至我国所产之猫,为亚洲种,或谓别有根源,迄无定论。埃及人把猫当做神崇拜,在上古的时候,埃及人杀了猫是犯大罪的。葛劳德氏的《世界的童年》里,有详细的记载,可以参阅黄素封氏译本。至猫在中国的地位虽不如埃及,但也有神灵的遗迹。中国人除了极穷的人家外,差不多家家都养着猫,它比狗还要来得繁殖,所以猫在中国的命运也不算很坏了。

《知识与趣味》1939 年第 1 卷第 8 期

我们的新宗教

古代的宗教家“神道设教”,他们立出了上帝,立出了救主,造出了天堂地狱的说法,其目的是在“警惕愚民”,使他们弃恶就善。现代的新宗教却不是这样,我们要建立一个人生的标的,使人生从无意义变成有意义,我们乃是“人道设教”。

古代的宗教多是以利己做出发点。譬如释迦牟尼出门看见白骨,才想起生老病死的痛苦,于是决意出家,可见他的修道乃是为了想避免死。道教徒炼丹求仙,也是为的长生不老。其他的宗教家谁都不希望升入天堂,享受永生的乐趣?所以他们的“小心翼翼服事上帝”,其目的不过是在“聿求多福”;他们的“我不入地狱,谁入地狱”,其目的也不过是在巩固他们在极乐世界和天堂里的位置。因之他们的为善,最后只是为自己;他们的去恶,最后也是为自己而已。现代的新宗教却是以利人为出发点的:一个人活在世上,时间虽然短促,但是整个的人群却是寿命很长的,我们要把自己看作整个人群中的一个小有机体,好比一个细胞虽然灭亡,但整个人是一时不会死亡的;细胞为整个身体奋斗,以延长他的全体的生命,人也要为整个人群奋斗,以延长我们的全体生命。这我们的全体——我们的社会——便是我们所信仰的上帝。

现在的人们所以容易堕落的缘故,便因为我们太看重了个体。我们既已知道了上帝和神、地狱和天堂都是没有的,死后既无所归宿，而个体的寿命又是这样的短促，那末我们何必自苦，不如趁这在世的机会多享乐些罢。因此杨朱“拔一毛而利天下不为”的主义大为兴盛，而大家都把这句话的反面“悉天下以奉一身不为”忘记了。大家穷奢极欲，竭力的向消极自杀的路上走去，结果，全社会的灭亡就在眼前了。

我们知道，在罗马帝国的末年，人们没有信仰，只图个体的快乐，于是社会一天天地腐败下去，不久就引起蛮族入侵，有中古黑暗时代的来临。欧洲的文明几乎因此全部覆灭。要不是有基督教维持着人群的心灵，那有今天的西方世界？现代的中国甚于世界，很像罗马帝国的末年，人们已失去了中心信仰，大家活像粪堆上的蛆一般，四处乱撞，没有归宿的所在，于是道德沦亡，人们一天天的在灭亡自己。细胞同细胞自相残杀，这个人还能延长多少天的寿命？

我们以为要挽救现在社会的病态，只有提倡新宗教的一法。这个新宗教里一样也有上帝，一样也有祈祷，一样也有修炼的方法。我们的上帝也是无所不在的，他老人家就隐藏在我们自己和我们同类的身上。我们信仰我们自己和同类，就是信仰了上帝。我们为我们的社会努力谋幸福，便是向上帝祈祷，也便是修炼我们的法身，以得长生不老。我们的个体会死，但我们的全体法身是不会死的，天堂也就在我们的眼前了！

这个新宗教并不完全是我们杜撰的。我们的先知在二千四百多年前已经说过：

> 志士仁人，无求生以害仁，有杀身以成仁。
>
> 士不可以不弘毅，任重而道远：仁以为己任，不亦重乎？

死而后已，不亦远乎？

这个“仁”便是我们的教义。我们要“死而后已”的去追求他，追到了他，那是达到了目的，达到了这个目的，便不愧做这一辈子的人！

《知识与趣味》第2卷第4期1940年1月15日

《水浒传》与古史

研究民俗学的人，都知道民间所传说的故事，是会演变分化的。分化的方式，是把一个人变化成几个人，把一件事变化成几件事。例如徐文长的故事，几乎每个恶讼师都有，有了一个薛仁贵，再来一个薛平贵。

但是，大家不知道历史传说也会演变分化，尤其是古代的历史，简直和民间传说的故事性质毫无差异。大家听了这话不信吗？请听我们来说一个故事：

据古史上记载，太古时有个人唤做共工①，当他的时候，有洪水的大灾，他不用疏导的方法去消弥这灾难，却用造堤作防的方法去对付。结果弄得水势泛滥，酿成"滔天"之祸。于是皇天不肯降福，百姓也不肯帮助，他就失败而死了。他有一个儿子唤做句龙，倒有治水的本领，平定了九州，抵赎了他父亲的罪孽，所以死后，便被祀为管领水土的社神。

过了许多时候，天下又有洪水的灾难，在那时又出来一个唤做鲧的人，他摹仿共工，仍用堵塞的方法去治水，结果也弄得五行紊乱。于是上帝震怒，不给他治天下的法典，他便破殛而死。他也有一个儿子唤做禹，也很有治水的本领，平定了水土，划分了九州，死

① "共工"本是官名，但在古史传说里往往当作人名用。

后也被祀为社神。

这两件事情是这么的相像！这是不是有一个传说分化的可能呢？

古史传说中像这种例子真多，经近人揭发的也已不少。这种情形本来是显而易见的，只是大家不留心，所以看不出。其实当我们小时读过《水浒演义》后，便已应该具有揭发这种神话真相的能力。

大家还不相信我的话吗？我请再举一件《水浒传》里的故事来做证明：

在《水浒传》里有个潘金莲，她是武大郎的家小，武松的嫂嫂，她因她的丈夫人物生得猥琐，不能满足她的性的需要，便去勾搭她的小叔，不幸武松是个硬性的汉子，不懂得什么叫做恋爱，决断地向她拒绝了。她不得已，又去勾引一个叫西门庆的，这次她的恋爱努力成功了。可是她们的神圣行为不久便被武大郎窥破，逼得她不得不下毒手把亲丈夫来谋死。结果引动了她是英雄的小叔武松的义愤，替兄报仇，把一对野鸳鸯生生的分别杀毙。

同时又有一个潘巧云，她是杨雄的妻子，石秀的结义嫂嫂，她也不满意她的正式丈夫，先去勾引她的小叔石秀。石秀也是一个硬性的好汉，不接受她的爱，逼得她去偷了一个和尚海阇黎。不幸她们的神圣恋爱又被石秀发现，激动义愤，代兄除奸，也把一对野鸳鸯分别处死了。

这两件事情也是这么相像，而且"养汉老婆"总是姓潘，难道姓潘的女儿真是娶不得的吗？不！这不是姓潘的罪过，乃是不幸因武松石秀都是梁山上的好汉的缘故。

编故事的人总是随口编的，讲故事的人也总是随口讲的，甲说武松杀嫂，乙便说石秀杀嫂，丙说潘金莲偷汉，丁便说潘巧云偷汉；好在同是梁山上的好汉，说武松杀嫂和说石秀杀嫂原是差不多的。他们注重的是梁山上的好汉，是杀嫂的英雄，武松也好，石秀也好，潘金莲也好，潘巧云也好，他们是不在乎的。编《水浒传》的人在甲的嘴里听得了武松杀嫂，又在乙的嘴里听得了石秀杀嫂，在丙的嘴里听得了潘金莲偷汉，又在丁的嘴里听得了潘巧云偷汉，他便把它们统写在书上，叫人们看了疑惑：梁山上的好汉为什么老是会杀嫂嫂，潘家为什么老是会出淫妇？

《水浒传》里像这种例子也真多[1]，现在无暇细谈。好笑我们的金圣叹老夫子却说这些都是施耐庵的故为奇笔，不知道发明这种奇笔的功劳不应该归给施耐庵而应该归给许多无名的故事编造家。

鲧和共工的故事与潘金莲和潘巧云的故事，它们的性质正是一样。而一个是堂皇典丽的古史，一个却是街谈巷语的小说，但是我们揭穿了来讲，这古史和小说，它们真正的分别性又究竟在哪里呢？

《知识与趣味》1940 年第 2 卷第 8 期

① 如林冲和杨志、卢俊义等都有相同的故事，又如王进就是王庆（见百回本或百廿回本的《水浒传》）的分化，已经胡适之先生指出了（见《〈水浒传〉考证》，《胡适文存》三集），又如《粉妆楼》小说（传说与《水浒传》同为罗贯中所作）所载柏玉霜逃难一段故事与《水浒传》中宋江逃难一段文字完全相同。

谈命

新年到了,该是算流年命的时候了。算命先生的门口大为热闹起来。大家你问流年的吉凶,他问运气的好坏,问来问去,仍问不出什么道理来。去年算命先生说我三月里财运当头,该有一笔小财可发,不过要防煞星冲犯。结果我在三月里并不曾发财,大约我的财星果然被煞星冲散了?去年算命先生又说他五月里防有血光之灾,该得做些功德消消灾,但是他去年并不曾做什么功德,到了五月里也不曾遭遇血光之灾,或许又是遇什么"吉星"解免了罢?

命的说法虽然靠不住,但这一个观念起源是很古的,大约在史前时代已经有了。现在各地的野蛮民族都有近似算命的风俗。在中国,"命"的一词见于《诗》、《书》,当然也是很早的产物了。当周国的兵打到商国的京城附近的黎国时,商人大起恐慌,商朝的大臣祖伊把这个消息报告给商王纣,纣说:"我有命在天,怕周兵何来?"这句话十足表示他坚信天命的态度。可见"命"的观念是怎样深入商周时的人心。到了春秋时,命的观念越发兴盛,聪明的孔夫子有时也不免要谈谈"命"。他曾说:"天生德于予,桓魋其如予何?"又说:"道之将行也易,命也;道之将废也与,命也。"我们看他老人家对于"天命"也是何等的信仰!

因为命的观念这样深入人心,闹得大家都以为"福不可请,而祸不可讳；敬无益，暴无伤”[①]。所以生于春秋战国之间的墨子便大声疾呼地说：“自古及今，亦尝有见命之物，闻命之声者乎？”他因为命是不可见不可闻的物事，便断定命是没有的。他说命是没出息的“上世之穷民”所造。只因穷人们“贪于饮食、惰于从事，是以衣食之财不足，而饥寒冻馁之忧至”。穷民们不肯说他们所以如此，是“罢不肖，从事不疾”所致，必定要说，“吾命固且贫”。这原是懒汉聊以解嘲的说话。所以墨子以为如果相信了命，其结果必会闹出“上不听治，下不从事”的乱子。因此墨子便断言命是“凶言之所自生而暴人之道”。原来墨子的学说本是立足在功利主义的观点上的，他要人人努力于生产事业，恐怕人相信了命，认为富贵贫贱都是定于有生之前的，便不肯努力向前了。又他主张天（上帝）和鬼都能赏贤罚暴，如信了命定论，那末天和鬼都成了无用的偶像了。天鬼之说与命定论原是不相容的，在最古的时代，所谓“命”恐是指天的命令而言（看“命”的一字的意义便可明白），后来文化进步了，从宗教化的天命论演进而成自然主义的命定论。这是一进步，但未免与原始的宗教观念冲突了。墨子是个维持原始宗教的人，所以他不能不反对自然主义化的命定论。

原始的命定论大约是很简单的，但到了五行说兴起以后[②]，命的观念又与五行的思想糅合起来，于是以日辰干支等来推算人的命运。这种学说的起源似乎也不很晚，如《墨子》书就记载着一件故事：墨子北行到齐国去，在路上遇到了一个“日者”，他对墨子说：

① 语见《墨子·非命上》篇。

② 原始的五行说大约起于商代，但现在流行的五行说是起于春秋以后的。这里所谓五行说是指后起的五行说。

“帝(上帝)以今日(壬癸日)杀黑龙于北方,先生之色黑,不可以北。”[①]这便是以五行的学说来推算人的前途的一段较早的记载。到了秦汉以后,五行的算命学说越发兴盛,只要打开一部算命书来看看,便可知其大概。本文不是记叙“命”学的历史的,恕不多述了。

我们也反对命,但不像墨子那副功利主义和宗教的面孔。我们只是作理智的批评。我们首先要质问的是:干支的日期和人的命运有什么关系?干支的日期和五行又有什么关系?关于这点,星相家自然可以说出一大篇的道理来的。但是我们要知道,现在所流行的五行的学说乃是战国时的子思夫子“案”了“往旧”的学说造出来的(胡适之、郭沫若二先生说,见《中国哲学史大纲》上卷及《金文丛考》)[②],那么子思以前没有现在的所谓五行学说可知[③]。而甲子记日的方法,至少在殷代已经发明了[④]。时代前后不同,自是本无关系的,拿它们牵合起来,是后人干的把戏;再拿它们和人的命运勾合拢来,则又是更后人干的把戏!何况就算承认了人的命运和五行干支有关,而天下之大,时间之久,同年同月同日同时生的人不知道有多少,为什么同年月日时出世的人,不一定就是有同样命运的人呢?星相家说,这是因为他们出世的环境不同:五行缺少水的生在水旁,便可以得到补救;五行缺少火的,也只要在名

① 语见《墨子·贵义》篇。

② 《荀子·非十二子篇》说子思“案往旧造说,谓之五行”。

③ 关于五行说的起源问题,请参看顾颉刚先生《古史辨》第五册所收梁启超、刘节诸先生文。《尚书》中的五行说乃晚出文字,不足信;而荀子所言子思造说之五行确为金木水火土之五行,读此数文即可明了。

④ 甲骨卜辞中已见甲子纪日的方法。又夏、殷帝王多以天干为名。

字上加个火字或火旁，便有调剂功用。但是许多不在同年月日时出世的人，他们的命运反会相同，如一场大战，沙场上的累累白骨，难道都是同年月日时出世的人吗？长平一役，赵国的兵卒被秦将白起坑死的同时有四十万人之多，难道这四十万人的命都注定该在这天同遭横死吗？星相家又说，这是国运的关系，人命敌不过家运，家运敌不过国运，国运又敌不过世运。这话虽然说得圆通。不过我们还要质问：然则人命不是根本不可靠了吗？我的命虽然好，如果碰到了家运或国运、世运不好，也会遭殃；我的命虽然坏，如果碰到了家运或国运、世运隆盛的时候，也会变好吗？那末在同一国运、世运之下，人的命运为什么又不相同呢？如近来的内战和外战，一声大炮打来，在同一地点的人，有死有不死，有伤有不伤，这又是什么道理呢？星相家又将说“命该如此”了。然则国运、世运不是又敌不过人命了吗？究竟人命为先呢？还是国运和世运为先呢？这恐怕除了聪明的黄帝和老子以外，将无一人能对答这个质问了。

我发了这一大篇议论，一定有人会暗笑道：“到了现在科学昌明的时代，自非思想落伍者，谁还会相信命？还待你来辩驳吗？”如果人们有这样的质难的话，我将答说：“足下把事情看得太简单了，足下请到上海各热闹马路上去看看，有哪个算命先生的门口不是其门若市的。在这个年头，米贵得像珠子一般，但是人们宁可少吃两碗饭，命却不可不算。而且米愈贵，生活愈困难，算命的生意也便愈好。大都会尚且如此，何况偏僻的乡村，则我在这个时候来写这篇短文，总还不算十分明日黄花罢！”

《知识与趣味》1940年第3卷第1、2期

单云阁主人四十初度赠诗录

岁在戊寅，吾父四十初度，海内耆宿友好，赠诗多可束笥。名篇俊什，皆非泛泛应酬之作可比。裒成一帙，以为他日花甲耄耋之预征焉。男孝祚敬识。

………………

和作

连天烽燧道东行。坐倚孤檠数五更。
王猛才情堪佐晋。梨洲志愿在恢明。
新诗漫惜陈离乱。旧雨何从问生死。
西望故乡千里外。萧萧万树暮蝉声。

万壑千山蜀道难。桃源存问此何端。
群朋犹枉绨袍赠。孤榻谁怜衾枕寒。
乱到极时终自弭。身当疑处且姑安。
文章报国平生在。一恸危巢祇苟完。

………………

《国艺》1942 年第 4 卷第 1 期

建国期中文化人努力的一个方向

抗战是胜利了，跟着来的，乃是建国的时期。在这更伟大的时期中，全国的同胞，都应该有一个新觉悟，便是个个人都负起建设新中国的一部分责任。因此个个人都应该有一个努力的方向。

我们是服务文化界的人，我们当前的责任是什么，我们首先应该深切地来讨论一下。我以为我们当前最大责任是使文化工作切实化：这也便是我们努力的正当方向。

在战前，从事于文化的人，固然也有很切实地努力工作着的，例如国立中央研究院和北平研究院，以及各著名大学附设的研究机关和少数的私人研究者，都有很好的研究成绩。但是大多数的文化工作者的成绩，却是言之可愧。例如各书坊所出的什么"概论"、"大纲"之类，不是东抄西袭，陈陈相因的东西，便是错误百出，千奇百怪的读物。甚至于某种学说在世界上早已废弃，而在中国仍被奉为金科玉律；或者某种学说在世界上尚未被公认，而在中国已被认为毫无问题，这种种弊病我以为都由于不切实而来。惟其不切实，所以有问题，看不出问题来（也不去审查有没有问题），无问题的，也懒得去研究、采用。于是谨慎些的人便抄袭陈说，敷衍了事，好新奇的人便道听途说，再加上杜撰了。

我们过去的文化界，不但远不及欧美各国，就是比起我们的过去的敌国东邻日本来，也大有逊色。笔者是研究历史的人，就拿历史学来说：日本近年对于我们中国历史的研究，确有长足的进步，例如彼国史学家林泰辅所著的《周公》一书，较之我们国内任何一个史学家所著关于周公的书或论文来得详备精到。这是因为我们的史学家参考书不足吗？不是。是因为我们的史学家研究时间不足吗？不是。因为我们的史学家智慧学力不如别人吗？不是。我们的史学家所缺乏的，只是切实而努力的精神而已。

中国近年来对于史学上最有贡献的是古史的研究，这是学术界所一致承认的。但是，首先提出中国古史上最大的问题的，是日本的白鸟库吉博士，其次是西洋人，再其次才是中国人。到近来，中国古代神话的研究，在国内经许多人的努力，已研究出一个相当的结论来，但不过一两年的工夫，日本已有更新的研究出来了。虽然他们补充的地方并不多，而且也没有什么了不起的大贡献，但他们的研究精神，却确值得我们效法！

上面所说的话，并不是长他人的志气、灭自己的威风，只是“讳疾忌医”的反面而已。“悟已往之不谏，知来者之可追”，我们不必隐藏过去的缺点，只要今后能改进就好了。

我们过去文化工作的大弊病，既在敷衍而不切实，则在此建国的大时代中，所急需改正的，当然便是变不切实为切实了。然则怎样的工作，才是切实的工作呢？这不是几句空话所能说明的，得举例来详细解释：

第一，切实的学术研究者必得细心，不厌烦琐。例如，过去有成千万的苹果堕地，有成千万的人看见过，何以别人不加留心，牛顿会加以留心呢？过去有成千万件沸水冲动壶盖的事实，也有成千万的人看见过，何以别人不加注意，至多有人觉得奇怪，再不肯用心去研究，只有瓦特会加以特别注意和研究呢？这固然有别种的原因，如时代、环境、个性、学力、智慧、兴趣等等。但是牛顿，瓦特这两个人心特别来得细，研究精神特别来得坚强，当然是其中的主要原因之一。中国人从前有句老话，叫做“打破砂锅纹（问）到底”，是讥斥人们太追根到底的盘问的，其实研究学问正需要有这种精神。一般学术研究者所以缺乏成绩，便是因为不肯“问到底”，马马虎虎的敷衍了事。晋代的陶渊明“读书不求甚解”，后人往往引为佳话，其实这句话配给那班隐居山林风流自赏的名士们去欣赏遵行，现时代的真正研究学问的人，应对它取断然弃绝的态度！

第二，切实的学术研究者，必得有恒心，不避艰苦，有恒心是做一切的工作所必具的条件，不但文化工作。学问是愈研究愈感深奥而困难的，没有耐心的人，往往半途而废。这不仅研究某种学问的全部是如此，就是研究某个问题，也往往如此。举个例子来说：笔者曾研究过春秋时楚国都城所在的问题，因为笔者曾读过宗翔凤的□□□（整理者案：此处三字原稿模糊不清），知道楚国建国时的都城丹阳在丹水淅水之交，居今河南省的西南部，但是我们知道春秋初年楚国迁都到郢，郢据旧说在今湖北省江陵县。那时候正是楚国势力向北发展的时期，为什么在这个时期，反而迁都到蓬蒿未斩的南荒去呢？而且一迁就迁得这么远呢？这确是一个很值得研究的问题。经笔者细细研讨之后，发现许多春秋时楚国都城不在今江陵县，而应在汉水中游荆山附近的证据。有了假定，又搜得许多有力的证据，本可下结论了，但不幸在《左传》里又发现了两条比较有力的反证（一条是“沿汉溯江，将入郢”，一条是“吴将溯江袭郢”）。因此便延迟了发表结论的时期，现在还在继续研究之中，看来还要经过一个相当时期的努力，才能获得比较可靠的结论呢。区区一个小问题的解决，尚且如此困难，何况其大者？所以真正想研究学问的人必须不怕任何困难的威胁，孜孜不倦，日积月累的努力下去，才会有相当的成绩出现。

第三，切实的学术研究者必得有下学而上达的精神，当从小处做起。在中国，不但是普通一般人，就是文化工作者，也往往有一种极错误的观念，以为研究学问当从大处下手，不应枝枝节节的先去研究小题目。这种观念，便是使中国科学不得发达的最大病根。笔者有位世伯，二十年前，在外国留学，得到博士学位回来，亲友们问起他的博士论文题目来，他答说是蝴蝶翅膀的研究，大家顿时就非常骇怪起来，说道："懂了蝴蝶的翅膀，便算是博士吗？"在他们的意思中，博士的学问是应该非常之博的，是应该上知天文，下知地理的。一只蝴蝶翅膀算得什么，也值得研究吗？殊不知你彻底懂得了一只蝴蝶翅膀，他彻底懂得了一只蝴蝶脚，我再彻底懂得了一只蝴蝶身子，拼起来，我们便能彻底懂得一只蝴蝶，你彻底懂得了一只蝴蝶，他彻底懂得了一只蜻蜓，我再彻底懂得了一只……拼起来，我们便能彻底懂得昆虫。你懂得昆虫，他懂得走兽，我再懂得飞禽……拼起来，我们便能懂得动物。这样一层层的推上去，便可使得人类无所不知，无所不能。这样的无所不知无所不能，才是彻底的，真正伟大的，真正有用的。否则像过去的中国学术界，"阴阳五行"、"先天太极"，讲的东西虽然伟大，说的道理虽然玄妙，但是，现实是怎样呢？是和他们所说的完全不一样！

第四，切实的学术研究者必得态度诚笃，不可有功利的观念。这点是比较难说明的，因为一般人认为"学以致用"，没有功用的观念，便是研究学问不先标应用的目的，盲目的研究，岂不成了书呆子吗？殊不知无论何种事业，都离不了一个"诚"字，"诚"是宇宙间一切动作的最大的推进力。什么叫做"诚"？"诚"便是专一无外的意思,真实无伪的意思。无论做哪件事情,能够真实无伪,专一无外,离开成功的路,总不会十分远的。研究学问,我们也应得抱着“为学问而学问”的态度,既不为名,也不为利;既不为功,也不为业。我的目的只在研究原子的分裂性,因此能制成原子炸弹与否?在所不计;至于因此能促成世界和平与否?更非研究者所宜过问的了。因为一注意到了功用,便会减少研究的诚意;研究的诚意一减少,研究的成绩当然大为减色了。说到这里,我又想起最近的一件事来:三年以前,我因研究春秋时的楚国都城所在的问题,联带注意到春秋时巴国所在的问题,研究的结果,知道春秋时的巴国并不如旧说在重庆,而应在汉水的上游。当时曾将研究所得,草草写了一封信报告顾颉刚师(那时他在成都,他复信说已把那封信刊在他所主编的《文史杂志》上)。最近我在常州乡间教学,想把那封信扩大成一篇万言的论文,有一次偶然同校中一位同事谈起,那位同事说:“你的研究固然是很精密的,但是这样一个小题目,就是研究完成了,又有什么用处呢?我以为像你这样的人,在目前应该去做一部好好的通史,给一般人阅读阅读,专门钻牛角尖,那是第二流以下的人所干的工作”。承他看得起我,认为我是“第二流以上的人”,劝我走大路,走有用的路,不要专门“走小路”,走无用的路。然而他的好意,我却不敢完全承受:第一,我本不是什么“第二流以上的人”。第二,我以为有志之士在目前的中国学术界中,越应该走小路,“走无用的路”。原因是中国现在所缺乏的并不是专做“概论”、“大纲”的大学问家,而是专研究小题目的切实工作者。也不是专讲出路和致用的“大经世家”,而是不问出路,不求致用的“书呆子”!

笔者写这篇文章的动机,是有相当的感触的。原因是我几乎有三年半以上的时间住在乡下，不大上城，对于各种刊物很少接触。最后胜利实现以后，我从乡间解放出来，有机会到书坊中去尽量翻阅图书，但是翻阅的结果，使我大失所望：抗战以后所出的图书，除了极少数的以外，不是非常肤浅的理论八股，便是有毒素的变相的性史，再不然便是很无聊的杂记随笔，连以前的“概论”、“大纲”之类都不可找见；想不到八年之中，文化界竟退化到如此（尤其是沦陷区，简直无所谓文化了）；若不切实迎头赶上去，国家虽得不亡，文化恐有绝种的危险。为此草成这篇短文，以应《中韩文化》月刊编者的索稿。

《中韩文化》1945年第1卷第1期

“美”是什么？*

“美”是什么？这是古今哲学家所争论聚讼而不能解决的问题。照我们看来，“美”的本质并无其物，“美”是主观所产生的一种心理状态，它并不客观存在。

为什么说“美”并没有客观性呢？因为各时代的“美”不同，唐朝人以胖姑娘为美，清朝人以瘦丫头为美。各地域的“美”不同：西洋人的图画讲究色彩鲜明，中国人的图画讲究墨韵幽淡。各种身份人的“美”不同：学士大夫喜欢“枯木竹石”，贩夫走卒喜欢“金玉满堂”。甚至于每个人的“美”也不同：我喜欢倪云林的山水，你喜欢仇十洲的人物，他更爱好恽南田的花草。“美”既没有一定的标准，不是主观的东西是什么？

有人问：“美既没有一定的标准，那末近代实验美学所实验的东西是什么？”我们的回答是近代实验美学所实验的，并不是真正的“美感”而是“快感”。“快感”与“美感”不同：“快感”是一种生理状态，“美感”则是一种心理状态。“美感”虽是主观的东西，“快感”却是比较客观的东西。

所谓“快感”，例如大多数人吃到香甜的东西时感觉愉快，与异性接触时感觉愉快都是。它是发生于欲望的满足的，孟子说：“饮

---

* 本文发表时署名“吴流”。——整理者注

食男女,人之大欲存焉”,“大欲”得遂,就发生了“快感”。而“欲”的由来乃是生理的冲动,完全是机械的。“欲”既满足,“快感”也就随之而消失,饱食的人以多进饮食为痛苦,妓女厌恶性交,都是例子。

所谓“美感”,自然以“快感”为基础,没有引起“快感”的颜色和形体,如何能引起“美感”的图画。没有引起“快感”的声音,如何能引起“美感”的音乐。但是只有颜色形体和声音,固然能引起“快感”,却不能就引起“美感”。引起“美感”,还需要另外的条件。

上面说过:“美”是主观的东西,我觉得“美”就是“美”,不必问别人觉得“美”吗。然则我怎样会觉得“美”呢?这就是“美”的问题所在,也就是我们讨论的中心点。

过去英国有一派美学家认为“美感”是由联想而产生的,我们认为他们的见解相当正确。联想确是产生“美感”的一个主要条件。我们喜爱陶渊明“采菊东篱下,悠然见南山”两句诗,便是因为联想到田园生活的幽闲有趣。不然,在东篱下采采菊花,远远地望见南山,这有什么“美”可言呢?我们爱看马远夏珪的“一角半边”的山水,也是因为联想到景外的大自然,所谓“小中见大”,本是马夏山水画的特色。根据近代“实验美学”的结果,许多人喜听音乐,都不是欣赏它声音的和谐,而是喜欢它所唤起的视觉的意象。有些心理学家以为诗完全属于“联想的思想”。从这些证据上,我们已可确断联想是“美感”的主要条件之一了。

“美感”的第二个条件是习惯。“行为主义”心理学家以为“美”只是习惯,我们也相当的同意。据法国美学家的研究,美乃是最普遍的东西结合在一块所成的。所举的例是,美的眼睛就是大多数眼睛都像它那副模样的,口鼻等也是如此。一百个人之中如果有十个人穿纯绿色的衣服，其余九十个人衣服的颜色都彼此不同，则纯绿色的衣服终于最占优势。在服装的变迁上，最可以见出这种道理。当女人们穿短衣的时候，有一两个女人忽然穿起长衣来，虽然觉得新鲜，总有些刺目，等到女人们全穿长衣了，一两个女人忽穿起短衣来，又觉得刺目了。

单是联想和习惯两点，还不足以完全解释"美"，"美感经验"中更有一种神秘的观念，很难解释。俗话说："情人眼里出西施"，这就是说一个寻常相貌的女子，在情人的眼光里，会变成一个极美丽的女子。这是什么道理呢？这不是联想说和习惯说所能完全解释的。我们以为这里面实在有"下意识"的作用。说到这里，我们先得解释什么叫"下意识"？

近代心理学认为"意识"之外，还有"下意识"（Unconscious），就是指暂时不在意识区域内的记忆和不用意识支配的习惯动作等。这里所说的"下意识"与佛洛伊德等人"变态心理学"里的所谓的"下意识"不同，佛洛伊德等所说的"下意识"，太是玄妙，恐怕并无其物。这种"下意识"是可以征验的，例如我们常到某间屋子里去，只要屋内的物事略为移动，我们就能感觉到它的异样，但是我们却不能记忆物事的原来位置。这就是"下意识"的作用。又如我们日常做惯一件事，某天忘记做了，心中就会茫然若有所失，这也是"下意识"的作用。此外如催眠作用等，也有人拿来做"下意识"存在的证据："下意识"的存在，是无可疑的了。

"下意识"也可以作想像思考的活动，我们意识中有许多念头，寻不出它的来源，往往可归之于"下意识"的活动。例如变态的恐惧者，所恐惧的对象，常是绝无可恐惧的理由的。有人看到高尔夫球就害怕，高尔夫球有什么可害怕的呢？有人看见瓜子就害怕，瓜子又有什么可害怕的呢？经过“心理分析”我们可以发现害怕高尔夫球和瓜子的原因来。害怕高尔夫球，可能是由于幼时在电影上看见老虎吃人，人的旁边落有一个高尔夫球，因为害怕老虎吃人而联带害怕到高尔夫球。害怕瓜子，可能幼时偷吃瓜子，给大人打了一顿，因为害怕大人打，而联带害怕到瓜子。老虎吃人和大人打的记忆，在意识里消失了，它沉没在“下意识”里，但怕高尔夫球和怕瓜子的念头却呈现在意识里，就成为不可解的现象了。

这种“下意识”的作用，不但“变态者”有，就是常人也有的。常人的偏好与偏恶，常有许多是不可理解的。这类不可理解的偏好偏恶的心理，有许多也就是“下意识”的作用。“情人眼里出西施”的原因，自然也有“下意识”的成分在内。所以“美感经验”中的神秘的观念，我们以为都是“下意识”的作用。

不过，“美感”常由“快感”而激发，没有“快感”，“美感”是不会来的。所以引起“快感”的颜色形体和声音等等，也确是“美学”范围里的物事，只是因为“美感”常伴“快感”而生，所以就使一般人误把“美感”和“快感”并为一谈了。

我们这篇短文的目的，是在说明“美感”只是“快感”所引起的一种主观的心理状态，它有联想的成分，有习惯的成分，也有“下意识”的成分。

《家庭》第 14 卷第 5 期 1948 年

精神病与思想问题

精神病与思想问题，是有严格区别的，可是一般人甚至于精神病专科医生，对此尚有误解。只有有丰富经验的精神病专科医生和比较长时期患病经验的精神病人，对两者才能正确地或大概地区别。

严格说起来，“精神病”这个名词本身就是不科学的。因为依据唯物论的世界观：物质是第一性的东西，精神只是从属于物质的。所以，不可能有精神有病而物质的机体无病的客观事实。一定要身体上先有疾病，然后精神上才会发生变态。根据目下的医药知识，虽然有几种所谓“精神病”的机体病因还弄不清楚，但就整个生理学和医学说来，一个持唯物论观点的医生，已经应当承认“精神病”只是身体病的后果，单纯的或纯粹的精神病是没有的！

精神病是属于自然科学范畴的东西，它应当由医生诊断、治疗，而思想问题则是属于社会范畴的东西，医生无能为力，而只能由自己学习、思考、解释，或由同志们讨论、帮助来解决：这属于两种范畴的东西，是绝对不能混淆的！

当精神病正式形成之后，或者自觉地感到身体上有异常感觉，而客观检查，也能或多或少地检查一些征象出来。或者自己不能感到身体上的异样变化，而客观检查，则能检查出来。许多唯心论者说：精神病人身体上的变化，是精神变化的影响，事实上根据正确的科学实验和某些比较正确的分析、研究，事实恰恰相反：是病人身体上先有变化，然后影响精神，使之发生变化，而精神变化发展的结果，又反转来影响身体，使身体上的病态也逐渐加深起来。

精神病与思想问题的最根本的区别在于：精神病的思想是无理性的，是反乎一般人的常情的，即使病人尚有自知力，而且病态以外的思想和行为与正常人无甚区别，可是其病态的思想，与病人自己的整个思想情况是相互矛盾的，因此病人能显著地觉察自己病态思想的错误，然而自己不能克服：这种病状，在强迫症中最为突出。

一个分析、判断能力极强，胆量极大的强迫症病人，在病态思想上，变成极糊涂、很犹豫、很胆小和多顾虑的人，病态思想极不近情理，病人明知其非，然而由于强烈的某种不愉快情绪的冲动，使病人不能放开其极不合理或毫无必要的思想和顾虑，如果病人敢于与病魔斗争，与病魔走相反的方向，病魔就使病人十分难过，甚至坐立不安，长时间不得安定，许多病人就不得已放弃斗争，而向病魔作或多或少的让步，归根结蒂，就是向病魔屈服。有长时间患病经验并有某种程度的生理学、医学知识的病人，或在极有经验的医生指导下，而病人对于医生具有高度的信仰，服从他的指导，这样，病人就能再接再厉地对病魔进行不断的斗争，虽然在神经、精神上要受到一些痛苦，病人是终能获得彻底的或相对的解放的。

治疗某些精神病特别是治疗强迫症，可以通过某些特殊的心理治疗法（如“暗示”、“催眠”等以及治疗强迫症的斗争、工作等疗法），或者再辅之以一些适宜而必要的药物治疗，就可以治愈或使之缓解。对于思想问题，就不能这样，思想问题是正常人遇到某种事情不能解决而发生的，它的发生有原因，合乎情理，人人可以理解，与病态的令人可笑的思想绝对不同。例如怕死可能是个思想问题，但是思想问题的怕死是没有界限的，只要是可以致死的事情就都怕。病态的"怕死"则不然，有人怕传染麻风，有人怕发生癌肿，有人怕狂犬病，可是怕麻风的人不怕肺结核，怕癌肿的人不怕某些严重的传染病，怕狂犬病的人又不怕其他的病。还有人怕墙壁无缘无故地倒下来压死他，却不怕空袭和战争。病态的思想或习惯往往成为一个孤立的与其他思想不相联系，不互相影响的东西。思想问题就绝不是如此。

有人说：思想问题可以引起失眠等神经"症状"，长期不得解决，可以导致精神病。这话是有理由的，可是由思想问题引起的精神症状往往是所谓"反应性精神病"，比较容易治愈，而且病人身体内如无发生精神病的内因（如所谓"精神病素质"或"神经质"等等），虽有强烈的刺激发生了严重的思想问题，也不大容易诱致精神病的。身体的原因是内因，精神的刺激是外因，外因必须通过内因才能发生作用。

精神病诊断术

序 言

精神病学的内容,无非是诊断、治疗、病理三大部分,前两部分是技术,后一部分是理论。关于精神病学的理论,笔者也是很有兴趣探讨的,可是因种种条件的限制,不能作进一步的研究。而且精神病学的理论,几乎人各一说,由于目前的生理学和医学设备条件的限制,在这方面作研究,暂时还难有真正的成绩。只有技术是必需的,是有实用性的,在目前,我们应当首先研究。在治疗方面,除一部分心理治疗外,笔者不是医生,不能应用和实验,只好暂时不谈。但在诊断方面,笔者过去虽是个病人,可是接触和帮助医师治疗的病友确实不少(这是根据"一个已经治愈的精神病病人,才是精神病治疗上最有力的助手"的经验和理论来的)。特别是解放前和解放初,由于我国精神科、神经科设置上的缺乏,医生人数太少,笔者在某些精神病学家的指导、训练下,既已具有一定的精神病知识,为了同情心,不得不参加一些这方面的工作,因此积蓄了 20 年左右的实际经验(至于自己患病的经验共有 51 年),也看了一些生理学、药物学、精神病学、心理学和一般医学的书,在知识上,也还勉强能充数。为此现在写出这本《精神病诊断术》的小册子,以供同志们参考。

关于"精神病"这个名词,据我个人看来,是不大科学的。只有身体病和因身体有病发生精神上变态的疾病,精神本身是不会生病的,过去所谓"心理病"、"心理分析"等等言论,在我们看来是不可信的。如果精神本身会生病的话,那就是思想病或思想问题,应该通过思想改造的方法去解决,而不应当送到精神病院或神经科去治疗,正因唯用思想改造的方法不能改造好这种病,所以才非请教医生不可。可见"身体先有病,然后才会发生精神病"的所谓"有根学说"的基本理论是正确的。否则为什么一些思想很坏的人,并非都是精神病人,而在精神病院中治疗的,有许多倒是很好的同志呢?可见拿思想问题来解释精神病是讲不通的(思想问题可以与精神病有联系,但绝非发病的原因)。

根据近代生理研究者的实验:"双胞胎生的小孩,如在出生以后就把他们隔开,而予以不同的营养、不同的教育和不同的环境,长大以后,体重和某些身体状况可以不同,其智力的发展和事业成就可以有很大的区别,唯独情绪在大体上彼此之间的变化最少。"由此,研究者认为精神是最难改变的东西,也就是与生理遗传最有关系的东西,所谓精神病患者的病前的"病态个性"(严重些的,就是所谓"精神病人格")(但个人认为这不能称是一种病),实际上就是受情绪决定的某些个性,而非整个的个性和思想。这种病态个性的存在,对于精神病的唯物论学说并无影响,对于精神病的唯心论学说并无帮助(至于因精神刺激而造成的所谓"反应性精神病"也是不存在的,大多数精神病在形成过程中都曾经受过所谓"精神刺激",但有些人会引起精神病,大多数人并不会,可见所谓

"精神刺激"只是诱因而并不是基因)。

本书所说的"精神病",只是指的生理症状较轻而不显著者,且有治愈或自动痊愈的可能的真精神变态的疾病。这就是:1.神经衰弱症;2.歇斯底里症;3.强迫症;4.精神衰弱症;5.精神分裂症;6.偏执性精神症;7.狂躁症;8.忧郁症八种病。分析、比较其症状的同异,以供精神病诊断的参考。其已确定生理原因且生理症状较重不易治疗或不能恢复原状的所谓"精神病",则不在本书范围之内。因为那些病症是可以通过生理检查而确诊的(但这并不排斥本书所述的精神病将来也可以通过生理检查而确诊)。

目前所通行的精神病唯心论学说,不但其对病因、症状等的解释不甚可信,即或其所谓"精神分析"等治疗术亦不甚科学。但是,我们并不排斥正确而有效的"心理治疗法"(虽然将来也许会被生理治疗法所代替)。这种治疗法在目前的条件下,还是需要的,即就是:1.催眠疗法;2.暗示疗法;3.适当有效的解释、保证等疗法;4.心理抑制疗法;5.工、娱疗法;6.斗争疗法等。这些疗法都是符合唯物论原理的,并非唯心论的东西(因为它们可以通过实验来证明)。

在这里,其他的心理疗法都是一般医生等所能了解和应用的,只有末项斗争疗法,主要是通过我的实践经验所提出的一项治疗强迫症的最有效(在目前说)的疗法(他种精神病,包括精神衰弱症在内暂时禁用,在这里附带一述)。这种疗法须与其他心理疗法合并应用,其全套公式略为,合理而有力的解释—有力的保证—抑制—工作—斗争。斗争的方法有他人主动的斗争和病人自我主动的斗争两种。其原理就是"矫枉过正"。在治疗效果上说来,以病人自我主动的斗争为更有效。所谓斗争就是与病态情绪和思想走相反的方向，例如，病态情绪和思想畏惧大水，就偏到水旁去站站。病态情绪和思想畏惧登高，就偏到高处去向下看看，再自己勉强地从容走下来。病态情绪和思想怕疾病，就偏到医院中或其附近走走，许多医生和护士天天与病人接触，也不见得就传染上疾病。所谓他人主动的斗争，就是由医生、护士等在说明道理、病人自愿的条件下，强迫病人的病态情绪和思想服从，督率病人进行斗争。所谓病人的自我斗争，就是在病人明了病理、病情、完全自愿的条件下，主动与病态情绪和思想作斗争。这种疗法对强迫症病人有特效，但神经反应、甚至严重的神经反应，常是不可避免的。所以进行这种疗法，最好在抑制、工作疗法已进行一段时期而有效之后时，在与有经验的医生紧密合作下进行，否则是可能出危险的。这点必须注意。

有些病人在进行心理治疗时，需要同时辅以生理治疗，主要是药物的治疗。上述的斗争疗法，对于有些强迫症病人，是可以单独施用心理治疗法的（主要是典型性的强迫症病人），但对有些强迫症病人，就须施用药物治疗辅助的方法（主要是精神、神经混合症病人）。药物绝不能单用兴奋剂，单独使用镇静剂，效果也不很大。最好是看病人的情况施用很少量的兴奋剂（咖啡因等），配合适量的镇静剂同时施用（巴甫洛夫的兴奋、镇静合剂的疗法——所谓“巴甫洛夫合剂”，已大致过时了）是颇合强迫症的病理生理机制的（下丘脑等部位病理兴奋而大脑病理抑制，我认为这种看法在目前是最符合病人的经验的）。镇静剂忌用使病人感到精神疲乏思睡的药物（如录丙嗪等），根据我们的经验，比较有效的是巴比妥类药物阿米妥、鲁米那（他种巴比妥药物少效）等，而阿米妥效果最好，如果用得适量（看各人身体的需要量和吸收量而定），与少量的咖啡因合用,效果是很好的。但这种药物不可长期施用,当病态已被打下高峰后,就应当改用眠尔通等比较和平的药剂。一般说 400mg 的眠尔通(制剂的两片)配合少量的咖啡因,效果也是不坏的。

本书虽参考了些文献,但主要是根据个人近 20 年的经验而写的。其中有些较不通行的看法,如认为“狂躁忧郁症”(躁郁症)并不存在之类。其实,科学家中也有许多人不承认这种病的存在。

1966.12.20

一、总论:科学的精神检查的方法

精神病特别是“纯粹的精神病”(身体检查多属专科的工作),精神检查,到现在还是一种重要的方法。不过过去的检查法,由于唯心论的“精神病学”的统治和影响,有许多不甚必要甚至错误的方法。根据唯物论的原理来说,必要的经过精简的精神检查法,大致应当包括下列各项:

1. 观察病人的仪态、动作、语言、情感和思想、行为等,是正常的还是反常的,必须反复检验,仔细观察,才能作出初步的结论。

2. 听取病人及其家属、亲友、同事等的报告,遇有不够详细的、不够完密或有矛盾时,必须设法反复地问,务期收得比较完备而可靠的病史资料。

3. 主要是搜集病人主诉的病史(如果病人是有比较清楚的自知力的话,这种主诉的价值就更高),不得已时才以可靠的人的转述为主要资料。特别是要注意病人发病的开始前后的情况及病情发展的过程。已往的病史,特别是与精神病无甚关系的病,应当问,但如无特殊的情况,应当把它放在次要或不重要的地位上。家庭历史也该了解，但不必过分重视，甚至把它当作主要的病因。我们对于肺病和胃病，就不甚重视病人的家庭历史，所谓精神病其实还是身体病（所谓“纯粹性的精神病”实际上是不存在的）。过分重视精神病人的家庭历史，甚至用它来解释精神病的原因，这还是过去精神病学中唯心论观点在作祟。

4. 病人的个性（主要是搜集病态的）及其幼年时，青年时的神经性的特殊状态（如怕闪电、雷声、磨牙、梦行、特别怕羞等等），也须注意到。

5. 在学校时的成绩如何？总的智力、体力如何？对哪种功课成绩较好，哪种较坏，有无特殊好的功课和特殊坏的功课？

6. 性的启蒙情形怎样？有无手淫习惯，到何种程度，控制的能力怎样？

7. 有无精神、神经病的遗传素质？

8. 在病期中，应当经常作精神检查，以观察病态发展的情况。观察必须仔细、周到（病人的情绪、思想、意志、行为、仪表、语言、动作、自知力、分析力、判断力、定向力、记忆力、注意力、计数力等等，都须注意到）。护士们如能把病人的表现和行为等等，每日详细记录下来，对于医生的诊治工作，无疑是有很大的帮助的。

能够把以上八项工作做好，就算完成了比较科学的精神检验法。

二、神经衰弱症

绪论　神经衰弱症是一种最常见的病，对于这个名词，过去施用的范围很广，现在则主要是指一种以广泛的神经症状、精神轻度反常为特征的疾病。它的病原，如果依照唯物论的观点说来，则是神经过劳、过度紧张所引起的神经性疾病。病人体质一般较为虚弱，体型多是瘦长型的。这不能一概而论。本病可能有些遗传体质，然不能强调这点。当资本主义兴起以前，这种疾病是不多的，而歇斯底里症则较为常见。所以本病是与社会制度变化，人们心理紧张，工作比较繁重等等原因相联系着的。本病多见于城市中过惯城市生活的人，乡村中人比较少见，可见本病与生活环境的关系了。对于本病的诊断，看似容易，其实需要比较专科的知识，一般医生很可能把他种轻性精神病误诊为本病。

身体症状　神经衰弱症的第一个自觉症状，是全身衰弱、无力感。病人觉得周身虚弱，到处是病，疲乏异常，不能工作。

脑部症状是本病最常见的身体症状。病人自诉：头痛、头晕、头部紧张感、重压感，头痛往往限于一部，全部头痛而又经常，则就可以怀疑为别种神经性疾病。与脑部症状相联系的是眼部症状：眼目昏花、畏光、流泪、多分泌物等等。但一般看书、看物，并无甚问题，有些像近视眼、老花眼等眼病，然这种病人的目力往往可以保持到老，老年时仍可看小字书。

失眠或多眠，是本症的一个重要特征。但多眠较少见，一般都是患着失眠。病人十分担心他的失眠，认为会搞坏身体，其实这种顾虑是多余的，失眠虽于身体不能说丝毫无碍，然其危害性并不像一般所想象的那样严重。我们常见失眠数十年（甚至很厉害的失眠），而身体依然相当健康的老人。多眠并不一定有好处，有时多眠会影响消化等机能。

消化症状也是本症最常见的一种症象：胃痛、胃部不适、消化不良、胃口不佳、便秘或类似下痢的情况，是常见的。

心脏症状比较不多见，然有这种症状的人，脉搏加速或迟缓，心跳的自觉症状,会使病人十分恐惧。

有些病人往往在病症发展后,感觉周身酸痛,这也会增加病人的顾虑。

性症状不是本病病人人人都有的。感觉过旺的少,而阳痿、早泄、遗精、月经不正常、性欲减退等现象,则较为常见。性症状也是病人所最担忧的症状之一。

精神症状　在精神症状上,则病人最先感觉到的是精神不振,无兴趣工作,喜找人谈话以作发泄。倏而兴奋,倏而疲劳,是本病最常见的症候之一。

焦虑、烦躁、忧郁、愤怒等情绪经常出现,情绪不稳定、易波动。这些情绪症状虽远较强迫症、精神衰弱症、歇斯底里症等为轻,然而也是相当显著的,不过神经衰弱病人忧虑自己精神症状的不多见,可见他们的情绪症状较轻,他们所感到的这方面的痛苦较少。

病人兴趣集中于自我,说得确切些,集中于自己的疾病和症状上,病人有迫切求治的心理,他们对于他们的病,特别是精力不振、不能工作和身体症状,是非常担心的。

病人感觉记忆衰退,刚做的事就忘记,但对注意的事则记忆力甚好。有的医生根据这点认为病人并无记忆衰退的事实,只是自己疑惑而已。这种看法,根据我们的实验,是不正确的。此外,注意力不易集中,也是本病的较显著的精神症状之一,但本症稍轻,这种症状就随之而消灭。

诊断　本症的诊断,首先是先施行比较详细的身体检查,如不能发现与本病症状有关的机质病变,根据上述的症状,就可作出神经衰弱症的诊断。

与他种精神病的鉴别　最容易和神经衰弱症相混的，就是“精神衰弱”和强迫症。过去的医书上有把强迫症状和焦虑情绪列为神经衰弱症的最高的主要症状的。甚至有些大医院中的神经科医生也不能分别这三种病。我们应当了解：神经衰弱主要是以神经症状为主的，病人的注意力往往集中在自己的身体上，其强迫观念和焦虑情绪也是集中在身体症状上的。不可能有很奇怪的强迫观念和严重的焦虑情绪成为主导症状的事实（在短时期内是可能的，但不久还是还原成身体症状）。同时，神经衰弱症的精神痛苦也远不及精神衰弱与强迫症。在预后上，只要治疗得法，病期不久，神经衰弱症是比较容易治愈的，然强迫症和精神衰弱，是极难治疗的病，缺乏专门知识和技术的医生往往对它束手无策。又精神衰弱者的强迫观念和强迫行为往往非常特殊，连普通神经衰弱者也觉得莫明其妙，所以辨症并非甚难。

神经衰弱与歇斯底里的鉴别更容易了，歇斯底里有痕迹症状和癫痫性发作以及精神发作，且容易转移，这些与神经衰弱都不相同。有的歇斯底里者还有很奇怪的症状，如起立不能、不视、不见、不闻、不语和看物的形象与平时不同等等，这些也是神经衰弱症所没有的。至于有妄想和幻觉的歇斯底里症，那就越发不难与神经衰弱症区别了。

神经衰弱与轻性、单纯型的精神分裂症也不难鉴别。精神分裂症的情绪淡漠、精神衰退、学业或工作能力较前远远不如，甚至还有痴呆的面容和莫明其妙的行动等，都是神经衰弱症所没有的。同时精神分裂症患者往往不承认自己有病或求治心极不迫切，与神经衰弱者夸大自己的症状，到处求医诊治是绝对不同的。

神经衰弱症与早期偏执狂也不难鉴别。早期偏执狂主要是偏执妄想，很少自诉身体症状的，即使自诉有身体症状，也是比较简单的，与神经衰弱绝不相同。无论是正型偏执狂或类偏执狂，总有类妄想一类的幻想（猜疑、怕迫害、夸大等等），这是神经衰弱症所没有的。

神经衰弱症与重性忧郁症，自然容易鉴别，但轻性的忧郁症则极易与神经衰弱相混。在这上面，我们就需要作极仔细的检查，主要是抓主导的精神症状和神经症状是否普遍。神经衰弱者可以有忧郁情绪，轻忧郁症也可以有类似神经衰弱的身体症状。但是，神经衰弱者的忧郁情绪是不很突出的，而轻忧郁症的自诉的身体症状也较不突出。又轻忧郁症的自卑、疏懒，甚至有厌世的情绪，都是与神经衰弱不相同的。

三、歇斯底里症（癔病）

绪论　歇斯底里症是患者很多仅次于神经衰弱症的一种精神、神经症。它不仅在城市中，也在农村中流行。这种疾病虽不及神经衰弱症等顽固，然而易好易发，发的次数太多，有进入重性精神病的可能。歇斯底里症在某些方面说，有间于轻性精神病和重性精神病之间的性质。检查歇斯底里症的最主要的一个标志，就是有无“痕迹症状”。所谓“痕迹症状”就是在身体上一定的区域有不合神经分布规律的感觉症状。其次就是有无癫痫性发作和精神发作的现象，有无周期转换的现象。更重要的是看病人的受暗示性是否十分强烈。有人提出所谓“歇斯底里精神病”的名词，但是，它不能用暗示造成，也不能用暗示移去。虽有歇斯底里症状，但更明显的是“精神错乱”的现象。有人把它归入精神分裂症，认为是精神分裂症的一种。这种病确实有转入精神分裂症的可能。但当它尚未进入精神分裂症时，似乎只可认为是一种向重性精神病过渡的歇斯底里症。

痕迹症状　所谓“痕迹症状”多数是感觉障碍上的表现。角膜、咽腔等，都可出现这种现象。有的少数病人有感觉过敏的现状。敏感的地方多在乳房下侧、腹壁下方肠骨内窝。过敏地区的压捺可以促发癫痫性发作或终止癫痫性发作。感觉缺失多在腹部脐孔四周，或散在四肢。这些地区多不符合于任何机质损害的分布状态。这种症状究竟是所谓“官能性”的、“机质性”的或“暗示性”的，尚有争论。

被暗示性　被暗示性的强烈，是被认为检查歇斯底里一个重要标帜的。许多种精神、神经症都有被暗示性，但终不及歇斯底里症的强烈。歇斯底里者可以由暗示（暗示与自我暗示）形成严重的症状，也可以由暗示把症状移去：这的确是歇斯底里症的一个特点，不可不注意的。

周期转换　歇斯底里的另一个特点，是忽好忽坏，时发时愈，移转性特别显著。长期的反复性发作，是使歇斯底里症转入重症的关键。

躁动　歇斯底里者因情绪冲动可以发生“躁动”状态。这种“躁动”状态与狂躁症的“躁动”状态最难鉴别。一般说：狂躁症躁动状态的情绪背景多是愉快乐观，而歇斯底里症躁动状态的情绪背景则一般是不愉快的情绪（如烦躁、愤怒等）。但也有例外。又歇斯底里的躁动比较容易转移，而狂躁症的躁动则比较长期存在。

癫痫性发作　歇斯底里性癫痫性发作与癫痫，都是歇斯底里症中最像神经病的典型症状。可是歇斯底里的癫痫性发作与真性癫痫，一般医生是颇难鉴别的。其实有明显的区别。第一是脑电图的检查，这当然是最科学的。可是其现象也有区别，如真性癫痫的发作呼喊在发作前，歇斯底里则在发作时。真性癫痫的惊厥，是先有紧张性痉挛，歇斯底里则有挣扎的动作或四肢乱动。真性癫痫没有发作时自言自语的现象，歇斯底里则常见。真性癫痫常见大小便失禁现象，歇斯底里一般没有。真性癫痫发作时间一般很短，歇斯底里则可到数十分钟至一二小时。歇斯底里性瘫痪行走时会将瘫痪的脚向前拖着走，而不是将脚先行提高，将脚用力地向外抛出，然后向前行走。这是与真性癫痫不同的。

梦行与漫游　“梦行”即睡梦中忽然自己起来，行路、出外或有其他动作。“漫游”是忽然出外，几乎一去不返，症候终止时会自动回来，对于漫游时的情况，自己不能清楚记忆，“漫游”颇似清醒时的“梦行”，而“梦行”则像睡梦中的“漫游”。

妄想与幻觉　歇斯底里症与其他轻性精神病的不同，可以发生妄想与幻觉，其特点在缺少推论、追究，它不可能使患者有计划地、有思考地、有追究地、有计谋地进行某项行为。妄想与幻觉或为迷信，或为迫害等。

记忆缺失　记忆缺失也是歇斯底里症病的一项特征。患者可能忘记过去的一段历史，或某件事情，而在发作期内的事，患者也不能清楚记忆。它的记忆缺失是与神经衰弱症的记忆衰退完全不同的。

昏迷或晕厥　昏迷或晕厥，也是歇斯底里者常见的症象，但与机质性的昏迷或晕厥，与其他精神病的昏迷或晕厥多不相同。本病的昏迷或晕厥多是暂时的，在机体上查不出原因，而且无大害的。

不视、不闻与不语　不视、不闻与不语，这是歇斯底里症的最奇怪的症状，它的不视，查不出眼部机质病变；不闻，查不出听官机质病变；不语，也查不出机质的原因。有些缺乏经验的医士，经过检验随便武断病人是"有目的的装病"或"诈病"是很不妥当的！

不自主的哭笑　不自主的哭笑，是歇斯底里症常见的精神症状，它只是暂时的现象，与重性精神病的这种现象全不相同。

身体检查　"几乎什么症候都能出现在歇斯底里患者的身上"，过去医生的这句话是有经验的。所以歇斯底里患者必须作极仔细的身体检查，根据一二项症状就武断病人"无病"，而是歇斯底里症，这是很危险的！

与他种精神病的鉴别　歇斯底里症状特殊，轻症虽与神经衰弱相似，但一问究竟，总不能不显出歇斯底里的特殊症状。歇斯底里患者可以有突出的强迫症状，这就要仔细观察，分别主从，以主导症状来定病的性质。有的医学家认为歇斯底里与强迫症状不能并存，是不可靠的（但本人确未见歇斯底里与精神衰弱的合并症）。轻性精神分裂症有时也像歇斯底里，这须检查身体，观察有无"痕迹症状"等歇斯底里特殊症状。而精神分裂症的情绪淡漠、衰退，也与歇斯底里情绪较浓相明显区别。精神分裂症多少有思想、情绪分裂的现象，而歇斯底里一般无之。歇斯底里情绪发作或躁动时，与狂躁症颇有类似之点，然歇斯底里症状容易转移，狂躁症状比较长期。狂躁症多愉快情绪，歇斯底里则以不愉快情绪为多。歇斯底里亦可能出现忧郁症状，然强烈的自卑感及犯罪妄想等，歇斯底里症毕竟少见。

四、强迫症

绪论　“强迫症”是一个简称,过去的名词叫做“强迫观念与强迫行为症”,或者“强迫观念症”。这些名词反而不如“强迫症”这个简称来得恰当。许多精神病学家和医生他们缺乏强迫症的直接经验,又未仔细观察病人心理,所以才有那些不妥当的名词。过去有的比较有经验的医学家称这病为“情绪精神病”或“恐怖症”,根据我患本病数十年的经验看来,倒是比较名副其实的。

有的医学家把强迫症和“精神衰弱症”混为一谈,统称为“精神衰弱症”,根据我们最近几年来仔细研究的结果,觉得把这两种症候定为相接近的两种病,比较适宜些。因为这两种病的病前个性、病情发展方向和治疗效果以及预后等,都有很不相同的处所。

所谓强迫症的主导症状或病情的出发点,实是一种烦躁不安的情绪,这种情绪的发展公式如下:烦躁—焦虑—恐怖。烦躁是出发点,焦虑是其中间状态,而恐怖则为最高形态。所以本症定名为“恐怖症”或“焦虑症”是比较适宜的(单有烦躁而无焦虑的,只是病症的最初期,其后期即便到了缓解期,也是不能完全避免焦虑状态的。便是恐怖情绪,有时也还会出现)。至于所谓“强迫观念”和“强迫行为”,根据我们的经验,严格说来,实在并无其物。“强迫观念”如果没有强迫性的烦躁、焦虑、恐怖等情绪的支持,只是一个冰冷的观念,丝毫不能发生威力。所谓“强迫行为”,实际上,有些只是病人镇定强迫情绪的一种手段,例如敲桌若干下、记数、立誓等,都是所以避免情绪的痛苦,这种“强迫行为”多无甚意义。有些“强迫行为”则是“强迫观念”的产物,是强迫观念所驱使的,例如怕麻风传染就不断消毒；怕人偷物，出门时要把孩子锁在房里之类。这类“强迫行为”多是比较有意义的。至于不自主的强迫性动作（如霎眼、回头、手足牵动之类），虽然里面也有些情绪的作用，但主要是神经症状，它与一般所谓“强迫行为”是有区别的。经过上面的叙述，我们就说明了强迫症的特点及其与“精神衰弱症”的区别了。

身体症状　一般说：典型的强迫症患者至少是基本上没有自觉的身体症状的，他们自己往往诉说：“身体健康无病，只是精神非常痛苦。”实际上神经症状还是有的，有的患者可以从外表上看出来，他们自己所以不大承认，是因为他们的注意力集中在自己的精神症状上，无暇顾及身体的缘故。有的典型的强迫症患者，在强迫症正式发作前，往往先有一度“类神经衰弱”发作的时期，如头痛、头晕、失眠等，到强迫症正式发作后，这些症状在病人的自觉上反而消失或轻减了。非典型性的强迫症（我们称之为“精神、神经混合症”），在精神症状比较低落时，往往自觉有类似“神经衰弱”的症状，如头晕、心跳、消化不良、失眠或多眠等，不过一般较“神经衰弱症”轻得多而已（有的人可以较重）。过去曾有一种说法，就是认为强迫症是神经衰弱的高级阶段，也是有所据而云然的。有些非典型性的强迫症病人还可以出现不自主动作的神经症状。

精神衰弱现象　所谓“精神衰弱”就是一种大脑受抑制的状态，病人觉得精神非常疲乏，振作不起来，不能工作。这种状态在强迫症病人往往出现于病的最严重时期，或在一度高度兴奋之后。在较轻时期，一般没有这种症状。混合型精神、神经症类型，比较容易出现这种状态，它往往与若干神经症状相联系着。总之：强迫症病人的“精神衰弱”症象是比较轻的、较易克服的或暂时性的。

强迫情绪　如上所说，强迫情绪是强迫症的主导症状。一般是以不安状态为基础，而烦躁、而焦虑、而恐怖：这是病人最感痛苦的症状。特别是这种情绪发展到恐怖的阶段时，其痛苦不是一般常人所能想象得到的。在病情缓解期，虽然焦虑、恐怖状态消失了，但是经常还有烦躁、不安的情绪来打扰，特别是遇到身体或环境的刺激的时候，病人如能兴奋大脑，努力抑制这种不正常的情绪，病就可以不发作，否则就有病症复发的可能。

所谓“强迫观念”与“强迫行为”　所谓“强迫观念”与“强迫行为”都是受强迫情绪支配的，强迫情绪消失，“强迫观念”与“强迫行为”就自然会随之而消失。例如你不怕了，不焦虑的，则你身体上的一点很小的不舒适，你自然不会把它当作大事了。我曾一度害怕右腿上一粒较大的黑痣，怕它变成恶性黑色素瘤，当强迫情绪强烈时，终日恐惧这粒黑痣，每天要褪下裤子来看几十遍，隔二三天就要找医生，甚至到医院里去检查一下黑痣。到强迫情绪消退后，这粒黑痣依然存在于我的身上，看见它就丝毫不害怕，想起过去的恐惧心理来，觉得非常可笑。“强迫观念”是多种多样的，但往往寄托在病人最注意的事物上，一般人所最注意的多是自己的身体和生命，以及有关名利的事物，所以强迫观念往往寄托于此。有些政治觉悟较高的人，也会把强迫观念寄托到国家大事上去，如忧虑抗日战争能否胜利等等。有些病人，特别是女病人又把强迫观念寄托在自己的家属身上去：丈夫担心妻子的安全；妻子担心丈夫的安全；父母担心子女的安全；子女担心父母的安全。“强迫行为”则如上所述，有的是随“强迫观念”来的，有的是随强迫情绪来的。大体说来，强迫情绪、“强迫观念”和“强迫行为”是“三位一体”的东西，不能分裂开来。有的医学家把强迫症和“精神衰弱症”分为“强迫观念症”、“恐怖症”、“强迫行为症”三种病症，是不妥的！

植物神经症状　混合性精神、神经症类型的强迫症患者，往往有明显的植物神经症状：心跳、头晕、消化不良等等，查体有的有“交感神经系张力亢进”或“副交感神经系张力亢进”的现象，有的则表现为“整个植物神经系统功能紊乱”的现象。有这种自觉症状的患者，我们就称之为“混合性精神、神经症”类型的强迫症患者。

身体检查　强迫症患者进行身体检查，至少一部分人可以发现有植物神经症状。但也有不大能检查出身体症状的。要之，在目前，这类病人还不能检查出有身体上机质性病变的存在。

类型　强迫症可以分别为“典型性强迫症”和“混合性精神、神经症”二大类型。第一种类型比较单纯，缺乏身体症状的自诉而单有精神症状的自诉。第二种类型比较复杂，有的除植物神经症状外，比较接近第一类型。有的神经症状比较显著而广泛，忧郁情绪和神经衰弱的症象很接近神经衰弱症，但与神经衰弱症仍有不相同的地方，那就是精神症状还是比较突出，神经症状还是比较轻微。有的焦急情绪异常突出，联合着恐怖情绪，往往极度恐怖某种疾病，甚至发生死亡恐惧。还有恐怖强迫症的本身的。此外还有别种病型，都是大同而小异的。

与他种精神病的鉴别　强迫症与“精神衰弱症”是否两种病，在医学界是有争论的。根据我们的经验研究的结果，这应当是两种病。首先从它们的病前个性看：两种病人的病前个性是不尽相同的。最显著的一点是：强迫症病人的个性是比较外倾的，特别是典型性强迫症病人，情绪比较发扬，说话比较多，略有狂躁或歇斯底里的倾向。便是“混合性精神、神经症”类型的强迫症病人，情绪也比较发扬，与“精神衰弱症”病人的比较沉闷，情绪不易转移，带有忧郁倾向的情况不同。又强迫症病人比较有决断性，敢于和病魔斗争，也不像“精神衰弱症”病人那样犹豫不决，缺乏勇气，无力与病魔斗争的情况。“精神衰弱症”病人有一套顽固的所谓“精神衰弱个性”，其发病多由于在一定的生活环境中的个性发展。强迫症病人虽也具有若干所谓“精神衰弱个性”，但不那么完全，且与“精神衰弱症”病人有相反的个性（最显著的不同，如上所说，是强迫症病人比较“外倾”而“精神衰弱症”病人比较内倾）。其发病虽也有个性的原因，但多由于身体的或环境的刺激。从症状发展的方向看，强迫症是向“恐怖症”的方向发展的，而“精神衰弱症”则向“精神衰弱”（脑力衰颓感）的方向发展。其“强迫情绪”、“强迫观念”、“强迫行为”也不尽相同，“精神衰弱症”的“机械性症状”是更难令人理解的。就治疗效果说：强迫症无论那种类型，都是比较容易治愈的。而“精神衰弱症”则很不容易治疗。就预后说：两种病虽然都是长期性、顽固性的，但“精神衰弱症”除自动痊愈外，确实用药物治疗和心理治疗比较彻底治愈的病例，我还设有看见过和听见过。

强迫症与神经衰弱症的鉴别，则比较容易。前者偏于精神症状，自诉的痛苦，主要是精神的痛苦。后者偏于神经症状，自诉的痛苦，主要是身体上的痛苦。强迫症一正式爆发，病人往往就自知是“精神性”的疾病；神经衰弱症一开始，病人只知道自己患的是身体上的疾病。

强迫症状有出现于歇斯底里患者身上的，同时，歇斯底里症状也有出现于强迫症患者身上的，所以这两种病有时比较难于分别。鉴别的可靠方法，只有抓住主导症状和看哪种症状多寡的方法。但一般的病人还是比较容易鉴别的，歇斯底里患者很少有正式的强迫症状，强迫症患者很少有明显的歇斯底里症状。

精神分裂症早期也可能出现一些强迫症状，但缺乏焦虑情绪，求治心很不迫切，甚至可以口说强迫症状的痛苦而面带笑容，与真性强迫症病人的焦急求治、思想与情绪一致的情况，绝不相同。有些强迫症病人也可出现一些妄想和类幻觉，但自知其误，不像精神分裂症病人那样无自知之明。

强迫症与偏执狂的神经生理基础，据巴甫洛夫学派的学说，是相近的，不过偏执狂的病理生理基础更顽固而已。但在精神症状上看来，两种病有显著的不同：强迫症病人自知力极强，且迫切求治；而偏执狂早期虽或尚有自知力，然害怕别人知道耻笑他，讳莫如深。承认有病与否认有病，是强迫症与偏执狂的主要区别。

轻性忧郁症或早期忧郁症，可以有明显的强迫症状，但求治心不甚迫切，且杂有自卑感和犯罪妄想等，这些都是强迫症病人所少有的。强迫症的强烈恐怖情绪，也是忧郁症病人所少有的。不过，有的忧郁症患者同时也有焦虑状态，如再加上强迫症状，而忧郁症状又是比较轻性的，这就使医生难于鉴别了。有强迫症状的轻性忧郁症和有忧郁情绪的强迫症的鉴别，必须要有很有经验的人。

五、精神衰弱症

绪论　“精神衰弱症”是一种特殊性的轻精神病，它有比较独立的性质，不大容易与他种精神病合并发生，所以鉴别较易。这种病多有遗传体质，有所谓“精神衰弱个性”：认真、好强、负责、谨慎、仔细小心、怯弱、好思考、不开朗、有洁癖和有尽善尽美的标准。对于事件的判断力较为薄弱，经常有不安感、不完整感、不确实感、犹豫感等，这些心理多相互有联系。这些情形或个性，在病人幼小时,就可以看出来,到成年期,逐渐显著。这种病人因有遗传素质和上述的个性(个性和遗传有关),如果遭遇身体或环境的刺激,极易发病。病症的发展是慢性的,到病人觉得痛苦有病而需要治疗时,病情往往已很顽固,加之有遗传素质和特殊个性,这种病是很难治愈的(但有自动痊愈的病例)。这种病的发生,也有因突然的强烈刺激而惊怖失措形成的,据说在这种情况下形成的病比较容易治疗,但我还不曾看见实例的证明。也可能是强迫症的传误。这种病症的主导症状是自觉精力衰颓,即所谓"精神衰弱"现象。强迫症状也是这种病症必备的症状,可是其痛苦的情形,似乎较严重期的强迫症为轻。然而其强迫症状,多使常人不易理解,是一特征。

主导症状　如上所说,这种病的主导症状是所谓"精神衰弱现象":"头脑整天处在极其劳累的情况中,而精力难以集中","精神变得迟钝"等等。这类症状可能是大脑受抑制的现象。过去苏联医学家有人认为"精神衰弱"就是一种"潜伏性的精神分裂症",根据各方面的研究,这种说法尚难予以证实。

强迫症状　本症的强迫情绪缺乏强烈恐怖性,而有焦虑、烦躁不安等情绪。由于强迫情绪缺乏恐怖性,所以其强迫观念中缺乏真正恐惧的事物,这是它与强迫症的"强迫观念",有严格区别的所在。这种病人的"强迫观念"往往无甚意义,令人不易理解,如怕钢笔帽扣得太紧或太松,怕茶杯放在桌边掉下来,怕尖锐的物事伤人,怕不整洁,怕鞋子掉下来之类,与其说是"怕",还不如说是要求"安心"的一种"任性"的怪癖。病人的"强迫行为"往往与"强迫观念"相联系,如不断检点物事,经常擦桌、扫地不已,经常用手提鞋之类。怕手不清洁,经常洗手不已的所谓"不洁恐怖症",(其实并非恐怖)的"洁癖",是这种病人最常见的症候。总之:病人表现得非常“任性”，不能强自抑制，让病魔折磨自己。病人自己常说：“我总有一天让病魔折磨死。”类似的症候也见于强迫症病人，但往往是比较偶然的、暂时性的，不表现为一种经常的症候。而且强迫症病人的这类表现往往是为恐怖情绪所驱使，与“精神衰弱症”病人为烦躁不安和“任性”的习惯所驱使，不尽相同。精神衰弱症的“强迫观念”与“强迫行为”比较容易转移，但是，“完全好的时候是没有的”。病人“那怕一些无意义的小事物，小印象闯入思想，因为一旦引起自己的注意，就纠缠在脑海里摆脱不了”。“类似这样的现象，随时随地都有”。当一个较顽固的“强迫观念”出现后，其他强迫症状的内容会不再出现，即使出现，也不会令人那么无法摆脱了。于此可见：这种病也只是一种烦躁不安的焦虑性情绪作祟，当情绪与某种观念和行为结合时，其他的“强迫观念”与“强迫行为”就退居次要的地位，甚至消失。

神经症状　这种病人除“精神衰弱”感到脑力衰弱外，其他的神经症状是不显著的。有的神经症状是随着“强迫观念”来的，完全是一种敏感。例如有一个病人怕脚部染上污秽，就产生一种“麻苏苏的极不自在的肉体感觉”。还有“心胸堵塞、感到一种钻心的窒息，好似心也不落实”的现象。这种症状，至少心理的原因是较多的。

身体检查　这种病人也须作身体检查，看他所患的是否有强迫症（身体症状较显著）或精神分裂症的嫌疑。并检查其有无身体病的影响，以决定治疗的方法。

与他种精神病的鉴别　如上所说，这种病与强迫症究竟是否两种病，尚有争论。这种病与强迫症容易相混，是很自然的。两种病最主要的不同，根据我们的经验，在于：1. 强迫症的“精神衰弱”

现象是暂时的、较易克服的;“精神衰弱症”的“精神衰弱”现象是经常的、较难治疗的。2. 强迫症的主导情绪是恐怖,带有焦虑;“精神衰弱症”的主导情绪是烦躁不安、进至焦虑。3. 强迫症的“强迫观念”与“强迫行为”是比较有意义的,是人们比较容易理解的;“精神衰弱症”的“强迫观念”与“强迫行为”多毫无意义,常人很难理解,“机械性”更强。4. 强迫症中病人有一部分人植物神经症状比较显著;“精神衰弱症”病人很少强调神经症状的自诉。

“精神衰弱症”与神经衰弱的主要区别,在于前者以精神症状为主,而后者以神经症状为主:无庸多说。

有些“精神衰弱症”很有些像早期或慢性精神分裂症,所以过去苏联医学家有“精神衰弱症就是潜在的精神分裂症”的说法。然而这两种病有显著的不同:1. “精神衰弱症”的病状成形后就比较顽固,不像精神分裂症那样多样而易变。2. “精神衰弱症”情绪较高,而且较单纯,精神分裂症很早就要出现情绪衰退、淡漠的现象,而且有喜怒无常等现象(早期单纯型除外)。3. “精神衰弱症”情绪与思想一致,没有观念分裂和情绪与思想脱节的现象,精神分裂症则有之(早期单纯型较不显著)。4. “精神衰弱症”的精神衰退有限度,不会出现痴呆状态,精神分裂症病人大多要出现一些痴呆状态。5. 查体的结果,也可以鉴别这两种病症。

“精神衰弱症”与轻性忧郁症而有强迫症状者也较难鉴别。一般说:“精神衰弱症”的疏懒不及忧郁症,而“精神衰弱”现象,忧郁症较不显症。“精神衰弱症”的主导情绪是烦躁焦虑,忧郁症的主导情绪是忧郁(但有时也可以表现为比较严重的焦虑)。“精神衰弱症”的“强迫观念”多无其意义,“任性”的“机械性”较显著,忧郁症的“强迫观念”多较有意义,但更不近情理,缺乏“机械性”。“精神衰弱症”一般“强迫行为”比较突出,忧郁症的“强迫行为”较不显著。

六、精神分裂症

绪论　精神分裂症是最常见的一种重性精神病,它似乎有遗传性,多发生于青、壮年人的身上,尚且不易彻底痊愈。其危害性之大,仅次于肺结核等传染病。所以精神科的医学家和医生都十分重视这种精神病,几乎集中全力来研究和治疗它,这自然是正确的!可是它的病源至今尚未有定论,在这种病人死后,尸体的解剖,可以发现:1. 各种内分泌组织,包括脑下垂体腺、甲状腺、胸腺、肾上腺、性腺等,绝无例外地都有衰退的变化,而变化的情况,尤以性腺为最多。2. 血液循环作用也有衰退的迹象,心脏的重量大为减轻。3. 脑神经细胞也发生衰退变化,脑外层细胞更为普遍。所以许多医学家认为内分泌特别是性内分泌的衰退变化,发生功能失调,因之引起自我中毒,是精神分裂症发生的原因。我们也比较同意这一派的看法。所谓这种生理变化是病的后果而不是病的原因的说法,是站不住脚的。但是精神分裂症发生的原因,还待进一步仔细研究,以成定论。精神分裂症虽可以分为若干类型,然其一般特征,则是:1. 情绪的衰退,主要为情绪淡漠,对于许多事情漫不在乎,毫不关心。2. 思想内容的分裂、脱节与思想和情绪的分裂、脱节(思想与情绪表现不一致)。3. 一般多有妄想(多为迫害感和夸大性)与幻觉等等。4. 精力衰退而精神错乱且逐渐进入痴呆状态,痴呆是本症的最后结局。但也有少数病人会自动痊愈或愈后复发的。本症的治疗过去极难,乃是一种无治愈希望的病症。自从休克疗法发明后，本症才有治愈的希望。只要病期不久（不超过一年）、治疗及时，大部分病人都可以治愈或缓解。本症一般可以分为单纯型、青春型、猜疑型、木僵型四个大类型。

单纯型　单纯型精神分裂症多发作于成年期，初期时好像神经衰弱症。病人渐感乏力，精神不振，情绪低落，兴趣毫无，于是先是疏懒，渐渐发生孤处独居（孤独性），性情乖僻等现象。最后发生精神衰弱，思想错乱以至进入痴呆状态。本型的发展是缓进的，而且外表比较"纯良"，缺乏明显的妄想与幻觉。不到精神错乱和痴呆阶段，一般人简直不能发现病人的病态。本型的预后最为不良，但也有发展到一定的阶段上即停止不前的。

青春型　青春型精神分裂症发作于青春期，发病较速，一开始就有情绪紊乱以至整个精神错乱的现象，思想与思想分裂，情绪与思想脱节，语无伦次，喜怒无常，各种奇怪的冲动，使人一见就知道是精神病人。其症候变化无常，不易捉摸，如不治疗，一般要进入痴呆状态。及时治疗，则多可痊愈。

猜疑型　猜疑型精神分裂症发作年龄较迟，多在中年三四十岁时。病的进行也较缓。其特征是无限制的猜疑，有妄想与幻觉及一般精神分裂症特征。此病型最后也要进入痴呆。治疗较为困难，预后也比较不良。

木僵型　木僵型精神分裂症发作于青年或中年，发病极急，突然昏睡木僵，作各种僵直状态，颇有"机械性"。这种病人可以昏睡到数年，突然一度醒来，躁动非凡，有伤人、毁物的可能。在昏睡期内其知觉尚存在，能清楚记忆数年昏睡期间周围发生的事故。本症预后也不很好，但及时作适宜的治疗，治愈率尚高。

身体检查　精神分裂症可以由身体检查检查出征兆来，所以本症的身体检查尤为重要。经过身体检查,也可使本症与其他精神病区别开来。

与他种精神病的鉴别　精神分裂症除单纯型外,是容易和轻性精神病相鉴别的。便是单纯型,其精神比较显著的衰退与毫无兴趣、孤独性、过于疏懒等情况,也是容易与神经衰弱症相区别的。单纯型的情绪衰落、孤独性、内倾性,也是比较容易和歇斯底里症相区别的。单纯型一般缺乏强迫症状,其他型的强迫症状,病人自己不很注意,缺乏焦虑情绪和迫切求治心,也是很容易与强迫症和精神衰弱症相区别的。

精神分裂症的猜疑型,猜疑一无限制,和思想与情绪脱节等等精神分裂症状,可以与偏执性精神病相区别,不过区别起来,不像与轻性精神病区别那么容易。

精神分裂症的个性多是“内倾”型的即所谓“精神分裂人格”,狂躁症和忧郁症等情绪性精神病人的个性多是“外倾”型的,这是一个比较重要的区别标准。精神分裂症状如情绪衰落、意识分裂、显著的孤独性、精神错乱症象的长期性等等,都是狂躁症和忧郁症病人所少见的。病症发展的方向,分裂症是向整个精神衰落和痴呆状态进展的,而狂躁症和忧郁症病人则向痴呆状态发展的很少。

至于其他已确定的生理原因造成的精神病,则可以通过身体检查和年龄观察等来与精神分裂症相鉴别。

七、偏执性精神病(偏执狂与偏执状态)

绪论　偏执性精神病特别是偏执狂,可以说是一种最奇怪而少见的精神病。病人基本上只有一套有系统的妄想,且很少见幻觉。除了这套妄想外,其他精神状态一般还可以算是正常的。因此诊断这种病很是困难,需要长期观察,以防坏人装假病。这种病是慢性的、比较长期的。偏执状态的妄想较为广泛而无系统,且易转换,情绪偏激,思想比较散漫,且比较多见幻觉。有转入精神分裂症者。发病年龄多在中年。偏执状态尚可用休克等疗法治疗,预后较好。偏执狂则很难治愈,简直可称为一种无治愈希望的病。但病人尚能工作,较之精神分裂症,对于社会的危害性比较轻。偏执狂大体可称为是一种“无自知力的强迫症”。巴甫洛夫学派认为它的病理生理基础与强迫症大体相同,就是在大脑皮层中有一个极顽固的、孤立的惰性病理兴奋点,而其周围则形成强固的抑制圈。但是这种学说的疑点尚多,对于本症的病原或病理生理机制,还待继续研究。至于过去的其他学说,则更有问题,无庸介绍。

偏执狂的妄想　偏执狂最突出的症候是妄想,幻觉则少见。偏执狂的妄想多固定而不变,往往是迫害性的和夸大性的。病人的迫害性妄想往往怀疑一个对象,各方面寻证据来证实他的妄想,其妄想有“根据”,有推理,有判断,不知者常被病人所迷惑,认为他的妄想是事实,因为粗看是不易发现这种病人的病态的。病人的其他精神状态退化很少,往往与常人无甚两样,且有工作能力甚强的。

偏执状态的妄想与幻觉　偏执状态一称“类偏执狂”,症候与偏执狂相类,但其思想比较散漫,妄想比较广泛,对象常会转移,所述妄想的“理由”也不若偏执狂那样“完整”而“有条理、系统”。此类病人且较易出现幻觉,与精神分裂症的猜疑型相近,不过精神状态比精神分裂症完整些。这种病症虽较易治愈,但可以向精神分裂症转化。

身体检查　偏执性精神病虽不易发现其身体上的机质性病

变，但查体也很必要，这样可使它和其他精神病，特别是和精神分裂症相区别。同时，偏执性精神病也有性生活变化、衰退等现象很可注意，将来可能在这种病人身上发现内分泌等的病变。

与他种精神病的鉴别　偏执性精神病在初期尚有自知力，所以容易和强迫症或精神衰弱症相混淆，但是有一个最大的区别，那就是强迫症和精神衰弱症病人不讳言自己的病，而且迫切求治。偏执性精神病患者往往对人不肯诉说自己的病态，也不迫切求治。到偏执性精神病正式形成后，由于病人丧失了自知力，那就更容易与强迫症和精神衰弱症相鉴别了。

偏执性精神病与精神分裂症猜疑型的区别是比较不易的。可是精神分裂症猜疑型的猜疑是漫无止境的，而且其妄想异常荒唐，矛盾百出，特别是思想与情绪脱节的现象，足以与偏执性精神病相鉴别。一般说：偏执性精神病，特别是偏执狂，妄想比较固定而有推理性，缺乏思想矛盾与思想、情绪脱节的现象。

狂躁症也有夸大妄想，但情绪比较愉快、乐观，缺乏显著的猜疑性妄想，只可能出现愤怒等情绪。而且狂躁症状的特征：兴奋与言语、动作增多，观念飘忽，随境转移等，可以与猜疑性精神病相鉴别。迫害性和夸大性妄想少见于忧郁症，而忧郁症的自卑感和犯罪妄想等，也与猜疑性精神病有显著的区别。

至于与已确定生理原因的精神病，更可以通过查体来鉴别。

八、狂躁症

绪论　本症与忧郁症多有较显著的遗传因素。狂躁症也是精神状态比较显著的一种疾病，在我国医书上早有记载。它的最主要特征是感情异常兴奋，反常的愉快乐观或愤怒。此外的特征，就是观念飘忽、言语、动作增加，且有随环境转移现象。其妄想多属夸大性的、乐观性的，但也可能伴和有不愉快的妄想。重症有幻觉。较轻的症候仅是情绪较为兴奋，语言、动作增多，有戏谑状态，好自妆扮等。较重的症候情绪兴奋不已，动作不已，消耗太多，可以发生虚脱，以致死亡。慢性的症候较少见（多发生于四十岁以后的病人）。本症病人一般不易入痴呆状态。有所谓谵妄性狂躁症的，可能是传染病的结果（如脑炎等）。本症生理原因尚未正确发现。一般数月至一年左右，即可以自动痊愈。如经过治疗，可以缩短病期，使病人早日恢复健康。但本症同忧郁症相同，容易复发。

情感兴奋　本症发病的最早期可以出现一段沉郁的时期，好像暴风雨前夜的沉闷。正式病情多突然发作，发作前常有一种特殊表现的症兆。病人一般情绪兴奋，多愉快、乐观的情绪，夸大妄想往往由此而来。但也有因烦躁而发生极端愤怒情绪的，伤人毁物，不可不防。

观念飘忽　病人的观念无固定性，飘忽异常，忽此忽彼，不可捉摸。可以发生“意连”和“音连”的情形。

言语动作增加和随境转移　病人因特殊兴奋的缘故，言语增多而迅速，动作也有增加。而且注意力很易被环境所吸引，所以有“随境转移”的现象。

妄想与幻觉　病人往往自以为伟人，或身体智慧过人，或自认为“百万富翁”等等。此类妄想多由乐观情绪而来。病人亦可发生幻觉，但为枝节症状，多属暂时性的，病情减轻，即可消失。

轻症与重症　轻症的狂躁患者，不但症候较轻，且表现能力增强，往往反又有利于工作。据传外国有某神经病学专家，在发狂躁症时著作讲义，由他口授，四个人笔录还来不及，结果编成了一部比较“有价值的讲义”。重症则精神错乱，不能工作，可以到发狂的程度。至于所谓“谵妄性狂躁症”，如上所说，可能是身体病的结果。慢性症有长期不变的，也有逐渐进入痴呆状态的。

身体检查　本症需要作身体检查，以使与精神分裂症和其他精神病、身体病相鉴别。如上所述。谵妄症状的出现，可能是传染病的后果，应当作较仔细的身体检查。

与他种精神病的鉴别　本症与轻性精神病不易混淆，但与歇斯底里的躁动状态，则不易鉴别。应当从情感的性质作检查，更重要的是观察病人的整个症状是属于狂躁状态，还是属于歇斯底里状态。

本症当发展时，妄想、幻觉可以层出不穷，精神错乱，易与精神分裂症相混。这还需要看病前个性（狂躁症病人多属“外倾”型，精神分裂症病人多属“内倾”型）、病症发作时现象（狂躁症多急性，精神分裂症则大多属于慢性）、病症发展方向（是情绪衰退、思想、情绪分裂脱节，还是情绪一般饱满，思想、情绪比较一致；病的主导症状是思想错乱，还是情绪错乱）等，仔细考虑，方可确定症候。

本症与偏执狂都有夸大妄想，但偏执狂一般伴有迫害妄想（且为主导的妄想），本症则较少见迫害妄想。此外，本症和偏执狂的整个症候不相同，较易鉴别。

本症可以杂有忧郁症状态，但总以一种症候为主，不大可能两种症候均衡存在。

九、忧郁症

绪论　忧郁症主要特征为：情绪低落、悲观、思想迟钝、言语、动作减少，甚至出现昏睡、木僵状态。其妄想首先来自自卑感，因此发生犯罪、自责妄想，幻觉多是暂时的，较易消失。忧郁症病人常有自杀冲动，常伪装病愈使医生、护士不防而易于自杀。病人因过度忧郁，常有肠胃消化不良、胃纳不佳等肠胃症状，性生活减退，甚至绝无。有的病人说："只要胃口一好，病就会跟着好"，这是出于经验的话。所以本症的生理来源，很有出于植物神经系统的可能（忧郁症似来自胸腹组植物神经的冲动、紊乱，狂躁症似出于头盖组或尾闾组植物神经的冲动、紊乱）。本症可以发生焦虑状态（过去称为焦虑性忧郁症），因之容易失眠或早醒。较轻的症候也可以出现强迫症状，但不及强迫症等病人求治心理的迫切，其焦虑性情绪较轻。病人也可能发生自疑症状，重症可以因之发生妄想所伴和的幻觉，轻症则与强迫症状相类。更年期发生的，有内分泌问题，伴有焦急情绪，预后较差。至于所谓循环出现的"狂躁忧郁症"是否存在，是可以怀疑的。因为不可想象有两种相反症状长期均衡地存在。

情绪状态　本症病人大都面容呆滞，表情低落，情绪多为忧郁、悲观性的，也可杂有焦虑情绪。总之：极不愉快而已。因情绪低落，故思想迟钝，言语、动作均减少，甚至进入昏睡状态，重症又可以出现木僵状态。

妄想　本症几乎没有不见严重的自卑感和自责感的，自己感觉无前途（所谓"没有明天"感觉）。常发生犯罪不可宽恕的妄想，不但会发生自杀冲动,且会感觉自己死后家属不能生活的幻想,因之发生自杀前先杀家属的冲动:这是忧郁症的特殊妄想和冲动。

更年期忧郁症　更年期因内分泌变化,有情绪性精神病遗传的,在这时候受到精神打击,就容易发生更年期忧郁症。其特征是容易发生焦急状态,蹬脚,不知所措,甚至有跳上跳下,类似“发狂”的。其他症候与普通忧郁症相类。但生理症状如胃肠症状,性生活减退等,可以较为显著。其治疗效果及预后一般较差。但也有自动痊愈或经治疗后较易痊愈的。

有无“狂躁”忧郁症的问题　狂躁症和忧郁症的病人,我们是可以经常见到的。两种病的病人病前个性不同(狂躁症病人多情绪张扬、放荡自恣、不检细行的人。忧郁症的病人多情绪沉默、拘泥谨慎、不敢放肆的人)、症候发展方向不同、治疗效果不同。所以像一般医书上所说狂躁、忧郁两种症象均衡存在而循环地出现(或混合存在)的所谓“躁郁症”病人,我们从来不曾看见过。我们只看见过狂躁症病人而兼有一些忧郁状态,或忧郁症病人而兼有一些狂躁状态的。这种以一种症候为主而兼有一些别种症候(甚至是对立的症候),在别种精神病里,我们也可以看到,并没有什么稀奇。我们现在认为:像医书所说的“躁郁症”是没有的。

身体检查　本症病人也须进行身体检查,以与已确定生理原因的精神病和其他轻、重精神病(特别是与精神分裂症)相区别。

与他种精神病的鉴别　轻性忧郁症有时和神经衰退症很难鉴别,主要应看病人的症候是以身体症状为主还是以抑郁、自卑、悲观等情绪为主来鉴别症候。精神衰弱有其主导的“精神衰弱”症状和机械性强迫症候为特征,与轻忧郁症较易鉴别。最难鉴别的是有强迫症状的轻忧郁症和带有抑郁情绪的强迫症,这需要抓主导症状和病症发展方向以及治疗效果等来鉴别,上面已经说过。

与精神分裂症的鉴别,也需要抓主导症状和症候发展方向与治疗效果等来仔细鉴别。特殊是昏睡木僵型的忧郁症与精神分裂症的木僵型很难鉴别。须看昏睡前后的现象及昏睡木僵的症状等等来仔细鉴别。忧郁症属于情绪性精神病,精神分裂症属于思想错乱、意识分裂的精神病,毕竟是有较显著的区别的。

必须分别强迫症与典型精神衰弱症以及其他类似症状

任何事情都不是很简单的，强迫症的现象是比较容易说明的，但有和它十分相近和部分接近的病症，这就使研究者和医生们很感困难，病人们有些医药知识的更容易混乱，所以不能不加以区别说明。

与强迫症最相接近的就是精神衰弱症，这两种病有的研究者和医生把它们认为一种病。事实上非典型性的强迫症和非典型性的精神衰弱症，确是有许多相混淆的症状，这就需要看主导症状，究竟是强迫症还是精神衰弱症，这种分别的困难，正和我们区别有强迫症状的轻性忧郁症（自知力较强的）和忧郁情绪较显著的强迫症，差不多困难。

所谓精神衰弱症同样有强迫情绪、强迫观念和强迫行为，但与强迫症的颇有不同：1. 强迫症的强迫情绪一般以恐惧为特征，而精神衰弱症则一般发展到烦躁、抑郁以至焦虑为限。有明显的、强烈的恐惧情绪的精神衰弱症患者，我还不曾见过。2. 强迫症的强迫观念有具体的比较现实性的恐惧、焦虑的对象，这种恐惧、焦虑的对象，虽然在常人看来，非常可笑，非常奇怪，但总还是有现实可恐惧性的，在一定条件下，正常人也会恐惧，如麻风、狂犬病、梅毒、盗窃之类。精神衰弱症所焦虑不安的对象，则有许多正常人在任何情况下也不会焦虑、不安,如怕鞋子掉下来提了又提,鞋子即使掉下来,也不是什么了不得的事,为什么要这么焦虑不安呢?还有人怕睡在很好的床上突然滚下来,甚至为此昼夜不安,这也是莫须有的事,正常人无论如何,不可能有这种焦虑、不安的念头。换句话说,精神衰弱症的强迫观念的内容更不近情理,更使常人感觉是病态。3. 强迫症的强迫行为虽然可笑,但受强迫观念驱使的部分,都还有道理可说,例如因怕麻风,有从麻风病人家中及其附近来的人,病人见了害怕,不断消毒、洗手,这虽然可笑,然还有些道理可说。又如因失窃引起恐惧,出门时锁门后要不断拉锁、看锁等等,这也还有道理可说。至于为了镇定强迫情绪所发生的强迫行为,如无神论者的立誓,指桌至一定次数之类,告诉人这是为镇定恐惧不安的情绪干的,好比大家赛跑时口呼一、二、三以鼓起奔走的勇气差不多。这些明白了,正常人也还可以理解。精神衰弱症的强迫行为,如不断提鞋,穿衣服时的口呼"一、二、三、四、五",然后才能穿上之类,连病人自己都不大能理解为什么要这样。还有无缘无故,不断洗手,把手洗破,还不肯停止之类。都是很难理解的。4. 强迫症的发生多来自刺激(在有类似"神经衰弱"的症状下),或者比较长期的,显是突然的强烈的刺激病人不能抵抗,神经发生强烈的反应,逐渐形成正式的强迫症。它与个性和习惯可能有些关系,但关系不是那么密切。精神衰弱症则来自个性和习惯的成分较多,逐渐积累,最后因某种原因(生理的或环境的、心理的)形成精神衰弱症。5. 强迫症患者虽也可以发生"精神衰弱"状态(指一种大脑抑制,精神极端疲乏无力或缺乏兴奋力,似极易入睡的状态),但可逆性很大,较易用兴奋工作等方法消除,且这种情况往往在病情严重期出现,病情较轻时则不易出现,即使出现也较轻。精神衰弱症的“精神衰弱”状态是经常的，严重的、不易去除的，往往成为病的一种最突的主导病态。就以上五点分析，已可大致分别强迫症与精神衰弱症这两种十分接近的病症了。

典型的精神衰弱症有自动痊愈的，但治疗比较困难，用药物治疗，用心理治疗，都不易收效。而且即使使之稍微为缓解，治疗也是长期的。典型性的强迫症则较易治愈，至少比较容易打下高峰。这两种病的预后，也并不相同。

此外，少数的歇斯底里症患者，某些神经衰弱症患者，某些轻性忧郁症患者，某些早期精神分裂症患者（还有其他的病，可以出现强迫症状，姑且从略），都可以出现或显著或不甚显著的强迫症状。这就需要医生或治疗者具有较深的精神病知识和经验，必需抓住主导症状。各种精神病都有主导症状和附属症状，例如神经衰弱症的强迫症状较轻而以神经症状为主。早期精神分裂症患者也可以出现强迫症状，但不甚典型、完备，病人不甚在意，是一显著特征。大家都知道：强迫症与精神衰弱症患者是迫切求治的，而早期精神分裂症患者则对他自己的强迫症状，几乎全无求治之意。而且缺乏恐惧、焦虑等情绪，也是一个区别的要点。精神分裂症是一种很不容易治疗的重性精神病，如果耽误了治疗期，前途是很危险的。

1967.3.20

致顾颉刚先生函二十一则*

一

刚师：

前奉手示，敬悉一切。今晨拱辰兄相告，我师拟选辑《古史辨》文重印，嘱生提供经学旧作加入，生往日所为偏于古史，经学之作皆不成熟，惟1934年浙江图书馆所发表《国语与左传问题后案》及1947年上海《东南日报·文史周刊》所发表《大诰康诰酒诰著作时代考》二文较为平妥（诸文手头皆无之，想北京找此类刊物为易）。至1935年《浙江图书馆馆刊》所发表《二载礼记辑于东汉考》，结论虽新（生现仍持此说），然史料多未复案原书，今又无暇修改，请勿采用（其前一年所发表之《评顾著〈尚书研究讲义〉第一册》，亦同此书）。生意重印《古史辨》可采二种方式：一为编辑史料性质，即编辑“疑古派”史学之史料，表明此派史学之发展过程，以供近代史

* 童先生这批信函大致撰写时间为1963年末至1966年，但其信函皆只写明月、日，无年份。此21则信函曾经顾洪女士整理过，她曾据残存信封尽可能补注过部分函件年份，但仍无法注全。现据顾洪女士理顺之函抄录，凡顾洪女士注明之年份皆用括号括出。——整理者注

研究者之参考。如此编法,似应以辨论古史者为主,其中心论文应为钱玄同及我师在《古史辨》第一、二册所发表诸文,而刘、胡、杨诸君之反对文为宾。其余诸文,可从删节。至第五、七两册之文,考据虽较精,系统虽较完密,然"疑古"精神已濒没落阶段,取主要之文若干篇,以表明其系统之发展已足。第二种方式为编辑经、子学上尚可供参考之文,如第三、四、六三册中较佳之作补以古史辨中未收之文。此外考证古地理之文,饶宗颐曾辑为《古史辨》第八册,亦可选辑为一种,以供研究沿革地理者之参考。

生旧作论绘画史诸文及《中古绘画史》,已交永年代为整理,嘱其改写为一专书,尚未觅得出版处所(刻接永年来信,谓已与三联接洽中)。

生近作已与出版社订合同准备出版者,为:一、中国手工业商业发展史,1957年底完成初稿,1958年修订出版(华东人民出版社出版)。将来当拟继续修订,大概十年后始能成一较充实之书。二、古代东方史(青年出版社出版),为一通俗小册子,约五、六万字,今年即可完成。

生此后专攻手工业商业史,以此为研究重点。此外则因教学关系,兼治古代东方史,近已写成《古代巴比伦的社会》初稿一篇,年底修改后发表。明年继续研究希伯来史,论文题尚未定。旧作瓷器史诸文亦拟修改发表,现已写就《广东窑的瓷器》一篇。

生在此所任主要课为古代世界史,隶世界史教研组,但亦兼任中国史教研组专门化课,所开即手工业商业史也。生因兼任行政工作,故教课不能过多,拟写论文多篇,亦一时未能写出。我师专心研究,一、二年后成绩必盛,生意我师此后如以考证经书为主要研究工作，必有非常贡献。目前颇需要此类研究也。

专上，致

敬礼！

师母前均此请安！

生书业　十、十一。

内人嘱笔候安

生近日神经疲劳已极，急拟休息，否则将陷于严重精神病状态，师友间通讯因此甚少，乞原谅！

二

颉刚师：

闻卢振华兄言：我师曾患小便出血症，高年患此，深为忧念，医院诊断如何？盼即见示，以释远虑。

生之精神病，已在生自己发明的治疗法下，基本治愈。最近正在写总结，将经验介绍给医师。

生最近在写先秦思想史讲义，颇有收获，俟我师康复后，当写出一、二点请正！

此祝

健康！

生书业上　一、廿七。

如顾师尚在医院，不能写信，请师母先给一回信。

三

颉刚，我师：

得师母来信，知我师身体康复，至以为慰！

生自1961年冬，因水肿病引起精神衰弱症（非神经衰弱）大发，于次年春，复进山东省精神病院治疗，在医师教导下，运用自己五十一年（自4岁—55岁）之经验体会及医药知识，对此病作了进一步的深刻研究，于是年冬，病情逐渐从高峰上退下，于去年六月间，开始试用强烈的抑制、兴奋疗法，经过六个月的斗争，于去年年底将病基本治愈。

此种强烈的抑制、兴奋疗法，是根据生多年来的经验和研究以及医师的意见而试用的。最后一个月，使用得特别猛烈，虽将精神症状基本治愈，但因兴奋药物的刺激及过度疲劳，而引起一次晕厥，达六、七小时之久。据专科医师检查：不能发现有任何神经上、心脏上的器质性病变，乃是一时性的神经症状。此后又出现精神上的躁狂状态（兴奋、愉快、大胆、粗疏等等），今亦消退，惟尚有残余的精神、神经症状，想不久即可消除。

尊作《论〈世俘篇〉》一文，已拜读，尊文指出此篇所记载者多属周初史事真相，诚然！惟是否即武成篇或周初书，尚有待商讨之处。窃谓此篇系战国时人采集周初史料敷衍而成者，未必周初实录。以周初兵力之少（主力只“革车三百乘，虎贲三千人”，《左传》云：“殷周之不敌”，甲骨文记殷人用兵数最多仅万人左右），谓能杀俘如此之多，恐不可信。然古代情况亦有非后世人所能测度者，如阿卡捷王萨尔恭仅“亲兵五千人”,即能横行西亚,建立大帝国;项羽以子弟兵八千人即能纵横于当时之天下:则周初兵力虽少,能征服广大地区,杀俘甚多,亦非不可能之事。书此以供参考。

尊作《史林杂识》亦已大致拜读,精到深辟,甚佩!惟尚有数点可补充、商讨者,略陈鄙见如下:

1. 黄帝即皇帝,杨宽正兄《中国上古史导论》中举证甚多,似可斟酌采用。

2. 韶乐为齐乐之说,尚可商讨。《论语》载:“子谓韶:尽美矣,又尽善也;谓武:尽美矣,未尽善也。”以孔子之保守态度,未必敢全部肯定新起之齐乐,而否定周武王之乐。吴公子季扎观乐:“见舞韶濩(汤乐)者,曰:圣人之弘也,而犹有惭德,圣人之难也!”此皆春秋后期(《论语》)、战国前期(《左传》)时儒家在齐桓、晋文提倡“尊王”后,强调天子、诸侯间君臣之礼,而对汤武之征伐有所怀疑之论。故《孟子》载:“齐宣王问曰:汤放桀,武王伐纣,有诸?孟子对曰:于传有之。”“于传有之”者,传疑之词也。然孟子固曰:“闻诛一夫纣矣,未闻弑君也。”至荀子则直云:“世俗之为说者曰:桀纣有天下,汤武篡而夺之,是不然……桀纣无天下,而汤武不弑君。”孟、荀肯定汤武征诛之论,非来自孔子,实来自墨子也。墨子曰:“昔者禹征有苗,汤伐桀,武王伐纣,此皆立为圣王……彼非所谓攻,谓诛也。”墨家工非儒家云:“意暴残之国也,圣人将为世除害,兴师诛罚,胜将因用儒术令士卒曰:毋逐奔,掩函勿射,施则助之胥车,暴乱之人也得活,天下害不除,是为群残父母,而深贱世也,不义莫大焉。”墨家“非攻”,而未尝有贬汤、武之辞若儒家者,则墨子代表庶人,以“征诛”为制裁暴残贵族之方也。“禅让”论正式形成于墨家,而儒家述之;“征诛”论亦然。儒家所以述墨者,则以孟、荀等皆代表贵族向新兴地主转化之儒家。虽然,孔子殷后而周人,未必敢非汤武,托于微词而已。早期儒家固未承认汤武"征诛"为完全合理,则贵族立场使之然也。韶乐为孔子极端赞美,故不能为春秋时之乐,以孔子贵族之立场,在理论上,并未承认春秋之政治优于殷周,且以春秋为乱世矣。故韶乐必为相传之舜乐,商为舜后(《鲁语》:"商人禘舜而祖契。"《祭法》云:"商人禘喾。"喾即舜也,郭沫若先生有考证),故其乐亦称"韶"。盖"韶"为古代东方民族——商与东夷——之乐,孔子殷后鲁人,故盛称之也。

3. 共伯和即卫武公之说,生之《春秋史》第一章"西周史略"附注中已曾提出,其说与我师说大致相同(因系创说,未敢列入正文)。后读书较多,又发现此说清人已有主张之(钱大昕、李慈铭?是否此二人,记忆不清)。今有可以补论者:第一,周史以共和纪年始,未必是前此载籍被厉王带出散失或因"乱"焚弃之故。晋自"靖侯已来,年纪可推",鲁纪年史今存者始自隐公元年:皆可证纪年之法始于西、东周间。其以前虽有纪年,或以大事,或称"唯王若干祀(年)",无继续不断之纪年史也。第二,周厉王末年之"国人"大起义,标帜"王政"时代之结束,贵族政治之开始。周宣王时史特提周、召二公辅政,亦说明此点。周幽王时,据《诗经》等书之记载,大臣专政之局面似亦存在。平王以后,则郑、虢等国之君为王卿士,执掌政权,亦此种局面之继续。其后,周政下移于卿相之手,诸侯争霸,以及诸侯政权亦下移等,皆说明此问题。故共和行政,实为周代政治制度变化之一大关键。纪年史从此开始,与此不无关系。第三,共伯和即卫武公,卫武公盖入为周"三公"者,故有作抑诗以"刺厉王"之事。其后代天子掌权,则"百官总已以听于冢宰"之例,故共伯干位及去位,皆未有兵争之变也。据《史记》:虽有卫武公为“公”之记载，然武公固无赫赫之功，且有惭德，何以谥为“睿圣武公”？季扎观乐亦云：“吾闻卫康叔、武公之德如是”，武公至与康叔并举，若非有特殊地位，何能如是？第四，卫武公所以有如此地位，则由于康叔封卫，地故殷虚，所谓“大邑商”者，盖周所封最大之诸侯，故曰：“孟侯”（见《康诰》）。鲁公者周公之“元子”，所谓“大启尔宇，为周室辅”者，然所受不过“殷民六族”，而康叔则受“殷民七族”，“封畛土略，自武父以南，及圃田之北竟；取于有阎之土，以共王职；取于相土之东都，以会王之东搜”。其为超过鲁之大国可知。故《毛诗序》云：“旄丘，责卫伯也。狄人迫逐黎侯，黎侯寓于卫，卫不能修方伯连率之职，黎之臣子以责于卫也。”其说不似完全杜撰，当有一定根据：则东周初，卫尚为殷虚一带之方伯也。《左传》载陈桓公之言：“宋、卫实难，郑何能为？”则在陈人眼光中，卫仍为难得罪之大国也。卫既为周初受封之大国，故卫武公得为“三公”于周，厉王出奔，逐摄行天子事。武公之地位固高过周、召，后世之周公，周公旦之支庶，如以宗法言：鲁侯为大宗（“元子”），而周公为小宗，故《左传》载周公阅聘鲁，鲁人享之加厚，辞曰：“国君文足昭也，武可畏也，则有备物之飨，以象其德；荐五味，羞嘉谷，盐虎形，以献其功，吾何以堪之？”则内诸侯之为周室卿士者，其地位不敌外诸侯之显伯也。故周公旦后人之周公，地位不敌以方伯入为卿士之卫武公；至召公则为伯爵，地位更亚于周公矣。《左传》所谓“诸侯释位以间王权”者，即指卫武公释外诸侯之位，而以“三公”资格摄政也。当厉王出奔时，卫武公必在周都为卿士之首，故代行王政，非以兵力入干王位，及宣王即位，武公因“归国于卫”，必不能与宣王争位也。

4.《郑语》：“妘姓邬、郐、路、偪阳，曹姓邹、莒，皆为采、卫，或在王室或在夷翟，莫之数也。”邹、莒等小国“皆为采、卫”，可见采、卫为附庸之称，不入等之诸侯也。

5. 颛顼为天帝之说，在《墨子》中尚有明证，《尚贤》中云："虽天亦不辩贫富贵贱，元迩亲疏，贤者举而尚之，不肖者抑而废之……然则亲而不善，以得其罚者，谁也？曰：若昔者伯鲧，帝之元子，废帝之德庸，既乃刑之于羽之郊，乃热照无有及也，帝亦不爱，则此亲而不善，以得其罚者也。"此明以颛顼为天帝也。

上举五点，仅供参考，尚乞教正！

生近日正在写先秦七子思想研究（专门组课讲义），已成孔、孟、荀、墨、老五篇，其他庄、韩二篇，当可于本年内完成。明年暑假后，当以三年时间完成《春秋左传考证》初稿，盖总结生过去对于先秦史之考证性研究也（不限于春秋时代的历史）。去年已完成《中国美术史札记》三卷，乃总结过去对于绘画、瓷器史之考证性研究。二书皆完成后，先出版初稿，此后陆续修订、补充，以终天年为止。《古代地理考证论文集》乃总结解放前生对于古代地理之考证性研究（解放后未作地理考证），已出版，曾寄呈一册与我师，敬乞指正！专此，即请

著安！并祝健康！

生书业上

四

颉刚师：

寄上《共伯和考补证》一篇，补入《史林杂识补编》再版本"共和"条后，或介绍予专门考证性质杂志发表皆可。此文并乞指正！

尊体完全康复否？甚念！

小女教英欲借尊藏《左传会笺》一阅，如蒙俯允，请于明年暑假前寄下，因届时彼已读完《左传》也。

又尊著"共和"条"晋文杀兄子怀公"，"兄"当是"弟"字之误，乞更正！

此请

著安！

生书业上　(1964)二、十八

五

颉刚吾师：

接手示敬悉。吾师目前似当集中精力总结过去成果。生意最好分为如下几项：1. 关于古史传说中已考定成为结论之成果（如三皇之来源，五帝之来源，"鲧"、"禹"之名号出于图腾制度，启与太康传说之混淆等等）。2. 关于古籍考订之成果（如《尧典》、《皋陶谟》、《禹贡》等成于战国、秦汉，《诗经》一部分著作时代，诗三百篇皆为乐教等等。《易经》材料主要出西周时代，但其编成时代钱玄同先生以郭沫若先生之说为然，生亦同意，《易经》中有些文法、名词、社会现象等，皆西周时代所不能有，故《易经》成于西周之说，似不必列入，而易传成于战国、秦汉间之说，仍可保存）。3. 关于古代地理考订之成果（如《九州之戎与禹戎》、《春秋时代的县》、郡制、《汉代周制考》中某些新见解等等）。4. 关于民俗学之研究成果（如孟姜女故事之考证等等）。5. 其他研究成果。最好作成简单之札记体书，结论明确，史料典型、扼要，在精不在多，愚见以不超过十五万字至二十万字而能包括全部研究成果为宜。史料将来必有录编，考证中无取罗列，未成定论之成果以少为宜。生在去年已完成《中国美术史札记》三卷仅五万字左右，已包括数十年来之研究成果（从数十万字中压缩而成），其成果远远超过先秦史方面之研究，此当为生大半生来考据部分研究之最大成果。《古代地理考证论文集》约七、八万字，已嫌繁琐（只录原论文，未加精简）。明年暑假后当以三年时间完成《春秋左传考证》一书，总结大半生来先秦史考据方面研究之成果（不限于春秋史），约十万字。以上三书，可以包括生大半生来之考证成果。理论性著作另加总结（史料学与考证学不是一回事。）（将来考证学著作必趋于精简，总结史料性之著作如吾师之《尚书译注》，始应繁耳。）

清刘氏三代所为之《左传旧疏考证》，读之殊失望，盖《左传》原书之材料，彼等均未能熟悉，许多考证之结论皆有问题，其引据之材料，尚不及吾人记忆中之多。如彼等认为“元妃”等制度为鲁、陈等国之变制，其实《左传》中此项材料甚多，乃比较普及之制度，无所谓变制。又如彼等根据晚出材料，认为：“诸侯不敢祖天子，大夫不敢祖诸侯”，原始史料《左传》中即有甚多之反证[文二年：“宋祖帝乙，郑祖厉王，犹上祖也。是以《鲁颂》曰：春秋匪解，享祀不忒皇皇后帝，皇祖后稷。君子曰：礼谓其后稷亲而先帝也。”宣十二年：“郑伯……（逆楚子）曰……若惠顾前好，徼福于厉、宣、桓、武，不泯其社稷……”天子称同姓诸侯曰“伯父”、“叔父”，诸侯称同姓大夫亦曰：“伯父、叔父”，如隐五年：“臧僖伯卒，公曰：叔父有憾于寡人……”等等。《诗·公刘》云：“君之宗之。”盖彼等不明周代“宗法”制度之实质，但述后儒之说，而不溯之于原始史料，故有此误]。

刘氏之书实不及清儒其他新疏之精者远甚！

小女教英正在诵习《左传》，生每星期为之讲解，已讲了大半部，大约明年暑假中可以全部讲完。届时拟借吾师所有《左传会笺》一书读之，此书似胜于刘氏新疏（多年未读，未知然否）。教英正在写《季孙氏的改制》一读书札记，主要结论为：季孙氏为对付其有宗法关系之家臣（有封土、人民、武装，掌握季孙氏家政，割据其要邑），故提拔新兴士夫集团（此时当属贵族下层）之孔子及其门弟子为公臣及家臣，从此无宗法关系之官僚（无封土、人民，但受俸禄，随时可以任免）逐渐得势，至春秋末，冉有等已为将帅，其身份略当于吴起、乐毅等武将。鲁国宗法制度最顽强，故有宗法贵族之家臣掌握政权之事，所谓“陪臣执国命，三世希不失矣”。此即指南氏、侯犯、阳虎，公山弗扰等之失败。孔子以其主观成见推测：“故夫三桓之子孙微矣”，欲辅公室而抑私门，为李悝、吴起（皆出身儒家，商鞅亦儒家治学，史有明文）之先驱，结果失败，然子路、冉有、仲弓、子游等仍为家宰、邑宰，冉有、樊须等且将兵与齐兵战，则官僚制度仍先在鲁国出现，此则宗法家臣专横、季孙氏被迫变法之后果。

生前为《西周春秋的宗法封建制度》一文（为一长文之一节，曾发表于《文史哲》1957 年第一期，亦载文史哲《古史分期问题论丛》），假定周代之贵族土地占有制有两种：一、封土，二、带有私有性质之赐土，均不能买卖，土地在名义上均为王有、国有，而实质为宗法贵族占有。此一假定系根据古代东方各国之土地制度，从若干中国史料中推论而出，其时若干同志不甚赞同，认为当时只有一种土地制度即封土。今已从《左传》、《国语》中检得确证，如“栾武子无一卒之田”（百顷土地，见《晋语》），而栾氏另有曲沃大邑。韩宣子"贫如栾武子",忧贫而叔向贺之(并见《晋语》),当韩起(宣子)、叔向聘楚,楚王欲刑辱二人,其臣谏曰:"韩赋七邑,皆成县也","因其十家九县,长毂九百"(韩氏、羊舌氏),则韩氏甚富。知所谓"无一卒之田者"栾武子、韩宣子之"室"(即"奴"、"孥"、"帑"三位一体之家长制大家庭)也;曲沃与七邑,则栾、韩二宗(氏)之封土也。春秋时之大夫宗族制度,强宗为"室"、"家"(族)、"宗"三级,一般为"室"、"家"二级,如巫臣奔晋"尽室以行",而其后子反、子重"杀巫臣之族"。"家"与"族"在春秋以上为同义语(近人已有考证),则知"室"与"家"(族)不同也。

生近数年来为我系开先秦思想史课,将先秦七子思想全面研究一过(尚未完成,至今年底始能完成),有些新的见解,最近提出"(中国地主制封建时代)二千年之学皆荀学,而荀学出于墨学论",部分看法为系内若干同志所同意,兹略述其概要如下:

二千年之封建伦理以"三纲"、"五伦"为首,其说奠定于荀卿、董仲舒等,与孔、孟之伦理观念并不完全相同。此种伦理观念特别是"君为臣纲",君臣间的伦常皆正式起于墨子,在孔子思想中仅有萌芽,与孟子之伦理观念,更有抵触。

二千年之封建政治制度为官僚制度,中央集权之制度,以董仲舒为代表之春秋公羊学派,实首先为此种制度奠定理论基础:"非世卿",官僚政治之理论根据(反对贵族世袭执政之制度);"大一统",中央集权制度之理论根据(反对封建割据之制度)。此两种理论皆导源荀子,荀子明白反对"以世举贤",以为"乱今"之道,为"非世卿"思想之先驱;荀子又明白反对"禅让"及"重民轻君"思想,以为"天子者,势位至尊,无敌于天下,夫有谁与让矣";"君者民之源也","君者善群者也"(以"君"代表"群");以秦政为近于"治之至”。董仲舒承其说，更从荀子间接承受墨家“尚同”、“天志”之说，公开提出“屈民而伸君，屈君而伸天”，以为“春秋之大义也”，其实皆违反孔、孟之学说。孔子虽主张“举贤才”，但似限于士阶层，其尚贤思想不及墨子之彻底；《荀子》书几乎各篇皆涉及“尚贤”，惟反对墨家“禅让”之论，则以中央集权之封建政治制度，君位世袭而官位不世袭也；汉儒承之，“非世卿”而不非世袭君位。荀子及汉儒在政治制度上其实皆主要祖述墨子：“非世卿”，“尚贤”也；“大一统”，“尚同”也。孔、孟何尝全有是二者乎？孔子称“举贤才”，而称道霸政之管仲，所谓“孔子用于鲁鲁必霸”，孔子所欲维持者，主要仍是宗法封建等级制度。而未有秦汉式之“大一统”思想及“布衣卿相”思想。孟子谓：“所谓故国者，非谓有乔木之谓也，有世臣之谓也”；“为政不难，不得罪于巨室”；亦何尝“非世卿”邪？孟子虽谓“定于一”，但其所欲齐宣王做到者，亦不过“朝秦楚，莅中国而抚四夷也”，只能说是“大一统”思想之萌芽，何尝真正强调“大一统”；且在君臣伦常上，孟子更有“民贵君轻”、“君之视臣如草芥，则臣视君如寇雠”之论，为极端主张中央集权专制主义之明太祖所不容，撤其神位出孔庙，且删改其书矣。故极端中央集权专制主义之封建政治制度与孟子政治思想尚有扞格也。唯墨子主张“虽在农与工肆之人，有能则举之”；“官无常贵而民无终贱”：“非世卿”也。“无从下之政上，必从上之政下”，“尚同而不下比”，臣民皆“尚同于天子”，而天子“尚同于天”：“大一统”也。亦即董仲舒所谓“屈民而伸君，屈君而伸天”也。故从政治思想及制度上言，董仲舒源本荀子，荀子又源本墨子，谓二千年官僚制度中央集权之封建政治制度及思想，源出墨子，而非源出孔子，不其然乎！（孔子所代表者，为宗法贵族之下层分子出身之“士”，而墨子所代表者，为庶人阶级上层分子出身之“士”，庶人上层即后来新兴地主阶级之前身也，此可看出思想之阶级性）。

根据我系若干同志之考证，新兴地主阶级形成于战国后期，其主要来源为出身庶人上层分子之新兴富人，墨子即庶人上层出身之“士”之代表（从思想实质看，不从出身之阶级成分看）。庶人上层在春秋、战国间尚为被统治、压迫之阶层，故墨子思想中有一定之民主性。荀子为儒家中代表新兴地主阶级知识分子之第一人，彼时地主阶级尚未取得全国之政权，故荀子思想中进步成分亦较多。董仲舒则代表地主政权巩固时期之地主阶级知识分子，故其思想反较墨、荀为落后，而墨、荀思想中民主性、科学性之精华，多为以董仲舒为代表之汉初儒家所舍弃，而发扬其有利地主政权之部分。又以新兴士夫集团（官僚后备体）之正式代表起于早期儒家，故汉儒仍奉孔子为“至圣”，孟子思想比较接近于孔子，故在汉初亦已被尊重，其实孔、孟学说与汉儒学说，颇有扞格也。

最近我系举行第九次校庆科学讨论会，生所提出之论文，其一为《墨子思想研究》，本为讲义，为比较全面之叙述。其一为《儒墨在伦理思想上的斗争与融合》，只有发言提纲，论文本身由生所指导之研究生许凌云同志写出。此文提出一系列之新看法，请陈其要，乞我师正之（在政治理论学习之条件下，在精神病痊愈之条件下，始能提出此项新见解，生近来新见解之源源不断提出，为数十年来所未有，精神病之全部痊愈，为决定性条件）。宗法封建制时代之主要伦理为“孝慈”（参看《康诰》），“礼”尚未成为伦理概念（只为仪文、制度）。“仁”在孔子前亦只为仪文点备之意（参看《郑风》、《齐风》、《金縢》）。“忠”则为公而无私，爱民（“国人”）、爱国之意（“上思利民，忠也”。“贼民之主，不忠”。“季文子相三君，无衣帛之妾，无食粟之马”，为“忠”等等），（又如“小大之狱，虽不能察，必以情”，为“忠之属”）。惟无宗法关系之家臣（士）对于大夫、公子之“忠”为忠君之义，此已为官僚制度之萌芽。诸侯对天子，大夫对诸侯，有宗法关系之家臣对大夫，均无所谓“忠”，只有“孝”。故曰：“臣子之不孝君父”，“君父之不慈臣子”。

至春秋中叶以后，由于社会经济之变化，伦理观念渐有变迁。孔子提出“仁”之道德，为贵族阶级（“君子”）中人与人关系间之主要伦理，其基本定义为“爱人”。“仁”之素质为“忠信”，为诚实之意。行“仁”之方法为“忠恕”，即“己欲立而立人，己欲达而达人”（“忠”）；“己所不欲，勿施于人”（“恕”）。此种新伦理之产生，为原始宗法制解体，人从宗族中解放出来之后果。“仁”与“忠”为新的伦理，孔子伦理观念之进步面也。同时孔子及其弟子已开始提出忠君观念，如“臣事君以忠”，然君臣间与朋友间之伦理尚无大区别，故曰：“事君数，斯辱矣；朋友数，斯疏矣。”“所谓大臣者，以道事君，不可则止。”从“与人忠”、“为人谋而不忠乎”、“忠焉能勿诲乎”推及君臣关系，故曰：“臣事君以忠”。“臣事君以忠”与朋友相处以“忠”并无甚大之区别。此“忠”字亦为人与人之间之伦理，已与宗法道德不同。

孔子虽提出“仁”、“忠”等新道德，然仍拘守旧宗法伦理“孝弟”，且以“孝弟”为“仁之本”，则仍以“亲亲”为主，此孔子伦理思想中之保守面。故孔子所代表之阶级仍为宗法贵族阶级，不过为此阶级中之开明、改良分子而已。孔子又以“礼”为“仁”之标准，此亦其保守面，然孔子所谓“礼”已有道德意义，其准则为“中庸”，且谓“人而不仁，如礼何；人而不仁，如乐何”，此种思想亦有开明、改良性。孔子之“礼”已与旧“礼”有所不同。

孔子对于“孝”之伦理最为保守,孔子之“孝”完全是旧东西,乃“君子”之“孝”,与“肇牵车牛远服贾,用孝养厥父母”之“小人”之“孝”极不相同。孔子论“孝”,着重“色难”,“敬”,“无违”于“礼”,而斥“有事弟子服其劳,有酒食先生馔”,“能养”之“孝”,以为非“孝”(“曾是以为孝乎”),斥“今之孝者”之“孝”曰:“至于犬马,皆能有养”。据孔子看来,此种“孝”乃士、庶人之“孝,”即“小人”之“孝”。孔子所谓“大孝”者,则为“三年无改于父之道”,此种“孝”非士、庶人所能行,乃上层贵族之“孝”。曾子云:“吾闻诸夫子,孟庄子之孝也,其它可能也,其不改父之臣与父之政,是难能也。”此种“难能”之孝,岂士、庶人所能行乎?充孔子之说,则后世“二十四孝”中“王祥卧冰”、“郭巨埋儿”等皆非“孝”,充其极亦只是“今之孝者”、“能养”之“孝”,即“小人”之“孝”耳。

贵族阶级下层分子(孔子所代表者)在春秋后期尚有进步性,至战国初期,已为落后阶层,如孔门后学所发展者为孔子落后面之“孝”与“礼”(“礼”之性质亦为旧“礼”,而非孔子之带有改良性之“礼”),未闻发展孔子之“仁”与“忠”也。墨家所反对之“儒”实为孔门后学之“儒”。《墨子・非儒篇》首曰:“儒者曰:亲亲有术,尊贤有等,言亲疏尊卑之异也。”此即反对孔门后学之“孝”与“礼”,而以加之孔子耳。(《淮南子》谓墨子学儒者之业,以为其礼烦扰而不悦,久服丧生而害事,墨子所反对之儒学如此而已。)

墨子虽反对儒家之“孝”与“礼”、“乐”,但对于孔子提出之“仁”与“忠”,则非但未加反对,且大为发扬之。《墨子》书屡言“仁”,谓“今之君子”之“仁”非真“仁”(“天下之君子不知仁者,非以其名也,亦以其取也”)。真“仁”乃“兼爱。”盖墨子以孔子之“仁”为“体爱”(偏爱),故以“兼爱”易之。“兼爱”者,反宗法之爱

（不以宗法之“孝”为本之爱），故孟子斥之为“无父”。墨子之“兼爱”，即庶人阶级之“仁”也。就阶级性言，墨子之“兼爱”与孔子之“仁”不同，就继承性言，墨子之“兼爱”即孔子之“仁”之发展，孔门后学不能发展孔子之“仁”，而墨子发展之，此战国初期代表庶人上层之“士”胜于代表贵族下层之“士”之处也。墨子又以主观唯心论之孔子之“仁”为不足，补之以“义”故并称“仁义”（并称“仁义”，始于墨子）而“贵义”（“万事莫贵于义”），墨家之“义”，其定义为“利”（《墨子·经上》：“义，利也”）。合“仁义”而言之，即为“兼相爱，交相利”，“兼相爱”，“仁”也；“交相利”，“义也”。“交相利”为“兼相爱”之实际内容，于是墨子化孔子主观唯心论之“仁”为唯物主义之“仁”，此“仁”之学说之一大进步也！

墨家亦言“孝”，而其所下“孝”之定义为“利亲也”。“爱利人之亲”能使人亦“爱利吾亲”，此亦孔子“忠恕”之说之扩展。而墨家之“孝”以“利亲”为主，则孔子所谓“今之孝者”之“孝”，亦即“小人”之“孝”也。“王祥卧冰”、“郭巨埋儿”合于墨子之“孝”，而不合于孔子之“孝”。此地主封建制之“孝”与宗法封建制之“孝”之不同。后世所言之“孝”，主要为墨子之“孝”，而不甚合于孔子之“孝”。

墨子所下“忠”之定义为“以为利而强低”。孔子言“君子喻于义，小人喻于利”，则墨子所言之道德，皆为“小人”（庶人阶级）之道德，与孔子所言之道德，皆为“君子”（贵族阶级）之道德，阶级性确有不同。孟子直继孔子，代表贵族面较大（孟子亦有代表新兴富人一面），故竭力攻击墨子之“兼爱”与“利”，早期儒墨之争辩，阶级性明显如此，而近人或谓孔、墨思想无阶级性，岂非荒唐之甚！

墨子将“忠”字局限于君臣伦理上，则因庶人上层即新兴地主之前身，新兴富人、地主之政治理想，为官僚制度中央集权之封建政治制度，非强调君权不可，“忠”之道德遂转化为君臣间之主要伦理矣。墨子定出“忠臣”之标准（见《墨子》书），颇强调君权（所谓“尚同”），其后学甚能实践其教之，如孟胜为阳城君守国，结果其师弟全部为阳城君“殉难”。故忠君之伦理，实确立于墨家也。

孟子代表宗法贵族，竭力反击墨家之“兼爱”与“利”，然于“仁义”之名词则取于墨家。孟子之“仁义”与墨子之“仁义”，名同而实大异：孟子云：“仁之实，事亲是也；义之实，从兄是也。”而曰：“尧舜之道，孝悌而已矣。”孟子之“义”与墨家之“义”完全不同，《孟子》首章即言“王何必曰利，亦有仁义而已矣”。宋牼游说秦楚罢兵，谓将言其“不利”，孟子曰：“先生之志则大矣，先生之号则不可”。孟子之“义”与“利”相对立，墨家之“义”则与“利”统一之“义”也。孟子继承孔子“君子喻于义，小人喻于利”之旨而发挥之，故益为落后。

然已倾向新兴富人之儒家“吴起之徒”所为之《左传》，则颇有含“义”与“利”之倾向，如成十六年：“义以建利”，襄九年：“利，义之和也”（《易传》袭此语）。阶级性不同，伦理观念即不同也。

孟子发展孔门后学之“孝”（孟子为子思之继承人，子思盖出曾子学派），而荀子则发展孔门后学之“礼”。然荀子代表新兴地主阶级，故其“礼”与孔门后学之“礼”已有不同，荀子“阳儒阴法”，其所谓“礼”有“法”化倾向，故以“礼义法度”并称。然重“礼”即重等级，故荀子反对墨子着重其民主精神一面，所谓“蔽于用而不知文”，“有见于齐无见于畸”，“曾不足以容辨异，县君臣”，则孟子“民贵君轻”等议论，亦必在荀子其反对之列。以此时地主阶级已为统治、剥削阶级，故反对庶人上层及新兴富人之民主思想。荀子非但不反对墨子之“兼爱”，且公开言：“泛利兼爱德施均”矣。荀子实际上发扬了墨家之“尚贤”、“尚同”、“兼爱”、“非命”(荀子以“非相”代替“非命”),此即荀子自言之俗儒“其言议谈说已无异于墨子矣,然而明不能分别”也。地主阶级之思想不可能不部分合于庶人上层之思想,古人虽无此阶级之自觉性,然其思想,实不自觉地反映其阶级性也。

汉代董仲舒等新儒家,思想多出荀子,董仲舒书中多直录荀子之语,且“作书美荀卿”。董仲舒等之主要思想实出墨、荀:“非世卿”,“尚贤”也;“大一统”,“尚同”也(亦荀子等君相之论),且有宣传兼爱之论。董书而外,公孙弘且明言:“兼爱无私之谓仁”矣(《庄子·天道篇》为汉代之书,中引孔子曰:“中心物恺,兼爱无私,此仁义之情也”。此即汉儒之所谓“仁义”)。彼等亦主“非攻”,“屈君以伸天”,天志也。言灾异等亦“天志”、“明鬼”也。汉儒刘向等,亦主“节用”、“节葬”;即“非乐”、“非命”之伦,在汉儒书中亦有迹象可寻。惟未明言“非儒”耳。汉儒“三纲”、“五伦”之说,亦从墨、荀来,荀子固已为后世定下伦常之教,惟以“入孝出弟”为“人之小行”,然此亦从墨学之反宗法思想来,墨子重“忠”而不甚重“孝”,此即后世“忠孝不能两全”时,舍“孝”从“忠”思想之来源,其与春秋时代重“孝”轻“臣”之思想正相反背,伍员等人在春秋时为正面人物,若处之后世,“鞭平王尸三百”,非大逆不道邪?忆幼小时受家塾教育,熟读经书,于观京剧、阅小说,总觉后世之伦常道德与春秋以上及孔、孟有异,尝质之业师,而业师不能答也。

匆匆写来,繁琐之至,不合之处,即乞教正!

此请

著安!

生童书业上 (1964)三、十六。

六

颉刚师：

寄上生所指导之研究生钱宗范同志所作《朋友考》一文，此文在生指导其作毕业论文《西周春秋宗法制度》过程中写出的一段札记，似尚有参考价值，因无适宜发表之刊物，乞吾师为介绍至适宜刊物发表，如师或刊物认为无甚意义，请即将稿退回为幸！

专此，即请

著安！

生书业上　三、廿五。

师母前均此请安！诸弟妹并问好。

七

颉刚师：

前上数函，未蒙赐复，我师身体健康否，至以为念！教英所作《春秋末年鲁国的改制》一札记已写就，当令其抄缮，不久寄上（近日彼在劳动）。此文说明由于三家宗法家臣之跋扈，故季孙氏提拔孔子等新兴士夫，进行改制，即取消宗法家臣（有封土、人民、武装者）之专政，而代之以但受实物俸禄之官僚或家臣，实际上即在三家范围内进行如商鞅、吴起式之变法。堕三都，即为其中主要之措施。惟孟孙氏与其家臣间矛盾在彼时较缓和，故成邑未毁。然至哀公时成宰宗法家臣公孙宿仍以成叛，赖孔子弟子子贡之游说，成邑始复归孟氏，自此次改革后，"陪臣执国命"之局面即告结束，是即孔子所谓"陪臣执国命，三世希不失"也。此事实为列国"变法"之序幕，亦官僚政治代替宗法贵族政治之第一声也。教英续论三家变法后，并未能巩固其政权，鲁国尚曾进行第二度变法，即实行了孔子"张公室，抑私门"之主张，至战国时，季氏独立为费国，叔、孟二家不知下落，鲁政收归中央。故自鲁穆公时，即任新兴士夫为相及大臣（公仪休、子思等），孟子时鲁平公又任乐正子为卿，且欲用孟子，而由嬖人臧仓之阻不成，可见此时之鲁公非若春秋后期之鲁公矣。孟子又载鲁欲使慎子为将军，此亦新式之将帅。将相分职之官僚政治已在鲁国完全形成。

教英之文大致如上所述，然尚未说明者，为三家特别是季氏如何失败，鲁君如何收权之过程。今为补论之。

《论语》载孔子云："吾恐季孙之忧不在颛臾，而在萧墙之内也"（《季氏》）。又云："故夫三桓之子孙微矣"（同上）。此二段文自古解注者均未能得其确解。我师在《浪口村随笔》中亦谓孔子此说"预言不中"。其实《季氏》篇在《论语》后五篇中，皆后人缀拾孔子等遗言修饰而成者，其预言不容不中。《论语》所载此两段文皆预言，且皆中。《史记·鲁世家》：

> 悼公之时，三桓胜，鲁如小侯。卑于三桓之家……三十七年，悼公卒，子嘉立，是为元公。

据生过去考证（《齐侯钟铭桓武灵公解》），春秋凡以"悼"为谥者，与以"昭"为谥者相类，多不得善终，悼公以"悼"为谥，且其时"三

桓胜”,颇有非善终之嫌。考《韩非子·说林上》篇云:

鲁季孙新弑其君,吴起仕焉。或谓起曰:夫死者始死而血,已血而衄,已衄而灰,已灰而土,及其土也,无可为者矣。今季孙乃始血,其毋乃未可知也。吴起因去之晋。

《史记·吴起传》云:“起乃之鲁学兵法,以事鲁君,鲁君疑之……谢吴起,吴起于是闻魏文侯贤,欲事之……”魏文侯元年为鲁元公七年,离悼公之卒甚近,盖所谓“季孙新弑其君”,即指弑悼公也。悼公既弑,元公必思复仇,乃效其祖哀公所欲为者“以越伐鲁而去三桓”,吴起之徒知其寡,故曰:“其毋乃未可知也。”吴起盖知有变,故“因去之晋”。然则鲁君以越兵伐鲁去三桓之事有征乎?曰:有征。《孟子·离娄下》篇云:

曾子居武城,有越寇,或曰:寇至,盍去诸?无寓人于我室,毁伤其薪木。寇退,则曰:修我墙屋,我将反。寇退,曾子反。左右曰:待先生如此其忠且敬也,寇至,则先去以为民望,寇退,则反,殆于不可……孟子曰……曾子师也,父兄也……

此段文字亦千古不得其确解,吾人参阅《说苑·尊贤篇》而始能解:

鲁人攻**鄪**,曾子辞于**鄪**君曰:请出,寇罢而后复来,请姑毋使狗豕入吾舍。**鄪**君曰:寡人之于先生也,人无不闻,今鲁人攻我而先生去我,我胡守先生之舍?鲁人果攻**鄪**,而数之罪十,而曾子之所争者九。鲁师罢,**鄪**君复修曾子舍而后迎之。

二事相校，殆为一事。《战国策》甘茂亦言：曾子处鄪。焦氏《正义》因谓："曾子所居，即费县之武城。"又云："汉志'越王勾践尝治琅琊，起馆台'，考春秋时，琅琊为今山东沂州府，鲁费在沂州费县西南七十里，武城在县西南九十里……阎潜丘谓吴未灭与吴邻，吴既灭与越邻，是也。或云越寇季氏，非寇鲁……"（业案：春秋、战国际，越地至山东，参看《墨子·非攻中》）。谓"越寇季氏"诚是！盖是时，鲁师与越师会以伐费也。"季孙好士"见于《韩非子》（详下），盖初师曾子，后又师子思（《孟子》引费惠公曰："吾于子思则师之矣"，见《万章下》篇），战国时儒家大师于大国之君犹自居师之地位，一不顺意则去（如孟子），何况于小国之君（孟子称费惠公为"小国之君"），故越鲁会以伐费，则曾子去，师退，曾子又来，虽"待先生如此其忠且敬"，"人无不闻"而曾子卒去。所谓鲁人攻鄪，数之罪十，其中殆有弑君之罪乎？案《史记·仲尼弟子列传》："曾参……少孔子四十六岁"，孔子以鲁哀公十六年死，年七十三，曾子时年盖二十七，至元公时已八十左右，以其年之老寿，故为季氏所尊师也（叔孙氏不知结果，孟孙氏则至少至曾子死时尚存于鲁，《论语·泰伯》："曾子有疾，孟敬子问之，曾子言曰：鸟之将死，其鸣也哀"云云，可证）。

季氏之失鲁政，独立为费君，固因鲁君假越师以去之，然亦因内乱，《韩非子·外储说左下》篇：

> 季孙好士，终身庄居处衣服，常如朝廷，而季孙适懈，有过失，而不能长为也，故客以为厌易已，相与怨之，遂杀季孙。故君子去泰、去甚。南宫敬子（即孟敬子）问颜涿聚曰：季孙养孔子之徒，所朝服与坐者以十数，而遇贼何也？曰：昔周成王近

优侏儒以逞其意，而与君子断事，是能成其欲于天下。今季孙养孔子之徒，所朝服而与坐者以十数，而与优侏儒断事，是以遇贼。故曰：不在所与居，在所与谋也。

此即所谓“季孙之忧在萧墙之内”。季氏既有内乱，又有外患，故终不得不离鲁守费，为小国之君也。

季氏之灭亡，果在何时，则甚难知，观《孟子》书，似此时季氏已亡，窃谓季氏独立后不久即亡，《左传》盖吴起之徒所为，其书似成于元前四世纪初，闵二年云：“季氏亡，则鲁不昌。”此亦预言也，盖季氏亡于战国初叶，战国七雄并立，鲁虽变法，犹为小国，未若宋王偃之弘盛，故曰“不昌”也。（《史记·田氏世家》、《六国表》均载齐宣公四十八年“取鲁郕”，孟氏之亡殆在此时，其时为周威烈王十八年。）

春秋、战国之际史料最少，前人已慨言之，今钩稽诸书，略考季氏离鲁独立之经过，书缺有间，未能详尽，尚乞我师教之为幸！

专上，敬请

著安！

牛书业上　六、三

师母前均此请安！

诸弟妹均此！

八

卢振华先生返济，承告知我师又便血，至以为念！究竟是何原因，乞师母大人来一信告知，庶慰远念！生自精神病痊愈后，精神灵活，在学问上发现较前为多，曾录数点新见解告吾师，谅蒙鉴收。小女教英每周为讲《左传》，已读完《左传》约三分之二，古汉语基本过关，一般古书均能阅读，其人颇能深思好学，近似永年婿，此又一可畏之后生也。近作《春秋末年鲁国的改制》一读书札记，已由永年转寄吾师。生曾为补证季孙氏离鲁独立之原因一节，亦曾函告吾师，均乞指正！我师全部研究成果，最好请一头脑比较敏锐而又仔细之人，将目前尚能成立之见解，简要地写出一部书来，其只有历史意义者，可另录为一书，如此我师之研究可有一总结。不然，著述太散，后人无从研究也。此后我师宜只读些书，做些札记，不宜做大书，使身体健康，能多为人民服务。生此后亦拟专心《春秋左传考证》一书（明年暑假后开始着笔），其他著作，亦不拟兼事矣。因人之精力有限，不能无限度地应用。我师前为之"烝报"制度一文（见《浪口村随笔》），为研究宗法制一中心问题，尚盼健康后能写出，此问题必须联系世界古代史及马列主义理论，始能科学地说明。理论书主要是恩格斯《家庭、私有制和国家的起源》一书论"家长制家庭"部分。世界史部分可参考拙作《巴比伦家族形态》一文（《古巴比伦社会制度试探》第三篇）。此文写成，对于古史甚有贡献，如需生帮忙，生可代为搜集一些史料也。

专上，敬请

著安！

生书业上　（1964）六、十四。

九

颉刚师：

手示敬悉。近来初步研究《左传》之结果，觉得康崔学派之考据甚成问题，有数点意见贡献与我师，以供参考：

1.《古史辨》确是一历史文献，而非纯考据著作。其中之研究，虽亦有一定之科学价值，然主要是思想史上之文献，即“五四”时代资产阶级学者反封建思想表现于史学上者。此书虽有一定的史料、考据功力，但主要是反封建思想，不能认为纯粹之史学著作。

2.《古史辨》中若干代表时代意识之论文，可以作为《文史资料丛刊》之材料。其有考据学或史学、文学上价值之成分，可由我师自己或口授青年同志写成札记或短篇论文集。

3.《古史辨》中论文有些改变论点后，可以得出考据性科学结论。例如《三皇考》可以根据拙序中之提要及补充，修改成一条数千字之史学考据札记或论文，其全书属于神话研究，大加压缩，并略加修改，可编入我师研究古典文学之论文集中（孟姜女故事研究等，亦属此类）。《五德终始说下的政治和历史》，似应去掉康崔学派之结论，取其合理部分，写成一条较长之精粹札记或论文。《帝尧陶唐氏名号溯源》一文虽系拙作，然主要是发挥我师之见解，应去其所谓“伪窜”之说，取其合理部分，写成一条札记或短论文。《禅让传说起于墨家考》一文亦有合理部分，应分写成数条札记或短篇论文（禅让传说虽有原始成分，然由墨家改造、宣传，并经儒家改造、增添，从思想史角度上说，毫无问题）。《鲧禹的传说》（已吸收第一册中可取之部分)亦可改造成数条札记或短论文(鲧禹名词起于图腾,其人可能是部落酋长,其传说确有神话成分,近人已有论定。治水传说之盛行、扩大、改变,乃春秋、战国际水利工程发展的反映,似无问题)。《夏史三论》之上二论,科学性较多,可以改造成数条札记或两篇短论文(启与太康即使非一人,然传说相混,并有传说分化迹象,似无问题。五观传说亦相混。羿之故事,近人当作神话研究,可以参考。少康中兴故事乃楚地传说,吴起学派在楚地收集,加入其所得史料中,故有插入痕迹,《史记》乱抄古书,故亦显矛盾。此事本非"邹鲁缙绅先生"所知,汉初儒者极陋,故均不知。如《史记·周本纪》:太史公曰:"学者皆称周伐纣,居洛邑,综其实不然!"由今言之,岂非笑谈。扬雄所采乃另一种传说。东汉初《左传》流行尚未广,故此段故事直至高贵乡公始加表扬。从传说性质及所含原始社会现象,以及文字等看,决为吴起派改造传说所成之故事,其较原始形态见楚辞中。所谓"东汉人伪造"之说,不近情理,不可信)。《有仍国考》可修改成一条札记,此文尚有参考价值。第一、二册似可全部作为《文史资料丛刊》之材料,供研究现代史学者参考。

4. 据某些思想史研究者反映,《古史辨》第三册较多考据性科学价值。《诗经》部分加压缩、修改后,可录入我师古典文学研究论文集。《易经》部分似应加入郭沫若先生意见,今传《易经》断非西周原书,生已获得甚硬之证据。《易传》部分亦须压缩、修改。《周易》部分可收入我师思想史研究论文集。

5. 第四、六两册中我师论文,压缩、修改后,均可编入我师思想史研究论文集(《老子》非春秋作品,大致是战国后期作品,近人见解一致)。

6.《古史辨》中康崔学派见解必须去掉，以甚妨碍科学性也。其合理见解自可保存。

7. 我师研究古代地理之论文，压缩、修改后，可编为古代地理研究论文集（如生所为者），此部分论文科学性较大，特别是《九州之戎与戎禹》一文，反映较好。

8. 康有为先生之《孔子改制考》，见解较科学，虽然孔子“托古改制”，似多出不自觉。然墨子以下之“托古改制”，显然为自觉性的。凡康氏不合科学之武断，决不能采用。《新学伪经考》全是思想，不是考据，从考据角度上看，可取之处甚少。所谓“刘歆伪窜”之说，绝大部分已证明不可靠。

9. 生最近将三传之经及传与《韩非子》、《史记》等书仔细核对，并加考据之初步结果，已明康崔学派之说，全不可信。

10. 关于《左传》初步研究之几点尚未成熟新看法，已写成18千字之长信寄齐思和兄，并嘱其阅后转与我师，乞指正。总之：（一）根据金文证明左氏古经为《春秋》较早之本，公、谷不及。（二）根据“续经”写至孔子卒，证明《春秋》非孔子作。作《春秋》者（《春秋》似是曾子学派根据鲁史修订而成）本来假托孔子，故经书至孔子卒。如为“刘歆伪造”，无故造伪证以降低左氏经价值之理。（三）左经文字为鲁语且较古，非刘歆所能“伪造”。（四）左经并未补阙文，亦乏整齐划一痕迹，如为刘歆“伪造”，必较完整。（五）左经与传有不合处，如为刘歆“伪造”，必将整齐划一。（六）左氏解经语及君子曰等，乃吴起学派所为，其时代不能晚于元前四世纪。（七）《左传》记鲁事最详细，最可信，且称鲁为“我”，袒护季氏语极多。仲子故事、成季故事，及哀公出亡事，皆袒护季氏之曲笔。又《左传》记鲁隐、桓、庄、闵事甚略，记僖、文、宣、成事较详，记襄、昭事最详，可见其所据史料近多远少，如“伪造”之书，不能如此。记定、哀事较略，则以时代较近，史料记述较少，后代写史者搜集史料亦常如此，此岂能“伪造”。故《左传》中鲁史部分必为离春秋时代不远人所为，疑春秋经出曾子，记鲁事之“传”出曾申（两者相合，即所谓“鲁之春秋”，“传”之名晚出），而传之吴起者（曾子、吴起皆季氏僚属，吴起为曾子父子之弟子，生已有考证）。（八）《左传》记晋、楚事亦甚详（盖取于“晋之乘”、“楚之梼杌”者，孟子为曾子—子思学派后学，称道三书，必有依据），袒魏氏多曲笔，又描写楚王多贤，如弑父之穆王，亦予肯定。记庄王几超过齐桓、晋文，记共王、平王、昭王之贤，皆似超过事实。吴起先事季氏，继事魏文侯、武侯，又事楚悼王。吴起在鲁为季氏家臣（见《韩非子》），在晋为魏氏臣，故于鲁、晋，皆赞私门，而贬公室；在楚仕于王室，且执行“变法”，故赞王室而贬私门：皆合吴起史迹。吴起为儒家而兼兵家，故《左传》中早期儒家思想色彩极浓，记兵事特别详细，且有兵法指示。吴起在楚又“明法令”，故《左传》中又有早期法家思想（早期法家多源出儒家）。（九）《左传》中所载预言，皆合曾子、曾申、吴起之时代，“君子是以知秦之不复东征”，除穆公外，记秦事极略，可见其书成于秦大强前（前四世纪后期以前）。（十）今本《左传》乃吴起后学所编定，大约成于前四世纪末叶（魏惠王、襄王之间），故有“卫迁于帝丘，卜曰三百年”此为《左传》中最晚之预言。（十一）左氏书在战国时盖盛传于晋、楚，故其后有所谓“铎氏微”。汲冢出土古文与《左传》合，且有《左传》式记载，此后《韩非子》中记载，亦多与左氏近或相合。（十二）吴起为卫左氏人（见《韩非子》），故《左传》称为《左氏春秋》（以左丘明为鲁太史，故讹传为“左丘明”作），“传”名晚起（《史记·儒林传》：“瑕丘江生为谷梁春秋”，《汉书》向、歆父子传亦称“谷梁春秋”，《儒林传》并称“公羊春秋、谷梁春秋”，《王吉传》：“能为驺氏春秋。”春秋“传”之名盖起于西汉末，至东汉始渐流行）。（十三）古书多录《左传》记载及《左传》解经语、君子曰等，可见此为最早之春秋传，说为“皆刘歆伪窜”，不近情理。（十四）《左传》记载皆符合春秋时代经济、社会、政治、习俗、婚姻等情况，与古代世界各国社会发展规律皆合，不能伪造。（十五）《左传》思想皆春秋、战国际贵族改良派思想，多与孟子相合，与荀子以后之儒家思想，即解经语、君子曰亦然，决不可能出于刘歆“伪造”（如“周郑交质”，君子曰：“信不由衷，质无益也……而况君子结二国之信……”，“宋人弑其君杵臼”，传曰：“君无道也。”凡例：“凡弑君称君，君无道也；称臣，臣之罪也”：皆原始儒家之思想。“宋伯姬卒”，传曰：“待姆也。君子谓宋共姬女而不妇，女待人，妇义事也。”完全符合古代世界各国“宗法”制时代家庭习惯，决非后人所能“伪造”。公羊屡称“录伯姬”，盛奖伯姬；谷梁亦谓“贤伯姬”：皆个体家长制家庭兴起后妇女“贞操”被重视之反映，此乃战国以来之情况，非春秋时所有。全部《论语》无一语涉及夫妇之伦及妇女“守贞”之道德，孔子且称“诗三百，一言以蔽之，曰：思无邪”。可见《左传》合于春秋时情况及原始儒家思想，而公、谷所表现者为战国秦汉人思想。妇女“守贞”之道德确定于秦代，见秦始皇泰山刻石及会稽刻石。《仪礼·丧服传》尚许有子之妇女改嫁，而会稽刻石则言：“有子而嫁，倍死不贞”云云：此可借以论定三传之写定时代矣）。此外证据尚甚多，足证康崔学派之说之不科学（《左传》文字一贯，简古可诵。《国语》文字不一贯，如齐语、吴语、越语与他语文字、思想及所载事之可靠性，皆不一律，安得为一书之分化。惟“其处者为刘氏”等少数语句，确出后人所加。然此乃古书通例，不仅《左传》如此。《左传》生硬穿凿处，正其书早出之证。晚出伪造之书，决非如此。）凡考证必须合乎情理，不合情理之考证，断不能成立。《汉书》作者岂有不承认《左传》为左丘明所作之理，而在刘歆传中直言传刘歆所造邪？所谓"引传以解经，转相发明"者，谓以《左传》之可靠史事记载解经，经传互相发明也，此岂能为刘歆"伪造"《左传》之证？又如所谓秦始为"腊"，《左传》有"腊"祭，故为秦后书之说，实甚不合理。《史记·秦本纪》中言秦"始为"之事甚多，盖秦较中原诸国落后，本杂戎狄之俗，至战国初期，始渐进于华夏，岂华夏本无"腊"祭？如谓"初为赋"，岂中原各国本无赋乎？鲁在宣公时已"初税亩"，而秦则至战国时始"初租禾"，岂得谓《春秋经》亦出秦后邪？又如"庶长"官名秦纪春秋前秦已有之，后人又以为《左传》之"伪证"，其实"庶长"与"仟夫长"、"百夫长"同类，其官名固甚原始也。凡后人所谓《左传》晚出及"刘歆伪造"之说，生此次详加复核，其所举"证据"无一可信，且有反证甚多，前人读书实甚不仔细，"五四"时代之治学风气亦有缺点，今日如实事求是以考证，《左传》为公元前四世纪吴起学派所为，殆无疑问！（其材料出鲁史、晋、楚史等，为孔子—曾子学派所传。）

此请

著安！

生书业上　七、十二。

师母及诸弟妹均此。

【附：《易经》中非西周著作之证据】

1. 许多地方文字显浅，较之西周金文及八诰、盘庚（西东周间作品）、周颂、大雅等书，古奥远不及。典型的例子，如："帝乙归妹，其君之袂不如其娣之袂良"（西周语法应为"帝乙归妹，厥君袂罔若厥娣”)。“其”字、“之”字、“不如”字,皆非西周语法。“鹤鸣在阴,其子和之;我有好爵,吾与尔靡之。”“其”字、“吾”字等者非西周语法。“吾”字始见于春秋时东方族语中(石鼓文、若干东方国家金文、《论语》等文献中),西周时西方人语言(所谓“雅言”)中,除《易经》外,尚未发现此字。且此数语,亦不类西周文字,而接近小雅、国风。

2. 所述社会现象不合西周、春秋时代的社会经济制度及政治制度。典型的例子,如“不事王侯,高尚其志”。西周时代根本不可能有此类人物。春秋前、中期虽有类似之事,尚未见此类思想。春秋后期虽有此类人物,此类思想尚未典型化。只有战国初期,如段子木、田子方等人,始有此类思想:此为当时社会经济发展之结果。西周时只有一个“王”,“王侯”连称词句从未见过。春秋时楚人称“王”,尚被视为“蛮夷”。末年吴、越称“王”,亦未被视为中原诸侯。当时只有“公侯”语,“王侯”语晚出。墨子始连称“王公大夫”,为战国人语,而《易经》竟有“王侯”语,与老子合,皆战国人之辞。《易经》不出西周时代(指编定的之书,非指材料)之证据,非常之多,可得数十条,故钱玄同先生以郭说为是也(见《新学伪经考》新序)。

语文考证法甚为可靠,如较晚出之盘庚,即有“若网在纲,有条而不紊”;“若火之燎于原,不可向迩,其犹可扑灭”等语,全篇文法皆不若八诰之古。

十

颉刚师:

昨上一函,中漏去一点,兹特补上。我师关于《尧典》、《皋陶谟》、《禹贡》三篇之考证,为我师在科学上最大之贡献。此三篇现在几乎公认为战国时代书(少数学者认为春秋时代书,亦有认为秦或汉初年之书者),而首先提出此问题(康有为先生之说太武断,不能信服人)并作适当之解决者,实为我师。然此三篇之考证,我师未写一篇正式论文,殊为遗憾!必须补写三短文,举出此三书著作时代之主要而典型的证据,以为总结。近人虽多谓《尧典》、《皋陶谟》、《禹贡》为战国秦汉书,亦未作文。则此问题简直是不解决而解决,总须写一总结(我师之身体,请切勿写长文)。生意:《尧典》、《皋陶谟》原本写成于战国,今传者为汉人写定本。《禹贡》出于战国后期,亦可能有秦汉人修改之处。拙见仅供参考,乞斟酌之。此请

著安!

生书业上　七、十三。

十一

颉刚师:

手示敬悉。暑假中忙于学习,全日开会、写材料,承命校阅《浪口村随笔》,未能即时应命,甚歉!运动告一段落后,当以二、三日之时间为之(本月内恐无时间)。

现时可称为考据论文之标准,至少应包括下列诸点:1. 不违反马列主义。2. 在整个历史中讲得通(例如在殷纣时代,决不可能“发七十万人”之数)。3. 必须有正面的直接证据,且非孤证。4. 无坚强反证。5. 少用推理之法,施用旁证法、默证法时,须极谨慎。根据上述标准,则我师及生论古史传说诸文,如《古史辨》第一、二、

五、七，四册所载者，旧考据家固认为“外江派”，以为非“考据”之正宗，若以新的考据眼光视之，更不能认为纯正之考据（因此类文至少不合3、5二条标准，有些文五条标准无一合者）。此类文只可代表某一时期资产阶级研究学问之风气，应视为近代学术思想史料之一种，保存作为史料则可，现在决无重印价值。至《古史辨》第三、四、六，三册所载诸文，一部分亦应视为近代学术思想史料，只一部分尚有重印（修改后）价值（择其纯考据者），可集为经学、子学两论文集，尚可斟酌补收他人及自己其它论文。《禹贡半月刊》一部分文，并应视为近代学术史料，另一部分文，亦可修改重印，编为《历史地理》论文集（择其纯考据者）。鄙意如此，我师以为如何？

我师考证（比较纯粹者）札记甚多，可删并编成一书，不限于《浪口村随笔》所载者。此类札记如过多，可分册陆续出版，定名《顾颉刚论学札记》，如何？先出第一册，即以《浪口村随笔》为底本，加以增删修改，生当提供意见。

生近因交代历史问题，自编一简要年谱，按年插入各项写作，觉解放前旧作，尚可供现时参考者实至少。《古史辨》第五、七两册所载诸文，与我师此类著作同，只能作为史料看待。《春秋史》代表生之旧史观，今日生之见解几全与相反，只能留为史料或纪念物。如欲重新出版，非彻底改写不可，现实无此时间、精力。其他如《中国疆域沿革略》、《精神病与心理卫生》等，学术价值更低，只可留作纪念物，决无修改重印必要。

未出版二旧著：《中古绘画史》及《谈画》，尚有可采处，已分交赵俪生、黄永年修改出版。此外生曾检查解放前全部“学术著作”，觉只有四文尚可存（因其结论尚站得住）：1.《春秋王都辨疑》（《禹贡半月刊》“古代地理专号”），（其说有正面之证据，无坚强反证）。2.《中国山水画南北分宗说辨伪》（《考古社刊》第四期，图书馆中必有），（此文结论未误、较精）。3.《中国山水画南北分宗说新考》（《齐鲁学报》第二期），（此文材料较多，有小收获，但疵病较大，如新加［南北派说］，大可不必）。4.《没骨花图考》（《齐鲁学报》第一期），（此文较精）。上四文尚勉强合于旧“考据”标准，有参考价值（生解放前研究收获，仅此而已）。但此四文无法汇成一书出版，即编成一集，亦无书店肯接受。拟请我师删繁就简，去芜存精改，写成札记三条（其中山水画南北宗二文可删并为一），收《浪口村随笔》中。现时学术纪律，不能代人作文，故该三条札记生不能代写。好在第一文我师早已同意（记得该文本从我师指示写成，并非生自己创见），他三文基本结论未见有反对者，而我师对于国画亦本有兴趣，该四文经我师大笔重写，必能改观，决不致仍为原物，作为我师著作，似无不可（**我师认为不然者，尽可删改，不必照顾生意，因原作本有疵病也**）。其中《中国山水画南北分宗说新考》一文甚长，请摘录改写，文中枝节可删削也（**应以分宗说辨伪一文为主**）。

又《墨子姓氏辨》一文，郭沫若先生曾同意（见其所著《奴隶制时代》附录信中），亦似尚有参考价值，但文中要点已收入《禅让说起于墨家考》中，且此文结论尚未能成定论，可以不采。与我师合作之《汉代以前中国人的世界观念与域外交通的故事》（附《穆天子传疑》，亦刊《禹贡半月刊》“利玛窦地图”专号），疵病甚多，须大加修改，始能收入《历史地理》论文集。《国语与左传问题后案》及《二戴礼记辑于东汉考》，所引史料多未复原出，请我师托人复书，修改后，始收入经学论文集。《大诰康诰酒诰著作时代考》（刊上海《东南日报·文史周刊》），（中有武断处，应去）。结论嫌平庸，可采可不采(如采用亦须修改)。论瓷器史诸文,则拟删改后附入近日正在写作中之《中国手工业商业史》,此类文疵病更多,尤须大加修改也。已成新著中,只将山大讲义《古代东方史纲要》,交新知识出版社修改出版。

生此后拟集中精力,根据已有写作、研究中国手工业商业史,在此方面好好为人民服务。

生过去所学太驳杂,依恃小聪明,欲贯通各种学问,自己构成一学术体系,此实极为荒谬之观念。此次经自我批判及他人批判,已有觉悟,此后决将所学范围缩小,使能有比较刻实之成绩,在此方面,希望我师亦能对生提出意见。

生过去治学之最大弊病为主观主义,即唯心论之思想方法,我师似亦有此病,此病如不改正,不但研究学问难有成绩,即做人办事,亦处处发生错误也。

在此次运动中,生深感过去受胡适影响太深,不但产生许多反动思想,致历史有污点;即解放后,屡次批判胡适,而胡适影响仍深刻我心,致不能好好为人民教育事业服务。此后当再深入检讨、批判我心中之胡适思想影响,及本人错误、反动思想。窃思我师与生皆有一定天分,如早日受马列主义教育,今日成绩决不止此。生今日回头看过去之著作,实深惭愧,能站得住之研究,实在太少,希望我师亦同有此觉悟,批判脑中之胡适思想,彻底铲除此买办资产阶级代言人给予吾人之毒害,然后方能谈真正之研究也。而研究马列主义,尤其重要,无马列主义之武器,决不能彻底批判胡适放入吾人脑中之反动思想。不过,我师过去并不反对唯物史观,且有民族主义之爱国思想。

欢迎我师来青,生当竭诚招待。

专复，此祝
健康进步！

生书业上　(1964)八、廿六。

师母大人前均此请安！

十二

颉刚师：

今晚和明日都是我业余治疗病人的时间，由于这类病人都需要不断治疗，故未能前来送行，歉甚！

师母的病我虽未见面，但就所述主导情绪和观念看，似乎是医源性的强迫症状，和我目前所治疗的三个病人基本相同（一个怕麻风，一个怕癌肿，一个怕高血压）。治疗这种症状，不是很容易的，需要决心、耐心。

我建议师母要：1. 由北京精神病院全面检查身体一次（别的医院不妥），以解除顾虑。2. 由北京精神病院检查精神一次，要请主治医师以上的医师检查，**究竟是否纯粹的强迫症状**（即“精神衰弱病群”），还是杂有他种精神、神经症的病（**特别要检查有无“更年期忧郁症”**成分）。确证之后，如北京精神病院没有专门从事心理治疗的医师（听说心理研究所有专门研究这门学问的），或治疗无效，可以办一办转诊手续，请师母到济南山东省精神病院治疗，可以住在我家（这种病除施行特殊药物治疗外，不宜住院，因为容易引起忧郁情绪）。山东省精神病院李铁医师是专门研究强迫症的，我和她正在合作研究本症，她的研究兴趣是很高的。师母来济，在我们合力治疗下，有可能迅速全部治愈。这种病是一种非常痛苦的病，我对这种病人是有极大的同情心的。这种病宜于速治，愈拖得长愈难治。根据我们的经验，这种病是完全可以治愈的（**如师母来济南治疗，必须携带北京精神病院的身体、精神检查单**）。

所谓“高级中枢神经衰弱”和所谓“精神衰弱”的学说，我们是不相信的。实际上是神经兴奋抑制不平衡所形成的一种抑制状态，是完全可以通过长期的药物和心理治疗消除的。

北京精神病院伍正垣教授在青岛讲学时，我们曾初步交换过对本症病理的意见，提到我的名字，他大概不会忘记。师母去看病，如由他主持检查，结果更可靠些。

此请

旅安！

生书业上　(1964)十、七。

十三

颉刚师：

手示敬悉！生前因重感冒剧咳，咳破肺结核病灶而出血，现在家疗养，系领导指示：除在运动内看文件，写检查外，一切工作均停止。党对知识分子的关怀，真是无微不至！**但生的肺病几乎全无自觉症状，精神仍甚兴奋、愉快，工作能力亦基本未减退，不过遵照领导指示，竭力休养而已**（肺病是旧有的，已有二十余年病史，并非新病，与过度劳累无关）。

师母之病康复，甚慰！**据生观察，师母之病是引起兴奋情绪后**

痊愈的。这是精神变物质的一个很好的例证。生之病亦是用药物与心理相结合的"兴奋抑制疗法"治愈的,但因病期长达五十一年,严重期症状亦甚厉害,所以脑部以下的神经症状尚未彻底铲除。所谓"兴奋抑制疗法"是应用巴甫洛夫学理,从大脑向下的物理性("体内物理过程")的疗法,这种疗法在消除精神症状是有奇效的,但它不能彻底消除下部神经(植物神经)的症状。这是有遗憾的!生近来将此种治疗精神病的方法称为"日本明治维新式的疗法",因为它是从上到下的改良性的方法,最理想的疗法是从下到上的从物质到精神的彻底疗法。这种疗法更为过去医书中所未有。

在肺病疗养期内,生因解除静养所苦闷(生的病治愈后,跟着改造病态个性,个性已由"内倾"变成"外倾",由好静变成好动,此外还有许多变化),读了不少新出的生化、药理、病理等书,对医学基础知识进行了补课,吸收了近十年来各国科学研究的一些新成果,对于过去的症状,有了许多新的理解,准备俟肺病轻愈后,继续用业余时间对"精神衰弱"——强迫症进行研究,一定要在几年之中,彻底解决本病的全部病理问题,并创造出一种新的由生理到精神的全面的快速的疗法,使本病成为很容易治愈而少治疗副作用的疾病。生现在对本症已经看出一些基本的生化线索。可以断言:这是建立在间脑或其附近部位先天性过敏状态的生理素质之上的一种由体内外生理的或心理的刺激所引起的以交感神经—肾上腺系统与迷走—副交感神经—胰岛系统官能性(带有条件反射性的)不平衡为主导的生理症状的几乎全部神经—内分泌机能都可以受到影响的既有精神症状又有生理症状的症候群(这句话实在太长了,一笑!)。它可以利用神经—内分泌系统相互对抗相互诱导的原理,创造出一种比较简便而有效的疗法。最近生已提出了一种疗法试验的建议(先在动物身上试,成功后,再在人身上用),据有些医师说:"逻辑性是周到的",可以通过试验和不断改进而实现疗效。但这种试验因为牵涉范围很广,据说非常复杂,需要几年的试验时间。

生的研究神经官能症(最常见的轻性精神病)实际上已有十八、九年的历史(从1946年到现在),并非现在才开始研究的,不过最近几年来因为治疗自己的病和别人的病,加深了研究,用了较多的业余时间而已。我系同人对此不甚谅解,认为"不务正业"。他们不知道据不久以前的医药报导:神经官能症"约占普通内科或神经精神病门诊30—60%或以上",且多见于成年人,这真是危害社会主义建设极严重的一种病症。如果解决了其中"精神衰弱"—强迫症(最痛苦的一种病)的问题,连带其他两种:神经衰弱症和歇斯底里症,也可能获得部分解决,这是对人民事业极有利的一件工作,比写一些考证论著,有意义得多。何况我们在这方面已经获得若干研究成绩,不然我怎能治愈自己的五十一年的老毛病呢?生只希望解决"精神衰弱"—强迫症一种病,只要解决了或者基本上解决了,就罢手不继续研究精神病。

关于《春秋左传考证》一书的写作,暑假后即开始着笔,分卷起止,无一定卷数。这是终身的工作,但似乎不能作为主要的工作,因为其他方面的科研和教学培养等工作,更迫切需要。

《左传》一书是春秋、战国间某些家臣身份的儒家(包括早期法家)的手笔(在楚国则主要是王臣的手笔),生坚持此看法。其时代不能晚过前四世纪末年(魏惠王、襄王在位之间)。除极少的、个别的部分可能有汉人的增改外。其他绝大部分,决非荀子以后人所能伪为。其解经部分的草创性,“君子曰”的话的早期儒家思想色彩,与秦汉间人所为之书绝不相同。过去的经学家实在太粗心了,无论“今文家”和“古文家”、宋儒等的说法,许多是很荒唐的。如果用严格的科学方法考证起来,过去的旧说多站不住。生在医学方面的研究也锻炼了生的科学实验方法,所以再不能接受康、崔等武断之论。如果用他们的方法研究医学,非把人治死不可。

马克思、列宁主义毛主席著作中的方法才是主导我们科学研究的不易的方法。人的正确认识是从实践中来的,不通过科学实验,不能得到科学的正确认识。康有为、崔适等人的治学方法,完全是主观唯心论的幻想方法,他们比起崔述来还差得远,崔述的研究,还有部分的正确性。生的看法如此,不知我师经过学习后,看法怎样?当然,康有为的《孔子改制考》还有参考的价值。然而说什么东西都是孔子创造的,则又非常荒唐!就是墨、孟等的“托古改制”,也有限度,如果没有古代氏族社会的酋长选举制的传说和古代劳动人民的治水的实绩,他们也决造不出禅让故事和鲧禹治水等某些故事来。即使是“少康中兴”故事,其中伯明后寒弃寒浞,“家众”杀后羿而烹之,少康为仍牧正,为有虞庖正,少康有田一成,有众一旅等情节,亦符合古代社会情况,决非汉人所能伪造。过去**我们一笔抹煞的“疑古”主义,也是很不科学的。如果说“少康中兴”的故事原是楚地的传说,中原人不大知道“楚是昆吾之支裔,而昆吾与夏盖为联盟,所以夏人的传说流行于楚地”,经《左传》作者插入所搜集的史料中,编入《左传》,而《左传》为先秦时代“邹鲁缙绅先生”及秦汉间儒者所罕见,故除《楚辞》、《左传》外,西汉末年以前古书中未见此事。司马迁见到《左氏春秋》(即《左传》),而对此故事亦不熟悉,故初载于吴世家中,而未列入《夏本纪》等部分,**

以史公之疏略，本属极可能之事（《太史公书》一书盖未定之稿）。东汉时《左传》渐流行，而此故事始渐被人注意，然亦未有特别表章之者（故吾人旧说为东汉古文家所造以附会“光武中兴”之说未审），及曹魏高贵乡公为抵制司马氏，始揭出此故事，大加表扬。如此说法，即近乎事实，亦为科学，假定方法所许，如武断为东汉人所伪造，《左传》中此两段文字绝不类东汉人手笔（东汉人文章往往不合文法，即吾人旧日所谓“不通”，虽文才卓绝如王充者亦难免），且古代社会情况及制度，彼辈亦不熟悉，如果为彼辈所造，必然露出后世社会情况及制度之痕迹也。总之：吾人过去所用之治学方法为资产阶级的，故往往片面、主观，而不合真正的科学方法。

吾人对过去之研究，必须有自我批判之精神，才能接受新观点、新方法。愚见如此，我师以为然否？

寄款已收到。教英至曲阜，身体、精神及思想均尚有进步，可慰远念。

我师虽年高，然精神健爽，所告身体情况，乃老年人常有之事，似无庸过虑。生对目前之肺病绝无恐惧之念，故病不得发展。惟肠胃神经官能症始终未愈，胃口常不甚好，这是精神症状消灭后植物神经症状之残余，将来通过进一步对神经官能症之研究，可能设法治愈。否则将影响肺病治愈之速度。

《尚书今译》希望我师能早日完成，同时更希望我师指导助手编订旧著为集（愈精愈好，在精不在多，现在看来无甚意义之作可删去）。前曾与我师面谈，考证文章史料不必过多，要典型而可靠，史料过多，对于参考者是一种负担，而必不能胜过将来集体所编之史料汇编，我师明达，当能采纳愚见。生将来之代表作必为《春秋左传考证》（大致包括过去所有之古史考证）及《中国美术史札记》，二书皆不重史料，而重在见解之确实也。

专复，敬请

著安！

生书业上　（1965）一、廿二。

十四

颉刚师：

小女教英社教回来，身体尚好，欲观《左氏会笺》，能赐借否？

近为教英讲《左传》，忽得一左氏成书年代之强证，敬请正于我师：

《传》昭四年载浑罕曰："姬在列者，**蔡及曹滕，其先亡乎**？逼而无礼。**郑先卫亡**，逼而无法"。案：楚灭蔡在元前447年，宋灭曹在元前487年（鲁哀八年）"先滕"之亡在元前414年（《史记·越世家》索引纪年："于粤子朱勾三十四年灭滕"），此即所谓"蔡及曹滕，其先亡"。韩灭郑在元前375年，在蔡、曹及"先滕"亡之后。《左》僖三十二年："卫迁于帝丘，卜曰三百年。"自鲁僖三十二年下数三百年，为元前328年，此时前后无卫亡事。案：《史记·卫世家》："嗣君五年，更贬号曰君，独有濮阳。"嗣君五年，为元前320年，左氏所言，或指此与？若然，左氏书编成之年代必在元前4世纪末叶（再迟秦即大强，不能罕犯秦军，亦不得言"君子是以知秦之不复东征也"），（前325年，秦惠文君称王）。然《孟子·滕文公篇》中尚有滕之父兄自言"吾宗国鲁先君"云云，则仍为姬姓之国。孟子游说各国之年代当在元前330—301年，正是前4世纪末中。

"先滕"亡后"后滕"不知建于何时,度在越王翳三十三年(元前378年)迁吴(见《史记索隐》引纪年)之后或在前4世纪中后期,以"后滕"小国,又重建未久,故左氏编者忽之。不然"滕文公问曰:'滕小国也,间于齐、楚,事齐乎? 事楚乎?'"(《孟子·梁惠王下》)。"滕文公为世子,将之楚,过宋而见孟子"(《孟子·滕文公上》)。"有为神农之言者许行,自楚之滕……","陈良之徒陈相与其弟辛,负耒耜而自宋之滕……"(同上)则"后滕"虽小,犹尝为名邦,通于四方诸侯,左氏编者得不知之乎?《吕氏春秋》尚言:"以滕、费(季氏独立后之国)则劳,以邹、鲁则逸"(《慎势》),则"后滕"或至战国后期尚存,安得云"先亡"乎? 于此可知,《左传》大致完成于元前4世纪:初创于4世纪前期,而今本则完成于前4世纪后期也。观《墨子》书云:"东方有莒之国者……东者越人夹削其壤地,西者齐人兼而有之"(《非攻中》)。又称齐、晋、楚、越"四分天下而有之"(《非攻下》)则越尚盛未南还时之书。《左传》亦言:"楚子享公于新台……好以大屈,既而悔之,薳启疆闻之,见公,公语之,拜贺,公曰:何贺? 对曰:齐与晋、越欲此久矣,寡君无适与也,而传诸君,君其备御三邻,慎守宝矣,敢不贺乎? 公惧,乃反之"(昭七年)。案:此时吴尚未亡,安得不举强吴而举越,吴亡之前,鲁与越邻,越南还后,又无所谓"邻"矣。可见《左传》此段文字乃吴亡后越南还前之作品,其时代与《墨子》书相近。至《孟子》书,则滕文公言滕"间于齐、楚",根本不提越国矣。据此可见左氏之成书在《墨子》书之后(?),《孟子》书之前。此等史料,前人尚未举,故备论之,即乞教正! 此祝

健康!

生书业上　(1965)七、廿二。

十五

颉刚师：

赐示及《左氏会笺》均收到。生为教英讲课，一星期一次，预计《左传》最早须明年暑假中始能讲完。《左氏会笺》之奉还，想须俟后年矣。如我师要用，可来信要索，因此书仅供参考而已（生之肺病亦为老病，此次发作为治精神病所发生之副作用，精神病既愈，肺病不足虑也）。

手头无叔夷钟铭（齐侯钟铭），偶忆铭中"其县三百"一语，吾人旧解恐有未是之处。此"县"非郡县之"县"，乃与"国"相对之"县鄙"之"县"也。所谓"县"即"鄙"中之"邑"，故"鄙"亦可称"县"。"邑"亦即"书社"（"书社"制与"井田"制有关，王仲荦、韩连琪诸兄言之详矣）。

《国语·周语》："国无寄寓，县无施舍。""国有班事，县有序民。"《左》昭四年："山人取之，县人传之。"是陈、鲁等国之鄙野称为"县"。《左》昭二十年"县鄙之人，入从其政"。则齐国亦称"鄙"为"县"。《左》昭五年"竖牛取东鄙三十邑以与南遗"。亦即此种"县"、"邑"也。"邑"之小者仅"十室"（《论语》），与"井田"、"书社"相近，"鄙"中之村落组织也，似与"县"相近。《左》襄二十七年："宋左师请赏……公与之邑六十。"则宋亦有此类小"邑"。同年："公与免余邑六十，辞曰：唯卿备百邑，臣六十矣。"则卫亦有小"邑"。《左》襄二十六年："取卫西鄙懿氏六十，以与孙氏。"《论语·宪问》："夺伯氏骈邑三百"：皆"鄙"中之"邑"也。子仲姜宝镈铭

（手头无原铭）：“侯氏锡之邑：二百又九十又九邑”，则作器者似为齐卿，盖大国之卿可有超过百“邑”之赏。以此例之，叔夷或亦卿也，故能获莱邑几乎一小国之赏。《左》哀十五年：“（齐）因与卫地，自济以西禚、媚、杏以南，书社五百。”则邻国之赠与亦超过一大邑矣。

由上所论，似乎一大邑（亦即一小国）可以有小“邑”数百，亦即数百书社。如以一社十家或二十五家计，则一大邑之乡鄙人口，可以有数千家，连城中（大邑之城亦即“国”）之人户以“千室”（《论语》：“千室之邑”）或“三千家”（《战国策》谓古之城无有过三千家者）计，则亦近万家矣。（但较小一之邑又有“百室之邑”）。此春秋末期所以有“万家之县”也。“万家之县”至少能出万人之兵，车约三百乘，几于一春秋前期之三等国矣。（春秋后期，“韩赋七邑，皆成县也”。“因其十家九县，长毂九百，其余四十县，遗守四千”。此类县盖皆“千室之邑”，与“百乘之家”略等，尚不及“万家之县”，“万家之县”盖至春秋、战国间始有）

信笔书此，即乞教正！近日精神尚好，颇能研究学问，肺结核老病无甚痛苦。

此请

道安！

生书业上　（1965）八、廿三。

十六

颉刚师：

近来我系领导决定：我们几位老教师都专力从事科研工作。

生之主要科研工作为《春秋左传考证》,第一卷为总结并修订1961年以前之古史传说及西周、春秋史之考证,已成一半,大约本学期内即可完功。此卷虽系整理旧作,亦颇有新的收获,兹举数事为例:

1. 齐陈氏得政实在春秋末陈成子时。弑简公后,成子犹未真正"得政",陈瓘如楚过卫,子路尚告以陈氏能否飨齐国尚不可知(哀十五年传)。赵鞅围卫之役,齐国观、陈瓘救之,瓘谓晋人曰:"国子实执齐柄,而命瓘曰:无辟晋师"(哀十七年传)。晋荀瑶伐齐,高无丕帅师御之(哀二十三年传),盖至哀二十七年晋荀瑶伐郑之役,齐师将兴,陈成子属孤子云云,陈氏始完全掌握齐政也。定九年传:齐侯伐晋夷仪,敝无存犹曰:"此役也不死,反必娶于高、国。"是齐景公末年,掌齐政者仍为高、国二氏,如春秋初年,地位次于公室而已。昭三年及昭二十六年晏子之语全为预言,决不可信。后世之读《左传》者误于此等文字,遂以为陈氏在齐早已得势,实为左氏"浮诱"之文所误也(旧作《春秋史》已略有订正而未尽)。

盖春秋初年,齐政权本为公室及国、高二氏所分掌,而以公室为主。桓公任用管、鲍等下级贵族,在当时实为创举,故管仲如周不敢受上卿之礼,君子曰:让不忘其上(僖十二年传)。桓公、管仲及后,当国之卿仍为国、高二氏(参僖二十八、二十九、三十三、宣五、十年等传)。僖三十三年传臧文仲曰:"国子为政,齐犹有礼"。至"崔杼有宠于惠公,高、国畏其逼也,公卒而逐之":此齐卿族争权始(陈公子完奔齐,桓公欲使为卿之说,甚不可信,彼时焉有小国公子奔霸主之国即为卿之理,故只为工正)。直至鄢陵之战"齐国佐、高无咎至于师"(成十六年),犹是国、高出面。至声孟子通于庆克,高、国始稍失势:自鲁成之末,崔、庆得势,鲁襄二十五年,崔杼弑齐庄公，立景公而相之。庆封为左相。越二年，庆氏灭崔氏。又越一年，**以公族二惠栾、高氏为首之大夫联军又灭庆氏。自此政权入栾、高氏所谓“二惠”之手**。陈无宇在鲁昭二年时犹“非卿”。昭三年，晋侯昏于齐，公孙虿（二惠之一）竟“以其子更公女而嫁公子”，专横且甚于崔、庆矣。昭十年传书：“齐惠栾、高氏……多怨，强于陈、鲍氏而恶之……陈鲍方睦遂伐栾、高氏……桓子尽致诸公，而请老于莒”，**“穆孟姬为之请高唐，陈氏始大”，此即所谓“陈桓子始大于齐”也**。然此后仍是旧族国、高氏执政（参昭十、十一、十二、十九、三十二及定四年经、传）。**是时齐景公有复霸之志，盖如桓公之任管仲而任晏平仲（孟子所谓“晏子以其君显”）**，陈氏犹不与政。景公之卒，遗命国惠子、高昭子立公子荼，“陈乞伪事国、高”，凭谗慝乍伪而合鲍氏逐高、国二氏，召悼公，立之。悼公“大访于陈子，而图其小”。然陈、鲍间又起争端，**鲍氏杀悼公，陈氏又暂失势（哀十年传。参《史记》）。此后国**、高二氏又执政，国书当国伐鲁。艾陵之战**陈僖子谓其弟书：“尔死，我必得志”**。是役国书、陈书等皆死之（哀十一年传）。艾陵战后，齐简公任阚止为政，陈成子惮之，阚氏郄逐陈氏，几成矣，“成子出舍于库，闻公犹怒，将出，曰：‘何所无君？’**子行抽剑曰：‘需，事之贼也，谁非陈宗？所不杀子者，有如陈宗！’乃止**”，陈氏合力击败阚氏，遂杀简公（哀十四年传）。直至鲁哀之末及悼公之初，陈氏始逐渐兼并诸氏，而真正得齐政，终于代齐。陈氏得势及代齐之经过如此，**曾谓景公公室全盛时，陈氏已成代齐之势乎**？

2. 襄二十九年传：“郑子展卒，子皮即位，于是郑饥而未及麦，民病，子皮以子展之命饩国人粟户一锺，是以得郑国之民，故罕氏常掌国政，以为上卿。宋司城子罕闻之曰：邻于善，民之望也。宋亦饥,请于平公,出公粟以贷,使大夫皆贷,司城氏贷而不书,为大夫之无者贷,宋无饥人。叔向闻之曰:郑之罕,宋之乐,其后亡者也。二者其皆得国乎?民之归也。施而不德,乐氏加焉,其以宋升降乎。”此段故事及预言,非常重要,前人未能注意及之,盖未明战国史之故。宋之乐氏即戴氏,哀二十六年传杜注:“戴氏即乐氏。”戴氏世为司城,哀二十六年传:“乐茷为司城。”“司城欲去大尹。”“使国人施于大尹。”“司城为上卿。”至战国时,司城戴氏遂篡宋。《韩非子》并称“司城子罕取宋”及“田成子取齐”(《说疑》、《二柄》、《人主》、《外储说右下》)。又并提“戴氏夺子氏于宋”(案戴氏亦公族)与“田氏夺吕氏于齐”(《忠孝》)。《吕氏春秋》论宋为齐灭事,曰:“此戴氏之所以绝也”(《壅塞》)。《史记·宋世家索隐》引纪年:“宋剔成肝废其君,璧而自立。”《韩非子》云:“宋君失其爪牙于子罕”(《人主》)。是即戴氏篡宋之事。此司城子罕即戴氏袭其祖之名,盖戴氏为司城也。《左传》作者虽知宋国戴族乐氏之强盛,而似尚未知戴氏篡宋及宋王偃(戴氏后)亡灭事(戴氏篡宋约在前三五六年以后,宋王偃之亡在前二八六年),故但曰乐氏“后亡”,“其以宋升降乎?”未言其代宋有国。盖郑之罕氏与宋之戴氏“厚施于民”与齐陈氏同,故皆得国政,戴氏且篡宋与陈氏篡齐等矣。所谓郑罕氏“得国”之事,亦有可言者:《韩非子》云:“郑子阳身杀,国分为三”(《说疑》)。又以“太宰欣取郑”与“田成子取齐”、“司城子罕取宋”、“韩、魏、赵三子分晋”并提,而总结之曰:“此六人,臣之弑其君者也”。“太宰”者,“上卿”也(定四年《左传》:“周公为太宰”),“太宰欣”疑即罕氏之后篡取郑国未成,而为韩所灭也(《史记·郑世家》:“(繻公)二十五年,郑君杀其相子阳,二十七年,子阳之党共弑繻公骀,而立幽公弟乙为君,……二十一年,韩哀侯灭郑,并其国”盖所谓“太宰欣”或即子阳,或即所谓“子阳之党”,已弑君专国,彼时郑君盖如齐康公,得国者为“太宰欣”,即郑上卿罕氏之后,则罕氏亦夺公室于郑矣)。襄二十六年传:“郑七穆罕氏其后亡者也。”盖罕氏亡于守府之郑君之先,故云然。左氏作者及见郑之亡(前375年),故载季札观乐至郑,曰:“是其先亡乎”。昭四年传:“郑先卫亡”:是皆可证。左氏所载预言颇有用,往往可以藉此探索战国时代隐晦之史事,吾人已数有得于此矣。

3. **自宋文公杀母弟须及昭公子,逐武、穆之族**(**文十八年传**)**后,执政“六卿”为戴、庄、桓三族**:“二华,戴族也;司城(公孙师),莊族也;六官者(鱼氏、荡氏、向氏、鳞氏等六人),皆桓族也”。(成十五年传)。桓族之乱,戴族华元灭荡氏、逐鱼氏、向氏、鳞氏等。“华元使向戌为左师,老佐为司马,乐裔为司寇,以靖国人”(成十五年传)。向戌为桓氏(所谓“右师讨,犹有戌在,桓氏虽亡,必偏”),乐、老二氏皆戴族(杜注:“老佐,戴公五世孙”)。**自此戴族大盛**。楚人纳宋五大夫(鱼瓦、向氏、鳞氏)于彭城(成十八年传)宋老佐、华喜围彭城,弗克,华元如晋告急,晋帅诸侯克彭城,以五大夫归(襄元年)。不久戴族又生内乱:华弱与乐辔相攻,宋公逐华弱,司城子罕(戴族乐氏)曰:同罪异罚,非刑也。亦逐乐辔而未克(襄六年)。是戴族中是时最大者为华、乐二氏(老佐已卒),已有争端。此后向戌为政,桓族复盛。然襄九年宋灾,传载:“**乐喜为司城以为政**”即第一个“**司城子罕**”**向戌尚在其下**。后向戌有贤名,为左师听政,成宋之盟。“左师请赏”,子罕“削而投之”,向氏欲攻司城,左师止之(襄二十七年)。襄二十九年乐喜(司城子罕)遂贷粟使“宋无饥人”。乐、向二氏(即戴、桓二族)是时皆贤,二氏相睦,公室尚振(故曰:“诸侯唯宋事其君”)。昭二十年,宋元公恶戴族华氏及桓族向氏,公与华、向二氏交相质。公遂攻二氏,华向出奔,足征宋公室尚强。次年,华向复入,戴族乐大心御之。华氏乞援于吴,齐师救宋,与宋师"败吴师于鸿口",华登帅吴师之余"以败宋师"。齐、宋之师卒败华氏。晋师亦救宋,"大败华氏"。华氏又乞援于楚,楚人逆华亥、向宁等而归。"宋公使公孙忌为大司马,边卬(平族)为大司徒,乐祁为司城,仲几为左师,乐大心为右师,乐挽为大司寇,以靖国人"(宋元公大平华、向之乱,谥"元",故平季氏之鲁元公亦谥为"元",是亦旧作一证)。在此新政权中,乐氏三人,则戴族仍较强也。是后乐氏中乐大心又与执政司城氏(乐氏大宗乐祁)不睦,乐大心亡(定九年)。定六年:宋使司城乐祁如晋,其臣陈寅曰:"子死晋国,子孙必得志于宋"。晋人执乐祁,乐祁死于晋。是时宋景公宠桓族向魋,向氏渐横,然宋公室仍强,故能于晋衰时灭曹(哀八年),宋势一度稍盛。哀九年:"宋取郑师于雍丘",宋公又伐郑,此即所谓"宋人有曹、郑之患也"。晋赵鞅救郑,阳虎曰:"宋方吉,不可与也"。九年,宋人又伐郑。哀十二年,宋人又伐郑:是时宋几竞于春秋时二等强国之郑矣。次年,郑始取宋师于岩,以桓魋救师不力之故。宋景公遂讨桓魋,向巢、司马牛皆出奔,向氏遂亡。于是戴族独盛。宋景公末年,**三皇氏为三卿(亦戴族),次有灵氏,司城乐茷仍执宋政,乐朱鉏为大司寇**,"六卿三族降听政,因大尹以达",大尹者,杜注"近官有宠者",盖如后世之宦官。大尹假公命专政,"国人恶之"。景公卒,大尹劫六卿,擅立国君,司城宣大尹之罪于国,"使国人施于大尹",大尹亡。"司城为上卿,盟曰:三族共政,无相害也"(哀二十六年)。盖至是宋政始全下移矣。"六**卿"中戴族居其五(乐、皇二氏),故戴氏卒有宋国**。《韩非子·内储说下》篇:"戴驩为宋太宰,皇喜重于君,二人争事而相害也,皇喜遂杀宋君而夺其政”。梁履绳以为古人名“喜”者往往以“罕”为字，皇喜即第二个“司城子罕”，其说是也。**然则篡宋之戴族为皇氏，非乐氏**，春秋末年戴族五卿中皇氏居其三，乐氏虽为上卿而只居“六卿”之二，故至战国时乐、皇二氏斗争（戴驩殆为乐氏，是时乐氏已为太宰，司城之位让之皇氏矣），皇氏得胜。若然，则《左传》作者及见皇氏（即戴氏）篡宋（前四世纪中叶），亦及见乐氏之衰亡，所谓“与宋升降”即指皇氏篡宋时公室与乐氏皆亡之事。所谓“升”，春秋末年，宋之隆也；所谓“降”，公室被篡夺也。然彼未见宋王偃（亦即戴氏）之亡，则审然矣！可见《左传》确为前四世纪后期所完成之书。

4.《**孟子·公孙丑**》称“**管仲以其君霸，晏子以其君显**”，**则桓、景、管、晏有类似之处**。景公虽处春秋后期“宗法封建制”转化之时，一般大贵族皆奢暴，而彼尚听晏子之言，能与晋争霸，故曰“晏子以其君显”也。景公复霸之事诸书罕言之，今为疏证如下：景公立于鲁襄二十五年，是时晋霸已渐衰，宋之盟，晋、楚皆许平，而“齐人难之”。此即景公有志复霸之证。栾、高氏即亡，景公集权，公室稍固，适值晋之弱，复霸之志益坚。昭十二年传载：“寡人中此与君代兴”。次年，晋为平丘之会，陈“甲车四千乘”以暂服齐。然昭十八年：“齐侯伐徐”，“徐人行成，徐子及郯人、莒人，会齐侯盟于蒲隧”。**是盖齐景复霸之始，先东略也**。十九年：齐高发帅师伐莒，莒子奔纪障，齐师入纪。二十一年，齐师救宋，伐败救华氏之吴师于鸿口，获其二帅。二十二年，齐侯又伐莒，莒子行成。次年，齐纳郊公于营。此后，晋、楚皆懦，齐乃益张。定四年，晋为召陵之会侵楚，弗克，“晋于是乎失诸侯”。同年，吴人入郢，楚救亡不暇。于是定七年：齐、郑盟于咸，侵卫，齐卫亦盟于沙，齐又屡伐鲁，于定九年伐晋。定十年鲁与齐平，会于夹谷；又与郑平，“始叛晋”。定十三年：齐、卫联军伐晋，及河内。是年晋范、中行氏乱出奔，齐、鲁、卫、郑、宋等国救之。哀元年：齐、卫、鲁、鲜虞伐晋。哀四年：齐、卫又救范氏伐晋。**国夏伐晋，取八邑**。次年，齐侯又伐宋，盖宋人尚事晋也。不久景公遂卒，复霸之业废矣。（此时吴人之势已北上。）

5. 晋景公时虽有邲之败，然似只以楚人方兴，荀林父新执政，不能御其下，将帅不和而败，非此时晋有中衰之势也。何以明之？邲败后不久，晋侯即"伐郑"，为邲故也，"告于诸侯，搜焉而还，中行桓子（荀林父）之谋也"，"郑伯如楚，谋晋故也"（宣十四年）。越年即灭赤狄潞氏，又越年复灭赤狄甲氏及留吁、铎辰。又越六年，讨"赤之余"廧咎如，尽获赤狄之土。灭潞氏之岁，晋败秦师于辅氏（秦方君主桓公将师，晋方偏将魏颗将师）。成二年，大败齐师于鞌，又使巫臣通吴以困楚。成八年，景公又除最强之卿族赵氏，以集权公室。成三年，晋作六军，《史记》载："齐顷公如晋，欲上尊晋景公为王"（《晋世家》）。是晋景公不久即复霸也。鄢陵之战厉公亲自帅师，与楚共王战，范文子曰："吾先君之亟战也有故，秦、狄、齐、楚皆强，不尽力，子孙将弱，今三强服矣，敌楚而已"。所谓"亟战"及"三强服"多半为景公时事，于此可见晋景公时晋并不弱。考之先秦古籍：凡以"景"为谥之君主，多能强公室，对外有功，如晋景公、齐景公、秦景公（败晋于栎，逐其如二君之弟后子）、宋景公皆然，即周景王亦尚能控制单、刘二氏，王室在畿内犹未卑也。谥法之研究亦颇重要，可以测知史籍中未明载之事，如由"鲁元公"、"季昭子"之谥（战国以前谥"昭"之君臣多不获令终），即可推知鲁公室之集权与"季氏之亡"，考之果然。

略举五条考证，即乞教正！此请

道安！

生书业上　（1965）十、廿四。

十七

颉刚师：

前上一长信，告知近日研究《左传》若干见解，最近读左氏春秋，又有新获，试为齐桓称霸以前《春秋经》新传数条，拟入《春秋左传考证》第二卷或第三卷中。秋七月，天王使宰咺来归惠公、仲子之赗。（隐元年）

新传：仲子，非夫人也。非夫人盍言惠公、仲子？尊仲子也。盍为尊仲子？尊桓公也。盍为尊桓公？尊三桓也。奚以知仲子非夫人？凡鲁夫人及非夫人而其子为君者皆有谥，仲子子桓公立为君而仲子卒于桓公立之前，若为夫人，亦不得无谥，今无谥，知其非夫人。仲子之卒在何时，今不能知，当在隐公立之前。左氏以仲子为夫人，季氏之臣吴起之徒为之也。

十有二月乙卯，夫人子氏薨。（隐二年）

新传：夫人子氏者，隐公之妻也。君在故不言葬。若为仲子，经尊仲子，必书葬。左氏无传，疏也。

夏四月辛卯，君氏卒。（隐三年）

新传：君氏者，隐公之母声子也。盍为不言夫人？春秋经尊桓以隐为摄，故声子不称夫人也。然则隐公之妻何以称夫人？隐公称公故也，称公则不得不称夫人。声子不称夫人，避仲子也。避仲子者，尊桓公，即以尊三桓也。左氏之说是。

九月,考仲子之宫,初献六羽。(隐五年)

新传:考仲子之宫盍为书?尊仲子也。何以不书考惠公之宫?特书考仲子之宫也?初献六羽者何?谓以君夫人之礼献之,尊仲子也。尊仲子者何?尊桓公即以尊三桓也。

秋七月庚午,宋公、齐侯、卫侯盟于瓦屋。(隐八年)

新传:书宋公、齐侯者,宋于周为客,齐于三公,故尊宋公,齐未伯也。

秋,宋人、卫人入郑。宋人、蔡人、卫人伐戴,郑伯伐取之。(隐十年)

新传:书蔡先卫何?定四年左氏传苌弘固言之矣:"蔡叔,康叔之兄也。"由宗法礼言,蔡固当先卫也。

蔡侯、郑伯会于邓。(桓二年)

新传:郑强,经先蔡何?郑伯虽为王卿士,然伯男也,故先蔡,郑未伯也。蔡、郑曷为盟?蔡边于宋,郑纳宋二公,宋亲郑,故蔡亦与郑盟。左氏以为"始畏楚",谬!是时楚犹未能北略,郑强不得畏之。

九月,丁卯,子同生。(桓六年)

新传:太子生不必书,此书者何?三桓志也。书子同生者?明庄公为桓公子,非齐襄之子,庄公既正,三桓亦正也。谷梁之义有可采者。

春二月,公会纪侯、郑伯,己巳,及齐侯、宋公、卫侯、燕人战,齐师、宋师、卫师、燕师败绩。(桓十三年)

新传:齐先宋何?恶曹盟后,齐僖成为"小伯"矣!鲁先会后战,左氏以为"不书所战,后也"。谬!

夏五月,丙午,及齐师战于奚。(桓十七年)

新传:齐不肯平纪故也。左氏以为"疆事",非!

春王正月，公会齐侯于泺。公与夫人姜氏遂如齐。（桓十八年）

新传：为纪故也。齐未肯平纪与鲁战，故桓公与齐会以修好，遂与夫人文姜如齐，齐志也。

夏四月，丙子，公薨于齐。（同上）

新传：盖齐侯杀之也。杀之者何？为谋灭纪故也。文姜与齐侯通之事诚有之乎？曰：未可知也。

三月，夫人孙于齐。（庄元年）

新传：夫人与桓公并如齐而公薨，夫人有嫌焉，故孙于齐也。

冬十有二月，夫人姜氏会齐侯于禚。（庄二年）

新传：不书夫人入何？嫌之也。庄公少，国事托于夫人，故会齐侯。书奸乎？曰：经尊文姜，非也！

春王二月，夫人姜氏享齐侯于祝丘。（庄四年）

新传：国事也。书奸乎？曰：非也！

夏，夫人姜氏如齐师。（庄五年）

新传：国事也。盖齐襄帅师疆理纪地，故夫人会之也。

冬，公会齐人、宋人、陈人、蔡人伐卫。（同上）

新传：齐先宋何？尊齐襄为小伯，文姜故也。

冬，齐人来归卫俘。（庄六年）

新传：亲鲁，为文姜也。左氏以为"文姜请之"。

春，夫人姜氏会齐侯于防。（庄七年）

冬，夫人姜氏会齐侯于谷。（同上）

新传：国事也。是时文姜盖主鲁政矣，左氏以为"齐志"。非！

春，齐侯、宋人、陈人、蔡人、邾人会于北杏。（庄十三年）

新传：齐先者何？齐伯也，会于北杏者何？胁鲁也。先是鲁败齐师于长勺，又侵宋，齐、宋来战于郎，鲁败宋师于乘丘，又败宋师于鄑，与齐抗衡，故齐合五国以谋鲁，遂灭遂以撼鲁，是年冬，公会齐侯盟于柯，鲁始服于齐也。

冬，单伯会齐侯、宋公、卫侯、郑伯于鄄。（庄十四年）

新传：齐先宋，齐伯也。单伯会者，齐假王命以令诸侯也。左氏以为“宋服故也”。

夏，夫人姜氏如齐。（庄十五年）

新传：国事也。不得文姜复与齐桓通矣。左氏无说，盖不能释也。

夏，宋人、齐人、卫人伐郑。（庄十六年）

新传：上年郑人侵宋，宋以诸侯伐郑，故经先宋也。左氏以为“宋故”。

夫人姜氏如莒。（庄十九年）

新传：国事也。不得文姜复与莒君通。为是年冬齐、宋、陈伐鲁西鄙故也。左氏无说，不能释。

王二月，夫人姜氏如莒。（庄二十年）

新传：国事也。为齐伐鲁故也。左氏无说，不能释。

公会宋人、齐人伐徐。（庄二十六年）

新传：徐近宋，盖为宋讨，故先宋于齐也。

夏，宋公、齐侯遇于梁丘。（庄三十二年）

新传：是遇宋为主也。左氏以为齐请会于诸侯，宋公请先相见也。

公子庆父如齐。（同上）

新传：图立也。左氏不书，失其事也。

三月壬申，公子季友卒。（僖十六年）

新传：庆父之卒不书，书季友卒且著“季”何？尊季氏，且著孟氏之罪也。

此请

著安！

生书业上　(1965)十、卅一。

十八

颉刚师：

读手示极为悬念。**俞剑华先生近亦患与我师同类之病，经手术及中、西医合治，已经痊愈多日**。此类病老年人常有之，不足患也。剑华先生年龄与我师相近，体格亦相类，彼既能治愈，我师亦必能治愈也。

生之肺病为老病，范围小而停滞，医谓于自己健康无妨碍，可以工作，但慎防传染他人而已。自精神衰弱症痊愈后，生之精力至健，犹非青年可及，记忆力亦不衰退，联想力较前更强，在研究工作上，实为幸事。

解放战争及抗日战争时，内地缺麻醉药，动手术时常用"说故事法"，此甚合神经学原理，**生为此信，倘亦于我师疾病有效乎**？

《春秋左传考证》第一卷已完成过半，已考至制度部分，下星期起，即将考证宗法制度及所谓"封建"之制。史事部分及生产方式部分初稿已完成。第一卷包括61年以前生全部先秦史之考证研究。第二、三卷中，新见解当更多。近日因为避免肺结核之传染，系中关照在家半休养、半工作，生以其余暇继续绘画史之研究（自61年以后，在此方面殊有一定收获，61年暑期中完成之《南画研究》即将印出，印出后当寄呈一份，以当我师病中之消遣）。近与俞剑华、启功、徐邦达等师友，亦往返讨论，一函亦常长至数千言。剑华先生（彼为研究绘画史最老之专家）亦甚欣赏，谓生所言“能发人所未发，敢言人所不敢言”。经过若干次讨论，我们见解已渐接近，唯对所谓传世之“董、巨”及“元四家”某些名迹，见解尚有分歧耳。

近数年来，生之精力集中于三个点，即一、古史传说及西周、春秋史。二、绘画史及瓷器史。三、精神衰弱症之研究及治疗。第三点亦写出一长文，提出对于本病新的看法及治疗法，已有两位医师看过，谓：“富有经验及研究。”现交与两位研究生理及心理专家看，尚未寄回，寄回后当用油印印出，分寄各省医院及精神病院共同讨论（届时亦当寄与我师一份）。这三个点的范围看似宽广，其实很狭，古史传说只是整理旧日考证，将其精简化，修订缺失。西周、春秋史只研究几个重要问题，其一般常识性的及不能解决的问题，一概从略：故谓之“春秋左传考证”，以春秋左传为主也。（春秋古经及左氏解经语“君子曰”等，皆战国前期作品，生已获极强之证据。全部春秋左传之时代不能晚过公元325年，即秦惠文君称王之年。）

《左传》作者文饰鲁三桓，特别是季氏（经亦然。经盖曾参父子改鲁史而成，曾氏父子为季氏师友，又为孟氏同学，与叔孙氏亦有关系。传则曾申及吴起父子以及吴起之徒所陆续编成者，故文有古有近，而首尾一贯，最后修润者可能为楚之铎椒，故左氏里袒楚殊甚）。晋三家特别是魏氏（六卿分祁氏、羊舌氏之田，分封诸氏子弟为大夫之事，魏氏主之，左氏竟以比之周初封建，且谬托仲尼之言，以为“魏子之举也义”。当时家臣之“忠”于“宗主”如此），于楚王室亦表奖备至。又夸大春秋时楚之国力及人才（所谓“虽楚有材，晋实用之”）。其淆乱史事之最大者，实为春秋初年楚之国力夸大，细读左氏之记事部分，揭去文饰，即可知是时楚之国力决非郑之敌。郑在春秋初年，几乎无战不胜，能两次大败足以“病齐”之北戎（北戎病齐，诸侯之大夫“戍齐”、“救之”可见北戎之强）；数败宋、卫、陈、蔡等国之联军（陈桓公曰：“宋卫实难，郑何能为？”可见宋、卫在春秋初年为一等大国。但惟鲁人参加时始能“败郑徒兵”，足见是时鲁之强）在春秋前又尝败晋，又大败周桓王亲率之五国（周、虢、卫、陈、蔡）联军，又大败后来足以与晋、秦大军作战之楚国大县之一之息国。又与鲁、纪大败齐、宋、卫、燕四大国联军（是时齐僖已为名义上之“小伯”，在恶曹之盟之后）。而楚国则在鲁桓公时尚不敢伐随（所谓“随侯惧而修政，楚不敢伐”）。楚屈瑕将盟贰轸，郧人军于蒲骚，将与随、绞、州、蓼伐楚师。莫敖患之，斗廉教以分击之计，且以“商周之不敌”宽莫敖之心，然后“败郧师于蒲骚，卒盟而还”。战胜郧一小国，莫敖即“狃于蒲骚之役”。伐罗之役，“楚师尽行”（邓曼语），楚子又“使赖人追之”。结果“罗与卢戎两军之，大败之”。“莫敖缢于荒谷，群帅囚于冶父以听刑。”楚文王时竭力经营“汉东诸侯”，势已较强，然伐西周时“王之元舅”，春秋初为王师所“戍”之申，尚须与巴人合师。武王时，伐邓之役亦与巴合师。文王末年，巴人伐楚，“遂门于楚”，再伐楚“楚子御之，大败于津”。“还，鬻拳弗纳，遂伐黄，败黄师于踖陵”。还，有疾而卒。是时已为鲁庄之十九年，郑庄公卒已二十七年矣。故后来楚人曰：“若敖、蚡冒，至于武、文，土不过同。”而谓以郑庄公之强：敢于败北戎，抗宋、卫，败周王所率诸侯之师及王师，在桓二年与蔡“会于邓”，为“始惧楚”（其事尚在大败王师之前）。“蔡侯、郑伯会于邓”（《春秋经》桓二年）者，以是时郑纳宋庄公于宋，华氏立庄公“以亲郑”，蔡为宋党，故与郑始会，是实郑庄“小伯”之业（齐僖仅为傀儡）之始，而谓为“惧楚”之证乎？是年经书：“三月，公会齐侯、陈侯、郑伯于稷，以成宋乱”。黄河下游五大国除宋本国外皆与会，惟卫、蔡不与会。故是年秋，郑伯又与蔡结会也［邓为蔡地，非邓国，前人已明证之。盖左氏误以“邓”为邓国，遂造为“始惧楚”之文。其实许多年后（文王时），邓尚不惧楚，何况此时］。卫之服郑，在郑人救齐，大败楚（桓六年）之后。其次年：“郑人、齐人、卫人伐盟向，王迁盟向之民于郏。”越三年：“齐、卫、郑来战于郎。”次年：“齐、卫、郑、宋盟于恶曹。”郑庄“小伯”成，齐僖“小伯”亦成矣。楚之强远在郑庄“小伯”成之后，其强盖始于成王时，自楚文之卒，春秋经传多年未载楚事，至庄二十八年，经书：“荆伐郑，公会齐人、宋人救郑。”传书：“子元以车六百乘伐郑。”是为楚之开始北略。成王即位已多年矣。昭二十七年传云：“平王之温惠共俭，有过成、庄，无不及焉。所以不获诸侯，迩无极也。”是语称美昏庸之楚平王，虽有夸大，然楚之强始于成王可知。武、文时楚之本境犹“土不过同”，所灭诸小国犹未能混一统治，故师绩屡败，借援于巴（在汉水流域），且大败于巴人。郑庄公之强岂弱于巴、邓等国，曾谓郑庄公时已“始惧楚”乎？左氏“张楚”，此为最明显之证据。

春秋时郑之强不特庄公时也，终春秋之世，郑犹为强国，旧作《春秋史》中曾随文述及，未能综合叙述（以其体例然），今试言之：郑庄公既没，鲁桓十三年，鲁、郑、纪大败齐、宋、卫、燕四国联军，使齐僖之“小伯”终结。郑、宋大棘之役，宋师败绩，囚其二帅，获甲车四百六十乘。较邲之战楚之胜晋犹为深刻。鲁成三年：诸侯伐郑，郑公子偃帅师御之，败诸丘舆；鲁成七年：楚人伐郑，郑共仲、侯羽军楚师，囚郧公钟仪。故是时申公巫臣曰：如以申、吕为赏，“晋、郑必至于汉”。楚不特畏晋，亦畏郑也。鲁成十五年，楚子侵郑，郑子罕侵楚，取新石，郑之足畏可知。楚不得已迁许于叶以避郑（见同年传）。又“以汝阴之田求成于郑”（次年传）。郑之足畏为何如乎？晋在鄢陵大捷之后，以厉公之强（齐、狄、秦“三强服矣，敌楚而已”），合诸侯以伐郑，诸侯之师次于郑西，鲁师不敢过郑，请逆于晋师。诸侯之师迁于颍上，“郑子罕宵军之，宋、齐、卫皆失军”（同年传）。郑军新败之后（经书：“晋侯及楚子、郑伯战于鄢陵，楚子、郑师败绩”），犹能如此，是郑之足畏仅次于晋、楚也。次年：“郑子驷侵晋、虚、滑。”襄十年：楚郑联军伐宋，郑师侵卫，又与楚侵鲁，克宋属之萧，郑又单独侵宋，故传载鲁孟僖子曰：“郑其有灾乎？师竞已甚。”鲁襄二十五年：郑子展、子产帅车七百乘伐陈，入之。郑军等于“城濮之战”，非晋、楚之霸，陈此役后已为郑所亡矣。谓郑之国力仅次晋、楚，岂虚语哉！周王子朝之乱，郑人助王子朝，伐冯、滑、胥靡、负黍、狐人、阙外，晋阎没戍周，且城胥靡，亦无如郑何。晋范、中行氏之乱，齐、郑助范、中行氏，晋、郑战于铁，赵氏之臣阳虎（自鲁奔晋赵氏）曰：“吾车少，以兵车之旆与罕、驷兵车先陈，罕、驷自后随而从之，彼见吾貌，必有惧心。于是乎会之，必大败之。”从之。赵简子誓曰：“寡君恃郑而保焉。今郑为不道，弃君助臣”云云。等于楚人之救宋华、向矣。将战，赵鞅车右卫太子蒯聩“登铁上，望见郑师众，大子惧，自投于车下”。郑人击简子中肩毙于车中，获其峰旗，大子救之以戈，郑师北，获温大夫赵罗，大子复伐之，郑师大败。赵孟喜曰：可矣！傅傁曰：“虽克郑，犹有知在，忧未艾也。”追郑师，郑姚般、公孙林殿而射，前列多死，赵孟曰：“国无小。”是役晋人以郑为大敌，郑之强从可知矣。春秋时郑宋战争最多，宋占优势之时，惟宋景公灭曹时甚短一段时间而已［是时晋人救郑，亦不敢与宋战，而曰："宋方吉，不可与也"是时宋之强，晋亦畏之，（见哀九年）不独郑也。至宋景公之卒，六卿戴氏、皇氏专政，宋始暂衰。至戴氏篡宋，统一政权，"行王政"宋又强矣］。战国之初，三家灭知后，前 423 年，韩伐郑，杀幽公，前 408 年，韩伐郑，取雍丘。越一年，郑伐韩，败韩师于负黍，取其地，自此郑又张。前 400 年，郑竟进围韩都阳翟。次年楚归榆关于郑。至前 398 年，郑相罕氏（?）子阳被杀，"国分为三"，楚师围郑（榆关仍归楚）。前 394 年，郑所夺韩地负黍反郑，复归韩。前 393 年，魏伐郑，城酸枣。前 385 年，韩伐郑，取阳城（又伐宋，至彭城，获宋君）。前 375 年，韩哀侯遂灭郑，徙都于郑，韩亦称"郑"矣。于此可见：东迁后之郑（东迁前为周畿内小国）力征经营，至少至庄公以后，始终为强国，如非内乱，郑且有灭韩之可能也。

春秋时尚有一不甚著名之小强国，以其不通中原，未被中原诸侯所重视，即巴国是也。巴盖在汉水流域靠近大巴山脉之地，故亦为"汉阳诸姬"之一。"汉阳诸姬"中最强之国，在东为随，在西为巴，随为汉东诸侯之长，为楚人用计离间，随遂不振。而巴则僻在西方，盖杂氐戎之俗，在春秋时已甚强盛，惟不与中原之事耳。楚武王时巴欲与邓为好（邓为楚婚姻之国），"楚子使道朔将巴客以聘于邓"，邓君不能控制县鄙，其南鄙鄾人"攻而夺之币"，楚人让邓，弗受，楚、巴联军围鄾，大败邓师，盖此后鄾遂为楚所有。及文王即位，又"与巴人伐申而惊其师"，巴人伐楚那处，取之，"遂门于楚"。鲁庄十八年冬，巴人伐楚，十九年春，"楚子御之，大败于津"，是役可见巴人之强矣。楚庄王初即位时，楚大饥，为庸及群蛮等所困，楚人伐庸"秦人、巴人从楚师，群蛮从楚子盟，遂灭庸"。是役楚得秦、巴之助，盖皆今陕西地区之强国，一在北而一在南。及春秋之末，以楚惠王复兴之势，巴人竟敢伐楚，围邓旧邑之鄾，楚败巴师于鄾，封子国于析以奖功。则巴仍为楚之强敌。观“封子国于析”语及巴人围鄾事，可见巴人必在汉水流域。周人曰：“巴、濮、楚、邓，吾南土也。”晋人曰：“吴濮有衅，楚之执事，岂其顾盟。”再观春秋初年邓对楚之强横不屈，可见巴、濮、楚、邓为西周时“南土”之四大部落。巴、楚、邓皆已立国，而濮则犹称“百濮”，文十六年：“麇人率百濮聚于选”，亦若“庸人帅群蛮以叛楚”。盖濮人犹未立国，故曰：“百濮离居，将各走其邑，谁暇谋人”。终春秋之世，濮未强盛，邓则一度强横，为楚所灭，惟楚与巴则终春秋为强国。战国时秦人势力发展，巴人为其压迫南迁，而终为秦所灭也。

春秋史事及制度的前后联系细看，始能看出问题，此事吾师优为之。至战国史事及制度联系春秋来看，亦较容易有新发见。惟战国史料甚散，生因前数年为系中开先秦思想史课，写出讲义，将全部重要子书阅读一过，始知春秋史可以与战国史联系研究。又得宽正先生《战国史》之助，故较能发现问题。而左氏预言亦甚有帮助也。

生之研究集中在西周、春秋史，特别集中在春秋史，其他之史学知识，皆为此服务耳。为学必须专，不专不能有得。惟专必须立在博之基础上，不博亦不能专也。

吾师之病必能迅速痊愈。惟所有著述必须有人帮助整理，望善选之。

此请

道安，并祝

健康！

生书业上　(1965)十一、六。

十九

颉刚师：

接手示已数日，因忙于结束《春秋左传考证》第一卷工作，未获速复。《春秋左传考证》第一卷已于今日告成（十余万言，120条，极为精简）。此书代表生61年以前之全部古史研究，与《中国美术史札记》代表生61年以前之全部美术史研究同也。

吾人今后作考证之目的，首先是有用（供研究此门学问者参考之用），不在求博。故凡非自己之见解及次等史料不必罗列（必要时写出结论及史料所出书名、篇名已足），如此写作能多快好省而少而精。生61年时改革了研究方法，自61年至现在，研究所获之总量即几与20岁至61年三十余年之总量相等。

举一例明之，例如过去生研究唐代之越窑瓷器，翻检了全部全唐文与全唐诗，不过写成一篇数千字之论文（此工作有助手帮助），结论亦平淡无奇，不过一篇“越窑”之史料汇编耳。在《中国美术史札记》中未得列为一条，而所花时间极多，如自己一人为之，一生能作如此札记多少条耶？史料汇编是需要的，但此可由集体为之，非专门研究者之事也。过去伪中央研究院人所提倡“题至狭，材至丰”，之考证方法，真少慢差费而多而杂之尤，现在决不值得摹仿。

我师现在最主要者是总结过去之研究（与时代学风有关系者可作为史料搜辑，真有用之考证改为《日知录》之体裁，二者分为上、下二卷）。大致三十万言即足，如此方有出版可能，否则出版亦有困难。《大诰篇》译注考证,既已为之,自当迅速结束,作为一部专书。其他《尚书》各篇,中华书局今所为简注、简译,颇合用。《尧典》、《皋陶谟》、《禹贡》,都已成死老虎,如从辨伪角度上言之,已无一打之价值。如作专门研究,现时无此需要,恐难出版。

平时我师可作些小札记,于己于人均有益。整理总结著作时,可托黄永年等为之(永年古史学之基础是可以信任的,教英一、二十年后可能及上他,钱宗范则孙星衍之流,非其选也)。可将作品开出目录(其难得者如孟姜女故事研究等,以及一些手稿须寄与),寄托永年为之。其体例皆当指导之。此事必须通过领导,为了调动工作困难,可以由永年在西安以一定时间为我师代劳。生之《中国美术史札记》定本即由彼整理,整理得很好。

我师须休养身体,忌服油腻(老年人最忌此),专作小札记,不作汪洋如海之大著,期颐有望。

生之肺结核并不要紧,倒是肺气肿比较讨厌,好在伏案工作,精神甚好,少行路即无妨碍,近日精神之佳,工作能力之强,为数十年所未有。精神病克服之故,此种精神病为世界医师束手之症,而生以七个月时间将其全部消灭,实为一奇迹。近日又治愈二人,已作出总结,附寄一份,聊备养病时之消遣。

此祝

康健!

生书业上　(1966)一、廿三。

二十

颉刚师：

久未通讯，想健康恢复，已回寓所从事工作，至以为念！生之《春秋左传考证》第一卷共十余万言，正在抄录中。第二卷之资料已搜得数十万字，写出之字数当亦在十万言以上。大约五月下旬即可着笔。

昨读《论五四时代反封建道德是一种革命斗争》(《文汇报》?)一文，文中引《吴虞文录》一书，今已不可多见，此处惟专门研究近代史同志间有之。因思我师著作散见各处，搜集不易，将来可能与玄同先生作品一样，难窥全貌。近日尚有人以“大禹是一条虫”为吾师学说精髓所在者，则作去芜存精之简单总集工作实不可少。我师之学术见解有现代史料(五四时代之史料)价值及考证价值二类，厥为辨别“三皇五帝”之帝王系统及尧舜禹等人之神话、传说以及《易经》、《书经》、《诗经》三经之部分考证，最重要者当在《尧典》、《皋陶谟》、《禹贡》等篇之时代考证。若除去其烦琐考证形式，而取其可取者，加上我师其他古史考证之可用者，据生初步估计，三十万言即足。如此成一书，即便将来研究现代史之人之参考，亦便将来研究古史者之参考，岂不甚善？若取旧日考证形式，则累数百万言亦难尽，出版既不易，亦不便后人之参考。且列举无数无裨实际参考用处之史料及许多旧说，反湮没自己之创见，亦甚无意义。望我师采纳生之忠言，为社会主义建设增加有用之资料，而勿为社会主义建设增加负担也。鄙见如此，曾一再陈迹，望予以参考。

近日老年学者(如杨拱辰兄、金景芳先生等)多提倡所谓“三礼”之学,以为其中有许多宝贵之社会史料,可用新观点整理之,生受此影响,近二月来,仔细重读了“三礼”(加上《大戴礼记》,实为四礼),除了《檀弓》、《考工记》尚有一定参考价值外,其他可用之资料,宽正兄《古史新探》中已用之,其不用者,皆无足取。此等著作惟考战国、秦汉时代儒家所定之琐节仪文及制度有用,或如吾人过去之所谓“为辨伪而辨伪”亦尚有用,如研究战国前期以前之历史事件及重要社会、政治制度,几乎完全无用,非特无用,且能引导人走入迷途,试略举数例明之:

先言周官:“膳夫”者,为西周时极重要之官吏,其地位几与宰夫之首之“冢宰”相埒,如以为冢宰(亦即太宰)为近于中古时期之尚书,则膳夫直是出纳王命之中书也(参考大簋铭、大鼎铭、大克鼎铭、克盨铭、小克鼎铭等金文)。《诗·云汉》:“鞫哉庶正,疚哉冢宰,趣马师氏,膳夫左右。”十月“皇父卿士,番维司徒,家伯维宰,仲允膳夫,棸子内史,蹶维趣马,楀维师氏”,可见膳夫地位之重要。直至春秋前期,周之膳夫亦尚为大夫职,庄十九年左氏传:“及惠王即位,取蒍国之圃以为囿,边伯之宫近于王宫,王取之,王夺子禽、祝跪与詹父田,而收膳大之秩,故蒍国、边伯、石速、詹父、子禽、祝跪作乱,因苏氏。秋,五大夫奉子颓以伐王,不克,出奔温。苏子奉子颓以奔卫,卫师、燕师伐周。冬,立子颓。”《周语》:“惠王三年,边伯、石速、蒍国出王而立子颓。”韦注:“三子,周大夫……惠王即位,取蒍国之圃及边伯之宫,又收石速之秩”。观左氏文及国语、韦注,则石速为膳夫无疑。周语以边伯、石速、蒍国为“三大夫”,则膳夫为大夫可知。膳夫在周时禄秩甚多(参看大克鼎铭等金文可知),故至春秋初尚有王“收膳夫之秩”之事。而周官竟言:“膳夫上士二人，中士四人，下士八人”。亦可谓不明西周、春秋间之制度矣。又如“趣马”之官，根据西周原始史料，亦甚重要（上引诗及书立政等），而《周官》竟言：“趣马下士皁一人，徒四人。”岂非极妄！又如“内史”之官，在西周时为王左右司策命之极重要官吏（见金文、《诗经》等），即在春秋初期，地位亦甚重要，如僖十一年左氏：“天王使召武公、内史过赐晋侯（惠公）命”。僖二十八年传：“王命尹氏及王子虎、内史叔兴父策命晋侯为侯伯。”《周语》：“襄王使大宰文公及内史兴赐晋文公命……内史兴归以告王曰：晋不可不善也，其君必霸。”而《周官》竟谓：“内史中大夫一人，下大夫二人，上士四人，中士八人，下士十有六人。”又如周姬一系之国，司寇之官均远在司徒、司马、司空等之下，鲁三家为司徒、司马、司空（昭四年左氏传），郑“六卿”为“当国”、“为政”、司马、司空、司徒、少正。宋“六卿”为右师、左师、司马、司徒、司城、司寇。司寇亦居于末。而周官竟以司寇为所谓“秋官”，居司空之上，而与司徒、司马等相并。又提高所谓“宗伯”之地位，“宗伯”之官无论在西周或春秋，皆非要职，“宗伯”地位之提高，儒家重礼思想之反映也。要之：《周官》一书妄谬百出，战国后期“托古改制”理想政典，而近人颇多信之，甚至如张政烺兄治学态度之比较谨严，亦信此妄书何也？

至于所谓《仪礼》一书，今所传本尚非汉初之本，其间有西汉儒者掇拾古文散简而为之者。其所述礼制，不但不合西周、春秋，亦不合战国前期，大致言之：战国后期儒家所为之妄书。《丧服传》较有用，然其所言“宗法”之制，亦战国、秦汉间情况而非原始情况。三年之丧之乱改儒家旧制，诸侯之国竟有所谓“诸公”之称及“拜下”等礼，显为战国以后人所为（崔东壁已发之）。如《大射礼》有所谓:“公升即位于席,西乡;小臣师纳诸公卿大夫……”等文,直是汉人所为。如此谬书,一般所谓“老先生”竟据为典要,甚可骇怪也!

二戴《礼记》(除《檀弓》外),其妄谬尤过于周、仪二礼,其所记男女关系及婚制显与左氏不合(左氏所载合于社会发展规律,甚可信),即种种繁文琐节,亦决非春秋时实际上都是“武士”之贵族所能为(即孔子等人亦未必能为),其为战国后期特别是汉人所为,断断无疑。其最荒诞者,如《丧服小记》载:“父为士,子为天子、诸侯,则祭以天子、诸侯。”此在汉代以前,为可以想象之事乎?

读了四礼全部(诸书三十岁后即未重读),生之感觉,尚不及读襄、昭时两年《左传》为有用,不知清儒及近代所谓“老先生”等,何以迷信此类书?

窃谓所谓“仔细钻研三礼”,尚不及读一篇《韩非子》有用,如《说疑篇》所载“单氏取周”等事,在较古书中,皆可寻得佐证,关于“太宰欣取郑”(罕氏夺郑?),“子南劲取卫”(南氏夺卫),“司城子罕取宋”(戴氏夺宋),前与吾师函中,均已论之,今请再一详言“单氏取周”之事。

单氏者周之疏族,在春秋中叶以前,本无甚地位。春秋之初,郑、虢二君并执周政(虢君为右卿士,郑君为左卿士),其后因郑强为周所忌而失政,于是虢公、周公并掌周政(虢君为右卿士,周公为左卿士)。虢君本西周末卿士,盖因立携王之故而失政,东周之初,可能为晋、郑二君执政,至晋因内乱中衰,政柄始集中于郑,乃引起平、桓二王之猜忌。周语谓“厉始革典”,盖专以畿外邦外诸侯为卿士,自厉、宣间始。至郑强、虢亡,周政乃归内诸侯及王之族,如周公、召伯、尹氏、王叔及王之宠臣伯舆等人(伯舆亦为周之旧姓,然似为异姓故曰:"昔平王东迁,吾七姓从王")。春秋中叶,周公楚与伯舆争政,不胜,怒而出奔,盖周氏自此衰亡。伯舆所以能掌政而为王所"右"者,周王亦欲以异姓庶族抑同姓贵族而实际集权于王室也。此为周国内部旧贵族逐渐衰落之微,襄十一年:"王叔陈生与伯舆争政,王右伯舆。"晋人听其讼,王叔奔晋,于是"单靖公为卿士,以相王室",此为单氏得政之始。然单氏疏族,王之近族刘氏乃与单氏共掌周政(刘氏犹鲁之季氏及东门氏等)。在此情况下,单刘二新执政之族不能不与召氏、尹氏等诸旧大族发生矛盾,其矛盾至景王末年而尖锐化。诸大旧族拟拥护王子朝,以与拥护王子猛之单、刘二氏抗。景王盖亦惮单、刘二氏新兴之势,故:"田北山,使公卿皆从,将杀单子、刘子",未成而景王卒,单、刘二氏遂立王猛,"王子朝因旧官、百工之丧职秩者,与灵、景之族以作乱"。盖拥护子朝者皆没落失意之旧贵族及王族也。故鲁闵马父曰:"子朝必不克,其所与者,天所废也。"刘氏因与晋范氏世为婚姻,故晋助单、刘。及王猛为子朝之党所杀,敬王即位,周贵族内争益烈,晋人始出兵助单、刘,故单、刘终于获胜。然子朝之党皆旧族,势力甚强,尹氏、召氏、南宫氏、甘氏皆助子朝(甘氏为较新之贵族,地位略等于刘氏)。晋人又以大兵助单、刘,于是"召氏之族、毛伯得、尹氏固、南宫嚚奉周之典籍"与子朝奔楚。子朝余党(即周之没落旧贵族)势力尚大,故晋人为周城成周。数年后周人又"杀召伯盈、尹氏固及原伯鲁之子",王子赵车入于鄻以叛,可见子朝余党势力之大(因其代表本占优势一派之旧贵族势力)。

周旧贵族势力既亡,单、刘乃真执政柄,然单、刘间亦有矛盾,故单、刘又渐发生争权之端。刘氏为周室近族,故单氏不得不阳奉之，刘氏有臣曰苌弘，智士也，其意欲支刘氏（所谓支周室即支刘氏），左氏载晋人预言曰：周苌弘将不免，“苌叔违天”，“天之所坏，不可支也”。《周语》又载一预言：“周若无咎，苌叔必为戮”，“若刘氏则必子孙实有祸”，“及范、中行之难，苌弘与之，晋人以为讨”，“及（贞）定王，刘氏亡”。《说苑·权谋篇》载一故事：“叔向之杀苌弘也……因佯遗书曰：苌弘谓叔向曰：子起晋国之兵以攻周，吾废刘氏而立单氏……”盖周政一度曾主要在刘氏之手，定四年左氏传：“刘文公合诸侯于召陵，谋伐楚也”，即可证。定五年：周人因楚败杀子朝于楚。六年：“周儋翩率王子朝之徒，因郑人将以作乱于周”，是时郑附于齐景（正是齐景复霸之时），郑之助子朝伐周邑，实与晋为敌也。晋人成周，敬王又出奔，单刘二氏“败尹氏（子朝最强之党）于穷谷”，逆王还都。至定八年，周乱始平。子朝之乱凡历十九年，且有晋人之助，单、刘仅克平乱取得政权，若非周旧诸大族助，子朝能如此乎？及哀四年，晋人迫周杀苌弘，刘氏之势始弱，单氏之势渐强，哀十三年黄池之会，主监者单平公也。至贞定王时，刘氏遂亡，盖自此周政集中于单氏之手矣（元王之崩，三子争立，立贞定王，此盖反映单、刘二氏之争也）。单氏之兴，《周语》亦载一预言曰：“晋羊舌肸聘于周，发币于大夫，及单靖公，靖公享之，俭而敬……单之老送叔向，叔向告之曰：异哉！吾闻之曰：一姓不再兴，今周其兴乎？其有单子也……单若不兴，子孙必蕃……”

《韩非子·说疑篇》云：

> 以今时之所闻，田成子取齐，司城子罕取宋，太宰欣取郑，单氏取周，易牙（当作“子南劲”）取卫，韩魏赵三子分晋。

又云：

> 若夫田齐恒、宋子罕、鲁季孙意如、晋侨如、卫子南劲、郑太宰欣、楚白公、周单荼、燕子之，此九人者之为其臣也，皆朋党比周以事其君，隐正道而行私曲，上逼君，下乱治，援外以挠内，侵下以谋上，不难为也。

下一节文字中鲁季孙意如、楚白公、燕子之等四人皆未闻取国而能久享，故上一节文字中无之。上一节文字中之六国之臣，盖皆取国而稍能久享者。若然，则单荼取周之事，尚待仔细探索，岂战国东西周之一或所谓周威公之俦即单荼乎？司城子罕之取宋，太宰欣之取郑，子南劲之取卫，以皆同姓，史忽其事，直若父子相继然，则单氏取周与东西二周之分，谓绝无关系，亦甚难言也，然书缺有间，未能详考矣。

又案：《荀子·王制篇》“成侯、嗣公聚敛计数之君也”。杨注：“成侯、嗣公皆卫君也。”案嗣公为卫一亡国之君，《史记·卫世家》：“嗣君五年，更贬号曰君，独有濮阳。”成侯以后卫君即不载名，盖卫为子南劲（平侯）所夺，其国已降为魏之附庸也。荀子并提成侯、嗣公之无道，必有所据而云然：此点可补前文所未及。

专上，敬请

著安！

生书业上　（1966）四、十五。

二十一

颉刚师：

前发一函，谅蒙赐阅。关于“子南劲取卫”之事（此事关系《左传》完成时代之下限，故甚重要），生又在《战国策》中寻得一强证，《卫策》：

> 卫嗣君病……自今以往者，公孙氏必不血食矣。

注谓“公孙氏”为“卫国姓也”，“公孙氏谓嗣君也”卫国之君何以姓“公孙”乎？则以卫嗣君之父平侯（即子南劲）为公孙弥牟之后也。公孙弥牟即春秋战国间极有名之卫相“将军文子”。左氏哀二十六年传：“（越）师还，立悼公，南氏相之。”“南氏”即“子南弥牟”（见《周本纪》集解臣瓒引汲冢古文），亦即“将军文子”（同上）。魏惠王命其后子南劲为卫侯（同上）。此即《韩非子·说疑篇》所谓“子南劲取卫”故事。篡位者为卫同姓掌政之相公孙弥牟之后，故此后卫侯号“公孙氏”，犹篡宋者为宋同姓“司师子罕”皇喜为戴族之后，故《吕氏春秋·壅塞篇》言宋王偃之亡为“此戴氏之所以绝也”（《韩非子·忠孝篇》云：“田氏夺吕氏于齐，戴氏夺子氏于宋”）。

卫将军文子见于儒家诸书（二戴《礼记》、《大戴记》且有卫将军文子篇），他家书亦载之，《战国策》数载其智，称之为“南文子”，左氏亦屡载其智谋（哀十二年、二十五年、二十六年）。《檀弓》载：

将军文子之丧,既除丧而后越人来吊……子游观之曰:将军文氏之子其庶几乎……其动也中。

此亦暗示将军文子之后将盛昌也。古书中之“预言”皆事后追记,以见某贤士大夫之“圣智”者,故吾人可由此探索已亡佚史事之遗迹。此法如能善用之,可以探见甚多已亡佚之史事也。

又《诗经》二雅中多东迁时诗,前人多未加利用,故周东迁初情况,不能详知,兹举数例明之:

《小雅·正月》:“忧心惸惸,念我无禄;民之无辜,并其臣仆;哀我人斯,于何从禄……赫赫宗周,褒姒灭之……”《雨无正》:“周宗既灭,靡所止戾;正大夫离居,莫知我勚;三事大夫,莫肯夙夜;邦君诸侯,莫肯朝夕……戎成不退,饥成不遂……谓尔迁于王都,曰予未有室家……昔尔出居,谁从作尔室。”《小弁》:“踧踧周道,鞫为茂草……无逝我梁,无发我笱;我躬不阅,遑恤我后。”《大雅·桑柔》:“乱生不夷,靡国不泯;民靡有黎,具祸以烬;于乎有哀,国步斯频……天降丧乱,灭我立王……民之未戾,职盗为寇;凉曰不可,覆背善詈。”《云汉》:“周余黎民,靡有孑遗……旱既大甚,则不可沮……”《召旻》:“旻天疾威,天笃降丧;瘨我饥馑,民卒流亡;我居圉卒荒,天降罪罟,蟊贼内讧……昔先王受命,有如召公,日辟国百里,今也日蹙国百里;于乎哀哉!维今之人,不尚有旧。”《周南·汝坟》:“鲂鱼赪尾,王室如毁。”《召南·何彼秾矣》:“平王之孙,齐侯之子。”《王风·扬之水》:“彼其之子,不与我戍申(甫、许)。”《兔爰》:“我生之初,尚无为;我生之后,逢此百罹,尚寐无吪。”总观诸文,可见:1. 西周之亡,破坏殊甚,几于崩溃之势,戎祸之外,继之以饥馑,若非晋、郑、秦、虢、鲁、许、申等国之辅助,周几于不国矣。

2.“国人”亦离散,阶级矛盾与统治阶级内部之矛盾,在西东周间必甚剧烈。3.国土有日蹙之势。总而言之,即所谓“王室如毁”也。大约至平、桓之间,始略有复振之势,故左氏载彼时王室尚略有号令诸侯之力也。桓王繻葛败后,继之以内乱,周室遂夷为二、三等国家矣。

先秦书籍近已重读完毕,从昨日起,开始读汉人书,大约下月底即可继续写考证第二卷。所论古史各点,尚乞我师教之。

此请。

著安!

生书业上　(1966)四、廿二。